LES
GRANDS ÉCRIVAINS
DE LA FRANCE

NOUVELLES ÉDITIONS

PUBLIÉES SOUS LA DIRECTION

DE M. AD. REGNIER

membre de l'Institut

SUR LES MANUSCRITS, LES COPIES LES PLUS AUTHENTIQUES
ET LES PLUS ANCIENNES IMPRESSIONS
AVEC VARIANTES, NOTES, NOTICES, PORTRAITS, ETC.

J. DE LA FONTAINE

TOME X

LEXIQUE

DE LA LANGUE DE J. DE LA FONTAINE

TOME PREMIER

PARIS

LIBRAIRIE HACHETTE ET Cie

BOULEVARD SAINT-GERMAIN, 79

M DCCC XCIII

LES
GRANDS ÉCRIVAINS
DE LA FRANCE

NOUVELLES ÉDITIONS

PUBLIÉES SOUS LA DIRECTION

DE M. AD. REGNIER

Membre de l'Institut

ŒUVRES

DE

J. DE LA FONTAINE

TOME X

PARIS. — IMPRIMERIE LAHURE
Rue de Fleurus, 9

ŒUVRES

DE

J. DE LA FONTAINE

NOUVELLE ÉDITION

REVUE SUR LES PLUS ANCIENNES IMPRESSIONS
ET LES AUTOGRAPHES

ET AUGMENTÉE

de variantes, de notices, de notes, d'un lexique des mots
et locutions remarquables, d'un portrait, de fac-simile, etc.

PAR M. HENRI REGNIER

TOME DIXIÈME

PARIS
LIBRAIRIE HACHETTE ET Cie
BOULEVARD SAINT-GERMAIN, 79

1892

LEXIQUE

DE LA LANGUE

DE

J. DE LA FONTAINE

AVEC

UNE INTRODUCTION GRAMMATICALE

PAR M. HENRI REGNIER

TOME PREMIER

PARIS
LIBRAIRIE HACHETTE ET Cie
BOULEVARD SAINT-GERMAIN, 79

1892

PRÉFACE

DE LA LANGUE
DE
LA FONTAINE

« J'ai trouvé de plus grandes difficultés dans cet ouvrage[1] qu'en aucun autre qui soit sorti de ma plume. Cela surprendra sans doute ceux qui le liront : on ne s'imaginera jamais qu'une fable contée en prose m'ait tant emporté de loisir.... D'amener de la prose à quelque point de perfection, il ne semble pas que ce soit une chose fort malaisée : c'est la langue naturelle de tous les hommes. Avec cela, je confesse qu'elle me coûte autant que les vers[2]. »

C'est la Fontaine qui nous le dit lui-même : la langue qu'il parle, faite du mélange de la langue courante avec celle de Villon, de Rabelais, de Marot, de Ronsard, de Malherbe, etc.; cette langue où, nourri d'Homère, de Platon, de Plutarque, de Virgile, d'Horace et de Térence, où, « plein de Machiavel, entêté de Boccace », sans oublier le Tasse et l'Arioste, il laisse chanter les échos de tous les livres d'amour; cette langue, remplie d'images et d'assonances si diverses, il préfère ne s'en servir que sous la forme du vers : c'est du moins ce que nous lisons entre ses lignes.

Dans le vers en effet, le vers libre surtout, que personne

---
1. « Psyché ».
2. Tome VIII, p. 19.

ne mania mieux que lui, où le jeu flexible et varié de la
phrase poétique marie dans une harmonie exacte le rythme
avec la pensée, archaïsmes, licences (et, nous le montrerons,
ses prétendues licences ne sont que de purs archaïsmes),
loin de choquer, ainsi qu'ils feraient dans la prose, consti-
tuent, en très grande partie, l'originalité d'une forme savante,
raffinée, sous son air simple, ingénu, sous son éclat naturel
et riant; et la prose lui coûte plus que les vers, par l'excellente raison qu'il ne pense, pour ainsi dire, qu'en vers.

Précise comme elle doit l'être, cette étude répugne à toutes
hypothèses; aussi n'en est-ce pas une que nous risquons, et
nous allons tâcher de le prouver.

Otez « la Vie d'Esope » et le « Remerciement »; rayez le
« Parallèle »; écartez quinze Epîtres, Dédicaces, Préfaces;
quoi encore? la comédie de « la Coupe enchantée », qu'il
n'a pas signée; enfin quelques lettres ou billets, seize, pour
être exact, dont la moitié de chiffres; bref, en tout, à peu
près deux cents pages : en dehors, pas un morceau, pas un
fragment de l'œuvre, qui ne soit écrit en vers, ou, si la prose
y domine, lettres familières, roman, etc., rien où le vers
n'étincelle, que le vers n'illumine, où ne voltige l'écho des
strophes mélodieuses, où l'auteur ne s'abandonne au mouvement spontané des périodes coulantes et souples, au nombre,
à l'euphonie.

Usage habituel, maniement coutumier, nous dirons tout à
l'heure besoin impérieux, de la rime et de la mesure,
recherche perpétuelle, instinctive, des césures, des cadences,
et des sons, voilà ce qui d'abord se dégage manifestement de
la lecture de notre poète.

Ce qui frappe également tout aussitôt, c'est la dispropor-
tion du vers libre et de l'autre : le vers libre est en très
grande majorité.

Les Contes à cet égard semblent nous démentir. Sur les
soixante-quatre, douze sont écrits en vers libres, cinquante-
deux en vers de dix pieds ou de huit. Nous pourrions objecter
que « vers libres » s'entend de coupes diverses dans une
même pièce, mais devrait aussi s'entendre des pièces où les
rimes s'entremêlent, s'entrecroisent, au plein gré de l'auteur :
or la Fontaine n'a qu'un conte à rimes plates. Mais à quoi
bon? Sans parler du Théâtre, des Poésies diverses, où l'écart

se produit dans le sens opposé, n'y a t-il pas les Fables, dont deux cent trente-trois sur deux cent quarante-cinq sont en vers à mètres variés, aussi variés que les occasions qui les ont inspirées, de deux pieds jusqu'à l'alexandrin, en vers absolument libres, et, des douze qui restent, onze à rimes croisées !

Qu'on se rappelle maintenant les distractions de la Fontaine, cet air d'indifférence indolente, cet oubli des personnes qui l'entouraient, ce songe dans lequel il semblait vivre et dont il ne sortait qu'avec peine, et l'on se rendra peut-être compte du mode de travail de ce faux paresseux, de ce dormeur éveillé. Sa distraction n'était le plus souvent que méditation, que recherche de l'expression juste et vraie, que poursuite de cette simplicité, naïveté, agilité, aisance, souplesse, auxquelles il s'étudiait jusqu'à rompre perpétuellement pour elles la mesure de ses vers, ou, s'affranchissant des entraves grammaticales, affecter quelquefois l'incorrection, l'irrégularité, la négligence.

Aux preuves tirées de sa contention d'esprit accoutumée nous pouvons ajouter deux arguments matériels : les autographes de l'auteur, et les éditions publiées par ses soins. Tandis que celles-ci nous le montrent jaloux du mieux à tel point qu'il intercale une vingtaine de cartons dans son premier Recueil, qu'il joint au second un Errata, et prend la peine de le signaler au lecteur, et le prie de marquer luimême aux endroits voulus les changements indiqués, ceux-là, les autographes, sont presque sans ratures[1]. Authentiques ou non, la question ici importe peu ; et si, sans nous départir à ce sujet d'une sage réserve, nous acceptons pour un instant comme étant de sa main les très nombreuses pièces répandues sous son nom par le monde, aucune, répétons-le, parmi toutes celles que nous connaissons du moins, n'offre le moindre signe d'hésitation, de tâtonnement, d'incertitude : tout au plus quelque mot commencé par mégarde et biffé tranquillement, posément, sans précipitation ; rien qui sur le papier trahisse la fièvre de l'esprit en travail. Toutes ces feuilles volantes, qu'elles soient de son écriture ou de celle de son

[1]. Sauf le manuscrit d'*Achille* qui est à la Bibliothèque nationale (voyez notre tome VII, p. 593), mais ce n'est qu'une ébauche, une œuvre inachevée.

copiste habituel, il les eût certainement surchargées, brouillées, raturées, si son brouillon n'avait été dans sa tête, et s'il n'eût préféré tracer d'un seul jet ce qu'il avait composé, quitte à le remettre sur le métier[1], à en multiplier les copies jusqu'à ce qu'il fût satisfait, à le transcrire quatre ou cinq fois avant de le livrer à la presse. Aussi sa phrase garde, du progrès lent de l'élaboration, de l'effort constant, de la ciselure patiente, garde, même en prose, une cadence, une harmonie inimitables.

En somme, sa langue, il se l'est moins faite qu'elle ne s'est faite en lui. Sans doute il lisait et relisait; il était sans cesse absorbé dans l'étude des anciens et dans celle de nos vieux écrivains; sa lecture était encore plus vaste, plus étendue, qu'il ne le donne à entendre; il avait une provision de mots et de tours assez riche pour pouvoir traduire les nuances les plus délicates du sentiment et de la pensée; mais l'assimilation s'opérait chez lui presque à son insu.

Ce n'est pas, appliquée à lui, une simple figure que le miel fait de toutes choses, que l'abeille butinant sur toutes les fleurs; et peut-être eût-on fort étonné notre poète en lui montrant que telle de ses expressions, voire tel hémistiche, si ce n'est même un vers entier, se trouvait textuellement chez un de ses devanciers. Ses répétitions, ses emprunts à lui-même, si fréquents que, dans ce Lexique, pas plus que dans le commentaire, nous n'avons dû songer à les relever tous, sont les meilleurs garants de sa bonne foi. S'il sentait parfois que sa langue, cette langue antique et neuve, tout imprégnée de formes anciennes, discréditées, qu'il savait rajeunir, n'était pas la langue courante, la langue usuelle, c'est lorsqu'il la trouvait, comme il l'avoue, quelque peu rebelle dans la prose, elle qu'il ployait si aisément aux mille caprices du vers.

Archaïsmes et licences, au sens où nous avons pris ce dernier terme, abondent dans les Contes, dans les Fables, dans toute son œuvre.

Avant de descendre aux détails, nous le demanderons avec un écrivain, grand admirateur du nôtre[2] : « Est-ce donc faire

---

1. Comme, par exemple, la fable du *Renard et les Mouches* : voyez notre tome III, p. 266, note 15.
2. La Bruyère, *De quelques usages*, tome II des OEuvres, p. 215.

pour le progrès d'une langue que de déférer à l'usage ? Seroit-il mieux de secouer le joug de son empire si despotique ? Faudroit-il, dans une langue vivante, écouter la seule raison, qui prévient les équivoques, suit la racine des mots et le rapport qu'ils ont avec les langues originaires dont ils sont sortis, si la raison d'ailleurs veut qu'on suive l'usage ? »

Ces questions auxquelles la Bruyère estimait que c'est assez répondre que de n'y répondre pas, il ne les fait qu'après une revue de mots tombés en désuétude, et que, pour la plupart, a gardés la Fontaine[1] :

« *Certes* est beau dans sa vieillesse, et a encore de la force sur son déclin : la poésie le réclame, et notre langue doit beaucoup aux écrivains qui le disent en prose, et qui se commettent pour lui dans leurs ouvrages. *Maint* est un mot qu'on ne devoit jamais abandonner, et par la facilité qu'il y avoit à le couler dans le style, et par son origine, qui est françoise.... Quelle persécution le *car* n'a-t-il pas essuyée!... *Valeur* devoit... nous conserver *valeureux ; haine, haineux... ; fruit, fructueux ; pitié, piteux... ; foi, féal ; cour (court), courtois; gîte, gisant*[2]*... ; mensonge, mensonger; coutume, coutumier....* *Heur* se plaçoit où *bonheur* ne sauroit entrer.... *Joie* ne fait plus *s'éjouir....* On a dit *gent*, le corps *gent* : ce mot si facile non seulement est tombé, l'on voit même qu'il a entraîné *gentil* dans sa chute.... On dit *curieux*, dérivé de *cure*, qui est hors d'usage. Il y avoit à gagner de dire *si que* pour *de sorte que* ou *de manière que...*, de dire *je sais que c'est qu'un mal*, plutôt que *je sais ce que c'est qu'un mal*, soit par l'analogie latine, soit par l'avantage qu'il y a souvent à avoir un mot de moins à placer dans l'oraison. L'usage a préféré... dans les verbes, *travailler* à *ouvrer*, *être accoutumé* à *souloir*, *convenir* à *duire*, *faire du bruit* à *bruire...*, *piquer* à *poindre*, *faire ressouvenir* à *ramentevoir;* et dans les noms, *pensées* à *pensers*, un si beau mot, et dont le vers se trouvoit si bien ! *grandes actions* à *prouesses*, *louanges* à *los...*, *porte* à *huis*, *navire* à *nef*, *armée* à *ost*, *monastère* à *monstier...*, tous mots qui pouvoient durer ensemble d'une égale beauté, et rendre une langue plus abondante. »

Fénelon, lui aussi, a plaidé cette cause : sous couleur de

---
1. Tous ceux qui suivent sont du nombre.
2. La Fontaine a même *gîté*, dans la bouche d'un campagnard.

purifier, de réglementer le français, on le gêne, on l'appauvrit. Il regrette le vieux langage, avec son « je ne sais quoi » de court, de naïf, de passionné. Il voudrait ne perdre aucun mot, en acquérir de nouveaux[1].

La Fontaine n'a pas besoin d'autorités : si nous rappelons ici Fénelon, la Bruyère, c'est que dans les passages cités ils songeaient surtout à lui.

Parmi les mots vieillis, vieillis dès l'époque où il écrivait, et qui sonnent chez lui comme des mots tout neufs, comme des mots frappés d'hier, auxquels il restitue du moins toute leur valeur, nous donnerons les suivants :

Affiner, au sens de jouer, d'attraper quelqu'un par la ruse (I, 257); *affoler*, de blesser, meurtrir (V, 374); *agnelet*, de petit agneau (III, 32); *allégeance*, d'allégement (IV, 251; V, 173); pour ramasser, *amasser* (II, 403); pour araignée, *aragne*, une fois pour la rime (I, 227), l'autre pour la mesure (III, 37); *arboriste*, pour herboriste (I, 393); *ardre*, brûler : « la gorge m'*ard* » (IV, 135).

Balandras, sorte de manteau (II, 11), « balandran », dit l'Académie; *baller*, avec danser (II, 372; IV, 61), d'où la remarque juste d'une nuance entre eux; *barbacoles*, maîtres d'école (III, 229); *besaciers*, porteurs de besace (I, 79); *bestion*, appliqué deux fois à l'araignée (I, 227; III, 37 et note 12); *bique*, la mère chèvre (I, 326), et *biquet*, le chevreau (I, 327); *bonhommeau*, de bonhomme (IV, 97); *boquillon*, bûcheron (I, 366).

Capuce, capuchon des ordres mendiants (IV, 464); faire *carrousse*, s'enivrer (IV, 428); *catus*, corruption de « cas », noise, dispute (V, 416); *chaloir à*, soucier : « du plaisir ne me chaut » (IV, 298), « non pourtant qu'il m'en *chaille* » (IV, 306); *charton*, pour charretier, qu'on écrivait « chartier » (II, 270); *chaudeau*, mauvais brouet (I, 224); *chaumine*, une chaumière, mais pauvre, misérable (I, 107); *chevalin, chevaline* : « la bête *chevaline* » (I, 392); *chevance*, bien, fortune (I, 345; II, 124; IV, 273; V, 272); *chuchillement*, murmure, chuchotement moqueur (V, 458); *cloîtrier, cloîtrière*, qui habite le cloître : « leurs cloîtrières Excellences » (V, 586);

---

1. Lettre à M. Darcier sur les Occupations de l'Académie, § 3 *Projet d'enrichir la langue.*

clopin-clopant, boitant (I, 371); *clopiner, clopinant* (III, 259); *croît*, l'augmentation, les agneaux de l'année (I, 316; VI, 284); *cuider*, s'imaginer, croire, mais croire à tort (I, 307[1]); *cure*, souci, soin de (I, 202).

Déduit, tous les plaisirs, surtout ceux de l'amour (I, 345; IV, 233, 318; V, 512, 516); *duire*, convenir à (II, 436), réussir à (VI, 43); *dûment*, dans les formes voulues (V, 132, 213; VI, 36, 106).

S'éjouir, pour se réjouir (I, 352); *empenné, empennée*, « une flèche *empennée* », une flèche garnie de plumes (I, 144); au lieu de « commencée », et sans que la mesure l'exige aucunement, « la chose *encommencée* » (IV, 162); *encontre*, plus ancien que « contre » (IV, 372; V, 316); *encorné*, dit du bouc : « des plus haut *encornés* » (I, 217); *endenté*, d'ordinaire accompagné de l'adverbe *bien* : « chiens, chevaux et valets, tous gens bien *endentés* » (I, 278); *enfançon*, jeune enfant (V, 165); *enger*, acception primitive, engrosser : « il les *engea* de petits Mazillons » (IV, 506); *étrif*, querelle, lutte (IV, 282; VIII, 442).

Frairie, partie de bonne chère (I, 229); *friponneau*, de fripon; comparez *bonhommeau* (IV, 92); *frisque*, leste, fringant (IV, 189; VII, 124).

Galer, de gale : gratter, et, par extension, frapper, battre, rosser (V, 370); *galoise*, galante, gaillarde (V, 64); *gars*, masculin de garse (IV, 53, 521; V, 212, 344); *géniture*, progéniture (I, 330, 422; II, 291, 357, V, 33); *gent, gente*, gentil, gentille (V, 307, 538; VI, 128); *gésine, être en gésine*, venir de mettre bas (I, 221); *guerdonner*, de *guerdon*, récompenser, payer (V, 530; VIII, 276).

Habitacle, demeure, repaire (VI, 162); *hoquet*, empêchement, obstacle, cahot, choc (I, 371); *hui*, pour aujourd'hui (V, 36, 38, 59, 372, 397).

Illec, ici (IV, 111).

Languard, languarde, bavard, mauvaise langue (IV, 283); *léans*, là, là dedans (IV, 489; V, 30, 399, 401, 405, 411); *lie*, d'où le mot *liesse*, vieux qualificatif, ne se joint plus qu'à *chère, chère lie*, bonne chère (I, 251; II, 176); *los*, gloire, renommée (VI, 89, 104; III, 193); *louchet*, sorte de

---

1. Le mot fait, il est vrai, partie d'un proverbe où se trouve aussi le verbe *engeigner*, décevoir, abuser, tromper.

bêche (V, 487); *louvat* et *louveteau*, diminutifs de loup (I, 240); *luiton*, luton, lutin (V, 557).

Mafflu, joufflu et gros (I, 252); *marjolet*, freluquet, muguet, jeune galant (V, 532); *mâtineau*, de mâtin : comparez *friponneau* (II, 305); *mécroire*, ne pas croire (IV, 396; VI, 58); *mégnie*, maison, famille (VI, 56); *mingrelet*, maigrelet, décharné et malingre (V, 357); *moinillon*, petit moine (IV, 200, 506); *moutier*, église ou monastère (IV, 324; V, 111, 217); *moutonnaille* : « le monde est franche *moutonnaille* » (V, 302); *moutonnier, moutonnière* : « la *moutonnière* créature » (I, 179), et « âme *moutonnière* » (V, 303); *mugot*, argent « muché, mussé », caché (IV, 140).

Nagée, ce qu'un nageur parcourt, gagne d'espace à chaque brassée (I, 159); *nenni, nenni da*, non (I, 66; IV, 486); *nice*, niais, niaise (IV, 159); *nivellerie*, vétille, *niveler, nivelier* (IX, 273); *nomenclateur*, celui qui nomme (V, 342); *nonnette*, de nonne, très jeune nonnain (V, 312, 419, 529).

Oisillon, d'oiseau (I, 82, 83, 84; II, 50); *ost*, armée : « l'*ost* des Grecs » (III, 112), « l'*ost* au peuple bêlant » (III, 235), « avoir charge de l'*ost* » (V, 146), « l'*ost* aux têtes sacrilèges » (VIII, 397).

Panacée, prétendu remède universel (VI, 318); *panetière*, le sac à pain (III, 52); *parangon*, modèle, idéal (III, 257; V, 343); *parentèle*, du latin *parentela*, parenté, consanguinité (V, 392); *partir*, faire des parts, partager, répartir (IV, 273); *pauvret*, diminutif (III, 323); *penaille*, de penis, d'où *penard*, « vieux *penard* » (IV, 199, 348); *phébé*, « tout le phébé », le phébus, le mystère (V, 298); *piaffe*, braverie, ici en vêtements (IV, 287); *plumail*, touffe de plumes, plumet à la coiffure (I, 288); *poulaille*, pour volaille : comparez *moutonnaille* (III, 110); *pourchas*, recherche amoureuse (IV, 88); « sa *préciosité* » dit d'une précieuse et de son caractère (II, 117); « *se prélassant* », d'un âne, marchant comme un prélat (I, 203); *prou de*, beaucoup de (IV, 86), *prou* seul, profit (IV, 136); *provende*, nourriture, provision de bouche (I, 330); *pythonisse*, devineresse (II, 179).

Pour quatrième, *quart* (I, 97; IV, 138); *rais*, rayons de la lune (VI, 242), et ceux des roues d'un char (VIII, 495); *rate*, le rat femelle (III, 354); *remembrance*, mémoire, souvenir qu'on rappelle, qui revient (IV, 263).

Sagette, flèche d'arc (II, 350); *semondre*, d'où *semonce* (IV, 259), inviter, convier (I, 387; VIII, 300); de *se solacier* (V, 369), *soulas*, soulagement, le plaisir, quel qu'il soit, mais plutôt de la chair (IV, 62, 322); pour sourire, *souris* (III, 275; IV, 80; V, 147); *sycophante*, « trompeur », dit la Fontaine en note (I, 211).

Taupinée, taupinière (II, 253); *testonner*, ajuster la tête (I, 110); *tiers*, troisième : voyez *quart* (IV, 138); *touret*, petite roue, et rouet à filer (I, 382); aussi *touret de nez*, sorte de masque ancien (V, 148).

Volereau, de voleur : comparez *mâtineau* (I, 180).

A ce relevé d'archaïsmes, dont beaucoup, condamnés au début par l'Académie[1], ont depuis trouvé grâce, peu à peu, devant elle, voici d'autres termes à joindre, après quelque explication.

Il peut en effet sembler qu'au lieu de les ranger parmi les archaïsmes, à leur suite du moins, il convient de voir en eux de purs néologismes, dont l'invention est de la Fontaine, car nous ne les avons rencontrés avant lui nulle part.

Mais tâchons d'éviter les mésaventures de maints et maints critiques un peu prompts.

Tel le P. Bouhours, qui écrivait bravement[2] : « Le public est si jaloux de son autorité qu'il ne veut la partager avec personne; et c'est peut-être pour cela qu'il rebute d'ordinaire les mots dont un particulier se déclare l'inventeur ou le patron. Témoin l'*esclavitude* et l'*insidieux* de M. de Malherbe; le *plumeux* de M. Desmarets; l'*impardonnable* de M. Segrais; l'*invaincu* et l'*offenseur* de M. Corneille. »

On lui prouva que pas un de ces mots, pas un sur six qu'il invoquait, n'avait été créé par Malherbe, non plus que par Corneille, Desmarets ou Segrais; que Malherbe n'a pas même *esclavitude;* qu'*insidieux* est dans Nicot; *plumeux* chez d'Aubigné; *impardonnable* chez Froissart; *offenseur, invaincu*, chez Garnier et chez bien d'autres.

A Corneille[3] du reste, on le sait, ce ne sont pas deux mots seulement qu'on a attribués, mais toute une lignée dont il

1. 1694 : elle ne les a pas, ou elle les dit hors d'usage.
2. *Doutes sur la langue françoise*, p. 50.
3. Aimé Martin, *Étude de la langue de Corneille*, OEuvres, édition Lefèvre, tome I, p. xi

n'est point le père : *punisseur*, qui se lit chez le même Garnier ; *exorable*, qu'Oudin, dès l'an 1607, insère en son « Thresor », ainsi qu'*impénétrable*, et que *dextérité*, *captieux*, qu'écrivait Juvénal des Ursins ; et combien d'autres que nous ne citons pas !

La Fontaine n'a point échappé à ces méprises, à ces bévues des commentateurs. On a voulu longtemps qu'il eût créé *poulaille, rate, nivellerie, bestion, moutonnier*. C'est de Villon et Rabelais qu'il a pris *moutonnier* ; Oudin, dans ses « Recherches italiennes », donne *nivellerie* ; *rate* est chez Marot ; *bestion*, chez Philibert Delorme ; et *poulaille*, partout[1].

Aussi n'est-ce point sans les plus expresses restrictions que nous transcrivons les douze mots suivants, que nous n'avons trouvés avant lui chez personne, mais qu'il a bien pu emprunter comme les précédents :

Aguimpées blanchement, en parlant de nonnains dans leur guimpe coquette (IV, 488) ; de dauber, les *daubeurs* (II, 226) ; *émoucheur*, d'émoucher, chasser, tuer les mouches (II, 262) ; *s'encorneter*, au sens de mettre une cornette (IV, 92) ; *enquinauder*, tromper, jouer, ensorceler, de Quinault et quinaud (IX, 174) ; camarade *épongier*, l'âne chargé d'éponges (I, 159) ; *grimaceries*, grimaces (II, 20) ; *huissière*, préposée à l'huis (VI, 327) :

> Deux portes sont au cœur ; chacune a sa valvule.
> Le sang, source de vie, est par l'une introduit ;
> L'autre *huissière* permet qu'il sorte et qu'il circule ;

le *pondeur*, un mâle qui pondrait (II, 240) ; pour les permutants, *permuteurs* (V, 329) ; d'un rat « la *rateuse* seigneurie » (III, 352) ; « peuple *souriquois* », les souris (I, 281).

Dans la catégorie rentrent trois féminins formés des noms *aiglon, escarbot, marcassin*, féminins employés, non point comme noms eux-mêmes, mais adjectivement, *aiglonne* et *marcassine*, qualifiant la « gent », *escarbote* la « race » : « quand la race *escarbote* est en quartier d'hiver » (I, 153) ; « la gent *marcassine* et... la gent *aiglonne* » (I, 222)[2].

---

1. Comparez M. Marty-Laveaux, *Essai sur la langue de la Fontaine*, p. 37-42.
2. Rapprochez ci-dessus, p. VIII, « la *moutonnière* créature », « âme *moutonnière* » ; et, quoique notre poète n'ait fait que d'en varier l'usage

PRÉFACE.

Puis viennent les termes auxquels il prête ou rend l'acception voulue par l'étymologie, selon cette remarque si juste de Montaigne, que « le maniement et employ des beaux esprits donnent prix à la langue, non pas l'innouant tant comme la remplissant de plus vigoreux et diuers seruices, l'estirant et ployant[1] ».

Il serait impossible de reproduire ici tous les mots que la Fontaine retrempe à leur source oubliée. Ainsi, et seulement pour en bien marquer l'espèce, *dévouements*, *dévouer*, les deux au sens latin (II, 96, 100) :

> L'histoire nous apprend qu'en de tels accidents
> On fait de pareils *dévouements*....
> Il falloit *dévouer* ce maudit animal....

Ainsi les noms en *eur*, si souvent rencontrés chez lui, dont nous allons transcrire une partie[2] :

De l'ancien *blasonner*, censurer ou médire, *blasonneur* (VII, 569) :

> C'est un lieu fertile en *blasonneurs*;

chercheur de, les *chercheurs de* mondes inconnus (II, 250); « quatre *chercheurs de* nouveaux mondes » (III, 88); notre « petit maître est un *charcheur* (sic) *de* midi à quatorze heures » (VII, 451); *compteur*, dit de celui qui passe nuits et jours (III, 203)

> A compter, calculer, supputer, sans relâche,

et *conteur*, du galant, de l'homme qui « en conte » (IV, 434); le *corneur*, frère Luce muni de son cornet (IV, 471); la personne couchée en même lit, le *coucheur* (IV, 391) :

> Son *coucheur*, cette nuit, se retourna cent fois;

critiqueurs, un péjoratif de critiques, de critiquants (VI, 48) :

> Les *critiqueurs* sont un peuple sévère;

et le sens : « la *dindonnière* gent », le troupeau des dindons (III, 298); *lunetière*, portant lunettes (V, 529) :

> Il s'en fallut bien peu
> Que l'on ne vit tomber la *lunetière*.

---

1. « Essais », livre III, chapitre v, tome III, p. 322.
2. Nous avons déjà ci-dessus, *daubeur*, *émoucheur*, *pondeur*, *permuteur*.

detteur, qui doit (III, 224); « *diseurs de* mots » (V, 26; rapprochez « *diseurs de* bonne aventure », II, 292); « les méchants *diseurs de* bons mots », les mauvais plaisants, les *rieurs* (II, 249); *donneur*, absolument : « le *donneur* est bien fait » (V, 277); avec *de* et régime : « ce *donneur* d'eunuque » (VII, 79); « .... le nez du *dormeur* en pâtit » (II, 377); Pinucio « fait le *dormeur* » (IV, 217);

Entrepreneur, placé, expliqué, comme il suit (VII, 414) :

> Ce cousin *entreprend* de changer une femme !...
> Et quel est donc ce sot *entrepreneur* ?

de Gygès, admirant la femme de Candaule (V, 430) :

> Notre *examinateur* soupiroit dans sa peau;

« Le *fabricateur* souverain » (I, 79) :

> .... Stratagème inouï, qui des *fabricateurs*
> Paya la constance et la peine (I, 130);

fossoyeur, pour celui qui creuse, qui remue la terre, terrassier (I, 346) :

Gardeurs « de cochons » (II, 104); « de troupeaux » (III, 52); *giboyeur*, « l'adroit *giboyeur* », le chasseur de petit gibier (VI, 267); *gobeur*, le *gobeur de* : « en sera le gobeur », gobera, mangera, l'huître (II, 404);

Harangueur, orateur : « que fit le harangueur ? » (II, 232); « on députa deux *harangueurs* » (VI, 355); « des *harangueurs* et des harangues » (IX, 327);

Jeûneur, homme qui prétendait vouloir mourir de faim (IV, 420);

« *Machineurs* d'impostures » (III, 52); *mangeurs*, sans complément (III, 264) :

> Nous ne trouvons que trop de *mangeurs* ici-bas;

avec *de* et régime : « le *mangeur de* moutons » (I, 331), et les « *mangeurs de* gens » (III, 21; V, 182); Candaule est « le *montreur* d'appas » (V, 433);

Parleur (III, 153) :

> Le Sénat demanda ce qu'avoit dit cet homme,
> Pour servir de modèle aux *parleurs* à venir;

rapprochez « l'oiseau parleur », ou, mieux, qui ne parle plus

PRÉFACE. XIII

(III, 59); *possesseur de* son nid (III, 252); et, deux fois, par ellipse (VII, 81, 99) :

> Tel qui ne nous voyoit, disoit-il, qu'à moitié,
> Quand il est *possesseur* cherche ailleurs sa fortune;
> .... Que mon frère est heureux
> De se voir *possesseur* aussitôt qu'amoureux !

Prometteur, qui promet sachant pertinemment qu'il ne pourra tenir (II, 424);

Raisonneur, qui raisonne, mais pris en bonne part, qui suit un raisonnement (II, 262);

Songeur, qui voit en songe (III, 118);

Ce « *tourneur de prunelle* » (VII, 562);

Et « maudit *urineur* » (VII, 338).

Aux archaïsmes de mots, à ce que nous n'osons, nous avons dit pourquoi, appeler néologismes, il faut ajouter les alliances de mots, les composés que la Fontaine accepte, tout faits, de ses aînés, ou qu'il forme au besoin, et avec une aisance, une propriété, qui n'ont rien à envier aux poètes de la Pléiade, que ceux-ci même n'ont pas égalées toujours.

Ainsi *trotte-menu* (I, 258); un *passe-Cicéron* (II, 63); deux *archipatelins*, deux francs *patte-pelus* (426-427); *Grippeminaud*, le bon apôtre (190); *Triste-oiseau*, le hibou (324); *Ronge-maille*, le rat (ibidem; III, 282); *Caquet bon-bec*, ma mie (244); ainsi *Que-si-que-non*, frère de la Discorde, « avecque *Tien-et-Mien*, son père » (II, 69); le médecin *Tant-pis*, le médecin *Tant-mieux* (I, 403); ainsi *traîne-malheur* (V, 501); ces *happe-chair* (VII, 395);

Puis, avec le préfixe *porte* : *porte-bourdon* (V, 262); *porte-écaille* (316); *porte-écarlate* (IX, 383); *porte-laine* (VIII, 478); *porte-lumière* (VII, 279); *porte-maison* (III, 284); *porte-sonnette* (257); etc.

Enfin, avec prépositions : *contre-échange*, plus fort de nuance qu'*échange* (IV, 274); deux *entre-temps*, dont l'un (V, 523), au sens de période, d'intervalle quelconque, l'autre (VI, 103), d'*entre-saison*, le printemps et l'automne; *entre-suivi*, *entre-suivie* (II, 297; et passim); le verbe *entr'ouïr*, actif (V, 564); plus les pronominaux *s'entre-baiser* (I, 176); *s'entre-battre* (III, 40); *s'entre-dire* (V, 330); *s'entre-donner*

(IV, 324); *s'entre-piller* (IX, 14); *s'entre-pousser* (VIII, 47); *s'entre-presser* (V, 306); etc.

Au lieu d'aborder à présent l'étude des tournures archaïques chez notre auteur, étude qui trouvera sa place dans l'Introduction grammaticale, il nous a semblé préférable d'achever celle des mots : une fois son vocabulaire bien connu, le poëte sera plus facile à observer, à pénétrer, dans l'étonnante variété de ses combinaisons et de ses tours.

La recherche, l'usage fréquent, raisonné, des termes spéciaux, des termes techniques, sont un des caractères particuliers de son génie. Arts, sciences, métiers, professions, et la flore et la faune, il emprunte les locutions qui s'offrent à lui de toutes parts[1], et semble faire partout la chasse aux vocables : il saisit leurs affinités, leurs différences, leurs influences réciproques les uns sur les autres, remarque les modifications qui en diversifient l'emploi sans les dénaturer; bref, il s'en sert avec la plus grande habileté, la plus grande justesse, au propre et au figuré.

Au propre, le droit[2] lui fournit : *s'opposer; traduire la cause; ordonner enquête nouvelle; contredits; interlocutoires* (I, 121-122); *être appelé; il fut plaidé; en son lit de justice* (136-137), ces champs nous *sont dévolus* par l'édit; *la cour*, pour Perrin Dandin seul; *sans dépens* (II, 405); *résultat*, pour *jugement* (III, 271, VIII); *appointeur* (III, 341), *de débats* (342); etc., etc.

Parfois c'est un résumé plaisant de procédure, si exact d'ailleurs que les gens de loi les plus retors du temps n'y eussent découvert le plus petit vice de forme (V, 333-334) :

> Voilà l'*exploit* qui trotte incontinent
> *Aux fins de voir* le troc et changement
> *Déclaré nul, et cassé* nettement.
> Gille *assigné* de son mieux se défend;

---

1. « Encores te veux ie aduertir de hanter quelquefoiz, non seulement les sçauans, mais aussi toutes sortes d'ouuriers et gens mecaniques, comme mariniers, fondeurs, peintres, engraueurs, et aultres, sçauoir leurs inuentions, les noms des matieres, des outilz, et les termes usitez en leurs arts et mestiers, pour tirer de là ces belles comparaisons et viues descriptions de toutes choses. » (J. DU BELLAY, *la Deffense et Illustration de la langue françoyse*, tome I des OEuvres, p. 54.) Voyez aussi Ronsard, *Abregé de l'art poetique*, passim.

2. Voyez notre tome I, p xvi.

*Un promoteur intervient pour le siège
Épiscopal*, et *vendique* le cas.
Grand bruit partout, ainsi que d'ordinaire :
Le *parlement évoque à soi* l'affaire ;
Sire Oudinet, le faiseur de contrats,
Est amené; etc.

Dans « les Arrêts d'amours », un tableau analogue (VIII, 423-424) : *informer; les grands jours; item; leurs moyens; conclure; renvoyer; permis avec dépens*.

Mais ne l'a-t-on pas lui-même méchamment mis en cause (IX, 121-128) pour « deux *contrats* si chétifs que rien plus », qu'il a signés sans les lire, et où lui, « le moins fier » et « le moins vain des hommes », il aurait usurpé un titre de noblesse sans acquitter la taxe? Ne l'a-t-on pas déjà condamné, *par défaut?*

C'est le cas ou jamais de parler le grimoire juridique. Il n'y manque pas :

J'étois lors en Champagne,
Dormant, rêvant, allant par la campagne,
Mon *procureur* dessus un autre point,
Et ne songeant à moi ni peu ni point....
Il est bon homme, habile, et mon ami,
Sait tous les tours, mais il s'est endormi.
Thomas Bousseau n'en a pas fait de même :
Sa vigilance en tels cas est extrême ;
Il prend son temps et fait tout ce qu'il faut.
Pour obtenir un *arrêt par défaut*.
Le *rapporteur* m'en a donné l'*endosse*....
S'il eût voulu quelque peu différer,
La *cour*, Seigneur, eût pu considérer
Que j'ai toujours été *compris aux tailles*,
Qu'en nul *partage*, ou *contrat d'épousailles*,
En jugements *intitulés de* moi,
En *acte aucun* qui puisse nuire au Roi,
Je n'ai voulu passer pour gentilhomme....

S'il avait étudié le droit, assez du moins pour en savoir les formules, la Fontaine était d'abord entré novice à l'Oratoire. Était-ce bien sa vocation? Avait-il choisi cette carrière, ou l'avait-on choisie pour lui? Ici n'est point le lieu de traiter la question[1]. Ce qui nous importe, c'est de savoir qu'il

1. Elle l'a été d'ailleurs dans notre tome I, p. XII-XV.

n'a jamais oublié ce que nous appellerons les termes très particuliers de la dévotion. Tout en attribuant en partie à son très court séjour dans la congrégation l'honneur de la façon pertinente dont le malin poète s'exprime au sujet de la vie religieuse et effleure les matières théologiques, nous sommes obligé de reconnaître que, généralement, le sujet est scabreux, peu propre à faire une « méditation » (V, 474).

Mais (il le dit aux nonnes, 411) :

> Ce n'est pas moi qui le souhaite ainsi;
> Si vous teniez toujours votre bréviaire,
> Vous n'auriez rien à démêler ici.

Et sur le tapis on ne verrait pas *guimpe* (521);

> Et puis quoi? *guimpe*, et puis *guimpe* sans cesse,
> Bref, toujours *guimpe* et *guimpe* sous la presse.

Non pas qu'il ne soit plein d'équitable mansuétude pour celles qui, bon gré, mal gré, sont mises en un couvent. Il sait (IV, 485-488) que

> Le *voile* n'est le rempart le plus sûr
> Contre l'amour.... Ne faut qu'on s'imagine
> Que d'être *pure et nette de péché*
> Soit privilège à la *guimpe* attaché....
> Ma fille est nonne, *ergo* c'est une *sainte :*
> Mal raisonner.

Pour une sœur Jeanne qui *vit en sainte fille*, toujours *en oraison*, jamais *à la grille* (IV, 124 : nous taisons les vrais motifs de cette belle ferveur), combien se montrent « *ès parloirs* aguimpées bien blanchement » (IV, 488), quand elles ne sont pas au jardin de Mazet avec certains *pensers* qu'a défendus la *règle*.

Il se raille des vieilles *brebis* jalouses, et qu'une *ouaille*, plus jeune et plus pitoyable, ait dans la bergerie introduit quelque *loup* (V, 524, 530), il ne les juge pas moins prêtes à « passer » les unes que les autres, *abbesse* ou *mère prieure*, *dépositaire* ou *discrète*, *ancienne* ou *tourière*, *nonnain*, *nonnette* ou *novice*.

Heureusement pour elles que, si

> Tout homme est homme, et les moines sur tous (IV, 457),

les moines de la Fontaine le sont, autant et plus que moines au monde. Des *blancs*, des *tannés*, des *noirs*, l'escadron n'est ni petit, ni lent à leur montrer de sa part le chemin. Et « moines » n'est ici qu'une dénomination générique : il nous peint pêle-mêle, comme aimant « cette danse », la *mitre* avec la *crosse*, les *hommes du Conclave* et les *Monsignori*, les *cardinaux neveux* et le *cardinal préfet*, *abbés* et *chanoines*, *pères en Dieu, beaux* ou *béats*, sous qui les *lais* trouvent encore à frire; il nous décrit les *frères mineurs*, et le chapeau luisant, le rabat bien mis, des jeunes *bacheliers*, *suppôts de sainte Église*; sans compter les *ermites*, et les *Messires* Jean, curés du voisinage, les *pater* et les *factotum* : tous gens empressés à travailler d'ahan la *vigne du Seigneur*.

Car la scène où vit ce monde, car la façon dont il y vit, ne sont pas moins exactes que le nom des personnages. La chapelle du monastère, il l'appellera le *moutier*; il dira *confrérie* pour le couvent lui-même, s'il s'agit du repaire des Cordeliers dîmeurs. Puis nous avons le *froc*, les *robes*, les *manteaux*; la *corde* pleine de *nœuds* ceignant la rèche *houppelande*; le *chapelet*

   Long d'une brasse et gros outre mesure ;

la *haire* et la *discipline*, les *verges* et les *fouets*; le *psautier*, ce voile qui ressemble à quelque haut-de-chausses; le *scapulaire* sous qui niche l'Amour.

Il nous parle de *portion*, il nous entretient de *pitance* (nous retrouverons ces mots plus loin, aux métaphores). Un messire Thomas, certain jour de *calende*, invite les *doyen* et *curés* du *diocèse* à un régal joyeux, comptant sur le *tribut* que payent pour *pénitence* les dévots et dévotes de la paroisse. Plaisante est sa déception; mais bien tragique celle de son pauvre collègue, Messire Jean Chouart,

   Qui, du choc de *son mort*, a la tête cassée.

Il s'en allait si gaiement, récitant à son ordinaire

   Et des *psaumes*, et des *leçons*,
   Et des *versets*, et des *répons*;
   Des regards il sembloit lui dire :
   « Monsieur le Mort, j'aurai de vous
   Tant en *argent*, et tant en *cire*,
   Et tant en autres menus coûts. »

Insoucieux du lendemain, tel abbé (V, 391) mangera tout son fait dès la veille,

> Sans rien garder, non plus qu'*un droit apôtre*.

L'Écriture en effet l'ordonne : *Nolite solliciti esse de crastino*, n'allez pas vous soucier du lendemain.

Demain, c'est aubaine nouvelle : quelque exorcisme; un possédé plongé dans l'*eau bénite*, le chef affublé d'*étoles*, et le clergé autour chantant *Vade retro*, d'où forcément chômage, quête, aumône, et le reste. Demain, c'est, au rebours, *le Malin* qu'il s'agit de remettre en enfer, œuvre à Dieu fort agréable, de quoi se faire un jour *révérer* saint ou sainte, ayant la *palme* en main, les *rayons* sur la tête.

Mais il faut se borner : laissons là les *chapitres;* laissons les *abbayes* où les femmes *se vouent* pour obtenir enfants, et l'efficacité d'une *ombre monacale* en *couvent* plein de *jeunes frères*. Nous en avons plutôt trop dit que pas assez pour montrer comme la Fontaine sait trouver en ces matières le mot exact, le terme propre, et le mettre à la place voulue.

Quant à l'emploi par lui de proverbes courants, *se battre*, par exemple, *de la chape à l'évêque*, ou encore *se promettre la vigne de l'abbé;* à ses citations fréquentes de la Bible, soigneusement notées dans notre commentaire; enfin à son « Poème de la Captivité », et à ses paraphrases d'un psaume et d'une prose, nous retrouverons les premiers, ci-dessous le reste sort du cadre de cette étude.

Voici, pour y rentrer, pour rentrer dans *le siècle* (c'est son expression), voici l'économie rurale, la vie agreste. Le fabuliste, au gré duquel rien n'est sans voix dans la nature, et dont l'âme peut-être n'a de réelle pitié que pour les animaux, les plantes et les arbres, l'amant passionné de la campagne, devait posséder à fond tout le vocabulaire qui s'y rapporte. Furetière avait-il raison, et la Fontaine, après trente années de maîtrise dans les eaux et forêts, ignorait-il ce qu'est le bois de grume, le bois de marmenteau ? A quoi bon s'en enquérir ? La vérité c'est que nulle part chez lui les termes d'agriculture, d'horticulture, d'arboriculture, etc., ne se rencontrent qu'ils ne soient commandés par le sens et l'usage, à l'exclusion de tout équivalent.

Prenons, pour commencer, la fécondation de la terre par l'homme, la végétation, la floraison, le revenu.

PRÉFACE.

Que dit à ses enfants le riche laboureur sentant sa mort prochaine? *Creusez, fouillez, bêchez, remuez*, votre champ, et ceux-ci le *retournent* (I, 395). Que voit le diableteau, seigneur de Papefigue? Un manant *retourner* lui aussi son lopin, le *verser, versare glebas* (V, 359-360).

On *a foui, houé* (I, 227). Les *façons* sont données. A l'époque de l'ensemencement :

« Quel *grain* veux-tu *répandre* dans ces lieux? »

Le manant répond :

« Monseigneur, pour le mieux,
Je crois qu'il faut les couvrir de touselle » (V, 361).

« Voyez-vous cette main qui par les airs chemine », et que l'hirondelle prudente dénonce en vain aux oisillons :

« Un jour viendra, qui n'est pas loin,
Que ce qu'elle *répand* sera votre ruine. »

C'est en effet le temps où le chanvre se sème; plus d'un *sillon* déjà en est couvert (I, 82).

Puis les blés sont en *herbe* (I, 355), la chenevière est *verte* (I, 83); tout mûrit : arrive l'oût[1].

L'*oût* arrivé, la touselle *est sciée*.

Le diableteau susdit, croyant que la *semence* tenait à la *racine*,

Et que l'*épi*, non plus que le *tuyau*,
N'étoit qu'une herbe inutile et séchée,

le *chaume* sera sa part, et son copartageant se hâtera de vendre *en gerbe*, et non *battue*, l'excellente touselle (V, 365-366).

On peut *émonder* l'arbre, et l'*enter* aussi, si l'on veut qu'il nous donne

Ou des fleurs au printemps, ou du fruit en automne ;

faite selon les règles, l'opération est même nécessaire; l'*ébrancher*, oui encore, le tailler, si l'on entend par là supprimer avec choix les branches inutiles, et non point les casser, à tort et à travers, ainsi que l'écolier, par malice coupable, ou,

---

1. Même mot, *avant l'oût* (I, 59), *dès qu'on aura fait l'oût* (I, 395), en ce sens de moisson, de temps où l'on *recueille* (V, 367).

par ignorance, le philosophe scythe, qui *tronque* son verger contre toute raison, et prescrit « un universel *abatis* »,

> Sans observer temps ni saison,
> Lunes ni vieilles, ni nouvelles.

Les *planches*, les *carreaux* du *potager* modeste, où croissent à plaisir l'*oseille* et la *laitue*, les *porreaux* et la *chicorée*, les *raves*, les *navets*, les *carottes*, les *choux*, les *oignons* et les *aulx*; les outils, l'*ustensile* : la *faucille*, un *louchet*, *pics*, *leviers*, et *fourches-fières*; s'il s'agit de fileuses, leurs *tourets*, leurs *fuseaux*; d'un berger, sa *houlette*; d'un bûcheron, sa *cognée*; d'un charretier, son *fouet*; d'une laitière, le *coussinet* où elle pose la *cruche* en équilibre; élargissant le cercle, et passant au ménage : les *greniers*, le *pressoir*, les *caves*, les *celliers*; l'*armoire*, le *bahut*, la *huche*; le *chaudron*, la *poêle à frire*, la *marmite*, la *broche*, le *croc*, les *brocs*, l'*écuelle* : toujours c'est l'appellation la plus simple, et en même temps celle qui convient le mieux.

Dans l'*écurie* se pendent les *freins*, les *mors*, les *selles*; dans l'*étable*, les *jougs*; *râteliers* et *litières* garnissent l'une et l'autre.

Ce mulet portera le *bât*, fera sonner sa *sonnette*; Io, la vache, a sa *clochette*. L'âne est *ferré* de neuf, sa *corne* étant usée. Au frottement du *collier* le cou du chien se pèle.

Farcin, *mémarchure*, *apostume*, les chevaux sont sujets à des tares diverses. Or, par une habitude familière, ou, mieux, grossière, qui n'a point échappé à la Fontaine, tel de ses villageois, parlant de sa moitié comme de sa jument, affirme que Tiennette n'a ni *suros* ni *malandre*[1].

Revenons au *collier* du chien rencontré tout à l'heure, collier que prudemment « on sèmera de clous » contre la dent des fauves : ce détail nous ouvre, intimement liée avec la section précédente, la section, si riche, de la chasse et de la pêche.

Le chien, le chien de chasse, ce maudit instrument

> Du plaisir barbare des hommes,

le chien figure là sous ses différentes espèces, chacune avec

---

[1]. Comparez l'emploi de *monaut*, un enfant « *monaut* », au tome IV, p. 158.

PRÉFACE. xxi

son lot particulier de facultés, observées avec discernement, jamais confondues.

Au renard seront opposés les *bassets* (II, 429); au cerf, les *limiers* (II, 295); *dogues, lices, mâtins,* aux loups, aux sangliers (II, 305; VI, 258).

Les chiens, venus *couplés* (IV, 329), puis lâchés sur la *quête* (VI, 255), en tête les *clefs de meute* (III, 322), *éventent* ou la *trace des pas* (III, 280), ou le *terrier*, le *fort*, le *gîte*, la *demeure* du gibier (VI, 255); ils le débusquent, ils le *lancent* (I, 279, VI, 255). Tant qu'ils tiennent la *voie* et ne sont point *en faute* (I, 410), leur *aboi*, leurs *abois*, l'indiquent bruyamment (VI, 253, 263). Mais que, rusée, la bête *ait brouillé* cette *voie*, leur ait donné le *change* (II, 464, 465), ils n'*appellent* plus, ils *clabaudent :* alors le maître de les *rompre* (III, 322).

Et le même souci de la précision se retrouve aux peintures de l'animal traqué. Nous avons eu le *change*, la *voie* par lui *brouillée*, l'adversaire *en faute;* nous aurons aussi, dans les *pays* pleins de cerfs (III, 217), le *dix cors*, qui, de trop près serré, en *suppose* un plus jeune (II, 464); s'il est pris en effet, si son *bois*, sa *ramure*, le retarde ou trahit (II, 29, I, 349), on le déchirera; il aura beau *pleurer*,

Ses *larmes* ne sauraient le sauver du trépas :

on en *fera curée*, à moins que l'on ne le *sale* (I, 351, 411).

Aussi qu'ils sont prompts à fuir, lui, les *daims* et les *chevreuils!* Libre aux *ours*, aux *lions*, qui,

Fiers et pleins de rage
Ne cherchent leur salut qu'en montrant leur courage,

d'attendre l'ennemi, d'aller même au devant, d'être plutôt en somme chasseurs que chassés. Libre à ce *sanglier*, dont « le redoutable ivoire » coupe net les arbres, de *découdre* les chiens, de pousser sa *défense* au flanc de qui l'attaque de l'*épieu*[1], de l'épieu, car les *traits*, les *dards*, se rebouchent sur son cuir trop dur, et ne l'entament point[2] : l'homme d'ailleurs n'a pas qu'une arme, qu'un engin : il en change selon les proies.

Contre les oiseaux, combien de machines, causes de

1. *Adonis*, vers 259-260 et passim. — 2. *Ibidem*.

« mort » ou de « prison »! le *miroir* aux alouettes, *reginglettes, réseaux, tonnelles, lacets, lacs*, une *flèche* empennée, cette *fronde* au poing d'un enfant, aux mains d'un croquant l'*arbalète* (I, 82, 83, 144, 165; II, 50, 364), etc., etc.

Nous ne rappellerons qu'en passant le *faucon* sur sa *perche* (II, 321; V, 163); le chien *pillant* la *perdrix* (II, 446); le vautour *liant* le pigeon (II, 364); le *milan* qui refuse de revenir au *leurre* (III, 254); et, relatifs à la pêche, ces deux mots d'*hameçon* et d'*appât*, dont le second reviendra plus tard.

Si peu homme d'affaires, si peu trafiquant qu'il fût, la Fontaine, à l'occasion, parle la langue du trafic :

Un *trafiquant* sur mer par bonheur s'enrichit.
Il triompha des vents pendant plus d'un voyage :
Gouffre, banc, ni rocher n'exigea de *péage*
D'aucun de ses *ballots;* le sort *l'en affranchit.*
. . . . La Fortune
Prenoit soin d'amener son marchand *à bon port.*
Facteurs, associés, chacun lui fut fidèle;
Il vendit son *tabac*, son *sucre,* sa *canèle,*
  Ce qu'il voulut, sa *porcelaine* encor :
Le luxe et la folie enflèrent son trésor ;
  Bref il plut dans son escarcelle....
Le *profit* lui semblant une fort douce chose,
Il *risqua* de nouveau le *gain* qu'il avoit fait ;
Mais rien, pour cette fois, ne lui vint à souhait.
.... Un vaisseau mal *frété* périt au premier vent ;
Un autre mal pourvu des armes nécessaires,
  Fut enlevé par les corsaires ;
  Un troisième au port arrivant,
  Rien n'eut *cours* ni *débit*[1].

Rapprochez les *remises à vue* (VI, 94); les *comptoirs*, les *facteurs*, les *agents*, les *registres* exacts de *mise* et de *recette*, de la Chauve-Souris, du Buisson, du Canard (III, 220-224); leur *emplette* tout *emballée* jetée au fond des *magasins*
  Qui du Tartare sont voisins.

Mais ils ne poussent pas d'inutiles soupirs :

.... Le plus petit marchand est savant sur ce point ;
Pour sauver son *crédit*, il faut cacher sa *perte*.
Celle que par malheur nos gens *avoient soufferte*
Ne put *se réparer* : le cas fut découvert.

1. Tome II, p. 174-176.

Les voilà sans crédit, sans argent, sans ressource,
Prêts à *porter le bonnet vert*.
Aucun ne leur ouvrit sa bourse.
Et le *sort principal*, et les *gros intérêts*,
Et les *sergents*, et les *procès*,
Et le *créancier* à la porte
Dès devant la pointe du jour, etc.

Dans « les Rieurs du Beau-Richard », l'achat de six *setiers* de blé, *mine dans muid*, fournit deux scènes pleines des termes usités sur les marchés d'alors (VII, 127-133).

Dans « les Devineresses »,

L'enseigne fait la *chalandise* (II, 182),

d'où *achalander*, ibidem, p. 181.

Une lettre de notre auteur[1] renferme cet aveu qui nous est précieux : « Vous savez mon ignorance en matière d'architecture, et que je n'ai rien dit de Vaux que sur des mémoires. » Aveu précieux, en effet, puisque formellement il témoigne du soin de ne s'occuper jamais, qu'en se l'assimilant, elle et son vocabulaire, d'une chose qu'il ne connaît qu'imparfaitement.

S'agit-il donc d'architecture, il nous apprendra que, si à Vaux règne l'ordre *ionique* (VIII, 289), c'est le *toscan*, plutôt, aux *perrons*, aux *degrés*, taillés par la nature, de l'habitation du vieillard de « Psyché », cette simple demeure au creux d'un rocher, et dont tiennent la *cour principale*, les *avant-cours*, les *avenues*, en un plateau étroit (VIII, 140). Quant au palais de Psyché elle-même, il n'a pas fallu moins, pour l'édifier, que la fusion de

Ces ordres dont les Grecs nous ont fait un présent,
Le *dorique* sans fard, l'élégant *ionique*,
Et le *corinthien* superbe et magnifique (VIII, 61);

c'est encore l'*ionique* et l'ionique seul, « à cause de son élégance », qui est utilisé dans la construction du temple de Vénus (VIII, 185) : *frontispice* répondant merveilleusement bien au *corps*; sur le *tympan* du *fronton*, naissance de Cythérée en figures de *haut relief*; *entablement* et *colonnes* d'un marbre plus blanc que l'albâtre; inscriptions de la *frise*, de l'*architrave* et des *bases*; au *parvis*, dont il fait littéralement une

---

[1]. A sa femme, 12 septembre 1663.

« maison de baigneur »[1], « c'étoient des *portiques* ou *galeries basses;* et au-dessus des appartements fort superbes, *chambres dorées, cabinets* et *bains;* enfin mille lieux où ceux qui apportoient de l'argent trouvoient de quoi l'employer » (VIII, 186-187).

Pour les *dedans* d'autres édifices, il ne s'arrête pas d'ordinaire aux *lambris*, qu'ils soient de *stuc* ou de *dorures* (IX, 269); il ne distingue pas le *cabinet* de l'*antichambre* (ibidem, 266); mais remarque que telle *chambre* est à l'*italienne*, « voûte ouverte par le milieu ». Les *alcôves*, qu'il prétend inventées par les fées (VIII, 63), sont fermées par un riche *balustre* (VIII, 251).

Les vergers, devenus parcs (VIII, 121-124), se sont « plantés » eux aussi : admirons leurs « allées en *étoile* », leurs « parterres aux *fleurons* d'herbe tendre et menue », leur « feuillage rangé en *globes*, en *pyramides* ». Mais ne fallait-il pas y amener les eaux, profiter de ce cristal liquide aux cent usages divers, aux mille caprices? Voici donc une *goulette*, un *canal*, un *bassin* dit *rond à pans;* sur les *glacis* l'onde roule; des *degrés* des cascades elle tombe et bouillonne.

Chez la Fontaine, la joie de voir, d'entendre, s'augmente, on le sent, de la joie de redire, de répéter; il n'emprunte cependant que peu de mots techniques à la profession des peintres, des dessinateurs, des sculpteurs : le teint de la compagne de saint Malc aura des *jours* aussi frais qu'éclatants (VI, 285). Le Paysan du Danube est portrait *en raccourci* (III, 144). Annette, la contemplative, nous vaut ce coin d'académie, d'atelier (V, 346) :

> Quelqu'un n'a-t-il point vu
> Comme on *dessine sur nature?*
> On vous *campe* une créature,
> Une Ève, ou quelque Adam, j'entends un *objet nu;*
> Puis force gens, assis comme notre bergère,
> *Font un crayon* conforme à cet *original.*

La musique non plus, qu'il « aime extrêmement » (VIII, 271), n'a point, sauf quelques métaphores, été mise par lui à contribution fréquente; ce qui n'empêche point qu'il n'ait,

---

[1]. Comparez tome IV, p. 68 et note 5.

PRÉFACE. XXV

et sur les genres et sur les instruments, les idées les plus nettes (IX, 156) :

> La voix veut le *téorbe*, et non pas la *trompette ;*
> Et la *viole*, propre aux plus tendres amours,
> N'a jamais jusqu'ici pu se joindre aux *tambours.*

Mais on n'est plus au temps des grands *concerts* d' « Orphée », des *passages*[1] d'Atto et de Léonora :

> Ce n'est plus la saison de Raymond et d'Hilaire :
> Il faut vingt *clavecins*, cent *violons*, pour plaire ;
> On ne va plus chercher au bord de quelque bois
> Des amoureux bergers la *flûte* et le *hautbois.*
> .... Hiver, été, printemps, bref opéra toujours ;
> Et quiconque n'en chante, ou bien plutôt n'en *gronde*
> Quelque récitatif n'a pas l'air du beau monde.

« *Grondez-vous* point un air ? » demande la Rancune (VII, 316). Le Florentin en râcle (405), pour égayer Hortense :

> Prenant une *guitare*
> Il lui *râcle* à l'oreille un air vieil et bizarre.

Retranchez « le Quinquina », poème imposé, pour ainsi dire, les termes médicaux sont rares dans toute son œuvre. A cet épicurien médecine et docteurs ne disent rien qui vaille, ni le médecin Tant-Mieux, ni le médecin Tant-Pis. On ne peut s'en passer (III, 344) ; mais, à qui les réclame (218), Dieu sait ce qu'il en coûte : le *lit* et les *cataplasmes* pour la *goutte* de ce « prélat », alors que le manant, le « pauvre homme », s'est guéri de la sienne en la bien tracassant (I, 227) :

> Son hôte la menoit tantôt fendre du bois,
> Tantôt fouir, houer : *goutte* bien tracassée
>   Est, dit-on, à demi pansée.

Hippocrate n'a point de honte, il ne fait choix de ses mots : témoin le *recipé* à l'Abbesse malade (V, 306-317). Il est vrai qu'en revanche l'Académie, en 1694, sur le désir du Roi, aux *clystère*, *lavement*, substitue *remède* (VI, 46 et note 2)[2].

---

1. Tome II, p. 217 et note 5.
2. Mais, en 1685, la Fontaine écrivait encore (IV, 122) :

> On lui donne maints *clystères.*

Pour *malandre, suros, mémarchure, farcin, apostume, monaut*, voyez ci-

Sur le point de terminer la partie de ce travail qui concerne le mot, le mot propre, pris au propre, non encore au figuré, il est une remarque indispensable à faire. Parmi les nombreux termes choisis et cités par nous, beaucoup auraient paru ne point être dignes d'être relevés que nous n'en serions pas surpris : quelque titre de gloire que s'en fasse Boileau, appeler *chat* un *chat* semble si naturel!

Mais ce qui l'est moins, ce qu'il fallait à tout prix saisir et dégager, c'est l'usage de ce langage familier auquel la Fontaine doit un caractère si original. Or, de ce langage familier, auquel nous reviendrons, quel élément meilleur, plus facile, plus abondant, plus fécond, que la recherche, que l'emploi, du mot propre? D'où la nécessité, quitte à multiplier les exemples, de noter au passage ceux de ces mots qui sont, étaient tout au moins, de la langue ordinaire, de la langue parlée, et non de la langue étudiée, de la langue écrite.

Y avait-il si longtemps vraiment que, sous les réprimandes acerbes, pédantesques, de la gent qui porte férule, des gratteurs et regratteurs de syllabes, Corneille, retouchant, effaçant comme à la tâche, se voyait gourmandé pour des termes, presque tous bientôt réadoptés : par qui? par notre auteur? Vaugelas et Ménage nous disent que *futur* sent le notaire et le grammairien, qu'il est, même adjectif, à bannir, et des vers et de la prose. *Bouillons*, au figuré, *loyer*, pour *récompense*, n'étaient pas plus heureux. *Gueule* faisait frémir; *face* était trivial. *Poitrine*, *ventre*, *flanc*, cédaient la place à *sein*, qui les remplaçait tantôt l'un, tantôt l'autre, ou deux seulement, ou tous les trois ensemble, et, par un contraste plaisant, perdait, lui, en revanche, son sens particulier, estimé un peu libre. Moins choquant, *gorge* lui succédait. La Fontaine dit *gorge*, mais il dit *sein* aussi, et préfère *tetons*.

Achevons cependant l'étude du mot propre par la mention des termes empruntés à la chevalerie, au métier des armes. Voici la raison de ce classement : notre poète, s'il puise abondamment au trésor de la langue martiale, de la langue

---

dessus, p. xx; et tome IV, p. 161 : *cartilage, tendon,* en parlant d'une oreille; tome V, p. 43 :

> Et dès ce soir donner la potion;
> J'en ai chez moi *de la confection.*

guerrière, n'en tire le plus souvent que des comparaisons, des images.

Ce sera donc une liaison toute naturelle pour entrer dans l'étude correspondante du mot propre pris au figuré.

Les romans l'ont bien instruit, ces romans où les belles couraient les aventures en croupe des *palefrois* (IV, 437, 438, 442).

Son diable, provoquant Phlipot la bonne bête à un duel à mort, un duel à toute *outrance*, crie du ton d'un Beaumanoir (V, 371, 375) :

> Lequel *aura* de nous deux *belle amie* ?

Renaud obtient le *don d'amoureuse merci* (IV, 267). Et, souvenir analogue des tournois de jadis, parmi les traits « qui disent et qui ne disent pas » du « Tableau », nous rencontrons celui-ci (V, 596) :

> Quoique Bellone ait part ici,
> J'y vois peu de *corps de cuirasse :*
> Dame Vénus se couvre ainsi
> Lorsqu'elle *entre en champ clos*[1] avec le dieu de Thrace :
> Cette armure a beaucoup de grâce.

A soixante-six ans, il se permet ce rêve : « Que direz-vous, écrit-il à Saint-Évremond, le 18 décembre 1687, d'un dessein qui m'est venu dans l'esprit? Puisque vous voulez que la gloire de Mme Mazarin remplisse tout l'univers, et que je voudrois que celle de Mme de Bouillon allât au delà, ne dormons ni vous ni moi que nous n'ayons mis à fin une si belle entreprise. Faisons-nous chevaliers de la Table Ronde ; aussi bien est-ce en Angleterre que cette chevalerie a commencé. Nous aurons deux tentes en notre équipage, et au haut de ces deux tentes les deux portraits des divinités que nous adorons.

> Au passage d'un pont, ou sur le bord d'un bois,
> Nos hérauts publieront ce ban à haute voix :
> « Marianne sans pair, Hortense sans seconde,
> Veulent les cœurs de tout le monde.... »

Mais le rhumatisme, hélas! le réveille, le rend peu dispos à *chausser l'éperon* (IV, 101).

---

1. Comparez tome IX, p. 89, l'*Épithalame en forme de centurie*.

XXVIII   LEXIQUE DE LA FONTAINE.

Sauf en amour, du reste, il n'est pas belliqueux (IX, 103-104) :

> Votre séjour sent un peu trop la poudre,
> Non la poudre à têtes friser,
> Mais la poudre à têtes briser :
> Ce que je crains comme la foudre.
> .... Je suis un homme de Champagne,
> Qui n'en veux point au roi d'Espagne :
> Cupidon seul me fait marcher....

Autres combats, mais combats encore de Cupidon (VI, 28) :

> La guerre aussi s'exerce en son empire;
> Tantôt il met aux champs ses étendards,
> Tantôt, couvrant sa marche et ses finesses,
> Il prend des cœurs entourés de remparts, etc.

Lorsque la Fontaine emploie ainsi les métaphores militaires, il ne fait que suivre la mode, il parle comme on parlait, non pas seulement dans les romans, au théâtre, mais tout autour de lui. C'est d'un air non moins narquois que Molière[1] qu'il note les « bravades » chères aux « plumets », et qui éblouissent les belles (VIII, 295, 296) :

> Vous devez avoir lu qu'autrefois le dieu Mars,
> Blessé par Cupidon d'une flèche dorée,
> Après avoir dompté les plus fermes remparts,
>   Mit le camp devant Cythérée.
> Le siège ne fut pas de fort longue durée :
>   A peine Mars se présenta
>   Que la belle parlementa....
> Il la gagna peut-être en lui contant sa flamme,
> Peut-être conta-t-il ses sièges, ses combats,
> Parla de contrescarpes et cent autres merveilles
>   Que les femmes n'entendent pas,
> Et dont pourtant les mots sont doux à leurs oreilles.

La dame comparée à une *forteresse*, très rarement *inexpugnable*, devant laquelle *on assied son camp*, que l'on *investit*, que l'on *bat* de l'*artillerie* d'Amour (et, par malheur, de celle aussi des louis, des pistoles), puis l'*escalade*, l'*assaut*, sinon le *plein saut*, tel est, sans préjudice des rencontres futures, moins brusquées, entre deux draps,

> Champ de bataille propre à de pareils combats,

---

1. *Les Précieuses ridicules*, scène XI.

PRÉFACE.

tel est l'ordre logique, méthodique, des opérations (IV, 253 ; V, 31, 127, 396, 452 ; et passim).

« Très rarement inexpugnable » : il n'est pas ordinaire en effet que la belle soit *un fort à tenir aussi longtemps que Troie;* ni que d'un vieux *routier* les efforts à la longue ne fassent que *blanchir :* le cœur aura ses *brèches;* la chasteté *pliera.* Cependant quelques amants ridicules, jouets d'une coquette, croiront *ville gagnée*, au moment où il seront eux-mêmes décorés de l'*ordre de cocuage* (V, 72, 127, 159, 421).

L'armée des cocus, qui se forme *sous la bannière* de Vulcain, ne tarde pas à être recrutée (V, 140-142) :

> Déjà l'armée est assez forte
> Pour *faire corps* et *battre aux champs.*
> La voilà tantôt qui menace
> *Gouverneurs de petite place,*
> Et leur dit qu'*ils seront pendus*
> *Si de tenir ils ont l'audace :*
> Car pour être *royale* il ne lui manque plus
> Que peu de gens ; c'est une affaire
> Que deux ou trois mois peuvent faire.
> Le nombre croît de jour en jour
> Sans que *l'on batte le tambour....*

c'est-à-dire sans les bans usités d'appel. A quoi bon enchaîner, *captiver* sa femme (IV, 369) ? Les *tours de vieille guerre* (I, 257) lui sont tous familiers ; pour *aller en conquête* (I, 273), elle en inventera. Il est des *factions*, ces *factions* « si belles » au dire de Brantôme, que rien ne lui fera manquer pour peu qu'elle en ait l'envie (IV, 502 ; V, 82).

Et que nulle rivale n'ose la traverser ! L'offense la plus irrémissible parmi ce sexe, c'est quand l'une d'elles en mortifie, en *défait* une autre (VIII, 45).

Les amants ne connaissent que *trêves* mensongères et *paix fourrées* (VII, 14). Le poète a dit : « les vautours plus ne *se chamaillèrent* » (I, 135 et note 15) ; mais eux *se chamaillent* toujours.

Pour les maris, quelques-uns ont mérité leur sort[1], qui précisément y échappent : témoin, non pas Clidamant, le Marseillais trop chaud, trop lubrique, *attaquant* sa soubrette

---

1. D'être *enrôlés*, et tout de bon (IV, 51), *couchés sur l'état* de Messer Cocuage (83).

(VI, 128), et, comme le « meusnier » de Poge, « deceu de sa femme par luy mesme », mais le malin bourgeois qui jouit de sa servante, fille à bien *armer*[1] un lit, qui *en vient aux prises* avec elle dans son jardin (IV, 279, 282).

Nous faut-il à présent, « galanterie » laissée, relever tous les termes empruntés à la même source martiale? Ce serait impossible.

Le moucheron *sonne la charge* (I, 156). Le lièvre *met l'alarme au camp*[2] (173). *En sentinelle* sont, ici quelque vieux coq (175), là les dindons, dans l'arbre qu'*assiège* le renard (II, 297, 298). C'est sans doute *une mine* que *creuse* cette laie (I, 220). Les loups et les brebis *échangent des otages*[3] (240). Relisez le combat sanglant des rats et des belettes (286-288). *Enseigne* et *mot du guet,* pour entrer chez la bique (327). Le lion *tient conseil de guerre;* averti par ses *prévôts,* chaque animal jouera son rôle : le renard, ménageant de *secrètes pratiques,* l'âne servant de *trompette,* et le lièvre, de *courrier* (424, 425). Ratopolis *étoit bloquée* (II, 108). De la mouche du coche (142) :

> Il semble que ce soit
> *Un sergent de bataille* allant en chaque endroit
> Faire avancer ses gens.

Quel esprit ne *bat la campagne* (153)? On a vu *décamper* (I, 356), *déloger sans trompette* (359), l'alouette et ses petits. Madame la Belette *est sommée* d'ainsi faire (II, 186). Entre les boubaks de l'Ukraine, il y a perpétuelle lutte (470) :

> Jamais la guerre avec tant d'art
> Ne s'est faite parmi les hommes... :
> *Corps de garde avancé, vedettes, espions,*
> *Embuscades, partis.*

---

1. Guerre et marine se touchent. *Armer,* c'est pourvoir de l'attirail nécessaire une forteresse ou un vaisseau. — *Convoyer,* que nous rencontrons tome IV, p. 96, offre un cas analogue : donné comme de peu d'usage, puis restreint au maritime, l'Académie s'est décidée à l'étendre au militaire.

2. Tel, vêtu des armes d'Achille,
Patrocle *mit l'alarme* au camp et dans la ville. (III, 235.)

3. Je pourrois bien quelque jour
Laisser mon cœur *en otage.*
(Lettre à Mesdames d'Hervart, de Virville et de Gouvernet.)

Affublé de la peau du loup, le renard disperse « l'*ost* au peuple bêlant » (III, 235).

C'est un *lit de camp* qu'on dresse pour Colette (IV, 208). L'époux *fait la ronde* (322), *occupe* la rue (323). Point de *quartier* pour un évangéliste (336). Peu de *quartier* aussi de la part d'Amour (passim). A la *rançon* que Quinzica, muni d'un *sauf-conduit*, offre à Pagamin, ce corsaire a d'avance préféré la *rançon* que la femme avait toute prête (342, 344). Le trait du Galant escroc est un trait de *franc soudard* (359). Eurilas eût tenu dans un *fourreau d'épée* (390). Hispal coupe en deux Grifonio d'un *revers* (402). Le château est pris d'*emblée* (420). On pend les vaincus aux *créneaux* (425). Sur l'*escorte* d'Alaciel un *gros* d'Arabes se jette (443, 444).

> Anne, faisant *passer* ses péchés *en revue*,
> Comme un *passe-volant* mit en un coin ce cas,
> Mais la chose fut aperçue (V, 348).

On court à l'*arsenal* où sont les disciplines, les verges du couvent (531).

Télamon, vainqueur, consacre un *trophée* à Chloris (VI, 200). Zoon joint le satrape qui lui ravit Iole; il l'engage

> En un combat *de main à main* (209).

Les Sarrasins sont dits *milice* du démon (283).

Baudrier, épée, mousqueton, bandoulière, l'*attirail* de Ragotin, sur son *courtaud*, est complet (VII, 294, 296). La Rancune *fait la guerre à l'œil* (390 et note 5).

Sous les *canons*, sous les *carcasses*, de siège, Philipsbourg *bat la chamade* (VIII, 467). Le prince Guillaume d'Orange est contraint de *déloger* de devant Limerick, une méchante place, qu'un *argoulet* eût prise (IX, 54).

Troupe, bande, escadron, cohorte, sont mots couramment répétés.

Nous avons dit tout à l'heure qu'*armer, convoyer*, étaient termes de guerre et termes de marine. En voici de marine seule :

Sans s'éloigner trop de la *rade, sortir* dans quelque *chaloupe*, dans une *barque à pêcheur* (IV, 339, 340); *prendre le dessus du vent* (400; VI, 200); *accrocher* l'ennemi, et *monter sur son bord* (IV, 402): *radouber* ses *galères* (419) : au propre ces locutions. — Au figuré, *jeter son plomb*, le plomb de sonde (V, 30), le jeter sur quelqu'un dont la femme est *de prise, de bonne prise* s'entend (517); perdre la *tramontane*, s'emparer du *timon* (594) :

  Thérèse en ce malheur perdit la *tramontane* :
  Claude la débusqua, s'emparant du *timon*;

arriver *à bon port* (39, 296) :

  .... Afin que l'aventure
  Nous réussisse, et qu'elle aille *à bon port*;

ou, parlant de « l'esprit » du beau père requis par la candide Lise,

  Toujours l'esprit s'insinue et s'avance,
  Tant et si bien qu'il *arrive à bon port*;

rembarqué, rembarqué sur la mer amoureuse (VII, 13; VIII, 363); sur celle de l'ambition, *voguer à pleines voiles*,

  [Croyant] *avoir pour soi les vents et les étoiles* (VIII, 357);

à ses périls le passage *sonder* (V, 303); *boire au godet, à la grande tasse* (305); blondine *chiorme* (100); etc., etc.

Très riches en images sont aussi la chasse et la pêche.

Le galant de « la Mandragore » est plus *leurré* que personne (V, 27), leurré, dressé au leurre, adroit, délié, pratique, et non point de ces « gens sots » qui se laissent *leurrer* (67), attirer, attraper, prendre, à l'entretien libre et gai d'une Rémoise.

Car chaque sexe, à son tour, est gibier ou chasseur :

Chasseur ? voyez André, celui qui « ne *tendoit* guère en vain *ses filets* » (IV, 157) :

  Ce n'étoit pas autrement sa coutume;
  Sage eût été l'*oiseau* qui de ses *rets*
  Se fût sauvé sans *laisser quelque plume*.

Mais gibier, l'imprudent qui, *tombé dans les lacs* d'une fine coquette (V, 70), n'en sort que *plumé* par elle jusqu'à la peau (71; IV, 357).

Inversement, *aux lacs* de Joconde et d'Astolphe[1], qui *se mettent en voie*, c'est toute « créature » qui *tombe*, même la plus sévère (IV, 41, 42).

---

1.   Ou plutôt du diable lui-même (IV, 469) :
   Si c'étoit lui, ma fille,
  Qui fût venu pour nous *tendre des lacs* ?

PRÉFACE.

Que de ces *oiseaux*, des nonnes, le jouvenceau du « Psautier » soit friand (V, 411), jeunesse inconsidérée l'explique. Mais le vieillard n'a pas tort qui, crainte de succomber, ne retient point, que ce soit nonne ou autre, tels *oiseaux* dans sa *cage* (469).

Oiseaux parfois d'ailleurs peu faciles à *servir*; qui, mal *appariés*, comme à son « vieux penard » Bartholomée la *drue* (IV, 332, 333, 348), n'attendent que le temps de mieux faire : n'est-ce pas crime à un homme de *se tenir en mue* (74)?

Mais ce genre de comparaisons est loin d'être épuisé. Qu'il s'agisse de l'homme, d'un dieu, de la femme, la Fontaine n'est pas au bout de ses figures :

> Axiochus avec Alcibiades....
> En même *nid* furent *pondre* tous deux. (IV, 117.)
> Je ne vous aurois jamais dit
> Tous ses temples et ses chapelles,
> Nommés pour la plupart alcôves et ruelles.
> Là les gens pour idole ont un certain *oiseau* (l'Amour)
> Qui dans ses portraits est fort beau,
> Quoiqu'il n'ait des *plumes* qu'aux *ailes*. (446-447.)

Lise est un *oison* (V, 291), et Pierre est qualifié de même (502). Mais Lise s'instruira, car les « extrêmes Agnès »

> Sont *oiseaux* qu'on ne vit jamais.

Si « les rois de Garbe » ne sont pas, eux non plus, *oiseaux* « communs en France », il n'en faut pas conclure que les « heureux amants »

> Soient ni *phénix*, ni *corbeaux blancs*. (V, 10.)

On en sait de tous les *plumages* (V, 390); avec de l'*entregent* (IV, 462), fille aura toujours « son affaire ».

L'image est bien suivie dans ces vers où nous est retracée une des voluptés du paradis de Mahomet, tout au moins du paradis du « Vieil de la Montagne » (V, 385-386) :

> Là se trouvoient tendrons en abondance,
> Plus que *maillés*, et beaux par excellence :
> Chaque réduit en avoit à *couper*.
> Si se venoient joliment attrouper
> Près de ces gens, qui, leur boisson cuvée,
> S'émerveilloient de voir cette *couvée*.

L'Amour *tend* maint *panneau* (VI, 125); maint jaloux *s'en affuble* (V, 32), *donne dedans*, y reste, ainsi qu'au *trébuchet* (VII, 436).

Se méfiant du tour, celui-ci *rompt les chiens* (V, 394); celui-là *prend le change* (IV, 323).

Voici le bon Thibaut *en quête* de sa femme (VII, 463); Psyché, de son mari (VIII, 160).

> Ayant eu *le vent*[1] des beautés...
> Qu'en sa voisine on disoit être,

le voisin d'Alaciel veut la tirer, la tire, des *griffes* du corsaire, du *mâtin*, comme il dit (IV, 423, 424).

Telle était *sur ses fins* (435), et tel est *aux abois* (V, 567; IX, 207).

En place de la dame *supposer* la soubrette, c'est charité du sort (VI, 124).

Thérèse, *débusquée* (V, 594, 595), est mal contente et gronde.

Le poète emploie également au figuré *brisées, reprendre nos brisées* (lettre au chevalier de Sillery).

Thrason *est pour le poil* autant que *pour la plume* (VII, 107).

Mais venons à la pêche. Nous avons déjà relevé les mots *hameçon* et *appât*.

D'*hameçon*, deux exemples. Le premier dans « Psyché » : « Son aînée *avoit mordu à l'hameçon* » (VIII, 169). L'autre, dans une lettre quelque peu ingénue de l'auteur à sa femme (IX, 289) :

> Je suis certain que Cupidon
> N'eût jamais manqué de me prendre,
> S'il m'eût tendu ce *hameçon*.

On a trop parlé d'*appât* pour qu'il soit bien utile d'en disserter ici. Ce qui paraît acquis, c'est qu'*appât* et *appas*, jadis *appast, appasts*, ne sont qu'un même mot, *appât* le singulier, et *appas* le pluriel; qu'on a eu tort d'écrire au singulier *appas* et non *appât*; et surtout, compliquant les

---

1. Comparez V, 70, 124, 329 : n'avoir ni *vent*, ni *voie* de; en avoir *le vent*; il en vint au curé quelque *vent*; et IV, 304 :

> Tout lui fait redouter qu'une troupe infidèle
> N'*évente* les secrets que cet antre recèle.

choses, qu'on a eu tort de faire, c'est le cas de la Fontaine, deux singuliers, selon que le terme est au propre :

> Et quand à quelques-uns l'*appast* seroit fatal,
> Mourir des mains d'Annette est un sort que j'envie (III, 57);

ou bien au figuré :

> Funeste *appas* de l'or, moteurs de nos desseins,
> Que ne peux-tu sur nous, si tu plais même aux saints ? (VI, 280).

Une fois, une seule, il déroge à sa règle (II, 284) :

> Amusez les rois par des songes,
> Flattez-les, payez-les d'agréables mensonges...
> Ils goberont l'*appast*, vous serez leur ami.

Et maintenant, qu'*appas*, comme *charmes*, *attraits*, n'ait pu se dire, ne se soit dit autrefois de l'homme aussi bien que de la femme, nous ne comprenons guère qu'on l'ait soutenu : renvoyer à nos notes et à ce Lexique suffit.

L'agriculture, l'économie rurale, sont également fertiles en métaphores; et partout revient, sous des noms divers, sous une forme ou sous une autre, l'amoureux *appareil* (VI, 46), ou *appareillement*, l'accouplement, la génération des plantes, des animaux, y compris les humains. Vénus n'est-elle pas en effet une allégorie de la nature entière, le symbole de toutes les sèves, l'emblème de toutes les énergies de l'universel amour?

De la femme à la terre l'assimilation est du reste vieille comme le monde :

> .... Son soin ne fut longtemps *infructueux*;
> Pas ne *semoit* en une *terre* ingrate :
> Pater Abbas avec juste sujet
> Appréhenda d'être père en effet. (V, 403.)

Exploiter, *besogner*, quoiqu'ils ne soient pas empruntés uniquement au travail des champs, de la culture, non plus que *mettre en œuvre*, et locutions analogues, ne se rapportent jamais chez la Fontaine qu'à cet ordre d'idées, à lui familières.

Comparez la *besogne* de ses joyeux « Frappart »,

> Et, *dans la vigne du Seigneur*,

leurs si charitables prouesses (IV, 176, 177).

Il y a un *retournée*, « Tiennette *retournée* », au conte des

« Troqueurs » (V, 332), qu'il convient évidemment de joindre à la même liste.

Le labourage ne va bien que si l'on attelle à la charrue des bœufs d'égale force (IV, 329-330) :

>Comment pourroit *celle* du mariage
>Ne mal aller étant un *attelage*
>Qui bien souvent ne se rapporte en rien ?

En cas de cocuage, c'est l'homme, le mari, le cocu lui-même, que « cultive, qu'exploite », avec l'aide d'un galant « laboureur », sa trompeuse moitié. Voyez « la Mandragore », vers 248-249, et « le Roi Candaule » ou, mieux, « le Maître en droit » (V, 451) :

>Dès à présent je vous réponds
>Que l'époux de la dame *a* toutes ses *façons :*
>Si quelqu'une manquoit, nous la lui *donnerons,*
>Demain, en tel endroit, à telle heure...,

à *l'heure du berger* (123 et note 6).

Balzac s'est souvenu dans un de ses contes (le Péché véniel)

>Du *verger* de Cypris, labyrinthe des fées (V, 554) ;

il en fait « le jardin naturel de Vénus », après tant d'autres, il est vrai, qui se sont plu à célébrer aussi ce « joli champ ». Entre les métaphores prises des animaux, nous laissons de côté celles qui ne sont dues qu'à des rapprochements tout fortuits : tel le cri de Mazet, « qu'un *coq* n'en a que sept » ; tels les frères dîmeurs, brûlés, grillés, « comme *cochons* », ces frères qu'on a vus (IV, 179), *essaim* plein d'appétit, *se jeter* dans la ville. *Essaim* aussi les nonnes (V, 414), dont le *bourdonnement* (421) raille le couvre-chef indiscret de l'abbesse ; ailleurs, *troupeau*, *bétail*.

Quoiqu'il parle de *cornes* (IV, 173), l'auteur, sauf dans un passage qui n'est pas concluant (103), ne paraît point en réalité, comme on aurait pu le croire, prêter au verbe *ruminer*, *ruminant*, je *rumine*, une signification moqueuse ; pas plus qu'on n'en mettait, qu'il n'en mettait lui-même, dans l'emploi, général chez ses prédécesseurs et ses contemporains, de *poil* pour *cheveux*[1] et de *cuir* pour *peau* :

>Des gens de tous états, de tout *poil*, de tout âge (V, 111).
>Taille, visage, traits, même *poil* : c'est la nôtre (450).

1. Pour Phébus, il dit *crin* : « Phébus aux *crins* dorés » (I, 381), et

PRÉFACE.

Ici, « sans *poil* au front » (IV, 233); là, « sans *poil* au menton » (301).

Morceau de roi, Colette est « bien le *cuir* plus doux » (IV, 214); et Gygès s'extasie devant la reine nue (V, 429) : « Le beau corps! le beau *cuir!* »

Alors que « petit *bec* » est gentil, est mignon (V, 507), ironique en l'espèce, *lampas* n'est que plaisant (IV, 136) : « humecter le *lampas* ».

Il n'était guère possible, au reste, que le cheval, cet animal plein de feu, ne fournît au poëte son appoint de figures.

Relevons dans le nombre[1] : *piaffe, la piaffe;* « vous voilà *de relais* »; « faire la nuit *d'une traite* »; et *traites* d'autre sorte, celles de l'amoureux; *poste* enfin dans « Joconde », *postes* dans « le Berceau ».

Sœur Thérèse, la détrônée, est laissée longtemps *au filet* (V, 597).

Quant à la section du trafic, du commerce, *commerce, trafic*, eux-mêmes, reçoivent au besoin un sens métaphorique.

Dans son *commerce* au logis de la dame, le marquis, « gouverneur de la place », craint d'être interrompu (IV, 252). La suivante qu'achète, ou que veut acheter l'époux des « Quiproquo », rejette un tel « *commerce* », quitte à bientôt changer de ton (VI, 129)[2].

Rustic ayant commis la grave imprudence de garder Alibech (V, 466),

> Il en avint un fort plaisant *trafic :*
> Plaisant fut-il, au péché près, sans faute.

D'ailleurs (VI, 129) :

> Amour *vend* tout, et nymphes et bergères;
> Il *met le taux à* maint objet divin.

Marchander, marchandise, marché, marchand, marchande, sont termes expressifs, du plus fréquent usage.

« Phébus... au blond *crin* » (VII, 279). — Quant à la jeune Babeau, qui « fut du bon *poil* », l'image est empruntée peut-être des étoffes, peut-être des juments à la robe lustrée, membrues, hennissantes, ardentes.

1. IV, 56, 215, 227, 287; V, 439.
2. Comparez IV, 23, 368.

La fiancée convient du « nombre de faveurs qu'elle auroit à payer au chevalier » (IV, 442, 443) :

> Non tout d'un coup, mais à mesure
> Que le voyage se feroit....
> Le *marché* s'étant ainsi fait,
> La princesse en croupe se met....
> Avec beaucoup de foi le *traité s'exécute :*
> Pas la moindre ombre de dispute ;
> Point de faute au *calcul*, non plus qu'entre *marchands* ;

quoique *marchands* aussi puissent y *faire abus* (V, 213) :

> Les jeunes gens, comme on peut croire,
> Ne s'épargnèrent ni serments,
> Ni d'autres points bien plus charmants,
> Comme baisers *à grosse usure* ;
> Le tout sans *compte* et sans *mesure :*
> *Calculateur* que fût l'amant,
> Brouiller falloit incessamment.

Identiques conventions : « le *marché* se conclut » ; « tel étoit leur *marché* » ; « façon sur le *marché* » ; « ayant fait leur *marché* » (IV, 50, 254, 281, 303).

Dans « l'Oraison de saint Julien », marchande est-il pris pour *vendeuse*, vendeuse de soi-même (IV, 262)? Nous ne le croyons pas. Il l'est pour *acheteuse* dans ce passage-ci (V, 293) :

> Nous pourvoirons à ce qui vous amène,
> Sans exiger nul salaire de vous ;
> Il est *marchande* et *marchande*, entre nous :
> A l'une on vend ce qu'à l'autre l'on donne.

Magdeleine *marchandera*[1] quand on vient à la chemise : « *Dépêchons : c'est par trop marchandé* » (V, 496-497). « Ne *marchandez* pas », dit Richard à Catelle (IV, 70). Nérie n'en aurait garde (V, 118) ; frère André moins encore (IV, 180).

Marchandise revient deux fois, et deux fois avec une intention peu flatteuse :

> Les voleurs sont tel ou tel prince,
> Comme le Transylvain, le Turc, et le Hongrois.

---

[1]. Le verbe est, tome V, p. 262, non plus neutre, absolu, et au sens figuré, mais actif, et au propre.

PRÉFACE.

Au lieu de deux, j'en ai rencontré trois :
Il est assez de cette *marchandise* (I, 97);

et (IV, 494) :

Les nonnes sont un étrange bétail ;
Qui n'a tâté de cette *marchandise*,
Ne sait encor ce que c'est que tourment.

Rapprochez la *denrée* : « .... tant c'est chère *denrée* qu'un protecteur » (II, 303).

Étant *de bonne emplette*, la femme a toutes chances d'*avoir* partout *son compte* (IV, 111, 212), plus de chances au moins que ces deux *associés* des frais et du plaisir, qui, si bien dupés, bernés, bafoués, *ont leur compte* eux aussi (V, 67-87).

Dans le choix, la sélection scrupuleuse, des images, figures, comparaisons, métaphores, qui sont tirées des affaires, du droit, de la pratique, nous en avons réservé de simples, d'usuelles, dont la véritable origine, oubliée, méconnue, ne se présente plus guère à l'esprit.

Ainsi *partant*, pour dire *de là, par conséquent* (II, 95)[1] :

Plus d'amour, *partant* plus de joie.

Ainsi *procès* lui-même (VII, 14) :

Ce ne sont que *procès*, que querelles d'un jour ;

faire le procès à (III, 414); *sans forme de procès* (I, 90); *le procès est pendant*; il *pend, pendra* toujours (IV, 326);
Y perdre son latin, avec *procès* encore (VI, 49) :

C'est un *procès* qui n'auroit point de fin :
Cicéron même *y perdroit son latin*.

Ainsi *cause* : donner *gain de cause* à quelqu'un (VIII, 263) :

Ce point tout seul devroit me *donner gain de cause*.

D'autres sont plus neuves, plus hardies, plus frappantes, moins communes d'emploi.

Telle *assignation*, pour invitation amoureuse (V, 585) :

Une *assignation* pleine d'impatience
Fut un jour par les sœurs donnée à cet amant.

Du verbe *lotir*, partager en *lots* un héritage (I, 193), judi-

1. Voyez I, 110; II, 371 ; V, 357, 362; et passim.

ciairement, et les distribuer, la Fontaine a deux fois, dans un sens quelque peu gaillard, employé le participe :

> Je ne voudrois contre aucune de vous,
> Qui vous vantez d'être si·bien *loties*,
> Avoir troqué de galant ni d'époux,

déclare à ses amies une des « trois Commères » (IV, 299). La seconde des nonnes que Mazet veut bien « servir » n'a pas, il s'en faut, « le bon » de la première (502) :

> Cette sœur fut beaucoup plus mal *lotie;*
> Le pauvre gars acheva simplement
> Trois fois le jeu, puis après il fit chasse.

L'Isabeau du « Psautier » n'ayant voulu « lâcher le morceau » à personne (V, 422) :

> Par *préciput* à notre belle on laisse
> Le jeune fils, le pasteur à l'abbesse.

A « l'enfer » d'Alibech on a quelque soupçon (479) :

> Mais cette *chartre* est faite de façon
> Qu'on n'y voit goutte, et maint *geôlier* s'y trompe.

La femme à son mari donne des *suffragants* (138). De son *vice-gérant* Anselme apprend les soins (268) :

Le mot *moyen* est plaisamment appliqué dans l'endroit où le bon chevalier, cédant Alaciel (IV, 444),

> En chargea son neveu, jeune homme de courage,
>   Lui léguant par même *moyen*
> Le surplus des faveurs avec son équipage
>   Et tout le reste de son bien.

Aldobrandin a beau, quoique *bail et mari*, ne point *bailler* sa femme, mais trop bien la veiller (V, 562), la haquenée est là, qui sait jouer son jeu.

A la dame, victime du tour des « Quiproquo » (VI, 138) :

> *Prétendre erreur et cause d'ignorance*

aurait été permis, de l'avis du conteur.

Le païen de « l'Oracle » (I, 342) ne croit en Dieu que

> *Par bénéfice d'inventaire.*

Quand l'ours s'en vint au trot vers les deux Compagnons 428),

Le marché ne tint pas, il fallut le *résoudre :*
D'*intérêts* contre l'ours, on n'en dit pas un mot.

Expédier les loups *en forme*, c'est affaire à ce chien vigoureux (II, 410); et aux camarades du cerf agonisant, de se résigner, de le laisser mourir en paix, de souffrir que la Parque l'*expédie en forme commune* (III, 217).

Quant aux éléments personnifiés (III, 226 et note 3) :

Vous serez étonnés de voir qu'à tous moments
Ils seront *appointés contraire.*

Interlocution, qui proprement veut dire jugement par lequel on prescrit, on ordonne un interlocutoire, la Fontaine le dit des arguments qu'échangent les interlocuteurs des dialogues de Platon.

Enfin, dans deux sujets religieux, dans les paraphrases du « Dies iræ » (VIII, 414) :

L'ange rassemblera les débris de nos corps ;
Il les ira *citer* au fond de leur asile ;

et du psaume XVII (VIII, 395) :

Ma prière parvint aux temples étoilés,
Parut devant sa face, et *fut entérinée.*

Aux métaphores empruntées à la dévotion et à ses pratiques, il nous faut rapporter le *diable* de Rustic et l'*enfer* d'Alibech (V, 462-482).

Si Honesta et d'autres prudes, toutes si l'on veut, ne sont que des *démons* (VI, 102), ces Grâces, ces Vénus, ce grand concours d'Amours, élite et fleur de Rome, qu'on nous montre au saint lieu, sont, en revanche, pour parler *en chrétien*, des *anges, anges femelles*, anges autour de qui tout, jusques aux révérences, respire la dévotion (V, 445) :

Révérences, le drôle en faisoit des plus belles,
Des plus *dévotes*, etc.

Quant à Messire Jean, qui s'entremet partout en zélé directeur, la femme, selon lui, est une *conscience* (486) :

Au demeurant il n'étoit *conscience*
Un peu jolie, et bonne à diriger,
Qu'il ne voulût lui-même interroger,
Ne s'en fiant aux soins de son vicaire.

Chrétienne et *pèlerin* se disent volontiers pour galande, galand, pour friponne, fripon, mais n'ont pas toujours cette signification défavorable. Ainsi (509) :

> Direz-vous : « Je suis sans *chrétienne* » ?
> Vous en avez à la maison
> Une qui vaut cent fois la mienne ;

et (I, 158), en parlant de l'ânier et des ânes qu'il mène :

> Nos gaillards *pèlerins*,
> Par monts, par vaux et par chemins,
> Au gué d'une rivière à la fin arrivèrent.

Ailleurs l'intention maligne est évidente : *pèlerins* seront le chat et le renard (II, 427) :

> Le chat et le renard, comme beaux petits saints,
> S'en alloient en *pèlerinage*.
> C'étoient deux vrais tartufs, deux archipatelins
> Deux francs patte-pelus....
> Le chemin étant long, et partant ennuyeux,
> Pour l'accourcir ils disputèrent....
> Nos *pèlerins* s'égosillèrent ;

dans « le Cocu battu et content », c'est l'amant (IV, 88, 93, 94, 96) :

> Voici comment le *pèlerin* s'y prit....
> Le *pèlerin* vous lui froisse une épaule, etc.

Rapprochez, dans le « Pâté d'anguille », le mot *chrétien* appliqué au valet (V, 516) :

> Il n'étoit bruit que d'aventures
> Du *chrétien* et de créatures.

Chrétienne n'est pas moins expressif dans ces vers (IV, 359) :

> .... Aux faveurs d'une belle il eut part
> Sans débourser, escroquant la *chrétienne*.

Il n'y a guère au monde *charité* plus fervente que celle dont témoignent, ici Madame André (IV, 172), là les frères dîmeurs et les femmes dîmées (177, 192), bref, toutes les *dévotes*, tous les *dévots* d'Amour (VII, 166), depuis la jeune veuve, la veuve *charitable* du conte de « l'Oraison » (IV, 266), jusqu'à l'abbé qui s'efforce de consoler de son mieux l'épouse

PRÉFACE.   XLIII

de Féronde (V, 402), jusqu'à ces nonnes dont l'abbesse n'ose faire le saut (312) :

> Par *charité* n'en est-il point quelqu'une
> Pour lui montrer l'exemple et le chemin?

Aux termes monastiques, *pitance* et *portion*, dont plaisamment se sert la Fontaine à propos de Mazet (IV, 504) :

> L'abbesse aussi voulut entrer en danse :
> Elle eut son droit, double et triple *pitance;*
> De quoi les sœurs *jeûnèrent* très longtemps;

et d'un autre rustique, également beau mâle (V, 589) :

> Cette dépositaire, ayant grand appétit,
> Faisoit sa *portion* des talents de ce rustre,
> Tenu dans tels repas pour un traiteur illustre;

à ces termes s'opposent tout naturellement leurs contraires, *jeûner*, nous l'avons vu et il va revenir, et *jeûnes :*

« Nos *jeûnes* ont tant fait, dit Madame à ses sœurs, que Mazet le muet n'est plus muet : il parle. »

Ce n'est pas pour *jeûner* que l'on renferme Catelle dans la *chambre noire* (IV, 70), allusion à celle des monastères : *conclave piacularibus pœnis destinatum.*

Sauf les quelques réserves que nous avons faites à propos de l'expression *manger le lard* (IV, 461, note 3), réserves que nous maintenons, rien ne s'oppose à ce que nous joignions ici ce proverbe appliqué à l'ermite hypocrite :

> Vous n'auriez dit qu'il *eût mangé le lard;*

ce qui ne l'empêche pas, tout en n'ouvrant sa porte « qu'après un bon *Miserere* », de donner aux tendrons *du retour de matines* (474, 477) :

> Tant lui *donna du retour de matines*
> Que maux de cœur vinrent premièrement....
> En fin finale, une certaine enflure
> La contraignit d'allonger sa ceinture.

Des jeux de mots faciles, couramment répétés depuis le moyen âge, auxquels se prêtent *pères, mères, paternité,* la Fontaine n'a fait usage que deux fois, une fois dans « Mazet » (IV, 506-507) :

> Il les engea de petits Mazillons,
> Desquels on fit de petits moinillons :

> Ces moinillons devinrent bientôt *pères*,
> Comme les sœurs devinrent bientôt *mères*,
> A leur regret, pleines d'humilité :
> Mais jamais nom ne fut mieux mérité;

et l'autre dans « Féronde » (V, 403) :

> Pater abbas avec juste sujet
> Appréhenda d'être *père* en effet....
> Tant et tant fut par *Sa Paternité*
> Dit d'oraisons, etc.

Relevons *cathédral, antienne, patenôtre* :

Part du tronc, tombe en l'eau, disant sa *patenôtre* (IV, 402);

« Dieu et raison vous recommandent cette *antienne* » (V, 509);

A terre on vit bientôt le galant *cathédral* (593),

le « siégeur » tombé de sa chaise. Notons *dire* et *prêcher* (IV, 80); *pardons, indulgences* :

> Il trompe une cruelle
> Et croit gagner les *pardons* en cela (IV, 73, 86);

> Tout domestique, en trompant un mari,
> Pense gagner *indulgences plénières* (IV, 322).

Imposer les mains sur, c'est-à-dire battre (V, 395).

Passant à la musique, renvoyons aux mots *gamme, note, ton, chanson, aubade*.

Groupons maintenant le jeu, la danse, les repas, les festins, le costume, l'ajustement, la parure; ou, tout au contraire, les travaux de l'École et ses degrés; nous remarquerons, parmi le très grand nombre des termes faisant image :

Empaumer, empaumer la dame (V, 508); *éteuf*, se renvoyer l'une à l'autre l'*éteuf* (IV, 490); « l'*éteuf* passant à celui-là » (II, 393); *chasse* : Mazet « fit chasse » (IV, 502); *quilles*, « bon compagnon et beau joueur de *quilles* » (V, 532); *coup, rompre un coup* :

Un beau *coup m'est rompu* par elle assurément (VII, 90),

« prête chacune à tenir coup aux gens » (IV, 489); « il (le Sort) n'omet rien pour nous *mater* » (IV, 250); « *ni roi ni roc* ne feront qu'autre touche à ma peau, etc. » (V, 46); *savoir le numéro* (IV, 64), locution venue des blanques d'Italie.

Danse : « tetons d'entrer en *danse* » (IV, 284) ; « l'abbesse aussi voulut entrer en *danse* » (IV, 503 ; V, 83, 387) ; « le mari voit la *danse* » (IV, 316) ; le pater « aimoit cette *danse* » (V, 297) ; *saut* : « Ils firent le *saut* (V, 332) ; des brebis de « l'Abbesse », « à peine la première a fait le *saut* qu'il suit une autre sœur » (V, 315) ; à rapprocher *le pas : faire franchir le pas* (V, 371).

Académie, épreuves, noviciat (V, 205) ; *passer par les degrés* (V, 209) ; *thèse, thèse* d'amour (V, 584) ; *bonnet* :

Il fut fait in petto confrère de Vulcan ;
De là jusqu'au *bonnet* la distance est petite (V, 434) ;

récipiendaire : en faire un « au benoît état de cocu » (V, 454), d'où « *parrain* en cocuage » (V, 455).

Pour l'alimentation, le « vivre » :

Il vous faut donc du même *pain* qu'à moi ! (IV, 305) ;

« manger de plus d'un *pain* » (IV, 278) ; il me faut d'un et d'autre *pain* » (V, 505) ; une maîtresse « un tantet *bise* » (V, 506) ; « changer son *pain blanc* en *bis* » (V, 513) ; puisque « *pain* qu'on dérobe, et qu'on mange en cachette, vaut mieux que *pain* acheté, il faut qu'Hyménée et l'Amour ne soient pas après tout gens à *cuire* à même *four* » (V, 332) ; « *ordinaire* trop peu friand » (IV, 304) ; « content de votre *ordinaire* » (V, 510) ; *croquer, croqueur* : « il en pourroit *croquer* une en passant » (IV, 494) ; « par où le drôle en put *croquer*, il en *croqua*, femmes et filles, nymphes, grisettes » (V, 516) ; « minois d'un vrai *croqueur* de nonnes » (V, 534) ; *régaler* : « *régaler* sa moitié petitement » (IV, 338) ; « elle le *régala* tout de son mieux » (IV, 363) ;

Anne, la scrupuleuse,
N'osa, quoi qu'il en soit, le garçon *régaler* (V, 347) ;

« rendre *fèves* pour *pois* et *pain blanc* pour *fouace* » (IV, 172) ; « moitié *raisin*, moitié *figue*, en jouit » (IV, 171) ; *frire, trouver à frire* (III, 218 ; IV, 192) ; « vendre et *fricasser* son avoir » (V, 156) ; « l'*auberge* de l'Hyménée » (II, 71) ; pour tout *potage* » (voyez ce mot au Lexique) ; *écots, faire de tous écots* (I, 401) : « nous la faisons de tous écots », en parlant de la Fortune.

Se coiffer, se chausser :

> Fille *se coiffe* volontiers
> D'amoureux à longue crinière (I, 265);

> Le soupçon et l'inquiétude
> Dont Damon *s'est coiffé* si malheureusement (V, 124);

« tel d'entre eux avoit pour sa part dix jeunes femmes..., Frère Roc à vingt *se chaussoit* » (IV, 190); *accoutrer* de horions (IV, 96); *s'affubler :* « d'étoles *s'affubla* le chef » (V, 373; voyez *panneau,* ci-dessus, p. xxxiv); *gants :* « mainte fille a perdu ses *gants* » (IV, 411); « j'ai grand regret de n'en avoir les *gants* » (V, 336); « *cousu* d'or » (II, 217); « bouche *cousue* » (V, 494); « gens de petite *étoffe* » (IX, 267; IV, 205).

Nous transcrirons, sans les classer, les expressions suivantes :

« Le loup déjà se *forge* une félicité » (I, 72);

> *Lynx* envers nos pareils et *taupes* envers nous (79);

> Ce n'est pas que je *me pique*
> De tous vos festins de roi (I, 87, 235; IV, 204; et passim);

« que le juge se hâte : n'a-t-il point assez *léché l'ours?* » (I, 121; comparez II, 257; III, 144; V, 185); *figue : faire la figue* (I, 143; V, 358); être *un foudre de guerre* (I, 174); *se ruer en* cuisine (278);

> Les grands, pour la plupart,
> Sont *masques de théâtre* (324);

> Combien de grands seigneurs sont *bustes* en ce point! (325);

« le *dédale* des cœurs » (341); chercher à *mordre* (414).

Bâiller après la finance (II, 21); « ses jambes *de fuseaux* » (28); *renvoyer aux calendes* (33); « le mari fait seul *le voyage* », le grand, le dernier voyage (74); *temples :* bâtir *des temples* (87; III, 273-276; etc., etc.[1]);

> L'homme est *de glace* aux vérités;
> Il est *de feu* pour les mensonges (II, 388);

---

1. Comparez *encens* (II, 231); « cet *encens* qu'on recueille au Parnasse » (III, 330; et passim).

PRÉFACE. XLVII

« Toutes (les âmes) sont donc de même *trempe* » (II, 395);

D'animaux malfaisants c'étoit un très bon *plat* (444);

« *s'échauder* en des provinces pour le profit de quelque roi » (446);

Son nom seul est un *mur* à l'empire ottoman (469).

Viviers et réservoirs lui *payoient pension* (III, 19);

L'absence est aussi bien un remède à la haine
Qu'un *appareil* contre l'amour (68);

« Ces ânes, non contents de *s'être* ainsi *grattés* » (129), c'est-à-dire entreflattés.

« Ce *miracle* d'amour » (IV, 30); « *jeûner la quarantaine* » (30-31); « ses sens demeurèrent *perclus* » (39); *glace* : « tu n'es pour moi que *glace* » (32);

> Les cœurs que l'on croyoit *de glace*[1]
> Se *fondent* tous à leur abord (43);

> .... Au grand plaisir des trois, et surtout du Romain,
> Qui crut *avoir rompu la glace* (50);

« tant que le *siège* soit vacant » (54); « je ne me puis *dépêtrer* de cet homme » (91); Rustic voudroit *être dépêtré d'elle* (V, 478); « ce ne fut pas sans *le vin de l'adieu* » (IV, 93); *brasser* : *brasser un tour* (94; voyez V, 545); « avec un *front de page* » (IV, 99); « elle en alloit *enfiler* beaucoup plus » (104); se *démêler* d'un pas (104); « il (le juge) avoit *bonne pince* » (128); être *dur à la desserre* (139); « de vieux maris, il en *pleuvoit* » (179); « il *plut* dans son escarcelle » (II, 175);

> Je laisse à penser quelle *chère*
> Faisoit alors frère Frappart (IV, 188);

se piquer, mais, ici, au sens de s'amouracher, se prendre d'amour pour quelqu'un (205; V, 187, 561); « *confite en tendresse* » (IV, 254)[2];

> Je transissois, je *brûle* maintenant (264);

avoir de quoi *donner* à quelqu'un *dans la vue* (306); *quel taon vous point ?* (310); des esprits *de poupée* (339); *mettre la*

---

1. Ci-dessus, p. XLVI.
2. IX, 103 : « *en* fer tout *confit*. »

carte blanche (344); « son regret fut d'*avoir enflé la dose* de ses faveurs » (364) ; « comme si cette affaire n'étoit une *hydre* » (369 et note 4); « une vieille *au corps tout rempli d'yeux* » (369); « pour éloigner son *dragon* quelque temps » (372);

   Le lieu leur plaît, *l'eau leur vient à la bouche* (374);

« la belle avoit de quoi *mettre* un Gascon *aux cieux* » (387); *mourir* sur le sein de sa dame (414); *faire carrousse* (428); « sa médisante humeur....

  Avoit de ce galant souvent *grêlé* l'espoir » (435);

l'ermite « se renfermoit dedans sa *coque* » (461);

  Je craindrois bien plutôt que la cajolerie
   Ne *mît le feu* dans la maison (V, 10);

phénix, corbeaux blancs (10); *fourmilières* (11); *prendre aux cheveux* (12); *nourriture* de l'âme (16); *carte du pays*; *de quel bois on se chauffe* (28); *la tigresse*; *envoyer jouer* (31); *corner* le mystère, le cas (42; IV, 364); *mâtin : mâtin* difforme (V, 45); « *mettre* une jeune épousée *sur les dents* » (45); « elle *donna les mains* » (47); « la *perle* des Lucrèces » (53); « *en dire* », en conter à une femme, ou, mieux, en jouer comme d'un instrument (57); *tenir registre de* caresses (77); *presse* : « *mettre la presse* » (110); « un amant qui sans lui *se seroit morfondu* » (113, 239; II, 182; VI, 26); n'être qu'à l'A B C (V, 116); « ce discours *porta coup* » (122); *bâtir* ombrage, *bâtir* chimère (124);

  Un financier viendra qui *sur votre moustache*
  Enlèvera la belle (129-130)[1];

mouton doux et traitable (130-131); *morgue : tenir sa morgue* (139); *se casser le nez à un roc*, c'est-à-dire à une coquette (155); « un *pouce* de vie » (165); « *arracher* le cœur » (172); *n'être qu'à sa leçon* (181); « blesser jusques *au vif* » (188, 467, 567; VI, 79); *lis, rose* (voyez le Lexique); « ils *sont éteints* », en parlant des attraits (V, 196); *lâcher la bonde* aux pleurs (202); *tourner autour du pot* (210); *passer* la chose *au gros sas* » (215); *en mettre son doigt au feu* (224); « ne *valoir*

---

1. Ibidem, 441 : « .... qui feront leurs maris cocus *sur la moustache des Argus.* »

seulement *un doigt* de tel ou tel » (263); « redevenir *œillet*, redevenir *aurore* » (316); « *éplucher* trop les femmes » (323); « chat en poche donner » (324); *aller son grand chemin* (328); « *aller de droit fil* contre quelque chose » (334); « pas *un brin* de brochet » (353); « que je t'aide *un* seul *brin* » (363); « sans qu'il se doute *brin* » (545); « avoir *par le bon bout* » (371); « petit *tison* d'enfer » (419); « *écorcher* les oreilles » (430); *y venir de cire, venir comme de cire* (432, 571); « passer par l'*étamine* de quelque goguenard » (438); « *prendre la lune aux dents* » (V, 441 ; comparez VII, 409); *chartre* au sens de « prison » (V, 479); *pays, monts, hémisphère*, c'est-à-dire ventre, tetons, fesses (497-498); « *chatouiller* le palais » (511); *donner la question* (529); *être franc du collier* (535); *tirer une épine de l'âme* (553); « *entamer* une affaire » (VI, 29); « *prendre feu* là-dessus » (30); *une langue de fer* (31); *paître : paître ses yeux* (74);

> Celui-là (ce tour-là) du Berceau
> *Lève la paille* à l'égard du Boccace. (125.)

Ainsi, et pour résumer ce long dépouillement, emploi systématique, avec trope ou sans trope, du mot propre, du terme le plus expressif ou le plus exact, mise en relief du détail significatif, descriptif, pittoresque, du trait décisif, essentiel, mais avec discernement, avec mesure, sans exagération puérile, sans affectation ridicule, sans tomber dans ces fautes de goût que l'on peut quelquefois reprocher à nos meilleurs poètes, même et surtout au grand Corneille, témoin la burlesque énumération du Capitan dans « l'Illusion » (acte III, scène IV, vers 747-757), et maint autre passage de ses œuvres.

Nous avons réservé quelques locutions remarquables par leur extrême familiarité, et qui devaient particulièrement paraître familières dans un siècle où noblesse et roture distinguaient les mots eux-mêmes ; où, pour « excuser » Homère, Boileau se croyait obligé de prétendre qu'en grec *âne* était un mot « très noble ». Voltaire, quelque peu sévère d'ailleurs envers nos Fables, et fort injuste envers nos Contes[1], n'a-t-il pas plusieurs fois accusé de bassesse, de vulgarité, leur langue

---

1. Voyez notre tome IV, p. 48 et note 4, p. 87 et note 2, p. 278 et note 3.

si vive, si franche, si piquante, et, pour tout dire, si française?

Vulgaires, triviales, en effet, mais comme il convient et où il convient, les locutions suivantes : *crever* (I, 67 ; II, 338 ; III, 16 ; IV, 122) ; *cancre* (I, 71) ; *babouin* (116) ; *crotte*, que l'escarbot lâche sur Jupiter (151) ; *goinfrerie* (194) ; *biberonne* (195) ; *tripotage* (220 ; V, 388) ; *veau*, appliqué à un villageois (V, 502) ; *faire le veau* (I, 202) ; *goulée* (I, 277) ; « *pour un sou d'orage* » (296) ; *nitée* (355) ; jupon *crasseux* (382) ; mettre les mandibules et les dents *en marmelade* (392) ; *vacarme de démon* (II, 16) ; faire une *pétarade* (53) ; *malotru* (118) ; *faire son paquet* (212 ; I, 226) ; *lopin* ; *faire ripaille* (II, 245) ; âne *rogneux* (III, 31) ; *saigner du nez* (75) ;

Créature, donzelle, femelle, couramment, dans la plupart des Contes ; *être de son pays* (IV, 76) ; « c'est... vous *tout craché* » (119) ; *rechigner*, comme un chat (134) ; *penaille* (199), *vieux penard* (348) ; *la couchée* (246 ; IX, 290) ; *fangeux* (IV, 249) ; *rosser* (270) ; chambrière *d'un liard* (305) ; *plein un panier d'ordure* (370) ; *d'écus plein une tonne* (387) ; mettre des tonneaux *sur cul* (426) ; *trousser bagage* (480 ; VII, 78) ; *vouloir du mou, du dur* (IV, 495) ; *pitaud* (V, 42, 46, 593) ; *paillard* (43 ; IV, 138) ; *pécore* (V, 58) ; *ne servir de deux clous* (288) ; être une *bestiole* (290), *un misérable oison* (291) ; *chopiner* (321) ; *le catus* (416) ; *voirie*, ordure (417) ; *chanter goguette* (508) ; « le galant *a bon foie* » (544) ;

« Le tout *au nez du mort* » (VI, 81) ; *suer dans son harnois* (114) ; *enfiler la venelle* (117 ; III, 294) ;

« Quel est ce *godenot ?* » (VII, 290) ; la pâleur de *han han* (295) ; faire *un beignet* au front (300) ; *patiner*, peloter (337 ; V, 74) ; être *bien facié* (VII, 351) ; *gonze* (355) ; *souillon, magot* (393) ; *crevailles* (563) ; *sans mitaine* (579)[1].

A ces expressions il en faut joindre encore quelques-unes qui sont proverbiales, non qu'on n'en ait déjà rencontré qui le fussent dans la masse de nos exemples, mais celles-ci le

---

[1]. Nous ne relevons pas les pointes, les jeux de mots, les coq-à-l'âne, dont sont semées les pages 356-372 de ce tome VII, consacrées à la parodie de la tragédie de « Cléopâtre » de la Chapelle, sauf un « *Je m'en bats l'œil !* » tout à fait curieux. — La comédie de « la Coupe enchantée », mi-partie en patois, ne nous semble exiger non plus qu'un renvoi collectif.

PRÉFACE.

sont, et d'usage et de forme, plus particulièrement, plus précisément, que les autres :

.... Portoit, comme on dit, les bouteilles. (I, 159.)
Tire ses grègues, gagne au haut. (177.)
Ils usent leurs souliers, et conservent leur âne :
Nicolas au rebours; car, quand il va voir Jeanne,
Il monte sur sa bête; et la chanson le dit. (203.)
De telles gens il est beaucoup
Qui prendroient Vaugirard pour Rome. (293.)
Je suis gros Jean comme devant. (II, 154.)
Tout cela, c'est la mer à boire. (339.)
Votre serviteur Gille
Tout fraîchement en cette ville
Arrive en trois bateaux, exprès pour vous parler. (371.)
Et logeant le diable en sa bourse,
C'est-à-dire n'y logeant rien. (435.)
Quoique ainsi que la pie il faille dans ces lieux
Porter habit de deux paroisses. (III, 246.)
Mais le pauvret, ce coup, y laissa ses houseaux. (323.)
Entre la chair et la chemise
Il faut cacher le bien qu'on fait. (IV, 184.)
Tint quelque temps le loup par les oreilles. (217.)
N'avoit encor tonné que sur les choux. (360.)
Toujours souvient à Robin de ses flûtes. (522.)
Mieux vaut goujat debout qu'empereur enterré. (VI, 86.)
Le diable garde le mulet,
Tandis qu'on baise la meunière. (VII, 134.)
Mais me voici tombé de fièvre en chaud mal. (388.)
Qui prend se vend. (VIII, 425.)

Et cent autres locutions vives, hardies, riches, colorées ! Aussi ne peut-on s'empêcher de sourire lorsque, remerciant l'Académie, notre poète lui donne ce coup d'encensoir : « Vous me recevez en un corps où non seulement on apprend à arranger les paroles; on y apprend aussi les paroles mêmes, leur vrai usage, toute leur beauté et leur force. Vous déclarez le caractère de chacune, étant pour ainsi dire nommés afin

de régler les limites de la poésie et de la prose, etc., etc. »
(VIII, 307.)

Il est plus sincère quand, citant « le livre de Merlin »,
il ajoute, à propos d'*engeigner*, *s'engeigner* (I, 308) :

> J'ai regret que ce mot soit trop vieux aujourd'hui ;
> Il m'a toujours semblé d'une énergie extrême.

Il avait lu du Bellay ; il déplorait avec lui ces mille bons mots perdus « par nostre negligence », alors que « le moderé usaige de telz vocables donne grand esclat tant au vers comme à la prose, ainsy que font les reliques des sainctz aux croix et aultres sacrez ioyaulx[1] » : comparaison un peu outrée, avouons-le.

Jeunes ou vieux, nobles ou roturiers, tous les termes lui convenaient, tous les mots lui étaient *hoc*, comme il dit, du moment qu'ils exprimaient ce qu'il voulait exprimer, mais l'exprimaient si bien que la pensée, saisie, fixée, et comme coulée en un moule immuable, prenait, revêtait une forme absolue, définitive.

L'archaïsme des tournures ne l'arrête pas plus que celui des mots ; loin de là, on dirait qu'il les cherche, qu'il les poursuit, n'était l'impression de parfait naturel que, toujours et partout, on éprouve à le lire. Que l'on voie ci-après, à l'Introduction grammaticale, les articles XII et XV, Ellipse et Construction (les inversions notamment) ; ellipses continuelles et à tout propos ; inversions fréquentes des sujets, des régimes, des qualificatifs : on comprendra, en lisant ce relevé d'exemples, forcément très abrégé, car il n'est point de page où l'on n'en pût cueillir, que, parfois, la Fontaine ait semblé à quelques lecteurs, dans ses Contes du moins, tant soit peu obscur, et qu'il reste en tout cas intraduisible en quelque langue que ce soit.

Que cela tienne au talent qu'il avait de savoir tout envelopper, la vérité des arguments comme l'audace des situations, les crudités comme les malices, les grossièretés comme les finesses, la chose, à notre avis, est de toute évidence. Ces « jeux et ces récits qui ne sont que sornettes », ces « vains traits », « criminelles douceurs », qu'il regrette

---

1. *La Deffense et Illustration de la langue françoyse*, tome I des Œuvres, p. 46.

d'avoir été mendier chez les Muses, tout, en effet, chez lui est voilé, mais de gaze, atténué, tempéré, adouci, et, pour ainsi dire, latent, sans que jamais mot trop libre[1] ni détail trop scabreux vienne offusquer le lecteur.

Ces enveloppes, ces déguisements, ces réticences, ces voiles transparents, ces sous-entendus, nous faisons bien d'en parler, car ce n'est point, en somme, un contraste banal que celui d'un auteur entêté du mot propre, du terme technique, et muni cependant, quand il le veut, armé de plus de périphrases, de plus de métaphores, qu'un auteur de discours académique.

Disons aussi les moyens dont il use pour personnifier, non pas uniquement les animaux, les plantes, les arbres dont il fait des créatures parlantes, personnages fictifs qui se changent en personnages réels, mais bien l'inanimé, l'abstrait, le non tangible.

Déjà, et dans un ordre d'idées très analogue, on trouvera une foule d'exemples : 1° de noms qui jouent, par apposition, les qualificatifs ; 2° un plus grand nombre encore de qualificatifs, de participes même, ou passés ou présents, dont l'article, accolé, fait des noms véritables.

La Fontaine d'ailleurs prend substantivement, un à un, deux à deux, trois à trois, etc., tous les mots, quels qu'ils soient, qu'ils s'appellent pronoms, verbes, conjonctions, prépositions, ou adverbes. C'est chez lui un besoin, un instinct, de figurer une idée, de personnifier un groupe, de donner « l'âme » aux mots pour l'infuser aux choses.

De l'alliance de termes très simples il tire des effets nouveaux, merveilleux, et d'admirables couleurs. C'est par ce procédé qu'il met dans son œuvre tant d'action, de mouvement, qu'il rend les frissons, les bruits, qu'il reflète la vie de la nature. Procédé, disons-nous, à condition que, par ce mot, l'on entende un outil, un instrument de travail, d'abord lentement aiguisé, puis si bien possédé, si délicatement manié, que, pour en saisir la trace, il faut le parti pris et la patience, la subtile investigation du critique.

Non seulement les Fables, son ample comédie à cent actes divers, ont beaucoup plus d'acteurs que lui-même il n'en

---

[1]. Tome V, p. 498, note 1.

nomme, mais ses Contes aussi, ses Poésies diverses, sont peuplés, fourmillent véritablement de personnages inattendus.

Faire parler le Loup et répondre l'Agneau, Ésope, Babrius, Phèdre, Marie de France, Haudent, et beaucoup d'autres, l'avaient su avant lui. Avant lui, que ce fût dans la langue des dieux ou en modeste prose,

> Tout ce que disent sous les cieux
> Tant d'êtres empruntant la voix de la nature,

avait, presque à chaque âge, trouvé des truchements.

Mais si, ailleurs que dans son livre, le Roseau, par exemple, se gausse quelque peu de la commisération, du condescendant mépris du Chêne, chez aucun de ses prédécesseurs nous n'avons, l'orage venu, cette soudaine et dramatique personnification du vent :

> Du bout de l'horizon accourt avec furie
> Le plus terrible des enfants
> Que le Nord eût portés jusque-là dans ses flancs.

Plus bas ce seront deux Pots clopinant par les routes, ou, nouvel Empédocle, un Cierge ambitieux qui se voue aux flammes.

Nous savions de la Discorde qu'elle était une déesse ; mais qui avait songé à l'appeler fille de Tien-et-Mien, sœur de Que-si-que-non? Et Don, frère de Cajolerie, père d'Abandon? Pour la Nécessité, c'est la mère des Arts, mais la mère aussi de Stratagème, leur aîné. Tentation et Désir sont enfants, l'un de la Contrainte, et l'autre de l'Oisiveté. La triste Jalousie, fille de fol Amour, est grosse de périlleuse Erreur. Proches et consanguins sont Curiosité, Imprudence, Vanité, Babil.

Sans doute c'est d'abstractions analogues que nos vieux romanciers font, à l'ordinaire, les interlocuteurs de leurs longs récits, de leurs élucubrations diffuses. Mais, si la Fontaine a conçu chez eux cette idée de personnifier les êtres de raison, comme il rend sien du coup cet air d'antiquité ! Et qu'ils sont bien à lui ceux qu'il introduit sur la scène !

Après Rabelais, quand Rabelais consent à garder la mesure, personne comme lui n'excelle en ce genre, et tous les Bel-Accueil et les Jolyveté, les Dangier et les Male-Bouche les Franchise et les Faux-Semblant, sont loin de valoir une des figures qu'au hasard nous détachons dans ses Œuvres.

Voici le dieu Cocuage, un des meilleurs amis de ce fripon d'Amour, familier, sans cérémonie, auquel n'importe guère le choix de ses auberges, trop enclin, par malheur, à visiter d'office qui ne l'invite pas, à coucher sur son registre ceux qu'il a visités.

Comme bientôt son armée est forte! La Rochefoucauld a dit que l'on ne marche pas à la tête d'un régiment ainsi qu'à une promenade : en effet, devant ses bataillons aux cadres éprouvés, Cocuage tient sa morgue, la mine impérieuse, le verbe haut et bref.

Quant à maître Pucelage, dans sa chartre ténébreuse, bien fins et bien grands clercs seraient l'amant, l'époux, qui sauraient démêler la plus simple des ruses qu'il ourdit. Boudeur, en outre, chatouilleux, susceptible à l'excès, qui, dans un mouvement de dignité froissée, prêt à jouer son personnage, remet l'affaire à tantôt.

Dame Luxure allume aux joues un vermillon, un incarnat que prend moins de soin à dissimuler dame Fleurette, moins décriée.

Et que de silhouettes dessinées d'un trait sûr! Négligence, la plus rouée de toutes les dames d'atours; Propreté, aux mains délicates, qui se charge des apprêts d'un succulent régal de nonnes, et le vin, et la glace, et les carafes de cristal où l'on se mirerait; Pèlerinage, un complaisant, pitoyable aux bonnes femelles que gênent à la maison leurs Argus de maris; Froc, ce maître Gonin; Hymen et son notaire.

Moins gais, tragiques même et terribles, sont Ennui, qu'on a beau secouer, que rien ne jette à bas lorsqu'il est monté en croupe; le pâle Désespoir; le hardi corsaire que suivent, enrôlées dans sa bande, l'Horreur et la Mort; la Fureur et l'Audace luttant aux champs troyens; etc.

« Dites à un enfant, remarque la Fontaine dans une de ses préfaces (I, 16-17), que Crassus, allant contre les Parthes, s'engagea dans leur pays sans considérer comment il en sortiroit; que cela le fit périr lui et son armée, quelque effort qu'il fît pour se retirer. Dites au même enfant que le renard et le bouc descendirent au fond d'un puits pour y éteindre leur soif; que le renard en sortit s'étant servi des épaules et des cornes de son camarade comme d'une échelle; au contraire, le bouc y demeura pour n'avoir pas eu tant de prévoyance : et, par conséquent, il faut considérer en toute chose la fin : je demande lequel de ces deux exemples fera le plus d'impression sur cet enfant? Ne s'arrêtera-t-il pas au dernier, comme plus conforme et moins disproportionné que l'autre à la petitesse de son esprit? »

La réponse n'est pas douteuse. Mais ce qui ne l'est pas davantage, c'est que, contée sèchement et sans grâce, la fable, en « arrêtant », plus que ne le ferait un récit historique, l'esprit mobile de l'enfant, ne le frappera pas d'une façon durable; tandis que, la matière une fois dégrossie, le sujet développé, chacun, jeune ou vieux, chacun, dès ce mot du poète : « Capitaine Renard », sentira s'éveiller en lui l'attention :

> Capitaine Renard alloit de compagnie
> Avec son ami Bouc des plus haut encornés.

« Capitaine », c'est le « routier, l'aventurier, l'assiégeant, l'habile ménager de pratiques secrètes », Annibal se moquant des Romains qui le pressent.

Tantôt nous avons, comme ici, le grade, la profession si l'on veut; tantôt la qualité, le titre, du plus glorieux, du plus honorifique, au plus humble, au plus commun : roi Lion, sultan Léopard; sire et messire Loup, sire et messire Rat, sire Corbeau, sire Renard; deux « messer » accolés à Gaster, à Lion[1]; dom Pourceau, dom Coursier; seigneur Loup, seigneur Ours; maître Chat, maître Corbeau, maître Loup, maître Rat[2]; compère Loup encore; puis une « mère Lionne », une « mère Écrevisse »; dame Baleine, dame Fourmi, dame Souris, dame Mouche, dame et damoiselle Belette : appellations qui toutes (c'est ce qui nous les a fait réunir) permettent au fabuliste d'éviter l'emploi trop fréquent de l'article, et donnent plus de légèreté à sa phrase. Il n'écrit au besoin que le nom seul, sans apposition, sans prénom : « Cormoran vit une écrevisse. » Mais c'est surtout dans les Contes que ce moyen est pratiqué[3].

1. Un troisième à Cocuage, dans les Contes, tome IV, p. 321.
2. Nous laissons de côté les maître Aliboron, maître Gille, maître Mitis, maître Jean Lapin, comme nous avons laissé dom Bertrand, le titre précédant, dans ces exemples, un véritable nom propre.
3. Voyez ci-dessus, p. LIV-LV.

PRÉFACE.

Jusqu'ici nous n'avons, dans cette revue des titres, des qualifications, amicales, ironiques, ou autres, cité que des exemples pris au style indirect. En voici du style direct, sans article toujours : « Maître Baudet, ôtez-vous de l'esprit, etc. » ; « Adieu, voisin Grillon » ; « Je les vais de mes dards enfiler par centaines, voisin Renard » ; « Seigneur Cormoran, d'où vous vient cet avis ? »

Avec article maintenant, adjectif démonstratif, ou particule même, et que le style soit indirect ou direct, car la chose est égale : Monseigneur le Lion, ce Monseigneur du Lion-là ; deux fois Monsieur du Corbeau ; Nosseigneurs les Ours, Nosseigneurs les Chevaux ; Messieurs les Chevaux, les Chats, les Louvats, les Paons ; Madame la Génisse, Madame la Belette ; Mesdames les Eaux ; compère le Renard, commère la Cigogne, ma commère la Carpe, le Brochet son compère.

Puis il faut aussi à ce monde-là nos distinctions sociales et politiques. Et ce sont les coqs « peuple » à l'amour porté, le peuple bêlant des brebis, qui jure « foi de peuple d'honneur », le peuple souriquois, le peuple aquatique, le peuple pigeon, le peuple vautour, le peuple rat, bloqué dans sa Ratopolis par l'armée du peuple chat ; la nation des lapins, celles des rats et des belettes. « Les reines des étangs, Grenouilles, veux-je dire », en sont ailleurs les « citoyennes ». « Citoyens de cette onde », chante Tircis aux poissons. « Un citoyen du Mans, chapon de son métier », esquive, indocile et méfiant, le grand souper auquel il devait assister... dans « un plat ».

« Ces gens-là, ces gens, ces bonnes gens », ce sont le Mulet, l'Ane, le Cheval, le Chameau, portant, avec le Singe, tribut à Alexandre ; les Loups : « Les Loups n'étoient pas gens qui donnassent l'aumône » ; la Chèvre et le Mouton, que l'on mène à la foire ; le Chat, le Hibou, le Rat ; ce sont les Bras, les Mains, les Jambes : « Bientôt les pauvres gens tombèrent en langueur. »

Les deux Chèvres sont « ces dames, ces personnes » ; « sage et discrète personne », le Chat contemporain d'un fort jeune moineau ; « personnes, honnêtes personnes », les Blaireaux, les Hiboux, pour l'exemple pendus aux fourches du patibulaire.

On plaindra les Arbres, « ces pauvres habitants ».

C'est la femme du Lion qui a mangé du Cerf, et la femme

et le fils, non la femelle et le petit, comme nous dirions. La Lice a des « enfants », ainsi que l'Aigle, la Chatte, le Hibou, etc.

Naturellement nos logis, nos meubles, nos ustensiles, sont connus des bêtes du fabuliste. Le Lion a son Louvre, le Lapin son palais, les Abeilles leurs chambres; la Lice redemande « sa maison, sa chambre et son lit ». « Ni mon grenier, ni mon armoire, ne se remplit à babiller », observe la Fourmi diligente. La Bique, allant à la provende, ferme sa porte au loquet. Le Renard et la Cigogne s'offrent réciproquement, par malice, lui un brouet sur une assiette, elle, en un vase à long col, de menus morceaux de viande.

Mais ce sont là des inventions (noms propres, composés poétiques, transformations, attributions) de son crû. Parlons un peu des familiarités que, comme tous ses contemporains, il se permet avec les noms propres existants, ceux qu'il n'a pas inventés; il en a, en ce qui le concerne, plaisamment avoué le secret (IX, 227-228) : « Est-ce *Montléry* qu'il faut dire, ou *Montlehéry ?* C'est *Montlehéry* quand le vers est trop court, et *Montléry* quand il est trop long. » Inutile donc de noter *Démosthènes* et *Démosthène; Athènes* et *Athène; Alcibiades; Virville* au lieu de *Viriville; Nicia* et *Nice; Anne*, dite aussi *Annette, Nanette, Nanon* : questions de mesure ou de rime, et rien autre chose. En vers il francise le *Mincio* (le Mince); en prose, *Gennaro Annese* (Gennare Annèze); *Durer* (Dure); etc.

Ce qui, chez lui, est beaucoup plus remarquable, c'est la dextérité à faire d'un nom propre un simple nom commun, une expression collective.

Il appelle les femmes (V, 445), les statues de femmes (VIII, 37), des *Vénus*, des *Grâces*, des *Amours*, acception déjà quelque peu générale. Puis, comme, à côté des *Grâces* et des *Amours*, il y a aussi les mots abstraits *amour* et *grâce*, il écrira *la vénus*, pour agréments du corps (VIII, 162), pour charmes de l'esprit (VII, 8; VIII, 185, 187), au double sens que donnent à *venus, venustas*, Cicéron, Horace, Pline, Quintilien.

Par expressions collectives tirées, dérivées, de noms propres, nous entendons ces vocables, empruntés à la mythologie, à la légende, à l'histoire, tantôt qualifiant un seul personnage, tantôt, et plus souvent, désignant tout un genre, toute une classe d'individus.

Tel « le *Phaéton* d'une voiture à foin » (II, 58). L'homme épris de lui-même sera « notre *Narcisse* » (I, 92); un miracle de laideur, par ironie, un *Adon* (IV, 33). « Notre *Job* » sied bien à Renaud d'Ast (IV, 251-253), couché sur ses « quatre ou cinq brins de paille ». *Ganymède*, échanson (VII, 488), signifie ailleurs autre chose (IX, 439).

En accolant une épithète au nom consacré des *Agnès*, des prétendues ingénues ou innocentes, l'auteur achève de le rendre aussi commun qu'il le peut : « ces extrêmes Agnès », c'est-à-dire ces Agnès les plus Agnès (V, 579).

Une *Hélène* (IV, 437), c'est tout objet que ne trouvent point rebelle les galants entreprenants, audacieux, non pas les *Céladons*, mais les *Pâris*.

Selon sa condition sociale, une « maîtresse » est une *Clymène*, une *Philis*[1], une *Jeanne*, une *Jeanneton*, etc. : hiérarchie amoureuse, aux degrés nettement définis, dont la Fontaine se raille au besoin. Parlant en effet du Pape qui

> Défend les Jeannetons,
> Chose très nécessaire à Rome,

il ajoute (IX, 436-437) : « Comme il ne coûte rien d'appeler les choses par noms honorables, et que les nymphes de delà les monts, les bergers même, pourroient s'offenser de celui-ci, je leur dirai que j'ai voulu d'abord les qualifier de *Chloris*; mais ma rime m'a fait choisir l'autre nom, que j'avois déjà consacré à ces sujets-là. Les registres du Parnasse ont un cérémonial où il y en a pour tous les degrés et pour tous les âges. Je ne m'arrête point à cela, et ne prends pas garde de si près à la distribution de ces dignités, que je donne fort souvent par caprice, ou pour une considération fort légère. » Il appelle, en riant, *Philis*, des gardeuses de dindons (II, 104); ou nous conte (IX, 142) que Mignon, chien de la duchesse d'Orléans,

> Plaît aux Iris des petits chiens,
> Ainsi qu'à celles des chrétiens;

1. Tome V, p. 562, variante :
> Mari jaloux, non comme d'une femme,
> Mais comme qui depuis peu jouiroit
> D'une *Philis*.

mais jamais il ne confond ces degrés, jamais ces nuances, ces distinctions, ne lui échappent.

Que voit-il, en effet, à Limoges (IX, 295)?

Peu de *Philis*, beaucoup de *Jeannes*;

Qui profitera des louis dont l'a gratifié le duc de Vendôme (IX, 447)?

Les *Jeannetons*, car les *Clymènes*
Aux vieilles gens sont inhumaines.

Rappelons qu'au début de cette Préface nous avons dit un mot des licences que ne s'interdisait pas notre poète. Ces licences, assurions-nous, n'étaient que des archaïsmes; et nous espérions l'établir.

Tâche d'autant plus aisée qu'en grande partie du moins il s'en était chargé lui-même : « Ne parlons point, dit-il, des mauvaises rimes, des vers qui enjambent, des deux voyelles sans élision, etc., etc. Le secret de plaire ne consiste pas toujours en l'ajustement, ni même en la régularité; il faut du piquant et de l'agréable, si l'on veut toucher. Combien voyons-nous de ces beautés régulières qui ne touchent point, et dont personne n'est amoureux! Nous ne voulons pas ôter aux modernes la louange qu'ils ont méritée. Le beau tour de vers, le beau langage, la justesse, les bonnes rimes, sont des perfections en un poète : cependant que l'on considère quelques-unes de nos épigrammes où tout cela se rencontre, peut-être y trouvera-t-on beaucoup moins de sel, j'oserois dire encore bien moins de grâces qu'en celles de Marot et de Saint-Gelais, quoique les ouvrages de ces derniers soient presque tout pleins de ces mêmes fautes qu'on nous impute.... Car rien ne ressemble mieux à des fautes que ces licences. » Et, entre temps, il se sait gré d'avoir couru une carrière nouvelle, « prenant tantôt un chemin, tantôt l'autre, et marchant toujours plus assurément quand il a suivi la manière de nos vieux poètes, *quorum in hac re imitari negligentiam exoptat potius quam istorum diligentiam* ». (IV, 146-149.)

Outre les licences raisonnées, préméditées, qu'il nous signale, et qui sont de purs archaïsmes, il n'en est guère à relever que des deux espèces suivantes :

Orthographes modifiées par la mesure ou par la rime[1];

---

1. Comparez ci-dessus, p. LVIII.

formes verbales commandées presque toujours par celles-ci.

Par exemple, *avec* et *avecque*; *ore* et *ores*, etc.; une *fourmis*; *sourci*, *sourcis*; *bors* pour *bords*; *essort* pour *essor*; *drètes*; *étrètes*; *respec*; *circonspec*; *perplex*; etc., etc. ;puis, entre les formes verbales, les futurs actifs, les conditionnels des verbes en *ayer*, *oyer*, *uyer*, *ier*, où jadis l'*e* comptait pour une syllabe, où à présent il ne compte plus : *payray*, *payrois*, *appuyra*, etc.; mainte terminaison amputée de son *s* : « je la *maintien* »; « je te *répond* »; *di* pour *dis*; *croi* pour *crois*; *doi* pour *dois*; *voi* pour *vois*; enfin les « qu'on me *die* »; *craistre* rimant à *maistre*; *querre* rimant à *guerre*; *treuve* rimant à *preuve*; etc., etc.

Toutes « licences » pour lesquelles un renvoi sec aurait suffi. Mais nous avons tenu à montrer que l'auteur ne s'en permet point de choquantes, et qui n'aient acquis ou ne puissent acquérir droit de cité. Ce petit nombre, pris au hasard, nous offre un spécimen exact des formes discréditées ou déchues qu'il a cherché à restaurer, à perpétuer, et dont, par une sorte de coquetterie, il a semé ses œuvres.

Cette coquetterie est familière à son génie, mais elle ne se borne pas à appliquer après coup sur chaque phrase un peu terne l'empreinte d'une orthographe étrange, inusitée, ou le coloris de quelque vieux vocable énergique. Non : c'est elle qui, jamais ne se lassant, orne, polit, et pare d'un agrément incomparable une langue si alerte et si aisée, si libre et si personnelle, qu'on ne peut croire qu'elle ait été autant corrigée, reprise, remaniée.

Là-dessus nous avons son propre témoignage; et les lignes qui suivent ne sont pas d'un auteur qui se livre aux hasards de l'inspiration : « J'ai traduit cet ouvrage (l'Épitaphe de Claude Homonée) en prose et en vers afin de le rendre plus utile par la comparaison des deux genres. J'ai eu, si l'on veut, le dessein de m'éprouver en l'un et en l'autre; j'ai voulu voir, par ma propre expérience, si en ces rencontres les vers s'éloignent beaucoup de la fidélité des traductions, et si la prose s'éloigne beaucoup des grâces. Mon sentiment a toujours été que, quand les vers sont bien composés, ils disent en une égale étendue plus que la prose ne sauroit dire. De plus habiles que moi le feront voir plus à fond. J'ajouterai seulement que ce n'est point par vanité, et dans l'espérance de consacrer tout ce qui part de ma plume, que je joins ici l'une et l'autre traduction : l'utilité des expériences me l'a fait faire. Platon, dans Phædrus, fait dire à Socrate qu'il seroit à souhaiter qu'on tournât en tant de manières ce qu'on exprime qu'à la fin la bonne fût rencontrée. » (VIII, 470.)

Voilà nettement exprimée cette loi d'incessant labeur sous laquelle, de notre temps, ont peiné jusqu'à mourir des écrivains trop acharnés à leur tâche. Le génie de la Fontaine est de n'y jamais paraître asservi.

Ce grand poëte instinctif est en effet l'homme de la variété, des contrastes : contraste d'un talent spontané, primesautier, plein de grâce, d'enjouement, de finesse, et d'un travail patient, persévérant ; de cet art consommé et de ce naturel exquis, où se fondent si bien toutes les qualités, tous les tons, que, pour les discerner, il faut une très minutieuse analyse ; contraste du français le plus académique, et d'un français antique et savoureux ; de naïvetés piquantes, de rusticités expressives, de trivialités populaires, et de la noblesse, de l'élégance, de la précision ; dans un style merveilleux d'unité tous les styles, servis par toutes les ressources d'un idiome où s'amalgament hier, aujourd'hui, demain : d'où l'universalité, d'où la jeunesse éternelle du conteur, du fabuliste[1].

[1]. Nous ne devons pas oublier, en terminant cette préface, de payer un juste tribut de regrets à notre dévoué collaborateur M. Georges Lequesne, qui a prêté pendant plus de quinze ans le concours le plus actif à la Collection, dont, la veille de sa mort (21 août 1892), par une préoccupation touchante, il feuilletait encore les volumes, ces volumes à lui si familiers. C'est un exemple à retenir que celui de ce travailleur malade qui, à force de constance et d'énergie, s'est appliqué à sa besogne jusqu'à son dernier jour.   H. R.

INTRODUCTION GRAMMATICALE

Au sujet de nos citations, dans l'*Introduction grammaticale* et dans le *Lexique*, de nombreux exemples que rien ne distingue de l'usage actuel, voyez notre Lexique de la Rochefoucauld, p. 1.

I. — Article et mots partitifs.

1° Article défini pouvant se remplacer par l'indéfini ou le partitif :

En voyageant, plus *la* troupe est complète, mieux elle vaut. (IV, 242.)
Là *le* conseil se tint entre les pauvres gens. (III, 39.)
C'est double plaisir de tromper *le* trompeur. (I, 177.)
Il n'aura pas *la* maille avant que se coucher. (VIII, 483.)
Chacun pense *le* même. (VII, 69.)

2° Article indéfini, où nous mettrions plutôt le défini :

L'aîné les ayant pris...,
Un second lui succède ;
.... *Un* cadet tente aussi l'aventure. (I, 338.)
Portés d'*un* même esprit. (III, 338.)
Porté d'*un* même dessein. (II, 260.)
    Il obtint d'elles
Une permission d'apporter son soupé. (VI, 78.)

3° Emploi successif de l'article défini et de l'indéfini :

*L'*homme a peur en plein jour comme *un* enfant la nuit. (VIII, 494.)
Un armet à la tête, ou *l'*aiguille à la main. (VIII, 499.)

4° Article défini ou indéfini, dans des tours où d'ordinaire aujourd'hui nous les omettons ou employons un article partitif :

.... L'alla trouver, lui mit *la* carte blanche. (IV, 344.)
Dois-je dans *la* province établir mon séjour? (I, 200.)
Pour : en province.

Dans *l'*apparence. (VIII, 165.)
Pour : en apparence.

Et puis prenez de tels fripons *le* soin. (I, 116.)
.... Sinon Vénus en auroit *l'*avis. (VIII, 175.)
Là, quelquefois sur *la* mer ils montoient. (IV, 339 ; voyez I, 291.)
D'*un* très grand matin. (IV, 280.)
Ses sœurs se promèneroient sur le soir en *un* tel endroit. (VIII, 90.)
D'en faire au prince *un* don cet homme se propose. (III, 253.)
On leur fit *un* présent d'une fille inconnue. (VII, 20.)
Comme j'étois d'*un* âge à me conduire. (VII, 21.)
Nous nous aimions tous deux d'*une* amour fraternelle. (VII, 389.)
Ne me crois pas, Doris, d'*une* âme si légère. (VII, 69.)
Ses incidents sont d'*une* telle nature que nous nous les appliquons à nous-mêmes plus aisément. (VIII, 117.)

5° Articles pouvant se remplacer par des adjectifs possessifs :

Je perds *le* temps. (I, 275.)
Progné me vient enlever *les* morceaux. (III, 35.)
Après avoir loué ses principales vertus..., ses qualités héroïques, *la* science de commander, etc. (VIII, 30.)
.... Loua très fort *la* politesse. (I, 113.)

.... L'autre acteur, par *la* prompte arrivée,
Jeta la dame en quelque étonnement. (VI, 135.)

Quelqu'un vint *au* secours. (I, 160.)
Soupçonnant, à bon droit, *le* compère, etc. (III, 25.)
Quand l'aigle sut *l'*inadvertance. (I, 152.)
Qui résiste à *l'*ami se rend à *la* maîtresse. (VII, 625.)
Sur *la* perche un faucon. (V, 164.)
Elle bénit mille fois le défaut *du* siècle. (VIII, 104.)
Vous humectez volontiers *le* lampas. (IV, 136.)
Tous deux s'étoient entre-donné *la* foi. (IV, 324.)
Il ne faut point juger des gens sur *l'*apparence. (III, 143.)

6° Omissions d'articles.

a) Avec être, arriver, devenir, redevenir, sembler, survenir :

Et là ? — Ce sont palais. — Ici ? — Ce sont statues. (V, 19.)
C'étoit abus. (V, 490.)
Et d'en tenir registre, c'est abus. (V, 77.)
C'est folie. (I, 372.)
C'est folie à la terre. (I, 341.)
C'est grand'honte. (I, 202.)
Ce fut pitié de, etc. (I, 364.)
C'est grand'pitié quand on fâche son maître. (IV, 141.)
C'est erreur, ou plutôt c'est crime de le croire. (I, 169.)
T'attendre aux yeux d'autrui quand tu dors, c'est erreur. (III, 116.)
Car c'est double plaisir de tromper le trompeur. (I, 177.)
Ce sont qualités au-dessus de ma portée. (I, 14.)
C'est tour de vieille guerre. (I, 257.)
Ce n'est coup sûr encontre, etc. (IV, 372.)
C'étoit merveilles de le voir, merveilles de l'ouïr. (II, 217.)
Ce seroit merveille si, etc. (IV, 330.)
Ce sont ici leçons de la plus fine étoffe. (VII, 36.)
Ce sont maximes toujours bonnes. (I, 98.)
Ce sont là jeux de prince. (I, 279.)
Craignant que ce ne fût songe ou illusion. (VIII, 104.)

INTRODUCTION GRAMMATICALE.

Ce sont soins superflus. (III, 229.)
Ce sont espèce de cormorans. (VIII, 28.)
Ce sont enfants tous d'un lignage. (III, 17.)
Quant aux lits, ou c'étoit broderie de perles, ou, etc. (VIII, 63.)
C'étoit ouvrage de fée. (VIII, 57.)
Ce n'étoient que vœux et qu'offrandes. (I, 296.)
Leur fait n'est que bonne mine. (I, 324.)
Moitié de ce fardeau ne vous sera que jeu. (II, 53.)
Savoir ce que c'est qu'amour. (VIII, 154.)
Bien adresser n'est pas petite affaire. (I, 110.)
C'est belle chose en tout d'écouter la raison. (VII, 108.)
Tous les habitants sont gens riches. (VIII, 150.)
Les conviés sont gens choisis. (I, 100.)
Les parents de l'athlète étoient gens inconnus. (I, 99.)
.... Ne soient pas gens à, etc. (V, 332.)
Je suis maître à forger des oreilles. (IV, 159.)
Il est maître en l'art de flatterie. (VI, 96.)

  Il étoit saison
De songer au mariage. (I, 110.)

Et n'étant homme en tel pourchas nouveau.... (IV, 89.)
Rois de Garbe ne sont oiseaux communs en France. (IV, 449.)

 Non pas que les heureux amants
 Soient ni phénix, ni corbeaux blancs :
 Aussi ne sont-ce fourmilières. (V, 11.)

 Mais restaurants ne sont pas grande affaire
 A tant d'emploi. (IV, 505.)

Combien de grands seigneurs sont bustes en ce point! (I, 325.)
Les grands, pour la plupart, sont masques de théâtre. (I, 324.)
Maintenant les bergers sont loups. (VII, 201.)
Quiconque est loup agisse en loup. (I, 212.)

  La méfiance
Est mère de la sûreté. (I, 258.)

L'ingratitude est mère de tout vice. (IV, 170.)
Les baisers de Doris sont baisers sans malice. (VII, 77.)
Tout vous est aquilon, tout me semble zéphyr. (I, 126.)
Ma foi, c'est bâme. — Et Tiennette est ambroise. (V, 326.)

  Je vois deux lévriers
 Qui, je m'assure, sont courriers
 Que pour ce sujet on envoie. (I, 176.)

  .... Maintes choses
 Que je préfère, et qui sont lettres closes. (V, 323.)

Sans dire quoi : car c'étoient lettres closes. (IV, 375.)
A tous mortels lettres closes. (V, 432.)
Je sais que cet honneur est pure fantaisie. (IV, 49.)

  Vous ne croiriez jamais....
 Que l'héroïne de ce conte
 Fût propre femme du docteur. (V, 449.)

Triomphes grands chez les anges en sont. (V, 471.)
Ouailles sont la plupart des personnes. (V, 302.)
Honte souvent est de dommage cause. (V, 310.)

Riottes entre amants sont jeux pour la plupart. (VII, 92.)
Le gibier du lion, ce ne sont pas moineaux,
Mais beaux et bons sangliers, daims et cerfs bons et beaux. (I, 188.)
  La sainteté n'est chose si commune
Que, etc. (V, 469.)
   Tout ce qui suit
N'est que soins et peine. (VII, 271.)
  Il n'étoit ambre, il n'étoit fleur
Qui ne fût ail au prix. (II, 131-132.)
Il n'est meilleur ami ni parent que soi-même. (I, 358.)
  Il n'est bride assez forte
Pour contenir, etc. (V, 527.)
  Il n'étoit conscience
Un peu jolie, et bonne à diriger,
Qu'il ne voulût lui-même interroger. (V, 486.)
Femme n'étoit qui n'y courût. (IV, 180.)
  Il n'étoit fils de bonne mère
Qui, etc. (I, 101.)
  Il n'étoit lors de Paris jusqu'à Rome
Galant qui sût si bien le numéro. (IV, 64.)
Il n'est griffe ni dent en la bête irritée
Qui, etc. (I, 156.)
  Il n'étoit moyen
Plus sûr. (I, 195.)
Il arriva nouvel encombre. (II, 453.)
Entre les deux oiseaux il arriva querelle. (III, 197.)
De là naîtront engins à vous envelopper,
  Et lacets pour vous attraper. (I, 82.)
Il devient aussi froid que glace. (IV, 390.)
  L'objet devint brûlot,
Et puis nacelle, et puis ballot,
Enfin bâtons flottants sur l'onde. (I, 304.)
Laissez-moi carpe devenir. (I, 373.)
Celui-là qui devint serpent sur sa vieillesse. (V, 253.)
  Les arbres et les plantes
Sont devenus chez moi créatures parlantes. (I, 130.)
Le lionceau devient vrai lion. (III, 97.)
   Redevien,
Au lieu de loup, homme de bien. (III, 191.)
Bien lui sembloit ce soin chose un peu malaisée. (V, 448.)
Si jamais il survient brouillerie. (VI, 111.)

*b) Devant le complément direct de certains verbes, tels qu'*avoir
(y compris « il y a »), donner, faire, *etc.*

Nous plaçons ces exemples dans l'ordre alphabétique, d'abord des verbes, puis de leurs compléments :

  Ce parasite ailé
Que nous avons mouche appelé. (II, 262.)
On apporte herbe fraîche et fourrage. (I, 349.)

Il n'est, à mon avis, que d'avancer matière. (VII, 94.)
Les hommes en ces lieux ont tous barbe au menton. (IV, 447.)
Besoin n'en eut. (V, 59.)
Et mon homme d'avoir chiens, etc. (II, 175.)
Si tu as dessein de m'obliger. (VIII, 134.)
 Un cheval eut alors différend
 Avec un cerf. (I, 320.)
Le galant a bon foie. (V, 544.)
 Quant au surplus, ils avoient deux enfants,
 Garçon d'un an, fille en âge d'en faire. (IV, 204.)
Garde n'avoit. (IV, 93.)
J'ai griffe et dent. (III, 189.)
 .... La manière
 Par où jument, bien faite et poulinière,
 Auras de jour, belle femme de nuit. (V, 493-494.)
Si j'ai mémoire. (IV, 386.)
Je n'ai pas peine à le croire. (IV, 427.)
Et vous n'en aurez point regret. (I, 349.)
 Elle eut regret d'être l'Hélène
 D'un si grand nombre de Pâris. (IV, 437.)
 Des quatre parts les trois
 En ont regret. (IV, 488.)
Avez-vous sœur, fille ou femme jolie? (IV, 457.)
Quand on a temps si fort à point, etc. (V, 220.)
On auroit tort de, etc. (I, 168.)
 N'ai-je pas tort
 De t'accuser? (IV, 315.)
N'ayant trait qui ne plût, pas même en ses rigueurs. (III, 331.)
Nous n'en avons ici ni vent ni voie. (V, 70.)
 Chapitre donc, puisque chapitre y a,
 Fut assemblé. (V, 416.)
Il n'y a fille si misérable qui, etc. (VIII, 49.)
Puisque vent y a. (II, 393.)
 Alaciel...,
 Selon sa loi, n'avoit bu vin. (IV, 428.)
.... Brise plats et flacons. (I, 101.)
A sa moitié chanta goguette. (V, 508.)
Un loup survient à jeun qui cherchoit aventure. (I, 89.)
Le galand alla chercher femme. (I, 134.)
Dès demain je chercherai femme. (II, 102.)
Critiquer gens m'est, dit-il, fort nouveau. (V, 194.)
Il demanda jour et rendez-vous. (VIII, 26.)
Nous disons injures au sort. (II, 177.)
Dieu me doint patience. (V, 534.)
Vous ne voulez chat en poche donner. (V, 324.)
Donnez-moi conseil. (VIII, 143.)
J'en donnerai leçon. (III, 90.)
 On lui donne
 Liberté de se retirer. (I, 142.)
Je vous voulois donner lieu de me plaire. (V, 203.)

Afin de leur donner lustre. (I, 34.)
Vous voulez donner temps à Blaise Bouvillon
De vous épouser? (VII, 287.)
Des ministres du dieu les escadrons flottants
Entraînèrent sans choix animaux, habitants. (VI, 158.)
Elle envoie gens de tous les côtés. (VIII, 135.)
.... Que chaque espèce en ambassade
Envoyât gens le visiter. (II, 45.)
Un juge mantouan belle femme épousa. (V, 245.)
  Le rustre, en paix chez soi,
Vous fait argent de tout. (III, 110.)
Gardez de faire aux égards banqueroute. (VI, 62.)
Non qu'à votre beau corps je veuille faire brèche. (VII, 369.)
.... Et pourra faire bruit. (VII, 572.)
La chienne... revenoit faire caresses après qu'on l'avoit battue. (I, 37.)
Je ne fais point cérémonie. (I, 113.)
  Le pauvre gars acheva simplement
 Trois fois le jeu, puis après il fit chasse. (IV, 502.)
On y fit chère. (V, 332.)
.... Qui vous feroit choses pareilles? (III, 42.)
   Faites comparaison
De leurs beautés avec les vôtres. (I, 78.)
[La guêpe] fit enquête nouvelle. (I, 121.)
Je vous ferai festin. (I, 309.)
  Ces deux veuves, en badinant,
  En riant, en lui faisant fête,
 L'alloient quelquefois testonnant. (I, 110.)
Il avoit fait folie. (I, 322.)
   Une vie
A faire gens de bon cœur détester. (V, 166.)
Les grands se font honneur dès lors qu'ils nous font grâce. (I, 102.)
Aimez, faites maîtresse. (VII, 45.)
 Quelque garçon d'honnête corpulence,
 Non trop rustaud, et qui ne lui feroit
 Mal ni dégoût. (V, 47.)
Elle fit marché avec lui, moyennant lequel, etc. (VIII, 165.)
L'âne à messer lion fit office de cor. (I, 189.)
On lui faisoit outrage. (I, 142.)
Son bonheur me fait peine à le pouvoir connoître. (VII, 582.)
  Penses-tu... que ton titre de roi
 Me fasse peur? (I, 155.)
Xantus... fit prix d'Ésope. (I, 35.)
Le petit chien fait rage, aussi fait l'amoureux. (V, 258.)
 .... De commettre une si grande offense,
J'en fais scrupule. (V, 534.)
.... Firent société. (I, 76.)
   .... Pour fuir
Oisiveté, principe de tout vice. (IV, 446.)

INTRODUCTION GRAMMATICALE.

> Mais le mari, qui se doutoit du tour,
> Rompoit les chiens, ne manquant, au retour,
> D'imposer mains sur madame Féronde. (V, 395.)

Ils ne sauroient manger morceau qui leur profite. (I, 172.)
Ni grâces ni faveurs ne savoir ménager. (VII, 80.)
Jeune homme qui menez laquais à barbe grise. (I, 202.)

> Sur la mer tous voyageurs
> Menoient avec eux en voyage
> Singes et chiens de bateleurs. (I, 291.)

Tels abus méritent censure. (IV, 396.)

> Ma muse met guimpe sur le tapis;
> Et puis quoi? guimpe, et puis guimpe sans cesse;
> Bref toujours guimpe, et guimpe sous la presse. (V, 521.)

Je mettrai remède à la chose. (I, 77.)
Montrez-moi patte blanche. (I, 328.)
Psyché... obtint même faveur. (VIII, 211.)

> Je vous paierai...
> Intérêt et principal. (I, 59.)

Pour ne point perdre temps. (IV, 418.)

> .... Gens
> Portants bâtons. (I, 72.)

.... Ils y prennent couleur. (VII, 569.)
Prendre emploi dans l'armée, ou bien charge à la cour (I, 200.)

> Hans Carvel prit sur ses vieux ans
> Femme jeune en toute manière;
> Il prit aussi soucis cuisants. (IV, 378.)

Il avoit femme prise. (V, 24.)
Mon mari peut prendre feu là-dessus. (VI, 30.)

> Son ami...
> Prend heure avec elle. (V, 218.)

.... Des lacs à prendre loups. (II, 4.)
J'ai pris mari qui, pour toute chanson.... (IV, 349.)
Quitter mari et enfants. (VIII, 168.)
.... Rencontra bergère à son gré. (I, 265.)

> Rendant à son époux
> Fèves pour pois, et pain blanc pour fouace. (IV, 172.)

Reprendre haleine. (VI, 351.)
N'y savez-vous remède? (IV, 159.)
Souffrir n'ai pu chose tant indécente. (IV, 165.)
Tenir coup aux gens. (IV, 489.)
.... En tenir registre. (V, 77.)

> Il en tira
> Consolation non petite. (IV, 34.)

On y trouva difficulté. (II, 70.)
Trêve de différend, ou vous verrez folie. (VII, 108.)
On voit comme fourmis gens autour de l'ouvrage. (VIII, 206.)
Elle vit sur les bords du Styx gens de tous états. (VIII, 209.)

> Il avoit vu sortir gibier de toute sorte,
> Veaux de lait.... (I, 330.)

c) *Devant des compléments de prépositions :*
La dame tousse à temps et heure. (VII, 124.)
A lansquenet
Elle avoit tout perdu. (VII, 561.)
Ce n'est la mode à gens de qui la main.... (VI, 97.)
Pour l'exhorter à patience. (I, 218.)
Après avoir creusé quelque peu dans terre .(I, 42.)
Les personnes d'âge avancé. (I, 18.)

> Car plus sera d'âge pour bien agir,
> Moins laissera de venin. (V, 41.)

Tant qu'elle fut en âge de bergère. (V, 372.)
Elle a l'air de bergère. (VI, 17.)
Les esclaves de bouche. (I, 194.)
Les maisons de bouteille. (I, 193.)
Les gens de naturel peureux. (I, 171.)
Messieurs de cour. (II, 164.)
Les tributs, les impôts, les fatigues de guerre. (I, 209.)
Les traits de visage agréables. (VIII, 91.)
Les traits de visage très beaux. (VIII, 181.)
La belle, de frayeur qu'elle eut, etc. (VIII, 198.)
Foible de reins. (I, 178.)

> Le voilà fou d'amour extrême,
> De fou qu'il étoit d'amitié. (I, 185.)

De plaisir incapables. (I, 169.)
Le philosophe étant de festin. (I, 36.)
Son mari l'aimoit d'amour folle. (VI, 69.)
L'olivier, qui de paix est la marque assurée, etc. (VI, 197.)
Nous n'écoutons d'instincts que ceux qui sont les nôtres. (I, 84.)
Afin qu'il fût plus frais et de meilleur débit. (I, 201.)

> Il fit tant, de pieds et de dents,
> Qu'en peu de jours, etc. (II, 108.)

> Il n'y avoit pas d'apparence...
> Qu'il en dût arriver de mal. (VIII, 104.)

.... En ont aussi formé de différents tableaux. (VIII, 62.)
En langue des dieux. (II, 352.)

> Vous serez déterré, logeassiez-vous en lieu
> Qui ne fût connu que de Dieu. (V, 443.)

En lieu plus haut. (I, 151.)
Jamais ne faux en rencontres pareilles. (IV, 164.)
Ils s'enfuiroient en terre. (I, 135.)
Par monts, par vaux, et par chemins. (I, 159.)
Elle donna les mains par pénitence. (V, 47.)

> Par prières, par larmes,
> Par sortilèges et par charmes.... (I, 185.)

> Heureux qui peut ne le connoître
> Que par récit, lui ni ses coups. (I, 264.)

Je sais par renommée. (I, 95.)
.... Et chante par ressorts que l'onde fait jouer. (VIII, 40.)
Je le souffre aux récits qui passent pour chansons. (IV, 396.)
Cornes cela? Vous me prenez pour cruche. (I, 377.)

.... Prit pour oison le cygne. (I, 236.)
Il met sur pied sa bête. (I, 201.)
Aussitôt la femme est sur pieds. (I, 186.)
On met sur table. (V, 351.)

Exemples de b) et de c) où le nom sans article est précédé d'un adjectif:

Jeunes tendrons à vieillards apparient. (IV, 329.)
    Quand reginglettes et réseaux
    Attrapperont petits oiseaux.... (I, 84.)
Il n'eut autre discours. (I, 339.)
Les pauvres femmes n'ont autre soin que de contenter leurs maris. (VIII, 83.)
Bon besoin eut d'être femme d'esprit. (IV, 319.)
    Ils eurent bonne année,
    Pleine moisson, pleine vinée. (II, 14.)
Tant et si bien qu'en ayez bonne issue. (IV, 161.)
    Deux villageois avoient chacun chez soi
    Forte femelle. (V, 320.)
Clarté n'ayant grand'lueur ni grand'flamme. (IV, 225.)
Nos amis ont grand tort, et tort qui se repose
Sur de tels paresseux. (I, 357.)
La cage et le panier avoient mêmes pénates. (III, 196.)
    N'allez point à l'eau chez un autre,
    Ayant plein puits de ces douceurs. (V, 510.)
Et ne connoissant autres lois. (III, 331.)
A tous époux Dieu doint pareille joie! (V, 481.)
Nous ferons bonne vie. (I, 100.)
Aurions-nous de concert fait faux bond à la vie? (VII, 337.)
    Tel bref en bref, après bon examen,
    Nous envoyer feroit grand bien en France. (V, 319.)
[Un chat] faisoit des rats telle déconfiture.... (I, 134.)
Mais il ne faut telles choses mécroire. (VI, 58.)
Me fera-t-on porter double bât, double charge? (II, 26.)
.... Et qu'il n'eût pris si grande confiance. (V, 32.)
    Maître ne sais meilleur pour enseigner
    Que Cupidon. (IV, 223.)
        Le drôle et sa belle
Verront beau jeu si la corde ne rompt. (IV, 70.)
    .... Que toujours on voie en mes écrits
    Même sujet et semblables personnes,
    Cela pourroit fatiguer les esprits. (V, 521.)
    Mais qu'on pût voir telle indiscrétion,
    Qui l'auroit cru? (VI, 57.)
Je ne veux autre preuve. (IV, 459.)
.... Portés d'un même esprit, tendoient à même but. (III, 338.)
Gens à cuire à même four. (V, 332.)
        Elle instruisit du moins
Nos amants à se dire avec signes leurs soins. (VI, 177.)

De grand dépit, Richard elle interrompt. (IV, 70.)
D'autre côté communiquer la belle, etc. (VI, 131.)
Il me faut d'un et d'autre pain. (V, 505.)
Le museau du sire étoit d'autre mesure. (I, 113.)
Si vous ne vous y prenez d'autre sorte. (VIII, 109.)
.... De dormir, s'il se peut, d'un et d'autre côté. (V, 114.)
Tous de même manière. (I, 79.)
  Il ne faut point
 Agir chacun de même sorte. (I, 160.)
Dieu nous gard de plus grand'fortune. (V, 509.)
Toutes trois de contraire humeur. (I, 191.)
 La dame étoit de gracieux maintien,
 De doux regard. (IV, 86.)
Les amants sont toujours de légère croyance. (VI, 193.)
Étant de ses parents et de sublime esprit. (VII, 414.)
Deux pailles prend d'inégale longueur. (IV, 128.)
Un rocher d'énorme grandeur. (VIII, 55.)
.... Mieux eût valu l'être en autre science. (V, 32.)
En même nid furent pondre tous deux. (IV, 117.)
Je crois que vous allez chacun en même école. (VII, 87.)
.... Il fond dessus, l'enlève, et par même moyen
 La grenouille et le lien. (I, 32 ; voyez I, 310.)
  La nature sembloit
 L'avoir mis là non pour autre mystère. (IV, 409.)
Sous même planète. (II, 296.)
  [Les vices] qui, n'étant pas contraires,
 Peuvent loger sous même toit. (II, 337.)

d) Dans les sujets :

 Longue ambassade et long voyage
 Aboutissent à cocuage. (V, 247.)
 Ambassadeurs par le peuple pigeon
 Furent choisis. (II, 137.)
Ane, cheval, et mule, aux forêts habitoit. (I, 319.)
.... Que baudet aille à l'aise et meunier s'incommode. (I, 203.)
En cettui lieu beaux pères fréquentoient. (IV, 491.)
 Chapitre donc, puisque chapitre y a,
 Fut assemblé. (V, 416.)
 Coups de fourche ni d'étrivières
 Ne lui font changer de manières. (I, 187.)
Coups de poing trottoient. (I, 96.)
Soupirs trottoient. (V, 412.)
Défunt marquis s'en alloit sans valets. (V, 164.)
Diables sont noirs, meuniers sont blancs. (VII, 133.)
Diversité de mets peut nuire à la santé. (IV, 45.)
Plus fait douceur que violence. (II, 11.)
Equipage, trésors, jeune épouse est laissée. (VI, 283.)
  Femmes ont maintes choses
 Que je préfère. (V, 323.)
  Chacun sait que de race
 Communément fille bâtarde chasse. (V, 393.)

INTRODUCTION GRAMMATICALE. LXXIII

Fortune aveugle suit aveugle hardiesse. (III, 79.)
Toujours par quelque endroit fourbes se laissent prendre. (I, 212.)
Mercure en fit l'annonce, et gens se présentèrent. (II, 12.)
    Goutte bien tracassée
    Est, dit-on, à demi pansée. (I, 227.)
Grenouilles, à mon sens, ne raisonnoient pas mal. (II, 39.)
Hommes, dieux, animaux, tout y fait quelque rôle. (I, 364.)
Imprudence, babil, et sotte vanité,
    Et vaine curiosité,
    Ont ensemble étroit parentage. (III, 16-17.)
Mauvaise graine est tôt venue. (I, 83.)
    Même beauté...
    Rassasie et soûle à la fin. (V, 505.)
Mères et nourrissons faisoient leur tripotage. (I, 220.)
    Monstres marins au fond de l'onde,
Tigres dans les forêts, alouettes aux champs. (I, 355.)
Mots dorés font tout en amours. (V, 514.)
        En l'amoureuse loi,
    Pain qu'on dérobe, et qu'on mange en cachette,
    Vaut mieux que pain qu'on cuit, et qu'on achète. (V, 332.)
    Paroles ont des vertus non pareilles ;
    Paroles font en amour des merveilles. (IV, 240.)
Part du tronc tombe en l'eau...
Part demeure sur pieds. (IV, 402.)
    Patience et longueur de temps
    Font plus que force ni que rage. (I, 163.)
Pleur enlaidit, douleur est folle. (VII, 582.)
    Quand reginglettes et réseaux
    Attraperont petits oiseaux. (I, 83.)
Ni roi, ni roc, ne feront, etc. (V, 46.)
Sotte ignorance en fait trébucher mille. (VI, 14.)
Tourets entroient en jeu, fuseaux étoient tirés. (I, 382.)
Tournebroches, par lui rendus communs en France,
Y font un corps à part. (II, 334.)
Triomphes grands chez les anges en sont. (V, 471.)
    Trou, ni fente, ni crevasse
    Ne fut large assez pour eux. (I, 288.)
Il retourne au logis : vieille vient ; rendez-vous. (V, 446.)
Viviers et réservoirs lui payoient pension. (III, 19.)

Sujets de propositions infinitives :
Et boquillons de perdre leur outil. (I, 366.)
Fleurs de voler, tetons d'entrer en danse. (IV, 284.)
Grenouilles aussitôt de sauter dans les ondes,
Grenouilles de rentrer en leurs grottes profondes. (I, 173.)
Et grenouilles de se plaindre. (I, 215.)
Jeunes de rire, et vieilles de gronder. (V, 420.)
    Aussitôt perles de tomber,
    Nourrice de les ramasser,

Soubrettes de les enfiler,
Pèlerin de les attacher. (V, 266.)
Pleurs de couler, soupirs d'être poussés,
Regards d'être au ciel adressés. (IV, 405.)
Souris de revenir, femme d'être en posture. (I, 186.)
Turcs d'approcher, tendrons d'entrer en danse. (V, 387.)

e) Dans des comparaisons :
Ainsi que bons bourgeois achevons notre vie. (IV, 60.)
.... Et font comme alambics distiller leurs planchers. (VIII, 41.)
Comme beaux petits saints. (II, 426.)
Nous suons, nous peinons comme bêtes de somme. (I, 207.)
Comme droites poupées. (IV, 488.)
Promettez-moi de vivre comme frères (I, 334.)
Les Delphiens accoururent comme gens qui étoient en peine. (I, 52.)
Comme hydres renaissants sans cesse dans les cœurs. (III, 107.)

Sans dents ni griffes le voilà,
Comme place démantelée. (I, 266.)

f) Omissions avec l'adjectif Tout :
Elle est prise à garant de toutes aventures. (I, 401.)
Pour toute chanson. (IV, 349.)
.... Encontre tous esclandres. (IV, 372.)
.... De si belles choses
A tous mortels lettres closes. (V, 432.)
Il faut que, toute nuit, je demeure couchée. (IV, 54.)
Je n'ai bougé toute nuit d'auprès d'elle. (IV, 218.)
Tous tels sorts sont recettes frivoles. (IV, 240.)
Oisiveté, principe de tout vice. (IV, 446.)

g) Dans des tours d'ailleurs elliptiques :
Adieux planches, carreaux,
Adieu chicorée et porreaux,
Adieu, etc. (I, 279.)
Cataplasmes, Dieu sait! (I, 227.)
Santés, Dieu sait combien! (V, 352.)
Bénitiers, le lieu saint n'étoit pas sans cela. (V, 445.)
Bon appétit surtout : renards n'en manquent point. (I, 113.)
Bonne chasse, dit-il, qui l'auroit à son croc. (I, 390.)
Révérences, le drôle en faisoit des plus belles. (V, 445.)
Femme et mère, il suffit pour juger de ses cris. (III, 270.)

Nouvel hôte et nouvel amant,
Ce n'étoit pas pour rien omettre. (IV, 428.)
Nouveaux objets, nouvelle proie. (IV, 43.)
Toujours pleurs, soupirs...?
— Toujours soupirs et pleurs. (VII, 158.)
Toujours pâtés au bec. (V, 511.)
Jamais paix, toujours querelle. (VII, 581.)
Jamais un plaisir pur, toujours assauts divers. (I, 172.)
Pas grain de jalousie. (IV, 65.)
D'argent, point de caché. (I, 395.)
Rien que discours trompeurs. (VII, 13.)

INTRODUCTION GRAMMATICALE. LXXV

Rats en campagne aussitôt. (I, 86.)
Voilà toujours curée. (II, 338.)

7° Omissions et emplois d'articles devant les noms propres :
Voyez ci-après, p. LXXXIV.

8° Quelques emplois remarquables d'articles définis, indéfinis, et partitifs :

Et puis *le* serviteur. (V, 105.)
Nous ne parlons point... *des* deux voyelles sans élision. (IV, 146.)

  Faut-il que qui vous oblige
  Soit traité de *la* façon ? (V, 241.)

Et c'est de *la* façon qu'elle en porte le deuil. (VII, 564.)
Toujours de *la* façon trompez nos espérances. (VII, 82.)
La plainte, ajouta-t-il, guérit-elle son homme ? (III, 89.)
Le compliment n'est ici nécessaire. (IV, 346.)
Deux ânes qui prenant tour à tour *l'*encensoir.... (III, 126.)
A l'égard de *la* dent, il fallut contester. (II, 403.)
Sur le point d'enfiler *la* venelle. (III, 294.)
Gare *la* cage ou *le* chaudron ! (I, 82.)
L'oiseau parleur est déjà dans *la* barque. (III, 65.)
Voilà notre berger *la* balance à la main. (III, 48.)

  Hors les beautés qui font plaisir aux gens
   Pour *la* somme.... (V, 440.)

Faire *le* compliment. (VII, 35.)
Couler dans une main *le* présent et *la* lettre. (VII, 35.)
Dans *la* saison. (I, 82.)
Et mirent en commun *le* gain et *le* dommage. (I, 76.)
... Celui qui fait *la* jupe. (II, 310.)
Galant qui sût si bien *le* numéro. (IV, 64.)
Ésope, qui les servoit, vit que *les* fumées leur échauffoient déjà la cervelle. (I, 40.)
.... On a jugé à propos de les conserver, afin d'en bâtir de plus durables sur *le* modèle. (VIII, 125.)
Miroirs, de nos défauts *les* peintres légitimes. (I, 93.)
En ces mois, *le* manteau leur est fort nécessaire. (II, 9.)
.... Cajoloit *la* jeune bachelette. (VI, 7.)
Avec quelqu'une as-tu fait *la* folie ? (V, 533.)
Profitant de *la* ressemblance. (I, 292.)
Le corbeau sert pour *le* présage. (I, 183.)
Trois fois *le* mois. (IV, 183.)
On continua de vider *les* pots. (I, 40.)
Chrémès ne me tient pas *un* homme à dédaigner. (VII, 99.)
Un certain vautour. (II, 364.)
Voyez ci-après, au *Lexique*, l'article CERTAIN.

Il fera présent *du* panache. (V, 130.)
Passe encore pour *des* richesses, mais *de la* divinité, c'étoit trop. (VIII, 88.)
Sans se donner *de la* peine. (IV, 47.)
Nous rendre, dans les biens, *de* plaisir incapables. (I, 169.)

LES, *sans substantif devant un nom de nombre cardinal :*

  Des quatre parts *les* trois
  En ont regret. (IV, 487.)

Exemples d'incises attributives conformes à l'usage actuel :
Un aigle *aux* ailes étendues. (II, 364.)
L'animal *aux* têtes frivoles. (II, 232.)
Le maudit animal à *la* serre insolente. (III, 254.)
L'âne à *la* voix de Stentor. (I, 189.)
Dame Belette *au* long corsage. (II, 324.)
La cigogne *au* long bec. (I, 113.)
    Le peuple vautour
 Au bec retors, à *la* tranchante serre. (II, 136.)
Une tortue étoit, à *la* tête légère. (III, 13.)

Omissions parfois dans la même tournure :
.... Amoureux à longue crinière. (I, 265.)
L'animal à longue échine. (I, 286.)
Petit serpent à tête folle. (I, 413.)
Deux coursiers à longues oreilles. (I, 158.)
Un vase à long col. (I, 113.)

II. — Nom ou substantif.

A. Noms communs.

1° *Genre* :

A son *bel* aise. (IV, 500.)
Une telle aise. (V, 267.)
Si l'*aise* de vous voir pour un peu *reculée*, etc. (VII, 84.)
Lui nous parler d'*amour!* Il ne *la* sait plus faire. (VII, 147.)
L'*amour conjugale* (VI, 68.)
L'*amour obstinée*. (VII, 218.)
.... Des tragiques *amours* vous a conté l'élite :
Celles que je vais dire ont aussi leur mérite. (VI, 186.)
Joindre aux *amours* du Fils *celles* de la Mère. (VI, 233.)
Son *amour* pour Thaïs est encore un peu *forte*. (VII, 92.)
Son mari l'aimoit d'*amour folle*. (VI, 69.)
Votre *amour* étant *pure*, encor que *véhémente*. (VI, 179.)
Une amour *fraternelle*. (VII, 389.)
Une amour *sotte et vaine*. (V, 427.)
Une amour si *forte*. (IV, 448; voyez VII, 52, 73, 84; etc.)
Cette amour. (VII, 100.)
Une apostume. (I, 392.)
Un autrefois. (IV, 431.)
Au temps que *la* chanvre se sème. (I, 81.)
Ce couleur d'aurore. (VIII, 234.)
Le couleur de rose. (VII, 28.)
Leur laine étoit d'*un* couleur de feu si vif.... (VIII, 198.)
Un des dupes. (II, 400.)
    Écho, toujours *hôtesse*
D'une voûte ou d'un roc. (VIII, 40.)

Approche, scélérat ; approche, ingrate fille,
Indigne rejeton d'une illustre famille ;
Suivre un homme inconnu ! toi, séduire *un enfant!* (VII, 391.)

Toutes gens. (II, 324; V, 46.)
Ainsi *certaines* gens faisant les *empressés*.... (II, 143-144.)
Plus *telles* gens sont *pleins*, moins *ils* sont *importuns*. (III, 226.)
Telles gens n'ont pas fait la moitié de leur courseQu'*ils* sont au bout de leurs écus. (I, 223.)
C'est *sa* guide. (VI, 330.)
La guide nouvelle. (II, 195.)
On ne craint plus *cette* hydre aux têtes renaissantes. (VI, 337.)
Comme *hydres renaissants* sans cesse dans nos cœurs. (III, 107.)
Jamais *idole*, quel qu'*il* fût.... (I, 296.)
Cet idylle. (VI, 276.)
Sur *le* minuit. (VII, 305.)
Pour *un* obole. (I, 414.)
Un œuvre imparfait. (III, 198.)
Œuvre long. (VIII, 250.)
Cet œuvre se consomme. (VI, 324.)
Elle sent son *ongle maline*. (II, 51.)
Une ongle. (V, 264.)

Beaucoup de *personnes* m'ont dit...
Les raisons qu'*ils* en apportent, etc. (VI, 223.)

Le plinthe. (VIII, 177.)
Dedans *un tel* rencontre. (IV, 211; voyez IV, 78.)
Une orgue. (VII, 318.)
Un outre. (I, 33.)
Pour *toute* ustensile. (V, 487.)
La volatile malheureuse. (II, 365.)

2° *Nombre :*

a) *Emplois à noter du singulier :*

Pour *un* pauvre *animal*,
Grenouilles, à mon sens, ne raisonnoient pas mal. (II, 39.)
Avant même qu'on ait *la chandelle* allumée. (VII, 354.)

Et puis se va coucher
Droit *au côté* d'Henriet Berlinguier. (IV, 321.)
Du débris d'Ilion s'étoit construit un bourg. (VI, 15.)
Je n'ai que trop d'*emploi*. (VII, 32.)
Contes d'*enfant*. (I, 130.)
Large d'*épaule*. (V, 535.)
En matière de *femme*, on ne croit point aux pleurs. (VII, 28.)
C'étoit un homme de *finance*. (II, 207.)
Les gens de *finance*. (II, 310.)
Lorsque le genre humain de *gland* se contentoit. (I, 319.)
Grâce aux immortels. (VII, 41.)
J'ai *griffe* et *dent*. (III, 189.)

En cela j'ai pour *guide*
Tous les maîtres de l'art. (III, 84.)
Les vents, sourds à ses cris, renforcent leur *haleine*. (VI, 246.)

C'étoit un homme qui faisoit
Beaucoup de chemin en peu d'*heure*. (IV, 440.)
Je ne saurois souffrir ni de coups, ni d'*injure*. (VII, 35.)
J'en donnerai *leçon*. (III, 90.)
Ce lieu plein de *merveille*. (VI, 162.)

Point de *nouvelle*. (V, 157.)
Plein un panier d'*ordure*. (IV, 370.)
De *parole* en *parole*. (I, 35.)
            Je n'ai point de *parole*,
Quoique dès ma jeunesse instruit dans cette école,
Pour vous bien exprimer, etc. (VII, 179.)
Tout ce qui suit n'est que soins et *peine*. (VII, 271.)
De briques composée et de *pierre* de taille. (VII, 404.)
Au *poil* du menton. (II, 377.)
Ce sont là jeux de *prince*. (I, 279.)
Payer de *raison*. (III, 4.)
Je découvrirai le pot au *rose*. (VII, 480.)
Témoin ces deux mâtins. (II, 337.)
J'en prends à *témoin* les combats.... (V, 595.)
Je n'en veux pour *témoin* qu'Hercule et ses travaux. (III, 74.)
S'en va par *voie* et par chemin. (II, 164.)

Avec le substantif *coups* :

    Coups de *fourche* ni d'étrivières
    Ne lui font changer de manières. (I, 187.)
A coups de *griffe*. (V, 371, 375, 376.)
A coups de *pied*. (IV, 285.)
A coups de *pierre*. (VI, 21.)

Avec la préposition *à* :

A *courbette*. (VII, 296.)
L'âne à l'*éponge*. (I, 159.)
Notre souffleur à *gage*. (II, 10.)
J'aperçois aussi notre flatteur à *gage*. (VII, 38; voyez VII, 428.)
A pleine *main* l'on les a laissé prendre. (IV, 288.)
A quelque *pas* de là. (III, 235.)

Avec la préposition *en* :

Un de nos deux amis sort du lit en *alarme*. (II, 266.)
Celle-ci, par ses cris, mettoit tout en *alarme*. (IV, 70; voyez I, 356.)
Ayez toujours en *main* quelque amitié nouvelle. (VII, 57.)
Il sied bien en *amour* de craindre toutes choses. (VI, 245.)
Inégal en *amour*, en *plaisir*, en *affaire*. (VII, 162; voyez V, 522; VI, 179; VII, 11, 569.)
Peignant en *beau discours*. (VII, 354.)
En *ruine*. (II, 275.)
Le besoin, docteur en *stratagème*. (III, 19.)
Aide-nous, rends nos cœurs en *vertu* plus fertiles. (VI, 290.)

Avec la préposition *entre* :
Entre autre *chose*. (III, 131.)

Avec la préposition *sans* :
Elle étoit sans *affaire*. (IV, 386.)
Sans transports, sans *desir*, sans *plaisir*. (VII, 256.)
Sans *égard*. (II, 381.)
Apollon est sans *flamme*. (VIII, 38.)
La surprise...
Nous rendra sans *hasard* maîtres de ce séjour. (IV, 425.)

Sans *mitaine*. (VII, 579.)
Votre menton sans *poil*. (VII, 50.)

Avec *tant de* :
D'ailleurs il n'y faut point faire tant de *façon*. (IV, 47.)
Sans faire tant de *façon*. (IV, 122; voyez V, 134.)

Avec *maint, mainte, nul, nulle* :
Mainte autre *affaire*. (II, 240.)
.... Nous le voyons en mainte *bestiole*. (V, 290.)
Sans parler de mainte *caresse*. (I, 72.)
Maint *chef* périt, maint *héros* expira. (II, 136.)
Mainte *échelle* est portée. (IV, 426.)
Mainte autre *extravagance*. (I, 153.)
Mainte *fille* a perdu ses gants. (IV, 411.)
Je fais mainte et mainte *lieue*. (II, 193.)
Dans le gouffre enrichi par maint et maint *naufrage*. (III, 205.)
Lui, sa femme, et maint *petit*. (I, 386.)

On en fait maint *repas*,
Dont maint *voisin* s'éjouit d'être. (I, 352; voyez II, 10, 25, 334, 418; III, 14; et passim.)
Pas un d'eux ne sait nulle *nouvelle*. (VI, 10.)
.... S'ils n'avoient de sa femme aperçu nulle *trace*. (I, 248.)

Avec *tout* :
En tout *cas*. (VIII, 127.)
.... Les tourne de tout *sens*. (I, 324.)
De toute *sorte*. (I, 330.)
De tout *temps*. (I, 129; voyez I, 140, 319; II, 63, 124, 470; III, 67, 71; etc.)
Mère de tout *vice*. (IV, 170.)

b) Emplois à noter du pluriel :
Deux ou trois contes d'*enfants*. (II, 233.)
Grâces à Gnaton. (VII, 41.)
Tous les Vents attentifs retiennent leurs *haleines*. (VIII, 47.)

C'étoit *merveilles* de le voir,
Merveilles de l'ouïr. (II, 217.)
Et payant de *raisons* le Raminagrobis. (III, 215; voyez VII, 412.)
.... Qui n'avoient en ces lieux pour *témoins* que l'Amour. (VIII, 297.)
Sans avoir pour témoins en ces sombres demeures
Que les chantres des bois, pour *confidents* qu'Amour. (VI, 239.)
Quels chefs-d'*œuvres* alors sont sortis de ses mains? (VIII, 254.)
C'est surtout là une particularité d'orthographe constante chez la Fontaine.
.... De la reine des bois n'arrêtoient les *vacarmes*. (III, 70.)

Avec le substantif *coups* :
Trente bons coups de *gaules*. (IV, 133.)
A coups de *dents*. (III, 83.)

Avec les prépositions *à, en, sur* :
A *coups* de pierre. (III, 314.)
A *courbettes*. (VII, 279.)
Et comme lui voyager en *amours*. (V, 67.)

Un François, moins propre à faire en droit un cours
    Qu'en *amours*. (V, 439; voyez VI, 194.)
Hispal vendit les uns, mit les autres en *gages*. (IV, 408.)
En leurs *patois*. (II, 281.)
Jamais ne faux en *rencontres* pareilles. (IV, 164.)
En tels *cas*. (IV, 418, 420.)
Il met sur *pieds* sa bête. (I, 201.)
Part demeure sur *pieds*. (IV, 402.)

Avec *sans*, ou dans des négations :
Nul bien sans mal, nul plaisir sans *alarmes*. (V, 413.)
.... Au moins n'y en avoit-il point d'*exemples* dans ces pays. (VIII, 48.)
Point de *tambours*. (IV, 426.)
D'hymen point de *nouvelles*. (I, 111.)

Avec *maint, aucun, nul* :
J'ai maints *chapitres* vus. (I, 135.)
... Si les loups mangeoient mainte bête égarée,
Les bergers de leur peau se faisoient maints *habits*. (I, 240.)
Maintes *journées*. (VI, 350.)
Maintes dévotes *oraisons*. (II, 157.)
Maints *rats* assemblés. (III, 353.)
En couvrir maints *sillons*. (I, 82.)
De maints *tournois* elle fut le sujet. (V, 158.)
Aucuns autres *états*. (VI, 117.)
    Auparavant, il faut d'aucuns *péchés*
    Te nettoyer. (V, 397.)
Sans faire aucunes *plaintes*. (I, 243.)
.... Enfin n'omit aucuns *secrets*. (V, 120.)
    On n'entend...
    Bruire en ces lieux aucuns *torrents*. (VI, 340.)
.... N'y trouve aucuns *trous*. (IV, 72.)
Aucuns *voyages* n'étoient longs. (V, 552.)
Nuls *moyens*. (II, 137.)
Nuls *défauts* ne pouvoient être au gars reprochés. (V, 344.)
    Il n'étoit nuls *emplois*
    Où Lise pût avoir l'âme occupée. (V, 291.)
Il n'a, sans mes bienfaits, passé nulles *journées*. (III, 6.)
Nulles *prisons* ne les contraignent. (VI, 329.)
Le Ciel n'exigeoit lors nuls *tributs* de la terre. (VI, 353.)

Avec *tout* :
Des dragons de toutes *espèces*. (VIII, 54.)
De toutes *manières*. (I, 331.)
A tous *moments*. (I, 110; voyez IV, 94; VII, 54.)

3° *Mots employés substantivement* :
Voyez ci-après, aux articles ADJECTIF (3°), VERBE (*Infinitif, d*); et, dans le *Lexique*, de nombreux exemples, à beaucoup d'articles d'adjectifs ; voyez aussi les locutions TIENS (UN) ....TU L'AURAS (DEUX), TIEN-ET-MIEN, QUE-SI-QUE-NON, TANT-MIEUX, TANT-PIS, etc.

INTRODUCTION GRAMMATICALE.

4° *Noms abstraits :*

Peut-être que l'*absence*, ou bien la *jalousie*,
    Nous ont rendu leurs cœurs. (IV, 60.)
  L'*avarice*....
    Le rendoit fort embarrassé. (III, 23.)
.... Le *bain* y fut employé. (VIII, 170.)
    Le *bal*, la *comédie*,
  Ne manqua point à cet heureux objet. (V, 158.)
    Hors les *beautés* qui font plaisir aux gens
      Pour la somme. (V, 440.)
Gare la *cage* ou le *chaudron*. (I, 82.)
La *cage* et le *panier* avoient mêmes pénates. (III, 196.)
.... Avant même qu'on ait la *chandelle* allumée. (VII, 354.)
Deux jeunes *cœurs* s'aimoient. (VI, 175.)
    Il n'étoit *conscience*
  Un peu jolie, et bonne à diriger,
  Qu'il ne voulût lui-même interroger. (V, 486.)
    Mon *dire* et mes *raisons*
      Iront aux Petites-Maisons. (I, 377.)
      L'*enfance* du monde,
  Simple, sans passions, en desirs inféconde,
  Vivant de peu, sans luxe, évitoit les douleurs. (VI, 352.)
    Les éloges que l'*envie*
  Doit avouer qui vous sont dus. (II, 231.)
L'*épouvante* est au nid. (I, 357.)
Sortir de *fille*. (VII, 573.)
Avec quelqu'une as-tu fait la *folie*? (V, 533.)
.... Ces champs où couroient la *fureur* et l'*audace*. (VI, 16.)
L'*horreur* suivoit ses pas. (II, 329.)
    Grifonio le gigantesque
      Conduisoit l'*horreur* et la *mort*. (IV, 401.)
Tout manger à la fois, l'*impossibilité* s'y trouvoit. (III, 163.)
L'*industrie* humaine avoit achevé cet ouvrage. (VIII, 136.)
L'*ingratitude* est mère de tout vice. (IV, 170.)
Voilà ce que c'est qu'une *jeunesse* inconsidérée, qui veut agir à sa tête, et qui ne croit pas conseil. (VIII, 169.)
Celui qui fait la *jupe*. (II, 310; voyez IV, 361.)
    Souvent leur guerre avoit pour fondement
  Le jeu, la *jupe*, ou quelque ameublement. (VI, 103.)
Votre *méchanceté* ne trouvera point de retraite sûre. (I, 53.)
L'*artifice* et le *mensonge* ne régnoient pas comme ils font. (VIII, 89.)
    Le doux charme de maint songe,
    Par leur bel art inventé,
    Sous les habits du *mensonge*
    Nous offre la *vérité*. (II, 354.)
La *nécessité* prend le dessus des lois. (VII, 351.)
Tout cet *orgueil* périt sous l'ongle du vautour. (II, 171.)
Pèlerinage avoit fait son devoir. (IV, 320.)
    .... N'ayant qu'une *plume* nouvelle
  Qui ne peut fuir encor par les airs le trépas. (II, 465.)

J. DE LA FONTAINE, X

Sa *préciosité* changea lors de langage. (II, 117.)
Propreté toucha seule aux apprêts du régal. (V, 586.)
Laissons la *qualité*. (IV, 46.)
La *salle* et la *cuisine*. (III, 227.)
L'entière *satisfaction* et le *dégoût* se tiennent la main. (VIII, 74.)
 La *surprise* à l'ombre étant jointe
Nous rendra sans hasard maîtres de ce séjour. (IV, 425.)
Sa *tendresse* envisage un moineau. (VII, 582.)
La *terreur* et l'*effroi* respectent ces beaux lieux. (VII, 510.)
 La publique *utilité*
Défendoit que l'on fît au garde aucune *grâce*. (VI, 76.)
 .... Des charmes
Contre qui je sens bien que ma *sévérité*
 N'emploieroit pas toutes ses armes. (VII, 211.)

5° *Apposition de substantifs à d'autres substantifs ou à des pronoms personnels; apposition à des verbes attributifs; substantifs attributs :*

Thibaut l'*agnelet*. (III, 32.)
Le renard, autre *Ajax*, aux volailles funeste. (III, 114.)
Un second Rodilard, l'*Alexandre* des chats,
 L'*Attila*, le *fléau* des rats,
Vrai *Cerbère*, etc. (I, 255.)
Une ourse, mes *amours*. (III, 190.)
Peuple *antipode* des Césars. (II, 334.)
 Sur les bords
Du fleuve *auteur* de sa disgrâce. (I, 248.)
Un prince *berger*. (VIII, 61.)
Force *bœufs*..., force *cerfs*..., force *moutons*. (III, 95.)
Peuple *caméléon*, peuple *singe* du maître. (II, 282.)
Peuple *pigeon*. (II, 137.)
Le peuple *rimeur*. (II, 458.)
Peuple *vautour*. (II, 136.)
L'oiseau *chauve-souris*. (III, 223.)
L'avarice, *compagne* et *sœur* de l'ignorance. (III, 23.)
Je te dois des plaisirs *compagnons* des autels. (VII, 176.)
J'entends les esprits *corps*. (III, 81.)
Le peuple *corsaire*. (IV, 427.)
Bacchus entre, et sa cour, confus et long *cortège*.... (VI, 210.)
Un rossignol, chétive *créature*. (I, 182.)
Le besoin, *docteur* en stratagème. (III, 19.)
Sur tous les animaux, *enfants* du Créateur,
J'ai le don de penser. (II, 463.)
Le prophète *ermite*. (III, 51.)
Ses œufs, ses tendres œufs, sa plus douce *espérance*. (I, 150.)
.... Gâtoit jusqu'aux boutons, douce et frêle *espérance*. (II, 381.)
Va-t-en, chétif insecte, *excrément* de la terre. (I, 155.)
Carpillon *fretin*. (II, 407.)
 Un chien, maudit *instrument*
 Du plaisir barbare des hommes. (III, 280.)
Votre serpe, *instrument* de dommage. (III, 306.)

Le bon vieillard *jardinier* dessus dit. (IV, 491.)
[Nous], *lynx* envers nos pareils, et *taupes* envers nous. (I, 79.)
Nécessité, *mère* de stratagème. (V, 525.)

    Et toi, Déesse,
Mère du bon esprit, *compagne* du repos,
O Médiocrité ! (II, 125.)

    Un gros de Sarrasins...,
Milice du démon, *gens* hideux et hagards,
Engeance qui, etc. (VI, 283.)

Je veux qu'il ait nom *mouche*. (I, 274.)
Un éléphant, *nain*, *pygmée*, *avorton*. (III, 76.)
.... Il y vit dans les pleurs, *nectar* de pénitence. (VI, 304.)
Adam, le *nomenclateur*. (V, 342.)
Nosseigneurs les *ours*. (II, 261.)
L'oiseau *parleur*. (III, 65.)
Près du Mans donc, *pays* de sapience, etc. (VI, 41.)
Miroirs, de nos défauts les *peintres* légitimes. (I, 93.)
Leur doyen, *personne* fort prudente. (I, 134.)
Dans Athène autrefois, *peuple* vain et léger. (II, 231.)

La molle oisiveté, la triste solitude,
Poisons dont il nourrit sa noire inquiétude.... (VI, 248.)

Le blé, riche *présent* de la blonde Cérès. (II, 412.)

  .... Que, sans plus attendre,
  Tout peuple à ses pieds s'allât rendre,
Quadrupèdes, *humains*, *éléphants*, *vermisseaux*,
  Les *républiques* des oiseaux. (I, 314.)

L'Aigle, *reine* des airs. (III, 242.)
Un fier lion, *seigneur* du voisinage. (I, 76.)

  Un pré...,
 Séjour du frais, véritable *patrie*
 Des Zéphyrs. (I, 316.)

Deux jeunes enfants *sylvains*. (VIII, 199.)
Le Lion, *terreur* des forêts. (I, 242.)
Ces amas enflammés, pernicieux *trésors*. (VI, 320.)

   Il s'enfuit par un trou,
Non pas *trou*, mais *trouée*, horrible et large plaie. (I, 279.)
Ses regards, *truchements* de l'ardeur qui la touche. (VI, 235.)

   L'objet devint *brûlot*,
  Et puis *nacelle*, et puis *ballot*,
  Enfin *bâtons* flottants sur l'onde. (I, 304.)

  Quitte ces bois, et redevien,
  Au lieu de loup, *homme* de bien. (III, 191.)

Le lionceau devient vrai *lion*. (III, 97.)
Tout vous est *aquilon*, tout me semble *zéphyr*. (I, 126.)

  Son épousé la faisoit *dame*;
  Son ami, pour la faire *femme*,
  Prend heure avec elle. (V, 218.)

Maint oisillon se vit *esclave* retenu. (I, 84.)
Le Sort....
Le fit être *forçat* aussitôt qu'il fut pris. (VI, 201.)

La raison est-elle *garant* de ce que fait un fou ? (II, 400.)
Maintenant les bergers sont *loups*. (VII, 201.)
Ne vous êtes-vous pas l'un à l'autre des *loups* ? (III, 191.)
Rois de Garbe ne sont *oiseaux* communs en France. (IV, 449.)

> Ces extrêmes Agnès
> Sont *oiseaux* qu'on ne vit jamais. (V, 579.)

B. Noms propres; noms propres francisés; noms propres sans ou avec articles ; nombre des noms propres :

Voyez ci-dessus, la Préface, p. LIV-LVIII; et de nombreux exemples dans la Table alphabétique du tome IX, passim.

Gennare Annèze. (VIII, 332.) — Albert Dure; les Titians; les Mantègnes; les Pérusins. (IX, 266.) — Pinuce. (IV, 205, 210.)
Devant que sortir des confins d'*Italie*. (IV, 41.)
.... Le serpent dont *Christ* est le vainqueur. (VI, 279.)
Tentation, fille d'*Oisiveté*. (IV, 487.)
Mort vint saisir le mari de Clitie. (V, 165.)
Un vivier que *Nature* y creusa de ses mains. (III, 20; voyez I, 402; IV, 226; VII, 424.)

> Pourquoi, sans différer,
> *Amour* lui fit proposer cette affaire. (IV, 499.)

> Si vous me demandez leur état et leur nom,
> J'appelle l'un *Amour* et l'autre *Ambition*. (III, 47.)

> Et qu'après tout *Hyménée* et l'*Amour*
> Ne soient pas, etc. (V, 332.)

Allant à l'*Amérique*. (III, 159.)
.... Echoués aux bords de l'*Amérique*. (III, 90.)
Un animal venu de l'*Amérique*. (II, 17.)

> .... Celui-là du berceau
> Lève la paille à l'égard *du Boccace*. (VI, 125.)

Le *Cerbère*. (VIII, 211.)

La Fontaine donne toujours la marque du pluriel aux noms propres qu'il emploie à ce nombre :

Certains *Cicérons*. (II, 67.)
Cléopâtres, *Phrynés*. (VIII, 61.)
Les *Apelles*. (VIII, 62.)
Les *Catons*. (V, 181.)
Les *le Bruns*, les *le Nostres*. (VIII, 252.)
Les *Virgiles* et les *Homères*. (VI, 277.)
Quatre *Andrés*. (IV, 168.)
Quatre *Mathusalems*. (II, 339.)
La perle des *Lucrèces*. (V, 53.)

III. — ADJECTIF.

1° Accord.

Voyez ci-après, X, p. CXXXVI; et, au *Lexique*, l'article TOUT.

Suite d'adjectifs et de participes passés se rapportant au même nom :

> La voilà [la belette]
> *Grasse*, *mafflue*, et *rebondie*. (I, 252.)

INTRODUCTION GRAMMATICALE. LXXXV

La dame étoit *jeune, fringante*, et *belle*. (V, 574.)
La *belle, aimable*, et *jeune* Aminte. (VI, 51.)

Mes petits sont *mignons*,
Beaux, bien faits, jolis. (I, 422.)

Beau, bien fait, et sur tous *aimable*. (I, 423.)
Beau, bien fait, jeune, et *sage*. (VI, 27.)

Il étoit très *bien fait* de corps,
Beau, jeune, et *frais*. (V, 211.)

Il la trouvoit *mignonne*, et *belle*, et *délicate*. (I, 185.)

Un mari
Jeune, bien fait et *beau*, d'*agréable* manière,
Point *froid* et point *jaloux*. (II, 115.)

Je définis la cour un pays où les gens,
Tristes, gais, prêts à tout, à tout *indifférents*,
Sont ce qu'il plaît au Prince. (II, 281.)

Soyez-vous l'un à l'autre un monde toujours *beau*,
Toujours *divers*, toujours *nouveau*. (II, 366.)

Tant elle [ma peau] est *bigarrée*,
Pleine de taches, *marquetée*,
Et *vergetée*, et *mouchetée*. (II, 370.)

Un serpent sur la neige *étendu*,
Transi, gelé, perclus, immobile rendu. (II 41.)

Plein de courroux et *vide* de pécune,
Léger d'argent et *chargé* de rancune. (V, 368-369.)

Dans un chemin *montant, sablonneux, malaisé*,
Et de tous les côtés au soleil *exposé*. (II, 141.)

.... Garçon au corps *jeune* et *frais*,
Blanc, poli, bien *formé*. (V, 345.)

Le diable, bien nommé diable, et qui ne vaut rien,
Est moins *jaloux*, moins *fol*, moins *méchant*, moins *bizarre*,
Moins *envieux*, etc. (VII, 406.)

2º Construction.

Voyez ci-après XV, 3º.

3º Adjectifs et participes employés avec ellipse d'un substantif antérieurement exprimé ou non :

Jupin, pour chaque état, mit deux tables au monde :
L'*adroit*, le *vigilant*, et le *fort* sont assis
A la première ; et les *petits*
Mangent leur reste à la seconde. (III, 38.)

Le petit chien fait rage, aussi fait l'*amoureux*. (V, 258.)
Deux jours s'étoient passés sans qu'*aucun* vînt au puits. (III, 134.)
.... Et qu'*aucun* de leur mort n'ait nos têtes rompues. (III, 70.)
Aucuns ont dit. (VI, 136 ; voyez I, 32.)
Phèdre étoit si succinct qu'*aucuns* l'en ont blâmé. (II, 3.)
Titres par lui plus qu'*aucuns* regrettés. (V, 159.)

Aucuns à coups de pierre
Poursuivirent le dieu. (VI, 21.)

Plusieurs avoient la tête trop menue,
Aucuns trop grosse, *aucuns* même cornue. (II, 20.)

Les *aucuns* ont de très bons effets. (IV, 243.)
Pain de par Dieu, ou de par l'*autre*. (V, 512.)
L'*aventureux* se lance. (III, 76.)
La *belle* avoit sa rançon toute prête. (IV, 342.)
.... Ce fut le galant et la *belle*. (VIII, 300.)
   Et l'on voyoit la *belle*
Qui, dans un bois, le Cyclope prioit. (VIII, 65.)
  D'autre côté, communiquer la *belle*,
  Quelle apparence! (VI, 131.)
.... Si la *belle* avec lui n'eût tombé dedans l'eau. (IV, 403.)
De ces sortes de gens que, sur des palefrois,
 Les *belles* suivoient autrefois. (IV, 437-438.)
    Notre *belle*,
Ayant sa fleur en dépit d'elle. (V, 225.)
   Le drôle et sa *belle*
Verront beau jeu. (IV, 70.)
Les faveurs d'une *belle*. (I, 98.)
.... S'il ne fuit pas dès qu'il voit une *belle*. (V, 464.)
   Je sais plus d'une *belle*
A qui ce fait est arrivé. (IV, 413.)
L'amant de certaine *belle*. (V, 549.)
  La *biberonne* eut le bétail;
  La *ménagère* eut les coiffeuses. (I, 195.)
Un *blondin*. (IV, 28.)
Où est l'aventurier et le *brave*...? (VIII, 21.)
.... Disoit l'autre jour un *certain*. (IV, 430.)
Que ne vis-tu sur le *commun*? (III, 264.)
La *commune* s'alloit séparer du Sénat. (I, 209.)
   Ainsi nos *concurrents*
Crurent pouvoir, etc. (III, 339.)
Sa *concurrente* étoit sa bonne amie. (IV, 65.)
Annette, la *contemplative*. (V, 346.)
Cette part du récit s'adresse au *convoiteux*. (II, 349.)
   La populace
Entroit dans les moindres *creux*. (I, 288.)
Les *délicats* sont malheureux. (I, 132.)
Heureux de ne devoir à pas un *domestique*.... (VI, 150.)
  La guerre a ses appas,
Ses heures d'agréments comme ses *douloureuses*. (VII, 572.)
Le *drôle* fait semblant.... (IV, 309.)
Le *drôle* en put croquer. (V, 516.)
Tant se mit le *drôle* en la cervelle.... (IV, 87.)
Coucher sur la *dure*. (V, 472.)
Bien ou mal, je le laisse à juger aux *experts*. (II, 3.)

Il étoit plus fou que les *fous*. (I, 185.)
   Il faut qu'avec les *fous*
Tout de ce pas par mon ordre on le mette. (IV, 313.)
Parmi les plus *fous* notre espèce excella. (I, 78.)
.... Aux *fripons*, aux *sots*, aux *ridicules*. (II, 399.)

INTRODUCTION GRAMMATICALE. LXXXVII

   Chacun d'eux fit même réponse,
   Autant le *grand* que le *petit*. (III, 192.)
Tirant sur le *grison*. (I, 109.)
Si les *gros* nous mangeoient, nous mangions les *petits*. (VIII, 268.)
Du *haut* de son gosier. — Du *haut* de sa tête. (II, 272.)
Caliste... l'*inexpugnable*. (V, 127.)
   Le symbole des *ingrats*,
.... C'est l'homme. (III, 5.)
Il court chez son *intime*. (II, 266.
Oronte, son *intime*. (VIII, 270.)
Un gros *lourdaud* de valet. (IV, 29.)
Le *malheureux* n'a rien qu'une chanson. (IV, 139.)
Ce qu'on donne aux *méchants* toujours on le regrette. (I, 147.)
Il ne se faut jamais moquer des *misérables*. (I, 416.)
Faut-il railler d'un *misérable*? (VII, 159.)
Tant le *naturel* a de force. (I, 186.)
Il est des *naturels* de coqs et de perdrix. (III, 41.)
   Tu ressembles aux *naturels*
   Malheureux, grossiers, et stupides. (I, 297.)
   Il avint que le couvent,
   Las enfin d'un tel *ordinaire*, etc. (IV, 190.)
Et d'où vient donc un si bon *ordinaire*? (II, 175.)
   Deux perroquets...
   Du rôt d'un roi faisoient leur *ordinaire*. (III, 63.)
Un ouvrage dont l'*original* a été l'admiration de tous les siècles. (III, 174.)
Nos *pareils* ont beau le voir.... (II, 468.)
Vos *pareils* y sont misérables.... (I, 71; voyez I, 79.)
Nous avons des *pareils*. (V, 144; voyez V, 137.)
Attendez-vous à la *pareille*. (I, 114.)
Près d'un *patibulaire*. (III, 321.)
Mettre au *patibulaire*. (VI, 85.)
Le *pauvret*. (III, 323.)
La *pauvrette*. (I, 142.)
Son *perfide* d'époux. (IV, 72.)
Son cœur n'est pas d'un *perfide* et d'un *traître*. (V, 204.)
Un *pervers*. (I, 138.)
Lui, sa femme, et maint *petit*. (I, 386.)
Mes *petits* sont mignons. (I, 422.)
   Les *petits*, en toute affaire,
   Esquivent fort aisément. (I, 289; voyez I, 140.)
Ce *pourpre*, cet *orangé*, ce *gris* de lin. (VIII, 234.)
   Les *précieuses*
   Font dessus tout les *dédaigneuses*. (II, 115.)
Elle est femme d'un des *premiers* de la cité. (IV, 45.)
   Je vous paierai...
   Intérêt et *principal*. (I, 59.)
Si vous entrez partout, aussi font les *profanes*. (I, 273.)
   Car de trouver une seule *rebelle*,
   Ce n'est la mode. (VI, 97.)
Je découvrirai le pot au *rose*. (VII, 480.)

C'est assez, dit le *rustique*. (I, 87.)
.... Chanter à quelque *rustique*. (I, 245.)
Le *sage* quelquefois fait bien d'exécuter. (III, 79.)
La mort ne surprend point le *sage*. (II, 207.)
Le *sage* l'aura fait par tel art.... (III, 76.)
Plus content qu'aucun des sept *sages*. (II, 217.)

    Si quelque *scrupuleux*...
Veut défendre l'argent. (II, 247.)
Un *seul* n'en échappa. (I, 241.)
Un *seul* ne s'éclata. (I, 338.)
Un *seul* vit des voleurs. (II, 329.)
Prince des *sots*. (V, 221.)
Un du peuple étant mort, notre saint le contemple. (VI, 297.)

    Une dont le nom
Vous est connu. (VI, 30.)
N'allez point à l'eau chez un *autre*. (V, 510.)
Le *Vieil* de la Montagne. (V, 382.)
Vieille vient. (V, 446.)
Tandis la *vieille* a soin du demeurant. (V, 171.)
Le *vieux* y fait marcher le *jeune* sans relâche. (II, 467.)
Le *vilain*. (I, 165.)
Quelque autre *affamé*. (III, 134.)
.... Si dans son *composé* quelqu'un trouve à redire. (I, 77.)

    D'où vient que nous ne sommes
Aujourd'hui que trois *conviés*? (III, 280.)
Le vivre et le *couvert*. (II, 108.)
Notre *désespéré* le ramasse. (II, 436.)
Les trois *échoués*. (III, 90.)
Les moins *intimidés* fuiroient de leur maison. (I, 189.)
.... Puis contrefit le *mort*, puis le *ressuscité*. (III, 298.)

    .... Aucune créature
Qui n'eût son *opposé*. (III, 229.)
Ce *pelé*, ce *galeux*. (II, 100.)
Le *travesti* changea de personnage. (V, 49.)
Le *croquant* (I, 165.)
Les *écoutants*. (III, 162.)
Le *gisant*. (I, 402.)

    Les *malvivants*
Seront toujours. (IV, 242.)

    La terre
Étoit au premier *occupant*. (II, 186; voyez II, 187.)
Ces *passants*. (III, 83.)
Le Satyre et le *Passant*. (I, 385.)

    Le *poursuivant* s'applique
A gagner celle où ses vœux s'adressoient. (VI, 99.)
De *regardants* pour y juger des coups,
Il n'en faut point. (V, 290; voyez I, 232; II, 373; III, 16;
V, 85.)

    Mais *restaurants* ne sont pas grande affaire
A tant d'emploi. (IV, 505.)
Piller le *survenant*. (III, 84.)

C'est tout mon *vaillant*. (V, 491.)
En son *vivant*. (II, 20; voyez II, 371.)

4° Adjectifs et participes pris au sens neutre :
Quand l'*absurde* est outré, etc. (II, 357.)

Quant à ses qualités, principes de sa force,
C'est l'*âpre*, c'est l'*amer*....
Cet *amer*, cet *âpre*, ennemis de l'acide, etc. (VI, 343.)

Le *beau* du jeu n'est connu de l'époux. (V, 289.)
Nous faisons cas du *beau*, nous méprisons l'*utile*. (II, 29.)
.... Du *beau*, du *laid*, du *bon*, du *mauvais* d'un ouvrage. (VII, 353.)
.... Puis du *blanc*, puis du *noir*, puis encore autre chose. (II, 104.)

   Le *bon* de l'affaire
C'est qu'il ne doit au gîte revenir. (V, 71.)
    Et le *bon* de l'affaire,
C'est que l'on n'a pas dit tout ce qu'il savoit faire. (VII, 76.)
Ce fut le *bon*. (IV, 362.)
Que le *bon* soit toujours camarade du *beau*. (II, 102.)
Nous sommes l'abrégé de ce qu'il y a de *bon* et de *mauvais* dans les créatures irraisonnables. (I, 18.)

 Ce qu'on se peut figurer sous le ciel
 De *bon*, de *beau*, de *charmant*, et d'*aimable*. (IV, 399.)

Le *chaud* qu'on respire. (VI, 191.)
.... Qu'il eût du *chaud*, du *froid*, du beau temps, de la bise,
  Enfin du *sec* et du *mouillé*. (II, 13.)
C'est là notre plus *court*. (I, 358.)
La vieille a soin du *demeurant*. (V, 171.)
Que ne l'eût-on trouvée au *fort* de ses faveurs. (III, 331.)
Goûter l'ombre et le *frais*. (III, 121.)
Séjour du *frais*. (I, 316.)
Le goût se porte au *galant*. (VIII, 20.)
Alléguer l'*impossible* aux rois, c'est un abus. (II, 223.)
L'*injuste* aura son tour. (III, 131.)
.... De ses arbres à fruits retranchoit l'*inutile*. (III, 305.)
Tout l'*inutile* et l'*impur* de l'écorce. (VI, 348.)
Le vieillard... prit d'abord le *large*. (II, 26.)
Etendu de son *long*. (I, 400.)
.... L'*un* et l'*autre* y vient de cire. (V, 432.)
En deux tonneaux à part l'*un* et l'*autre* fut mis. (VI, 353.)

  Donne-moi, repartit le roi,
 Des exemples de l'*un* et l'*autre*. (III, 125.)
Dire d'*un*, puis d'*autre*. (I, 331.)
J'ai du *majestueux*, du *fier*, du *doux*, du *tendre*,
Du *galant*. (VII, 315.)
Chacun pense le *même*. (VII, 69.)

  L'une voudra du *mou*,
 L'autre du *dur*. (IV, 495.)
On prend le *noir*. (VII, 570.)
Il faut du *piquant* et de l'*agréable*. (IV, 147.)
Mêler le *plaisant* à l'*utile*. (III, 194.)
L'amour-propre donnant du *ridicule* aux gens. (III, 131.)
Du *sérieux*, du *tendre*, ni du *doux*. (VII, 171.)

Du *solide* et de l'*agréable*. (VIII, 24.)
J'ôte le *superflu*. (III, 307.)
   Tout ce que nous sommes...,
Nous nous pardonnons tout. (I, 79.)
Petits et grands, *tout* approuva. (I, 194.)
Le maître du logis, les valets, le chien même,
Poules, poulets, chapons, *tout* dormoit. (III, 111.)
Femmes, moine, vieillards, *tout* étoit descendu. (II, 141.)
Tout fuit vers le village. (III, 235.)
Tout se mit à brouter. (III, 218.)
A prendre sans *verd* nous jouons. (VII, 304.)
Avouez le *vrai*. (I, 6.)
Il faut dire le *vrai*. (VII, 52.)

5° Ajectifs et participes à sens adverbial, ou unis à des adverbes, ou remplacés par eux :

Il avoit *beau* chercher. (I, 256.)
J'aurois *beau* le demander. (VII, 457.)
Les amants ont *beau* dire et faire. (IV, 408 ; voyez I, 373.)
Tircis eut *beau* prêcher. (III, 57.)
J'aurai *beau* protester. (I, 377.)
Nos pareils ont *beau* le voir. (II, 468.)
Hélas ! j'ai *beau* crier. (III, 291 ; voyez II, 214 ; VI, 269.)
A ces mots, sur un arbre il grimpa *bel et bien*. (II, 428.)
   Il falloit *bel et bien*
Recourir aux arrêts. (III, 228.)
Très *bien* lui prit d'avoir de quoi payer. (IV, 342.)
Bien ou *mal*, je le laisse à juger. (II, 3.)
Le berger vient, le prend, l'encage *bien et beau*. (I, 179.)
   Adieu l'anneau
  Que j'ai gagné *bien et beau*. (IV, 53 ; voyez II, 437 ; IV, 88, 340 ; V, 46.)
Que *bien*, que *mal*, elle arriva. (II, 365.)
Lors le manant les arrêtant tout *coi*,.... (IV, 375.)
.... Paieroient leur mère tout *comptant*. (I, 195.)
Ils seront appointés *contraire*. (III, 226.)
Pour faire *court*. (I, 147.)
  Phébus, qui, sur la fin du jour,
  Tombe d'ordinaire si *court*. (IV, 445.)
Guindé la hart au col, étranglé *court et net*. (II, 66.)
.... Veut-on que j'aille *droit* quand on y va *tortu* ? (III, 240.)
Droit aux ondes du Styx elle mena sa sœur. (II, 194.)
   Jean Lapin,
Qui *droit* à son terrier s'enfuyoit. (I, 149.)
  Et puis se va coucher
  Droit au côté de, etc. (IV, 321.)
Plus *doux* que miel à la fin l'écouta. (IV, 80.)
  Le nœud du mariage
Damne aussi *dru* qu'aucuns autres états. (VI, 117.)
Quelques jours *ensuivant*. (IV, 503.)
Il [ce billet] semble *frais* fait, à voir son écriture. (VII, 334.)

INTRODUCTION GRAMMATICALE. XCI

[Un œuf] *frais* et *nouveau* pondu. (II, 239.)
Pour vous parler *franc*. (IV, 441.)
.... Lui dit tout *franc*. (IV, 420.)
Qu'on pende aux créneaux, *haut et court*, le corsaire. (IV, 425.)
  Etre mis, *haut et court*,
 En un gibet. (VI, 112.)
 Le berger...
  Crut, et crut *mal*, attirer des poissons. (III, 57.)
Un ours *mal* léché. (III, 145.)
  Plus la troupe est complète,
 Mieux elle vaut. (IV, 242.)
Un quart voleur survient, qui les accorde *net*. (I, 97.)
Puisqu'il faut parler *net*. (II, 99.)
  Payez donc cent écus,
 Net et comptant. (IV, 139.)
Je le dis tout *net* et tout *plat*. (III, 190.)
Tout *nouveau* plantés. (VIII, 240.)
Ces derniers sont *nouveau* venus dans le monde. (I, 18.)
Possible étoit-ce de la dernière qu'il s'agissoit. (I, 11.)
 Notre mort...
  Ne tardera *possible* guères. (I, 220.)
 Mais un refus eût fait, *possible*,
 Que.... (I, 265.)
Et *possible* n'a-ce pas été inutilement. (IV, 149.)
  Et *possible* est-ce par gageure
 Qu'il a causé cette aventure. (IV, 30.)
  Il feroit que *sage*
 De garder le coin du feu. (I, 369.)
On n'eût pu du jardin sortir *tout* à cheval. (I, 279.)
Tout de ce pas. (IV, 109 ; voyez IV, 313.)
Tout d'un pas. (IV, 71.)
Tout du haut de sa tête. (II, 272.)

  Ce corps demeurera
Bientôt *à sec*. (II, 338.)
Quand ce vient *à la continue*. (I, 303.)
Ses repas ne sont pas repas *à la légère*. (I, 423.)
A la pareille. (II, 249.)
A l'étourdie. (I, 162.)
A l'ordinaire. (II, 157.)
Bergères, soyez *au gai*. (VII, 567.)
Le galant gagne *au haut*. (I, 177.)
Un jour qu'*au haut et au loin*... (I, 134.)
Il se met *au large*. (I, 156.)
Caquetants *au plus dru*. (I, 294.)
Jaser *au plus dru*. (III, 244.)
Chacun s'enfuit *au plus fort*. (I, 287.)
.... A son terrier s'enfuyoit *au plus vite*. (I, 149.)
.... Enterrer ce mort *au plus vite*. (I, 157.)
Qu'il ait été promis ou *de bon*, ou par jeu. (VII, 46.)
Tout *de bon*. (I, 356.)
On l'eût pris *de* bien *court*. (I, 345.)

La colombe... part et tire *de long*. (I, 165.)
Les vieux amis reviennent *de plus beau*. (V, 422.)
Montons *en haut*. (IV, 162.)
On voyoit *en lointain*. (VI, 197.)

6° Comparatifs :

Pour les degrés de comparaison nous joignons aussi les adverbes aux adjectifs parce que ces deux sortes de mots ont les mêmes emplois et les mêmes tours.

.... A *meilleur* titre qu'on ne l'a dit d'Alexandre. (III, 176.)
Celui qu'à *meilleur* droit tout l'univers abhorre... (I, 222.)
Il vous arrivera quelque chose de *pire*. (III, 51.)
En est-il un *plus pauvre* ? (I, 107.)
Un *plus savant* le fasse. (I, 130.)
Plus ils sont, *plus* il coûte. (III, 97.)
Sans aller *plus avant*. (I, 168.)
J'ai passé *plus avant*. (I, 130.)
Plus d'une Hélène au beau plumage. (II, 170.)
Vivant *plus que content*. (I, 92.)

Emploi du comparatif au lieu du superlatif :

C'est bien le cuir *plus doux*,
Le corps *mieux fait*, la taille *plus gentille*. (IV, 214.)

Ce que Flore a pour vous de dons *plus précieux*. (VII, 198.)
Lorsque je croyois notre hymen *plus tranquille*. (VII, 21.)
C'est à lui que *plus* je me fierois. (IV, 89.)

C'eût été le temple de la Grèce
Pour qui j'eusse eu *plus de* dévotion. (IV, 116.)

C'est à quoi j'ai *plus de* regret. (IV, 29.)

7° Superlatifs :

Les plus accommodants ce sont *les plus habiles*. (II, 113.)

.... Fors un point qui gâtoit
Toute l'affaire, et qui seul rebutoit
Les plus ardents. (IV, 361.)

S'étant lui-même ôté *le plus beau* de son bien. (I, 405.)

Au reste égalant *les plus belles*,
Et surpassant *les plus cruelles*. (III, 331.)

Aux plus charmants il n'en doit guère. (IV, 21.)
Que *le plus coupable* périsse. (II, 96.)
Le droit *du plus fort*. (I, 76.)
.... Je le donne *aux plus forts*. (I, 338.)
Tout *le plus gras* du pâturage. (III, 98.)
Les plus gros de la ville. (IV, 332.)
C'est toujours *le meilleur*. (IV, 242.)
Ainsi *le meilleur* pour vous est l'incertitude. (VIII, 75.)
Mais ce ne fut pas là *le meilleur* de l'affaire. (V, 112.)
Le meilleur de la bête. (V, 323.)
Pour *le mieux*. (I, 132 ; voyez II, 317 ; III, 68 ; V, 361.)
.... Où *le moindre* fonde quelquefois *le plus important*. (IV, 151.)
Bien qu'*au moins mal* qu'il pût il ajustât l'histoire. (III, 136.)
Au moins mal que je puis. (I, 362.)
Ce qui fut *le pire*.... (III, 4.)

INTRODUCTION GRAMMATICALE.

Le pire
C'est qu'il en coûte cher. (III, 49.)
.... *La plus prude* s'en pique. (IV, 35.)

8° Régimes ou compléments des adjectifs :
Voyez le *Lexique* à divers articles d'adjectifs et de prépositions, et particulièrement aux articles A, p. 2 et 3, et DE, p. 230.

Votre Majesté
Est *curieuse de beauté*. (IV, 20.)
Gens peu *curieux de goûter le trépas*. (II, 436.)
Assez peu *curieux de semblables amis*. (III, 294.)
Une autre belette, *aux oiseaux ennemie*. (I, 142.)
Le serpent a deux parties
Du genre humain ennemies. (II, 193.)
Ces soupirs à la voix *du sommeil ennemie*. (VII, 158.)
Arbitre *expert sur tous les cas*. (II, 190.)
Leur exemple étoit *aux lutteurs glorieux*. (I, 99.)
Glorieux d'une charge si belle. (I, 68.)
Les cris sont *indécents*
A la majesté souveraine. (III, 253.)
Le sage est *ménager du temps et des paroles*. (II, 345.)
La femme, *neuve sur ce cas*,
Ainsi que *sur mainte autre affaire*. (II, 240.)
Lui qui n'étoit *novice au métier d'assiégeant*. (III, 298.)
Philomèle est, au prix, *novice dans cet art*. (III, 128.)
Mon âme... est *prête à s'envoler*. (II, 74.)
Prête à mourir de compagnie. (VI, 73.)
Il est toujours *prêt à partir*. (II, 207.)
Prêts à porter le bonnet vert. (III, 221.)
Prête chacune *à tenir coup* aux gens. (IV, 489.)
Prêt d'aller où la mort l'appeloit. (I, 338 ; voyez I, 339.)
Tout *prêt de nous braver*. (VII, 105.)
Prêt d'étouffer la pauvre bête. (I, 342.)
Prêt d'être atteint. (II, 33.)
Celui de qui la tête *au ciel* étoit *voisine*. (I, 127.)
Un serpent, *voisin d'un horloger*. (I, 413.)

IV. — ADJECTIFS DE NOMBRE.

Un *cent* de fer. (II, 355.)
Des quatre parts les *trois*
En ont regret. (IV, 487.)
L'*onzième* de l'Énéide. (VIII, 111.)
L'aîné..., un *second*..., un cadet. (I, 338.)
Il vous faut un *second*. (IV, 21.)
L'entrée, le *second*, l'entremets, tout ne fut que langues. (I, 38.)
Un après *un* lui-même il fait le compte :
Puis quand il voit que son calcul se monte
A la trentaine.... (IV, 133.)

.... Puis souffre un coup avec grande constance;
Au *deux*, il dit....
Le *tiers* est rude....
Au *quart* il fait une horrible grimace;
Au *cinq*, un cri. (IV, 138.)

Le *premier* passe; ainsi fait le *deuxième*;
Au *tiers* il dit.... (IV, 135.)

Un *quart* voleur survient. (I, 97.)

V. — Pronom.

1. — Pronoms personnels

1° Emploi des cas directs :

Je crois que par la jupe *il* tire :
Il se plaint, *il* jappe, *il* soupire,
Il en veut à chacun. (V, 270.)

Elle a beaucoup d'esprit, *elle* est belle, *elle* est femme
D'un des premiers de la cité. (IV, 45.)

Elle frappe à sa porte, *elle* entre, *elle* se montre. (I, 105.)

Ah! monstre, cria-t-il, c'est *toi* qui me fais vivre, etc. (II, 293 et note 15.)

Et puisque Jean Lapin vous demande la vie,
Donnez-*la* lui de grâce, ou *l'*ôtez à tous deux. (I, 150.)

Sauvez-vous et *me* laissez paître. (II, 26.)

Eux seuls *ils* composoient toute leur république. (VI, 150.)

Il suffiroit que tous deux tour à tour,
Sans dire mot, *ils* entrassent en lice. (VI, 132.)

Chacun a son défaut, où toujours *il* revient. (I, 223.)

Si dans son composé quelqu'un trouve à redire,
Il peut le déclarer. (I, 77.)

Quand les épouses font un récipiendaire
Au benoît état de cocu,
S'*il* en peut sortir franc, c'est à lui beaucoup faire. (V, 455.)

Où sont-*ils*, ces maris? La race en est cessée. (V, 119.)

Celui [le cœur] d'Aminte ayant sur son passage
Trouvé Cléon...,
Il s'acquitta. (VI, 27.)

Qui dit prude au contraire, *il* dit laide ou mauvaise. (V, 102.)

Car, veuille ou non son maître, il faut qu'*il* le lui vende. (V, 259.)

Êtes-vous satisfait? — *Moi?* dit-il, pourquoi non? (I, 78.)

.... Et n'ordonnez plus qu'on me tue,
Moi qu'Atis seulement en ses lacs a fait choir. (V, 278.)

Moi, qui n'ai pas les perfections du langage comme ils les ont eues, je ne la puis élever [la simplicité] à un si haut point. (I, 14.)

Son parti fut défait,
Lui pris. (VI, 201.)

Il s'appeloit Anselme; on la nommoit Argie :
Lui, déjà vieux barbon; *elle*, jeune et jolie. (V, 245.)

INTRODUCTION GRAMMATICALE.

Que servira, *moi* mort, si je suis père? (V, 39.)
.... Nous la saurons dompter
Moi par écrire, et *vous* par réciter. (VI, 90.)
Scrupule, *toi* qui n'es qu'un pauvre hère...! (V, 535.)
Jusqu'au col il se plonge,
Lui, le conducteur, et l'éponge. (I, 159.)
Le sort et *moi* rendrons mouton votre tigresse. (VII, 178.)
Les tiens et *toi* pouvez vaquer,
Sans nulle crainte, à vos affaires. (I, 176.)
Vous ne m'épargnez guère,
Vous, vos bergers, et vos chiens. (I, 90.)
Elle et *moi* n'avons eu garde de l'oublier. (V, 451.)
Elle et ses sœurs n'ont pas l'esprit que vous avez. (III, 199.)
On dit qu'*elle* et ses sœurs, par l'ordre d'Apollon,
Transportent dans Anet tout le sacré vallon. (VI, 166.)
Heureux qui peut ne le connoitre
Que par récit, *lui*, ni ses coups. (I, 264.)
L'amant et *lui*, comme étant gens d'étude,
Avoient entre eux lié quelque habitude. (V, 32.)
Vous voyez
Ce que nous possédons et *nous*-même à vos pieds. (VI, 202.)
Il vous épargne la pudeur
De les lui découvrir *vous*-même. (II, 267.)
Lui-même il se fuyoit. (V, 286.)
Mon peu d'appas n'a rien qui vous engage :
D'où me vient-*il* ? (V, 195.)
.... Qui les sait, que *lui* seul? (I, 168.)
Mais qui pouvoit que *lui* soupirer de la sorte? (VII, 157.)
.... Beaucoup d'autres choses qui n'avoient aucune suite, et que les oiseaux de ces lieux ne purent par conséquent retenir, ni nous *les* apprendre. (VIII, 197.)
La belle, malgré *soi*,
Au milieu de ses fers range tout sous sa loi. (VI, 201.)
Tant ne songeoient au service divin
Qu'à *soi* montrer ès parloirs. (IV, 488.)
C'est *moi* qui suis l'esclave, et non pas *vous*. (VI, 201.)
Après avoir bien dit tout bas,
« Ce *l*'est », et puis, « ce ne *l*'est pas ». (V, 450.)
Plus *je* contemple
Ces fruits ainsi placés, plus il semble à Garo
Que, etc. (II, 377.)

2° Emploi des cas indirects et des équivalents, marqués par *à* et *de*, du datif, du génitif, de l'ablatif :
Et ce *m*'est une double joie. (I, 176.)
« Peignez-les-*moi*, dit l'aigle, ou bien *me* les montrez. » (I, 422.)
Tu *m*'as joué d'un tour.... (V, 366.)
Je *lui* pourrai jouer d'un mauvais tour. (III, 353.)
Elle auroit lieu de *lui* chanter sa gamme. (VI, 131.)

.... En dépit d'Alibech,
Qui tâche en vain de *lui* clore le bec. (V, 474.)
        Si le galant est écouté,
Vos soins ne feront pas qu'on *lui* ferme l'oreille. (V, 114.)
La frayeur *lui* glaça la voix. (IV, 431.)
A *te* dire le vrai, ce seul penser me tue. (VII, 31.)
    .... Afin que l'aventure
Nous réussisse. (V, 39.)
        Vous direz à Son Excellence
Que je *lui* suis acquis. (V, 262.)
Quand *lui* verrai-je un poupon sur le sein? (V, 37.)
Le vermillon *leur* vient d'autre manière. (V, 192.)
Ce *leur* fut une erreur dont ils se repentirent. (I, 208.)
Pour *vous* mieux débrouiller le nœud, etc. (VII, 20.)
Comment *vous* va, Chremès? (VII, 101.)
Bonjour, Monsieur. — Comment *vous* va? (VII, 128.)
Quelle imprudence à *vous* de finir votre course
Par le seul des péchés qui n'a point de ressource! (VI, 295.)
.... S'il en peut sortir franc, c'est à *lui* beaucoup faire. (V, 455.)
Mon inhumaine attire à *soi* mes sens. (V, 255.)
Avec ce fil il la tiroit à *soi*. (IV, 324.)
Il parle à *lui*-même. (II, 344.)
D'*elle* descendent ceux de la Prudoterie. (VI, 68.)
Le nom d'*elle*? — Il ne m'est pas connu. (VII, 46.)
Est-il assez hardi pour présumer de *soi*...? (VII, 281.)
Il est donc assez sot pour présumer de *soi*.... (VII, 414.)

    Comparez, avec *laisser* :
            Le Ciel...
Ne *leur* laissoit payer nul tribut aux épines. (VI, 2.)
    .... Et pour un autrefois
Lui laissa lier la partie. (IV, 431.)

3° Pronom personnel au cas indirect avec *faire* régissant un infinitif :

        Nécessité, mère de stratagème,
Lui fit... « eh bien? » *lui* fit en ce moment
Lier... « et quoi? » (V, 525.)
Tout *lui* fait redouter qu'une troupe infidèle
N'évente les secrets que cet antre recèle. (VI, 304.)
        Coups de fourche ni d'étrivières
Ne *lui* font changer de manières. (I, 187.)
« Mes parents, reprit-il, ne m'ont point fait instruire...;
Ceux du loup, gros messieurs, *l*'ont fait apprendre à lire. » (III, 295.)
Lycérus ne le laissa point partir... sans *le* faire promettre sur les autels qu'il reviendroit. (I, 51.)
Dieu *leur* fit employer en prières ardentes
Des moments que, etc. (VI, 295.)
        C'étoit un roi dont les feux violents
Me firent ressentir leur ardeur criminelle. (II, 450.)

Je *me* la veux faire enseigner. (V, 214.)
Ils *vous* feront trouver Caliste toute neuve. (V, 121.)

Même tour avec le cas direct :
>Quelque accident, ou bien quelque soupçon,
>*Le* font venir coucher à la maison. (V, 73.)
>>Quelque atteinte un peu forte
>*Le* fait clocher. (VI, 61.)
>>>L'autre, le chassant,
>*Le* fera renoncer aux campagnes fleuries. (I, 140.)

Le Sort, sans respecter ni son sang ni sa gloire,
.... *Le* fit être forçat. (VI, 201.)
On *le* fit trop boire d'un coup. (V, 435.)
.... L'erreur où l'on *le* fait vivre. (VII, 452.)
J'aurai soin de *la* faire paitre. (V, 21.)
>>A la fin l'autre, allant la dégager,
>De faction *la* fut faire changer. (IV, 502.)
>>>Cela sera-t-il cause
>De *me* faire dormir de plus que de deux yeux? (V, 143.)
>>>Cela *nous* fait-il empirer
>D'une ongle ou d'un cheveu? (V, 264.)

Qui *vous* a fait aviser de ce tour? (VI, 37.)

4º IL, LE, au sens neutre :
Il est certain. (VII, 286, 413.)
Il est juste. (VII, 114.)
S'*il* se pouvoit, ô dieux! (VII, 97.)
Qu'est-*il* de faire? (V, 39.)
Qu'*il* me soit ainsi.... (VIII, 115.)
.... S'*il* étoit tous les jours le premier jour de mai. (VII, 567.)
.... Qu'*il* ait été promis ou de bon, ou par jeu. (VII, 46.)
« Par ma barbe, dit l'autre, *il* est bon. » (I, 218.)
Donc il faut le croquer aussitôt qu'on le happe;
Tout, *il* est impossible. (III, 164.)
.... Ne point parler; qu'*il* étoit fort aisé. (IV, 431.)
.... De l'en blâmer, *il* seroit inutile. (IV, 365.)
Vous m'êtes, en dormant, un peu triste apparu;
J'ai craint qu'*il* ne fût vrai. (II, 267.)
Je suis jeune, *il* est vrai; pour belle, on me le dit. (VII, 68.)
Même *il* est mieux de cette façon-là. (V, 203.)
Cette dernière eut ce qu'*il* lui fallut. (V, 84 et note 5.)
Qu'est-ce qu'*il* lui semble? (V, 54.)
Non pas qu'*il* m'en déplaise. (V, 476.)
Défrise-moi ceci, fais tant par tes journées
Qu'*il* devienne tout plat. (V, 554; voyez V, 556.)
Je crois ma femme chaste, et cette foi suffit;
>Quand la coupe me *l*'aura dit, etc. (V, 143.)

Iris, je vous louerois; *il* n'est que trop aisé. (II, 458.)
.... Que tout cela s'est fait, du moins qu'*il* s'est pu faire. (V, 124.)
Te conter en détail comment *il* s'est pu faire.... (VII, 99.)

Et qui m'empêchera de mettre en notre étable,
Vu le prix dont *il* est, une vache et son veau? (II, 152.)

« Soit fait, dit-il, nous recommencerons,
Au pis aller, tant et tant qu'*il* suffise. » (V, 297.)

Et quant à goûter la première
De ce qu'on sert devant les dieux,
Croyez-vous qu'*il* en vaille mieux? (I, 273.)

Cela n'importe, dit la femme...
— Je tiens qu'*il* importe beaucoup. (IV, 193.)

Il vous est important. (VII, 71.)

Tout cela ne convient qu'à nous.
— *Il* ne convient pas à vous-mêmes. (III, 156.)

Dom Pourceau raisonnoit en subtil personnage :
Mais que lui servoit-*il* ? (II, 272.)

La plupart s'en fâchoient : mais que leur servoit-*il* ? (II, 399.)
D'éveiller ces amants, *il* ne le falloit pas. (IV, 28.)
Car de forcer un cœur *il* est bien moins possible. (VI, 345.)
De voir son mari, *il* ne se pouvoit. (VIII, 98.)
.... Car de la rattraper, *il* n'est pas trop certain. (I, 372.)
D'employer, etc., *il* n'est pas permis. (VIII, 20.)

D'exprimer jusqu'où la colère,
Ou plutôt la fureur de l'époux put monter,
Je ne tiens pas qu'*il* soit possible. (V, 269.)

On le pourra porter peut-être quatre pas :
Mais jusqu'au haut du mont! d'une haleine! *il* n'est pas
Au pouvoir d'un mortel. (III, 76.)

D'en dire la manière,
Et comment s'y prit chaque amant,
Il seroit long. (V, 246.)

Oh là ! oh ! descendez, que l'on ne vous *le* dise. (I, 202 et note 20.)
.... Je *le* donne à Lucrèce. (V, 278 et note 5.)
Quand je *le* ferai néanmoins, quelle punition y a-t-il...? (VIII, 144.)
Qu'il ne m'ait été permis d'écrire..., je ne crois pas qu'on *le* mette en doute. (IV, 12.)
On *le* peut, je *l*'essaie ; un plus savant *le* fasse. (I, 130.)
Vous êtes-vous connu dans le monde habité?
L'on ne *le* peut. (III, 343.)

De recevoir les trente coups aussi,
Je ne *le* puis. (IV, 133.)

.... Que je *l*'aie ou non rencontré, c'est ce que le public m'apprendra. (VIII, 20.)

.... Supposé que quant à la matière
J'eusse failli, du moins pourrois-je pas
Le réparer par la forme? (VI, 6.)

Il fait venir l'esprit et la raison :
Nous *le* voyons en mainte bestiole. (V, 290.)

Rapprochez ces phrases elliptiques, avec LE, LA :
Prenez-*le* un peu plus bas. (VII, 357.)
Ai-je su te *le* rendre? (VII, 63.)
On vous *la* garde bonne. (VII, 412.)

INTRODUCTION GRAMMATICALE.

Vous me *la* donnez bonne. (V, 572.)
Ma foi, le compagnon nous *l'*a su donner belle. (VII, 75.)
Pinucio nous *l'*alloit donner belle! (IV, 218.)
« Cet inconnu, dit-il, nous *la* vient donner belle,
    D'insulter ainsi notre ami! (III, 198.)
Le galant, indigné de *la* manquer si belle,
Perd tout respect. (IV, 435.)

5° Pronom au même genre que le nom dont il tient la place :

Et si la qualité de vierge est souhaitable,
Je *la* suis. (VI, 295.)

    Venez voir dans les nues
    Passer la reine des tortues.
— La reine! vraiment oui : je *la* suis en effet. (III, 15.)

Même tour sans accord :

    Il lui faut pour son honneur
    Contrefaire la furie :
Celle-ci *le* fut vraiment. (V, 431.)

6° Rapport des pronoms de la 3ᵉ personne à des noms employés d'une manière indéterminée ou partitive :

Encore une bonne partie des Amours... la quittoient-*ils*. (VIII, 44.

    Qui fut bien pris? ce fut la feinte ouaille :
    Plus son esprit à songer se travaille,
    Moins *il* espère. (V, 525.)

            .... Si
Des discours du blondin la belle n'a souci
Vous *le* lui faites naître. (V, 114.)

7° En. Voyez au *Lexique*, ci-après, p. 317-319.

Tous dirent à Gaster qu'il *en* allât chercher. (I, 207.)

    Et quant au demeurant,
    André me dit...
    Qu'*en* trouveriez plus que pour votre usage. (IV, 166.)
Parmi ce que de gens sur la terre nous sommes,
Il *en* est peu qui, etc. (I, 168.)

8° Y. Voyez au *Lexique*, ci-après, à la fin du tome II.

9° On, l'on. Voyez au *Lexique*, ci-après, tome II, p. 119-120.

On les salue, on les baise, *on* les loue...,
On les contemple, *on* patine, *on* se joue. (V, 74.)

    On nous mange, *on* nous gruge,
    On nous mine. (I, 122.)

On épousa Frédéric en grand'pompe. (V, 177.)

    Il me faisoit entendre
Que vous étiez bien fait, qu'*on* avoit le cœur tendre. (VII, 289.)

On ouvre, *on* est surpris, *on* le maudit d'abord,
    Puis *on* voit que c'est un trésor. (V, 590.)

    On traite avec lui de son chien,
On lui donne un baiser. (V, 266.)

On doit m'attendre entre deux draps. (V. 452.)

On se plonge soir et matin
Dans la fontaine de Jouvence. (II, 76.)

« Prophète de malheur, babillarde, dit-*on*,
Le bel emploi que tu nous donnes ! » (I, 83.)

Camille avoit déjà quelque soupçon
Que *l'on* l'aimoit. (V, 192.)

Que *l'on* ait perdu la parole,
Ce truchement pour nous dit assez notre mal. (VI, 330.)

10° Omission de pronoms personnels :
Voyez ci-après, ELLIPSE, *a*).

11° Pronom personnel surabondant :
Voyez ci-après, p. CXLIX, PLÉONASME, 1°.

12° Construction des pronoms personnels :
Voyez ci-après, p. CLVI.

II. — PRONOMS DÉMONSTRATIFS.

Voyez au *Lexique*, ci-dessous, p. 132, CE, CET; p. 134, CELUI, CELLE, CELUI-LÀ.
Aux exemples cités en ces endroits on peut joindre les suivants :

J'aurois couru volontiers quelque poste,
*C'*eût été tout. (IV, 57.)

*C'*est là leur mot. (IV, 54.)

Et comme amour jadis lui troubla la raison,
Ce fut lors un autre poison. (IV, 429.)

Une chose ai-je à dire :
*C'*est qu'en secret il nous faut marier. (V, 203.)

Le collier dont je suis attaché
De *ce* que vous voyez est peut-être la cause. (I, 73.)

Sans qu'il se doute brin
De *ce* qu'Amour en dehors vous lui brasse. (V, 545.)

Seroit-*ce* point quelque garçon en fille? (V, 224.)
Et, possible, n'a-*ce* pas été inutilement. (IV, 149.)
.... Aussi ne sont-*ce* fourmilières. (V, 11.)
Qu'est-*ce* cela? (V, 471.)

« .... Sachons la vérité. »
Pour *ce* s'avise, etc. (IV, 103.)

Le bien, nous le faisons; le mal, *c'*est la Fortune. (II, 177.)
L'âne, *c'*est quelquefois une pauvre province. (I, 96.)

La raison
*C'*est que je m'appelle Lion. (I, 76.)

Ce droit, vous le savez, *c'*est le droit du plus fort. (I, 76.)

Plutôt souffrir que mourir,
*C'*est la devise des hommes. (I, 108.)

.... *Ce* lui fut un signal. (I, 173.)
.... D'y intéresser des dieux, *c'*étoit s'exposer, etc. (VIII, 173.)
De régner sur d'autres, *c'*est une gloire que je refuse. (VIII, 151.)
Quand le soleil nous verra pleurer, *ce* ne sera pas un grand mal.
(VIII, 107.)]

INTRODUCTION GRAMMATICALE.

>> De dire comment,
> *Ce* seroit un détail frivole. (VI, 69.)

>> Car de mettre au patibulaire
>> Le corps d'un mari tant aimé,
> *Ce* n'étoit pas peut-être une si grande affaire. (VI, 85.)

> Coudre et filer, *c*'étoit son exercice. (V, 291.)

>> Qu'un homme soit plumé par des coquettes,
> *Ce* n'est pour faire au miracle crier. (IV, 358.)

>>> Je ne trouve à propos...
>> De commencer par ce point la semaine :
> *Ce* n'est le fait d'une âme bien chrétienne. (IV, 335.)

> Le meilleur de la bête, à mon sens, n'est *ce* qu'on voit. (V, 323.)
> *Ce* n'est pas mon métier de cajoler personne. (IV, 43.)

>> .... D'espérer les servir à leur guise,
> *C*'est un abus. (IV, 495.)

>>> De lui demander rien,
> *C*'étoit abus. (V, 490.)

> .... Et d'en tenir registre, *c*'est abus. (V, 77.)
> Vouloir tromper le Ciel, *c*'est folie à la terre. (I, 341.)

>> La liberté, les bois, suivre leur appétit,
> *C*'étoit leurs délices suprêmes. (III, 193.)

>>> « Jeanne, dit le premier,
>> A le corps net comme un petit denier ;
> Ma foi, *c*'est bâme. — Et Tiennette est ambroise. » (V, 326.)

>> Nous avons beau sur ce sexe avoir l'œil,
> *Ce* n'est coup sûr encontre tous esclandres. (IV, 372.)

> T'attendre aux yeux d'autrui, quand tu dors, *c*'est erreur. (III, 116.)
> *Ce* fut pitié de, etc. (I, 364.)

>> Notre docteur régaloit sa moitié
>> Petitement ; enfin *c*'étoit pitié. (IV, 338.)

> *C*'est grand pitié quand on fâche son maître. (IV, 141.)
> D'en chercher la raison, *ce* sont soins superflus. (III, 229.)

>> Nouvel hôte et nouvel amant,
> *Ce* n'étoit pas pour rien omettre. (IV, 428.)

>> N'a-t-on point de présent à faire,
> Point de pourpre à donner, *c*'est en vain qu'on espère
> Quelque refuge aux lois. (III, 150.)

> Quand nos aventuriers eurent goûté de tout
>> (De tout un peu, *c*'est comme il faut l'entendre), etc. (IV, 44.)

>> Si *ce* n'étoit le scandale et la honte,
> Je vous mettrois dehors. (IV, 307.)

> *C*'est à ceux qui l'ont vue.... (VII, 102.)

>> *Ce* n'est rien qui ne l'a vue
>> Toute nue. (V, 427.)

> Mais ce livre qu'Homère et les siens ont chanté
> Qu'est-*ce* que le Hasard ? (I, 168.)

> Qui *ce* fut, il n'importe. (I, 160.)
> *C*'est belle chose en tout d'écouter la raison. (VII, 108.)

Ce qui fait en ces lieux
Cette troupe venir et paroître à vos yeux,
C'est.... (VII, 283.)
Ce que sur vos amants je trouverois à dire,
C'est que, etc. (VII, 162.)
　　Il n'est bride assez forte
　　Pour contenir *ce* que bientôt je crains
　　Qui ne s'échappe. (V, 527.)
Ce qui nous paroissoit terrible et singulier
S'apprivoise avec notre vue. (I, 303.)
Ce qu'on donne aux méchants, toujours on le regrette. (I, 147.)
　　Ce que le monde adore
Vient quelquefois parfumer ses autels. (III, 276.)
Parmi *ce* que de gens sur la terre nous sommes. (I, 168.)
　　　Que tout *ce* qui respire
S'en vienne comparoître aux pieds de ma grandeur. (I, 77.)
.... Que des loups, des oiseaux, enfin *ce* qui respire
Pour respirer sans plus. (V, 24.)
Que je l'aie ou non rencontré, c'est *ce* que le public m'apprendra. (VIII, 20.)
　De représenter...,
C'est *ce* qui surpasse mes forces. (VIII, 55.)
De violer cet instinct, c'est *ce* qui n'est pas permis. (VIII, 145.)
C'est *ce* qui rouloit au cœur de ces femmes. (VIII, 88.)
.... Et l'or, si c'est un bien que l'or pour l'univers. (VI, 318.)
.... De tout *ce* que dessus j'argumente. (III, 126.)
　　« Votre psautier a ne sais quoi qui pend;
　　Raccommodez-le. » Or *c'étoit* l'aiguillette. (V, 419.)
Rome, *c'étoit* le lieu de son négoce. (V, 187.)
　　[Celui-ci] prétendoit que tout homme sage
　　Etoit tenu de l'honorer :
C'étoit tout homme sot. (II, 309.)
　　Ma fille est nonne, ergo *c'est* une sainte :
　　Mal raisonner. (IV, 487.)
Ce n'étoient pas des fautes en leur siècle, et... *c'en* sont de très grandes au nôtre. (IV, 148.)
Ce ne sauroient être eux. (VII, 163.)
　　.... Prendre un personnage
　　Lourd et de peu, mais qui ne soit pourtant
　　Mal fait de corps, ni par trop dégoûtant,
　　Ni d'un toucher si rude et si sauvage
　　Qu'à votre femme un supplice *ce* soit. (V, 41.)
Elles s'étoient malicieusement informées de ses qualités, s'imaginant que *ce* seroit un vieux roi. (VIII, 91.)
C'est un fort à tenir aussi longtemps que Troie. (VII, 52.)
D'animaux malfaisants *c'étoit* un très bon plat. (II, 444.)
Gardez le froc ! *c'est* un maître Gonin. (IV, 458.)

Qu'à l'entour de sa femme une mouche bourdonne,
　　C'est Cocuage qu'en personne
　　Il a vu (V, 92.)

De l'aller voir Amour n'eut à mépris,
Y conduisant un de ses bons amis,
C'est Cocuage. (V, 542.)
C'est bien raison que Messer Cocuage
Sur son état vous couche. (V, 83.)
Si c'étoit lui, ma fille,
Qui fût venu? (IV, 469.)
Notre féal, vous serez le parrain :
C'est la raison. (V, 38.)
Tirons au sort, c'est la justice. (IV, 49.)
La Fortune vend *ce* qu'on croit qu'elle donne. (VI, 148.)
.... Quelque oreille au pauvre homme couper,
Peut-être pis, *ce* qu'on coupe en Turquie. (IV, 168.)
C'est *ce* qu'il dit à sa femme tout bas. (IV, 168.)
Puis le galant montre *ce* qu'il sait faire. (IV, 159.)
Quand Vénus ne fera que *ce* que fait Thémis.... (V, 244.)
.... Se mit le doigt dans la bouche, et *ce* qui s'ensuit, sans rendre autre chose que cette eau seule. (I, 31.)

L'amant fut sage, il présenta pour elle
Ce que Brunel à Marphise montra. (VI, 47.)

Ce sont propos d'amour trop fins pour ma boutique. (VII, 88.)
Hélas! *ce* fut aux vents qu'il raconta sa peine. (III, 332.)
Rien ne trouble sa fin : c'est le soir d'un beau jour. (VI, 149.)
C'est un bétail servile et sot à mon avis,
Que les imitateurs. (VII, 165.)

Avoir cent menus soins,
C'étoit parler bas-breton. (V, 490.)

Il porte au sang un baume précieux :
C'est le nectar que verse Ganymède. (VI, 348.)

Enfin la porte s'ouvre,
Mais *ce* ne fut d'un bon « Miserere ». (IV, 474.)

Ce ne fut pas sans rire. (IV, 218.)
Ce ne fut pas sans le vin de l'adieu. (IV, 93.)
C'étoit moi qu'un manant s'en alloit assommer. (V, 257.)

Pour cette fois la reine de Navarre
D'un « C'étoit moi », naïf autant que rare,
Entretiendra dans ces vers le lecteur. (IV, 279; voyez IV, 288, 289, 290.)
Et considérez... *ce* que c'est d'aimer. (VIII, 223.)
Je sais *ce* que c'est d'amour. (VIII, 75.)
Ce dis-tu. (II, 210.)
Nos femmes, *ce* dit-il, nous en ont donné d'une. (IV, 39; voyez III, 53; IV, 109.)
Ce dit-on. (I, 374; III, 257.)
Ce lui dit-elle. (IV, 73.)
Ce m'a-t-il dit. (VII, 97.)
Ce m'a-t-on dit. (VII, 131.)
A *ce* que dit l'histoire. (II, 270; III, 258.)
Ce semble. (V, 49.)
Ce lui sembloit. (IV, 241.)
Quoi! vous voulez qu'encor tout *ceci* soit perdu? (VII, 32.)

Qu'est-ce que tout *cela*, qu'un avertissement? (II, 211.)
Rien, rien, dit-il, à *cela* j'ai soigné. (IV, 164.)
Cela dit, maître Loup s'enfuit. (I, 73.)
Ne tient-il qu'à *cela*? (I, 346.)
Pour tout *cela* ne croyez que je chomme. (IV, 299.)
Cornes *cela*? Vous me prenez pour cruche. (I, 377.)

  Que toujours on voie en mes écrits
  Même sujet et semblables personnes,
  Cela pourroit fatiguer les esprits. (V, 521.)

Des abeilles et des fourmis sont capables de *cela* même qu'on nous demande. (I, 16.)

Qu'il ne tienne à *cela* que tout n'aille à bon port. (VII, 73.)
C'est donc *cela* que tu te tiens en mue. (IV, 74.)
Pour *cela* l'on les fit monter. (V, 265.)

  Celui [le cœur] d'Aminte ayant sur son passage
  Trouvé Cléon, beau, bien fait, jeune et sage,
  Il s'acquitta de ce premier tribut. (VI, 27.)

  Je sais *celui* de qui procède
  Cette piaffe. (IV, 287.)

  Introduisons *celui*
Qui porte de sa part aux belles la parole. (I, 364.)

  Heureux seroit
  Celui d'entre eux qui cueilleroit, etc. (V, 211.)

Qu'on ne nous vante point le ravisseur d'Hélène,
Ni *celui* qui jadis aimoit une ombre vaine. (VI, 229.)

Celui qui dispense les trésors du Ciel. (VI, 278.)

C'est dommage, Garo, que tu n'es point entré
Au conseil de *celui* que prêche ton curé. (II, 376.)

  Quant aux volontés souveraines
De *Celui* qui fait tout.... (I, 168.)

D'elle descendent *ceux* de la Prudoterie,
  Antique et célèbre maison. (VI, 68.)

« Mes parents, reprit-il, ne m'ont point fait instruire...;
Ceux du loup, gros messieurs, l'ont fait apprendre à lire. » (III, 295.)

Nous n'écoutons d'instincts que *ceux* qui sont les nôtres. (I, 84.)
C'est l'image de *ceux* qui bâillent aux chimères. (I, 170.)
.... Ayant de hauteur moitié de *celle* de l'obélisque. (VIII, 177.)
.... *Celui* qui en devoit être possesseur arriva. (VIII, 59.)

  .... Les noms de *celles*
  Qui ne seront pas rebelles. (IV, 40.)

Ceux qui de la sphère et du globe ont écrit. (I, 169.)
C'est à *ceux* qui l'ont vue.... (VII, 102.)
.... Pour dire *ceux* qui n'ont la barbe grise. (VI, 6.)
Vraie image de *ceux* qui profanant l'asile
Qui les a protégés. (I, 411.)

Ceux qu'enclôt la tombe noire. (I, 224.)

  Dieu gard de mal *celles* qu'en cas semblable
  Il ne faudroit nullement consoler! (VI, 138.)

  Chose que ne font guère
  Celles qui sont prêtresses de Vénus. (V, 192.)

INTRODUCTION GRAMMATICALE.

La faim donc fut *celle* des portes
Qu'entre d'autres de tant de sortes
Notre veuve choisit pour sortir d'ici-bas. (VI, 74.)

Celui-ci (ce second mulet), glorieux d'une charge si belle,
N'eût voulu pour beaucoup en être soulagé. (I, 68.)

Et prenant son compère,
Celui-ci l'aide. (III, 24.)

Je ne pleurerois point *celle-ci*, ni ses yeux
Ne troubleroient non plus de leurs larmes ces lieux. (VI, 161 et note 4.)

Qu'il ne m'eût été permis d'écrire de *celles-ci* [de ces choses-ci]..., je ne crois pas qu'on le mette en doute. (IV, 12.)

Voici un second recueil de fables.... J'ai jugé à propos de donner à la plupart de *celles-ci* un air et un tour un peu différents. (II, 79.)

Celui-là [le conte] du « Berceau »
Lève la paille. (VI, 125.)

Celui-là parle une langue barbare,
Qui, l'or en main, n'explique ses desirs. (IV, 361.)

Celui-là qui devint serpent sur sa vieillesse. (V, 253.)
Fin *celui-là* qui n'y laisse du sien. (IV, 271.)

Et ne ressemblez pas
A *celui-là* qui but dans la coupe enchantée. (V, 94.)

.... *Celui-là* qui le premier, etc. (V, 38.)

Un profond somme occupoit tous les yeux,
Même *ceux-là* qui brillent dans les cieux
Etoient voilés. (VI, 37.)

.... Un mari, de *ceux-là* que l'on perd sans pleurer. (IV, 387.)

Ils étoient de *ceux-là* qui vivent
Sur le public. (II, 244.)

Quelle chose? C'est *celle-là*
Que fille dit toujours qu'elle a. (V, 224.)

Rome, non *celle-là* que les mœurs du vieux temps, etc. (V, 436.)
Quand l'autre voit *celle-là* qu'il adore.... (V, 566.)

Et ne suis pas du goût de *celle-là*
Qui buvant frais, etc. (V, 466.)

.... *Celle-là*, dont le drôle à propos
Avoit d'abord étoupé la sonnette. (VI, 10.)

Dieu la conduise; et toutes *celles-là*
Qui vont nuisant aux amitiés secrètes. (VI, 48.)

Notre galant vous lorgne une fillette,
De *celles-là* que je viens d'exprimer. (VI, 8.)

Omission de pronoms démonstratifs :
Voyez, p. CVLX, ELLIPSE.

III. — PRONOMS RELATIFS OU CONJONCTIFS.

Voyez, au Lexique, QUI QUE, QUOI; DONT; LEQUEL, LAQUELLE; et ci-après, p. CLVII, CONSTRUCTION.

Vous ne considérez
Qui ni *quoi*. (I, 421.)

Il ne saura *qui, quoi,* n'en quelle part,
N'en quel logis, ni, etc. (V, 44.)
Qui vous a fait aviser de ce tour? (VI, 37.)
Pour : Qu'est-ce qui vous a fait.
Qui fait l'oiseau? c'est le plumage. (I, 143.)
Pour : Qu'est-ce qui fait.
Qui ce fut, il n'importe. (I, 160.)
Mais qu'on pût voir telle indiscrétion,
Qui l'auroit cru? (VI, 57.)
Qui n'a tâté de cette marchandise,
Ne sait, etc. (IV, 495.)
Ce n'est rien *qui* ne l'a vue
Toute nue. (V, 427.)
Pour les reines, il faut les féliciter d'autre chose, *qui* veut bien faire. (VIII, 176.)
Qui n'auroit que vingt ou trente ans,
Ce seroit un voyage à faire. (V, 437.)
Bonne chasse, dit-il, *qui* l'auroit à son croc. (I, 390.)
Vous n'avez qu'un parti *qui* soit sûr. (I, 84.)
Vraie image de ceux *qui* profanent l'asile
Qui les a protégés. (I, 411.)
.... Ce que bientôt je crains
Qui ne s'échappe. (V, 527.)
Et n'accusez que vous si Thaïs en abuse,
Qui, dès le premier mot de pardon et d'excuse,
Lui direz.... (VII, 13.)
Est bien fou du cerveau
Qui prétend contenter tout le monde et son père. (I, 203.)
Un quart voleur survient *qui* les accorde net. (I, 97.)
Un loup survient à jeun *qui* cherchoit aventure,
Et *que* la faim en ces lieux attiroit. (I, 89.)
Un jour viendra *qui* n'est pas loin.... (I, 82.)
Aux grands périls tel a pu se soustraire
Qui périt à la moindre affaire. (I, 157.)
Bien sauroit prendre et le temps et le lieu,
Qui tromperoit à son aise un tel homme. (IV, 299.)
.... Avoir rendu cet oracle ambigu et court, *qui* sont les deux qualités que, etc. (VIII, 22.)
Tous avoient des cornes, furieux au dernier point, et *qui* poursuivoient les loups. (VIII, 198.)
Quand vous le considérez *qui* regarde.... (I, 5.)
L'amant trouva bientôt encore à *qui* parler. (V, 598.)
Deux taureaux combattoient à *qui* posséderoit
Une génisse avec l'empire. (I, 139.)
.... Une dame jolie
A *qui* je dois faire franchir le pas. (V, 371.)
C'est l'idole
A *qui* cet honneur se doit. (I, 409.)
Marbres à *qui* l'art a donné de la vie. (VIII, 34.)

Ces charmes
A *qui* d'autres que moi
Auroient déjà rendu les armes. (VII, 214.)
Les peuples chez *qui* il passoit.... (I, 48.)
Et nous, de *qui* les cœurs sont enclins aux forfaits. (VI, 289.)
Lui de *qui* l'insolence
Ose me disputer.... (VII, 264.)
Ce n'est la mode à gens de *qui* la main
Par les présents s'aplanit tout chemin. (VI, 97.)
Heureux ceux de *qui* l'art
A ces traits inventés. (VIII, 124.)
Je sais celui de *qui* procède
Cette piaffe. (IV, 287.)
Sévigné, de *qui* les attraits, etc. (I, 262.)
Bacchus avec Cérès, de *qui* la compagnie
Met Vénus en train. (V, 586.)
Un soliveau
De *qui* la gravité fit peur. (I, 214.)
.... Celui de *qui* la tête au ciel étoit voisine,
Et *dont* les pieds touchoient à l'empire des morts. (I, 128.)
Un soleil de *qui* les rayons.... (VIII, 31.)
Des charmes
Contre *qui* je sens bien que ma sévérité
N'emploieroit pas toutes ses armes. (VII, 211.)
.... Aux événements de *qui* la vérité
Importe à la postérité. (IV, 396.)
Mais la principale vertu
Par *qui* soit ce ferment dans nos cœurs combattu, etc. (VI, 343.)
Ce doit être l'effet des dernières alarmes
Par *qui* mon imposture a séduit sa raison. (VII, 518.)
Le livre favori
Par *qui* j'ose espérer une seconde vie. (II, 86.)
Moments pour *qui* le sort rend leurs vœux superflus. (VI, 246.)
Un bien,
Près de *qui* vivre un siècle aux vrais pères n'est rien. (VI, 284.)
.... Les éloges *que* l'envie
Doit avouer *qui* vous sont dus. (II, 231.)
Et que pourra faire un époux
Que vous voulez *qui* soit jour et nuit avec vous? (II, 105.)
Que nous eût du chasseur l'aventure fatale
Enseigné de nouveau? (III, 259.)
Que sert cela? (I, 367.)
On mit près du but les enjeux :
Savoir *quoi*, ce n'est pas l'affaire. (II, 32.)
Votre psautier a ne sais *q oi* qui pend. (V, 419.)
Lors elle lui donna
Je ne sais *quoi* qu'elle tira
Du verger de Cypris. (V, 554.)

.... C'est à *quoi* les fables travaillent. (I, 18.)
Ce n'est que la première [nuit] à *quoi* l'on trouve à dire. (IV, 431.)
Cette science de bien juger des ouvrages de l'esprit, à *quoi* vous joignez celle.... (III, 174.)

  C'est la seule reconnoissance
A *quoi* je veux vous engager. (VII, 533.)

  Dites-moi quelques marques
A *quoi* je le pourrai connoître? (II, 277.)

  La paix est fort bonne de soi :
  J'en conviens; mais de *quoi* sert-elle
  Avec des ennemis sans foi? (I, 241.)

Voici de *quoi*. (IV, 464.)
Ils trouvoient aux champs trop de *quoi*. (I, 83.)
.... Que, après la possession, vous ayez toujours de *quoi* desirer. (VIII, 75.)
Point de *quoi* manger sur ces roches. (IV, 404.)
Adieu de *quoi* mettre au potage. (I, 279.)
De *quoi* faire à Margot pour sa fête un bouquet. (I, 277.)

  Vous tirez de nos ailes
De *quoi* faire voler ces machines mortelles. (I, 145.)
.... Fille qui n'eût de *quoi* rendre le change. (IV, 489.)

  Elle eut son droit, double et triple pitance;
  De *quoi* les sœurs jeûnèrent. (IV, 504.)

  Un Bassa l'appuyoit,
De *quoi* le Grec en Bassa le payoit. (II, 303.)

De *quoi* Esope déclara ne lui avoir aucune obligation. (I, 43.)
C'est de *quoi* il y a lieu de s'étonner. (I, 28.)
Pendant *quoi* nul dindon n'eût osé sommeiller. (III, 299.)

  Est-ce un sujet pour *quoi*
  Vous fassiez sonner vos mérites? (I, 274.)

Voilà les principaux points sur *quoi* j'ai cru être obligé de me défendre. (IV, 15.)

Quoi que c'en soit, elles passeront. (IV, 11.)

  Un saule se trouva,
Dont le branchage, après Dieu, le sauva. (I, 115.)

  .... Vos pareils y sont misérables,
  Cancres, haires, et pauvres diables,
Dont la condition est de mourir de faim. (I, 71.)

  .... Et fit force bons tours,
Dont celui-ci peut passer à la montre. (IV, 82.)

Le collier *dont* je suis attaché,
De ce que vous voyez est peut-être la cause. (I, 73.)

Il n'a qu'une chanson *dont* il nous étourdit. (VII, 79.)

  Amour n'avoit à son croc de pucelle
Dont il crût faire un aussi bon repas. (V, 293.)

  .... Une, *dont* le nom
Vous est connu. (VI, 30.)

Chose terrible, et *dont* le seul penser
Vous fait dresser les cheveux. (IV, 169.)

INTRODUCTION GRAMMATICALE.   CIX

.... Celle-là, *dont* le drôle à propos
Avoit d'abord étoupé la clochette. (VI, 10.)

Je n'estime au don que le lieu *dont* il vient. (VII, 59.)

.... Du lieu
Dont il tiroit son origine. (III, 101.)

De l'humeur *dont* je sais que le cadet est né, etc. (VII, 45.)
Un bien *dont* elle étoit à sa valeur tenue. (IV, 413.)
Se conformer aux choses *dont* on écrit. (IV, 12.)

Toutes vouloient au vieillard commander,
Dont ne pouvant entre elles s'accorder,
Il souffroit. (IV, 492.)

.... Des ciseaux
Dont on coupoit le crin à ses chevaux. (IV, 232.)

Notre amoureux fournit plus d'une traite....
Dont Teudelingue entra par plusieurs fois
En pensement (IV, 228.)

Il oublia de serrer le toupet;
Dont le galant s'avisa d'un secret. (IV, 232.)

Messer Cupidon
En badinant fit choir de son brandon
Chez Agiluf, droit dessus l'écurie...,
.... *Dont* avecque furie
Le feu se prit au cœur d'un muletier. (IV, 222.)

L'anneau lui fut donné,
Et maint bel écu couronné,
Dont peu de temps après on la vit mariée. (IV, 58.)

Les donzelles...
Payoient deux fois assez souvent :
Dont il avint que, etc. (IV, 190.)

Muet n'étoit, elle sourde non plus;
Dont il avint qu'il sauta par-dessus
Ces longs soupirs. (IV, 205.)

La longue échet sans faute au défendeur,
Dont renvoyé s'en va gai comme un prince. (IV, 129.)

Son général lui chaussa l'éperon :
Dont il croyoit que le plus haut baron
Ne lui dût plus contester le passage. (IV, 101.)

Sur la perche, un faucon
Dont à l'entour de cette métairie
Défunt marquis s'en alloit sans valets,
Sacrifiant à sa mélancolie
Mainte perdrix. (V, 164.)

.... *Dont* le galant passa pour sœur Colette. (V, 523.)

Cette leçon ne fut la plus aisée,
Dont Alibech, non encor déniaisée,
Dit, etc. (V, 476.)

Un bon pasteur
Ne peut trop bien ses ouailles connoitre,
Dont par lui-même instruit en vouloit être. (V, 486.)

La fourbe subtile
Dont mon frère....
A chacun du logis par sa feinte abusé. (VII, 98.)
Régler la violence
Dont la chaste recluse embrasse l'oraison. (VI, 304.)
.... *Dont*, par raison bien et dûment déduite,
On pourroit voir chaque chose réduite
En son état. (VI, 106.)
.... *Dont* Mathéo suoit dans son harnois. (VI, 114.)
Tout tend aux fins, *dont* un seul iota
N'étant omis.... (V, 30.)
.... Son office de Mazet,
Dont il lui fut donné par les sœurs un brevet. (V, 592.)
L'auteur a voulu éprouver *lequel* caractère est le plus propre pour rimer des contes. (IV, 4.)
A coups de griffe il faut que nous voyions
Lequel aura de nous deux belle amie. (V, 371.)
.... A la réserve d'un grammairien, d'un chantre, et d'Ésope, *lesquels* il alla exposer en vente. (I, 34.)
De savoir *laquelle*, c'étoit le point. (VIII, 198.)
L'auteur a donc tenté ces deux voies sans être encore certain *laquelle* est la bonne. (IV, 5.)
Il n'acheta que des langues, *lesquelles* il accommoda. (I, 38.)
La question ne fut que de savoir
Quelle des deux dessus l'autre l'emporte. (IV, 115.)

IV. — ADJECTIFS PRONOMINAUX POSSESSIFS.

Voyez, au Lexique, SON; SIEN (LE).

Emplois divers, dont plusieurs sont à remarquer, la plupart comme insolites ou même incorrects :

Voilà *mon* âne à l'eau. (I, 159.)
Mon galand ne songeoit qu'à bien prendre son temps. (I, 392.)
.... A la tuer *mon* villageois s'apprête. (I, 165.)
Elle me prend *mes* mouches à ma porte. (III, 36.)
Peut-être verrois-tu *ta* prudence être vaine. (VII, 16.)
« Frère, dit un renard adoucissant *sa* voix. » (I, 175.)
La guerre a ses appas,
Ses heures d'agréments comme *ses* douloureuses. (VII, 572.)
Un paysan *son* seigneur offensa. (IV, 132.)
La voilà de nouveau en danger de *sa* vie. (I, 142.)
J'espérerai toujours davantage de *sa* bonté que de celle de mes ouvrages. (VII, 9.)
J'ai *sa* même voix, j'ai tout *son* même ton. (VII, 351.)
Quoi ! de *son* ennemie il en fait *sa* déesse. (VII, 539.)
.... Un renard qui cajole un corbeau sur *sa* voix. (I, 131.)
Il laisse la tortue
Aller *son* train de sénateur. (II, 33.)
Ton économat
S'en va *son* train toujours à l'ordinaire. (V, 401.)

N'ayant trait qui ne plût, pas même en *ses* rigueurs. (III, 331.)
Si elle avoit voulu tuer son mari, ce n'étoit pas comme *son* mari, mais comme dragon. (VIII, 165.)
           Le valet
    Frottant *ses* yeux, etc. (IV, 310.)
Car chacun d'eux en avoit *sa* raison. (IV, 218.)
Les filles... se pensèrent battre à qui l'auroit pour *son* serviteur. (I, 35.)
           Des douleurs la nuit enchanteresse
Plonge les malheureux au suc de *ses* pavots. (VI, 247.)
L'oiseau qu'Atropos prend pour *son* interprète. (III, 162.)
[Le loup] revient voir si *son* chien n'est point meilleur à prendre. (II, 409.)
Il vit *son* éléphant couché sur l'autre rive. (III, 77.)
L'animal dégourdi piqua *son* homme au bras. (III, 50 et note 20.)
La plainte, ajouta-t-il, guérit-elle *son* homme? (III, 89.)
Dindenaut prisoit moins ses moutons qu'eux *leur* ours,
Leur, à leur compte, et non à celui de la bête. (I, 427.)
Notre maître Mitis. (I, 257.)
Notre Job sur la paille étendu. (IV, 253.)
Notre amoureux ne se pressoit pas tant. (I, 110.)
On vous happe *notre* homme. (III, 315.)
Il est bon de vous dire en passant, *notre* ami.... (V, 444.)
Notre féal, vous voilà de relais. (V, 439.)
Notre féal, vous serez le parrain. (V, 37.)
C'est assez, me dira quelqu'un de *nos* auteurs. (I, 131.)
           Elle instruisit du moins
Nos amants à se dire avec signes leurs soins. (VI, 177.)
Notre homme. (I, 277; II, 66; etc., etc.)
Notre lièvre. (II, 33.)
.... Etant de *nos* confrères. (V, 139.)
Votre Phidias et *le mien*. (IX, 365.)
           Votre cheval de bois,
        Vos héros avec leurs phalanges,
           Ce sont, etc. (I, 131.)
Un *mien* cousin. (I, 292.)
Un *mien* frère. (III, 234.)
Cette *mienne* épée. (VII, 408.)
Favori sera *sien* dès le même moment. (V, 260.)
Un *sien* ami. (IV, 207, 386.)
Un *sien* confrère. (V, 228.)
Un *sien* cousin. (VII, 414.)
Un *sien* frère. (IV, 115.)
Un *sien* neveu. (IV, 442.)
Un *sien* page. (IV, 254.)
Un *sien* valet. (IV, 249.)
Deux *siens* voisins. (V, 67.)
      Féronde avoit un joli chaperon
      Dans son logis, femme *sienne*. (V, 391.)
           Dieu prodigue ses biens
      A ceux qui font vœu d'être *siens*. (II, 108.)
Recevant comme *siens* l'encens et les cantiques. (I, 408.)

Tous ces champs sont *nôtres*. (V, 361.)
« Voire, reprit Dindenaut, l'ami *nôtre*,
Penseriez-vous, etc.? » (V, 304.)
Nous n'écoutons d'instincts que ceux qui sont *les nôtres*. (I, 84.)
Le nôtre soit sans plus un jouvenceau. (VI, 7.)
Souvent il vous arrive un sort comme *le nôtre*. (I, 145.)
Vous voulez de l'argent....?
Ma foi! vous n'aurez pas *le nôtre*. (I, 268.)
Je serai *vôtre* auparavant. (V, 215.)
Le vôtre..., mais non pas *le mien*. (VIII, 114.)
Faites comparaison
De leurs beautés avec *les vôtres*. (I, 78.)
Le rire est l'ami de l'homme, et *le mien* particulier. (VIII, 107.)

Possessifs pris substantivement :

Taille, visage, traits, même poil, c'est *la nôtre*. (V, 450.)
Alors l'étudiant
Dit en son cœur : « Elle est *des nôtres*. » (V, 446.)
Qui l'ira dire? Il n'y va rien *du nôtre*. (IV, 259.)
Si j'ajoute *du mien*.... (I, 337.)
Mais j'ai *les miens*, la cour, le peuple, à contenter. (I, 200.)
Fin celui-là qui n'y laisse *du sien*. (IV, 271.)
Ce livre, qu'Homère et *les siens* ont chanté. (I, 168.)
Pour secourir *les siens*. (I, 221.)
Cet art
Qui du *Tien* et du *Mien* tire son origine. (V, 437.)
C'est donc quelqu'un *des tiens*. (I, 90.)
Les tiens et toi pouvez vaquer,
Sans nulle crainte, à vos affaires. (I, 176.)

VI. — Verbe.

1. — voix.

1° Emplois divers du passif :

Soyez sûr qu'à mon cou,
Si j'étois seul, elle *seroit sautée*. (IV, 347.)
Tant qu'enfin au baiser le tout *est abouti*. (VII, 77.)
La soute du mulet
Fut accordée. (V, 328.)
La beauté de l'infante *étoit* beaucoup *accrue*. (IV, 418.)
Il *est attendu* des corsaires. (IV, 419.)
Mère, ni sœur, nourrice, ni compagne,
N'est avertie. (V, 468.)
Puis aussitôt il *est baisé*. (I, 283.)
Où sont-ils ces maris? La race en *est cessée*. (V, 119.)
L'affaire *est consultée*. (I, 193.)
Je *serai cru*. (VII, 561.)
Acante *fut cru*. (VIII, 107.)

INTRODUCTION GRAMMATICALE.   CXIII

.... Si Briséis *est crue*. (VII, 598.)
.... Si l'histoire en *est crue*. (VI, 153.)
  Il *fut dansé, sauté, ballé*,
  Et du nain nullement *parlé*. (IV, 61.)
    Si le galant *est écouté*,
Vos soins ne feront pas qu'on lui ferme l'oreille. (V, 114.)
C'est dommage, Garo, que tu n'*es* point *entré*
Au conseil de Celui que prêche ton curé. (II, 376.)
    L'appétit d'être sainte
  Lui *fut* d'abord par la belle *expliqué*. (V, 470.)
On la voit arriver sur un cheval superbe,
Dont à peine les pas *sont imprimés* sur l'herbe. (VI, 253.)
Équipage, trésors, jeune épouse *est laissée*. (VI, 283.)
Cependant ma cour *est morfondue*. (VII, 174.)
Il en *sera parlé*. (III, 111.)
La troupe à mes regards n'*est* point encor *parue*. (VII, 280.)
    Ce peu là que j'ai
  Bien volontiers vous *sera partagé*. (V, 470.)
Les premiers des humains *sont péris* sous les eaux. (VII, 190.)
Devant le singe il *fut plaidé*. (I, 136.)
Mainte échelle *est portée*. (IV, 426.)
Il fut... condamné à *être précipité*. (I, 52.)
    Et sur cette matière
Fut raisonné longtemps. (V, 530.)
  On fit partir une escorte puissante;
  Hispal *fut retenu*. (IV, 418.)
Cette personne enfin sur l'herbe tendre *est trébuchée*. (IV, 289.)

2° Passif exprimé par des verbes réfléchis :
Voyez à la page suivante, fin de 3°, *Impersonnels au sens passif*.

    J'ai maints chapitres vus
  Qui pour néant *se* sont ainsi *tenus*. (I, 135.)
Un incident qui ne *s'attendoit* pas. (VI, 125.)
    Les obsèques *se feroient*
Un tel jour, en tel lieu. (II, 280.)
    La chose, au gré de mon desir,
S'est naguère entre nous pleinement *avérée*. (VII, 99.)
    Six coups de crible, assurez-vous
  Que la moindre ordure *s'emporte*. (VII, 128.)
L'édit du prince *s'exécute*. (II, 45.)
Ce n'est pas tout : il [le discours] *s'exécute*. (IV, 185.)
Gaillardement six postes *se sont faites*. (IV, 215.)
    .... Un pays
Où le quintal de fer par un seul rat *se mange*. (II, 356.)
Il ne *se répand* rien. (V, 133.)
Des discours du blondin la belle n'a souci,
Vous le lui faites naître, et la chance *se tourne*. (V, 114.)
    A peine son menton,
  S'étoit vêtu de son premier coton. (VI, 42.)

J. DE LA FONTAINE. X   H

Quelques restes de feu sous la cendre épandus
D'un souffle haletant par Baucis *s'allumèrent*. (VI, 153.)
Cependant par Baucis le festin *se prépare*. (VI, 153.)

3° Verbes impersonnels :

Ce n'est qu'aux monts qu'*il en coûte*. (II, 317.)
Plus ils sont, plus *il coûte*. (III, 97.)
Il n'est tête chauve qui tienne. (I, 111.)
Il n'étoit alors aucun couvent de filles.... (II, 70.)
Qu'*est-il* de faire? (V, 39.)
Il en *prit* mal. (III, 98.)
Il en *prit* aux uns comme aux autres. (I, 84.)
Voici comment *il* en *alla*. (I, 265.)

Impersonnels au sens passif :

*Il s'*en *vit* de petits. (III, 186.)
Il se forme un concert. (VIII, 41.)
    Il se trouva que le bonhomme
    Avoit le doigt où vous savez. (IV, 383.)
Par grand bonheur *il s'*en *rencontra* deux [portes]. (VI, 47.)

II. — MODES ET TEMPS.

A. *Modes et temps personnels.*

1° Emplois divers des temps.

Présent de l'indicatif :

Le sage *est* ménager du temps et des paroles. (II, 345.)
On ne *suit* pas toujours ses aïeux ni son père. (II, 335.)
Qu'un ami véritable *est* une douce chose! (II, 267.)
Ils *usent* leurs souliers et *conservent* leur âne. (I, 203.)
Un gland *tombe* : le nez du dormeur en pâtit. (II, 377.)
Je *suis* donc un foudre de guerre? (I, 174.)
    Le mari *repart* sans songer :
    « Tu ne leur *portes* point à boire? » (I, 224.)
Eh bien, que *gagnez*-vous, dites-moi, par journée? (II, 218.)
La fourmi le *pique* au talon. (I, 165.)
Le soupé du croquant avec elle *s'envole*. (I, 165.)
Il vit son éléphant couché sur l'autre rive :
Il le *prend*, il l'*emporte*. (III, 77.)
L'insecte du combat *se retire* avec gloire :
Comme il sonna la charge il *sonne* la victoire,
Va partout l'annoncer, et *rencontre* en chemin
    L'embuscade d'une araignée :
    Il y *rencontre* aussi sa fin. (I, 157.)

Imparfait de l'indicatif, avec ou sans valeur (plus ou moins) *de conditionnel* :

    L'arbre tombant, ils seront dévorés... :
S'il m'en *restoit* un seul j'adoucirois ma plainte. (I, 220.)
Qu'on ne nous vante point le ravisseur d'Hélène,
Ni celui qui jadis *aimoit* une ombre vaine. (VI, 229.)

INTRODUCTION GRAMMATICALE.

Tu *devois* bien purger
La terre de cette hydre. (II, 237.)

Avant que de parler du teint,
Je *devois* vous avoir dépeint, etc. (VIII, 102.)

Je *devois* par la royauté
Avoir commencé mon ouvrage. (I, 206.)

La Delphiens accoururent comme gens qui *étoient* en peine. (I, 52.)
Bien prit à Psyché que la mouche qui la piquoit *étoit* son mari. (VIII, 161.)

Prétérit de l'indicatif :

Dieu ne *fit* la sagesse
Pour les cerveaux qui hantent les neuf sœurs. (VI, 5.)

Alibech *fut* son nom, si j'ai mémoire. (V, 467.)
La table où l'on servit le champêtre repas
Fut d'ais non façonnés. (VI, 153.)

Et comme Amour jadis lui *troubla* la raison,
Ce fut lors un autre poison. (IV, 429.)

Deux sûretés valent mieux qu'une,
Et le trop en cela ne *fut* jamais perdu. (I, 328.)

Le Ciel permit qu'un saule *se trouva*. (I, 115.)

Futur :

Quand je *ferai*, disoit-elle, ce tour, qui l'ira dire ? (IV, 259.)
Quand je le *ferai* néanmoins, quelle punition y a-t-il par delà la mort ? (VIII, 144.)
Quand le soleil nous *verra* pleurer, ce ne sera pas un grand mal. (VIII, 107.)

Quand Vénus ne *fera* que ce que fait Thémis,
Je ne m'écrirai pas contre elle. (V, 244.)

Ce *sera* quelque énigme. (III, 76.)
Il se peut faire que mon ouvrage ne *vivra* pas si longtemps. (VIII, 24.)
Le sage l'*aura fait* par tel art et de guise
Qu'on le pourra porter peut-être quatre pas. (III, 76.)

Conditionnel :

Elles s'étoient malicieusement informées de ses qualités, s'imaginant que ce *seroit* un vieux roi. (VIII, 91.)

Imparfait et plus-que-parfait du subjonctif :

Craint n'étoit-il pour l'immense campagne
Qu'il *possédât*. (V, 382.)

L'époux ne tarda guères
Qu'il n'*eût atteint* tous ses autres confrères. (V, 56.)

Subjonctif d'un verbe impersonnel :

Vous croyez donc qu'il *faille* avoir
Beaucoup de peine à Rome en fait que d'aventures? (V, 441; I, 116.)

Suite, très correcte et de fréquent usage, de plusieurs verbes au même temps :

Le Phrygien *fut* très bien *reçu*, *se justifia*, et *pardonna* à Ennus. (I, 47.)

2° Succession de modes et de temps divers, avec ou sans régulière concordance :

>Elle ne *manque* incontinent de dire
>A son mari l'amour des deux bourgeois...,
>Lui *raconta* mot pour mot leurs fleurettes. (V, 68.)

Il *reçoit* le présent, il l'*admire*, et le drôle
>D'un petit coup sur l'épaule
>La fillette *régala*. (V, 350.)

>Nanette *comprit* bien...
>Que Lise alors ne rêvoit pas pour rien :
>Elle *fait* tant, *tourne* tant son amie, etc. (V, 298.)

Au bout de quelque temps l'homme *va* voir son or ;
>Il ne *retrouva* que le gîte. (III, 24.)

La Fortune *passa*, l'*éveilla* doucement,
Lui disant, etc.
Elle *part* à ces mots. (I, 400-401.)

>J'*aimois* un fils plus que la vie ;
>Je n'*ai* que lui ; que dis-je ? hélas ! je ne l'*ai* plus. (II, 356.)

>.... Madame Alix qui ne *vient* nullement :
>Trop bien la dame en son lieu s'en *vint* faire
>Tout doucement le signal nécessaire ;
>On *ouvre*, on *entre*. (VI, 134.)

L'insecte sautillant *cherche* à se réunir,
>Mais il ne *put* y parvenir. (II, 42-43.)

>[Un lion] *rencontra* bergère à son gré :
>Il la *demande* en mariage. (I, 265.)

>Le Roi *goûte* cet avis-là :
>On *écorche*, on *taille*, on *démembre*
>Messire Loup. Le monarque en *soupa*,
>Et de sa peau *s'enveloppa*. (II, 225.)

Un âne *accompagnoit* un cheval peu courtois,
Celui-ci ne portant que son simple harnois,
Et le pauvre baudet si chargé qu'il *succombe* :
Il *pria* le cheval de l'aider. (II, 53.)

>On *traite* avec lui de son chien,
>On lui *donne* un baiser pour arrhes de la grâce
>Qu'il *demandoit* ; et la nuit *vint*. (V, 266.)

Le poëte d'abord *parla* de son héros ;
Après...
Il *se jette* à côté, etc. (I, 99.)

J'*étois* en un lieu sûr, lorsque je *vis*, etc.
Mon sang *commence* à se glacer. (I, 95.)

[Il] la *croit* femme en tout et partout ;
Lorsque quelques souris, qui *rongeoient* de la natte,
Troublèrent le plaisir des nouveaux mariés :
>Aussitôt la femme *est* sur pieds. (I, 185-186.)

>Elle *entra* par occasion ;
>Puis le galant *ferme* la porte. (IV, 435.)

Ils *s'avancèrent* à grands pas...
Mais le chat, qui n'en *démord* pas,
Gronde et *marche*. (III, 355.)

INTRODUCTION GRAMMATICALE.   CXVII

Le pèlerin vous lui *froisse* une épaule ;
De horions laidement l'*accoutra*. (IV, 96.)

Il *vit* son éléphant couché sur l'autre rive ;
Il le *prend*, il l'emporte. (III, 77.)

Axiochus avec Alcibiades...
En même nid *furent* pondre tous deux.
Qu'*arrive*-t-il ? l'un de ces amoureux
Tant bien *exploite* autour de la donzelle
Qu'il en *naquit* une fille. (IV, 117-118.)

3° Temps composés.

Emplois à remarquer de l'auxiliaire avoir :

L'on dira que votre femme *aura été* cause de cet accident. (VIII, 202.

Vous *avez dû* premièrement
Garder votre gouvernement. (I, 216.)

.... Si la belle avec lui n'*eût tombé* dedans l'eau. (IV, 403.)

.... Tu n'*aurois* pas à la légère
Descendu dans ce puits. (I, 219.)

Omission du même auxiliaire :

.... Après s'*être* en vain une heure entière
Efforcé, plaint, crié, juré, etc. (VII, 325.)

B. *Modes impersonnels.*

1° Infinitif.

a) Infinitif régi par des verbes, ou construit à leur suite au sens d'un gérondif :

Il ne faut *oublier* de l'*aller voir*, et l'en *remercier*. (IV, 165.)
.... Le fit *être* forçat. (VI, 201.)
.... Osa bien *quitter* sa tanière. (I, 214.)
Espérer les *servir* à leur guise.... (IV, 495.)

b) Infinitif sujet ou attribut, sans ou avec ce, de, ce .... que :

Critiquer gens m'est, dit-il, fort nouveau. (V, 194.)
Qu'on dit bien vrai que *se venger* est doux ! (IV, 173.)
Coudre et *filer*, c'étoit son exercice. (V, 291.)
T'attendre aux yeux d'autrui, quand tu dors, c'est erreur. (III, 116.)
De raconter quel sort les avoit rassemblés...
 C'est un récit de longue haleine. (III, 89.)
D'y intéresser des dieux, c'étoit s'exposer, etc. (VIII, 175.)
De représenter..., c'est ce qui surpasse mes forces. (VIII, 55.)
 Mais le *lâcher* en attendant,
Je tiens pour moi que c'est folie. (I, 372.)
De régner sur d'autres, c'est une gloire que je refuse. (VIII, 151.)
De violer cet instinct, c'est ce qui n'est pas permis. (VIII, 145.)
 Car *d'espérer* les servir à leur guise,
 C'est un abus. (IV, 495.)
D'en chercher la raison, ce sont soins superflus. (III, 229.)
.... Et *d'en tenir* registre, c'est abus. (V, 77.)

De lui *demander* rien, c'étoit abus. (V, 490.)
  Car *de mettre* au patibulaire
  Le corps d'un mari tant aimé,
Ce n'étoit pas peut-être une si grande affaire. (VI, 85.)
De dire comment, *ce* seroit un détail futile. (VI, 69.)
C'est *faire* assez qu'*aller* de temple en temple. (VI, 210.)

Avec *de* et *il* :
De l'en *blâmer*, *il* seroit inutile. (IV, 365.)
De voir son mari, *il* ne se pouvoit. (VIII, 93.)

c) Infinitif régi par des prépositions :

Voyez, au *Lexique*, A, De, Par, Pour, Sans.

.... Puis fait un long repli, puis *tâche à faire* un saut. (II, 41.)
L'aragne cependant se campe en un lambris...,
Travaille à demeurer. (I, 226.)
Rien ne lui *servit de se défendre...*, et *de raconter* des apologues. (I, 52.)
   On ne *s'attendoit* guère
  De voir Ulysse en cette affaire. (III, 14.)
    La première,
  Qui, *de* le *voir s'aventurant*,
  Osa bien quitter sa tanière. (I, 214.)
Un loup qui *commençoit d'avoir*, etc. (I, 210.)
La Renommée enfin *commença de se plaindre.* (II, 70.)
Un mal que chacun *se plaît d'entretenir.* (I, 93.)
Votre race *a tâché de me nuire.* (I, 142.)
.... Et la cour *d'admirer.* (III, 254.)
L'ours l'accepte ; et *d'aller.* (II, 261.)
Turcs *d'approcher*, tendrons *d'entrer* en danse. (V, 387.)
Et mon homme *d'avoir* chiens, etc. (II, 175.)
Lui *de crier*, chacun *de rire.* (III, 257.)
  Pleurs *de couler*, soupirs *d'être poussés*,
  Regards *d'être* au ciel *adressés.* (IV, 405.)
.... Et *de courir.* (II, 410.)
   .... Et les mortels crédules
De courir. (II, 399.)
Lors Pierre *de crier.* (V, 499.)
Et mon chat *de crier*, et le rat *d'accourir.* (II, 324.)
Et chacun *de crier* merveille. (II, 202.)
Aussitôt l'éléphant *de croire*, etc. (III, 311.)
Et l'autre *d'écouter.* (I, 227.)
Lors chacun *d'enrager*, *mourir, crever* d'envie.
— Et Thrason *de* s'en *rire.* (VII, 55.)
Et boquillons *de perdre* leur outil. (I, 366.)
  Et grenouilles *de se plaindre*,
Et Jupin *de* leur *dire*, etc. (I, 215.)
Et Raton *de prendre* parti. (III, 197.)
Eux *de recommencer.* (II, 428.)
Et Pagamin *de la réconforter.* (IV, 341.)
Et notre épouse à la fin *de se rendre.* (IV, 342.)
Souris *de revenir*, femme *d'être* en posture. (I, 186.)

INTRODUCTION GRAMMATICALE. CXIX

Jeunes *de rire*, et vieilles *de gronder*. (V, 420.)
Grenouilles aussitôt *de sauter* dans les ondes ;
Grenouilles *de rentrer* en leurs grottes profondes. (I, 173.)
Moi *de sourire*, et lui *de s'en piquer*. (VII, 36.)
    Panurge incontinent
 Le jette en mer, et les autres *de suivre*. (V, 305.)
L'homme *de suivre* et *de jeter*, etc. (III, 283.)
.... Et chacun *de tirer*. (II, 245.)
  Aussitôt perles *de tomber*,
  Nourrice *de les ramasser*,
  Soubrettes *de les enfiler*,
  Pèlerin *de les attacher*. (V, 266.)
.... Puis *de trinquer* à la commère. (IV, 188.)
   .... Et *de prendre* la tasse,
 Et *de trinquer*. (V, 327.)
Fleurs *de voler*, tetons *d'entrer* en danse. (IV, 284.)
De les *accepter*, je ne puis. (VI, 202.)
Après boire. (IV, 493.)

d) *Infinitif pris substantivement :*

  « Nous recommencerons,
 Au pis *aller*, tant et tant qu'il suffise. »
Le pis *aller* sembla le mieux à Lise. (V, 297.)
.... Pour tout *avoir* et pour tous revenus. (III, 295.)
Vin du *coucher*. (IV, 253.)
Au *coucher* du Roi. (II, 224.)
Au *dire* de ces gens. (II, 461 ; voyez III, 350.)
J'en reviens à mon *dire*. (III, 229.)
Il accomplit son *dire*. (III, 298.)
  Mon *dire* et mes raisons
 Iront aux Petites-Maisons. (I, 377.)
Le long *dormir* est exclus de ce lieu. (V, 356.)
Le vrai *dormir* ne fut fait que pour eux. (V, 355.)
  Et le Financier se plaignoit
  Que les soins de la Providence
N'eussent pas au marché fait vendre le *dormir*,
 Comme le *manger* et le *boire*. (II, 217.)
Je tiendrai l'*être* encore un coup de toi. (I, 365.)
Au *fleurer*, à l'odeur, on connoit le poisson. (VII, 354.)
  La sainteté n'est chose si commune
 Que le *jeûner* suffise pour l'avoir. (V, 469.)
Le *manger* ordinaire [des ours]. (II, 261.)
   .... La cause
 Du *marcher* et du mouvement. (II, 210 ; voyez II, 287.)
.... Avec son *marcher* lent. (III, 281.)
Le doux *parler* ne nuit de rien. (I, 238.)
  Mainte fille a perdu ses gants,
 Et femme au *partir* s'est trouvée. (IV, 412.)
Au *partir* de ces lieux. (VIII, 55.)
N'ayant autre œuvre, autre emploi, *penser* autre.... (V, 391.)

Dans ce *penser* il se carroit. (I, 408.)
> Chose terrible, et dont le seul *penser*
> Vous fait dresser les cheveux à la tête. (IV, 169.)

Les *pensers* du vulgaire. (II, 341.)
Celle-ci déclara ses *pensers* à Céphale. (VI, 188; voyez I, 337; III, 345; IV, 34, 195, 321, 334, 439, 500; V, 433, 469, 551; VI, 78, 232, 288, 289, 335; VII, 68, 620.)
Gens de *savoir*. (III, 126.)
Son peu de *savoir*. (III, 295.)
Au *sortir* des forêts. (I, 163.)
Au *sortir* du somme. (IV, 430.)
A mon *souper*. (III, 282.)
Au *toucher*. (VIII, 59.)
Jusqu'au *toucher*. (V, 76.)
Seulement à l'*user* chacun la croyoit bonne. (IV, 387.)
Aller querir son *vivre*. (V, 17.)
Vos malins *vouloirs*. (VII, 436.)
Le *vouloir* des dieux. (VIII, 48.)

« Uses donques hardiment de l'infinitif pour le nom, comme l'*Aller*, le *Chanter*, le *Vivre*, le *Mourir*. » (DU BELLAY, *Illustration de la langue françoise*, livre II, chapitre IX, tome I, p. 51, des OEuvres.)

2° Participe.

Participe présent.

a) Accord. Voyez ci-après X, ACCORD, A, p. CXXXVI.
b) Constructions et emplois divers.

Participe présent avec rapport régulier de qualificatif :
L'animal *bêlant*. (I, 179.)
Des animaux ailés, *bourdonnants*. (I, 121.)
> L'objet devint brûlot,
> Et puis nacelle, et puis ballot,
> Enfin bâtons *flottants* sur l'onde. (I, 304.)

Des ministres du dieu les escadrons *flottants*
Entraînèrent sans choix animaux, habitants, etc. (VI, 158.)
Créatures *parlantes*. (I, 130.)
Simulacres *volants*. (VII, 229.)
Soyons bien *buvants*, bien *mangeants*. (II, 67.)
> Sa gouvernante,
> Qui du secret n'étoit *participante*. (VI, 46.)

Que vous êtes *pressante!* (II, 209.)

Rapport du participe présent à un pronom conjonctif :
Plusieurs se sont trouvés qui d'écharpe *changeants*, etc. (I, 143.)

Rapport du participe présent à un autre nom ou pronom que le sujet qui le suit ou le précède; participe présent absolu (voyez ci-après, p. CLX, CONSTRUCTION, 8°) :
Là, *se fondant* en pleurs, on voit croître ses charmes. (VI, 245.)
> *Badinant* sur la fougère,
> .... Nos plaisirs retentissent partout. (VII, 566.)

Mais, n'*osant* attenter contre l'œuvre des cieux,
Le soleil se chargeoit de ce crime pieux. (VI, 288.)
   Ayant changé de figure,
Les souris ne la craignoient point. (I, 186.)
Quand n'*ayant*, dis-je, aucun soupçon de rien,
Les trois quidams, tout pleins de courtoisie,
Après l'abord, et l'*ayant* salué
Fort humblement, etc. (IV, 241.)
S'étant pris, dis-je, aux branches de ce saule,
Par cet endroit passe un maître d'école. (I, 116.)
Ayant parlé du pouls, le frisson se présente. (VI, 330.)
Employant tous mes soins près de votre maîtresse,
Vous entendrez parler pour vous de mon adresse. (VII, 376.)
  Et, *prenant* son compère,
Celui-ci l'aide. (III, 24.)
Toutes vouloient au vieillard commander,
Dont, ne *pouvant* entre elles s'accorder,
Il souffroit plus.... (IV, 492.)
 .... Mais la *laissant* tomber,
Joconde la trouva. (IV, 34.)
  Et, l'*abattant*,
Le reste en profite d'autant. (III, 307.)

Reprise du sujet après le participe présent :
  Quand l'ennemi *se présentant*,
  Comme *il* en vouloit à l'argent,
Sur le mulet du fisc une troupe se jette. (I, 68.)
Et lui-même *ayant fait* grand fracas, chère lie...,
Il devint pauvre. (II, 176.)

Participe présent, précédé ou non de en, *et employé comme gérondif:*
La mort crut, *en venant*, l'obliger. (I, 105.)
.... Trois filles *passant*, l'une dit.... (I, 202.)
  Le grison se rue
  Au travers de l'herbe menue,
  Se vautrant, grattant et *frottant*,
  Gambadant, chantant et *broutant*,
  Et *faisant* mainte place nette. (II, 25.)
  L'autre, le *chassant*,
Le fera renoncer aux campagnes fleuries. (I, 140.)
On ne sauroit manquer, *condamnant* un pervers. (I, 138.)
Le dieu, la *secouant*, jeta les œufs à bas. (I, 152.)
Frère, dit un renard, *adoucissant* sa voix. (I, 175.)

Participe présent avec aller :
   Io...
Aux environs alloit l'herbe *mangeant*. (VI, 8.)
 .... Et toutes celles-là
Qui vont *nuisant* aux amitiés secrètes. (VI, 48.)
  Ces deux veuves...
L'alloient quelquefois *testonnant*. (I, 110.)

Je me vas *désaltérant*. (I, 89.)
Les diadèmes vont sur ma tête *pleuvant*. (II, 154.)
.... Et qui va *balayant* tous les sentiers fangeux. (I, 380.)
Les fous vont l'*emportant*. (II, 352.)
Plus le vase versoit, moins il s'alloit *vidant*. (VI, 155.)

    Certain accident
Qui les fillettes va *perdant*. (V, 217.)

    Sans en chercher la preuve,
En tout cet univers, et l'aller *parcourant*, etc. (II, 376.)
L'amour... l'alloit *consumant*. (V, 164.)
Il commanda à des enfants de prendre un chat, et de le mener *fouettant* par les rues. (I, 49.)
Notre Grec s'alloit partout *plaignant*. (II, 303.)

Participe passé.

a) Accord. Voyez ci-après X, Accord, A, p. cxxxvi.

b) Participe passé absolu :
.... Eux *venus*, le lion par ses ongles compta. (I, 76.)
Le père *mort*, les fils vous retournent le champ. (I, 395.)
Eux *repus*, tout s'endort, les petits et la mère. (I, 357.)

c) Emplois divers, exemples tous conformes à l'usage actuel :
L'emploi *proposé*. (IV, 431.)
Et le nageur, *poussé* du vent.... (IV, 406.)

  .... Simple, jeunette, et d'assez bonne guise,
Nommée Alix. (IV, 156.)

  La Faculté sur ce point *consultée*,
Après avoir.... (V, 307.)

  Voilà tout *fait* et tout *formé*
  Un époux du grand catalogue :
Dignité peu *briguée*. (V, 434.)

Là, sous des chênes vieux, où leurs chiffres *gravés*
Se sont avec les troncs accrus et conservés,
Mollement *étendus*, etc. (VI, 239.)

    Que d'hommes *terrassés!*
Que de chiens *abattus*, mourants, *morts* et *blessés!* (VI, 259.)

Participe, soit présent, soit passé, pouvant se remplacer, dans la plupart des exemples cités, par une conjonction suivie d'un mode personnel.

Nous n'avons pas besoin de faire remarquer que beaucoup des participes cités dans d'autres catégories, à l'article *Participe présent*, rentrent en même temps dans celle-ci.

  Mais si du dieu nommé Vulcan
Vous suivez la bannière, *étant* de nos confrères. (V, 138.)

  L'éléphant, *étant écouté*,
.... Dit des choses pareilles. (I, 78.)
Car, *étant rembarqué*, prétendre, etc. (VII, 13.)

INTRODUCTION GRAMMATICALE.

Dame Fourmi trouva le ciron trop petit,
    Se croyant, pour elle, un colosse. (I, 78.)
Chacun *étant* en belle humeur,
Un domestique accourt. (I, 100.)
    Des abeilles *s'opposant*,
Devant certaine guêpe on traduisit la cause. (I, 121.)
C'est Phlégon, qui souvent aux loups donne la chasse,
Armé d'un fort collier. (VI, 258.)
Voyez ci-après, CONSTRUCTION, 8°, p. CLX.

III. — VERBES EMPLOYÉS DANS UN SENS ABSOLU, SANS RÉGIME.

A moins que d'*apporter*, je n'ai que faire ici. (VII, 91.)
En cela je n'*augmente* point. (IV, 399.)
Baissons d'un ton. (I, 131.)
Mais tout cela ne faisoit que *blanchir*. (V, 159.)
Désormais je ne *bouge*. (II, 167.)
    Calculateur que fût l'amant,
    Brouiller falloit incessamment. (V, 213.)
.... Puis faire aucunement *cadrer* la pénitence. (IV, 349.)
L'exemple *a* très bien *cadré*. (V, 436.)
    Messer Cupidon,
En badinant, fit *choir* de son brandon
    Chez Agiluf. (IV, 222.)
Mais j'aperçois nos gens qui *consultent* ensemble. (VII, 100.)
A l'égard de la dent, il fallut *contester*. (II, 403.)
Contestons sans fougue et sans saillie. (VII, 108.)
    Les amis *contestèrent*
Touchant le pas. (VI, 133.)
Il *courboit* sous les fruits. (III, 9.)
.... Les faire *courir* l'une et l'autre. (VIII, 165.)
    Il fait bon *craindre* encor que l'on soit saint ;
    Rien n'est plus vrai : si Rustic *avoit craint*,
    Il n'auroit pas, etc. (V, 467.)
Creusez, fouillez, béchez. (I, 395.)
Comme on peut *croire*. (I, 327 ; voyez V, 411.)
« *Croyons* ce bœuf. — *Croyons*, » dit la rampante bête. » (III, 7.)
On *déballe*. (I, 316.)
Parle sans *déguiser*. (II, 132.)
Il a beau *déguiser*. (VI, 334.)
    On *député*
A l'oiseau. (III, 20.)
De chaque espèce on lui *député*. (II, 45.)
    En est-il de religieux
Jusqu'à *désemparer* ? (V, 123.)
Le voilà qui *déteste*. (II, 59.)
Je *déteste*. (VII, 422 ; voyez VII, 426.)
    .... Une vie
A faire gens de bon cœur *détester*. (V, 166.)

Fallut *deviner* et *prédire*. (II, 181.)
.... Pour *diversifier*, et me rendre moins ennuyeux. (IV, 10.)
La nécessité de *luire* et d'*éclairer*. (I, 170.)
Je veux qu'un notaire *écrive*. (VII, 129.)

   La nuit des temps! nous la saurons dompter,
  Moi par *écrire*, et vous par *réciter*. (VI, 90.)

Celui qui *empoisonnoit*, qui *brûloit*, etc. (VIII, 71.)
Endurez doucement. (VII, 16.)
Des vers qui *enjambent*. (IV, 146.)
Comment *esquiver*? (II, 261.)
.... Tourne de tous côtés, *esquive* en l'approchant. (VI, 262.)
Le fanfaron aussitôt d'*esquiver*. (II, 6.)
Force lui fut d'*esquiver* par la fuite. (VI, 107.)

   Les petits, en toute affaire,
  Esquivent fort aisément. (I, 289.)

Le sage quelquefois fait bien d'*exécuter*. (III, 79.)
As-tu *fait*? (II, 61.)
Comme tu *fais*! (IV, 347.)
Tu *fatigues* assez pour gagner davantage. (III, 314.)
Il *fréquentoit* chez le compère Pierre. (V, 486.)

   Dans un couvent de nonnes *fréquentoit*
  Un jouvenceau. (V, 411.)

En cettui lieu beaux pères *fréquentoient*. (IV, 491.)
Plutarque auroit voulu *imposer* à la postérité dans ce traité-là. (I, 20.)
On ne sauroit *manquer*, condamnant un pervers. (I, 138.)
Tirez au sort sans *marchander*. (IV, 436.)
Mais elle alloit au point, et ne *marchandoit* pas. (V, 118.)
Ne *marchandez* point tant. (IV, 422.)
On *met* sur table. (V, 351.)

   L'accompagnement
Est d'un tout autre prix, et *passe* infiniment. (V, 426.)

   Thibaut l'agnelet *passera*
  Sans qu'à la broche je le mette. (III, 32.)

Quoique c'en soit elles [ces pièces] *passeront*. (IV, 11.)
Mais ceci, c'est un point qui d'abord me surprit :
Il *passera* pourtant, j'en ai fait *passer* d'autres. (V, 119.)

   Une *passa*, puis une autre, et puis une,
  Tant qu'à *passer* s'entre-pressant chacune,
  On vit enfin celle qui les gardoit
  Passer aussi. (V, 306.)

Il faut que l'une ou l'autre *passe*. (IV, 436.)
Qu'il en *passe* une, il en *passera* cent. (V, 302.)
Je *passerai*, si tu veux, la première. (IV, 501.)
Mon principal but est toujours de *plaire*. (VIII, 20.)
J'ai tâché seulement de faire en sorte qu'il *plût*. (VIII, 24.)

   Notre homme
Tranche du roi des airs, *pleut*, *vente*.... (II, 13.)

L'oiseau n'avoit qu'à *prendre*. (II, 112.)
Aminte est engageante, et *prévient* par ses charmes. (VII, 520.)
Simonide *promit*. (I, 100.)
Elle *reçoit* et *donne*, et la chose est égale. (I, 208.)

Le temps venu de *recueillir* encore.... (V, 367.)
On *redouble* en ce cas. (VII, 160.)
Casse, rhubarbe, enfin mainte chose pareille...,
Relâchoient, resserroient, etc. (VI, 323.)
Astolphe *rencontra* dans cette prophétie. (IV, 60.)
Chacun *repaît*. (IV, 425.)
Vous ne *répandrez* nullement. (V, 138.)
Lycérus, assisté d'Ésope..., se rendoit illustre parmi les autres, soit à *résoudre*, soit à *proposer*. (I, 47.)
.... Au fond de sa mémoire Anne en sut fort bien faire
    Un qui ne *ressembloit* pas mal. (V, 346.)
On *risque* sans souci. (VII, 53.)
Un créancier *saisit*. (I, 339.)
Je ne *saurois*. (I, 135.)
N'*ai*-je pas bien *servi* dans cette occasion ? (I, 189.)
        On *servit*, pour l'embarrasser,
    En un vase à long col. (I, 113.)
Pourvu qu'il *songe*, c'est l'affaire. (V, 91.)
    Un lièvre en son gîte *songeoit*
(Car que faire en un gîte à moins que l'on ne *songe?*). (I, 171.)
Accommodez-vous, ou *tirez*. (I, 226.)
Bon fait *troquer*. (V, 330.)
Plus le vase *versoit*, plus, etc. (VI, 155.)
L'envie de *voir* et d'*apprendre* le fit renoncer à tous ces honneurs. (I, 51.)

IV. — FORMES VERBALES.

« Elle n'a fait ni pis ni mieux que moi. »
.... L'hôte reprit : « C'est assez ; je vous *croi*. » (IV, 218.)
Tout le bon temps qu'on a, comme je *croi*,
Lorsqu'Amour seul étant de la partie,
Entre deux draps on tient femme jolie,
Femme jolie, et qui n'est point à soi. (IV, 93.)
    .... Et, comme je le *croi*,
Sans se blesser. Vous riez? — C'étoit moi. (IV, 289.)
Comme je *croi*. (IV, 93.)
Dire ce qu'il est à propos qu'on *die*. (IV, 13.)
Que je le *die*. (II, 208.)
Sans qu'on le *die*. (IV, 72.)
Empêchons, s'il se peut, que la Grèce ne *dic*.... (VII, 610.)
Dieu me *doint* patience ! (V, 534.)
A tous époux Dieu *doint* pareille joie ! (V, 481.)
Je *faille* lourdement. (VII, 163.)
Dieu *gard* de mal celles.... (VI, 138.)
Dieu *gard* sire Oudinet. (V, 337.)
Dieu nous *gard* de plus grand fortune. (V, 509.)
Renvoyrez-vous...? (V, 568.)
        Toutes, je te *répond*,
    Verront beau jeu si la corde ne rompt. (V, 535.)
Seyez-vous. (VII, 420.)
Soyez-vous. (VII, 157.)

.... Le pauvre état où sa dame le *treuve*
Le rend confus. Il dit donc à la veuve, etc. (V, 169.)
  Sans en chercher la preuve
En tout cet univers...,
  Dans les citrouilles je la *treuve*. (II, 376 ; voyez VII, 155, 173.)
Je *vas* parfois en une autre boutique. (IV, 277.)
Je me *vas* désaltérant. (I, 89.)

VII. — Adverbe.

1° Emplois à remarquer de certains adverbes.

Voyez ci-dessus, p. xc et xcii ; et au *Lexique*, Assez, Enfin, Où, Peu, Tout, Trop, Y, etc.

2° Emploi, construction, des négations :

Voyez Ne, Ni, Non, Pas, Point.

.... Un seul *n*'en échappa. (I, 241.)
Celui-ci, glorieux d'une charge si belle,
N'eût voulu pour beaucoup en être soulagé. (I, 68.)
.... Pour tout cela *ne* croyez que je chomme. (IV, 299.)
Il *ne* faut telles choses mécroire. (VI, 58.)
Chose *ne* leur parut à tous plus salutaire. (I, 135.)
  Arlequin *n*'eût exécuté
  Tant de différents personnages. (III, 298.)
Le cheval, qui *n*'étoit dépourvu de cervelle.... (III, 294.)
.... Et *ne* t'attends de m'induire à luxure. (IV, 95.)
  Dieu *ne* fit la sagesse
  Pour les cerveaux qui, etc. (VI, 5.)
Qu'un homme soit plumé par des coquettes,
Ce *n*'est pour faire au miracle crier. (IV, 358.)
Ce *n*'est mon goût ; je *ne* veux de plein saut
Prendre la ville, aimant mieux l'escalade ;
En amour dea, *non* en guerre : il *ne* faut
Prendre ceci pour guerrière bravade,
Ni m'enrôler là-dessus malgré moi. (V, 396.)
  Je *ne* puis qu'en cette préface
  Je *ne* partage, etc. (III, 329.)
Point de fenêtre et *point* de jalousie
Ne lui permet, etc. (V, 564.)
Ne tient-il *point* à moi que nous *n*'allions dîner ? (VII, 60.)
N'ai-je *pas* tort de t'accuser ? (IV, 315.)
Heureux de *ne* devoir à *pas* un domestique.... (VI, 150.)
  .... On auroit tort
De l'appeler hasard, *ni* fortune, *ni* sort. (I, 168.)
Il *n*'est meilleur ami *ni* parent que soi-même. (I, 358.)
  Quelque garçon d'honnête corpulence,
  Non trop rustaud, et qui *ne* lui feroit
  Mal *ni* dégoût. (V, 47.)

Penses-tu... que ton titre de roi
  Me fasse peur *ni* me soucie? (I, 155.)
    Vous noterez que Madame *n*'étoit
      En oraison, *ni ne* prenoit son somme. (V, 414.)
Vouloir qu'on imite aucun original
N'est mon but, *ni ne* doit non plus être le vôtre. (VII, 165.)
    Heureux qui peut *ne* le connoître
    Que par récit, lui, *ni* ses coups! (I, 264.)
  Les mots et les couleurs *ne* sont choses pareilles,
    Ni les yeux ne sont les oreilles. (V, 597.)
Je *ne* pleurerois point celle-ci, *ni* ses yeux
Ne troubleroient non plus de leurs larmes ces lieux. (VI, 161.)
    Patience et longueur de temps
    Font plus que force *ni* que rage. (I, 163.)
N'importe *pas* du titre *ni* du nom. (V, 541.)
    .... Et demande aux échos
    Si pas un d'eux *ne* sait *nulle* nouvelle. (VI, 10.)
Nous *n*'irons *point* au bois qu'avec précaution. (VII, 571.)
On y fait plus, on *n*'y fait *nulle* chose. (V, 356.)
Le sage *n*'en vient *point* à cette extrémité
Qu'après *n*'avoir rien pu gagner par un traité. (VII, 107.)
  Votre méchanceté *ne* trouvera point de retraite sûre, *non pas* même dans les temples. (I, 53.)
Non pas même cet habit. (VIII, 168.)
    La nation des belettes,
    Non plus que celle des chats,
    Ne veut aucun bien aux rats. (I, 286.)
    .... Qui *ne* daigna l'ouïr
Non plus qu'Ajax Ulysse et Didon son perfide. (III, 336.)
    .... Il y croyoit la semence attachée,
    Et que l'épi, *non plus* que le tuyau,
    N'étoit qu'une herbe inutile. (V, 365.)
S'ils *n*'avoient de sa femme aperçu *nulle* trace. (I, 248.)
Ne bouges, mortel. (VII, 257.)
Ce *n*'est pas mon métier de cajoler *personne*. (IV, 43.)
Ces fers à leur captif *n*'ont *rien* qu'à se montrer. (VII, 15.)
Toi, pour *ne point* marquer *aucune* intelligence.... (VII, 406.)
    Je *ne* pouvois *jamais*
Apprendre une plus douce et meilleure nouvelle. (I, 176.)
N'en ouvrez *point* la porte à personne. (VII, 254.)
Ce *n*'est *rien* qu'une toile. (VIII, 454.)
    Il *ne* s'en fallut *rien* qu'Argie
Ne battît sa nourrice. (V, 262.)
Non sera, sur mon âme. (IV, 346.)
Sans croix *ne* pile. (IV, 492.)
    On *n*'avoit vu, *ne* lu, *n*'ouï conter
    Que, etc. (V, 376.)
    Ne plus *ne* moins qu'employoit au désert,
    Rustic son diable, Alibech son enfer. (V, 482.)

Il *ne* saura qui, quoi, *n*'en quelle part,
N'en quel logis, *ni*, etc. (V, 44.)
Fol *ne* fut, *n*'étourdi,
Le compagnon. (IV, 211.)
Nenni da, *non*. (IV, 486.)

Omission de ne *après un comparatif :*
Le Japon ne fut pas plus heureux à cet homme
 Que le Mogol l'avoit été. (II, 166.)

Autres omissions de ne :
Eh bien! lui cria-t-elle, avois-je pas raison? (II, 34.)
 On ne peut quasi faire un pas,
 Ni tourner le pied qu'on en rie. (VII, 121.)
.... Le saurai-je point à la fin? (IV, 194.)
Savez-vous pas? (IV, 193.)
Fit-il pas mieux que de se plaindre? (I, 234.)
Seigneur, trouvez-vous pas? (III, 127.)
 Avant que la griffe et la dent
 Lui soit crue. (III, 96.)
Ceux-ci pensent-ils pas dès leurs plus jeunes ans? (II, 476.)
 .... Et de serments n'étoit friande,
 A moins qu'ils fussent d'un amant. (IV, 380.)
 Du plaisir ne me chaut,
 A moins qu'il soit mêlé d'un peu de peine. (IV, 298.)

Litotes ou atténuations, dans la forme, par le tour négatif :
Enfant, *non pas des plus petits*. (I, 201.)
Le doux parler *ne nuit de rien*. (I, 238.)
C'est une adresse à mon sens *non petite*. (IV, 264.)
 .... Puis en tira
 Consolation *non petite*. (IV, 34.)
 Les noms de celles
 Qui *ne seront pas rebelles*. (IV, 40.)

3° Locutions adverbiales :
Il déjeune très bien; aussi fait sa famille. (I, 278.)
Aussi faut-il m'avouer que, etc. (IV, 13.)
Aussi faut-il donner à l'animal un point. (II, 473.)
.... Je ne l'ai pas mauvais aussi. (II, 404.)
.... Aussi ne sont-ce fourmilières. (V, 11.)
 Raton
 N'étoit pas content, ce dit-on :
Aussi ne le sont pas la plupart de ces princes.... (II, 446.)
Aussi Térence s'est-il servi, etc. (VII, 8.)
Si s'en revient tout fier. (IV, 101.)
Si veux-je pour ce coup que ma main se hasarde. (VII, 89.)
Si faut-il qu'il entende. (VII, 176.)
 Si se mit dans l'esprit,
 Mourût ou non, d'en passer son envie. (IV, 224.)

INTRODUCTION GRAMMATICALE.

Si ne put onc découvrir le vrai point,
Tant lui sembloit, etc. (IV, 128.)

Le père avoit, longtemps devant,
Cette fille légitimée. (V, 111.)

4° Adverbes pris substantivement :

.... Et *les encore*, enfin tout le phébé. (V, 298.)

D'*encor* en *encor*
Toujours l'esprit s'insinue et s'avance. (V, 296.)

.... *Un peu bien* mûre. (I, 110.)

VIII. — Préposition.

Quelques emplois à remarquer de prépositions :
Voyez, au *Lexique*, A, Dans, De, En, Par, Pour, Sans, Sur, etc., t ci-dessus, p. cxviii, *Infinitif régi par des prépositions;* ci-après, p. cxlv, Ellipse, 5°.

.... C'est proprement la caverne *au* lion. (IV, 270.)
Une ample comédie *à* cent actes divers. (I, 363.)
L'homme *au* pot fut plaisant, l'homme *au* fer fut habile. (II, 357.)
La vache *à* notre femme. (V, 491.)
Celui de qui la tête *au* ciel étoit voisine. (I, 127.)
J'ai cent ruses *au* sac. (II, 427.)
La fièvre, disoit-on, a son siège *aux* humeurs. (VI, 320.)
Une poutre cassa les jambes *à* l'athlète. (I, 101.)
[L'ours] casse la tête *à* l'homme. (II, 262.)
On célèbre des jeux *à* l'honneur de Daphné. (VII, 242.)

.... Ne chanter qu'*aux* animaux,
Tout au plus *à* quelque rustique. (I, 245.)

Ses murs
Changent leur frêle enduit *aux* marbres les plus durs. (VI, 159.)
Deux taureaux combattoient *à* qui posséderoit
Une génisse avec l'empire. (I, 139.)

Il se va confiner
Aux lieux les plus cachés.... (I, 92.)

Tout pédant
Se peut connoître *au* discours que j'avance. (I, 116.)

Son bonheur consistoit
Aux beautés d'un jardin. (III, 305.)

Son unique compagnie
Consistoit *aux* oiseaux. (V, 14.)
Fier et farouche objet, toujours courant *aux* bois,
Toujours sautant *aux* prés. (III, 331.)
Tout le monde nous croit *au* corps d'une baleine. (IV, 410.)
.... S'écria-t-il de loin *au* général des chats. (I, 258.)
.... Les emportent *aux* dents. (I, 241.)

Le premier qui vit un chameau
S'enfuit *à* cet objet nouveau. (I, 303.)

On n'entend *aux* montagnes
Bruire en ces lieux aucuns torrents. (VI, 340.)

Ne craignez point d'entrer *aux* prisons de la belle. (III, 57.)

C'est en vain qu'on espère
Quelque refuge *aux* lois. (III, 151.)
Mais je n'estime *au* don que le lieu dont il vient. (VII, 59.)
.... C'est folie *à* la terre. (I, 341.)

Mais restaurants ne sont pas grande affaire
A tant d'emploi. (IV, 505.)
.... La méthode en est bonne,
Surtout *au* métier de Bellone. (III, 241.)
Il n'est rien *aux* cases qui me plaise. (I, 226.)
L'épouvante est *au* nid. (I, 357.)
.... Quand il fut *au* rivage. (II, 423.)
Ils vont vite, et seront dans un moment *à* nous. (I, 176.)
Xantus fit prix d'Ésope *à* soixante oboles. (I, 35.)
Venez faire *aux* cités éclater leurs merveilles. (I, 246.)
Il faut de tout *aux* entretiens. (II, 459.)
Ane, cheval, et mule, *aux* forêts habitoit. (I, 319.)
.... N'allât interpréter *à* cornes leur longueur. (I, 376.)
Je me laisse conduire *à* mon inquiétude. (VII, 530.)
Je mets l'alarme *au* camp. (I, 173.)

Regarder *au* visage
Celui que.... (I, 214.)

Les défauts
Que l'on remarque *aux* animaux. (III, 125.)
.... Tout cela se rencontre *aux* fables. (I, 3.)
.... C'est de nous renfermer *aux* trous de quelque mur. (I, 84.)
.... Je le souffre *aux* récits qui passent pour chansons. (IV, 396.)
.... Souffrir ce défaut *aux* hommes. (II, 353.)
Tous tomboient *au* piège inévitable. (I, 189.)
Ils trouvoient *aux* champs trop de quoi. (I, 83.)
Au présent conte on verra la sottise, etc. (V, 24.)
J'aurai des compagnons *à* punir cet outrage. (VII, 610.)
.... De là naîtront engins *à* vous envelopper,
Et lacets pour vous attraper. (I, 82.)
.... Ce sera quelque énigme *à* tromper un enfant. (III 76.)
.... C'est un fort *à* tenir aussi longtemps que Troie. (VII, 52.)
Des lacs *à* prendre loups. (II, 4.)
Maître *à* forger les oreilles. (IV, 159.)
Son maître *à* surmonter les vices. (III, 106.)
Vos soins *à* l'obtenir, vos bontés *à* la rendre, etc. (VII, 113.)
Et vous n'ignorez pas combien depuis ce jour
J'ai témoigné de zèle *à* gagner votre amour. (VII, 22.)

Jeunes cœurs sont bien empêchés
A tenir leurs desirs cachés. (IV, 411.)

Vos gens *à* pénétrer l'emportent sur les autres. (III, 320.)
Son bonheur me fait peine *à* le pouvoir connoître. (VII, 582.)
Il ne manquoit *à* tomber sur leurs routes. (IV, 491.)
Un autre dragon... *à* passer se présente. (I, 95.)

Ni mon grenier, ni mon armoire
Ne se remplit *à* babiller. (I, 275.)

Voilà mes chiens *à* boire. (II, 338.)

Voilà mon homme *aux* pleurs. (I, 346.)
A quelle utilité? (I, 169.)
A l'ordinaire. (II, 157.)
L'échange en étant fait *aux* formes ordinaires. (I, 240.)
Courir tout le jour, pour déjeuner *au* soir. (VII, 63.)
Ses gens demeurés *à* la rade.... (IV, 419.)

    Nymphes aussi, soit *aux* montagnes,
Soit *aux* eaux, soit *aux* bois. (VI, 20.)

    Faites comparaison
De leurs beautés *avec* les vôtres. (I, 78.)

    Elle instruisit du moins
Nos amants à se dire *avec* signes leurs soins. (VI, 177.)
La sotte vanité jointe *avecque* l'envie. (I, 363.)
Si *dans* son composé quelqu'un trouve à redire.... (I, 77.)
.... Entend Alis *dans* sa confession. (V, 234.)
Dans un plus haut dessein je l'eusse intéressée. (VII, 28.)
Et bornant mes desirs *dans* sa possession.... (IV, 14.)
Après avoir creusé quelque peu *dans* terre. (I, 42.)
    La décoration de cet acte est une forêt mêlée d'architecture, comme d'un temple de Diane. (VII, 219.)
Un vrai mouton *de* sacrifice. (I, 178.)
Son cœur n'est pas *d'*un perfide et *d'*un traître. (V, 204.)
Qui te rend si hardi *de* troubler mon breuvage? (I, 89.)
On le fit trop boire *d'*un coup. (V, 435.)
Ayant trop bu *d'*un coup. (I, 236.)

.... Ou soit que sœur Thérèse eût chargé *d'*action
Son discours. (V, 593.)
Je vous défendrois *de* l'orage. (I, 126.)
Étant *de* festin. (I, 36.)
Étant *de* frairie. (I, 229.)
Cette règle est moins *de* nécessité que *de* bienséance. (I, 19.)
Un chasseur, *de* son arc, avoit mis bas un daim. (II, 348.)
Le doux parler ne nuit *de* rien. (I, 238.)
.... L'air en retentissoit *d'*un bruit épouvantable. (I, 189.)
Or vous savez, Iris, *de* certaine science.... (II, 463.)

    La dame étoit *de* gracieux maintien,
    De doux regard. (IV, 86.)

Tu seras châtié *de* ta témérité. (I, 89.)

    Mon voyage dépeint
    Vous sera *d'*un plaisir extrême. (II, 363.)

.... En lui payant *de* tribut un mouton. (II, 6.)
Achète-moi demain ce qui est *de* pire. (I, 38.)
.... *De* quoi sert-elle? (I, 241.)

    Attendez-vous *de* n'avoir à manger
    Que quand, etc. (IV, 421.)

La Renommée enfin commença *de* se plaindre. (II, 70.)
.... Ayant *de* hauteur moitié de celle de l'obélisque. (VIII, 177.)

Quand un cheval de bois par Minerve inventé,
    *D'*un rare et nouvel artifice.... (I, 130.)

De grand dépit Richard elle interrompt. (IV, 70.)

Ainsi *d*'un discours insolent
Se plaignoit l'araignée. (III, 36.)
　　　　D'un langage nouveau
J'ai fait parler le loup et répondre l'agneau. (I, 130.)
.... Là, *d*'une volupté selon moi fort petite,
Et selon lui fort grande, il entassoit toujours. (III, 102.)
Cet homme ainsi bâti fut député *des* villes.... (III, 145.)
.... Bien empêché *de* ce secret. (IV, 35.)
Sa plainte fut *de* l'Olympe entendue. (I, 365.)
.... Pressé *des* Romains. (III, 321.)
Portés *d*'un même esprit. (III, 338.)
Nous étions régalés *du* satrape Orosmède. (VII, 57.)
Trompé *des* uns, etc. (VI, 106.)
Nul animal n'étoit *du* sommeil visité. (III, 70.)
Les amants sont toujours *de* légère croyance. (VI, 193.)
Ne me crois pas, Doris, *d*'une âme si légère. (VII, 69.)
D'aventure. (I, 202 ; I, 370.)
De bonheur pour ce loup. (I, 230.)
De fortune. (I, 327 ; I, 328.)
.... *De* sa grâce. (V, 138.)
　　　.... Le fameux différend
D'entre le dieu des eaux et Pallas. (VI, 197.)
Son perfide *d*'époux. (IV, 72.)
Son hypocondre *de* mari. (I, 185.)
N'ont-ils point *de* pitié de leur vieux domestique? (I, 202.)
.... Faire ici *de* la petite bouche. (IV, 351.)
Voilà des moucherons *de* pris. (I, 226.)
En *de* certains climats. (I, 410.)
A *de* certains bras. (V, 266.)
A *de* certains cordons. (I, 256.)
.... *De* divers ennemis à l'envi nous traversent. (VI, 334.)
Dedans l'âme. (VII, 113.)
　　　L'époux n'aura *dedans* la confrérie
Sitôt un pied qu'à vous je reviendrai. (V, 371.)
Dedans l'occasion. (I, 221.)
.... Tant il en avoit mis *dedans* la sépulture. (I, 134.)
J'ai passé par ici *depuis* cinq ou six jours. (I, 252.)
Comme un mouton qui va *dessus* la foi d'autrui. (I, 159.)
Dessus mes vieux jours. (VII, 97.)
.... L'emporte *dessus* l'autre. (VII, 95.)
Si l'on t'immole un bœuf, j'en goûte *devant* toi. (I, 272.)
Devant l'aurore. (II, 35.)
.... S'enfuir *devers* sa tanière. (I, 173.)
Quiconque est loup agisse *en* loup. (I, 212.)
Le paroissien *en* plomb. (II, 159.)
Nous ne sommes plus *en* querelle. (I, 176.)
.... Et les garde *en* sa mémoire. (I, 327.)
.... Et que rien ne doit fuir *en* cet âge avancé. (I, 200)
Il la croit *en* son pot. (I, 165.)
On voyoit *un* lointain.... (VI, 197.)
Il étoit *en* pâture. (I, 422.)
　　　Toujours hautaine et rude
En son endroit. (V, 168.)

Après avoir tourné le cas
En cent et cent mille manières. (I, 193.)
Un agneau cuit *en* broche. (III, 31.)
Je vais chanter *en* pleine tête. (VII, 565.)
Le pauvre carpillon lui dit *en* sa manière, etc. (I, 373.)
.... Que j'ai mis *en* jour dans ces vers. (II, 471.)
.... Celui d'entre eux qui cueilleroit,
En nom d'hymen, certaine chose. (V, 211.)
Sa chatte, *en* un beau matin,
Devient femme. (I, 185.)
Nous voici... *en* un bord étranger. (IV, 409.)
En la machine ronde. (I, 107.)
Tantôt l'un *en* théâtre affronte l'Achéron. (II, 63.)
.... S'en allant *en* commerce. (II, 355.)
Je crois que vous allez chacun *en* même école. (VII, 87.)
Quand il iroit *en* guerre...,
Ils s'enfuiroient *en* terre. (I, 135.)
Une femme allant *en* conquête. (I, 273.)
Il eût mené l'infante *en* un autre rivage. (IV, 422.)
.... Le mettre *en* potage....
Quoi ? je mettrois... un tel chanteur *en* soupe ! (I, 236.)
D'une faveur *en* une autre il passa. (IV, 80.)
.... Ce n'est coup sûr *encontre* tous esclandres. (IV, 372.)
Envers les souris de longtemps courroucée. (I, 142.)
Lynx *envers* nos pareils, et taupes envers nous. (I, 79.)
Tant ne songeoient au service divin
Qu'à soi montrer *ès* parloir aguimpées. (IV, 488.)
Par un beau jour. (VI, 29.)
Par bénéfice d'inventaire. (I, 342.)
Par quel droit? — *Par* l'achat que l'on m'en a vu faire. (VII, 108.)
Dieu, *par* sa bonté profonde,
Un beau jour mit dans le monde, etc. (V, 342.)
Cependant *par* Baucis le festin se prépare. (VI, 153.)
Quelques restes de feu sous la cendre épandus
D'un souffle haletant *par* Baucis s'allumèrent. (VI, 153.)
Le lion *par* ses ongles compta. (I, 76.)
Sire Rat accourut, et fit tant *par* ses dents
Qu'une maille rongée emporta tout l'ouvrage. (I, 163.)
Le sage l'aura fait *par* tel art et de guise
Que, etc. (III, 76.)
On la fit *par* tel art que, etc. (V, 132.)
Essayons toutefois si *par* quelque manière
Nous en viendrons à bout. (I, 203.)
.... *Par* quoi je te tiens fou. (IV, 495.)
Il a longtemps voyagé *par* la Grèce. (VII, 97.)
Cette main qui *par* les airs chemine.... (I, 82.)
La nuit des temps! nous la saurons dompter,
Moi *par* écrire, et vous *par* réciter. (VI, 90.)
Mais ne confondons point, *par* trop approfondir,
Leurs affaires avec les vôtres. (I, 252.)

Par delà la vraisemblance. (VII, 7.)

   Je voudrois *parmi*
Quelque doux et discret ami. (II, 260.)
Parmi les bois. (V, 331.)
Parmi des demeures pareilles. (I, 246.)
.... La destinoient *pour* une autre famille. (VI, 43.)
Il fallut *pour* cet an vivre en mère affligée. (I, 151.)
   Ils sont en danger,
Soit *pour* eux, soit *pour* leurs affaires. (I, 170.)
Il faut laisser les narrations étudiées *pour* les grands sujets. (IV, 146.)
   Ce lui fut un signal
Pour s'enfuir. (I, 173.)
Et comment est-il possible... que vos juments entendent de si loin nos chevaux hannir, et conçoivent *pour* les entendre? (I, 50.)
.... Se croyant, *pour* elle, un colosse. (I, 78.)
.... Qu'ils s'en tiennent *pour* assurés. (I, 220.)
En un lieu que devoit la déesse bizarre
Fréquenter *sur* tout autre. (II, 164.)
Sur tous les animaux, enfants du Créateur,
J'ai le don de penser. (II, 463.)
Jolis *sur* tous leurs compagnons. (I, 422.)
   Et souvent la perfidie
Retourne *sur* son auteur. (I, 311.)
Sur le rez de la nuit. (VI, 9.)
Sur ce propos d'un conte il me souvient. (I, 223.)
   Jamais le corps de l'animal
Ne put venir *vers* moi. (I, 95.)

IX. — Conjonction.

Quelques emplois à remarquer de conjonctions :
Voyez, au *Lexique*, les articles Comme, Et, Que, Si, Soit, etc.

Le peuple s'étonna *comme* il se pouvoit faire
Que, etc. (I, 195.)
Ce n'est pas *comme* on en use. (II, 275.)
La décoration de cet acte est une forêt mêlée d'architecture, *comme* d'un temple de Diane. (VII, 219.)
  Et *comme* Amour jadis lui troubla la raison,
  Ce fut lors un autre poison. (IV, 429.)
Les Delphiens accoururent *comme* gens qui étoient en peine. (I, 52.)
Souvent il vous arrive un sort *comme* le nôtre. (I, 145.)
Comme il fut sorti de Delphes, et qu'il eut pris le chemin de la Phocide.... (I, 52.)
   Savons-nous si ces gens,
Comme ils sont traîtres et méchants...,
N'ont point, etc. ? (IV, 60.)
  Une certaine année
Que, etc. (I, 286.)

INTRODUCTION GRAMMATICALE.   cxxxv

Au moment *que* je viens de, etc. (VII, 539.)
.... Le jour *que* pour vous voir je me mis en chemin. (IV, 37.)
Au temps *que* la chanvre se sème. (I, 81.)

     Le temps
Que tout aime et *que* tout pullule.... (I, 355.)

    La pauvre malheureuse
Prend son temps *que* Damon, etc. (V, 136.)
Ils vous prennent le temps *que* dans la bergerie
   Messieurs les bergers n'étoient pas. (I, 240.)

     Dans la saison
Que les tièdes zéphyrs ont l'herbe rajeunie. (I, 390.)
C'est fait *que* de sa vie. (V, 168.)
Si j'étois *que* de vous. (IV, 285.)
Que si votre goût peut donner le prix aux beautés de la poésie, il le peut bien mieux, etc. (VI, 277.)

   Que si le venin dominant
  Se puise en la mélancolie, etc. (VI, 321.)

Que si sur mon chemin quelque nymphe jolie, etc. (VII, 206.)
Que s'il étoit au bout de son scrupule.... (IV, 336.)
Que s'il m'est arrivé de le faire, etc. (I, 19.)
Que si elle avoit voulu, etc. (VIII, 165.)
Que si jamais, etc. (VIII, 19.)
.... *Que* je pense. (VII, 296; VII, 301.)

   Car *qu'*il fût renvoyé,
  Cela rendroit la chose manifeste. (IV, 506.)

   L'époux ne tarda guères
*Qu'*il n'eût atteint tous ses autres confrères. (V, 56.)

  Ce n'est pas un fort bon moyen
  Pour payer *que* d'être sans bien. (I, 192.)

Descends, *que* je t'embrasse. (I, 176.)
Enchaînez ces démons, *que* sur nous ils n'attentent. (VI, 164.)
Qui les sait, *que* lui seul? (I, 168.)
Mais qui pouvoit, *que* lui, soupirer de la sorte? (VII, 157.)

   Ne sauroit-on bien vivre
  *Qu'*on ne s'enferme avec les morts? (V, 10.)

   De quoi fument nos temples
Que de l'encens promis au succès de ses dons? (VI, 350.)

    Je n'en fus retenue
  Que pour n'oser un tel cas publier. (IV, 90.)

Sur le *que* si, *que* non. (II, 428.)
Comment l'aurois-je fait *si* je n'étois pas né? (I, 90.)
Si ce n'étoit le scandale et la honte. (IV, 307.)
Si ce poirier n'est peut-être charmé. (IV, 313.)
Mais par tel *si*, qu'au lieu, etc. (V, 549.)
En s'informant de tout, et des *si*, et des cas, etc. (V, 450.)
Les *si*, les cas, les contrats, etc. (VI, 100.)
Les *si*, les *car*. (V, 28.)

Locutions conjonctives :

Après que votre race a tâché de me nuire. (I, 142.)
*Au lieu qu'*un rossignol, etc. (I, 180.)

Au lieu qu'on nous mange, on nous gruge,
   On nous mine. (I, 122.)
Avant que sortir. (IV, 435.)
Devant qu'il fût nuit. (II, 453.)
Devant qu'ils soient venus. (I, 169.)
Devant qu'on eût tant de voix ramassées. (V, 421.)
Devant qu'ils fussent éclos. (I, 81.)
Devant qu'être à la ville. (II, 53.)
Devant que de l'acheter. (I, 35.)
Encor qu'on le raillât. (I, 190.)

   Outre que sa toison
Étoit, etc. (I, 179.)
Sans que je crains de commettre Géronte.... (VI, 35.)
L'autre attend sans mot dire, et s'endort bien souvent,
   Tant que le siège soit vacant. (IV, 54.)
Tout joignant cette pierre. (I, 346.)

X. — ACCORD.

Voyez ci-après, XIV, SYLLEPSE.

A. Accord des adjectifs, des participes et des pronoms (genre et nombre):

J'ai jugé à propos de donner à la plupart de celles-ci [de ces fables] un air et un tour un peu *différent* de *celui* que, etc. (II, 79.)
Coupable seulement, tant lui que l'animal,
D'ignorer, etc. (III, 254.)
       Que si cette pécore
Fait *le honteux*.... (V, 58-59.)
       Le carpillon lui dit :
   « Laissez-moi carpe devenir,
   Je serai par vous *repêchée*. » (I, 373.)
Ce qui est dû à une puissance et à un mérite si *élevé*. (VIII, 335.)
   Les clefs de meutes parvenues
A l'endroit où pour mort le traître se pendit,
Remplirent l'air de cris : leur maître les rompit,
Bien que de leurs abois *ils* perçassent les nues. (III, 322.)
L'embarras qu'ils auront l'un et l'autre en ces lieux,
Et sur vous et sur moi *lui* fermera les yeux. (VII, 287.)

Accords avec gens :

Ainsi *certaines* gens faisant les *empressés*,
   S'introduisent dans les affaires :
       Ils font partout les nécessaires,
Et, partout *importuns*, devroient être *chassés*. (II, 144.)
Plus *telles* gens sont *pleins*, moins *ils* sont *importuns*. (III, 266.)
Contre de *telles* gens, quant à moi, je réclame :
Ils ôtent à nos cœurs le principal ressort ;
Ils font cesser de vivre avant que l'on soit mort. (III, 308.)

INTRODUCTION GRAMMATICALE. cxxxvii

Telles gens n'ont pas fait la moitié de leur course
Qu'*ils* sont au bout de leurs écus. (I, 223-224.)

Accord avec on :

On devient *grandelette*,
Puis *grande* tout à fait. (V, 105.)

Participe présent avec accord:
Soyons bien *buvants*, bien *mangeants*. (II, 67.)

Une rente
Dès le décès du mort *courante*. (I, 193.)
En ces lieux nuls ruisseaux *courants*
N'augmentent le tribut, etc. (VI, 340.)

Ces clartés *errantes*
Par qui sont nos destins et nos mœurs différentes. (III, 122.)
Des ministres du dieu les escadrons *flottants*. (VI, 158.)
Bâtons *flottants* sur l'onde. (I, 304.)
.... N'a donné nul relâche à la *fuyante* proie. (II, 464.)
.... Les humains, œuvre de Prométhée,
Furent *participants* du feu. (VI, 316.)

.... Sa gouvernante,
Qui du secret n'étoit *participante*. (VI, 46.)
Que vous êtes *pressante*, ô déesse cruelle ! (II, 209.)
« Croyons », dit la *rampante* bête. (III, 7.)

Là, des animaux *ravissants*,
Blaireaux, renards, hiboux, etc. (III, 321.)
Qu'importe que nos corps des oiseaux *ravissants*
Ou des monstres marins deviennent la pâture ? (IV, 405.)
.... J'oppose quelquefois
Les agneaux aux loups *ravissants*. (I, 363.)

Et le rat, à l'heure du repas,
Dit aux amis *restants*.... (III, 280.)
La bique allant remplir sa *traînante* mamelle. (I, 326.)
Simulacres *volants*. (VII, 229.)
Par une porte *aboutissante* aux champs. (IV, 252.)

De telles gens il est beaucoup
Qui prendroient Vaugirard pour Rome,
Et qui, *caquetants* au plus dru,
Parlent de tout. (I, 294.)

Plusieurs se sont trouvés qui, d'écharpe *changeants*, etc. (I, 143.)
Si quelque fièvre ardente attaquoit ses compagnes,
Si *courants* parmi les campagnes.... (VI, 344.)
Comme hydres *renaissants* sans cesse dans les cœurs. (III, 107.)

Les maris *sautants* à l'entour,
Et *dansants* au son du tambour. (IV, 200.)
Les esprits *sortants* de son corps échauffé. (I, 418.)

Et tous deux *soupirants*
Souhaitent un remords du moins à leurs tyrans. (VI, 302.)
Quatre animaux *vivants* de compagnie. (III, 279.)
Ce monde d'alliés *vivants* sur notre bien. (III, 98.)

Ne *vivants* pas pour Dieu, mais pour son ennemi. (VI, 300.)

  Et les petits, en même temps,
  Voletants, se culebutants,
  Délogèrent tous. (I, 358.)

S'approchants du bord. (VIII, 268.)

Moitié secours des dieux, moitié peur, *se hâtants*,
Sur un mont assez proche enfin ils arrivèrent. (VI, 158.)
Ces deux rivaux, un jour, ensemble *se jouants*. (III, 65.)
Les petits souverains *se rapportants* aux rois. (II, 191.)
.... S'en *repaissants* eux et leurs chiens. (III, 32.)
.... De ces dieux qui sont sourds, bien qu'*ayants* des oreilles. (I, 295.)

  N'*ayants* en tête
Qu'un intérêt. (III, 83.)

Des bergers *chantants* leurs amours. (VII, 210.)
Traits moins forts, et *déguisants* la chose. (VI, 14.)
Gens *fuyants* les hasards. (II, 334.)
Les pères chargés d'ans, *laissants* leurs tendres gages. (VI, 283.)
Ignorants l'accident. (I, 248.)
Tant d'êtres *empruntants* la voix de la nature. (III, 167.)

  On eût vu ses amours
Lui tendre en vain les bras *implorants* son secours. (VI, 284.)
Mangeants un agneau. (III, 31.)
Gens *pesants* l'air. (VI, 41.)

  Gens
Portants bâtons. (I, 72.)
Renouvelants de fleurs l'autel à tout moment. (III, 334.)
Ils croyoient s'affranchir *suivants* leurs passions. (III, 194.)

Participe passé sans accord :

C'est de l'ami Destin que cette lettre vient ;
Il l'a *laissé* tomber. (VII, 333.)

Participe passé avec accord :

Avant même qu'on ait la chandelle *allumée*. (VII, 354.)
.... Simonne encor n'ait toute honte *bue*. (IV, 69.)
Bartholomée, ayant ses hontes *bues*. (IV, 353.)
.... Nous en avions en vain l'origine *cherchée*. (VI, 320.)
Les dieux nous ont jadis deux vertus *députées*. (VI, 356.)
Combien de fois la lune a leurs pas *éclairés !* (VI, 242.)
Sur le portrait j'aurois ces mots *écrits*.... (III, 274.)

  Celle dont les beautés
Ont même sur Vénus la victoire *emportée*. (VII, 255.)
Il avoit dans la terre une somme *enfouie*. (I, 345.)
Cette honte, qu'auroit le silence *enterrée*.... (V, 136.)
Après avoir la chose *examinée*. (V, 308.)
Jamais ce sentiment n'a de gloire *flétrie*. (VII, 616.)
Heureux ceux de qui l'art a ces traits *inventés !* (VIII, 124.)

  Le père avoit, longtemps devant,
  Cette fille *légitimée*. (V, 111.)

Qui vous a cette cache *montrée ?* (V, 191.)
L'écorce a sa langue *pressée*. (VI, 163.)

Il avoit femme *prise*. (V, 24.)
Les tièdes zéphyrs ont l'herbe *rajeunie*. (I, 390.)
Quand le somme a sur nous ses charmes *répandus*. (VI, 296.)
Et plus ne fut de larme *répandue*. (V, 55.)
.... Et qu'aucun de leur mort n'ait nos têtes *rompues*. (III, 70.)
Je n'aurois pas d'un roi cette chose *soufferte*. (V, 262.)
Du moins par mes transports j'ai ses feux *surpassés*. (VII, 265.)
Le drôle avoit la touselle *vendue*. (V, 365.)
J'ai maints chapitres *vus*. (I, 135.)
   Combien en a-t-on *vus*
Qui du soir au matin sont pauvres devenus ! (I, 406.)
Ils m'ont l'âme et l'esprit, et la raison *donnée*. (VI, 208.)
Tous deux s'étoient *entredonnés* la foi. (IV, 324.)
L'on les a *laissés* prendre. (IV, 288.)

   B. Accord du verbe (nombre et personne).

a) Verbe se rapportant à plusieurs sujets et ne s'accordant qu'avec l'un d'entre eux :
De tous côtés lui *vient* des donneurs de recettes. (II, 224.)
Par ellipse de « il ».

Ce chef *passe*, et le corps, et chaque queue aussi. (I, 95.)
Dans cette phrase, le singulier peut s'expliquer par une sorte de tour elliptique.

   La nuit ni son obscurité,
   Son silence et ses autres charmes,
De la reine des bois *n'arrêtoit* les vacarmes. (III, 70.)
   Avant que la griffe et la dent
   Lui *soit crue*. (III, 96.)
   Le bruit des cors, celui des voix,
N'a donné nul relâche à la fuyante proie. (II, 464.)
Même instant, même sort, à leur fin les *entraîne*. (VI, 163.)
L'impossibilité et la contradiction qui *est* dans le jugement de ce singe, *est* une chose à censurer. (I, 138.)
Quelque plat de potage,
Quelque os, par préférence, à quelqu'un d'eux donné,
Fit que, etc. (III, 227.)
   Mainte princesse, et mainte et mainte dame,
   En *avoit fait* aussi d'heureux essais. (V, 33.)
Ane, cheval, et mule, aux forêts *habitoit*. (I, 319.)
   Le bal, la comédie,
Ne *manqua* point à cet heureux objet. (V, 158.)
   L'honneur et le plaisir
Ne *se perd* qu'en laissant des restes de désir. (VI, 204.)
   Point de fenêtre et point de jalousie
Ne lui *permet*, etc. (V, 564.)
   Tout babillard, tout censeur, tout pédant,
   Se *peut* connoître.... (I, 116.)
Jupiter et le peuple immortel *rit* aussi. (III, 258.)

Quelle contrée,
Quel accident *tient* arrêtée
Notre compagne au pied léger. (III, 280.)
Où est l'aventurier et le brave qui *toucheroit*, etc.? (VIII, 21.)
Là *croissoit* à plaisir l'oseille et la laitue. (I, 277.)
Ne plus ne moins qu'*employoit* au désert
Rustic son diable, Alibech son enfer. (V, 482.)
Quelle que *soit* la pente et l'inclination.... (I, 248.)
Là *finit* de Psyché le bonheur et la gloire. (VIII, 105.)
Papefigue *se nomme*
L'île et province.... (V, 357.)
.... Une église où *venoit* tous les jours
La fleur et l'élite de Rome. (V, 445.)
J'ai fait voir ce que *croit* l'École et ses suppôts. (VI, 339.)
.... Ainsi *parle* l'École et tous ses sectateurs. (VI, 321.)
L'une et l'autre cour
En sujets *abonde*. (VII, 271.)
.... L'un et l'autre cœur, plein de doux sentiments,
Aime et le dit. (VII, 222.)
L'un et l'autre *approcha*. (II, 190.)
L'une et l'autre... n'*auroit* pas..., et *croiroit*, etc. (VIII, 177.)
Tout ce que l'un et l'autre *dit*. (II, 345.)
Toutes pleines d'effroi,
Se blottissant, l'une et l'autre *est* en transe. (IV, 446.)
L'une et l'autre *étoit*
Au premier somme. (IV, 476.)
L'une et l'autre *est* prête à se lancer. (VI, 258.)
L'un et l'autre *a fait* un livre. (II, 354.)
.... Dans le lit l'une et l'autre enfoncée
Ne *laissa* pas de l'entendre fort bien. (IV, 468.)
En deux tonneaux à part l'un et l'autre *fut mis*. (VI, 353.)
En de nouveaux ennuis l'un et l'autre *se plonge*. (VI, 296.)
L'un et l'autre *quitta* sa ville. (II, 311.)
L'un et l'autre les *remporta*. (IV, 59.)
L'une et l'autre *trouva* de la sorte son compte. (I, 227.)
L'un et l'autre y *vient* de cire. (V, 432.)
L'un et l'autre *se vit* de baisers *régalé*. (IV, 61.)
Dieu veuille préserver maint et maint financier
Qui n'en *fait* pas meilleur usage! (III, 205.)
Font, dans les OEuvres posthumes.

Avec ni :
Jamais la moindre grâce,
Ni le moindre regard, le moindre mot enfin,
Ne lui *fut accordé*. (III, 332.)
Jupiter ni aucun des dieux n'*auroit*, etc. (VIII, 198.)
Sainte ni saint n'*étoit* en paradis
Qui de ses vœux n'*eût* la tête étourdie. (V, 25.)
Trou, ni fente, ni crevasse,
Ne *fut* large assez pour eux. (I, 288.)

INTRODUCTION GRAMMATICALE. CXLI

.... Ni Ésope, ni Phèdre, ni aucun des fabulistes, ne l'*a gardée*. (I, 19.)
Ni respect, ni serment, ne *peut* rien sur son âme. (VII, 91.)
Ni l'Europe, ni tout le monde, ne *reconnoît* rien que l'on doive mettre au-dessus. (VIII, 311.)
Il n'y a ni procès, ni affliction, ni amour, qui *tienne*. (VIII, 142.)

Au contraire, il y a accord dans les trois exemples suivants :

Pudeur ni retenue ne l'*arrêtoient*. (V, 189.)
Le fer ni le poison pour moi ne *sont* à craindre. (V, 278.)
  Ni profondeur, ni violence,
Ne *purent* l'arrêter. (III, 77.)

b) *Verbe au pluriel après des sujets séparés par* ou :

  Quelque accident, ou bien quelque soupçon,
  Le *font* venir coucher à la maison. (V, 73.)
Peut-être que l'absence, ou bien la jalousie,
Nous *ont rendu* leurs cœurs. (IV, 60.)

c) *Accords avec les mots collectifs* :

Un amas d'objets qui *éblouissoit* la vue. (VIII, 62.)
Bien peu, même des rois, *prendroient* un tel modèle. (III, 255.)
Encore une bonne partie des Amours... la *quittoient*-ils. (VIII, 44.)

d) *Accords de verbes placés entre des pronoms et des noms* :

Ne *seroit*-ce point mes parents. (VIII, 82.)
Ce *fut*... le galant et la belle. (VIII, 300.)
C'*étoit* leurs délices. (III, 193.)
  Ta justice,
C'*est* ton utilité, ton plaisir, ton caprice. (III, 5.)
Je ne serai pas le premier qui *aura tenté* un pareil dessein. (VIII, 317.)
Ce n'*étoient* que vœux et qu'offrandes. (I, 296.)

Dans la première édition (1668) : « Ce n'*étoit*. »

Ce n'*étoient* pas des fautes en leur siècle, et... c'en *sont* au nôtre....
C'en *seroit* en effet dans un autre genre de poésie; mais ce n'en *sont* point dans celui-ci. (IV, 148.)
  Vous n'êtes femme
Qui *dût* ainsi prévenir nos amours. (V, 195.)

XI. — Régime.

1° Variété de régimes et de dépendances d'un même mot.

a) *Même verbe gouvernant successivement, d'abord un nom ou un pronom régime direct ou indirect, puis un verbe joint par* de, *par* que, *ou bien par un pronom ou un adverbe interrogatifs* :

  .... Connut les bons et les méchants maris,
  Et de quel bois se chauffoient leurs femelles,
  Quels surveillants on avoit mis près d'elles,
  Les si, les car, enfin tous les détours,
  Comment gagner les confidents d'amours. (V, 28-29.)

Croyant tout fait et que pour cette fois
Aucun bizarre et nouveau stratagème
Ne viendroit plus son aise reculer. (V, 199.)

.... Il y croyoit la semence attachée,
Et que l'épi, non plus que le tuyau,
N'étoit qu'une herbe inutile. (V, 365.)

.... Se dit écolier d'Hippocrate ;
Qu'il connoît, etc. (I, 391.)

Elle nous dit son nom,
Qu'on l'appeloit Pamphile. (VII, 20.)

Toujours en un état
De pénitence, et de tirer des flammes
Quelque défunt. (IV, 473.)

Voyant de quelle sorte
L'homme agit, et qu'il se comporte, etc. (III, 80.)

En s'informant, et des si, et des cas,
Et comme elle étoit faite, et quels secrets appas, etc. (V, 450.)

Lucrèce avoit jusque-là résisté,
Non par défaut de bonne volonté,
Ni que l'amant ne plût fort à la belle. (V, 54.)

b) Même verbe gouvernant d'abord un infinitif sans ou avec de, puis un mode personnel joint par que :

Je suis d'avis de ne toucher que le principal, et qu'après nous réduisions la dispute. (VIII, 109.)
Je ne prétends pas non plus empêcher..., ni que, etc. (VII, 9.)

2° Quelques autres exemples à noter de régimes et dépendances :

.... Ni que d'en déloger et faire mon paquet
Jamais Hippocrate me somme. (I, 226.)

Jusqu'au col il se plonge,
Lui, le conducteur, et l'éponge. (I, 159.)

A des propos d'hymen il est enfin venu :
Qu'il se voyoit, etc. (VII, 96.)

Voyez en outre ci-dessus, aux PRONOMS, p. XCV, 2°, *Cas indirects des pronoms personnels ;* aux VERBES, p. CXII, et p. CXXIII, *Verbes employés dans un sens absolu,* pour lesquels on peut parfois supposer l'ellipse d'un complément substantif; et ci-après, à ELLIPSE, p. CXLIV, 4°, *Omission du pronom réfléchi ;* à CONSTRUCTION, p. CLIII, 2°, *Place des régimes.*

Nous avons donné au *Lexique*, à divers articles d'adjectifs et de verbes, les exemples des régimes qui s'écartent de l'usage actuel.

XII. — ELLIPSE.

1° Ellipses d'un article défini, indéfini ou partitif :
Voyez ci-dessus, à l'ARTICLE, 6°, p. LXIV.

2° Ellipses de noms :
Pour les ellipses, avec des adjectifs, de noms soit antérieurement exprimés, soit entièrement sous-entendus, voyez les exemples cités plus haut, à l'article ADJECTIF, 3°, p. LXXXV.

Coups de fourche ni d'étrivières
Ne lui font changer de manières. (I, 187.)

INTRODUCTION GRAMMATICALE.

 Telle pour lui verse des larmes
 Qui se moquoit de ses attraits. (IV, 35.)
Nous en savons plus d'un. (I, 257.)
Vous l'entendrez bientôt en conter des plus belles. (VII, 61.)
L'entrée, le second, l'entremets, tout ne fut que langues. (I, 38.)
Ésope, qui les servoit, vit que les fumées leur échauffoient déjà la cervelle. (I, 40.)
Platon l'en reprend dans son troisième de la République. (VIII, 116.)
L'onzième de l'Énéide. (VIII, 111.)
 Notre mort
(Au moins de nos enfants....)
 Ne tardera possible guères. (I, 220.)

3° Ellipses d'adjectifs ou plutôt tours d'apparence elliptique :

Chose ne leur parut à tous plus salutaire. (I, 135.)
Avoir compté sans hôte. (VII, 586.)
N'y savez-vous remède? (IV, 159.)
Sainte ni saint n'étoit en paradis.... (V, 25.)

4° Ellipses ou absences de pronoms.

a) Omission de pronoms personnels :

Que dirai plus? (V, 316.)
Pas n'y faudrai. (IV, 98.)
Pas ne voudrois en faire un plus rusé. (IV, 82.)
A te dire le vrai, ce seul penser me tue,
Et vois bien, etc. (VII, 31.)
Et vraiment si ferai. (II, 437.)
Trouvé ne l'as en moi, je t'en assure. (IV, 94.)
L'escarbot prend son temps, fait faire aux œufs le saut....
 Leur ennemi changea de note,
Sur la robe du dieu fit tomber une crotte. (I, 151.)
 Ainsi raisonnoit notre lièvre,
 Et cependant faisoit le guet. (I, 172.)
Messire Bon...
S'encorneta, courut incontinent
Dans le jardin, où ne trouva personne :
Garde n'avoit. (IV, 93.)
Si ne put onc découvrir le vrai point,
Tant lui sembloit que fût obscur et mince. (IV, 128.)
 Si se mit dans l'esprit,
Mourût ou non, d'en passer son envie. (IV, 224.)
Si s'en revient tout fier en son village,
Où ne surprit sa femme en oraison. (IV, 101.)
Guère n'attend. (IV, 72.)
.... Pas n'y manqua. (IV, 464.)
Pas ne trouva la pucelle endormie. (IV, 209.)
 Pas n'y manqua....
 Là ne trouva ce qu'elle alloit chercher. (IV, 72.)
Guère ne mit à déclarer sa flamme. (IV, 89.)
.... Comme bien savoit faire. (IV, 86.)
.... Pour ce s'avise. (IV, 103.)
Trop bien croyoit.... (IV, 493.)

Car plus sera d'âge pour bien agir,
Moins laissera de venin. (V, 41.)
Bon le faut-il, c'est un point important...;
Et si bon n'est, deux en prendrez, Madame. (V, 309-310.)
Tant ne fut nice (encor que nice fût). (IV, 159.)
.... Point ne voulut y joindre ses caresses. (V, 52.)
De ces sortes de gens que sur des palefrois
　　Les belles suivoient autrefois,
　　Et passoient pour chastes et pures. (IV, 438.)
A peine les fables que l'on attribue à Ésope virent le jour que, etc. (I, 10.)
Tant y furent que, etc. (II, 324.)
Et nous, de qui les cœurs sont enclins aux forfaits,
Laissons languir sa gloire. (VI, 289.)
.... Puis tousserez. (IV, 110.)
　　.... Comme savez,
Ou savoir chacune devez. (IV, 183.)
Car d'amis..., *moquez-vous ?* (V, 123.)
　　Et, quant au demeurant, André me dit...
　　Qu'en trouveriez plus que pour votre usage. (IV, 166.)
...., Tant et si bien qu'en ayez bonne issue. (IV, 161.)
Vouliez ou non, elle aura son affaire. (V, 84.)

b) Omission du sujet il *neutre :*

Comment vous va? (VII, 128.)
Puisqu'ainsi va, mettons-nous en prière. (IV, 471.)
N'a pas longtemps de Rome revenoit, etc. (IV, 85.)
Bon besoin eut d'être femme d'esprit. (IV, 319.)
Ne vous déplaise. (I, 50; V, 78; VII, 129.)
Non sera, sur mon âme. (IV, 346.)
Force lui fut d'abandonner la place. (IV, 64.)
Besoin n'étoit qu'elle fît la jalouse. (V, 67.)
.... Qu'ainsi ne soit. (VI, 101.)
Bon fait avoir ici-bas un ami. (IV, 162.)
Bon fait troquer. (V, 330.)
Philosopher ne faut pour cette affaire. (IV, 160.)
Point de raison : fallut deviner et prédire. (II, 181.)
Toujours falloit forger de nouveaux tours. (IV, 302.)
Ne faut qu'on s'imagine que, etc. (IV, 486.)
Si Dieu plaît, ne fera. (V, 416.)
Très bien lui prit d'avoir de quoi payer. (IV, 342.)
Bien lui prit d'avoir des charmes (VIII, 173.)
　　　　Et sur cette matière
Fut raisonné longtemps. (V, 530.)
　　　　Suffit qu'en pareil cas
Je, etc. (IV, 44.)
Pas ne tiendroit aux gens qu'on ne fît mieux. (V, 466.)
De tous côtés lui vient des donneurs de recettes. (II, 224.)

c) Omission du pronom réfléchi :

　　　　.... Certaine affaire
Qui ne me permet pas d'*arrêter* en chemin. (I, 219.)

INTRODUCTION GRAMMATICALE. CXLV

Bien *adresser* n'est pas petite affaire. (I, 110.)
Faut-il *railler* d'un misérable ? (VII, 159.)
Tout *renouvelle*. (VII, 578.)
           On pouvoit déjà voir
    Hausser et *baisser* son mouchoir. (V, 105.)
                    La caisse,
De moment en moment, sous mon corps *hausse* et *baisse*. (VII, 320.)
Il *parle* à lui-même. (II, 344.)
Un corps qui ne vit, ne *meut*, ni ne respire. (I, 428.)

Omission du pronom réfléchi, après *faire* ou *laisser*, devant l'infinitif d'un verbe réfléchi :

Qui vous a fait *aviser* de ce tour ? (VI, 37.)
Les larmes qu'il versoit faisoient *courber* les fleurs. (VI, 296.)
Sa douleur dont l'excès faisoit *fendre* les marbres. (VIII, 153.)
    Le moindre vent qui d'aventure
    Fait *rider* la face de l'eau.... (I, 126.)
    Laisse-moi fuir; cesse de rire
De l'indocilité qui me fait *envoler*. (II, 322.)
Ces paroles firent *arrêter* l'homme. (III, 5.)
Ceux qui jettent leur âme au vent, et qui ne la laissent pas *envoler*. (VIII, 146.)
Il l'avoit laissé *fermer* en le maniant. (VIII, 242.)

d) *Omission de pronoms démonstratifs :*

    Vous savez bien par votre expérience
    Que c'est d'aimer. (V, 173.)
Les enfants d'aujourd'hui savent que c'est. (V, 485.)
Voyez que c'est d'avoir étudié. (V, 493.)
.... Dont je tire un bon augure. (VIII, 380.)
.... Dont ne pouvant entre elles s'accorder. (IV, 492.)

5° Absence de prépositions et conjonctions.

Préposition ou conjonction unique régissant plusieurs infinitifs ou membres de phrase :

    Pour ce s'avise, un jour de confrérie,
    De se vêtir en prêtre et confesser. (IV, 103.)
Quelle est de nos travaux l'espérance et le fruit?
Rien que de prolonger le cours de nos misères
Et vieillir. (VI, 299.)
A quelle utilité? Pour exercer l'esprit...?
Pour nous faire éviter des maux inévitables?
Nous rendre, etc.? (I, 169.)
Comme, au soir, lorsque l'ombre arrive en un séjour,
Ou lorsqu'il n'est plus nuit et n'est pas encor jour. (IX, 278.)

6° Ellipses de verbes.

a) *Ellipses de verbes, précédemment exprimés, et qu'ensuite on sous-entend soit seuls, soit plus ou moins accompagnés :*

Rien de plus commun, dans toutes les langues, que les ellipses de verbes, après qu'on les a exprimés, ou non, une première fois, soit seuls, soit avec leurs sujets, leurs régimes directs ou indirects, et autres compléments, les prépositions d'où ils dépendent, etc. : par exemple, des tours du genre de ceux qui suivent, où sont sous-entendus, une ou plusieurs fois, le verbe substantif, des verbes actifs ou neutres, réfléchis, passifs, auxiliaires :

Celui qui fait tout et rien qu'avec dessein. (I, 168.)

On devient grandelette,
Puis grande tout à fait, et puis le serviteur. (V, 105.)

Nos amis ont grand tort, et tort qui se repose
Sur de tels paresseux. (I, 357.)

C'est tantôt un clin d'œil, un mot, un vain sourire. (VIII, 373.)

Celle-ci étoit fort grande, de belle taille, les traits de visage très beaux. (VIII, 181.)

Un peu de l'autre monde
Au jeune enfant fut révélé,
Et de la femme point parlé. (V, 104-105.)

Sa femme avoit de la jeunesse,
De la beauté, de la délicatesse. (IV, 23.)

Ne quitte point les hôtes de tes bois,
Ces fertiles vallons, ces ombrages si cois,
Enfin moi qui, etc. (IV, 24.)

J'étois lors en Champagne...;
Mon procureur dessus quelque autre point. (IX, 124.)

Qu'il ait été promis tout de bon ou par jeu.... (VII, 46.)

Rien qui pût être convenable,
Partant rien aux sœurs d'agréable :
A la coquette, l'attirail, etc. (I, 195.)

b) Ellipses verbales diverses; propositions n'ayant pas de verbe, sans qu'elles soient précédées du verbe à sous-entendre :

Comme le plus vaillant, je prétends, etc. (I, 76.)
Ainsi dit, ainsi fait. (I, 207.)
Aussitôt fait que dit. (II, 262, 445 ; IV, 319; V, 258.)
Injure aussitôt faite, aussitôt réparée, etc. (VII, 14.)
Mais où mieux? (I, 149.)

Renaud dit à ces gens
Que volontiers. (IV, 242-243.)

Sage, s'il eût remis une légère offense. (I, 322.)
Scrupule, toi qui n'es qu'un pauvre hère...! (V, 535.)

Eh quoi? Cette musique
Pour ne chanter qu'aux animaux? (I, 245.)

Le moyen de s'empêcher de rire? (VII, 160.)
Le moyen d'imiter sur le champ leurs ouvrages? (VII, 165.)
Le moyen qu'un ami puisse être refusé! (IV, 432.)
Belle tête, dit-il, mais de cervelle point. (I, 325.)
Vraie image de ceux, etc. (I, 411.)
Si je tourne le pied, matière de soupirs. (VII, 157.)
La courtoisie ou le sergent. (VII, 136.)

Mais entre eux le débat : n'étant point ma parente,
La suite m'en doit être au moins indifférente. (VII, 37.)

Loin de vous, quel plaisir? (VII, 13.)

Grand éclat de risée, et grand chuchillement,
Universel étonnement. (V, 458.)

INTRODUCTION GRAMMATICALE.

Bon manteau bien doublé, bonne étoffe bien forte. (II, 9.)
Jamais un plaisir pur, toujours assauts divers. (I, 172.)
Que de raisonnements pour conserver ses jours !
Le retour sur ses pas, etc. (II, 465.)
Loin, bien loin les tableaux de Zeuxis et d'Apelle! (VI, 160.)
Quant à l'occasion, cent pour une. (V, 114.)
Encore ainsi? — Vraiment oui; comment donc? (V, 295.)
Puis cent sortes de fards. (II, 116.)
Belle leçon pour les gens chiches. (I, 405.)
Paix générale, cette fois. (I, 176.)
Grand renfort pour messieurs les chats. (I, 222.)

    Renfort de joie....
    Autre renfort de tout contentement. (IV, 323.)

Comment? des animaux qui tremblent devant moi! (I, 174.)
Toujours pleurs, soupirs...? — Toujours soupirs et pleurs. (VIII, 158.)

    Toujours pâtés au bec!
    Pas une anguille de rôtie. (V, 511.)

Car quoi? Rien d'assuré : point de franche lippée ;
    Tout à la pointe de l'épée. (I, 71, 72.)

De tout ce que dessus j'argumente.... (III, 126.)
Tous temps, toutes maximes. (VI, 22.)
Autre toile tissue, autre coup de balai. (I, 227.)
Belle nécessité d'interrompre mon somme. (II, 35.)

    Foi de lion, très bien écrite,
    Bon passe-port, etc. (II, 45.)

Un mot sans plus. (I, 258, 309; II, 124; III, 70.)

    Six coups de crible, assurez-vous
    Que la moindre ordure s'emporte. (VII, 128.)

Plus d'amour, partant plus de joie. (II, 95.)
.... Encor que véritable. (III, 162.)
Il retourne au logis ; vieille vient ; rendez-vous. (V, 446.)
Somme que, etc. (V, 328.)
Conclusion que, etc. (V, 575.)
Conclusion, qu'il obtint, etc. (VI, 78.)
Nul bien sans mal, nul plaisir sans alarmes. (V, 413.)
L'aube du jour arrive, et d'amis point du tout. (I, 357.)
D'hymen point de nouvelles. (I, 111.)
D'argent, point de caché. (I, 395.)
Point de réponse, mot. (II, 300.)

    Point de faveurs ; toujours hautaine et rude
    En son endroit. (V, 168.)

Point de pain quelquefois, et jamais de repos. (I, 107.)
Point de bords escarpés, un sable pur et net. (II, 330.)
Point de vaisseau près d'eux par le hasard conduit;
Point de quoi manger sur ces roches. (IV, 404.)
Point de ces livres, etc. (V, 107.)
Point ou peu de justice. (II, 179.)
Point de coup de balai qui l'oblige à changer. (I, 227.)
Point de caquet. (VII, 303.)
Point de plaisir que la comédie. (VIII, 110.)

Point de soulagement ni de fin dans vos peines,
Rien que discours trompeurs. (VII, 13.)
Pas grain de jalousie. (IV, 65.)

Pas un seul petit morceau
De mouche ou de vermisseau. (I, 59.)

Pas la moindre ombre de dispute;
Pas de faute au calcul. (IV, 442-443.)

7° Tours elliptiques divers ou d'apparence elliptique :

Tandis la vieille a soin du demeurant. (V, 171.)
.... Que le renard en sortit...; au contraire, le bouc y demeura...; et par conséquent il faut, etc. (I, 17.)
Qu'est-ce cela? (V, 471.)
Je sais ce que c'est d'amour. (VIII, 75.)

Mais cette chartre est faite de façon
Qu'on n'y voit goutte, et maint geôlier s'y trompe. (V, 479.)

Considérez ce que c'est d'aimer. (VIII, 223.)
Soit fait. (III, 6; IV, 501; V, 477.)
.... On le peut, je l'essaie; un plus savant le fasse. (I, 130.)
Éloignent les destins ce coup qu'il faudra voir,
Et fassent que, etc. (VII, 28.)
Dieu sait la vie! (VII, 562.)
Dieu sait! (II, 310.)
Cataplasmes, Dieu sait! (I, 227.)
Santés, Dieu sait combien! (V, 352.)
Je laisse à penser quelle joie. (I, 390.)
Je laisse à penser quelle fête! (III, 83.)
C'est à ceux qui l'ont vue.... (VII, 102.)

Ce n'est rien qui ne l'a vue
Toute nue. (V, 427.)

Qui n'auroit que vingt ou trente ans,
Ce seroit un voyage à faire. (V, 437.)

Bonne chasse, dit-il, qui l'auroit à son croc. (I, 390.)
.... Pour les reines, il faut les féliciter d'autre chose, qui veut bien faire. (VIII, 176.)
Qui vous en parleroit, Monsieur, dès aujourd'hui.... (VII, 94.)
Eh! que me sauroit-il arriver que la mort? (III, 51.)
Huit sœurs étoient, et l'abbesse sont neuf. (IV, 490.)
Femme et mère, il suffit pour juger de ses cris. (III, 270.)
.... Ce fut aussitôt de lui glisser leur venin. (VIII, 95.)
Quoi! ne tient-il qu'à honnir des familles? (IV, 216.)
Trêve de raillerie. (IV, 57.)
.... C'étoit tout homme sot. (II, 309.)
Enchaînez ces démons, que sur nous ils n'attentent. (VI, 164.)
Rien moins. (IV, 46.)
Nouveaux objets, nouvelle proie. (IV, 43.)

Tourets entroient en jeu, fuseaux étoient tirés;
Deçà, delà, vous en aurez :
Point de cesse, point de relâche. (I, 382.)

Envoyons-leur de maux une troupe fatale,
Une source de vœux, un fonds pour nos autels. (VI, 317.)

INTRODUCTION GRAMMATICALE.   CXLIX

Quand il voulut partir et qu'il fut sur le point. (II, 126.)
.... Rien, rien, dit-il, à cela j'ai soigné. (IV, 164.)
      Vous ne considérez
Qui ni quoi. (I, 421.)
.... Jupiter y consent. Contrat passé. (I, 13.)
Bon appétit surtout : renards n'en manquent point. (I, 113.)
    Jamais de bruit pour la quittance;
    Trop bien quelque collation,
    Et le tout par dévotion. (IV, 187.)
C'est, dit-elle, l'endroit. (I, 252.)
Ils trouvoient aux champs trop de quoi. (I, 83.)
Voici de quoi. (IV, 464.)
Que bien, que mal. (II, 365.)
Bouche close. (VII, 304.)
Motus au moins, pour cause. (VII, 303.)
    Encore un coup, motus,
  Bouche cousue. (V, 494.)
    Pourquoi, sans différer,
  Amour lui fit proposer cette affaire. (IV, 499.)
Serviteur au portier. (II, 410.)
Plût à Dieu que, etc. (I, 122.)
.... Et pour cause. (I, 77.)
  Ma fille est nonne, ergo c'est une sainte :
  Mal raisonner. (IV, 487.)
Quoi? Moi! quoi? ces gens-là. (II, 115.)
.... Et haut le pied. (III, 295.)
Je suis jeune, il est vrai; pour belle, on me le dit. (VII, 68.)
L'autre n'eut pas la patience. (III, 270.)
Je t'aime encor toute infidèle. (V, 131.)
Bien ou mal, je le laisse à juger aux experts. (II, 3.)
Il feroit que sage de garder le coin du feu. (I, 369.)

XIII. — PLÉONASME.

1° Double sujet.

Reprise par un pronom d'un sujet nom ou proposition :
Un d'eux voyant...,
Il eut, etc. (II, 418.)
Le gibier du lion, *ce* ne sont pas moineaux. (I, 188.)
La clef du coffre-fort et des cœurs, *c*'est la même. (V, 244.)
Rome, *c*'étoit le lieu de son négoce. (V, 187.)
Les plus accommodants, *ce* sont les plus habiles. (II, 113.)
Un âge où à peine *les autres princes* sont-*ils* touchés de, etc. (III, 172-173.)
Alléguer l'impossible aux rois, *c*'est un abus. (II, 223.)
Vouloir tromper le ciel, *c*'est folie à la terre. (I, 341.)
    Qu'il fût renvoyé,
  Cela rendroit la chose manifeste. (IV, 506.)
.... *Que* toujours *on voie* en mes écrits

Même sujet et semblables personnes,
Cela pourroit fatiguer les esprits. (V, 521.)

  D'en dire la manière,
Et comment s'y prit chaque amant,
Il seroit long. (V, 246.)

   De dire comment,
 Ce seroit un détail frivole. (VI, 69.)

Or *d'aller*...,
 Ce n'est pas comme on en use. (II, 275.)

Car *de mettre* au patibulaire
 Le corps d'un mari tant aimé,
Ce n'étoit pas peut-être une si grande affaire. (VI, 85.)

De savoir laquelle, *c*'étoit le point. (VIII, 198.)

Reprise par un pronom d'un sujet pronom :
Qui dit prude au contraire, *il* dit laide ou mauvaise. (V, 102.)

 Celui d'Aminte ayant sur son passage
 Trouvé Cléon...,
Il s'acquitta. (VI, 27.)

 Quiconque nous appelleroit
 Enchanteurs, *il* ne mentiroit. (VIII, 428-429.)

2° Double régime :

Beaucoup d'autres choses qui n'avoient aucune suite, et *que* les oiseaux de ces lieux ne purent par conséquent retenir, ni nous *les* apprendre. (VIII, 197.)

Hélas! qui *l*'auroit cru *que* cette inquiétude
Nous chercheroit au fond d'une âpre solitude? (VI, 294.)

D'intérêts contre l'ours, on n'*en* dit pas un mot. (I, 428.)
De moyen de les détourner, elle n'*en* avoit aucun. (VIII, 136.)

 De la beauté, la plupart *en* avoient;
 De la jeunesse, elles *en* avoient toutes. (IV, 490.)

Ce qu'on donne aux méchants, toujours on *le* regrette. (I, 147.)

 Mais *qu*'on pût voir telle indiscrétion,
 Qui *l*'auroit cru? (VI, 57.)

Que Pamphile d'ailleurs volontiers ne l'écoute,
Toute sage qu'elle est, je n'*en* fais point de doute. (VII, 64.)

Qu'il ne m'ait été permis..., je ne crois pas qu'on *le* mette en doute. (IV, 12.)

De déterminer précisément qui des trois le doit emporter, je ne *le* crois pas possible. (VIII, 351.)

  De commettre une si grande offense,
 J'*en* fais scrupule. (V, 534.)

De le faire marcher le dernier, il *en* auroit du dépit. (VIII, 324.)
Quoi! *de son ennemie* il *en* fait sa déesse. (VII, 539.)
D'un jardinier il *en* fait un roi. (VIII, 330.)

3° Pléonasmes divers, redondances et tautologies :

  On *vous* happe notre homme,
 On *vous* l'échine, on *vous* l'assomme. (III, 315.)

INTRODUCTION GRAMMATICALE.

Notre galant *vous* lorgne une fillette. (VI, 8.)
.... Ce qu'Amour au dehors *vous* lui brasse. (V, 545.)
On *vous* le serre. (V, 542.)
Qui *vous* lui met en marmelade.... (I, 392.)
.... *Vous* fait argent de tout. (III, 110.)
Il *vous* l'attache. (V, 535.)
.... *Vous* le délie. (V, 535.)
On *vous* le suspendit. (I, 201.)
Le pèlerin *vous* lui froisse une épaule. (IV, 96.)
Il *vous* happe un morceau. (II, 245.)
Ils *vous* prennent le temps que, etc. (I, 240.)
On *vous* sangla le pauvre drille. (III, 115.)
Il *vous* prend un levier. (I, 296.)
.... *Vous* cajoloit la jeune bachelette. (VI, 7.)
On *vous* campe une créature. (V, 346.)
Le père mort, les fils *vous* retournent le champ. (I, 395.)
.... *Vous* la renvoie à la campagne. (II, 104.)
.... *Vous* empoigne un pavé. (II, 262.)
.... Et *me* l'empourprez. (VIII, 192.)
Prends ton pic, et *me* romps ce caillou qui te nuit;
Comble-*moi* cette ornière. (II, 61.)
.... Plumez-le-*moi*. (V, 71.)
.... Téthys l'a, *que* je pense, ou doit l'avoir pareil. (VII, 180.)

    .... *Que si* ce n'est celle des cœurs,
    C'est du moins celle des faveurs. (V, 244.)

Que si vous ne pouvez, etc. (VII, 604.)
Ce dit-on. (I, 374; II, 381; III, 257.)
Ce dis-tu. (II, 210.)
Ce dit-il. (III, 53; IV, 39, 109.)
Ce m'a-t-on dit. (VII, 131.)
Ce lui dit-elle. (IV, 73.)
Ce m'a-t-il dit. (VII, 97.)

    Vous ne savez donc pas
Qu'à peine il est sorti, *qu*'il revient sur ses pas. (VII, 403.)

Il faut que l'on *en* vienne aux coups. (I, 147.)
On *en* va mieux quand on va doux. (IV, 187.)
Ce qu'en fait de babil *y* savoit notre agasse. (III, 244.)
Avez-vous vu toute la troupe *entière ?* (VII, 283.)
Au fond il n'y a ici qu'une simple inversion.

    Sous promesse de bien traiter
    Les députés, *eux* et leur suite. (II, 45.)

Tant seulement. (V, 323.)
Fors *excepté* ce qui touche au compère. (IV, 159.)

    Le sort pourroit faire
    Que *peut-être* pas une sœur
    N'auroit ce qui lui pourroit plaire. (I, 194.)

Il n'a tiré du fond des eaux *rien qu*'une bête. (I, 294.)
Le malheureux n'a *rien qu*'une chanson. (IV, 139.)
Ces fers à leur captif n'ont *rien qu*'à se montrer. (VII, 15.)
Je ne saurois graver sur votre écorce que mon nom *seul*. (VIII, 77.)
Mais enfin je l'ai vu, vu *de mes veux*. (II, 356.)

C'est Cocuage qu'en personne
Il a vu *de ses propres yeux.* (V, 92.)

Approcher *plus près.* (VIII, 360.)
Sans attendre *plus tard.* (I, 192.)
L'un pour descendre *en bas* osera tout tenter. (VII, 411.)
Montons *en haut.* (IV, 162.)
Sans m'écarter *loin* de ces bois. (VIII, 259.)
Lève tes pieds *en l'air.* (I, 217.)
Rebroussez plutôt *en arrière* (I, 248.)
Retourner *en arrière.* (VIII, 330.)
Il leur dit de n'y *plus* retourner *davantage.* (VII, 425.)
En fin *finale.* (IV, 478.)
Bien fou *du cerveau.* (I, 202.)
En une heure *de temps.* (I, 279.)
La plus jeune *d'ans.* (IV, 331.)

Quand on a le cœur en flamme
Le teint n'*en* est jamais si frais. (VIII, 424.)

XIV. — Syllepse.

Voyez, au *Lexique*, Gens, Personne.

La dame du logis avec son long museau
S'en alloit la croquer en qualité d'oiseau... :
« Moi, pour *telle* passer ! » (I, 142.)

Le peuple hors des murs étoit déjà posté,
La plupart s'en alloient chercher une autre terre,
Quand Ménénius *leur* fit voir
Qu'ils étoient, etc. (I, 209.)

Dans Athène autrefois, *peuple* vain et léger.... (II, 231.)

Le peuple aquatique
L'*un* après l'*autre* fut porté
Sous ce rocher. (III, 20-21.)

Et *nous* foulant aux pieds,
Il faudra qu'*on* pâtisse
Du combat. (I, 140.)

Plus *je* contemple
Ces fruits ainsi placés, plus il semble à *Garo*
Que, etc. (II, 377.)

XV. — Construction.

On trouvera au *Lexique*, particulièrement dans les articles consacrés aux relatifs, aux prépositions, aux conjonctions, maint exemple de constructions remarquables que nous ne reproduisons pas ici.

1° Place du sujet :

Il en sortit de la même façon
Qu'étoit entré là-dedans *le pauvre homme.* (IV, 492.)

Vous y jouez, comme aussi faisons-*nous.* (V, 289.)
Une chose ai-*je* à dire. (V, 203.)
.... Dit alors *le bonhomme.* (IV, 496.)

INTRODUCTION GRAMMATICALE.   CLIII

Car, veuille ou non *son maître*, il faudra,etc. (V, 259.)
  Fol ne fut, n'étourdi,
 Le compagnon. (IV, 211.)
Ouailles sont *la plupart* des personnes. (V, 302.)
.... Par qui sont *les héros* en triomphe menés. (VIII, 61.)
Songe, par qui me fut *son image* tracée. (VIII, 452.)
.... Pour peu que durât l'*éloge* encor de temps. (VII, 174.)
Trois actes eut sans plus *la comédie*. (IV, 323.)
Pourquoi n'ont pas péri *ces tristes monuments ?* (VI, 265.)
Si mieux n'aime *la mère*, etc. (I, 193.)
Éloignent *les destins* ce coup qu'il faudra voir,
Et fassent que, etc. (VII, 28.)
Elle vit ce qu'en ont *tant d'auteurs* enseigné. (VIII, 211.)
Le sage par qui fut *ce bel art* inventé. (II, 85.)
Ce bel art qu'ont *les dieux* inventé. (III, 274.)
    Mais la principale vertu
Par qui soit *ce ferment* dans nos corps combattu, etc. (VI, 343.)
A peine *il* achevoit ces mots.... (I, 156.)
A peine *on* eut ouï la chose.... (II, 284.)
 Or ai-*je* été prolixe sur ce cas
 Pour.... (V, 389.)
Or ai-*je* des nonnains mis en vers l'aventure, etc. (V, 597.)

2° Place des régimes :

L'olivier... de paix est la marque assurée. (VI, 197.)
Que nous eût du chasseur l'aventure fatale
Enseigné de nouveau? (III, 259.)
N'osant plus des miroirs éprouver l'aventure. (I, 92.)
.... Et puis prenez de tels fripons le soin. (I, 116.)
Des enfants de Japet toujours une moitié
 Fournira des armes à l'autre. (I, 145.)
D'animaux malfaisants c'étoit un très bon plat. (II, 444.)
.... De ce conseil faites expérience. (VIII, 456.)
.... Du monarque des dieux enfin implore l'aide. (I, 151.)
Le collier....
De ce que vous voyez est peut-être la cause. (I, 73.)
 Dans ce récit je prétends faire voir
 D'un certain sot la remontrance vaine. (I, 115.)
.... S'ils n'avoient de sa femme aperçu nulle trace. (I, 248.)
Et soit que des douleurs la nuit enchanteresse, etc. (VI, 247.)
Aimez toujours Thaïs, et vous aimez aussi. (VII, 17.)
 Jument bien faite et poulinière
 Auras de jour, belle femme de nuit. (V, 493-494.)
Catin ce jeu point n'entendoit. (VIII, 442.)
Bourbon de son esprit ces grâces assaisonne. (III, 251.)
.... Ne touche aux animaux pour leur sang épancher. (III, 255.)
.... Regarde faire, et ses lunettes prend. (V, 497.)
L'aigle et le chat-huant leurs querelles cessèrent. (I, 420.)
  Une invincible haine
Divisant leurs parents ces deux amants unit. (VI, 176.)

LEXIQUE DE LA FONTAINE.

.... Quelque autre objet qui ta dame surmonte. (VII, 164.)
.... Plutôt que mes meubles on crie. (VII, 136.)
Un bourgeois sa grange prêta. (IV, 199.)
L'autre un trait lui décoche. (VI, 260.)
Aucun nombre, dit-il, les mondes ne limite. (II, 342.)
Un paysan son seigneur offensa. (IV, 132.)

    Alix dans la pensée
Sur cette affaire un scrupule se mit. (IV, 162-163.)

    Et l'on voyoit la belle,
Qui, dans un bois, le Cyclope prioit, etc. (VIII, 65.)

Un juge mantouan belle femme épousa. (V, 245.)
Et le plaisir de la pêche goûtoient. (IV, 339.)
Deux pailles prend d'inégale longueur. (IV, 128.)
Jeunes tendrons à vieillards apparient. (IV, 329.)
.... Besoin n'en eut. (V, 59.)
Bon besoin eut d'être femme d'esprit. (IV, 319.)
... Deux en prendrez, Madame. (V, 310.)

  Pendant qu'Io...
Aux environs alloit l'herbe mangeant. (VI, 8.)

  De peur de certain accident
Qui les fillettes va perdant. (V, 217.)

     Cette rhétorique
Dont Beaux-Yeux vont ainsi les juges corrompant. (VIII, 430.)
.... N'auroit pas cependant un tel tour inventé. (III, 323.)
J'ai votre argent à Madame rendu. (IV, 363.)

  Ce parasite ailé,
Que nous avons mouche appelé. (III, 263.)

.... Depuis que j'ai mon village quitté. (IV, 103.)
.... Mon frère, en eunuque aujourd'hui déguisé,
A chacun du logis par sa feinte abusé. (VII, 98.)

  J'ai maints chapitres vus...,
Chapitres non de rats, mais chapitres de moines,
  Voire chapitres de chanoines. (I, 135.)

Mais vous avez cent fois notre encens refusé. (II, 458.)
[Ayant] maint sanglier abattu. (II, 334.)
Encor qu'il eût son retour avancé. (VI, 117.)
.... Pour se laisser son habit déchirer. (V, 83.)
Vous rendez du défunt la volonté trompée. (VII, 420.)
Chacun rendit par là sa douleur rengrégée. (VI, 72.)
Elle rend par ces mots son âme rassurée. (VI, 234.)
.... Et qui faisoit les servantes trotter. (IV, 309.)
Mais il ne faut telles choses mécroire. (VI, 58.)
Quelque régal il nous faut faire. (VII, 137.)
Comme savez, ou savoir chacune devez. (IV, 183.)
Le pauvre Eschyle ainsi sut ses jours avancer. (II, 295.)
Ni grâces ni faveurs ne savoir ménager. (VII, 80.)

  On ne sut pas longtemps à Rome
  Cette éloquence entretenir. (III, 153.)

.... Si vous vouliez Madame caresser. (IV, 310.)

  Ne le voulant sans doute assassiner,
Mais quelque oreille au pauvre homme couper. (IV, 168.)

INTRODUCTION GRAMMATICALE. CLV

Souffrir n'ai pu chose tant indécente. (IV, 165.)
  Et de trois peines l'une
Tu peux choisir. (IV, 132-133.)
   Un bon pasteur
Ne peut trop bien ses ouailles connoître. (V, 486.)
  Je n'en fus retenue
Que pour n'oser un tel cas publier. (IV, 90.)
Et puis passer pour simple envers moi tu prétends. (VII, 87.)
.... Qui prétendoit tous nos cœurs enchaîner. (IV, 30.)
.... N'en puis-je donc, Messieurs, un gros interroger? (II, 250.)
.... Et le premier osa l'abime défier. (II, 165.)
L'autre au marché porta son chaume vendre. (V, 365.)
.... Dans la carrière aux époux assinée. (VIII, 455.)
.... Qu'à votre femme un supplice ce soit. (V, 41.)
  Nos gaillards pèlerins,
Par monts, par vaux, et par chemins,
Au gué d'une rivière à la fin arrivèrent,
  Et fort empêchés se trouvèrent. (I, 159.)
   A leurs blés
Les gens n'étant plus occupés.... (I, 83.)
.... Qui voulut en grosseur au bœuf se rendre égal. (I, 363.)
Sa plainte au vent se perd. (I, 151.)
 .... Là-dessus, au fond des forêts
 Le loup l'emporte. (I, 90.)
Quand Morphée à mes sens présenta son image, etc. (VIII, 451.)
.... A son maître complaire. (I, 72.)
L'âne à messer Lion fit office de cor. (I, 189.)
Un bien dont elle étoit à sa valeur tenue. (IV, 413.)
.... Qu'à l'autre le plus bas devienne le partage. (VII, 410.)
Un autre dragon... à passer se présente. (I, 95.)
Les premières qu'il prit du logis échappées, etc. (III, 163.)
Ceux qui de la sphère et du globe ont écrit. (I, 169.)
Quel fruit de ce labeur pouvez-vous recueillir? (III, 155.)
(Un chat) faisoit des rats telle déconfiture.... (I, 134.)
Ce mulet qui me suit du danger se retire. (I, 69.)
L'insecte du combat se retire avec gloire. (I, 157.)
.... L'un d'avoine chargé. (I, 68.)
.... L'un d'éponges chargé. (I, 158.)
Du plaisir ne me chaut. (IV, 298.)
De faim jamais Gnaton ne mourra par sa faute. (VII, 58.)
D'haleine en le suivant manquent les Aquilons. (VI, 256.)
De nul d'eux n'est souvent la province conquise. (I, 97.)
.... De sa seule pudeur à regret défendue. (VIII, 458.)
.... Ce que chaque électeur peut de monde fournir. (I, 95.)
Et si de t'agréer je n'emporte le prix. (I, 56.)
.... D'en faire au prince un don cet homme se propose. (III, 253.)
 .... Ni que d'en déloger et faire mon paquet
  Jamais Hippocrate me somme. (I, 226.)
De régler ses desirs faisant tout son emploi. (II, 166.)
  De l'aller voir
 Amour n'eut à mépris. (V, 542.)

De travailler pour lui les membres se lassant.... (I, 206.)
Par l'homicide dent Mélampe est mis à mort. (VI, 257.)

Construction des pronoms personnels :
Je ne me puis tout seul déshabiller. (V, 197.)
Peignez-les moi, dit l'aigle, ou bien me les montrez. (I, 422.)
.... Je m'en veux faire faire un habit. (VIII, 198.)
.... Je t'en veux dire un trait. (I, 200.)
.... Lui pensa devoir son salut. (I, 292.)
Un brin d'herbe dans l'eau par elle étant jeté,
Ce fut un promontoire. (I, 165.)
En secret il nous faut marier. (V, 203.)
Il vous devoit suffire. (I, 216.)
.... Pour vous mieux débrouiller le nœud. (VII, 20.)
Il se faut l'un l'autre secourir. (II, 53.)
.... Il le faut croire. (I, 291.)
.... L'autre le vouloit vendre. (I, 96.)
On les va voir. (VI, 163.)
Il ne les faut jamais engager. (I, 280.)
Je vous voulois donner lieu de me plaire. (V, 203.)
Aussi peu vous dirai-je, etc. (VII, 152.)
Il vous faut contenter. (I, 202.)
Il ne se faut jamais moquer des misérables. (I, 416.)
Qu'il se veuille entremettre. (VII, 100.)
.... Elle s'en sut défendre. (IV, 76.)
Ne se point laisser abattre. (I, 48.)
Il se faut consoler. (IV, 404; VII, 101.)
Il se va confiner. (I, 92.)
Le temps où l'on se doit résoudre à ce passage. (II, 207.)

       Un des taureaux en leur demeure
       S'alla cacher. (I, 140.)

.... Elle s'en saura acquitter. (VIII, 167.)
.... Comme il se pouvoit faire. (I, 195.)
Ce champ ne se peut tellement moissonner.... (I, 199.)
Rarement se pardonnent-elles l'avantage de la beauté. (VIII, 45.)
On crut qu'il s'alloit plaindre. (I, 78.)
.... S'alla coucher sous les eaux. (I, 214.)
La commune s'alloit séparer du sénat. (I, 209.)
.... Moins il s'alloit vidant. (VI, 155.)
La gazelle s'alloit ébattre. (III, 280.)
Et leurs propos s'alloient de plus en plus aigrir. (IV, 57.)
Les esprits s'alloient préoccupant. (VIII, 430.)
S'il me veut croire. (I, 78.)
Me puis-je flatter d'être encore en son esprit ? (VII, 599.)

Pronom EN :
Le point n'en put être éclairci. (I, 121.)
Un brave homme n'en doit croire que son amour. (VIII, 459.)

3° Place des qualificatifs :
.... Mais beaux et bons sangliers, daims et cerfs bons et beaux. (I, 188.)
Quelque nymphe jolie. (VII, 206.)

INTRODUCTION GRAMMATICALE.

Leurs cloîtrières Excellences. (V, 586.)
.... C'est un commun proverbe. (I, 354.)
Sa contingente part. (I, 192.)
Veuve du roi dernier mort sans enfants. (IV, 221.)
.... Que les enfants de Mars ont un différent air
  De la fille de Jupiter. (VIII, 452.)
La dindonnière gent. (III, 298.)
L'empoisonneuse coupe. (III, 189.)
La grecque beauté. (II, 392.)
L'humaine lignée. (I, 225.)
Tout humain secours. (II, 58.)
L'humide séjour. (III, 81.)
.... La moutonnière bande. (V, 306.)
La moutonnière créature. (I, 179.)
L'orbiculaire image. (III, 134.)
C'est l'ordinaire usage. (III, 114.)
La publique utilité. (VI, 76.)
La romaine avarice. (III, 146.)
Un mien cousin. (I, 292.)
Un mien frère. (III, 234.)
Un sien ami. (IV, 207 ; IV, 386.)
Un sien confrère. (V, 228.)
Un sien cousin. (VII, 414.)
Un sien frère. (IV, 115.)
Un sien neveu. (IV, 442.)
Un sien page. (IV, 254.)
Un sien valet. (IV, 249 ; V, 507.)
Cette mienne épée. (VII, 408.)

4° Place des pronoms relatifs. Voyez, au *Lexique*, Qui, Que, Quoi; Dont; Lequel; et ci-dessus, Pronoms, III, p. cv.

Et n'accusez que vous si Thaïs en abuse,
Qui, dès le premier mot de pardon et d'excuse,
Lui direz, etc. (VII, 13.)

  Aux grands périls tel a pu se soustraire,
    Qui périt à la moindre affaire. (I, 157.)

Une tortue étoit, à la tête légère,
Qui, etc. (III, 13.)

    Celui-là parle une langue barbare,
      Qui, etc. (IV, 361.)

Plusieurs se sont trouvés, *qui*, etc. (I, 143.)
La Fortune étoit debout devant lui, *qui* lui délioit la langue. (I, 32.)

      Un apprenti marchand étoit,
      *Qu'*avec droit Nicaise on nommoit. (V, 207.)

Phèdre est venu, *qui* ne s'est pas, etc. (I, 19.)
Un quart voleur survient *qui* les accorde net. (I, 97.)

Un loup survient à jeun *qui* cherchoit aventure,
  Et *que* la faim en ces lieux attiroit. (I, 89.)

Un peintre étoit, *qui* jaloux de sa femme, etc. (V, 228.)
Un jour viendra, *qui* n'est pas loin. (I, 82.)

Est bien fou du cerveau
Qui prétend contenter tout le monde.... (I, 202.)
Un saule se trouva,
Dont le branchage, après Dieu, le sauva. (I, 115.)

5° Place des adverbes et de locutions équivalentes à des adverbes :

Le petit chien fait rage, aussi fait l'amoureux. (V, 258.)
Aussi faut-il m'avouer que trop de scrupule gâteroit tout. (IV, 13.)
.... Aussi ne les y prit-on pas. (I, 151.)
S'il est aussi reçu, qu'il me donne d'envie. (VII, 49.)
Mais s'il retient aussi Pamphile.... (VII, 31.)
Bien sauroit prendre et le temps et le lieu,
Qui tromperoit à son aise un tel homme. (IV, 299.)
Bien lui sembloit ce soin chose un peu malaisée. (V, 448.)
Bien est-il vrai qu'il faut d'habiles mains. (VI, 125.)
Je ne vois point qu'encore il ait conçu d'amour. (VII, 97.)
Quoi ! vous voulez qu'encor tout ceci soit perdu ? (VII, 33.)
Déjà la Renommée, en naissant inconnue,
Nymphe qui cache enfin sa tête dans la nue, etc. (VI, 230.)
.... Que les soldats ont même une ardeur sans égale. (VII, 618.)
Peut-être verrois-tu ta prudence être vaine. (VII, 16.)
.... Et possible n'a-ce pas été inutilement. (IV, 149.)
Plus ne m'irai brûler à la chandelle. (V, 464.)
Si veux-je pour ce coup que ma main se hasarde. (VII, 89.)
Si faut-il qu'il entende. (VII, 176.)
Sans nous tant mettre en peine. (IV, 500.)
C'est trop faire de cancan. (VIII, 433.)
A coups de griffe, il m'a dit en courroux
Qu'il se devoit contre Votre Excellence
Battre tantôt, et battre à toute outrance. (V, 375.)
.... Mettra la mer à sec et tous ses habitants. (II, 39.)
C'est belle chose en tout d'écouter la raison. (VII, 108.)
Que le marché pour moins se fût conclu. (VI, 131.)
.... Qui pour néant se sont ainsi tenus. (I, 135.)
.... Compter pour rien jusqu'alors se devoit. (V, 206.)
.... Pas n'y faudrai. (IV, 98.)
Il ne lui étoit resté pas un seul amant. (VIII, 47.)
L'aube du jour arrive, et d'amis point du tout. (I, 357.)
Et plus ne fut de larme répandue. (V, 55.)
Il m'a joué ce trait,
Et ne prétend qu'aucune repartie
Soit du marché. (V, 568.)

6° Construction des dépendances diverses se rattachant à l'attribut :

Maint oisillon se vit esclave retenu. (I, 84.)
.... Ils étoient aux membres semblables. (I, 209.)
Est-il quelque oiseau sous les cieux
Plus que toi capable de plaire ? (I, 183.)
.... De plaisir incapables. (I, 169.)
Salomon, qui grand clerc étoit.... (IV, 51.)

INTRODUCTION GRAMMATICALE. CLIX

> Sa gouvernante,
> Qui du secret n'étoit participante. (VI, 46.)

Un milan, de son nid antique possesseur. (III, 252.)

> L'homme de Dieu d'une corde étoit ceint,
> Pleine de nœuds. (IV, 459.)

Des éruditions la cour est ennemie. (VIII, 452.)

> Bannissez, je vous prie,
> Ces soupirs à la voix du sommeil ennemie. (VII, 158.)

.... Une autre belette aux oiseaux ennemie. (I, 142.)
Troupe aux arts de Pallas dès l'enfance adonnée. (VI, 173.)
Sur un arbre perché. (I, 62.)
Par l'odeur alléché. (I, 62.)
.... Par les Grâces parée. (VIII, 451.)

> .... Que si belle amitié
> Soit par mon fait de désastre ainsi pleine. (IV, 345.)

> Nul mortel....
> Du danger de répandre exempt ne se peut croire. (V, 146.)

Vous êtes maigre entrée, il faut maigre sortir. (I, 252.)

7° Mise en avant et en relief de compléments divers et d'annexes :

D'espérer le retour de mon mari, il n'y a pas d'apparence. (VIII, 146.)
Si bien que de lui aller présenter sérieusement son nouvel esclave, il n'y avoit pas d'apparence. (I, 35.)

> D'autre côté communiquer la belle,
> Quelle apparence ! (VI, 131.)

> .... Car de lui demander
> Il avoit trop de jugement. (III, 281.)

Car de pourvoir vous seul au tourment de chacune...
Vous n'auriez jamais fait. (IV, 21.)

> Car de trouver une seule rebelle,
> Ce n'est la mode. (VI, 97.)

> Car d'enfermer sous l'ombre
> Une telle aise, le moyen ? (V, 267.)

De recourir aux rois vous seriez de grands fous. (I, 280.)
Car de forcer un cœur il est bien moins possible. (VI, 345.)
Leur exemple étoit aux lutteurs glorieux. (I, 99.)
Sous le faix du fagot aussi bien que des ans
Gémissant et courbé. (I, 107.)
A l'œuvre on connoît l'artisan. (I, 120.)
De se montrer ainsi..., il n'y avoit pas d'apparence. (VIII, 221.)

> D'un magistrat ignorant,
> C'est la robe qu'on salue. (I, 409.)

> Mais ce livre...,
Qu'est-ce, que, etc. ? (I, 168.)
Or du Hasard il n'est point de science. (I, 168.)
D'assez d'autres beautés Athènes est remplie. (VII, 12.)

> Dire en quels mots Alis fit sa harangue,
> Il me faudroit une langue de fer. (VI, 31.)

Mais d'en ouvrir la bouche
Elle n'osa. (V, 196.)
Tout manger à la fois l'impossibilité s'y trouvoit. (III, 163.)
.... D'en dire la manière
Et comment s'y prit chaque amant,
Il seroit long. (V, 246.)
D'éveiller ces amants, il ne le falloit pas. (IV, 28.)
De recevoir les trente coups aussi,
Je ne le puis. (IV, 133.)
Mais d'être seul auprès de quelque belle
Sans la toucher...,
Triomphes grands chez les anges en sont. (V, 471.)
D'exprimer ici la tendresse, etc.,
Il faudroit de nouveaux efforts. (IV, 445.)
Car de se poignarder, la chose est trop tôt faite. (IV, 418.)
.... L'attaquer, le mettre en quartiers,
Sire Loup l'eût fait volontiers. (I, 71.)
Qu'il n'y ait point de punition par delà la mort, je ne pense pas qu'on vous ait enseigné cette doctrine. (VIII, 146.)
Que César n'ait été plus ambitieux en sa plus grande jeunesse, on le peut juger par ses premières démarches. (VIII, 318.)
Qu'un homme soit plumé par des coquettes,
Ce n'est pour faire au miracle crier. (IV, 357-358.)
Révérences, le drôle en faisoit des plus belles. (V, 445.)
Bénitiers, le lieu saint n'étoit pas sans cela. (V, 445.)

8° Constructions diverses; changements, répétitions, interruptions et mélanges de tournure :

Voyez ci-dessus, RÉGIME, p. CXLI.

Toutefois, étant roi, l'on me le doit céder. (IV, 49.)
Là montrant aux bergers une apparente joie,
Les larmes, les soupirs et les austérités,
Quand ils se trouvoient seuls, faisoient leurs voluptés. (VI, 296.)
Quand sur l'eau se penchant, une fourmis y tombe. (I, 164.)
Entrée qu'elle fut, la tour lui parla. (VIII, 208.)
Et pleurés du vieillard, il grava sur leur marbre, etc. (III, 159.)
Près de l'antre venus, notre amant proposa
D'entrer dedans. (IV, 412.)
.... Étant de ses parents et de sublime esprit,
Elle ne craindra point, etc. (VII, 414.)
Nouvel hôte et nouvel amant,
Ce n'étoit pas pour rien omettre. (IV, 428.)
Et la cherchant en vain,
Ce fut pitié de, etc. (I, 364.)
.... Quelle merveille y a-t-il que, la fortune et l'opinion des hommes ayant résolu d'en mettre un au-dessus de tous les autres, il profite de ces faveurs? (VIII, 319.)
Je ne prétends pas non plus empêcher..., ni que, etc. (VII, 9.)
Je suis d'avis de ne toucher que le principal, et qu'après nous réduisions la dispute. (VIII, 109.)

INTRODUCTION GRAMMATICALE.

En s'informant de tout, et des si, et des cas,
Et comme elle étoit faite, et quels secrets appas, etc. (V, 449-450.)

Elle nous dit son nom...,
Qu'on l'appeloit, etc. (VII, 20.)

Toujours en un état
De pénitence, et de tirer des flammes
Quelque défunt. (IV, 473.)

Voyant de quelle sorte
L'homme agit, et qu'il se comporte.... (III, 80.)

A des propos d'hymen il est enfin venu ;
Qu'il se voyoit, etc. (VII, 96.)

.... Il y croyoit la semence attachée,
Et que l'épi, non plus que le tuyau,
N'étoit qu'une herbe.... (V, 365.)

Honneurs dont elle avoit grand sujet de craindre la suite, et ne pouvoit pourtant s'empêcher d'y prendre plaisir. (VIII, 189.)

.... Se dit écolier d'Hippocrate,
Qu'il connoit, etc. (I, 391.)

Sans se donner de la peine,
Et sans qu'aux bals on la promène. (IV, 47.)

Si le mal continue, et que d'aucun repos
La fièvre n'ait borné ses funestes complots, etc. (VI, 334.)

Comme il fut sorti de Delphes, et qu'il eut pris le chemin de la Phocide, etc. (I, 52.)

Quand... et que.... (II, 464.)
Mais comme... et que.... (II, 102.)
S'il est ainsi, et que.. . (III, 70.)

Si notre compagnie,
Lui dirent-il, vous pouvoit être à gré,
Et qu'il vous plût, etc. (IV, 242.)

Lucrèce avoit jusque-là résisté,
Non par défaut de bonne volonté,
Ni que l'amant ne plût fort à la belle. (V, 54.)

Savoir quoi, ce n'est pas l'affaire,
Ni de quel juge l'on convint. (II, 32.)

Tous avoient des cornes, furieux au dernier point, et qui poursuivoient les loups. (VIII, 198.)

C'est l'idole
A qui cet honneur se rend,
Et que la gloire en est due. (I, 409.)

Trop heureux si vos pas le daignent honorer,
Et qu'au fond, etc. (VI, 19.)

Ainsi le meilleur pour vous est l'incertitude, et que après la possession vous ayez toujours de quoi desirer. (VIII, 75.)

Il n'y faut plus songer, et que, etc. (VII, 609.)

Mieux eût valu l'être en autre science,
Et qu'il n'ait pris si grande confiance, etc. (V, 32.)

.... Après s'être en vain une heure entière
Efforcé, plaint, crié, juré. (VII, 325.)

.... Triomphes grands chez les anges en sont. (V, 471.)

.... Trouvé ne l'as en moi. (IV, 94.)
Sans dents ni griffes le voilà. (I, 266.)
.... Et croyoit de ses soins
N'avoir que ses moutons et son chien pour témoins. (I, 131.)
Bien blanchement et ce soir atournée. (V, 48.)
Son bonheur me fait peine à le pouvoir connoître. (VII, 582.)
Voyez-vous à nos pieds fouir incessamment
Cette maudite laie, et creuser une mine ? (I, 220.)
L'autre, envers les souris de longtemps courroucée,
Pour la dévorer accourut.
« Quoi? vous osez, dit-elle, à mes yeux vous produire ! » (I, 142.)
Je ne puis qu'en cette préface
Je ne partage.... (III, 329.)
Peut-être aussi
Que quelqu'un trouvera que j'aurai réussi. (II, 249.)
Ce qui fait en ces lieux
Cette troupe venir et paroître à vos yeux. (VII, 283.)
La porte ouverte elle laissa. (IV, 54.)
Le seul ami se souvint par bonheur, etc. (IV, 217.)
Les éloges que l'envie
Doit avouer qui vous sont dus. (II, 231.)
.... Moi qu'on sait qui le sers. (III, 243.)
Quelque peu d'assurance qu'ait un auteur qu'il entretiendra un jour la postérité.... (VIII, 24.)
Le drôle fait semblant
Qu'il lui paroît que le mari se joue. (IV, 309.)
Qui ce fut, il n'importe. (I, 160.)
Si dans son composé quelqu'un trouve à redire.... (I, 77.)
.... Vieux barbon qui laissoit d'écus plein une tonne. (IV, 387.)
Quelques rayons de miel sans maître se trouvèrent. (I, 120.)
Le pauvre époux se trouve tout heureux
Qu'à si bon compte il en ait été quitte. (IV, 308.)
Ma muse met guimpe sur le tapis ;
Et puis quoi ? guimpe, et puis guimpe sans cesse ;
Bref, toujours guimpe et guimpe sous la presse. (V, 521.)
A compter, calculer, supputer sans relâche,
Calculant, supputant, comptant, comme à la tâche. (III, 202.)
.... Vos pareils y sont misérables,
Cancres, haires, et pauvres diables. (I, 71.)
.... Tantôt contre les trous, puis contre ses chevaux,
Contre son char, contre lui-même. (II, 59.)
Elle frappe à sa porte, elle entre, elle se montre. (I, 105.)
Elle a beaucoup d'esprit, elle est belle, elle est femme
D'un des premiers de la cité. (IV, 45.)
Il faut que l'on en vienne aux coups ;
Il faut plaider, il faut combattre. (I, 147.)
Guillot, le vrai Guillot, étendu sur l'herbette,
Dormoit alors profondément ;
Son chien dormoit aussi, comme aussi sa musette ;
La plupart des brebis dormoient pareillement. (I, 211.)

> Le loup le croit, le loup le laisse,
> Le loup, etc. (II, 409.)
>> Un mari fort amoureux,
>> Fort amoureux de sa femme. (II, 431.)
> .... Crut, et crut mal, attirer des poissons. (III, 57.)
>>> Par prières, par larmes,
>>> Par sortilèges et par charmes. (I, 185.)
> Certain cuvier, dont on fait certain conte. (V, 541.)
>> Certains propos de certaines coquettes,
>> Certain mari, certaines amourettes. (IV, 65.)
>> En sa cellule on ouit certains mots,
>> Certaine voix, enfin certains propos. (V, 413.)
>> Paroles ont des vertus non pareilles;
>> Paroles font en amour des merveilles. (IV, 240.)
>> Moitié forcée, et moitié consentante,
>> Moitié voulant combattre ce desir,
>> Moitié n'osant, moitié peine et plaisir,
>> Elle crut.... (V, 476.)
> Ah! Caliste, autrefois de Damon si chérie,
> Caliste, que j'aimai cent fois plus que ma vie,
> Caliste, qui, etc. (V, 131.)
>>> Un mouton succéda,
>>> Un mouton qui s'accommoda
> A tout ce qu'on voulut, mouton doux et traitable,
> Mouton qui, etc. (V, 130-131.)
>>> C'étoit un chat vivant comme un dévot ermite,
>>> Un chat faisant la chattemite,
> Un saint homme de chat. (II, 188-189.)
>>> Fais donc vite, et travaille;
>> Manant, travaille; et travaille, vilain :
>> Travailler est le fait de la canaille. (V, 362.)
>> Par grand hasard en étant échappé,
> Non pas franc, car pour gage il y laissa sa queue;
> S'étant, dis-je, sauvé sans queue, et tout honteux,
> Pour avoir des pareils (comme il étoit habile),
> Un jour que les renards tenoient conseil entre eux :
> « Que faisons-nous, dit-il, de ce poids inutile? » (I, 378-379.)

ORTHOGRAPHE.

La Fontaine ne s'est pas fait, comme Corneille l'a tenté à un certain moment[1], une orthographe à lui, n'a point adopté un système particulier. De même qu'on l'a déjà observé pour Racine, il suivait en général l'usage commun de son temps;

[1]. Voyez, dans le tome I, p. 4-12, du Corneille de notre Collection, l'avis *Au Lecteur* de l'édition in-folio du Théâtre, 1663.

et les deux pièces étudiées ici[1] n'offrent, au point de vue de l'orthographe, rien pour ainsi dire qui lui soit propre, qui lui soit vraiment personnel.

Ainsi :

1° Il emploie *u* pour *v* partout, au cœur des mots; et, afin de distinguer l'*u* voyelle de l'*u* consonne, il le marque à peu près réglément d'un tréma : *auoüe* (A, vers 73, 435, 445), *crüe* (A, vers 16), *joüe* (A, vers 436), *loüe* (A, vers 467), *loüer* (L, vers 18), *venüe* (A, vers 160).

En revanche il met *v* avec la valeur d'*u* en tête des mots que nous commençons par cette voyelle : *vne* (L, vers 31), *vniuers* (L, vers 4).

Remarquons en passant que l'on ne trouve pas dans nos autographes, non plus que dans ceux de Racine, le double emploi analogue, et très habituel à l'époque, d'*i* voyelle et d'*i* consonne.

2° Il se sert de l'*y* au lieu de l'*i*, soit formant à lui seul un son, à la queue du mot : *amy* (A, vers 182, 306, 466, 481, 488, 523 ; au pluriel, *amis*, dans la même pièce, vers 254), *cecy* (A, vers 321), *dy moy* (A, 431), à l'*enuy* (A, 387), *icy* (A, vers 38, etc.), *ny* (A, L), *voicy* (A, 177, 523, 568) ; il écrit par *i*, *ainsi* et *aussi*; soit appartenant à une diphtongue également finale, ou suivie d'un *e* ou d'un *t* : *ay* (A, L), *ayt* (A, vers 155, 255, 317), *auray* (A), *approchay* (A, 187), *ayday* (A, vers 513), *cherchay* (A, vers 538), *chercheray* (A, vers 495), *craindray* (A, vers 53), *employray* (A, 153), *enflamay* (A, vers 188), *entray* (A, vers 277), *etendray* (A, vers 394), *feray* (L, vers 21), *iray* (A, vers 11), *joindray* (L, vers 25), *oseray* (A, vers 537), *regretay* (A, vers 541), *reprendray* (A, vers 122), *reuiendray* (A, vers 519), *sçauray* (A, vers 243), *soufriray* (A, vers 240), *verray* (A, vers 577), *vray* (A, vers 331) ; *foy* (A), *moy* (A), *pourquoy* (A, 218), *proye* (A, 444), *quoy* (A, vers 167, 483, 525), *quoy que* (A, vers 78) ; *roy* (A, vers 62, 246 ; au pluriel, *roys*, vers 79, 269, 276, 302, 352), *toy* (A, L), *je voy* (A, vers 179, 337) ; *aujourdhuy* (A, L), *celuy* (A), *luy* (A, L), *ouy* (A, vers 89) ; soit enfin dans le corps des mots : *ayde*, *ayder* (A, vers 256, 257, 513), *aymer* (A), *aysément* (L, vers 40) ; *appuyra* (A, vers 314, 517) ; *reyne* (A, vers 127), *employray* (A, vers 153).

3° Il termine en *es* le pluriel des noms et participes que nous finissons en *és* : *assiegez* (A, vers 282), *apprestez* (A, vers 177), *citez* (A, vers 302, 307), *condamnez* (A, vers 381), *deputez* (A, vers 21, 178), *diffamez* (A, vers 577), *engagez* (A, vers 281), *laissez* (A, vers 258), *liguez* (A, vers 250), *offensez* (A, vers 230), *passez* (A, vers 229), *payez* (A, vers 330), *qualitez* (A, vers 297).

4° Il insère l'*s*, ordinairement, mais pas toujours, étymologique, dans un grand nombre de mots, et dans certaines désinences verbales, où nous la supprimons ou la remplaçons par un accent : *apprestez* (A, vers 177), *arrester*, *arreste*, *arrestent* (A, vers 24, 87, 116, 391), *aspre* (A, vers 471), *aussitost* (A, vers 69, 295, 397), *brusler* (A, vers 208), *connoistre* (A, vers 175), *desja* (A, vers 39, 464, 595), *empeschera* (A, vers 487), *empeschons* (A, vers 236), *espargnons* (A, vers 13), *estut*, *estats* (A), *estre*, *estant*, *esté*, *estois* (A, L), *forest* (L, 38), *fresles* (A, vers 58), *hostesses* (L, 24), *interest*, *interests* (A, vers 71, 155, 217, 274, 322, 366), *maistre*, (A), *maistresse* (A, vers 72, 124, 531), *mesler* (A, vers 426), *mesme*, *mesmes* (A, L), *mesnager* (A, vers 478, 505), *nostre* (A), *ostage* (L, 43), *osté* (A, vers 533), *pasturages* (A, vers 303), *prest*, *prests* (A, vers 341, 588), *prestant* (L, vers 35), *la pluspart* (A, vers 440), *relasche* (A, vers 419) ; *tasche*, *taschez* (A, vers 135, 420), *tantost* (A, vers 60, 61, 519), *tost* (A, vers 170, 411), *tousjours* (A, vers 35, 36, 165, 561), *vescu* (A, vers 410), *vestiront* (A, vers 596), *vostre* (A), *dist* (A, vers 273), *dust* (A, vers 227), *eust* (A, vers 68), *falust* (A, vers 360, 569), *fistes* (A, vers 539),

---

1. Fragments de la tragédie d'*Achille*, désignés par A, et Lettre de 1691 à Mesdames d'Hervart, de Virville et de Gouvernet, désignée par L.

INTRODUCTION GRAMMATICALE. CLXV

plust (A, vers 425, 569), *pust* (A, vers 215), *remonstrat* (A, vers 58), *sceustes* (A, vers 3).

5° Il double assez fréquemment certaines consonnes : *appellez*, *rappellez* (A, vers 163, 226), *fidelle* (A, vers 56, 344, 592), *infidelle* (A, vers 176), *parolles* A, vers 108, 292, 395), *apannage* (A, vers 92), *jetté* (A, 438).

6° Mais ses dédoublements, c'est-à-dire consonnes uniques au lieu de deux, sont plus fréquents encore : *soufrir*, *soufre*, *soufrent*, *soufrez*, *soufriray* (A, vers 12, 118, 143, 240, 348, 579), *étoufer*, *étoufées* (A, vers 141, 452), *falust* (A, vers 360, 569), *enflamay* (A, vers 188), *flame* (A, vers 116, 147), *aprehende* (A, vers 574), *aproche* (A, vers 591), *aprouve* (A, vers 351), *echapé* (A, vers 86), *abatre* (A, vers 380), *acquiteras* (A, vers 516), *combatre* (A, vers 197, 379, 428), *combatans* (A, vers 418), *combatu* (A, vers 174), *flater*, *flatant*, *flate* (A, vers 34, 96, 357, 511), *flote*, substantif (A, vers 319), *quité*, *quitent* (A, 240), *regretay* (A, vers 541).

7° Comme additions de consonnes, autres que celles de 4° et de 5°, nous relèverons celles-ci :
De *c* dans *poinct* (A, vers 48, 444, 565), dans *effects* (A, vers 376); de *h* dans *cholere* (A, vers 212, mais ailleurs *colere*); de *t* dans je *parts* (A, vers 412).

Et comme suppressions, de consonnes toujours, autres qu'à 6° :
Du *t*, au pluriel de tous les noms, adjectifs, et participes présents, se terminant en *ant* et *ent* : *amans* (A, vers 42), *combatans* (A, vers 418), *contans* (A, vers 199), *dependans* (A, vers 272), *enfans* (A, vers 55, 237), *momens* (A, vers 390, 586), *parens* (A, vers 121, 150), *puissans* (A, vers 201), *sentimens* (A, vers 221), *traitemens* (A, vers 222), *presens* (A, vers 307);
Du *d* aux présents en *ends* : *prens* (A, vers 89, 502), *tens* (A, vers 591);
De l's dans ces quatre verbes : *dy* moy (A, vers 431), *deuien* (A, vers 474), *sui* (A, vers 467), *reuien* (A, vers 505) : à ce dernier seul la rime exige ce retranchement.

Nous ne parlons pas de *voy* sans *s* finale (A, vers 179, 337); c'était alors, on le sait, la forme régulière : voyez les *Lexiques de Corneille*, p. LXII et LXIII, et *de la Rochefoucauld*, p. CXVII.

8° Il a très peu de substitutions de consonnes ; nous n'en avons noté que cinq, que trois même, car *hazarder* (A, vers 125, 480) et *solemnelle* (A, vers 120) étaient l'orthographe de son temps : *s* pour *x*, *beaus* (A, vers 185), *nouueaus* (A, vers 203, 484); *x* pour *s*, *loix* (A, vers 109); et *d* pour *t* à certaines troisièmes personnes du verbe « voir » : *void* (A, vers 9, 369; L, vers 30), *vid* (A, vers 189).

9° Les substitutions de voyelles, *a* pour *e*, et *e* pour *a*, sont chez lui plus nombreuses : *ardante* (A, vers 325), *contans* (A, vers 199), *contante* (A, vers 95), *rampart*, *ramparts* (A, vers 26, 487), *tante*, pour *tente* (A, vers 389, 392), *vanger* (A, vers 2, 65, 149, 225, 265, 275, 433), *vangeance* (A, vers 67, 256, 400), *guarent* (A, vers 39, 123), *guarentis* (A, vers 166).

10° Il supprime la voyelle *e*, mais peut-être en raison de la mesure du vers, dans les futurs suivants : *appuyra* (A, 314, 517), *auoura* (A, vers 624), *emploiray* (A, vers 153).
Il ne met d'*e* à *encor* que quand la rime l'exige.

11° Il ajoute au contraire cette même voyelle à l'adjectif *seurs* (A, vers 153), aux participes passés *creu* (A, vers 261), *deu*, *deus* (A, vers 349, 363), *receu* (A, vers 368), *sceu* (A, vers 558, de même qu'au passé défini, *sceustes*, A, vers 3), *teu* (A, vers 15), *veu* (A, vers 493, 546).
Il écrit *ameine* pour *amène* (A, vers 296) et *guarent* (A, vers 39, 123) pour *garant*, *guarentis* (A, vers 166) pour *garantis*.

12° Nous venons de rencontrer *sceu* et *sceustes* avec le *c* additionnel, par fausse dérivation de *scire* au lieu de *sapere* ; nous pourrions relever de même *sçais* (A, vers 28, 91, 221, 454), *sçait* (A, vers 234, 391), *sçauez* (A, vers 23, 75, 77, 509), *sçauray* (A, vers 243), *sçauroit* (A, vers 142, 580), *sçauront* (A, vers 566).

NOMS PROPRES. — L'orthographe des noms propres résulte plutôt de l'usage que d'une règle. Dans la lettre que nous étudions, il écrit, suivant une coutume assez générale, *Viriville* pour *Viriville* (d'autres écrivent *Vireville*), *Hervar* ou *Hervart* :

<blockquote>
Je veux chanter haut et net
Virville, Hervart, Gouvernet.
</blockquote>

Il ne se défend pas au reste d'aimer ces noms changeants, ces noms à variantes qui rendent souvent grand service aux poètes : « Est-ce Montléry qu'il faut dire, ou Montlehéry ? C'est Montlehéry quand le vers est trop court, et Montléry quand il est trop long. » (Lettre à sa femme du 30 août 1663.)

Les personnages de l'*Achille* se fussent mal prêtés à de telles libertés ; et, sauf *i* pour *y* dans *Olimpe*, *Phrigie*, *Phrigiens*, *Ulisse*, et *ei* pour *è* dans *Heleine*, on n'y trouve à remarquer que le manque d'accents : *Thetis*, *Menelas*, *Grece*, ainsi que, dans la Lettre, *Venus*, *Moliere*, *Graces* (sans parler d'*Amatonte* écrit sans *h*, au vers 9 de la même lettre).

ACCENTS ET SIGNES DIVERS. — L'omission des accents est d'ailleurs fréquente chez la Fontaine, irrégulière, arbitraire : il serait donc inutile de dresser ici une liste des mots qu'il a accentués ou non selon sa fantaisie. L'unique point à noter, parce qu'il concerne la prononciation de l'époque, c'est que dans nos deux autographes nous ne rencontrons pas une seule voyelle surmontée d'un accent qui n'en reçût également un aujourd'hui.

Nous avons vu (1°) le tréma servant à distinguer dans le corps des mots l'*u* voyelle de l'*u* consonne. La Fontaine en use aussi dans *obeïs*, *obeïe* (A, vers 369, 572), et *jouïs* (A, vers 583). Il ne paraît pas connaître le trait d'union ; emploie la cédille, même à tort : *graçe* (L, vers 2) ; et supprime parfois l'apostrophe : *aujourdhuy* (L, vers 5), *quauroient* (L, vers 8).

Enfin sa ponctuation est beaucoup meilleure que celle des écrivains de son temps, même que celle de Racine, qui est pourtant passable, et elle témoigne d'un véritable progrès.

Nous n'avons pas tenu compte de l'orthographe des éditions originales de notre poète, attendu qu'elle est indécise et flottante, qu'elle varie de page en page, et souvent dans la même page, suivant le caprice des correcteurs ou les inadvertances, les étourderies, des copistes.

PRONONCIATION.

Il n'est guère aisé de faire entendre par écrit ce qui concerne les sons d'une langue. Notons cependant au *Lexique* les mots suivants dont l'orthographe chez la Fontaine indique ou semble indiquer une prononciation différente de la nôtre : AMBROSIE, ARBORISTE, ASSINER, ASSORTIMENT ; BOETE, BRÈVETÉ ; CHARTIER, CHARTON, CHIORME, CHOMMER, CICOGNE, CONVENT ; ÉCHET, ÉLYSIENS (champs), ENVOYROIS, ÉPAGNEUX ; GALANDE ; LUITER ; MENUSERIE, MÉTAIL, MOGOR, MUGOT ;

INTRODUCTION GRAMMATICALE. CLXVII

Naviger; Ouïr dire (par); Payra, Payroit; Rejallit; Sanlier; Vulcan; et ceux-ci, d'origine étrangère : Bassa, Bramin, Chiaoux, Douagnas, Trucheman. Quand aux deux mots, probablement patois, mis dans la bouche des villageois troqueurs (V, 326) : *basme, ambroise;* quant à des rimes telles que : *Monsieur, flatteur; brebis, jadis; net, baudet; saule, école; saules, paroles; parole, rôle; épaules, paroles; fils, petits; étrètes, retraites; drète, Annette; flouet, étroit; fiers, volontiers; treuve, veuve; cher, chercher; émute, dispute; ost, Renaud; dam,¹ galant,* il n'y a pas, croyons-nous, d'enseignement à en tirer pour la prononciation générale de l'époque; et cependant, comme ces exemples se rapportent plutôt à la prononciation qu'à l'orthographe, nous les avons omis presque tous parmi les quelques formes ou licences, inusitées, que nous avons citées à la page LXI de la Préface.

Si l'on veut savoir quelles différences, quelles nuances, le temps a introduites, sans changements des lettres, dans les sons, les articulations, nous ne pouvons que renvoyer, ainsi que nous l'avons fait déjà dans notre *Lexique de la Rochefoucauld*, à l'excellente étude de Thurot[1], et à la Phonétique, récemment publiée, du regretté A. Darmesteter[2].

[1]. *De la Prononciation française depuis le commencement du seizième siècle*, Paris, 1881.
[2]. *Cours de grammaire historique de la langue française; première partie : Phonétique*, Paris, 1891.

LEXIQUE

DE LA

LANGUE DE LA FONTAINE

A

A, préposition.

De maint emploi d'*à* rapprochez les tours équivalents où figurent les datifs des pronoms *me, te, se, lui, nous, vous, leur*, pour *à moi*, etc., et le monosyllabe *y*, substitut aussi, le plus souvent, d'un pronom précédé d'*à*.

1° À marquant le complément, nom ou pronom,

a) D'un substantif :

Dans un bon nombre des exemples rangés sous 1° et 2°, *à* exprime le rapport que nous indiquons plutôt aujourd'hui par d'autres prépositions, soit, et surtout, *pour*, soit *par, vers, dans, avec, contre, chez*, etc.

Achille *à* l'âme si colère. (VIII, 263.)
Ajax *à* l'âme impatiente. (III, 113.)
L'homme *au* trésor. (I, 345; II, 437.)
La dame *au* bel habit. (V, 223.)
Les cyclopes *aux* membres nus. (V, 596.)
Ces chiens *au* bon nez. (II, 321.)
L'astre *au* front d'argent. (III, 134.)
La dame *au* nez pointu. (II, 186.)
Damoiselle Belette, *au* corps long et flouet. (I, 251.)
Dame Belette *au* long corsage. (II, 324.)
Amoureux *à* longue crinière. (I, 265.)
Animal *à* longue échine. (I, 286.)
Le héron *au* long bec. (II, 111.)
Notre compagne *au* pied léger. (III, 280.)
Laquais *à* barbe grise. (I, 202.)
Enfant *à* barbe grise. (IX, 173.)

    Une aimable et vive princesse,
A pied blanc et mignon, *à* brune et longue tresse. (IX, 360.)
Hercule *à* la peau de lion. (III, 106.)

J. DE LA FONTAINE. X

L'âne *à* la voix de Stentor. (I, 189.)
Homme rusé, Janus *à* double front. (IX, 123.)
Pégase *à* la corne dure. (IX, 181.)
Un livre *à* cent fermoirs. (IX, 166.)
L'animal *aux* têtes frivoles. (II, 232.)
Une ligue *à* cent têtes. (III, 238.)
Et quand je serois prince, et prince *à* diadème, etc. (VII, 180.)
Gens *à* l'air gracieux. (III, 245.)
Une princesse *au* regard enchanteur. (IX, 168.)
Quelque nymphe *au* cœur de rocher. (IX, 245).
Une garde *au* soin nonpareil. (IX, 250.)
Je vois Condé, prince *à* haute aventure. (IX, 151.)
.... Qui soit homme *à* haute rançon. (IX, 103.)
Baisers *à* grosse usure. (V, 213.)
Une ample comédie *à* cent actes divers. (I, 363.)
Des bêtes *à* laine. (I, 268.) — Ses arbres *à* fruit. (III, 305.)
L'âne *à* l'éponge. (I, 159.)
Une étable *à* bœufs. (I, 348.)
Une barque *à* pêcheur. (IV, 339.)

   Le greffe tient bon,
 Quand une fois il est saisi des choses;
C'est proprement la caverne *au* Lion. (IV, 270.)

Le panier *au* pain. (II, 300.)
Une voiture *à* foin. (II, 58.)
La vache *à* notre femme. (V, 491.)

   Bannissez, je vous prie,
Ces soupirs *à* la voix du sommeil ennemie. (VII, 158.)

Aldobrandin homme *à* présents étoit. (V, 564.)
Voilà un vrai homme *à* femme. (VII, 492.)
Comme si de ces lieux elle eût fait bail *à* vie. (I, 226.)
L'œil éveillé, l'oreille *au* guet. (III, 82.)
Un loup qui commençoit d'avoir petite part
 Aux brebis de son voisinage. (I, 210.)

   .... L'attention
Qu'il croyoit que les dieux eussent *à* sa querelle. (III, 311.)
J'ai regret, disoit-il, *à* mon premier seigneur. (II, 35.)

   Néherbal n'étoit homme
A cela près. (V, 481.)

Ç'auroit été le plus grand soulagement *à* la peine que j'éprouve *à* ne pas vous voir. (IX, 361.)
Vous avez besoin de votre ficelle *à* une autre chose. (VIII, 209.)
Il faut considérer mon ouvrage sans relation *à* ce qu'a fait Apulée, et ce qu'a fait Apulée, sans relation *à* mon livre. (VIII, 22.)
Sans expérience *à* la guerre. (VIII, 328.)
Son nom seul est un mur *à* l'empire ottoman. (II, 469.)
Un petit chapeau *à* l'angloise. (IX, 252.)
Il y a en face un corps de logis *à* la moderne. (IX, 243.)
Serviteur *au* portier. (II, 410.)

 b) D'un adjectif ou d'un adverbe :

  Être bon *aux* méchants,
  C'est être sot. (III, 4.)

Ce n'est qu'*à* nous qu'elle est cruelle. (III, 57.)
Le Japon ne fut pas plus heureux *à* cet homme.... (II, 166.)
.... Celui de qui la tête *au* ciel étoit voisine. (I, 127.)
C'est un entretien convenable *à* vos premières années. (I, 3.)
.... Chez une autre belette *aux* oiseaux ennemie. (I, 142.)
Troupe *aux* jeux ennemie. (IX, 30.)
Les troupeaux attentifs *aux* herbages. (VI, 283.)
Ignorants *aux* combats. (VIII, 325.)
Je ne conviens pas .... que le rire appartienne à l'homme privativement *au* reste des animaux. (VIII, 112.)

c) D'un verbe ou d'un participe :

La troupe des chasseurs, *au* héros accourue. (VI, 267.)
Qu'*à* père André l'on aille de ce pas. (V, 234.)
Il ne faut aller ni *au* juge ni *à* l'évêque. (IX, 234.)
Son fils Mercure *aux* criards vient encor. (I, 366.)
Nous serons tout à l'heure *à* toi. (II, 409.)
Ils vont vite, et seront dans un moment *à* nous. (I, 176.)
<small>Nous auront joints dans un moment.</small>

  .... Il en vit s'arrêter
A des combats d'enfants. (II, 232.)
L'aîné va, ce me semble, un peu vite à l'argent. (VII, 67.)
 <small>Messire Jean tout ainsi se tourmente</small>
 <small>*A* cet objet pour lui délicieux. (V, 489.)</small>
Ne t'attends qu'*à* toi seul. (I, 354.)
 Notre erreur est extrême,
Dit-il, de nous attendre *à* d'autres gens que nous. (I, 357.)
  Je ne saurois faire un pas seulement
  Que je ne l'aie aussitôt *à* mes trousses. (VI, 30.)
  Bref, le lacet à l'un et l'autre sexe
  Ne put cadrer. (V, 527.)
On célèbre des jeux à l'honneur de Daphné. (VII, 242.)
Je vais chanter *à* pleine tête. (VII, 565; variante.)
.... Pour ne chanter qu'*aux* animaux. (I, 245.)
  Nuit et jour *à* tout venant
  Je chantois. (I, 60.)
Ne chassez point *aux* ours, *aux* sangliers, *aux* lions. (VI, 244.)
  [Le sanglier] se lançoit parfois
  Aux chiens, qui, etc. (VI, 263.)
Qu'ils laissent leur foyer et cherchent *aux* combats
Un renom que les dieux ne leur accordent pas. (VII, 610.)
Deux taureaux combattoient *à* qui posséderoit
Une génisse. (I, 139.)
J'ai des cavales en Égypte qui conçoivent *au* hannissement des chevaux qui sont devers Babylone. (I, 49.)
<small>Var. : Sur le seul hannissement.</small>

Quoi, son bras tous les jours *aux* Grecs se fera craindre ! (VII, 623.)
Ce bloc enfariné ne me dit rien qui vaille,
S'écria-t-il de loin *au* général des chats. (I, 258.)
Un dieu pend à la corde, et crie *au* machiniste. (IX, 156.)

A l'air de ce héros, vainqueur de tant d'États,
On croit, etc. (IX, 83.)
Doris n'est point esclave au moins *à* sa façon. (VII, 78.)
Par ellipse, dans ces deux derniers exemples : si l'on s'en rapporte à l'air de ce héros, à la façon de Doris.
L'impossibilité disparoît *à* son âme. (II, 339.)
Qu'elle... dormît *à* son plaisir. (VIII, 424.)
Nous sommes tout autant, qui dormons comme d'autres
Aux ouvrages d'autrui, quelquefois même *aux* nôtres. (IX, 381.)
S'endormir *à* l'ombrage. (VIII, 382.)
Et le dernier moment qui retient sa belle âme
S'emploie *au* souvenir de l'objet qui l'enflamme. (VI, 267.)
Le roi des dieux ne sait *auquel* entendre. (I, 366.)
Elle s'envole *aux* airs. (VI, 267.)

    Et Statira, qui se méprit *aux* traits
    Du conquérant dont la Grèce se vante,
Au roi des Francs n'auroit jamais erré. (IX, 169.)

    C'est en vain qu'on espère
    Quelque refuge *aux* lois. (III, 151.)
Je n'estime *au* don que le lieu dont il vient. (VII, 59.)
Sommes-nous *à* la guerre? (IX, 5.)
Sans mentir, c'est *à* vous d'entreprendre un voyage ! (VII, 30.)
C'est *à* l'événement d'expliquer sa réponse. (VII, 232.)
Vouloir tromper le ciel, c'est folie *à* la terre. (I, 341.)

    Hélas ! qui sait encor
Si la science *à* l'homme est un si grand trésor. (IX, 204.)
La France excelle *aux* arts. (IX, 201.)

    [Il] vous lui fait un beau sermon,
    Pour l'exhorter *à* patience. (I, 218.)
Est-ce que je m'explique *à* vous trop hardiment ? (VI, 422.)
Psyché se laissa flatter *à* ce que lui dit le Zéphyre. (VIII, 56.)
Ne se point laisser abattre *aux* malheurs. (I, 48.)
Que tout fleurisse *aux* terres leurs demeures. (IX, 168.)
Le marchand *à* sa peau devoit faire fortune. (I, 427.)
Avec sa peau, la peau de l'ours.
Gardez votre présent *à* ceux qui me haïssent. (VIII, 373.)
Un lièvre, apercevant l'ombre de ses oreilles,
    Craignit que quelque inquisiteur
N'allât interpréter *à* cornes leur longueur. (I, 376.)
On dit même qu'Amour intervint *à* l'affaire. (VI, 20.)
Jupin la secouant [sa robe], jeta les œufs *à* bas. (I, 152.)
Quoi ! vous jugez les gens *à* mort pour mon affaire. (V, 276.)
Mettre un sot *à* la raison. (II, 24.)

    Si le Saint-Esprit mit jamais
    Quelqu'un *au* trône de saint Pierre.... (IX, 456.)
Il lui faut cependant mettre tout son espoir
A courir tout le jour pour déjeuner au soir. (VII, 63.)
Il mit l'enfant *à* bord. (I, 116; voyez IV, 407; et passim.)
Je me plais *aux* livres d'amour. (IX, 23.)
Je prends l'alarme *aux* bruits que j'entends feindre. (VIII, 375.)

Toutes ces choses... doivent prévaloir *à* la qualité d'épouse. (IX, 383.)
Je n'ai pas ramené le chaos *au* monde. (VIII, 222.)

Sans oser de longtemps regarder *au* visage
Celui qu'elles croyoient être, etc. (I, 214.)

    C'est l'auteur de tous les défauts,
    Que l'on remarque *aux* animaux. (III, 125.)

Ma fille, rendez-vous *aux* volontés d'un père. (VII, 232.)
.... Qui témoignoit *à* son air une très grande jeunesse. (VIII, 65.)

Lui cependant méprise une telle victoire,
    Tient la gageure *à* peu de gloire. (II, 34.)

    .... Qui ne tienne *à* fort grand honneur
    D'avoir en leur registre place. (IV, 43.)

    Il n'est si sotte, après tout,
    Qui ne puisse venir à bout
De tromper *à* ce jeu le plus sage du monde. (IV, 51.)

Les prudes bien souvent nous trompent *au* langage. (VII, 78.)
O papelards, qu'on se trompe *à* vos mines. (IV, 117.)
Il voit clair *aux* ouvrages. (IX, 369.)
Il y a.... trop de somptuosité *à* votre habit. (VIII, 169.)
Une tête de femme est *au* corps de la lune. (II, 201.)
Un os lui demeura bien avant *au* gosier. (I, 229.)
Ils lavent leurs enfants *aux* ruisseaux les plus froids. (VI, 325.)
La fièvre, disoit-on, a son siège *aux* humeurs. (VI, 320; voyez V, 349.)
Il n'est rien, dit l'aragne, *aux* cases qui me plaise. (I, 226.)

    .... Ce qui jadis t'a pu déplaire,
    Aux emplois où tu l'as placé. (VIII, 391.)

L'épouvante est *au* nid plus forte que jamais. (I, 357.)
.... C'est de vous renfermer *aux* trous de quelque mur. (I, 84.)
Nous quittons les cités, nous fuyons *aux* montagnes. (III, 149.)

    Il se va confiner.
Aux lieux les plus cachés qu'il peut s'imaginer. (I, 92.)

[La lionne] *aux* forêts se retire. (VI, 181.)
Tous fuyoient, tous tomboient *au* piège inévitable. (I, 189.)
Son bonheur consistoit *aux* beautés d'un jardin. (III, 305.)

    Là, son unique compagnie
    Consistoit *aux* oiseaux. (V, 14.)

Ne craignez point d'entrer *aux* prisons de la belle. (III, 57.)

    On n'entend *aux* montagnes.
    Bruire en ces lieux aucuns torrents. (VI, 340; voyez I, 246; II, 464.

Un armet *à* la tête. (VIII, 499.)
Ellipse : ayant un armet sur la tête.

[Les loups] étranglent la moitié des agneaux les plus gras,
    Les emportent *aux* dents. (I, 241.)

Prendre l'écuelle *aux* dents. (I, 386 et note 3.)
Au présent conte on verra la sottise.... (V, 24.)
Tout le monde nous croit *au* corps d'une baleine. (IV, 410.)
C'est fort bien fait *à* toi. (III, 314.) — C'étoit bien dit *à* lui. (I, 258.)
Ce fut *à* lui bien avisé. (I, 258.)
Heureux sont les auteurs connus *à* cette marque. (IX, 178.)

A lansquenet,
Elle avoit tout perdu. (VII, 561 et note 4.)
Comparez tome IV, p. 32.

La Parque *à* filets d'or n'ourdira point ma vie. (III, 122.)
Souvent brebis fringante *au* loup se laisse prendre. (VII, 576.)
S'étant pris, dis-je, *aux* branches de ce saule. (I, 116.)
Et Pagamin prit *à* femme sa veuve. (IV, 353.)
Voilà son deuil, par là jugez de sa conduite.
— Peut-être est-il *au* cœur? (VII, 568.)
Un passant lui demande *à* quel sujet ses cris. (I, 346.)
La seule obscurité fait le prix des paroles
Que l'on cherche *au* livre du Sort. (VII, 232.)
Quant à moi, j'ai vu, Sire, *au* pied dont il s'agit,
Du marbre, de l'albâtre. (VII, 180.)
Souffrir ce défaut *aux* hommes. (II, 353,)
Je le souffre *aux* récits qui passent pour chansons. (IV, 396.)
Il lui fut [au cerf] inutile
De pleurer *aux* veneurs *à* sa mort arrivés. (I, 411.)
.... Ses murs
Changent leur frêle enduit *aux* marbres les plus durs. (VI, 159.)
Adressant donc *à* Pinuce sa voix. (IV, 217.)
Allant *à* l'Amérique. (III, 159.)
L'échange en étant fait *aux* formes ordinaires. (I, 240.)
Le haut de la chambre étoit *à* l'italienne. (VIII, 278.)
Amour et vers, tout est fort *à* la cavalière. (VII, 147.)
Fier et farouche objet, toujours courant *aux* bois,
Toujours sautant *aux* prés. (III, 331.)
Instruite *à* ce discours de ce que j'ignorois, etc. (VII, 424.)
Vivant *à* discrétion. (I, 251.)
.... Un bien dont elle étoit *à* sa valeur tenue. (IV, 413.)

d) D'une préposition :

Voilà mon homme *aux* pleurs. (I, 346.)
Voilà mes chiens *à* boire. (II, 338.) — Voilà mon âne *à* l'eau. (I, 159.)
Jusques *au* Limousin. (IX, 251.)
Jusqu'*à*, jusques *à* Rome. (III, 89; IV, 64, 388; etc.)

2° À devant un infinitif, complément d'un nom, d'un adjectif, ou d'un verbe :

J'aurai des compagnons *à* punir cet outrage. (VII, 610.)
Ce sera quelque énigme *à* tromper un enfant. (III, 76.)
De là naîtront engins *à* vous envelopper. (I, 82.)
Son goût *à* juger d'un ouvrage. (IX, 179.)
Les habits *à* changer. (IV, 338.)
Géronte est homme *à* craindre. (VI, 29.)
Car il est homme, que je pense,
A passer la chose au gros sas. (V, 215.)
Son maître *à* surmonter les vices. (III, 106.)
Son petit-fils l'aura, dans ses travaux,
Pour précepteur *à* lancer le tonnerre,
A bien régner, *à* conduire une guerre. (IX, 31.)

La corneille avertit des malheurs à venir. (I, 183.)
.... De la prudence à l'entreprendre,
De la force à l'exécuter. (VIII, 498.)
O doux remède! ô remède à donner! (V, 317.)
Des traits à tout ravir, des yeux à tout charmer. (VII, 522.)
Du vin à teindre les nappes. (IX, 292.)
C'est bientôt le premier à prendre. (II, 247.)
Tous deux, à nager malheureux. (II, 330.)
Pierre à crier ne fut si diligent. (V, 499.)
Homme long à conter. (IV, 175.)

On n'en voyoit point d'occupés
A chercher le soutien d'une mourante vie. (II, 95.)

Et n'êtes-vous pas des hommes comme nous? — Oh! vraiment non : il y a bien à dire. (VII, 471.)
Qu'y manque-t-il? car vous n'avez qu'à dire. (IX, 34.)

Elle n'avoit qu'à tenir bonne mine,
Et faire entrer l'époux au fond des draps. (VI, 47.)

.... Outre l'inclination que j'ai à dormir. (IX, 232.)
Vous n'avez qu'un moment à vous déterminer. (VII, 620.
Vos gens à pénétrer l'emportent sur les autres. (III, 320.)
Le porc à s'engraisser coûtera peu de son. (II, 151.)

Vive la magnificence,
Qui ne coûte qu'*à* planter! (IX, 224.)

Ni mon grenier ni mon armoire,
Ne se remplit à babiller. (I, 275.)

L'aragne cependant se campe en un lambris...,
Travaille à demeurer. (I, 226.)

J'oubliois à vous marquer que, etc. (IX, 256.)

A guérir un atrabilaire,
Oui, Champmeslé saura mieux faire
Que de Fagon tout le talent. (IX, 362.)

Qu'elle tâche à lui plaire. (VIII, 51.)

3° À marquant des compléments circonstanciels, de lieu (au propre et au figuré), de temps, de manière, de condition, de quantité, etc., soit détachés, soit plus ou moins dépendants du verbe :

Dans quelques-uns des exemples qui suivent, le verbe, avec le nom qui y est joint par à, forme une locution verbale équivalente à une sorte de verbe composé : *gagner au haut, venir à bout de*, etc.

Ce scrupuleux qui ne vaut rien à rien. (V, 536 et note 3.)
Le Destin *au* berceau n'a point frappé mes yeux. (VII, 384.)
Sous le berceau du jardin.

Je rendrai toutes vos compagnes
Nymphes aussi, soit *aux* montagnes,
Soit *aux* eaux, soit *aux* bois. (VI, 20.)

Aux Champs Élysiens j'ai goûté mille charmes. (II, 284.)
[Louis XIV] veut sur le théâtre, ainsi qu'à la campagne,
La foule qui le suit, l'éclat qui l'accompagne. (IX, 157.)
En campagne, au cours de ses campagnes.

Il n'y a pas un moment *au* jour qui, etc. (VIII, 225.)
L'onde étoit transparente ainsi qu'*aux* plus beaux jours. (II, 111.)
    Chose dont *aux* courts jours se plaignent
        Moines d'Orbès. (IX, 112.)
.... Courir tout le jour pour déjeuner *au* soir. (VII, 63.)
    A grands coups de gaule
  Le pèlerin vous lui froisse une épaule. (IV, 96.)
    Les chiens du lieu n'ayants en tête
Qu'un intérêt de gueule, *à* cris, *à* coups de dents,
    Vous accompagnent ces passants. (III, 83.)
Il sait notre langue *à* miracle. (IX, 215.)
Soyez-leur attentif, même *aux* choses légères. (VIII, 485.)
    Tout babillard, tout censeur, tout pédant,
Se peut connoître *au* discours que j'avance. (I, 116.)
Cette veuve n'eut tort qu'*au* bruit qu'on lui vit faire. (VI, 85.)
Au bruit qui couroit d'elle en toutes ces provinces,
Mamolin, roi de Garbe, en devint amoureux. (IV, 499.)
A l'œuvre on connoît l'artisan. (I, 120.)
On les connoît *à* leur visage mince. (V, 356.)
[L'huître], grasse et d'un goût, *à* la voir, nonpareil. (II, 254.)
Il se vantoit *à* faux. (IV, 385.)
A proportion. (VIII, 187.) — *A* comparaison de. (VIII, 225.)
Voyez COMPARAISON.

« Croquons-les. » Le galand n'en fit pas *à* demi. (I, 423; voyez III, 197; IV, 226; VI, 299; etc.)
  Mais *aux* événements de qui la vérité
    Importe à la postérité,
  Tels abus méritent censure. (IV, 396.)
    Le premier qui vit un chameau
  S'enfuit *à* cet objet nouveau. (I, 303.)
Dieu ne quittera pas ses enfants *au* besoin. (VI, 294.)
Voyez BESOIN.
C'étoit le roi des ours *au* compte de ces gens. (I, 427.)
L'alouette *à* l'essor. (I, 357.)
Tandis que l'alouette vole loin de son nid.
Son rat.... se tenoit *à* l'erte et sur ses gardes. (II, 327.)
A bon droit. (III, 325; II, 25, 282.) — *A* meilleur droit. (I, 222).
Voyez DROIT.
A meilleur titre. (V, 211.)
A peine. (I, 156; III, 281; et passim.)
A toute peine il regagna les bords. (II, 57.)
Aux abois. (II, 334; III, 321; etc.)
Vous en viendrez *à* bout. (I, 394; voyez III, 125; IV, 51; etc.)
Est-elle *à* charge en ce logis? (III, 215.)
[La Fortune] est prise *à* garant de toutes aventures. (I, 401.)
    Le galand aussitôt,
  Tire ses grègues, gagne *au* haut. (I, 177.)
A plaisir. (I, 268.) — *A* son plaisir. (I, 215, 226.)
A son gré. (I, 265.) — *A* votre aise. (IV, 136.)
Voyez GRÉ, AISE.

A point. (I, 186; IV, 500.) — *A* point nommé. (I, 382.)
Il faut partir *à* point. (II, 31.)
A portée. (II, 398.)
A la table. (IV, 45, 343.)
Suivant *à* la trace. (III, 126.)
A la porte. (III, 222; VII, 206; VIII, 113, 118; etc.)
A la ronde. (I, 255, 433; II, 452; VI, 20.)
A la longue. (III, 299.) — *A* la continue. (I, 303.)
A la main. (III, 305.)
A la mode. (III, 291.)
Tous viennent *à* la file. (II, 337.)
A la légère. (I, 219.) — *A* l'étourdie. (I, 162.)
Vous n'allez point tout d'abord *à* la franquette. (VII, 453.)
A pas comptés. (I, 391.) — *A* pas de géant. (III, 183.)
Voyez Pas.

A main gauche. (IV, 91.)
A mon goût. (IV, 7.)
Vous que l'on aime *à* l'égal de soi-même. (III, 278.)
A l'égard de. (II, 403; III, 280.)
A l'entour de. (I, 157, 178, 182, 224; III, 83; etc.)
A l'environ. (I, 156.)
Et je crois qu'*à* moins on s'effraie. (I, 95.)
Pour moins.
On peut *à* moins gagner de l'appétit. (IV, 258.)

> *A* moins que de.... (l'*à* moins est bien étrange),
> *A* moins enfin qu'elle n'ait à souhait,
> Compagnie d'homme....
> — Vous en mourrez *à* moins d'un bon galant. (V, 308-309.)

Voyez Moins.

> Quant au principal but qu'Ésope se propose,
> J'y tombe *au* moins mal que je puis. (I, 362.)

A l'épreuve de. (II, 243.)
A l'estimation. (I, 194.)
A part. (II, 369; III, 299.) — *A* part soi. (IV, 55; V, 333, 500.)

> Et puis il feint, *à* la pareille,
> D'écouter leur réponse. (II, 249.)

Que je la baise, *à* la charge d'autant. (V, 232.)
Dans l'abord il se met *au* large. (I, 156.)
Au rebours. (I, 226.) — *Au* rebours de. (IV, 319.)
Tout *à* l'heure. (II, 409.)
Voyez Heure.
Il en étoit [des rats] *à* foison. (I, 286.)
A tant se tut. (IV, 353.)
A tant laissons l'économe et sa femme. (V, 406.)
Savoir *au* vrai son destin. (II, 250.)

> .... Toutes trois, l'affaire étant passée,
> Rapporterons, sans nul déguisement,
> Le cas *au* vrai. (IV, 300.)

A vrai dire. (III, 284.)
A bien parler. (VI, 319.) — *A* parler franchement. (VI, 123.)
A ne vous point mentir. (IX, 104.) — *A* ne déguiser rien. (VII, 582.)
A tort et *à* travers. (I, 138.)

Au mépris de. (III, 335.)
Philomèle est, *au* prix, novice dans cet art. (III, 128; voyez VI, 26; etc.)
    Les sœurs filandières
Ne faisoient que brouiller *au* prix de celles-ci. (I, 381; voyez I, 256; III, 341; IV, 250; V, 115; VII, 87; IX, 31; etc.)
  [Circé] *au* prix d'elle, en diablerie
  N'eut été qu'à l'A B C. (V, 116.)
A l'intention près, c'est une bagatelle. (VI, 583.)
A son ordinaire. (I, 424.)
Voyez ORDINAIRE.
Au partir. (IV, 412.) — *Au* partir de. (I, 220.)
A l'abord. (IV, 179; V, 453.) — *A* cet abord. (VI, 265.)
A leur abord. (IV, 43.) — *A* mon abord. (III, 150.)
Voyez ABORD.
A tire d'aile. (III, 280.)
Rude combat en champ clos, quoique *à* nu. (IX, 89.)
A la bonne mesure. (IX, 111.)
Au par-dessus. (IX, 320.)
A qui mieux mieux. (I, 101.)

A NI B :
Au joli jeu d'amour ne sachant *A ni B*. (V, 582 et note 1.)

ABAISSER, s'ABAISSER, au figuré :
Abaissant sa voix. (IV, 213.)
  Qu'Antoine au berniquet
Envoyant Cléopâtre, *abaisse* son caquet. (VII, 362.)
[L'âne] eût cru *s'abaisser* servant un médecin. (II, 24.)

ABANDON ; À L'ABANDON :
    De tout temps le monde a vu Don
    Être le père d'*Abandon*. (V, 248 et note 3.)
L'amour pour ses enfants, qu'il laisse *à l'abandon*,
Fait qu'il me reste encor quelque espoir de pardon. (VII, 65 et note 6.)

ABANDONNER À ; s'ABANDONNER ; s'ABANDONNER À :
Il *abandonne au* sort sa fragile innocence. (VI, 282.)
Prends garde, encore un coup, de trop *t'abandonner*. (VII, 624.)
S'abandonner à quelque puissant roi. (II, 306.)

ABÂTARDIR :
[Le naturel] ayant été fort heureux dans la mère de ces deux filles, revivoit en l'une et en l'autre avec avantage, et n'*avoit* point *été abâtardi* par la solitude. (VIII, 160.)

ABATIS :
.... Un universel *abatis*. (III, 307.)
En parlant d'arbres.

ABATTRE, ABATTU ; s'ABATTRE ; s'ABATTRE SUR :
  Qu'on le vienne *abattre :*
Je ne veux plus que cet arbre maudit
Trompe les gens. (IV, 316.)

La dame dit : « *Abattez* seulement ». (IV, 317.)
Dans ces deux exemples, il s'agit du même arbre.
.... Mettre à profit votre peu de vertu,
Et triompher de vous, vous voyant *abattu*. (VII, 13.)
    Enfin sa constance *abattue*
Cède aux charmes d'un mot. (VII, 26.)
        Ton cœur *abattu*
Manque-t-il au besoin d'adresse et de vertu ? (VII, 35.)
    Cette âme *abattue*
A toujours craint de voir sa flamme combattue. (VII, 30.)
Ne *se* point laisser *abattre* aux malheurs. (I, 48.)
Il aperçut deux corneilles qui *s'abattirent sur* le plus haut arbre. (I, 41.)

ABBÉ BLANC, NOIR :
    Un *abbé blanc!* c'est trop d'ombrage avoir ;
    Il n'écherroit que dix coups pour un *noir*. (V, 400 et note 5 ;
voyez V, 390 et note 5.)

A B C :
    Et Circé,
    Au prix d'elle, en diablerie
    N'eût été qu'à l'*A B C*. (V, 116 et note 1.)

ABHORRER :
Celui qu'à meilleur droit tout l'univers *abhorre*, etc. (I, 222.)
    .... Chose aux vieillards commode,
    Mais dont le sexe *abhorre* la méthode. (IV, 333.)

ABIME (L'), la mer. (II, 165.)

ABIMER, activement :
    Jupin, croulant la terre,
    Les *abîma* sous des rochers affreux. (IX, 35.)

ABOI, ABOIS :
Leurs cris, l'*aboi* des chiens, les cors, etc. (VI, 253.)
[Les chiens] dans le ciel poussoient de vains *abois*. (VI, 263.)
.... Par d'éternels *abois* épouvante les ombres. (VIII, 490 et note 1.)

ABOIS (AUX) :
Leur confrère *aux abois* entre ces morts s'arrange. (III, 321 ; voyez II, 334.)
Il sembloit, à me voir, que je fusse *aux abois*. (IX, 207.)
Tout ce qui peut réduire un esprit *aux abois*. (VII, 585.)
Il auroit réduit l'hérésie *aux* derniers *abois*. (VIII, 313.)

ABOLIR, détruire, anéantir :
Jupiter résolut d'*abolir* cette engeance. (VI, 151 et note 1.)

ABOMINABLE :
Quel crime *abominable!* (II, 100.)

ABONDAMMENT :
Tous les Pidoux ont du nez, et *abondamment*. (IX, 284.)

ABONDANCE :
Ceux-ci, pour premier vœu, demandent l'*abondance;*
Et l'*abondance*, à pleines mains,
Verse en leurs coffres la finance. (II, 124.)
Aux jours où l'on faisoit des vœux pour l'*abondance*. (VI, 286.)
.... Les traits familiers que j'ai semés avec assez d'*abondance* dans les deux autres parties. (II, 80.)
Ce fut.... de l'*abondance* du cœur qu'il le dit. (VIII, 318.)

ABONDANCE (EN) :
Charmants objets y sont *en abondance*. (V, 63.)
Là se trouvoient tendrons *en abondance*. (V, 385.)

ABONDANT (D'), de plus, en outre :
Et *d'abondant* la vache à notre femme
Nous a promis qu'elle feroit un veau. (V, 491 et note 4.)

ABONDER, ABONDANT, EN ; ABONDER DANS :
.... Ce logis, plein de magnificence,
Abondoit partout *en* tableaux. (II, 293.)
Cardamile, la moindre, *abonde en* pâturages. (VII, 613.)
Ville mal pavée, pleine d'écoliers, *abondante en* prêtres et *en* moines. (IX, 287.)
Le reste des humains *abonde dans* les maux. (VI, 355 et note 1.)

ABORD ; À, APRÈS, DANS OU DEDANS, DÈS, TOUT DÈS, L'ABORD :
Il est un berger du village
Dont l'*abord*, dont la voix, dont le nom, fait rougir. (II, 277.)
Que vous l'allez, Monsieur, surprendre à votre *abord!* (VII, 560.)
Avec un *abord* si doux. (VIII, 256.)
.... En des lieux séparés de tout profane *abord*. (VI, 300.)
Ce grand *abord* de gens au logis de sa sœur, etc. (VII, 37.)
Usons *à* cet *abord* d'un peu de complaisance. (VII, 65 ; voyez VI, 265.)
Et de peur qu'*à l'abord* Thaïs ne le méprise, etc. (VII, 28.)
Trop d'espoir *à l'abord* en étouffe le zèle. (VII, 80.)
Après l'abord. (IV, 241 ; IX, 165.)
Dans l'abord il [le moucheron] se met au large. (I, 156 ; voyez IV, 213, 411 ; VIII, 250.)
Dans cet abord. (IV, 27 ; V, 176.)
Notre amoureux ne songeoit, près ni loin,
Dedans l'abord, à jouir de sa mie. (IV, 224.)
Si Thrason *dès l'abord* fait présent de Pamphile, etc. (VII, 31 ; voyez I, 134 ; III, 114 ; IV, 12, 197 ; V, 306 ; VI, 32, 37 ; VIII, 103.)
Tout *dès l'abord* Constance s'éclipsa. (V, 190 ; voyez V, 471.)

ABORD (D'), D'ABORD QUE, TOUT D'ABORD, tout aussitôt :
La cohorte du saint *d'abord* est dispersée. (VI, 283 ; voyez I, 160 ; III, 90 ; IV, 401 ; etc.)
D'abord qu'il eut la coupe, il y but, je gage. (VII, 458.)
Je l'étranglerai *tout d'abord*. (I, 76.)

ABORD (DE PRIME). (IV, 103.)

ABORD (DU PREMIER). (IV, 164.)

ABORDER, activement :
Ils *abordèrent* un rivage. (III, 185; voyez VI, 203.)

ABOUTIR, ABOUTISSANT, ABOUTI, À :
Tromperie qui... n'*aboutissoit* qu'à les faire courir. (VIII, 165.)
Une porte *aboutissante aux* champs. (IV, 252.)
Mainte allée en étoile, *à* son centre *aboutie*. (VIII, 124.)

ABRÉGÉ (L') :
Nous sommes l'*abrégé* de ce qu'il y a de bon et de mauvais. (I, 18.)

ABREUVER, ABREUVÉ :
En son sang *abreuvé*,
Des dégâts qu'il [le sanglier] a faits il va payer l'usure. (VI, 250.)

ABRI, au figuré :
Olympe, c'est assez qu'à mon dernier ouvrage
Votre nom serve un jour de rempart et d'*abri*. (II, 86.)

ABRI DE (À L'). (VI, 325.)

ABSENCE :
L'*absence* est le plus grand des maux. (II, 361.)
L'*absence* est aussi bien un remède à la haine
Qu'un appareil contre l'amour. (III, 68.)
Princesse, demeurez : je trouve votre *absence*
Plus cruelle encore que vous. (VII, 214.)

ABSOLU, UE :
Tu pourras être
De ces lieux *absolu* seigneur. (V, 272.)
Va briguer quelque voix sur mon cœur *absolue*. (VII, 72.)

ABSTINENCE, continence :
Il ne lui touche point [à sa femme], vit dedans l'*abstinence*. (IV, 389 et note 3.)

ABSURDE, substantivement :
Quand l'*absurde* est outré, l'on lui fait trop d'honneur
De vouloir par raison combattre son erreur. (II, 357.)

ABUS, acceptions diverses :
L'ingratitude et les *abus*. (III, 291; voyez IV, 396; V, 77, 490; VI, 14, 28, 199; etc.)
De bons murs, des verrous, et des yeux : c'est tout dire.
— *Abus !* (VII, 410; voyez VII, 388, 568.)
Alléguer l'impossible aux rois, c'est un *abus*. (II, 223 et note 5; voyez IV, 486, 495; V, 213, 216; IX, 65, 124.)

Le mot, comme aux tomes V, p. 490, VI, p. 199, etc., a parfois le multiple sens d'erreur, injustice, et de mauvaise habitude, excès.

Souffrir tels procès étoit un grand *abus*. (VIII, 424.)
Sans point d'*abus*. (V, 216; IX, 12, 127.)

ABUSER DE, tromper. (VI, 106.)

ACADÉMIE, au figuré, académie d'amour, couvent de Vénus :
Amour en a [des nymphes] dans son *académie*. (V, 205 et note 2.)

ACCABLER DE :
Sa femme, le voyant tout prêt de s'en aller,
    L'*accable de* baisers. (IV, 25.)
Il *fut* comme *accablé de* ce cruel outrage. (IV, 39.)

ACCESSOIRE :
L'*accessoire* auroit été plus considérable que le principal. (VIII, 240.)

ACCIDENT, ACCIDENTS :
Il n'y a nul mauvais *accident* dans sa maladie. (IX, 388.)
La superstition cause mille *accidents*. (VI, 20; voyez III, 257; IV, 138; VI, 29; etc.)

ACCIDENT, grossesse :
    Certain *accident*
Qui les fillettes va perdant. (V, 217.)
Tel *accident* n'est mort d'homme. (IX, 31.)

ACCLAMATION, ACCLAMATIONS :
Xantus fut reconduit jusqu'en son logis avec *acclamations*. (I, 41.)

ACCOINTANCE :
    Lors de faire *accointance*,
Turcs d'approcher, tendrons d'entrer en danse. (V, 386 et note 6.)

ACCOMMODANT, ANTE :
Les plus *accommodants*, ce sont les plus habiles. (II, 113.)
Humeur *accommodante*. (IV, 354.)

ACCOMMODEMENT, ACCOMMODEMENTS :
    Et même en l'*accommodement*
    Argie à son époux fit, etc. (V, 280.)
Tout doux ! il est des *accommodements*. (VII, 583.)

ACCOMMODER, ACCOMMODER À, DE, activement; s'ACCOMMODER; s'ACCOMMODER quelque chose; s'ACCOMMODER À, DE :
Rues vilaines..., maisons mal *accommodées* et mal prises. (IX, 292.)
Il [Ésope] n'acheta que des langues, lesquelles il fit *accommoder* à toutes les sauces. (I, 38; voyez V, 351.)
S'il est un conte usé, commun, et rebattu,
C'est celui qu'en ces vers j'*accommode* à ma guise. (VI, 67.)
    .... Charbonniers, noirs comme démons,
    Qui t'*accommodent* de manière
    Que tu [un bois] sois à tous les larrons
    Ce qu'on appelle un cimetière ! (IX, 231.)
    Peu de prudence eurent les pauvres gens,
    D'*accommoder* un peuple si sauvage. (II, 138.)
Au sens d'accorder, de mettre chez lui la paix.
On *avoit accommodé* le ballet à la comédie. (IX, 349.)

[Il] lui demanda si pour de l'argent il le vouloit *accommoder de* quelque bête de somme. (I, 33.)
Les choses *s'accommodèrent*. (I, 35.)
Tout cela *s'accommode* bien. (V, 122.)
Accommodez-vous, ou tirez [au sort]. (I, 226 ; voyez I, 339.)

 Un paon muoit, un geai prit son plumage,
 Puis après *se l'accommoda*. (I, 300.)
 Un mouton qui *s'accommoda*
 A tout ce qu'on voulut. (V, 130; voyez IV, 421.)

De tout elle *s'accommode*. (IV, 448; voyez III, 134; IV, 49.)
Si vous n'avez trouvé à troquer vos terres de Clignon, M. Oudan, de Reims, *s'en accommodera* avec vous. (IX, 313.)

ACCOMPAGNEMENT, ACCOMPAGNEMENTS :

Vous voyez, lui dit-il, le visage charmant
Et les traits délicats dont la reine est pourvue ;
Je vous jure ma foi que l'*accompagnement*
Est d'un tout autre prix. (V, 426 et note 8.)

.... Cette maison magnifique, avec ses *accompagnements* et ses jardins. (VIII, 246.)

ACCOMPAGNER ; s'ACCOMPAGNER DE :

 Une troupe de Zéphyrs
 L'*accompagna* dans nos côtes. (VIII, 386.)

La foule qui le suit, l'éclat qui l'*accompagne*. (IX, 157.)
Enfin, *s'accompagnant des* plus discrets Amours.... (VI, 231.)

ACCOMPLIR, ACCOMPLI, IE :

[Le naturel] se moque de tout, certain âge *accompli*. (I, 186.)
Je lui répondis que c'étoit [le château de Richelieu] une maison *accomplie*. (IX, 279.)
En vertus *accomplie*. (IX, 23.)

ACCOMPLISSEMENT, fin, achèvement. (V, 498.)

ACCORD ; D'ACCORD ; D'ACCORD DE :

Les deux ennemis ne voulant point d'*accord*.... (I, 153.)
La chatte détruisit par sa fourbe l'*accord*. (I, 220.)
D'*accord*, son procédé choque. (VII, 583.)
Si mal d'*accord* que c'étoit chose étrange. (IV, 490.)
J'en suis d'*accord*. (VII, 130.)
La jeune dame *en* étoit bien d'*accord*. (IV, 89 ; voyez IV, 89, 150, 166, 193, 247; V, 570.)
Elle *en* tomba d'*accord*. (IV, 442.)
Isabelle est d'*accord de* cet enlèvement. (VII, 330.)

ACCORD, accordailles, fiançailles :

....Vous voyez que l'hymen y suit l'*accord* de près. (IV, 450.)
Prêtre, notaire, hymen, *accord*. (V, 106 ; voyez V, 216.)

ACCORDS, terme de musique :

Mêlez parmi ces sons vos *accords* admirables. (VI, 237.)
Mes légers *accords*. (VI, 305.)
Pour pleurer Céladon cessez vos doux *accords*. (VII, 528.)

> Ne vous fiez point aux *accords*
> D'un autre Orphée. (IX, 198.)

ACCORDER, ACCORDER À, sens divers ; s'ACCORDER ; s'ACCORDER À :
> Elle employa sa médiation
> Pour *accorder* une telle querelle. (II, 137 ; voyez II, 344.)

Accorder un point. (VI, 6.)
Un point en litige.

> L'on *accorda* la belle. (IV, 400.)
> Mon père est prêt de m'*accorder*. (V, 215.)
Dans ces deux exemples, au sens de fiancer.

> Venez, petits oiseaux,
> *Accorder* vos ramages
> Au doux bruit de leurs eaux. (VII, 253.)
Terme de musique.

Mais d'où vient qu'*au* renard Ésope *accorde* un point.... (III, 133.)
Concède, reconnaît.

Deux avocats qui ne *s'accordoient* point.... (IV, 128.)
Le galant *s'accorde à* cela. (V, 551 et note 1.)

ACCORT, ACCORTE :
Prudente, *accorte*. (IX, 15.)

ACCORTISE :
Il n'a jamais été en son pouvoir de leur ôter la valeur, la fermeté d'âme, ni l'*accortise*. (VIII, 346.)

ACCOUCHEMENT :
> O Jupiter, qui sus de ton cerveau,
> Par un secret d'*accouchement* nouveau,
> Tirer Pallas. (III, 35.)

ACCOUCHER ; ACCOUCHER DE :
C'est une fort plaisante chose que de voir *accoucher* un terme. (IX, 348.)
[La montagne] *accoucha d'*une souris. (I, 397.)

ACCOURCIR :
Accourcir un chemin (II, 427 et note 6) ; des contes (IV, 10) ; le temps (VI, 187) ; la vie (VI, 304) ; un repas (IX, 370).

ACCOUTREMENT, ACCOUTREMENTS :
Allez couvrir ce corps d'un autre *accoutrement*. (VII, 357 ; voyez VIII, 169.)
Leurs nouveaux *accoutrements*. (VIII, 162.)

ACCOUTRER ; ACCOUTRER DE :
Vous voyez comme on l'*a* dans ces lieux *accoutrée*. (VII, 371 et note 1.)
De horions laidement l'*accoutra*. (IV, 96.)

ACCOUTUMANCE :
L'*accoutumance* ainsi nous rend tout familier. (I, 303 et note 4.)

Peut-être que l'*accoutumance* effaça à la fin une partie de la laideur du nouvel esclave. (I, 35.)

ACCOUTUMER DE; S'ACCOUTUMER :

Je *suis accoutumée* d'en verser [des larmes]. (VIII, 185.)
.... L'un avec l'autre aussi *s'accoutumoient*. (III, 64.)

ACCROCHER :

Le buisson *accrochoit* les passants à tous coups. (III, 223.)

ACCROIRE (EN FAIRE) :

Ces prudes-là nous *en font* bien *accroire*. (VI, 103.)

ACCROÎTRE, ACCRU :

L'infortuné mari, sans cesse s'affligeant,
Eût accru par ses pleurs le nombre des fontaines. (VI, 196.)
     Nos propres exemples
Ont accru la valeur qui vous promet des temples. (VII, 617.)
Les plaisirs qu'il attend *sont accrus* par ses peines. (VI, 236.)
     Et Sylvie *accroîtra* son empire
     Des autels de la mère d'Amour. (IX, 74.)
Et l'empire d'Amour *accru* par vos attraits. (VI, 227.)

ACCUMULER, neutralement et activement :

Fureur d'*accumuler*. (II, 347.)
Un homme *accumuloit*. (III, 201.)
Vous.... *accumulez* cœurs sur cœurs. (IX, 363.)

ACHALANDER :

L'autre femelle *avoit achalandé* ce lieu. (II, 181.)

ACHEMINER À :

Le sujet.... est simple...; tous les moyens y *acheminent* à la fin. (VII, 7.)

ACHETER, ACHETÉ :

Un mets non *acheté*. (VI, 325 et note 2; voyez VIII, 258.)

ACHEVER, ACHEVÉ :

     La belle, ayant fait dans son cœur
     Cet hyménée, *acheva* le mystère. (VI, 44.)
Dès lors que vous aurez *achevé* l'hyménée. (VII, 102; voyez VII, 112.)
.... Pour *achever* le chagrin de cette déesse. (VIII, 203.)
Elle *eut* à peine *achevé* la parole, etc. (VI, 55.)
     Le créancier et la corvée
Lui font d'un malheureux la peinture *achevée*. (I, 108.)

ACHOPPEMENT :

     Regarde d'où provient
     L'*achoppement* qui te retient. (II, 60 et note 11.)

ACIER, au figuré :

[Ces ouvrages] sont pour vous d'airain, d'*acier*, de diamant. (I, 415.)
Ongles tout d'*acier*. (III, 257.)
Leurs cœurs furent d'*acier*. (VIII, 193.)

ACQUÉRIR; être acquis à ; s'acquérir :
Vous direz à Son Excellence
Que je *lui suis acquis*. (V, 262.)
Celle-là [cette maîtresse],
Qui depuis longtemps *m'est acquise*, etc. (V, 506.)
                    Tout auteur....
Doit *s'acquérir* votre suffrage. (II, 85 ; voyez IV, 8.)

ACQUÊT, acquêts :
Si je fais peu d'*acquêts*, que mes fils s'en accusent. (VII, 67.)

ACQUIT; par acquit :
.... M'en expédie un *acquit* glorieux. (IX, 10.)
        Vous faut agir dans cette affaire,
Non *par acquit*, mais de tout votre mieux. (IX, 10 et note 1.)

ACQUITTER de (s') :
Allons *nous acquitter de* ce bienfait immense. (VI, 299; voyez, V, 13.)

ACTEUR, acteurs :
    A peine fut cette scène achevée
    Que l'autre *acteur*, par la prompte arrivée,
    Jeta la dame en quelque étonnement. (VI, 135.)

L'autre champion de Vénus.

        Trucheman de peuples divers,
Je les faisois servir d'*acteurs* en mon ouvrage. (III, 168.)

ACTION :
    Que sœur Thérèse eût chargé d'*action*
    Son discours véhément.... (V, 593 ; voyez IV, 232 et note 4.)

D'action amoureuse.

Le ballet fut toujours une *action* muette. (IX, 156.)
.... Ce qui donnoit encore plus d'éclat à cette *action*. (VIII, 251 ; comparez VIII, 266, 290.)

A cette représentation. — Dans les *Lettres* de Chapelain, tome II, p. 820 : « Notre Molière.... en est péri [de la profession de parler en public] au milieu de sa dernière action. »

Nous allâmes au sermon l'après-dînée...; nous accourcimes notre repas pour ne rien perdre de cette *action*. (IX, 370.)
En cette *action*. (IX, 324.)

Il s'agit de l'entrée de la Reine à Paris.

ADAGE. (IX, 40.)

ADIEU :
Adieu mon homme : il va boire au godet. (V, 305.)
Adieu vous dis, vous et vos jours de fête. (IV, 351 et note 5.)
Le banni dit *adieu*. (VI, 20.)
Sans dire *adieu*. (V, 468.)

ADMIRATEUR, admirateurs :
Ah! Messieurs, vous parlez en amis de l'auteur;

Revêtus d'un esprit facile *admirateur*,
Vous chantez son triomphe. (VII, 354.)

Et je vois des auteurs
Qui, plus savants que moi, sont moins *admirateurs*. (IX, 201.)

Les Anglois ne sont pas fort grands *admirateurs*. (IX, 393.)

« Les Italiens, sobres admirateurs d'autrui. » (Pasquier, *Recherches de la France*, chapitre XXVI.)

ADMIRER, s'étonner de :

Damon *admire* son destin. (VI, 203.)
Télamon dans son âme *admire* l'aventure. (VI, 203.)

ADOLESCENCE :

Royale *adolescence*
Pour tous les cœurs est un charme trop doux. (IX, 30.)

ADONC :

Adonc, me dit la bachelette. (VIII, 441.)

ADOPTER :

.... Il en étoit ainsi de la terre, qui n'*adoptoit* qu'avec peine les productions du travail et de la culture, et qui réservoit toute sa tendresse et tous ses bienfaits pour les siennes seules. (I, 36.)

ADORER, au propre :

Le chef voulut que Malc *adorât* ses enfants. (VI, 285.)

ADOUCIR :

Jusqu'à ce que la chaleur *fût adoucie*. (VIII, 31.)
Sortez : j'*adoucirai* son cœur en votre absence. (VII, 584.)
Adoucir sa voix (I, 175; VIII, 262, 411); sa plainte (I, 220); son ressentiment (VII, 615); ses prunelles (V, 445 et note 7).

ADRESSE, ADRESSES :

C'est une *adresse* dont s'est servi très heureusement, etc. (I, 4.)
.... C'est une *adresse* à mon sens non petite. (IV, 264.)
Du côté de l'*adresse* il ne leur manque rien. (V, 122.)
Les *adresses* d'Ulysse. (VII, 616.)

ADRESSER à :

Adresse-lui tes dons. (III, 314.)
Adressant donc à Pinuce sa voix. (IV, 217.)
A qui dois-je *adresser* ma voix ? (VII, 239.)
Adressant sa voix, tantôt à Pluton et à Proserpine, etc. (VIII, 214; voyez VIII, 251.)

ADRESSER, s'adresser :

Bien *adresser* n'est pas petite affaire. (I, 110.)

ADRESSER à (S') :

Il faut les engager
A s'*adresser* à qui peut se venger. (III, 316.)

C'est à vous que ma voix *se devoit adresser*. (VIII, 251.)
.... Où mes pas *s'étoient adressés*. (VIII, 285.)

ADROIT, OITE :
Adroite repartie. (I, 143.)

ADROIT, substantivement :
L'*adroit*, le vigilant, et le fort. (III, 38.)

ADULATEUR :
Ni fade *adulateur*, ni parleur trop sincère. (II, 133.)

ADVENIR. Voyez AVENIR.

AFFADIR, au figuré :
  Ces gens l'embarrassoient,
 L'attiédissoient, l'*affadissoient*. (V, 250 et note 4.)

AFFAIRE, acceptions diverses :
   Avant l'*affaire*,
 Le roi, l'âne, ou moi, nous mourrons. (II, 67.)
N'as-tu point *affaire*? (VII, 42 ; voyez VII, 161, 192.)
Toute *affaire* laissée. (VII, 55.)
Il fait de vous tuer sa principale *affaire*. (VII, 403 et note 1; voyez III, 103 et note 6.)
C'est le droit du jeu, c'est l'*affaire*. (III, 84.)
C'est ce qui importe, c'est le grand intérêt.
Ce n'est pas grande *affaire*. (VIII, 427.)
Et conter pour conter me semble peu d'*affaire*. (II, 2.)
A se conduire il n'a pas peu d'*affaire*. (IX, 119.)
Sa femme étoit encor de bonne *affaire*. (IV, 204 et note 5.)
Or au fond de ce bois un certain autre étoit,
Sourd et muet, et d'amoureuse *affaire*. (IV, 409.)
.... Puys ces gros culz pour l'amoureuse affaire
Si bien troussez qu'il n'y a que refaire.
  (Jean Marot, Epistre des dames de Paris aux courtisans de France
   estant pour lors [1515] en Italie.)
Voyez aussi les *Poésies* de Voiture, p. 69.
 Ils devoient aller au jardin
 Dans un bois propre à telle *affaire*. (V, 219.)
 Mon Pucelage dit qu'il faut
 Remettre l'*affaire* à tantôt. (V, 225.)
Mieux eût valu tousser après l'*affaire*. (IV, 111.)
Le bon de l'*affaire*. (V, 71; VII, 76.)
Le meilleur de l'*affaire*. (V, 112.)
Gens de pareille *affaire*. (IV, 341.)
De pareil métier, de pareille besogne.
  Les trois frères
Trouvent un bien fort grand, mais fort mêlé d'*affaires*. (I, 339.)
Faire ses *affaires*. (IV, 206, 400.) Pousser l'*affaire*. (V, 591.) Pousser les *affaires*. (IV, 432.) Prendre cœur à l'*affaire*. (IV, 89.) Prendre part à l'*affaire*. (IV, 81). Tirer d'*affaire*. (III, 134.)
Être en *affaire*. (IX, 112.) Achever l'*affaire*. (IV, 413.) Avoir son *affaire*. (V, 84.) Avoir *affaire* dans. (I, 31 ; V, 401.) Avoir *affaire* de. (IV, 487; IX, 91, 311.) Être l'*affaire* de. (IV, 468.) Faire l'*affaire*. (V, 117, 128, 221.) En faire l'*affaire*. (I, 309 ; V, 128.) Faire une *affaire* à. (II, 224.)

Quelle est donc votre *affaire*? (IX, 65.)
Votre rôle? A quoi êtes-vous bon?

Les Latins les nommoient [ces mois] douteux pour cette *affaire*.(II, 9.)
A cause de cela.

AFFAMER, AFFAMÉ :
Ventre *affamé* n'a point d'oreilles. (II, 450 et note 11.)

AFFECTER, AFFECTÉ :
[Ce cœur généreux] *affecte* une autre gloire. (IX, 35.)
Il falloit donc qu'elle eût un séjour *affecté*. (II, 70)
Qui lui fût affecté.

AFFECTION :
André vaquoit de grande *affection*
A son travail. (IV, 161 et note 1.)
De grand zèle.

AFFECTIONNÉ à. (VIII, 322, 328.)

AFFÉTERIE :
Regards remplis d'*afféterie*. (V, 119 et note 7.)
« Ah! pasque Dieu! ce dit il, ie ne veux pas qu'il y vienne; il y trouueroit quelque petite affetée et saffrette de laquelle il s'amouracheroit. » (Brantôme, tome IX, p. 469.)

Il ne se trouvera point que j'aie employé ni *afféterie* ni paroles ensorcelantes. (VIII, 174.)

AFFICHER ; AFFICHER QUE :
Ils *affichoient* chacun à part. (II, 369-370 et note 1.)
Et l'autre *affiche* par la ville
Qu'il est un passe-Cicéron. (II, 63 et note 7.)

AFFIE :
Je vous *affie*.
Et certifie, etc. (VIII, 442 et note 6.)

AFFINER, attraper, tromper :
Notre maître Mitis
Pour la seconde fois les trompe [les souris] et les *affine*. (I, 257.)
C'est un grand cas quand on m'*affine*. (VII, 130 et note 3.)
« Les Lacedemoniens, dissimulant le malcontentement qu'ilz auoient de se voir ainsy affinez par luy, le renuoyerent sain et sauf. » (Amyot, traduction de Plutarque, *Vie de Thémistocle*.)

AFFIQUETS, ajustements, parures :
Les *affiquets*, les habits à changer,
Joyaux, bijoux, ne manquoient à la dame. (IV, 338 et note 5.)
Mille menus *affiquets*. (VIII, 83.)

AFFLICTIF, IVE :
C'est trop peu qu'un couvent pour sa peine *afflictive*. (VII, 391.)

AFFLICTION, embarras, ennuis, chagrins :
Il se pouvoit tirer d'*affliction*. (VI, 95.)

AFFLIGER, au sens du latin *affligere* :
Le Romain se vit donc à la fin soulagé
Par le même pouvoir qui l'*avoit affligé*. (IV, 32 ; voyez III, 263.)

AFFLUENCE :
Ôtez-nous de ces biens l'*affluence* importune. (II, 125.)

AFFOLER, blesser, meurtrir :
Il m'a perdue, il m'a toute *affolée*. (V, 374 et note 5.)
Qu'il ne t'*affole* la fressure. (IX, 182.)

AFFRANCHIR ; AFFRANCHIR DE ; S'AFFRANCHIR :
Xantus, de sa part, voyoit par là de quelle importance il lui étoit de ne point *affranchir* Ésope. (I, 40 ; voyez I, 41-44 ; VII, 92, 114.)
Je les *affranchis du* supplice. (III, 254 et note 34.)
.... Et ne *se* sauroit-il *affranchir* en naissant ? (VI, 291.)

AFFRONTER :
On m'a vu quelque fois *affronter* des guerriers. (VII, 623.)
L'un en théâtre *affronte* l'Achéron. (II, 63.)
    Le Mogor est-il homme
Que l'on osât de la sorte *affronter ?* (V, 37.)
Tromper, abuser, jouer.

AFFUBLER, AFFUBLÉ DE ; S'AFFUBLER DE :
La voilà donc *de* grègues *affublée*. (V, 415.)
Affublé du cuveau. (V, 545 et note 4.)
    Panneau n'étoit, tant étrange semblât,
Où le pauvre homme à la fin ne donnât
    De tout son cœur, et ne *s'en affublât*. (V, 32 et note 2.)

Aussitôt notre vieille, encor plus misérable,
*S'affubloit d'*un jupon crasseux et détestable. (I, 382 ; voyez V, 373 et note 5.)

AGACER, AGAÇANT :
Le chat *étoit* souvent *agacé* par l'oiseau. (III, 197.)
Cet *agaçant* noyau de plusieurs fut suivi. (VII, 425 et note 9.)

AGASSE, pie. (III, 243 et note 4.)

ÂGE :
Age d'or (III, 33, 249 ; VI, 200) ; *âge* de fer (VI, 200) ; *âge* avancé (I, 18, 200) ; *âge* moyen (I, 109) ; bas *âge* (III, 197) ; *âge* d'aimer (V, 8).
Dans son plus bel *âge*. (VIII, 138.)

ÂGE DE (EN) :
    Bonne galande en toutes les façons,
    Et qui sut plus que garder les moutons,
    Tant qu'elle fut *en âge de* bergère. (V, 372.)
    Ils avoient deux enfants :
Garçon d'un an, fille *en âge d'*en faire. (IV, 204.)

AGENT, facteur, mandataire :
Ils avoient des comptoirs, des facteurs, des *agents*. (III, 221 ; voyez III, 228 ; VI, 106.)
L'*agent* général de vos affaires. (VIII, 204.)
Zéphyre, ministre de Cupidon.
Faire l'*agent* et d'amour s'entremettre. (VII, 35 ; voyez VII, 53, 91.)
  Je sens en moi certain *agent*;
  Tout obéit dans ma machine. (II, 471.)

AGGRAVER, AGGRAVÉ, au propre :
Les yeux encore *aggravés*. (IV, 382 et note 3.)
Lourds de sommeil.

AGIR :
Chaque castor *agit* : commune en est la tâche. (II, 467.)
Il faut *agir* sans cesse en l'attendant. (V, 544 ; voyez V, 40, 41, 220.)

AGITER :
Mon cœur *est agité*. (VI, 300.)
    L'attention,
Qu'il croyoit que les dieux eussent à sa querelle,
N'*agitoit* pas encor chez eux cette nouvelle. (III, 311.)
Agiter quelque point. (IX, 397.)
Dans ces deux derniers exemples, au sens du latin *agitare*.

AGNELET, petit agneau :
Thibaut l'*agnelet*. (III, 32 et note 13.)

AGRÉABLE ; AGRÉABLE A :
.... Si l'avez *agréable*. (IV, 247.)
  Je m'en vais faire une œuvre,
  Agréable à tout l'univers. (III, 3 ; voyez V, 37, 388, 475.)

AGRÉER, neutralement et activement ; AGRÉER POUR :
Le don d'*agréer*. (I, 283.)
Nos hôtes *agréeront* les soins qui leur sont dus. (VI, 152.)
Jean Lapin *pour* juge l'*agrée*. (II, 190.)

AGRÉMENT, AGRÉMENTS :
  Mars lui promet en apanage.
  La grandeur d'âme et le courage.
  — Moi, la vertu. — Moi, l'*agrément*. (VII, 194.)
La dame avoit un peu plus d'*agrément*. (VI, 128 et note 4.)
Ses *agréments* à qui tout rend hommage. (III, 275.)
[La paix] repeuplera l'univers d'*agréments*. (IX, 33.)

AGRESSEUR :
Mon fils fut l'*agresseur*. (III, 66.)

AGUIMPER, AGUIMPÉ, ÉE :
  Tant ne songeoient au service divin,
  Qu'à soi montrer ès parloirs *aguimpées*

Bien blanchement, comme droites poupées. (IV, 488 et note 6.)
Bien ajustées dans leurs guimpes bien blanches.

AHY, exclamation :
Haye! *ahy!* vous m'étranglez. (VII, 481; voyez VII, 488.)

AIDE; DONNER AIDE À :
Il nageoit quelque peu, mais il falloit de l'*aide*. (I, 309.)
Je *vous* puis *donner aide*. (IV, 159.)

AIDER à quelqu'un à, suivi de l'infinitif; AIDER à quelque chose; S'AIDER :
Aucun n'*aide aux* chevaux *à* se tirer d'affaire. (II, 143.)
Le meuble et l'équipage *aidoient* fort *à* la chose. (II, 181.)
Le Ciel veut qu'on *s'aide* en amour. (VI, 179.)

AIEUL, AIEULS :
.... Au rang que ses *aïeuls* ont jadis su tenir. (VII, 30 et note 3.)

AIGLONNE (la gent). (I, 222.)

AIGRET :
[Le] seigle, au goût *aigret*. (VIII, 206.)

AIGREUR :
Adoucir l'*aigreur* de ses coups. (IV, 405.)

AIGRIR (S') :
Leurs propos *s*'alloient de plus en plus *aigrir*. (IV, 57.)

AIGUILLE (DE FIL EN) :
De fil en aiguille, je vous ai conté que, etc. (VII, 448 et note 3; VI, 54.)

AIGUILLETTE, cordon ferré par les deux bouts qui servoit à attacher le haut-de-chausses au pourpoint. (V, 419 et note 1.)

AIGUILLON, au figuré :
[Cela] vous servira d'*aiguillon* pour courir aux actions héroïques. (VIII, 346.)

AIGUILLONNER, au figuré :
L'autre *aiguillonnera* ses esprits pour monter. (VII, 411.)

AIGUISER, au figuré :
     Leur beauté
Aiguisoit l'appétit aussi de son côté. (V, 587.)

AIL, AULX :
 Il n'étoit ambre, il n'étoit fleur,
  Qui ne fût *ail* au prix. (II, 131.)
Trente *aulx* sans boire! (IV, 133; voyez IV, 137, 142.)

AILE, AILES, acceptions diverses :
Traînant l'*aile*. (II, 365, III, 65.) — Tenir sous son *aile*. (VI, 51.)
Vents, allez le chercher, qu'il vienne sur vos *ailes*. (VII, 190.)
Les vents, les chérubins, te portent sur leurs *ailes*. (VIII, 396.)

La déesse aux *ailes* légères. (IX, 193.)
Le dieu dont l'*aile* est légère, etc. (II, 314.)
L'*aile* des esprits. (VI, 320).
Souffrez qu'à mon logis j'ajoute encore une *aile*. (II, 209.)

AILÉ :

    Ce parasite *ailé*,
 Que nous avons mouche appelé. (III, 263; voyez I, 121.)

AILLADE. (IV, 137 et note 2.)

AILLEURS :

Il a donc fallu se récompenser d'*ailleurs*. (I, 14.)

AIMABLE :

Elle ne peut partir de ces *aimables* lieux. (VI, 246.)

AIMANT :

Toujours le pilote a l'œil sur son *aimant*. (VI, 330.)
Sur l'aiguille aimantée de sa boussole.

Voilà le véritable *aimant* des beaux esprits. (VII, 356.)

  O douce Volupté...,
Aimant universel de tous les animaux. (VIII, 232.)

AIMER ; AIMER D'AMOUR ; FAIRE AIMER ; AIMER DE ; S'AIMER :

 Vous savez bien par votre expérience,
  Que c'est d'*aimer*. (V, 173.)

Son mari l'*aimoit d'amour* folle. (VI, 69.)
Voyez AMOUR.

 .... Vous procurer la jouissance
  De celle qui vous *fait aimer*. (V, 257.)

Et moi qui n'*aime* pas *de* contredire en rien, etc. (VII, 325.)
Un homme... *s'aimoit* sans avoir de rivaux. (I, 92.)
C'est une déesse... qui *s'aime* mieux en cet endroit que si on lui avoit donné le plus bel appartement. (IX, 260.)
Qui se plaît mieux.

AÎNESSE (DROIT D'). (I, 199.)

AINSI; AINSI DE ; QU'AINSI NE SOIT :

Ainsi dit, *ainsi* fait. (I, 207; III, 8; VII, 124.)
Ainsi fut dit, *ainsi* s'exécuta. (IV, 110.)
Ainsi fut dit, *ainsi* fut arrêté. (VI, 130.)
Ainsi fut dit, *ainsi* l'on l'accorda. (IV, 298.)
Ainsi de votre épouse. (V, 102.)
Qu'ainsi ne soit, voyons d'autres états. (VI, 101 et note 1.)

AIR, au propre :

J'étois à ma fenêtre à prendre souvent l'*air*. (VII, 423.)
On ne vit ni d'*air* ni d'amour. (IV, 408; voyez I, 207.)
Gens pesant l'*air*. (VI, 41 et note 2.)

AIR, au figuré, apparence; DE L'AIR DE :

Un *air* doux. (VI, 287.)

L'*air* de bergère. (VI, 17; voyez I, 34; II, 79.)
Il a tout l'*air* d'un dieu. (VII, 232.)
Que Tharsis soit parfait, qu'il ait l'*air* qu'ont les dieux, etc. (VII, 233.)
Le bon goût et l'*air* de Térence. (IX, 349.)
.... Tâchant de rendre mien cet *air* d'antiquité. (IX, 202.)
Pour voir cet *air* chez nous en foule on va se rendre. (VII, 315.)
....N'a pas l'*air* du beau monde. (IX, 159.)
Mais il a si bon *air!* (VII, 286.)

Sa personne rassemble
Dans sa perfection tous les bons *airs* ensemble. (VII, 424.)
De quel *air* vient à nous le chef des députés? (VII, 607.)
Sachant de quel *air* je l'estime aujourd'hui,
S'il veut bien m'épouser encor, tant pis pour lui. (VII, 419.)

    Qu'il trouve en vous un peu *de l'air*
    Des anciens. (VIII, 348.)

D'ailleurs ce voile avoit beaucoup *de l'air*
    D'un haut-de-chausse. (V, 419.)

AIRAIN :

[Ces ouvrages] sont pour vous d'*airain*, d'acier, de diamant. (I, 415.)
Un bras d'*airain*. (VIII, 399.)

AIS :

Ais non façonnés. (VI, 153 et note 5.)

AISE, bonheur, plaisir :

.... L'*aise* de vous voir, pour un peu reculée,
A rendu mon esprit toujours inquiété. (VII, 84 et note 1.)
Et ne retardons point l'*aise* de nos amants. (VII, 114.)
Ce tour fripon du couple augmentoit l'*aise*. (V, 546; voyez V, 199, 267.)
A mon *aise*. (V, 574.) A son *aise*. (I, 226; IV, 308; V, 78, 592; VII, 128.) A votre *aise*. (VII, 135.) A son bel *aise*. (IV, 500 et note 11.)

AISE (À L').

Pour plus *à l'aise* ensemble se jouer.... (IV, 302 ; voyez V, 72.)

AISE, adjectivement :

Tout *aise* et tout heureuse. (II, 118; voyez II, 113; V, 201.)
N'es-tu pas plus *aise* qu'un roi? (IX, 142.).

AISÉ, ÉE :

.... Il est *aisé* de s'en accommoder. (IV, 49.)
Les commencements étoient plus *aisés*. (I, 45.)
Cette leçon ne fut la plus *aisée*. (V, 476.)

AJOUTER à, absolument; AJOUTER FOI à :

[On pourroit] *ajouter à* sa queue. (I, 78.)
O Ciel! lui dois-je *ajouter foi?* (VII, 213; voyez VII, 242 ; VIII, 373.)
Voyez Foi.

AJUSTEMENT :

C'est un *ajustement* des mouches emprunté. (I, 273; voyez I, 274.)

On les salue, on les baise, on les loue
De leur beauté, de leur *ajustement*. (V, 74.)

De cet *ajustement* quels yeux vous sauront gré? (VII, 524.)

AJUSTER, au propre et au figuré ; AJUSTER À ; S'AJUSTER :

Ajustant sa tête. (I, 110 ; voyez IV, 389.)

Il *ajuste* d'une autre sorte
La température des cieux. (II, 14.)

Épieux et fourches-fières
L'*ajustent* de toutes manières. (I, 331.)

Bien qu'au moins mal qu'il pût il *ajustât* l'histoire.... (III, 136.)
J'ai vingt vers *ajustés*. (IX, 13.)
C'est une tragédie *ajustée* au théâtre. (VII, 283.)
Pour plaire à César allez *vous ajuster*. (VII, 366.)
[Le muletier] ne manqua pas de *s'ajuster* ainsi. (IV, 226 et note 2.)

ALAMBIC, ALAMBICS :

.... Et fait comme *alambics* distiller leurs planchers. (VIII, 41, 294.)

ALARME, ALARMES, sens et emplois divers ; ÊTRE, METTRE, SE METTRE, EN ALARME OU ALARMES :

.... Ils en ont l'*alarme*. (IX, 131.)
Je prends l'*alarme*. (VIII, 375.)
Je mets l'*alarme* au camp ! (I, 173 ; voyez VIII, 298.)

L'*alarme* se promène
De toutes parts. (III, 97 et note 14 ; voyez II, 449.)

J'entends déjà le bruit des premières *alarmes*. (VII, 628.)
Notre prince avec art nous conduit aux *alarmes*. (IX, 201.)
Ne serons-nous jamais affranchis des *alarmes*? (IX, 47.)

.... Lui dont les armes
Vont aux Turcs donner des *alarmes*. (IX, 131.)

Pousse les Phrygiens, redouble leurs *alarmes*. (VII, 624.)
Le dieu des *alarmes*. (IX, 453.)
Après dix ans d'*alarmes*. (III, 185 ; voyez I, 200 ; III, 77 ; IV, 59, 424, 427, 444 ; V, 413 ; VI, 243 ; VIII, 401, 506.)
Que l'amour a d'*alarmes!* (VII, 266.)
Ce doit être l'effet des dernières *alarmes*
Par qui mon imposture a séduit sa raison. (VII, 518.)
Que je vous ai causé d'*alarmes!* (VII, 547.)
Ma sœur, bannissez ces *alarmes*. (VII, 520 ; voyez VII, 588.)
Céladon, mettez fin à vos tristes *alarmes*. (VII, 538.)
Quel plaisir de céder à de telles *alarmes!* (VII, 544.)

Vos charmes
Ne paroîtront jamais sans me donner d'*alarmes*. (VIII, 364.)

Les dieux n'en usent pas ainsi :
Leur ardeur est légère ; ils aiment sans *alarmes*. (VII, 257.)
On le posséderoit entier et sans *alarmes*. (VII, 600 ; voyez VII, 603.)

Ici les Muses sans *alarmes*
Se promènent parmi les bois. (IX, 195.)

Un de nos deux amis sort du lit *en alarme*. (II, 266 ; voyez I, 356.)

Hibou mourut : la veuve, *en ces alarmes*,
N'étala point des clameurs et des larmes. (VII, 581.)
  Plus il *est en alarmes*,
    Plus l'autre rit. (VI, 114 ; voyez IV, 169.)
Celle-ci, par ses cris, *mettoit* tout *en alarme*. (VI, 70.)
Qu'ai-je besoin de *me mettre en alarmes ?* (IV, 307.)

ALARMER :
Voilà le philosophe bien *alarmé*. (I, 41.)

ALBÂTRE, au propre et au figuré :
Bien que cette dernière [la blancheur des bras] fît honte à l'*albâtre*....
(VIII, 285 et note 4.)
Un marbre plus blanc qu'*albâtre*. (VIII, 186.)
Les trésors de sa gorge d'*albâtre*. (VI, 233 et note 1.)
Laisse en repos son sein d'*albâtre*. (VII, 262.)
Ce corps d'*albâtre*. (VIII, 192.)
Empourprer cet *albâtre*. (VIII, 194.)
Quant à moi, j'ai vu, Sire, au pied dont il s'agit,
  Du marbre, de l'*albâtre*. (VII, 180.)
Qu'avez-vous perdu de lis et d'*albâtre*, à comparaison de ce qui vous
en est demeuré ? (VIII, 225.)

ALCÔVE, masculin :
Il y avoit un *alcôve* à l'opposite des fenêtres. (VIII, 278.)
Ne vous étonnez pas de ce mot d'*alcôve*, etc. (VIII, 63 et note 2 ;
voyez IV, 446 ; VIII, 251, 260.)

ALENTOUR :
Faisons-le répéter aux échos d'*alentour*. (VII, 541.)

ALERTE :
Lorsque vous commandez, tout le monde est *alerte*. (VII, 343.)
Voyez ERTE (À L').

ALIBORON (MAÎTRE). (I, 96 et note 1.)
  Surnom fréquemment appliqué à l'âne : « *Aliborum, maître Aliborum*. Ce nom, dit Huet, me semble avoir été donné par dérision à quelque avocat ignorant, qui, lorsqu'on plaidoit en latin, voulant dire qu'un homme n'étoit pas recevable à ses alibis, dit : *Nulla habenda est ratio istorum aliborum ;* ou quelque chose de semblable. » (*Additions à l'étymologie de la langue françoise de M. Ménage*, petit opuscule de Huet recueilli par l'abbé de Tilladet dans ses *Dissertations sur diverses matières de religion et de philologie, etc.*, Paris, François Fournier, 1712, 4 vol. in-12.) Ces *additions* se trouvent à la page 172 du troisième volume.
  Voyez aussi Rabelais, tome II, p. 103 ; la *Muse historique* de Loret, tome II, p. 277 ; et les exemples cités, les étymologies proposées dans le Dictionnaire de Littré, notamment dans le Supplément (Mots d'origine orientale).

ALIMENT :
Tout travaille pour elle [la grandeur royale], et réciproquement
  Tout tire d'elle l'*aliment*. (I, 208 ; voyez II, 413 ; VI, 77, 322, 332.)
    Cette solitude,
Bien loin d'être un remède à son inquiétude,
    En devint même l'*aliment*. (V, 254.)

ALLAITER :

Mère nouvellement, on l'eût vue [cette lionne] *allaiter*
Celui qu'elle venoit en ces lieux d'enfanter. (VI, 301.)

ALLÉCHER, ALLÉCHÉ :

Prends garde à ce qui peut *allécher* leurs esprits. (VII, 36.)
Maître Renard, par l'odeur *alléché*. (I, 62.)

ALLÉGEANCE :

Renaud, ravi de ce peu d'*allégeance*. (IV, 251 et note 4; voyez V, 173.)

ALLÉGORIE :

Entendre l'*allégorie*. (IX, 115.)

ALLÉGUER ; ALLÉGUER À ; ALLÉGUER QUE :

J'en vais *alléguer* un [homme]. (II, 104.)
[Les écrivains] ne manquent jamais de l'*alléguer* [l'exemple de César] en de pareilles occasions. (LX, 355.)
Ce que vous *alléguez* en faveur de ces frères, etc. (VII, 612.)
.... De m'*alléguer* ton Dieu que je ne crus jamais. (VI, 292.)
[Carvel] *alléguoit* à la créature
Et la Légende et l'Écriture. (IV, 379 et note 1.)
Je ne *vous* voulois point *alléguer* la patrie. (VII, 616.)
.... M'*alléguer* le scandale et la honte. (VIII, 81.)
Lui ayant *allégué* de méchantes raisons. (VIII, 95; voyez VIII, 152.)
Alléguant qu'il n'étoit moyen, etc. (I, 195; voyez I, 17.)
N'allez point m'*alléguer que* c'est plaisir pour nous. (VII, 156.)

ALLER, emplois divers :

L'âne... goûtoit fort l'autre façon d'*aller*. (I, 202.)
La perte d'un époux ne *va* point sans soupirs. (II, 73.)
L'aîné *va*, ce me semble, un peu vite à l'argent. (VII, 67.)
Comment vous *va*, Chremès? (VII, 101 ; voyez VII, 128.)
Quand j'*irai* chez les morts.... (VIII, 417.)
  Que si d'ailleurs cette supercherie
  Alloit jamais jusqu'à votre mari.... (IV, 79; voyez III, 163.)
Avec de l'esprit on *va* jusques à Rome. (IX, 214; voyez III, 89 ; etc.)
Aller contre les vents. (VII, 410.)
J'*irois* plus haut peut-être au temple de Mémoire. (IX, 186.)
Aller devant. (IV, 157.) *Aller* droit. (III, 240 ; V, 567.) *Aller* tortu. (III, 240.) *Aller* loin. (III, 163.) *Aller* vers. (I, 45.)

ALLER, suivi du participe présent :

[Ces deux veuves] l'*alloient* quelquefois *testonnant*. (I, 110 ; voyez I, 89, 380; II, 399; III, 212, 303; VI, 8, 10, 16, 48, 58, 155; VIII, 30, 41, 231, 430; et *passim*.)

ALLER LE PAS. (IX, 117 et note 2.)

ALLER (EN) :

De ce matin lui-même il vous dira
Du quart en sus comme la chose *en va*. (IV, 351 et note 2; voyez I, 265; III, 323; IV, 70.)

ALLER DE (Y) :
Il n'y va rien du nôtre. (IV, 259 et note 6; voyez II, 34; IV, 67.)

ALLER À :
> Si la servante de l'hôte
> *Au* lit de notre homme *alloit*,
> C'étoit aussitôt Ilie, etc. (V, 341.)

ALLER BIEN, MAL. (V, 330; III, 19; IX, 5.)

ALLER À BIEN :
La chose *alloit à bien* par son soin diligent. (II, 151.)

ALLER (S'EN) :
L'un revint, l'autre *s'en alla*. (IX, 95.)
Jean *s'en alla* comme il étoit venu. (IX, 80.)
Le bien de notre amant *s'en va* le grand galop. (V, 252.)
> Votre repos, votre honneur, votre bien,
> *S'en sont allés* aux plaisirs de Clitie. (V, 172.)

Il *s'en va* temps que, etc. (II, 77.)
Un cygne de Vaux *s'en alloit* mourir. (VIII, 271; voyez I, 45; II, 409.)

VAS pour VAIS :
Je *vas*. (I, 40, 89, 135; II, 61; VIII, 129, 150, 160, 199, 241, etc.)
Je m'en *vas*. (VIII, 204, 240.)

ALLIÉ, ÉE :
Fille bien *alliée*. (IV, 331.)

ALLIER (S') :
.... Si l'hymen *s'allioit* avecque les amours. (VII, 568.)

ALMANACH :
Si l'*almanach* ne ment.... (IX, 15; voyez VIII, 447.)

ALOI, au figuré :
Forte femelle, et d'assez bon *aloi*. (V, 320 et note 2.)
Le marchand voit s'il [le cuvier] est de bon *aloi*. (V, 543.)
Cent ans de bon *aloi*. (IX, 451.)

ALORS; ALORS QUE :
Les gens d'*alors*. (V, 119; VIII, 24.)
Alors que l'on vous prie. (V, 568.)

ALPHABET :
L'*alphabet* d'amour. (V, 222.)

ALTERCAS, querelle, dispute :
> Cet *altercas*
Mit en combustion la salle et la cuisine. (III, 227 et note 15; voyez VIII, 444.)
> .... Un homme
> Qui sans raison nous tient en *altercas*. (IX, 20.)

ALTÉRER, ALTÉRÉ; S'ALTÉRER :
Le gosier *altéré*. (III, 134.) — Notre gorge *altérée*. (II, 338.)

> Un suppôt de Bacchus
> *Altéroit* sa santé, son esprit, et sa bourse. (I, 223; voyez III, 6, 43;
> IV, 30; VI, 329; VIII, 474.)
> L'objet tente; il faudra que ce monceau *s'altère*. (III, 23 et note 5.)

AMADOUER :
Il l'*amadoue*; elle le flatte. (I, 185.)

AMANT, AMANTE; AMANT, AMANTE, DE :
Le métier d'*amant*. (III, 104.)
Soyez *amants* aussi longtemps qu'époux. (IX, 167.)
> Les dieux au milieu de leur gloire
> Sont moins dieux quelquefois que ne sont les *amants*. (VII, 222.)
> Je baise mes amis, je leur fais cent caresses;
> A l'égard des *amants*, tout leur est refusé. (VII, 159; voyez VII, 161.
Amant aimé, galant. (IV, 386 et note 6.)
Heureux *amants*. (V, 10; VI, 200; VII, 194, 518.)
Heureux *amants*, plus heureuses *amantes*. (VII, 567.)
Amants de la solitude. (III, 120.)
Les *amants des* Muses. (IX, 114.)
> La Victoire,
> *Amante de* Louis. (II, 203.)

AMAS :
Ces *amas* enflammés, pernicieux trésors. (VI, 320.)
Les humeurs.

Quel *amas* d'arbres toujours verts...! (VIII, 29.)
.... Un *amas* d'objets qui éblouissoit la vue. (VIII, 62.)
Ces *amas* de pierres. (VIII, 256.)
Un *amas* de reptiles. (VIII, 294.)
Le riche *amas* des trésors, etc. (VIII, 385.)
Un *amas* de paroles. (VIII, 17.)

AMASSER, ramasser :
L'un se baissoit déjà pour *amasser* la proie. (II, 403 et note 4.)
Comparez du Fail, tome II, p. 17; des Périers, tome II, p. 83; Ronsard, tome II, p. 85; Belleau, tome I, p. 207; Brantôme, tomes II, p. 124, 125, VI, p. 343, 345 354, 378; Montaigne, tomes I, p. 402, 447, III, p. 257, IV, p. 129; etc.

AMATEUR DE :
Amateur du change. (V, 514.)
Amateur de la chasse. (II, 6.)
Amateur du jardinage. (I, 277.)
Amateur de nos beautés. (VIII, 258.)

AMAZONE :
Ces *amazones* [les chèvres]. (III, 209.)
Je ne lui trouvai [à la Pucelle] ni l'air, ni la taille, ni le visage, d'une *amazone*. (IX, 235; voyez VIII, 102.)

AMBASSADE à (FAIRE L') :
Son frère arrive, et *lui fait l'ambassade*. (IV, 23.)

AMBIGU :
Faits *ambigus*. (II, 298 et note 38.)

Faute d'avoir rendu cet oracle *ambigu* et court. (VIII, 22 et note 2.)

AMBITIEUX de :
Du titre de clément rendez-le *ambitieux*. (VIII, 358; voyez IX, 376.)

AMBLE (Cheval d'). (V, 564 et note 5.)

AMBRE :
 Il n'étoit *ambre*, il n'étoit fleur,
 Qui ne fût ail au prix. (II, 131.)
.... Un profond pot de chambre,
Qui n'étoit point rempli de civette ni d'*ambre*. (VII, 338 et note 2.)
Cette bouche m'appelle à son haleine d'*ambre*. (VII, 180; voyez V, 586 et note 4.)

AMBROISIE. (II, 417 et note 5; VIII, 38.)

AMBROISE, ambroisie :
Ma foi, c'est bâme. — Et Tiennette est *ambroise*. (V, 326 et note 2.)

AMBROSIE :
Qu'il [Jupiter] vous accorde l'*ambrosie*. (VII, 268; voyez VIII, 34, 57, 263 et note 2.)

 Pour soutenir notre enjouement
 Et tout l'essor de la saillie,
 Le vin d'Aï, nectar charmant,
 Pourra vous servir d'*ambrosie*.
  (Lettre de Frédéric à Voltaire du 7 août 1742.)

ÂME, au propre et au figuré :
 La flamme, en s'épurant, peut-elle pas de l'*âme*
  Nous donner quelque idée? (II, 477.)
L'*âme* lui revient avec la colère. (II, 41 et note 5.)
Je respire à regret, l'*âme* m'est inutile. (VIII, 368.)
Les ressorts de l'*âme*. (II, 294 et note 17.)
.... La brèveté qu'on peut fort bien appeler l'*âme* du conte. (I, 9.)
.... L'intelligence qui est l'*âme* de ces merveilles. (VIII, 125.)
Ame traîtresse. (V, 270.)
L'avez-vous dit dans l'*âme*? (VII, 455.)
J'en conserve dans l'*âme* un souvenir fidèle. (VII, 616.)
L'auditoire inclinoit pour Beaux-Yeux dans son *âme*. (VIII, 429.)
 Et bien que dans leur *âme*
 Les Immortels enviassent Conti.... (IX, 167.)
Une déesse dit tout ce qu'elle a dans l'*âme*. (III, 188.)
....C'est pour mettre en plein jour tout ce qu'elle a dans l'*âme*. (VII, 560; voyez IX, 286.)
Son front nous dit assez ce qu'elle a dedans l'*âme*. (VII, 113.)
Je me sens un desir en l'*âme*. (IV, 425.)
 Entendez que la dame
 Pour l'autre emploi inclinoit en son *âme*. (IV, 82 ; comparez I. 283; IV, 233, 439, 446 ; V, 82, 310; VI, 99 ; VIII, 168; etc.)
Par mon *âme*! (V, 491.)
Rendre l'*âme*. (IV, 26.) — Vendre son *âme*. (V, 154.)
Eh ! comment s'assurer qu'une *âme* si légère
 Puisse ne l'être pas toujours? (VII, 522.)

AMI] DE LA FONTAINE. 33

  Que mon mari fait l'assoté !
  Il ne m'appelle que son *âme*. (VII, 135.)
Ma chère *âme*. (IV, 437.)

AMENDEMENT :
Les herbes que la terre produisoit d'elle-même, sans culture ni *amendement*, etc. (I, 36.)

AMENDER :
Ce meurtre n'*amenda* nullement leur marché. (I, 383 et note 12.)

AMENER :
L'un *amène* un chasseur, l'autre un pâtre, en sa fable. (II, 3.)

AMER, substantivement :
C'est l'âpre, c'est l'*amer*. (VI, 343.)
C'est cet *amer*, cet âpre, ennemis de l'acide. (VI, 343.)

AMERTUME, AMERTUMES, au propre et au figuré :
  Non qu'enfin toutes âpretés
Causent le même effet, ni toutes *amertumes*. (VI, 343.)
Tout au monde est mêlé d'*amertume* et de charmes. (I, 200.)

AMI, AMIE ; AMI À, DE :
  Chacun se dit *ami* ;
  Mais fou qui s'y repose :
  Rien n'est plus commun que ce nom,
  Rien n'est plus rare que la chose. (I, 334 et note 3.)
Vous feriez beaucoup mieux de l'avoir pour *ami*. (VII, 109.)
Or bien, je vois qu'il te faut un *ami*. (IV, 94 ; voyez IV, 87, 413, 420 ; VI, 92 ; etc.)
Un amant.
Toutes avoient un *ami* par amour. (IV, 297 et note 2.)
Bonne *amie*. (I, 77 ; III, 355 ; V, 104.)
  A coups de griffe il faut que nous voyions
  Lequel aura de nous deux belle *amie*. (V, 371 et note 3.)
Nous verrons à ce soir lequel a belle amie.
    (Scarron, *l'Héritier ridicule*, acte IV, scène III.)
Pour le souffrir, je crois que tu m'es trop *amie*. (VII, 79.)
Vous m'êtes *amies* toutes deux. (VIII, 200.)
  Cet animal est fort *ami*
  De notre espèce. (I, 291.)
Ces plaisirs *amis du* silence et *de* l'ombre. (VI, 243 ; voyez VIII, 219.)

AMIABLE :
Votre air *amiable*. (VII, 294 et note 4.)
Voyez aussi Rabelais, tome I, p. 102 ; l'Heptaméron, p. 417 ; du Fail, tome I, p. 99 ; Marot, tomes II, p. 269, III, p. 52, 251, 254 ; Brantôme, tome IX, p. 230, 279 ; etc., etc.

AMITIÉ, AMITIÉS, emplois divers :
Oui, je vous veux aimer d'*amitié* malgré vous. (VII, 159.)
Pour douze [baisers] d'*amitié* donnez-m'en un d'amour. (VII, 161.)

.... Si vous vouliez changer votre ardeur véhémente,
En faire une *amitié*, quelque chose entre deux. (VII, 155; voyez VIII, 371.)

Votre cœur, sans mentir, est de bonne *amitié*. (VII, 15.)
Les maris sont jaloux, ou bien sans *amitié*. (VII, 81.)
Soit par jalousie ou bien par impuissance,
[Il] a retranché d'hymen certains droits d'*amitié*. (IV, 389.)
Quelques *amitiés* nouvelles. (V, 588 et note 4; voyez IV, 344; VI, 48; VII, 57; IX, 37.)
Quelques amours nouveaux.

AMOLLIR, au figuré :

Tout cœur se laisse à ce charme *amollir*. (IV, 240 et note 5.)
Amour avoit *amolli* ce courage. (V, 175 et note 2.)

AMORCE, AMORCES, au figuré :

Présenter aux chiens une nouvelle *amorce*. (II, 465.)
Ce fut aux brigands une *amorce*. (IV, 443; voyez I, 186; IV, 410.)
         .... Les légères *amorces*
         De quelques biens. (IV, 350 et note 2.)
Résister aux *amorces*. (VI, 85 et note 2.)
Fuyez, fuyez, mon fils, le monde et ses *amorces*. (VI, 281.)
Se prendre à toutes les *amorces*! (IX, 185.)

AMORCER, AMORCÉ :

Amorcé par le gain. (III, 314.)
A ces petits présents je ne suis pas contraire,
Pourvu que ce ne soit que pour les amorcer.
                    (Regnier, satire XIII, vers 198-199.)

AMORTIR (S') :

Ce violent desir *s'est*-il point *amorti*? (VII, 31.)

AMOUR, AMOURS; EN AMOUR OU AMOURS; PAR AMOUR; PRIER D'AMOURS :

J'en veux bien courir les risques pour l'*amour* de vous; à condition que, pour l'*amour* de moi.... (VII, 478.)
Un frère aimé d'*amour* extrême. (IX, 197; voyez I, 185.)
Deux pigeons s'aimoient d'*amour* tendre. (II, 361 et note 1.)
Nous nous aimions d'*amour*. (VI, 123 et note 3; voyez V, 173.)
Lui nous parler d'*amour*! Il ne la sait plus faire. (VII, 147 et note 2.)
Il n'est pas toujours bienséant à notre sexe d'avoir de l'*amour*.(VIII, 291.)
Et, bien que pour Thaïs une *amour* plus facile
Étouffât celle-ci presque encore au berceau, etc. (VII, 52; voyez VII, 73, 92, 100, 147, 218, 389, 420; VIII, 93, 200; etc.)
Le cœur trop haut, le goût trop délicat,
Pour s'en tenir aux *amours* de village. (IV, 206.)
.... Une tapisserie où sont représentées les *amours* de Mars et de Vénus. (VIII, 295.)
Un bourg de peu de nom fait enfin leurs *amours*. (VI, 304.)
Ne cherchons point en ce bain nos *amours*. (IX, 92.)
Madame en fera [de ce chien] ses *amours*. (V, 259.)
Les Muses... se voyoient sur le point de perdre encore une fois leurs *amours*. (VI, 222.)

> Ou monarques ou dieux, n'entrez chez vos *amours*
> Qu'après avoir laissé vos grandeurs à la porte. (VII, 206; voyez VI, 200, 209, 251, 283, 284, 335; VII, 238, 241, 246, 255, 264, 532, 544, 617, 624; VIII, 367; IX, 20, 198; et passim.)

> On lui voyoit [à Psyché] un million d'*amours*, et pas un amant. (VIII, 48 et note 2.)

> *En amour* comme en guerre. (IV, 265; voyez IV, 240, 256; V, 261; VI, 38, 179, 245; VII, 11, 80; IX, 13.)

> Mais quoi! je suis volage en vers comme *en amours*. (IX, 186.)

> Même elle eût pu le payer de ses tours,
> Et comme lui voyager *en amours*. (V, 67; voyez V, 208, 439, 514; VI, 9, 194; VIII, 297, 444.)

> Toutes avoient un ami *par amour*. (IV, 297.)

> Ces nonnes m'*ont* en vain *prié d'amours*. (V, 534 et note 4.)

AMOUR (DEMI-) :
> .... Nous y voyons pratiquer cet usage,
> *Demi-amour* et demi-mariage. (VI, 45.)

AMOUR-PROPRE. (III, 124, 126, 131; etc.)

AMOURACHER (S') :
> *S'étant* de la reine
> *Amouraché*. (IV, 223 et note 2.)

AMOURETTE, AMOURETTES; PRIER D'AMOURETTES :
> Le doux jeu d'*amourette*. (IV, 313.)
> Sans intrigue et sans *amourettes*. (V, 439; voyez IV, 65.)
> Petits mots, jargons d'*amourettes*. (IX, 174.)
> Suivez les folles *amourettes*. (VII, 588.)
> C'est d'*amourettes* les *prier*. (V, 442 et note 4.)

AMOUREUSEMENT :
> [L'âne] lève une corne toute usée,
> La lui porte au menton fort *amoureusement*. (I, 284.)

AMOUREUX, EUSE :
> *Amoureux* empire. (VI, 238.) — Empire *amoureux*. (VIII, 424, 456.)
> En l'*amoureuse* loi. (V, 332.)
> *Amoureuse* affaire. (IV, 409 et note 4.) — *Amoureuse* flamme. (VIII, 212.)
> —*Amoureuse* milice. (VI, 199 et note 7.) —*Amoureux* tourment. (VI, 11.)

AMPLE :
> *Ample* carnage. (II, 138.) — *Ample* comédie. (I, 363.)
> *Ample* matière. (III, 174.) — *Amples* possessions. (VI, 200.)
> La dot fut *ample*, *ample* fut le douaire. (V, 112 et note 1.)
> Témoignage si *ample*. (IX, 385.)
> Ton bon vouloir mérite un *ample* grand merci. (VII, 42.)

AMPLEMENT :
> Les murs auroient *amplement* contenu
> Toute sa vie. (III, 275.)
> On les dota l'un et l'autre *amplement*. (IV, 324.)

AMPOULE, ampoules :
L'*ampoule*. (V, 63.)
La sainte ampoule.
Ampoules aux mains. (VII, 359.)

AMUSEMENT, amusements :
    Ou peut, par *amusement*,
    Feindre de brûler pour elle. (VII, 521.)
        Ces empressements
  Sont-ils des effets de tendresse?
  Ou ne sont-ce qu'*amusements* ? (VII, 522.)

AMUSER :
  Mais tout cela n'est que pour *amuser*,
  Un peu de temps, des esprits de poupée. (IV, 339.)
    Pensez-vous, avec vos ris, vos jeux,
    Vos amours, m'*amuser* ? (VII, 181.)
Le bougre avoit juré de m'*amuser* six mois. (IX, 175.)
Ne pouvant de discours plus longtemps l'*amuser*,
J'ai promis de mourir, ou bien de l'épouser. (VII, 99.)
Le mal me tient, Hortense vous *amuse*. (IX, 402.)
.... Aller un peu à l'Académie, afin que cela m'*amuse*. (IX, 475.)
Me distraie.

AMUSETTE :
Le berger vient, le prend [le corbeau], l'encage bien et beau,
Le donne à ses enfants pour servir d'*amusette*. (I, 179.)

AMUSEUR, amuseurs :
[Platon] est le plus grand des *amuseurs*. (VIII, 349.)

AN, ans :
Pendant tout l'*an*. (III, 9.)
Chargé d'*ans*. (II, 464; VII, 96.)
Dès ses jeunes *ans*. (V, 13.) — Sur ses vieux *ans*. (IV, 377; V, 17.)

An neuf :
La cérémonie de la fête du gui de l'*an neuf*. (VII, 526 et note 1.)
Voyez aussi Rabelais, tome I, p. 270; et *l'Intermédiaire* du 25 octobre 1891, col. 807, et du 10 janvier 1892, col. 33.
Vienne l'*an neuf*. (IX, 108.)

ANACHORÈTE. (IV, 463.)

ANCIEN, enne :
  .... Qu'il trouve en vous un peu de l'air
  Des *anciens* qu'il idolâtre. (VIII, 348.)
Les *anciens* du vaste empire. (II, 250.)
Mère prieure, *ancienne*, ou discrète. (V, 312 et note 2.)

ÂNE :
Le plus *âne* des trois n'est pas celui qu'on pense. (I, 201.)

ANGE, ANGES :

.... Si le Ciel m'eût fait *ange*,
   Ou Thiange. (IX, 176.)
Beaux comme des *anges*. (IX, 330.)
Vous eussiez dit un *ange*. (V, 485; voyez V, 467, 514; VI, 304.)
Anges femelles. (V, 445.)
.... Et [ces deux femmes] n'étoient *anges*, à bien parler, qu'en tant que les autres étoient de véritables démons. (IX, 252.)

ANGÉLIQUE :

Angéliques cités. (VI, 281.)

ANGLAISE (À L') :

Un petit chapeau *à l'angloise*. (IX, 252.)

ANGUILLADE :

.... On donne au maître *l'anguillade*. (V, 537 et note 8.)
Proprement le fouet avec une peau d'anguille.

ANIMAL, ANIMAUX :

L'homme, cet *animal* si parfait. (III, 127.)
Mais pourquoi lui vient-il des idées de femmes plutôt que d'autres ? — C'est que ces *animaux*-là se fourrent partout. (VII, 483; voyez VII, 489.)
Sous le ciel n'est un plus bel *animal* [que la femme]. (V, 177 et note 2.)
L'*animal* aux têtes frivoles [le peuple]. (II, 232 et note 14.)

ANIMAUX (ESPRITS). (VI, 327 et note 3.)

ANIMER (S') :

L'embarras des chasseurs succède au déjeuné :
    Chacun *s'anime* et se prépare. (I, 279.)

ANNALES :

.... En contant ces *annales*. (VI, 162.)

ANNEAU, au figuré :

Il lui fut avis que le diable
Lui mettoit au doigt un *anneau*. (IV, 381 et note 3)
   Le prebstre venoit ;
A la sauetiere fourbissoit l'anel.
   (Fabliaux du XIIIe siècle, tome II, p. 24.)

ANNEAU PUBLIC, sceau. (I, 43.)

ANNELURE :

.... Plus Satan y touchoit,
Moins l'*annelure* se lâchoit. (V, 556 et note 2.)

ANNEXE, substantivement :

Une *annexe* à sa légation. (VI, 94.)

ANNONCE :

Jupiter eut jadis une ferme à donner,
   Mercure en fit l'*annonce*. (II, 12.)

ANNUEL (L'), la rente annuelle :
J'ai fait une sommation pour recevoir *l'annuel*. (IX, 312.)

ANTAN :
.... Jusques aux neiges d'*antan*. (VIII, 438 et note 2.)

ANTICIPER sur :
Anticipant tous les jours *sur* la somme. (VI, 96.)

ANTIDOTE. (VI, 347.)

ANTIENNE, au propre et au figuré :
J'ai certains mots que je dis, au matin,
Dessous le nom d'oraison ou d'*antienne*
De saint Julien. (IV, 245.)

Monsieur, dit-il, chacun la sienne,
Ce n'est pas trop ; Dieu et raison
Vous recommandent cette *antienne*. (V, 509 et note

ANTIMOINE. (VI, 341 et note 5.)

ANTIPODE, au figuré :
Peuple *antipode* des Césars. (II, 334 et note 10.)

ANTIQUE ; À L'ANTIQUE :
L'*antique* cohorte. (V, 537 et note 6.)
Comme homme simple et qui vis à l'*antique*. (IV, 245 et note 6.)

ANTIQUITÉ :
On abattit un pin pour son *antiquité*. (III, 162.)
Par droit d'*antiquité*. (IX, 25.)
.... Tâchant de rendre mien cet air d'*antiquité*. (IX, 202.)

ANTRE :
Dans le fond de ce bois est un *antre* sacré. (VII, 535.)
Or au fond de ce bois un certain *antre* étoit,
Sourd et muet, et d'amoureuse affaire. (IV, 408.)
Antre affreux et solitaire. (VI, 301.)
Antres cachés. (VI, 271.) — *Antres* écartés. (VI, 279.)
Antres sourds. (VI, 237.) — *Antres* creux. (VI, 243.)

AOÛT. Voyez OUT.

APANAGE ; EN APANAGE :
Nos besoins proprement en font [des arts] leur *apanage*. (VI, 349 ; voyez I, 10.)
.... Qu'il [Pluton] ne se défit de cet air terrible qui fait partie de son *apanage*. (VIII, 214.)

L'île fut lors donnée *en apanage*
A Lucifer. (V, 359 ; voyez III, 339.)

.... L'ordinaire langage
Des douceurs qu'à l'amour on donne *en apanage*. (VII, 602.)

Mars lui promet *en apanage*
La grandeur d'âme et le courage. (VII, 194.)

APETISSER, rapetisser, diminuer :
>Cadeaux, festins, bien fort *apetissoient*,
>Altéroient fort le fonds de l'ambassade. (VI, 99 et note 3.)
>>Que ton ventre apetisse.
>(Vauquelin de la Fresnaye, *Diverses Poésies*, Caen, 1605, in-8°, p. 223.)

APLANIR (S') :
>Ce n'est la mode à gens de qui la main
>Par les présents *s'aplanit* tout chemin. (VI, 97.)

APLATIR (S') :
Ses joues *s'aplatissent*. (VIII, 219.)

APOCRYPHE :
Si ce conte n'est *apocryphe*. (III, 253.)
Si maints tableaux ne sont point *apocryphes*. (V, 359.)

APOSTER, APOSTÉ :
Un homme *aposté*. (VII, 428.)

APOSTUME, substantif autrefois féminin, abcès :
>J'ai, dit la bête chevaline,
>Une *apostume* sous le pied. (I, 392 et note 10.)

APOTHÉOSE. (II, 284; VIII, 316.)

APÔTRE, BON APÔTRE, DROIT APÔTRE, NOTRE APÔTRE :
Grippeminaud, le *bon apôtre*. (II, 190 et note 27 ; voyez III, 21.
Amour s'en mit, Amour, ce *bon apôtre*. (IV, 342.)
>Il le mérite, et doit l'avoir gagné,
>Ou gagnera ; car c'est un *bon apôtre*. (IV, 260 ; voyez V, 328.)

Le *bon apôtre* de roi fait là le saint homme. (IX, 239.)
Faisant le *bon apôtre*. (IX, 13.)
Sans rien garder, non plus qu'un *droit apôtre*. (V, 391 et note 3.)
Oui, reprit *notre apôtre*. (V, 451.)

APPAREIL, APPAREILS, au propre et au figuré :
>Vous descendrez sans nul autre *appareil*
>Que de jeter une robe fourrée
>Sur votre dos. (V, 571 et note 8.)

L'absence est aussi bien un remède à la haine
>Qu'un *appareil* contre l'amour. (III, 68 et note 24.)

Un *appareil* de pompe funèbre. (VIII, 53.)
[Le courroux du Seigneur] frappa leur *appareil* d'orages redoublés.
(VIII, 397 et note 1 ; voyez VIII, 452.)
Leur appareil de guerre.

APPAREIL, accouplement :
>Il n'étoit pas sur les bords du sommeil
>Qui suit souvent l'amoureux *appareil*.... (VI, 46 et note 5.)

APPAREMMENT :
Son maître [le maître d'Ésope] étoit logé à l'écart, et *apparemment* vers un lieu couvert de grands arbres. (I, 41.)
Des raisins mûrs *apparemment*. (I, 234 et note 3.)

C'étoit *apparemment* le bien des deux partis. (I, 240 et note 2.)
Soyez-vous *apparemment* fidèles. (VII, 588 et note 3 ; voyez VIII, 23.)

APPARENCE :

Un [os] de belle *apparence*. (V, 488.)
L'*apparence* [de ces fables].... est puérile, je le confesse. (I, 3.)
Le vrai caché sous l'*apparence*. (II, 201.)
Il ne faut point juger des gens sur l'*apparence*. (III, 143.)
.... Tromperie qui, dans l'*apparence*, n'aboutissoit qu'à les faire courir l'une et l'autre. (VIII, 165.)
Il y a de l'*apparence* que, etc. (VIII, 53.)
De lui aller présenter sérieusement son nouvel esclave, il n'y avoit pas d'*apparence*. (I, 35 ; VIII, 221.)

  Car, de coucher sur la dure d'abord,
  Quelle *apparence* ? (V, 472 ; voyez V, 565 ; VI, 131.)
  On peut juger avec grande *apparence*
  Qu'en Italie, etc. (IV, 71.)

APPARIER :

Jeunes tendrons à vieillards *apparient*. (IV, 329 et note 2.)

APPAROIR :

.... De son bel art aura fait *apparoir*. (VIII, 242 et note 2.)

APPARTENIR :

Tu fais bien de m'*appartenir*. (VII, 485 et note 3.)
D'être de ma famille.
  Il n'*appartient* d'aller
  A toutes gens, comme on dit, à Corinthe. (IX, 65 et note 2.)

Ce proverbe si connu est aussi chez Horace (livre I, épître XVII, vers 36), sous cette forme :
  Non cuivis homini contingit adire Corinthum;
vers qui n'est que la traduction d'un vieil adage grec.

APPAS :

Déesse des *appas*. (VII, 256.)
Changez : vous pouvez faire un choix rempli d'*appas*. (VII, 534.)
Flore vient ici avec tous ses *appas*. (VII, 577.)
.... Pour voir s'il seroit seul maître de mes *appas*. (VII, 427.)
Quoi trouver? dira-t-on ; d'immobiles *appas* ? (IV, 430.)
Appas inconstants. (VIII, 357.)
Heureux qui peut sauver son cœur de leurs *appas* ! (VII, 309.)
J'ai pour vous moins d'*appas* [que la gloire]. (VII, 626.)

  .... Des *appas*,
  Non d'un Hercule, ou d'un Atlas...,
  Ni même ceux d'une amazone ;
  Mais ceux d'une Vénus. (VIII, 102.)

Il est bien fait, jeune, et brillant d'*appas*. (VII, 30
  Il n'est mortel dans la nature
  Qui me soit égal en *appas*. (IV, 20 ; voyez IV, 22 et note 2 ; V, 118 ; VI, 84, 252, 266 ; et passim.)

Appas de l'or. (VI, 280.)
L'*appas* brillant des jeux et des plaisirs. (VII, 575.)

Des genres si divers le magnifique *appas*
Aux règles de chaque art ne s'accommode pas. (IX, 156.)
.... Votre règne en aura plus d'*appas* pour vous-même. (VII, 151.)
Lambris dorés, bois, jardins, et fontaines,
N'ont point d'*appas* qui ne soient languissants. (VIII, 58.)
.... Nous ne manquâmes pas
De promener à l'entour notre vue;
J'y rencontrai de si charmants *appas*
Que j'en ai l'âme encore tout émue. (IX, 246.)
Quoi qu'on dise, Toinon, la guerre a ses *appas*. (VII, 572.)
Ce blé couvroit d'un las
Les menteurs et traîtres *appas*. (II, 364.)
Pour *appâts*.

APPÂT :
Ils goberont l'*appât*. (II, 284; voyez II, 321; III, 57; VI, 295.)
L'*appât* d'un profane langage. (III, 67.)
Sur l'orthographe d'*appas* et d'*appât* chez la Fontaine, voyez tome II, p. 364, note 17.

APPEAU :
Reviendrois-tu pour cet *appeau*? (II, 322 et note 12.)
.... De ces *appeaux* à prendre belles. (V, 150 et note 1.)

APPELER, terme de Palais :
Un loup disoit que l'on l'avoit volé :
Un renard, son voisin, d'assez mauvaise vie,
Pour ce prétendu vol par lui *fut appelé*. (I, 136.)

APPELER, terme de vénerie :
Mes chiens n'*appellent* point au delà des colonnes. (III, 322 et note 21.)

APPELER (EN) :
On *en appeloit* au peuple. (VIII, 307.)

APPÉTIT; APPÉTIT DE; À SON APPÉTIT; EN APPÉTIT :
Bon *appétit* surtout; renards n'en manquent point. (I, 113.)
.... De tout leur pouvoir, de tout leur *appétit*,
Dormoient les deux pauvres servantes. (I, 382; voyez III, 193;
IV, 279; V, 479 et note 2, 587, 589; VI, 28.)
Appétits gloutons. (II, 96.) — Vastes *appétits*. (II, 349.)
L'*appétit de* parler. (VI, 321.) — L'*appétit d'*être sainte. (V, 470.)
Il [l'éléphant] jugea qu'*à son appétit*
Dame Baleine étoit trop grosse. (I, 78.)
A son sens, à son gré.
C'est par là qu'on maintient les cœurs *en appétit*. (VII, 58.)

APPLAUDIR DE (S') :
.... Je m'*en applaudirois* peut-être avec regret. (VII, 627.)

APPLIQUER À; S'APPLIQUER À :
D'un loup écorché vif *appliquez-vous* la peau. (II, 225.)
Tant *s'appliqua* Rustic *à* ce mystère. (V, 477; voyez I, 11; VI, 74.)]

Chacun *s'appliquoit* à la gagner. (VI, 43.)

APPOINTÉS CONTRAIRE, opposés, en contradiction, terme de Palais :
>Commençons par les éléments :
>Vous serez étonnés de voir qu'à tous moments
>>Ils seront *appointés contraire*. (III, 226 et note 3.)

APPOINTEUR de débats, celui qui appointe, accommode, les procès. (III, 341 et note 16.)

APPORTER, neutralement :
A moins que d'*apporter*, je n'ai que faire ici. (VII, 91.)

APPOSER :
C'étoit apparemment quelque sceau que l'on *apposoit* aux délibération du conseil. (I, 43.)

APPRENDRE; BIEN APPRIS :
Ceux [les parents] du loup, gros Messieurs, l'ont fait *apprendre* à lire. (III, 295 et note 10.)
Rapprochez *l'Heptaméron*, p. 293; et Montaigne, tome I, p. 213.
Homme *bien appris*. (IV, 258.)

APPRENTI, IE :
Apprenti marchand. (V, 207.)
>La république de Platon
>Ne seroit rien que l'*apprentie*
>De cette famille amphibie. (II, 468 et note 54.)

APPRENTIF :
Le plus jeune *apprentif*. (V, 540 et note 3.)
Nul d'eux n'étoit à tels jeux *apprentif*. (V, 547.)
Besoin n'ai d'un tel *apprentif*. (VIII, 442.)

APPRENTISSAGE :
>Douce d'humeur, gentille de corsage,
>Et n'en étant qu'à son *apprentissage*. (V, 413 et note 2; voyez II, 341; V, 455 et note 6.)
>.... Jusqu'aux tendrons qui font *apprentissage*. (IX, 41.)
>N'a-t-il pas mieux fait que personne
>Son *apprentissage* d'aimer? (IX, 338.)

APPRÊT, APPRÊTS :
>S'être ainsi tirée avec adresse
>De cet *apprêt*.... (V, 74 et note 4.)
Celui-ci lui demanda pourquoi tant d'*apprêts*. (I, 37.)

APPRÊTER, au propre et au figuré :
>A son souper un glouton
>Commande que l'on *apprête*
>Pour lui seul un esturgeon. (IV, 121.)
On ne les *apprête* plus [les louanges] aussi bien qu'on faisoit alors. (VIII, 318.)

APPRIVOISER ; s'apprivoiser :
Pour moi voudrois-tu bien en *apprivoiser* une? (VII, 309 et note 1.)
Apprivoiser une femme, une comédienne.
Tout doucement il vous l'*apprivoisa*. (IV, 477; voyez V, 592 et note 1.)
Ce qui nous paroissoit terrible et singulier
    S'apprivoise avec notre vue. (I, 303.)

APPROBATION :
                Il est mort
De l'*approbation* du monde et de sa femme. (VII, 570.)

APPROCHER ; approchant ; approcher de ; approchant de :
Cependant gardez-vous d'*approcher* ce rivage. (VII, 268.)
Elle *approchoit* vingt ans. (IV, 387 et note 3.)
De ces deux donc l'une *approchant* Mazet, etc. (IV, 498.)
La nuit de plus étoit fort *approchante*. (IV, 246.)
J'*approche des* maisons. (III, 234.)
La saison *approchoit de* septembre. (VI, 47.)
Homme égalant les rois, homme *approchant des* dieux. (III, 304.)
....En trouverai-je un seul *approchant de* Platon? (IX, 204 ; voyez IX, 453.)

APPROCHE, approches :
.... Sentir de la faim les premières *approches*. (IV, 404.)
Ils menoient leurs troupeaux loin de toutes *approches*. (VI, 286.)

APPROFONDIR :
Mais ne confondons point, par trop *approfondir*,
    Leurs affaires avec les vôtres. (I, 252.)
    On n'osa trop *approfondir*
Du tigre, ni de l'ours, ni des autres puissances,
    Les moins pardonnables offenses. (II, 98.)

APPROPRIER (S').
....On sait s'*approprier* leurs divers caractères. (VII, 574.)

APPROUVER :
Aucuns des vins *sont approuvés*. (V, 351.)
Approuvez son martyre. (V, 53.)

APPUI :
Les planches qu'on suspend sur un léger *appui*. (I, 256.)
Un *appui* de roseau soulageoit leurs vieux ans. (VI, 158.)

APPUYER, au propre et au figuré ; s'appuyer de ; appuyer sur :
    Le Monsieur donc fait alors son office
    En *appuyant*.... (V, 232.)
    Un marchand grec en certaine contrée
    Faisoit trafic. Un Bassa l'*appuyoit*. (II, 303 ; voyez II, 304.)
Quel que soit le démon *dont* ce mur s'*appuiera*.... (VII, 624.)
S'*appuyer de* plusieurs petits princes. (II, 306.)
        Sur les éloges que l'envie
        Doit avouer qui vous sont dus
        Vous ne voulez pas qu'on *appuie*. (II, 231.)

ÂPRE :

> Une troupe nouvelle
> Viendroit fondre sur moi, plus *âpre*, et plus cruelle. (III, 264.)

Apres rochers. (III, 342.) *Apre* carrière. (VII, 622.)
Âpre jalousie. (VI, 186; VII, 404.)

ÂPRE, substantivement :

C'est cet amer, cet *âpre*, ennemis de l'acide. (VI, 343.)

APRÈS; EN APRÈS :

Il vous sera permis *après* d'être cruelle. (VIII, 365.)
Après? l'*après* est bon. (V, 147.)
Un *après* un. (IV, 133.) — Mot *après* mot. (IX, 153.)
Après bon vin. (IV, 296.) — *Après* boire. (IX, 370.)
Nous croyons, *après* Pythagore, etc. (III, 256.)
.... Et Monseigneur puis *après* le saura. (IV, 96 et note 1; voyez I, 300; VII, 369.)
L'ange *en après* lui fait un long sermon. (V, 400 et note 2.)

APRÈS-DÎNÉE. (IV, 285; V, 167; IX, 233, 370.)

ÂPRETÉ, ÂPRETÉS :

Quelque *âpreté*, quelque force astringente. (VI, 344.)

> Non qu'enfin toutes *âpretés*
> Causent le même effet. (VI, 343.)

AQUATIQUE :

> Le gouvernement de la chose publique
>   *Aquatique*. (I, 309.)

Peuple *aquatique*. (III, 20.) — République *aquatique*. (III, 351.)

AQUILON, AQUILONS :

Tout vous est *aquilon*, tout me semble zéphyr. (I, 129.)
Point d'*aquilons*; un éternel zéphyre. (IX, 28; voyez VI, 256.)

ARAGNE, araignée. (I, 226 et note 4; III, 37 et note 16.)

ARBITRAL, ALE :

Sentence *arbitrale*. (III, 341.)

ARBITRE; ARBITRE DE :

Au lieu d'*arbitre*, accusateur. (III, 9.)
Arbitre de l'Europe. (VI, 278.)
Arbitres du Sort. (VI, 338; voyez VI, 300.)

ARBORER :

Arborer ce lien [le lien du mariage]. (VII, 573.)

ARBORISTE, herboriste. (I, 393 et note 16.)

Littré est revenu sur ce mot dans le Supplément de son Dictionnaire : « Il est bien certain, dit-il, que *arboriste* a été pris pour *herboriste*, par une confusion regrettable; l'exemple de la Fontaine le montre. Mais rien ne prouve que dans le titre de Robin (arboriste du roi Louis XIII), *arboriste* ait le sens d'*herboriste*; dans ce titre, *arboriste* a son sens propre de jardinier des arbres. *Arboriste*, dans le parler normand, signifie encore aujourd'hui pépiniériste. »

L'exemple suivant, de saint François de Sales (*l'Estendart de la sainte Croix*, II, 2), ne laissera plus de doute sur le sens propre d'*arboriste* : « Nos anciens

Peres *arboristes* spirituels nous descriuent la Croix pour un *arbre* tout precieux, propre à la guerison et remede de nos maux. » (Delboulle, Matériaux, p. 28.)

ARBRE :
C'est l'*arbre* de science. (IV, 479 et note 7.)

ARC-BOUTANT :
Il y a un grand temple qui est appuyé sur une colonne entourée de douze villes, chacune desquelles a trente *arcboutants* [sic]. (I, 50.)

Pilier ou construction de maçonnerie qui finit en demi-arc, et qui sert à soutenir par dehors une voûte, un mur, etc.

ARCHER :
Un sanglier... tente encor notre *archer*. (II, 348; voyez II, 349.)

Le fidèle émoucheur
Vous empoigne un pavé, le lance avec roideur...,
Et non moins bon *archer* que mauvais raisonneur, etc. (II, 262 et note 23.)

ARCHIPATELIN :
C'étoient deux vrais tartufs, deux *archipatelins*. (II, 426 et note 4.)

ARCHITRICLIN. (IX, 449 et note 3.)

ARCHIVES :
Là sont les *archives* du Destin. (VII, 243.)

ARDER, regarder :
Ardé! ce qu'on en diroit seroit-il tant à ton désavantage? (VII, 446 et note 4.)

Pour : *Ardez!*

ARDER, ardre ou ardoir, brûler :
Haro! la gorge m'*ard!* (IV, 135 et note 5.)

« .... Si les Arius, les Jean Hus..., avaient été de cette humeur-là, les Pères des conciles, au lieu de vouloir les ardre, se seraient pris par la main et auraient dansé en rond avec eux. » (Lettre de Voltaire à Mme Denis du 19 août 1752.)

ARDENT, ente :
Soif *ardente*. (VIII, 483.) — Une jeunesse *ardente*. (VII, 615.)

ARDEUR, ardeurs :
Il eut beau s'excuser sur l'*ardeur* de son zèle. (VII, 157.)
Son *ardeur* pourroit bien enfin être écoutée. (VII, 254; voyez VI, 235, 238, 258, 261, 264, 302, 331; VII, 257, 259, 270, 424, 431; etc.)
Une première *ardeur* n'est bientôt plus qu'un songe. (VII, 520.)
Une naissante *ardeur*. (VII, 531.) — Une nouvelle *ardeur*. (VII, 530, 535.)
Ardeur amoureuse. (V, 136.) *Ardeurs* brûlantes. (VI, 301.) *Ardeur* criminelle. (VI, 292.) *Ardeur* mutuelle. (VI, 241.) *Ardeur* violente. (VI, 230, 255; VII, 154.) *Ardeur* véhémente. (VII, 155.) *Ardeur* constante. (VII, 602.) *Ardeur* passagère. (VII, 522.)
Le Printemps vient ranimer vos *ardeurs*. (VII, 578.)
Il n'est plus de libres *ardeurs*. (VII, 238.) — Pures *ardeurs*. (VII, 540.)

ARÈNE, sable :
Leurs pas imprimés sur l'*arène*. (VI, 301.)

ARGENT, au propre et au figuré :
L'*argent* fait tout. (IV, 71 ; voyez IV, 361, 424 ; V, 128, 154, 155, 244, 248 ; VI, 23 ; etc.)
Argent comptant. (IV, 217 et note 5 ; V, 479.)
L'*argent* des fontaines. (VI, 225.)

ARGOULET :
.... Une ville
Qu'eût prise un *argoulet*. (IX, 54 et note 3.)

ARGUMENT, ARGUMENTS :
Voyez que d'*arguments* il fit. (III, 164 et note 16.)

ARGUMENTER :
De tout ce que dessus j'*argumente* très bien
Que, etc. (III, 126 et note 9.)

ARMÉE ROYALE :
Une *armée* assez grande
Pour s'appeler *royale*. (V, 137 et note 4 ; voyez V, 140.)

ARMER ; S'ARMER DE ;
Elle étoit fille à bien *armer* un lit. (IV, 279 et note 6.)
[Il] s'*armoit* d'une jalouse rage. (II, 171.)

ARMES :
Il les y forceroit [à être ses tributaires] par les *armes*. (I, 44.)
Ne te va point aussi jeter seul dans leurs *armes*. (VII, 624.)
Chacun nous rend les *armes*. (VIII, 428.)
Ces charmes
A qui d'autres auroient déjà rendu les *armes*. (VII, 214 ; voyez VII, 542.)

ARMET :
Un *armet* à la tête. (VIII, 499.)

ARMOIRE :
Ni mon grenier, ni mon *armoire* [dit la fourmi],
Ne se remplit à babiller. (I, 275.)

ARMOIRIE :
Une *armoirie* d'enterrement. (IX, 181 et note 1.)

ARMURE :
Les pièces de son *armure*. (V, 240.)
L'arc, le carquois, de l'Amour.
.... Cette *armure* [l'armure de Vénus] a beaucoup de grâce. (V, 596.)

ARPENTER :
Il [le lièvre] s'éloigne des chiens, les renvoie aux calendes,
Et leur fait *arpenter* les landes. (II, 33.)

ARRANGER (S') :
Leur confrère aux abois entre ces morts s'*arrange*. (III, 321.)

ARRÊT, ARRÊTS :
Un *arrêt* par défaut. (IX, 124.)
Arrêts du Sort. (III, 239.)

ARRÊTER, neutralement et activement; ARRÊTÉ; S'ARRÊTER :
 Pour moi, j'ai certaine affaire
Qui ne me permet pas d'*arrêter* en chemin. (I, 219.)
  Je ne puis *arrêter*
 Qu'un temps fort court. (II, 124 et note 18.)
 Demeurer, prolonger mon séjour.

Arrête ici, je te prie, un moment ou deux. (VIII, 473.)
Arrêter le soleil. (VII, 409.)
Deux animaux m'*ont arrêté* les yeux. (II, 16.)
Ne sentirai-je plus de charme qui m'*arrête*? (II, 367; voyez III, 122.)
Ainsi fut dit, ainsi *fut arrêté* (VI, 130.)
A jour *arrêté*. (II, 70.)
Lucrèce *étant* de la sorte *arrêtée*. (V, 46 et note 6.)
 Décidée, butée.

   .... La beauté
 Qui tient Philippe *arrêté*. (VIII, 384.)
 Sa gentillesse, et même sa beauté,
Devoient tenir Clidamant *arrêté*. (VI, 127 et note 4.)
  Je ne vois personne
Qui veuille dans l'Olympe à l'hymen *s'arrêter*. (VII, 171.)

ARRHES :
On lui donne un baiser pour *arrhes* de la grâce
Qu'il demandoit. (V, 266 et note 5; voyez V, 131.)

ARRIÈRE ; EN ARRIÈRE :
 Arrière ceux dont la bouche
 Souffle le chaud et le froid! (I, 388.)
Rebroussez plutôt *en arrière*. (I, 248.)

ARRIÈRE-NEVEU :
Il me reste à pourvoir un *arrière-neveu*. (II, 209 et note 12.)
Mes *arrière-neveux* me devront cet ombrage. (III, 157.)

ARROI :
Se panadant en bel *arroi*. (IX, 330 et note 1.)

ARRONDIR :
Si j'*arrondissois* mes États! (II, 339.)

ARROUSER, arroser. (V, 544 et note 8.)

ARSENAL, au figuré :
L'*arsenal* où sont les disciplines. (V, 531 et note 2.)
Au sortir de cet *arsenal*, etc. (VIII, 90.)
Les « magasins » où étaient entassés les toilettes, les bijoux, de Psyché.

ART, ARTS :
L'*art* est long, et trop courts les termes de la vie. (VI, 325.)

Sa parure est sans *art*. (VI, 17.)
On la fit par tel *art* [cette coupe].... (V, 132; voyez III, 76.)
.... Je suis la fée Ismène :
Ma puissance et mon *art* vont vous tirer de peine. (VII, 537; voyez V, 275; VII, 538.)
Quelques termes de l'*art*. (II, 180.)
L'art de la magie.
Ulysse va venir....
Résistez à son *art*. (VII, 605.)
En nous découvrant l'*art*, il laisse l'artifice. (VI, 346; voyez IV, 53.)
Art de plaire (III, 275.) *Art* de se faire valoir, (III, 126.)
Il en est de tous *arts* [des médecins]. (II, 224 et note 6.)
De tous les systèmes, de toutes les pratiques.
Nos mains
Étoient propres aux *arts*, ainsi qu'au labourage. (III, 147.)
Les *arts* sont les enfants de la nécessité. (VI, 349.)

ARTICLE; ARTICLE DE FOI :
Chaque point, chaque *article*, eut son fait, fut loué. (V, 429)
Et je maintiens comme *article de foi*
Que, etc. (IX, 6.)

ARTIFICE :
Un rare et nouvel *artifice*. (I, 130.)
J'admirai non seulement l'*artifice*, mais la patience de l'ouvrier. (IX, 272.)
Voyez Art.
Sans *artifice*. (IX, 140.)
J'ai pour tout *artifice*
Les pleurs que vous voyez. (VII, 605.)
Que l'un découvre d'*artifice!*
L'autre agit sans détours. (VII, 607; voyez VII, 616.)

ARTIFICES :
Tous les *artifices* divers
De ce feu le plus beau du monde. (IX, 349.)
On disait aussi *feux artificiels* : comparez la *Description des artifices et magnificences faites à Bordeaux avec le combat naval et les feux artificiels des sieurs Morel et Jumeau, représentés sur la Garonne, en la présence de Leurs Majestés* [Louis XIII et Anne d'Autriche, 1615], relation rééditée par M. Tamizey de Larroque, Bordeaux, 1892, in-8°.

ARTILLERIE, au figuré :
Toute l'*artillerie*
De Cupidon. (IV, 253 et note 6.)

ARTISAN, ARTISANS; ARTISAN DE :
La tête et les pieds, *artisans* superflus. (III, 37.)
Punissons *des* humains l'infidèle *artisan*. (VI, 316 et note 10.)

ARTISAN, artiste :
L'*artisan* exprima si bien
Le caractère de l'idole.... (II, 386 et note 3; voyez I, 231.)
Artiste se disait plutôt alors des hommes habiles à exécuter des opérations chimiques ou métallurgiques.

ARTISTE, adjectif :
L'*artiste* fuseau. (VI, 288.)

ASCENDANT, horoscope :
Votre *ascendant* à l'hymen vous expose. (VI, 118.)
Au sort d'être cocu son ascendant l'expose.
(Molière, *l'École des maris*, acte III, scène ix.)
Mais l'effet de cet astre est sur moi moins certain
Que sur vous l'*ascendant* de Monsieur le Destin. (VII, 281 et note 2.)

ASILE, ASILES :
Chercher un *asile*. (I, 417; voyez III, 66.)
Vous violez cet *asile* parce que ce n'est qu'une petite chapelle. (I, 53.)
On ne le put tirer [le démon] de cet *asile*. (VI, 111.)
Du corps de la possédée.

Partout il tenta des *asiles*. (II, 429; voyez III, 145.)
Oh! qui m'arrêtera sous vos sombres *asiles*? (III, 122.)

ASPECT; EN ASPECT :
Ne crains point mon *aspect*. (VI, 234.)
.... Quoi! même à mon *aspect*! (IV, 314 et note 4.)
On a *en aspect* la côte la plus riante. (IX, 249.)

ASSAILLIR :
Le mauvais temps l'*assaille*. (IV, 251.)
 De tous côtés se trouvant *assaillie*,
 Elle se rend aux semonces d'Amour. (IV, 259.)

ASSAISONNER :
.... Viandes que la seule nature *assaisonnoit*. (VIII, 142.)
 Si l'amour n'*assaisonne*
 Les plaisirs que l'hymen nous donne.... (II, 432; voyez VI, 177.)
C'est à moi de les *assaisonner* [ces matières], si je puis. (IX, 219.)

ASSASSIN, ASSASSINE, adjectivement :
Une audace *assassine*. (VII, 392.)

ASSAUT, ASSAUTS :
 Contre les *assauts* d'un renard
Un arbre à des dindons servoit de citadelle. (III, 297; voyez, I, 425.)

ASSEMBLAGE :
Il n'est muscle ni membre en l'*assemblage* entier, etc. (VI, 334.)
 Rends-moi ce divin *assemblage* :
Daphné, vous n'êtes plus, j'ai perdu mes amours. (VII, 241.)
.... En son être premier retourne l'*assemblage*. (VIII, 206.)
La voûte et le pavé sont d'un rare *assemblage*. (VIII, 33.)
L'*assemblage* de ce recueil a quelque chose de peu ordinaire. (VIII, 337; voyez IX, 85.)
L'*assemblage* d'une orgue et d'un musicien. (VII, 318.)
 Vous aviez tous deux ce qu'il faut
 Pour être un parfait *assemblage*. (IX, 197.)

J. DE LA FONTAINE. X

Enfant plus que divin,
Qui de trois dieux fera voir l'*assemblage*. (IX, 32.)

ASSEMBLÉE, ASSEMBLÉES; EN PLEINE ASSEMBLÉE :
[Par la langue] on règne dans les *assemblées*. (I, 38.)
.... On court en foule à l'*assemblée*. (IV, 198 et note 2.)
L'offense la plus irrémissible parmi ce sexe, c'est quand l'une d'elles en défait une autre en pleine *assemblée*. (VIII, 45 ; voyez VII, 306.)

ASSEMBLER :
Peu de beaux corps, hôtes d'une belle âme,
Assemblent l'un et l'autre point [le bon et le beau]. (II, 102.)
De raconter quel sort les *avoit assemblés*.... (III, 88.)
Le hasard les *assemble*. (III, 243 ; voyez IV, 29.)
.... L'Amour veut qu'on *assemble*
Là-dessus le conseil des dieux. (III, 270.)
.... Au conseil qui *sera* dans l'Olympe *assemblé*. (VI, 20.)

ASSEMBLEUR :
L'*assembleur* de nuages. (II, 316.)
Ce mot est aussi dans une version de l'*Iliade* de l'année 1606 : c'est du reste la traduction littérale du composé νεφεληγερέτα qu'Homère donne souvent pour épithète à Jupiter.

ASSEOIR SUR :
Le surcens *est assis sur* dix arpents de terre. (IX, 313.)

ASSERVIR, ASSERVI :
.... Depuis quand ses coups
Tiennent-ils votre âme *asservie* ? (VII, 534.)

ASSEZ :
Ce fut *assez*. (V, 564.)
C'est *assez* raisonner. (V, 583.)
Je n'ai point *assez* fait. (VII, 621.)
Chommons : c'est faire *assez* qu'aller de temple en temple. (VI, 210.)
Il est *assez* de cette marchandise [assez de voleurs]. (I, 97.)
Quelque jargon plein d'*assez* de douceurs. (VI, 6.)

ASSIETTE, au figuré :
L'esprit de leur cadette étoit toujours dans la même *assiette*. (VIII, 100.)

ASSIGNATION :
Une *assignation* pleine d'impatience
Fut un jour par les sœurs donnée à cet amant. (V, 585 et note 5.)
Sur le point d'aller à une assignation *amoureuse*. (IX, 348.)

ASSIGNER, sens divers :
Je ne sais... comme ils [les anciens] ne leur *ont* point *assigné* [aux fables] un dieu qui en eût la direction. (I, 16.)
Gille *assigné* de son mieux se défend. (V, 333)
Voyez ASSINER.

ASSINER, assigner :

L'auberge enfin de l'Hyménée
Lui *fut* [à la Discorde] pour maison *assinée*. (II, 71 et note 8.)
Les champs heureux qu'*assine* à ses élus
Le faux Mahom. (V, 386 et note 3.)
    Quelle autre pension
Aux demi-dieux pourroit *être assinée* ? (IX, 108.)
.... Une pension
Bien payable et bien *assinée*
A tous les quartiers de l'année. (IX, 111.)
Dans la carrière aux époux *assinée*. (VIII, 455.)

ASSISTANCE; donner assistance à; tirer assistance de :

Le renard dit au nom de l'*assistance*, etc. (II, 22; voyez II, 66.)
Vous *me donnâtes assistance*. (V, 257.)
Vous *tirez de* mon maître encor plus d'*assistance*. (VII, 22.)

ASSOCIÉ; associé de :

L'époux et son *associé*. (VI, 134.)
L'*associé des* frais et *du* plaisir. (VI, 135.)

ASSORTI; assorti de :

Jamais couple ne fut si bien *assorti* qu'eux. (VI, 176; voyez, IX, 167.)
    Et la couche royale
De part et d'autre étoit assurément
Aussi complète, autant bien *assortie*.... (IV, 221.)
    D'où vient que si mal *assortie*
Cette belle a fait choix d'un vieillard pour amant? (VII, 193.)
    Elle, jeune et jolie,
    Et *de* tous charmes *assortie*. (V, 245.)
Ils vont à la cité, superbe, bien bâtie,
    Et *de* tous objets *assortie*. (V, 19.)
Tout cela... *assorti de* traits qui n'ont pas leurs pareils au monde. (VIII, 74.)
L'âme, *d'*habit bien ou mal *assortie*.... (VIII, 273.)

ASSORTIMENT :

    Voyant donc de la femme
    Le bouquet fait, il commence à louer
    L'*assortiment*. (IV, 281 et note 3; voyez VIII, 89.)

ASSORTISSEMENT :

Je ne sais même si la variété n'étoit point plus à rechercher qu'un *assortissement* si exact. (IV, 11 et note 5.)
« Le rapport et assortissement de ces beaux noms. » (Pierre de Besse, *le Bon Pasteur*, 1632, exemple cité par M. Delboulle.)

ASSOTÉ; assoté de :

Que mon mari fait l'*assoté!* (VII, 135 et note 2.)
Assoté comme il est *de* ses folles amours.... (VII, 362.)

ASSOUPIR, assoupi :

Ah! ne réveillons point une noise *assoupie*. (VII, 111.)

ASSOUPISSEMENT :
Les fils des nerfs lâchés font l'*assoupissement*. (VI, 329.)

ASSOUVIR :
La terre et le travail de l'homme
Font pour les *assouvir* des efforts superflus. (III, 149.)
Ils *ont assouvi* leur faim et leur colère. (VI, 303.)

ASSUJETTIR ; s'assujettir à :
.... Non pas qu'ayant brûlé pour beaucoup d'inhumaines,
Un esclavage dur ne m'*ait assujetti*. (VIII, 370.)
Phèdre est venu, qui ne *s'est* pas *assujetti à* cet ordre. (I, 19.)

ASSURANCE ; donner assurance à ; avoir, prendre, l'assurance de ; assurances :
Elle chercha quelque *assurance*
Entre les bras de son époux. (II, 433.)
.... Nous en ferons l'amour avec plus d'*assurance*. (IV, 40.)
Dispose de ma griffe et sois en *assurance*. (II, 326.)
Mais il ne la vit point, et crut en *assurance*
Pouvoir user de violence. (IV, 434 et note 5.)
Dormez en *assurance*. (VII, 93 ; voyez IX, 152.)
Encor ne la croit-il pas trop en *assurance*. (VII, 404.)
S'il y a sur terre un lieu d'*assurance*.... (VIII, 139 et note 3.)
Il étoit déjà en lieu d'*assurance*. (VIII, 149.)
Je crois que M. Visinier vous le portera lui-même [le papier] pour plus d'*assurance*. (IX, 305 ; voyez V, 44.)
Pour plus grande *assurance*. (V, 248, 566.)
Pour *assurance* de la gageure, il déposa l'anneau. (I, 40.)
Je *vous donne assurance*
Que, etc. (V, 257.)
La criminelle Psyché n'*eut* pas l'*assurance de* dire un mot. (VIII, 127 voyez VIII, 56.)
Celle-ci [cette fable] *prend* bien l'*assurance*
De venir à vos pieds s'offrir. (I, 264.)
Vous ne m'attendiez pas après tant d'*assurances*. (VII, 81.)
Toutes les *assurances* de bouche, serments et autres. (VIII, 81.)

ASSURER ; assurer de, que ; s'assurer ; s'assurer à, de, sur ; s'assurer que :
Un sou, quand il *est assuré*,
Vaut mieux que cinq en espérance. (I, 268.)
Nous n'avons rien d'*assuré* touchant la naissance d'Homère. (I, 28.)
Le choix d'une demeure aux humains inconnue
Assuroit leur félicité. (III, 279.)
Une voix qui lui étoit familière l'*assura* d'abord. (VIII, 69 et note 3.)
Ce point l'*assure* et le console. (VI, 330.)
Un tel garant n'*assure* point mon âme. (VII, 72.)
Je t'*en assure*. (IV, 94.) — Et *de* cela je vous *assure*. (IX, 111.)
Qu'elle s'*en* tienne *assurée*. (VIII, 23.)
Son amant et le lieu l'*assuroient du* secret. (IV, 410.)

Est-il aucun moment
Qui vous puisse *assurer* d'un second seulement ? (III, 157.)

.... *Assuré* qu'à ce son
Les moins intimidés fuiroient de leur maison. (I, 189.)

Je vois deux lévriers,
Qui, je m'*assure*, sont courriers. (I, 176.)

Vous rêviez, je m'*assure*, à quelque haut fait d'armes. (VII, 58; voyez VII, 40, 447; IX, 337.)

Ce que je puis est de composer un tissu de mes conjectures.... Quelque vraisemblable que je le rende on ne s'y *assurera* pas. (I, 21.)

On *se* peut *assurer au* silence des bois. (VI, 238.)

.... L'on peut s'en *assurer*. (IX, 72.)

En être sûr.

.... Il s'en faut *assurer* le plus tôt qu'on pourra. (VII, 94.)
On ne s'*assure* point *de* leur prix, si, etc. (VIII, 307.)
Qu'il s'*assure de* moi. (VII, 93 et note 4.)

Plus on veut nous contraindre,
Moins on doit s'*assurer de* nous. (V, 278 et note 8.)

Car qui peut s'*assurer* d'être toujours heureux ? (I, 416.)
Tu *te* peux *assurer de* ce qu'on t'a promis. (VII, 92.)
J'ai cru *sur* sa vertu me pouvoir *assurer*. (VII, 78.)

Ceux dont elle est aimée
Peuvent tous s'*assurer que* sa porte est fermée. (VII, 40.)

ASTRE, ASTRES :

Un grand acteur...,
Que de mille talents l'*astre* a voulu douer. (VII, 334 et note 1.)

On diroit que quelque *astre* malin
Prend plaisir aux bons tours des maris et des femmes. (IV, 60 et note 1.)

[Conti] a des *astres* bénins épuisé les présents. (IX, 139.)

Un jaloux furieux, les *astres* en courroux...,
Le repos de mes jours, tout l'ordonne. (VII, 417.)

.... Par une fatalité dont il ne faut point chercher la cause parmi les *astres*. (IX, 268.)

.... Chercher des comparaisons jusque dans les *astres*. (VIII, 44.)

Cette brillante Étoile est un *astre* pour vous....
— Mais l'effet de cet *astre* est sur moi moins certain
Que, etc. (VII, 281.)

Non seulement les *astres* de la province, mais ceux de la cour, lui devoient céder. (IX, 233.)

ASTREINDRE :

A ses lois croit-il nous *astreindre* ? (I, 216.)

ASTRINGENT, ENTE :

Quelque force *astringente*. (VI, 344.)

ASTROLOGIE :

Sans l'*astrologie*
Je vous dirai d'où vient ce peu d'adorateurs. (VII, 174.)

ASTROLOGUE :
Un *astrologue* un jour se laissa choir. (I, 167 et note 1.)

ATOME, ATOMES :
Quintessence d'*atome*. (II, 476.)
    Les *atomes*,
Enfants d'un cerveau creux, invisibles fantômes. (II, 343.)
Ces *atomes* font tout; par les uns nous croissons;
Les autres, des objets touchés, etc. (VI, 328.)

ATOUR, ATOURS :
Paré d'un magnifique *atour*. (VIII, 76.)
Dégrafez-moi cet *atour* des dimanches. (V, 495 et note 4.)
Sa dame d'*atour*. (IV, 260 et note 8.)
  Le deuil enfin sert de parure,
  En attendant d'autres *atours*. (II, 75.)
Hyménée est vêtu de ses plus beaux *atours*. (VIII, 454.)
Atours de novice. (V, 584.)

ATOURNER, ajuster, orner, parer :
Ce chien-ci donc *étant* de la sorte *atourné*.... (II, 244 et note 10.)
  Bien blanchement et ce soir *atournée*.
  — Voire, ce soir! *atournée!* et pour qui? (V, 48-49 et note 9.)

ATOURNEUSE :
L'autre avoit des réparations à faire de tous les côtés : le bain y fut employé, les chimistes, les *atourneuses*. (VIII, 170 et note 2.)

ATRABILAIRE :
   A guérir un *atrabilaire*,
   Oui, Champmeslé saura mieux faire
   Que de Fagon tout le talent. (IX, 362.)

ATTABLER (S') :
Il ne falloit *s'attabler* davantage. (V, 85 et note 1.)

ATTACHE :
  Homme fort ami de la joie,
  Sans nulle *attache*, et sans souci. (IV, 423 et note 4.)
L'hymen et son *attache*. (IX, 418.)

ATTACHEMENT :
Si j'eus à le servir un peu d'*attachement*,
Qu'en pouvez-vous conclure ? (VII, 282.)
.... Avec quelque plaisir, mais sans *attachement*. (VII, 521.)

ATTACHER, au propre et au figuré; ATTACHER À; S'ATTACHER SUR, AUPRÈS :
  S'il vouloit encor me laisser paître!
  Mais je *suis attachée*. (III, 7.)
  .... Le collier dont je *suis attaché*
De ce que vous voyez est peut-être la cause.
  — *Attaché?* dit le loup. (I, 73.)

ATT] DE LA FONTAINE. 55

Elles vous l'empoignèrent,
A certain arbre en leur cour l'*attachèrent*. (V, 530.)

Il ne vit presque pas son ami s'avancer,
Attaché selon sa coutume. (II, 345 et note 23.)

Appliqué, plongé dans ses méditations.

Si parmi les choses mortelles
Quelqu'une peut encor t'*attacher* ici-bas, etc. (VII, 543.)

Ce mari qui m'*attache* à son sort. (VI, 294.)

Sur toi chacun *s'attachera*. (VII, 623.)

Chaque époux *s'attachant* auprès de sa moitié. (IV, 62 et note 1.)

ATTAQUE :

Il faut, dit-il, beaucoup plus d'une *attaque*
Contre un venin tenu si dangereux. (V, 56.)

ATTAQUER, ATTAQUANT :

Ilium, qui bornoit ses vœux à se sauver,
S'est rendu l'*attaquant*. (VII, 608.)

Le Marseillois, Provençal un peu chaud,
Ne manque pas d'*attaquer* au plus tôt
Madame Alix. (VI, 128.)

ATTEINDRE; ATTEINDRE À :

A ces mots, par la Parque il se sentit *atteint*. (III, 335.)

[Cette fille] jeune et simple, et pourtant très gentille,
Jusques au vif vous l'*eut* bientôt *atteint*. (V, 467 et note 4.)

J'ai dit tantôt qu'Amour savoit *atteindre*
A ses desseins d'une ou d'autre façon. (VI, 29.)

ATTEINTE, ATTEINTES :

Par deux fois du sanglier il évite l'*atteinte*. (VI, 259 et note 8; voyez VI, 204, 260, 265, 266.)

Mais c'est mourir deux fois que souffrir tes *atteintes*. (I, 243.)

Il n'avoit pu donner d'*atteinte* à la volaille. (III, 109 et note 2.)

Filles du monde ont toujours plus de peur
Que l'on ne donne *atteinte* à leur honneur. (IV, 487.)

Que ma beauté foible et légère
Donne *atteinte* à des sorts par l'enfer établis. (VII, 543.)

Il [Richelieu] lui donna [à la monarchie d'Espagne] des *atteintes* qui l'ébranlèrent. (VIII, 309.)

Ces noms illustres... lui tiennent lieu d'un assez puissant bouclier contre toutes sortes d'*atteintes*. (VII, 9.)

Non que de quelque *atteinte*
A son enfer on n'eût quelque soupçon. (V, 479 et note 6.)

Si par malheur une *atteinte* un peu forte
Le fait clocher [le nœud d'hymen], etc. (VI, 61.)

Aminte
Est femme sage, honnête, et hors d'*atteinte*. (VI, 31.)

Ils ne pouvoient souffrir cette *atteinte* à mon nom. (IX, 177.)

Damon, voyant Clarice peinte,
Soudain en ressentit l'*atteinte*. (IX, 319.)

ATTELAGE :

L'*attelage* suoit, souffloit, étoit rendu. (II, 141.)
  Comment pourroit celle [la charrue] du mariage
  Ne mal aller, étant un *attelage*
  Qui bien souvent ne se rapporte en rien? (IV, 330.)

ATTENANT. Voyez TENANT (À).

ATTENDRE ; s'attendre; s'attendre à, de; s'attendre que; attendant, ante; attendu :

Il *attend* son destin. (I, 243.)
La patiente *attend* sa destinée. (V, 48.)
.... *Attendre* de moi un remerciement proportionné à, etc. (VIII, 306.)
Un incident qui ne *s'attendoit* pas. (VI, 125.)
Ne *t'attends* qu'à toi seul. (I, 354; voyez I, 357; VII, 38.)
T'attendre aux yeux d'autrui quand tu dors, c'est erreur. (III, 116 et note 34.)
  On ne *s'attendoit* guère
  De voir Ulysse en cette affaire. (III, 14 et note 8.)
Je ne *m'attendois* pas *d'*être loué de vous. (IX, 57 ; voyez IV, 95.)
  Je *m'attends*
  Que mon héros, dans peu de temps,
  Me fera prendre la trompette. (III, 233.)
Il alla chez les *attendantes*. (V, 590 et note 3.)
Chez Malherbe, tome II, p. 570 : « Cette multitude infinie d'attendants. »
  Attendu l'état indigent
  De la république attaquée. (II, 108.)

ATTENTE :

  Je suis contente,
Et n'osois me flatter d'une si douce *attente*. (VII, 602.)
.... Table d'*attente*, avant-goût de l'hymen. (VI, 45 et note 1.)
L'*attente* du plaisir. (IV, 258.)
Il s'en alla en Egypte..., non sans tenir en grande admiration et en *attente* de son dessein les peuples chez qui il passoit. (I, 48.)
Pour qui me prenez-vous, et quelle est votre *attente?* (VII, 407.)
La dot d'une bru ne fait point mon *attente*. (VII, 93.)
Remplissez notre *attente*. (VII, 151.)
Par ce double bienfait mon *attente* est comblée. (VII, 114.)
.... Les esprits étant demeurés comme suspendus, dans l'*attente* d'autres merveilles. (VIII, 267.)

ATTENTER :

Notre héroïne n'oseroit *attenter* contre elle. (VIII, 140.)
Garde-toi bien d'*attenter* contre ta vie. (VIII, 134 et note 3 ; voyez VIII, 144, 146.)
Attenter sur des jours.... (VIII, 153.)

ATTENTIF, ive, à :

Les troupeaux *attentifs aux* herbages. (VI, 283 et note 9.)
La sœur de Philomène, *attentive* à sa proie. (III, 37.)
Soyez-*leur attentifs*, même aux choses légères. (VIII, 485.)

ATTENTION; ATTENTION À :
La dame cette fois eut de l'*attention*. (VI, 77.)
L'*attention* qu'il croyoit que les dieux eussent à sa querelle. (III, 311.)

ATTERRER :
[Démosthène] frappe, il surprend, il *atterre*. (VIII, 349.)

ATTESTER :
Il *atteste* les dieux. (I, 310.)
Astres, soyez témoins de ces injustes fers,
    J'*atteste* ici tout l'univers. (VII, 238; voyez VII, 524.)

ATTIÉDIR; S'ATTIÉDIR :
        Ces gens l'embarrassoient,
    L'*attiédissoient*, l'affadissoient. (V, 250 et note 3.)
        Je crains que votre âme
            Ne s'*attiédisse*. (VIII, 376.)
Laissez-moi donc en paix; attiédissez vos biles.
            (Scarron, *Don Japhet d'Arménie*, acte IV, scène x.)

ATTIRAIL :
Elle commença... par les habits et par l'*attirail* que le sexe traîne après lui. (VIII, 88.)
L'*attirail* des coquettes. (IV, 379 et note 7.)
        A la coquette l'*attirail*
    Qui suit les personnes buveuses. (I, 195.)
L'*attirail* de la goinfrerie. (I, 194.) — L'*attirail* de la mort. (I, 224.)
.... Tout l'*attirail* dont je vous ai équipé. (VIII, 202.)
Il s'agit de l'arc, du carquois, de l'Amour.

Corps, harnois, baudrier, épée, et mousqueton,
Bandoulière, enfin bref, tout l'*attirail* de guerre. (VII, 297.)
        L'éléphant devoit sur son dos
        Porter l'*attirail* nécessaire. (I, 424.)
            Le satrape Alcamène,
    Dont le long *attirail* couvre toute la plaine. (VI, 251.)
.... Tout l'*attirail* qui suit tôt ou tard les méchants. (VIII, 211.)
Leurs douleurs, leurs désespoirs, leurs supplices.

ATTIRER; ATTIRÉ :
        Le berger, qui, par ses chansons,
            Eût *attiré* des inhumaines, etc. (III, 57.)
Entre les gens qu'elle sut *attirer*.... (V, 67; voyez III, 66.)
Il [le vrai] *attire* à soi tous les esprits. (VI, 40; voyez VIII, 339.)
Attirer les œillades. (VII, 180.)
Vient-il [Louis XIV] pas d'*attirer*, et par divers chemins,
        La dureté du cœur? (IX, 377.)
.... Et par qui les rochers et les bois *attirés*
            Tressailloient. (VII, 175.)

ATTRAIT, ATTRAITS :
Vous ne connoissez pas l'*attrait* qui vous engage. (III, 49.)
... Les *attraits* enchanteurs de la prospérité. (VIII, 357.)

Je ne préfère point ma gloire à vos *attraits*. (VII, 627.)

Attraits de femme.

Les différents *attraits*
Du garçon au corps jeune et frais. (V, 344; voyez V, 261.)

[Céladon] alloit expirer; l'onde venoit d'éteindre
Le vif éclat de ses *attraits*. (VII, 531 et note 1.)

Les fleurs n'en sont que plus belles,
Jouissez de leurs *attraits*. (VII, 511.)

ATTRAPER, au propre et au figuré :

Le serpent, se laissant *attraper*.... (III, 3.)
C'étoit un piège : il y *fut attrapé*. (II, 22.)
Attraper du bien. (I, 367; voyez I, 113; III, 110.)
Il *attrape* un souris gracieux. (V, 147; voyez II, 35.)
Dans le jardin *attrapez*-le vous-même. (IV, 91; voyez IV, 166; VI, 33.)
Caliste, *attrapant* son mari.... (V, 120; voyez I, 38, 39; II, 423.)

ATTRAYANT :

Air tant *attrayant*. (IV, 205.)

ATTRIBUER (S') :

Une vieille parente,
Sévère et prude, et qui *s'attribuoit*
Autorité sur lui de gouvernante. (VI, 29.)

ATTROUPER (S') :

Si *se* venoient joliment *attrouper*
Près de ces gens. (V, 385.)

AUBADE, au propre et au figuré :

Désaccorder l'*aubade*. (VII, 586.)

Chacun d'eux pourtant s'éveilla,
Bien étonné de telle *aubade*. (IV, 55 et note 3.)

AUBAINE :

Mais ici point d'*aubaine*. (II, 36; voyez III, 95.)

AUBE, personnifiée :

L'*Aube* au teint frais. (VI, 194; voyez VI, 286, 289.)

AUBERGE :

L'*auberge* enfin de l'Hyménée
Lui fut [à la Discorde] pour maison assinée. (II, 71.)

AUCUN, UNE; AUCUNS, LES AUCUNS :

Aucun n'est prophète chez soi. (II, 341.)
Deux jours s'étoient passés sans qu'*aucun* vînt au puits. (III, 134 et note 7.)
Sans dire *aucune* chose. (III, 16.)
Sans faire *aucun* semblant de rien. (VII, 305; voyez VII, 565.

Que d'*aucun* soupçon mon âme soit saisie,
Le soldat n'est pas homme à donner jalousie. (VII, 110 et note 2.)

Ils ne les ont pas considérées [les paroles, l'art de la parole] comme un ornement en la personne d'*aucun* héros. (VIII, 320.)

Phèdre étoit si succinct qu'*aucuns* l'en ont blâmé. (II, 3; voyez II, 20 IV, 404; VI, 21, 136.)

Titres par lui plus qu'*aucuns* regrettés. (V, 159.)

  Le nœud du mariage
Damne aussi dru qu'*aucuns* autres états. (VI, 117.)

Singe en effet d'*aucuns* maris.(III, 301 et note 1; voyez V, 397; VIII, 423, 425.)

Aucuns des vins sont approuvés. (V, 351.)

.... Certains mots, caractères, brevets,
Dont *les aucuns* ont de très bons effets. (IV, 243 et note 4.)

AUCUNEMENT, en quelque sorte, jusqu'à un certain point, d'aucune façon :

  On pourroit *aucunement*
  Souffrir ce défaut aux hommes. (II, 353 et note 11 ; voyez V, 349 et note 1.)

.... L'Empereur y pense *aucunement*. (IX, 15 et note 8.)

  Afin qu'*aucunement*
  Vous n'entendiez. (V, 566.)

Je ne le puis souffrir *aucunement*. (IX, 44.)
.... Sans craindre *aucunement*. (IX, 18.)

AUDACE, personnifiée :

.... Ces champs où couroient la Fureur et l'*Audace*. (VI, 16 et note 1.

AU DELÀ DE :

Mes chiens n'appellent point *au delà des* colonnes, etc. (III, 322.)

Au-dessous de, Au-dessus de, Au-devant de. Voyez Dessous, Dessus, Devant.

AUDIENCE :

  Frère André, par cette éloquence,
  Satisfit fort son *audience*. (IV, 185 et note 1.)

  On fit un grand festin,
  Pendant lequel, ayant belle *audience*,
Alaciel conta tout ce qu'elle voulut. (IV, 448 et note 7.)

.... Afin que Psyché eût une *audience* plus favorable. (VIII, 214.)

AUGMENTER, exagérer; AUGMENTER EN :

En cela je n'*augmente* pas. (IV, 399 et note 3.)
Il *augmente en* savoir. (IX, 133.)

AUGURE :

.... L'*augure* en est heureux. (VI, 180.)

AUGUSTE :

  Il [l'homme] profane
  Notre *auguste* nom, traitant d'âne
  Quiconque est ignorant, etc. (III, 127 et note 14.)

Un empereur *auguste*. (IV, 229.)

AUJOURD'HUI :
Les gens d'*aujourd'hui*. (VIII, 338.)
Voyez Hui.

AULX. Voyez AIL.

AUMAILLE, bestiaux :
>Penseriez-vous qu'on pût venir à chef
>D'assez priser ni vendre telle *aumaille?* (V, 304 et note 7.)

AUMÔNE :
Les loups n'étoient pas gens qui donnassent l'*aumône*. (V, 17; voyez IV, 183.)

AUMÔNIER, homme charitable. (IV, 382 et note 2.)

AUNE :
Je sais ce qu'en vaut l'*aune*. (VII, 412.)

AUPARAVANT (Dès); AUPARAVANT QUE :
Puis, *dès auparavant* aimé de la bergère.... (V, 344.)
Quantité de meubles... qu'il lui avoit donnés *dès auparavant*. (IX, 234, voyez VIII, 280.)
Auparavant que sortir de la vie. (IV, 225 et note 1.)
Auparavant que la barbe lui crût. (V, 523.)
Comme aux premiers jours de sa pénitence, *auparavant que* le jeûne eût commencé d'empiéter sur elle. (IX, 272.)
*Auparavant qu'*elle ouvrît la bouche. (VIII, 256.)

AUPRÈS; AUPRÈS DE; D'AUPRÈS DE :
Un antre étoit *auprès*. (VI, 17.)
Jamais *auprès des* fous ne te mets à portée. (II, 398.)
Auprès de lui méritoit-elle rien ? (V, 168.)
De sa part.
>Un certain gentilhomme
>D'*auprès de* Rome. (IV, 20.)

AURE, souffle léger, sorte d'avant-brise du matin :
Venez, légers démons, par qui nos champs fleurissent :
>*Aure*, fais-les venir. (VI, 192 et notes 2, 3.)

AURORE :
Devant l'*aurore*. (II, 35.) — L'*aurore* levée. (I, 356.)
L'*aurore* est avancée. (VII, 619.)
>Je puis enfin compter l'*aurore*
>Plus d'une fois sur vos tombeaux. (III, 158.)
.... A moi qui tant de fois ai vu naître l'*aurore*,
Et de qui les soleils se vont précipitant. (IX, 411.)
L'*aurore* vint trop tôt pour Callimaque. (V, 55 et note 8.)
>L'univers n'eut jamais d'*aurore*
>Plus paresseuse à se lever. (V, 265.)
Tantôt vous paroîtrez vous-même une autre *aurore*. (VII, 149.)

Elle redevient rose,
OEillet, *aurore*. (V, 316.)

Ah! si selon vos souhaits
Vous redeveniez *aurore*. (VII, 217 et note 2.)

Aurore (Couleur d'). (IX, 274.)

AUSPICES :

Sous vos seuls *auspices*, ces vers
Seront jugés, etc. (II, 86.)

Sous les *auspices* de la nuit. (IV, 424.)

AUSSI, acceptions diverses :

Mais s'il retient *aussi* Pamphile auprès de soi? (VII, 31 et note 1.)

Pour : Mais aussi s'il, etc., par simple inversion.

Dans les exemples suivants, il y a parfois ellipse, plus ou moins forte, de *mais* :

S'il est *aussi* reçu, qu'il me donne d'envie! (VII, 49.)

De quelle sorte de mérite
N'est-il pas *aussi* revêtu? (IX, 376.)

Je n'ai pas fait grande acquisition, à la vérité ; *aussi* n'ai-je pas déboursé grand argent. (I, 33.)

Aussi l'Amour se jouoit d'elle. (IV, 437 et note 3 ; voyez IV, 399.)

C'est qu'aussi, il est bien vrai que, etc.

Je lui trouvai la mine d'un matois :
Aussi l'étoit ce prince. (IX, 239.)

Aussi faut-il m'avouer que, etc. (IV, 13 et note 1.)
Aussi semble-t-il que ce soit peinture. (IX, 272.)
Aussi étoit-ce une nouvelle occasion de plaisir. (VIII, 267.)
Aussi n'est-ce pas mon fait que de raisonner. (IX, 272.)
C'étoit *aussi* l'Amour. (VIII, 102 et note 1.)

Quiconque ne voit guère,
N'a guère à dire *aussi*. (II, 363 et note 12.)

N'a guère à dire non plus.

Non pas véritablement d'orateur, ni *aussi* d'une personne qui, etc. (VIII, 84 ; voyez II, 404 ; VIII, 185.)

Aussi peu vous dirai-je, etc. (VII, 152 et note 2.)

Je ne vous dirai pas davantage.

J'en fais grand cas ; *aussi* fait sire Pierre. (IX, 211.)

Sire Pierre en fait grand cas aussi.

Si vous entrez partout, *aussi* font les profanes. (I, 273 et note 10 ; voyez I, 278 ; IV, 135 ; V, 258, 289 ; etc.)

Aussi bien :

Aussi bien que manger en qui n'a que le son? (II, 449 et note 4 ; voyez I, 246 ; III, 21.)

Dans le fait, d'ailleurs.

Nous avons trouvé qu'*aussi bien* elle [l'épée] étoit trop longue, et l'embarrassoit. (IX, 222.)

Aussi bien s'en rendoit-il [des oracles] en un lieu.... (VIII, 177.)

AUSSITÔT :
Aussitôt fait que dit. (II, 262 ; voyez II, 445 ; IV, 319 ; V, 258 ; etc.)

AUSTÈRE :
Un philosophe *austère*. (III, 304.)

AUSTÉRITÉ, AUSTÉRITÉS :
Les larmes, les soupirs, et les *austérités*. (VI, 296.)

AUTAN, AUTANS :
Il dit : et les *autans* troublent déjà la plaine. (VI, 158.)

AUTANT ; D'AUTANT ; AUTANT DE ; AUTANT QUE ; D'AUTANT QUE ; AUTANT BIEN QUE :

.... En puissiez-vous dans cent ans *autant* faire. (IX, 9.)
J'en aurai, dit le loup, pour un mois, pour *autant*. (II, 350 et note 18.)
A la charge *d'autant*. (V, 232.)
J'ôte le superflu, dit l'autre, et l'abattant,
 Le reste en profite *d'autant*. (III, 307.)
 Cela sera-t-il cause
De me faire dormir plus que de deux yeux ?
Je dors *d'autant*, grâces aux dieux. (V, 143.)
Tous trois burent *d'autant*. (I, 159 et note 5.)
Je n'aurois qu'à chanter, rire, boire d'autant. (Boileau, satire II, vers 59.)
Boire autant que je voudrais, boire beaucoup.
Voyez BOIRE.

J'espère qu'il me parlera de vos triomphes ; en quoi je suis *d'autant* persuadé que la matière ne lui manquera pas. (IX, 362.)
Autant de pris, *autant de* mis à part. (III, 299.)
C'est *autant de* conclu. (IV, 345.)
Du reste ayant d'oreille *autant que* sur ma main. (III, 44.)
Tout *autant que* l'on put. (V, 17.)
*Autant qu'*homme du monde. (VII, 47.)
Autant que la Beauce m'avoit semblé ennuyeuse, autant le pays, etc. (IX, 238 ; voyez IX, 292.)
.... *D'autant qu'*il n'a pas, comme eux, intérêt d'être injuste. (IX, 353.)
.... *D'autant que* c'est la veille du dimanche. (IV, 335 ; voyez I, 48.)
 La couche royale
 De part et d'autre étoit assurément
 Aussi complète, *autant bien* assortie
 Que, etc. (IV, 221 et note 4.)

AUTEL, au figuré :
Prince, l'unique objet du soin des Immortels,
Souffrez que mon encens parfume vos *autels*. (III, 183 ; voyez III, 276.)

AUTEUR :
Un *auteur* gâte tout quand il veut trop bien faire. (I, 362, voyez III, 84 et note 20, 302 ; IX, 177 ; etc.)
.... Cet art dont on peut dire qu'il est l'*auteur*. (I, 32.)
Le fleuve *auteur* de sa disgrâce. (I, 248.)

C'est le père [l'amour-propre],
C'est l'*auteur* de tous les défauts. (III, 124.)

AUTHENTIQUE :
Contes *authentiques*. (I, 130.)
Droit *authentique* et bien signé,
Que les papes nous ont donné. (IV, 182.)

AUTOUR, oiseau de proie :
L'*autour* aux serres cruelles. (I, 419.)

AUTOUR, adverbe :
Un rat, sans plus, s'abstient d'aller rôder *autour*. (I, 258.)

AUTOUR DE, préposition :
Je ne bâtirai point *autour de* leur demeure. (III, 109.)
Elle fit tant *autour* d'eux.... (VI, 43.)
L'un de ces amoureux
Tant bien exploite *autour de* la donzelle
Qu'il en naquit une fille. (IV, 118.)

AUTRE, AUTRES :
Puis *autres* vingt et quatre, et puis vingt et quatre *autres*. (IX, 329.)
.... Est-elle *autre* aujourd'hui que dix ans l'ont suivie ? (VII, 612.)
Femme ne lui seroit *autre* que bonne amie. (V, 104.)
Autant me vaut celui-ci que cet *autre*. (IV, 260.)
Pain de par Dieu, ou de par l'*autre!* (V, 512 et note 2.)
De par le diable.

AUTREFOIS (Un) :
.... Pour *un autrefois*
Lui laissa lier la partie. (IV, 431 et note 1.)

AUTREMENT :
Ce n'étoit pas *autrement* sa coutume. (IV, 157.)
Pas beaucoup ; familièrement : pas plus que cela.

AVALER :
Ils l'*avalent* [l'huître] des yeux. (II, 403.)

AVALEUR :
Des *avaleurs* de bran. (VIII, 438.)

AVANCE, au propre et au figuré ; PAR AVANCE :
Une petite *avance*
Qu'avoit un toit. (IV, 251.)
.... L'autre un coup d'œil, l'autre quelque autre *avance*. (V, 159.)
Lorsque l'on aime une déesse,
Elle fait ces *avances*-là. (V, 211 ; voyez V, 195.)
Mais je voudrois m'être acquitté
De cette grâce *par avance*. (V, 13.)

AVANCER ; S'AVANCER :
Corps de garde *avancé*. (II, 470.)

Il n'est à mon avis que d'*avancer* matière. (VII, 94 et note 2.)
Avancer chemin. (V, 149 et note 4.)
> J'*avancerois* la joie
> Que vous aurez en le voyant. (III, 294.)

L'aurore *est avancée*. (VII, 619.)
La fête *est* vers sa fin, grâce au Ciel, *avancée*. (VI, 205.)
Le pauvre Eschyle ainsi sut ses jours *avancer*. (II, 295.)
Une mort *avancée*. (VIII, 474 et note 4.)
Le discours que j'*avance*. (I, 116.)
Encor si la saison s'*avançoit* davantage. (II, 362.)

Il connoît, mais trop tard, qu'il *s'est* trop *avancé*. (VI, 257; voyez VI, 261, 264.)

AVANT; AVANT QUE OU QUE DE :

Un os lui demeura bien *avant* au gosier. (I, 229.)
Aller plus *avant*. (I, 106, 168.)
Éplucher trop *avant*. (V, 323.)
J'ai passé plus *avant*. (I, 130; voyez I, 33.)
Le désespoir de Psyché passa si *avant*.... (VIII, 98; voyez VIII, 44.)
Avant qu'il mourût. (I, 11.)
Avant qu'il soit deux jours. (V, 257.)
Avant que sortir de ces lieux. (IV, 435 et note 8; voyez IV, 257; V, 102, 156, 266; VI, 186; VII, 29, 384; VIII, 152, 467, 483.)
Avant que de les mener sur la place. (I, 34; voyez II, 124; IV, 397; VII, 626; VIII, 344; IX, 245.)

AVANT (EN) :

.... Quelle conduite elle avoit à tenir de là *en avant*. (VIII, 158.)

AVANTAGE :

> Joconde eut l'*avantage*
> Du prétendu pucelage. (IV, 50.)

> En cet étrif, la servante tomba :
> Lui d'en tirer aussitôt *avantage*. (IV, 282; voyez VII, 624.

Ce fut un *avantage* à leurs desirs naissants. (VI, 177.)
Nous verrons bientôt qui remportera l'*avantage*. (VIII, 192.)
Nous ne voulons sur vous nul *avantage*. (V, 83.)

AVANT-CORPS :

Un *avant-corps* d'architecture. (VIII, 267.)

AVANT-COUREUR :

Un froid *avant-coureur*. (VI, 330.)

> [Notre écolier]
> Gâtoit jusqu'aux boutons, douce et frêle espérance,
> *Avant-coureurs* des biens que promet l'abondance. (II, 381.)

AVANT-COURRIER :

Conti, dont le mérite, *avant-courrier* des ans.... (IX, 139 et note 2.)

AVANT-GOÛT :

> Il [leur] faisoit donner du paradis
> Un *avant-goût*, à leurs sens perceptible. (V, 383 et note 1.

.... Nous y voyons pratiquer cet usage,
Demi-amour et demi-mariage,
Table d'attente, *avant-goût* de l'hymen. (VI, 45.)

AVARE ; AVARE DE :

Cette part du récit s'adresse au convoiteux ;
L'*avare* aura pour lui le reste de l'exemple. (II, 349.)
L'amant *avare*. (V, 153.)
L'*avare* laboureur. (VI, 249 et note 4.)
D'*avares* parents. (VI, 280.)
L'*avare* cité. (VI, 297.)

     Elle étoit *avare* :
Ce n'est pas chose en ce siècle fort rare. (IV, 361 et note 2.)
Votre *avare* nourrice, en cette occasion,
A l'or de mes louis sensible, etc. (VII, 394.)

<small>Dans les cinq derniers exemples, au sens à la fois d'« avide » et d'« avare ».</small>

Sois *avare* d'un sang que je prétends à moi. (VII, 628.)
De faire voir sa femme un jaloux est *avare*. (VII, 416.)

AVARICE :

L'*avarice* perd tout en voulant tout gagner. (I, 405.)

  Il n'étoit point d'asiles
  Où l'*avarice* des Romains
Ne pénétrât alors. (III, 145 et note 15.)

  Cent machines sur l'onde
Promenoient l'*avarice* en tous les coins du monde. (VI, 349.)

<small>Dans ces trois exemples, au sens à la fois d'« avidité » et d'« avarice ».</small>

AVARICIEUX, qui paie mal :

Un roi *avaricieux* et ingrat. (VIII, 293.)

AVEC, AVECQUE :

« Quel combat ? » dit le singe *avec* un front sévère. (III, 311 ; voyez IV, 285.)

Qu'est-ce enfin que ce mal dont tant de gens de bien
  Se moquent *avec* juste cause? (V, 93.)

Avec un cœur ouvert ayez soin de l'entendre. (VII, 416.)
Avec cela, je confesse, etc. (VIII, 19.)
<small>Malgré cela.</small>

Sa femme entra dans une telle colère qu'elle se retira d'*avec* lui. (I, 37.)
Après mille ans et plus de guerre déclarée,
Les loups firent la paix *avecque* les brebis. (I, 240.)
L'homme se porte en tout *avecque* violence. (VI, 357; voyez, I, 297, 356, 363, 371; II, 201; III, 274; IV, 68, 106, 242; V, 46, 189, 252; VI, 249, 317, 325, 337; VII, 60, 79, 107, 157, 211, 234, 241, 346, 427; VIII, 371, 382, 396; IX, 15; et passim.)

AVENANT, ANTE :

Blanche surtout, et de taille *avenante*. (IV, 262.)
J'en vois peu [de femmes] d'*avenantes*. (V, 177 et note 3.)

AVENIR; AVENIR DE; AVENIR QUE :
.... Même dispute *avint* entre deux voyageurs. (II, 357.)
.... Il en *avint* un fort plaisant trafic. (V, 466.)
Qu'en *avint*-il? (V, 331.) — Telle chose m'*avint*. (II, 363.)
....Afin qu'il ne m'*avienne*
De mal gîter. (IV, 245.)
Avint que le marquis
Ne put venir. (IV, 254; voyez IV, 86 et note 1, 192; V, 321, 359, 439; VI, 46.)
Il *avint qu*'au hibou Dieu donna géniture. (I, 422; voyez I, 163; IV, 190, 205, 252.)

AVENIR, substantivement :
L'*avenir* m'est caché. (VIII, 412; voyez VII, 194; IX, 151.)
A quoi bon charger votre vie
Des soins d'un *avenir* qui n'est point fait pour vous? (III, 156.)

AVENT :
Un rat plein d'embonpoint, gras, et des mieux nourris,
Et qui ne connoissoit l'*avent* ni le carême. (I, 308 et note 6.)

AVENTURE; À L'AVENTURE; D'AVENTURE; PAR AVENTURE :
Une vieille masure
Fut la scène où devoit se passer l'*aventure*. (II, 436.)
L'époux ne manque pas d'aller
Au logis de l'*aventure*. (V, 456 et note 1.)
Ce fut là le pis de l'*aventure*. (IV, 249; voyez V, 81.)
A toutes *aventures*. (V, 206.)
Espoir de grosse *aventure*. (II, 408 et note 3.)
.... Ayant couru mainte haute *aventure*. (II, 334; IX, 151.)
Quelle *aventure* en ces lieux vous attire? (VII, 509.)
Faites voir aux bords de la Seine
Les *aventures* du Lignon. (VII, 514.)
Chercheurs d'*aventures*. (IV, 437; V, 74,; VI, 128.)
Chercher *aventure*. (I, 89; II, 163; IV, 305.) — Courir *aventure*. (II, 334; III, 205; IV, 439.) — Éprouver l'*aventure*. (I, 92.) — Tenter l'*aventure*. (IX, 384.) — Manquer son *aventure*. (I, 186.)
Trouver la meilleure *aventure*. (IV, 339 et note 5.)
Diseurs de bonne *aventure*. (II, 292.)
Errante à l'*aventure*. (VII, 538.)
Le moindre vent qui *d'aventure*
Fait rider la face de l'eau. (I, 126 et note 2; voyez I, 202, 349, 370, 422; IV, 232; V, 33; etc.)
Pleine de bonté
Cette servante, et confite en tendresse,
Par aventure, autant que sa maîtresse. (IV, 255.)

AVENTURER (S'); S'AVENTURER DE :
Je *me* veux encore *aventurer*. (VIII, 364.)
Or c'étoit un soliveau,
De qui la gravité fit peur à la première
Qui, *de* le voir *s'aventurant*,
Osa bien quitter sa tanière. (I, 214.)

AVENTUREUX :

Le raisonneur parti, l'*aventureux* se lance. (III, 76 et note 17.)

AVENTURIER, AVENTURIÈRE :

Ils cédoient à la force,
Quand notre *aventurier* fit un dernier effort. (IV, 444; voyez III, 75; IV, 44 et note 4, 440.)
Nos deux *aventuriers* près d'eux la firent seoir. (IV, 50.)
Où est l'*aventurier* et le brave, qui, etc. (VIII, 21 et note 6.)
Ainsi s'avançoient pas à pas,
Nez à nez, nos *aventurières*. (III, 209.)

AVENUE :

Le royaume des morts a plus d'une *avenue*. (VIII, 210; voyez VII, 280; VIII, 97, 247, 293; IX, 259.)

AVÉRER (S') :

[La chose] *s'est* naguère entre nous pleinement *avérée*. (VII, 99.)

AVERSION :

La plus forte passion
C'est la peur : elle fait vaincre l'*aversion*. (II, 433; voyez I, 36; VI, 9.)

AVERTIR; AVERTIR DE :

Cléon se tint pour dûment *averti*. (VI, 36.)
[Argie] par son chien *est avertie :*
Si vous me demandez comme un chien *avertit*.... (V, 269-270.)
Elle offre d'*avertir de* tout ce qui se passe. (III, 244; voyez IV, 418.)

AVEU :

Votre *aveu* là-dessus ne m'est pas nécessaire. (VIII, 364.)

AVEUGLE :

Fortune *aveugle* suit *aveugle* hardiesse. (III, 79.)

AVEUGLÉMENT :

Notre étourdie
Aveuglément se va fourrer, etc. (I, 142.)

AVEUGLER, au figuré :

Faut-il que l'amour-propre *aveugle* les esprits! (I, 271.)
Son âme *étoit aveuglée*. (I, 266.)

AVIDITÉ :

S'ils avoient eu l'*avidité*,
Comme vous, et la violence.... (III, 148; voyez III, 264.)

AVIS; AVIS QUE; D'AVIS DE OU QUE :

A mon *avis*. (VI, 137.) — A votre *avis*. (III, 215; V, 440.)
.... L'*avis* du feu fut le plus fort. (IV, 199.)
Il lui fut *avis que* le diable
Lui mettoit au doigt un anneau. (IV, 381 et note 1.)
J'en suis *d'avis!* (IV, 216, 306; V, 565; VII, 217.)

Je suis *d'avis qu'*on laisse à tel mari
Telle moitié! (V, 544; voyez IV, 92, 500; V, 42; VII, 32.)

AVISER, AVISÉ; AVISER À, QUE; S'AVISER DE, QUE :
Très *avisé*. (IV, 108.) — Bien *avisé*. (V, 591.)
Ce fut à lui bien *avisé*. (I, 258.)
Or *avisons aux* lieux qu'il vous faut habiter. (I, 225.)
.... Je vous prie, *avisez*
Que ne soit trop. (IV, 231.)
Qui vous a fait *aviser de* ce tour? (VI, 37.)
Vous a fait vous aviser.
Ésope *s'avisa d'*un stratagème. (I, 37; voyez I, 41; V, 208, 336.)
*S'aviser d'*un cas. (IV, 82.) — *S'aviser d'*un secret. (IV, 232.)
Je m'*aviserois* sur le tard *d'*être cause, etc. (V, 11.)
« Il n'alloit qu'en habit court; mais il s'en avisa sur le tard. » (Tallemant des Réaux, historiette de Costar.)
Il *s'étoit avisé que* la musique et la poésie ont tant de rapport.... (I, 11.)

AVOCAT :
Il faut des médecins, il faut des *avocats*. (III, 344.)
Un *avocat* sait les points décider. (IV, 229.)

AVOIR; AVOIR À :
[Le coq] *eut* des femmes en foule. (II, 172.)
Il *eut* aussi des femmes [à son régal]. (V, 190.)
Il vous le faut *avoir* adroitement. (IV, 167 et note 1.)
Le faire venir.
Il me prétend *avoir* par des présents. (VI, 34.)
Gagner, séduire.
Vous les *aurez* alors contre vos ennemis. (VII, 610.)
Moi, chien, qui n'*ai* rien [aucun intérêt] *à* la chose. (III, 114.)
Pour les nombreuses locutions composées : « Avoir du plaisir, avoir prise contre, avoir un présage, avoir quartier, avoir des reproches, etc. », voyez PLAISIR, PRISE, PRÉSAGE, etc.
Pour AVOIR, verbe auxiliaire, voyez COMMENCER, ÊTRE, etc.

AVOIR, substantivement :
Tout son *avoir*. (I, 364; V, 156.)
Consumer notre *avoir*. (V, 177.)

AVORTER, au figuré :
Ce qui vint détruisit les châteaux,
Fit *avorter* les mitres, les chapeaux. (IV, 482.)

AVORTON :
Nain, pygmée, *avorton*. (III, 76; voyez I, 50.)
Un *avorton* de mouche. (I, 156.)

AVOUER quelqu'un DE; AVOUER QUE; S'AVOUER :
.... Si l'on vous *avouera d'*un sentiment si doux. (VII, 624.)
Approuvera.
J'*avouerai que* votre esprit est infiniment élevé. (VI, 220.)

Je *m'avoue*, il est vrai, s'il faut parler ainsi,
Papillon du Parnasse. (IX, 186.)

AZURÉ, ÉE :

La voûte *azurée*. (III, 157.) — Les champs *azurés*. (VI, 180.)

B

BABIL :

.... Ce qu'en fait de *babil* y savoit notre agasse. (III, 244.)
Imprudence, *babil*, et sotte vanité...,
    Ont ensemble étroit parentage. (III, 16.)
    Pour réprimer leur *babil*, irez-vous
    Les maltraiter? (III, 315.)

BABILLARD, ARDE :

Tout *babillard*, tout censeur, tout pédant,
Se peut connoître au discours que j'avance. (I, 116.)
Prophète de malheur, *babillarde*, dit-on, etc. (I, 83.)
    Je n'ai que faire
    D'une *babillarde* à ma cour. (III, 245.)
Une oie *babillarde* qui savoit ces choses..... (VIII, 135.)
C'est un petit *babillard*. (VII, 451.)

BABILLER :

    Ni mon grenier, ni mon armoire,
    Ne se remplit à *babiller*. (I, 275.)
    Pour venir *babiller*
    Son rôle dans la pièce, etc. (VII, 350.)

BABOUIN :

Ah! le petit *babouin!* (I, 116 et note 4.)

Comparez Marot, tome I, p. 178; Montaigne, tome III, p. 515; et *le Moyen de parvenir*, p. 137, et p. 54 : « Ha! bécasse, babouine! »

BACHA, BACHAS :

Dans les sérails de ces heureux *bachas*. (IX, 40 et note 8.)

BACHELETTE :

    .... La jeune *bachelette*
Aux blanches dents, aux pieds nus, au corps gent. (VI, 7 et note 5; voyez VIII, 441.)

BACHELIER :

Dans la Touraine un jeune *bachelier*....
(Interprétez ce mot à votre guise :
L'usage en fut autrefois familier
Pour dire ceux qui n'ont la barbe grise;
Ores ce sont suppôts de sainte Église)
Le nôtre soit sans plus un jouvenceau. (VI, 6 et note 8.)

.... Thèse d'amour : le *bachelier*
Leur avoit rendu familier
Chaque point de cette science. (V, 584.)

BADAUD, nigaud, niais :
.... Il rendroit disert un *badaud*,
Un manant, un rustre, un lourdaud. (II, 64.)

BADIN, INE :
Il contrefait le sot et le *badin*. (IV, 497 et note 4.)
Des philosophes, des *badins*. (VIII, 275.)

BADINAGE, BADINAGES :
Et Clymène auroit pu souffrir ce *badinage*? (VII, 160.)
.... Ce qui m'a fait douter du *badinage*. (IV, 105 ; voyez IV, 321.)
Une vieille viendra, qui, faite au *badinage*,
Vous saura ménager un secret entretien. (V, 443 et note 3.)
[Le renard] élevoit sa queue, il la faisoit briller,
Et cent mille autres *badinages*. (III, 299.)

BADINER :
Riant, chantant, faisant semblant de *badiner*. (VII, 425 et note 6 ; voyez VII, 575.)
Avec ses compagnons tout le jour *badiner*,
Sauter, courir, se promener. (II, 292.)
Un jeune enfant dans l'eau se laissa choir,
En *badinant* sur les bords de la Seine. (I, 115.)
Messer Cupidon
En *badinant* fit choir de son brandon, etc. (IV, 222 et note 3 ; voyez VIII, 64.)
En *badinant*,
En riant, en lui faisant fête, etc. (I, 110 ; voyez IX, 220.)
Badinant sur la fougère. (VII, 566.)
Sans s'arrêter au nom,
Ni *badiner* là-dessus davantage. (V, 290.)
Il a fallu *badiner*... ; il a fallu chercher du galant et de la plaisanterie. (VIII, 20.)

BADINERIE, BADINERIES :
Entre nous, ce ne sont que des *badineries*. (VII, 316.)
Il ne faut pas m'alléguer que les pensées de l'enfance sont d'elles-mêmes assez enfantines, sans y joindre encore de nouvelles *badineries*. Ces *badineries* ne sont telles qu'en apparence. (I, 17.)
Un merveilleux accompagné de *badineries*. (VIII, 20.)

BAFOUER, BAFOUÉ :
Il se vit *bafoué*,
Berné, sifflé, moqué, joué. (I, 300.)

BAGAGE :
Ne faut-il pas quelqu'un pour garder le *bagage*? (VII, 106.)
Pliez *bagage*. (VIII, 437.)
Dame Bellone, ayant plié *bagage*, etc. (IX, 14.)

Il a troussé *bagage*. (VII, 78.)
>Elle lui fit soudain
>Trousser *bagage*. (IV, 480 et note 2.)

BAGATELLE, BAGATELLES :

Non pas du sérieux, du tendre, ni du doux,
Mais de ce qu'en françois on nomme *bagatelle*. (VII,171.)
Voilà bien des façons pour une *bagatelle*. (VII, 173.)
Ces *bagatelles*. (IV, 7.)
<small>La Fontaine parle de ses Contes.</small>

>En votre entretien
>La *bagatelle* a part....
>La *bagatelle*, la science,
>Les chimères, le rien, tout est bon. (II, 459 et note 13.)
>Madame Alis au fait a consenti :
>Cela suffit; le reste est *bagatelle*. (V, 80.)
>.... A l'intention près, c'est une *bagatelle*. (VII, 583.)

Car d'amis... moquez-vous? c'est une *bagatelle*;
>En est-il de religieux
>Jusqu'à, etc. (V, 123.)

Des remercîments ? *Bagatelles*. (V, 149.)
[Époux,] passez-vous vos *bagatelles*. (VII, 589.)

BAGUE, BAGUES, sens divers :

>Carvel, j'ai pitié de ton cas :
>Tiens cette *bague*. (IV, 381 et note 3.)

Ce qui nous étoit resté de *bagues* et d'argent, etc. (VIII, 149 et note 1.)

<small>Rapprochez *les Cent Nouvelles nouvelles*, p. 242, 302, 336, 337, 338, 409, 418; la traduction des *Nuits* de Straparole, tome I, p. 172, 174, et passim; Brantôme, tomes I, p. 371, VI, p. 118; etc.</small>

BAGUETTE :

La *baguette* du dieu Mercure. (VIII, 114.)

BAHUT :

>[La vieille] fouille au *bahut*, choisit pour cette fête
>Ce qu'ils avoient de linge plus honnête. (V, 171.)

BAIGNEUR :

On eût dit qu'ils sortoient tous de chez le *baigneur*. (IX, 325.)

>Votre époux, chez Janot le *baigneur*,
>Doit se trouver avecque sa donzelle. (IV, 68 et note 5; voyez IV, 69.)

BAIL :

>Aldobrandin étoit de cette dame
>*Bail* et mari : pourquoi *bail*? Ce mot-là
>Ne me plaît point; c'est mal dit que cela,
>Car un mari ne baille point sa femme. (V, 562 et note 1.)

>Et Sarasin m'a fait passer
>Un *bail* d'amour à Socratine. (VII, 130 et note 4.)
<small>C'est un notaire qui parle.</small>

L'aragne cependant se campe en un lambris,
Comme si de ces lieux elle eût fait *bail* à vie. (I, 226.)

BAILLER :
Un mari ne *baille* point sa femme. (V, 562 et note 2.)
Bailler pour époux. (VII, 452.)

BAÎLLER ; BAÎLLER À, APRÈS :
.... Aussitôt qu'il *auroit baîllé*. (II, 13.)
Le rat voit cette huître qui *baille*. (II, 255 ; voyez II, 254.)
.... Ceux qui *baîllent aux* chimères. (I, 170.)
Le nouveau roi *baille après* la finance. (II, 21 et note 9.)

BAILLI, BAILLIE :
Votre sœur paie à frère Aubry ;
La *baillie* au père Fabry. (IV, 196 et note 4.)
La femme du bailli.

BAIN :
Le chaud, la solitude, et quelque dieu malin,
L'invitèrent d'abord à prendre un demi-*bain*. (VI, 17.)
Du *bain* interne elle le régala. (VI, 48.)
Du « remède ».

BAISEMAINS :
Mademoiselle Jannart aura pour agréables mes très humbles *baisemains*. (IX, 309 ; voyez IX, 303.)

BAISER, verbe, acceptions diverses :
Le pauvre amant prit la main, la *baisa*. (V, 175.)
Elle va donc en travers se placer
Aux pieds du sire, et d'abord les lui *baise*. (V, 201.)
Vous ne pourrez *baiser* qu'un des trois seulement :
Ou le sein, ou la bouche, ou cet endroit charmant. (VII, 177.)
Aussitôt il [le chien] est *baisé*. (I, 283.)
Je *baise* mes amis. (VII, 159 ; voyez VII, 160, 492.)
On les salue, on les *baise*, on les loue. (V, 74.)
Je suis bien fâché
Qu'*ayant baisé* seulement Perronnelle,
Il n'ait encore avec elle couché. (V, 233 ; voyez V, 232.)
Il la *baisa* pour en avoir raison. (IV, 282).
Mon Révérend la jette sur un lit,
Veut la *baiser*. (V, 295.)
Je veux être
Écorché vif, si tout incontinent
Vous ne *baisiez* Madame sur l'herbette. (IV, 312 et note 5.)
Le diable garde le mulet,
Tandis qu'on *baise* la meunière. (VII, 134.)

BAISER, substantivement :
Et cependant viens recevoir
Le *baiser* d'amour fraternelle. (I, 176.)

.... Tant qu'enfin un *baiser* suivit;
S'il fut pris ou donné, c'est ce que l'on ignore. (IV, 405.)
De prendre un *baiser* il forma le dessein. (IV, 438; voyez IV, 265.)
... Puis s'approcha, puis en vint au *baiser*. (IV, 477.)
L'un et l'autre se vit de *baisers* régalé. (IV, 61.)
Si Nérie eût voulu des *baisers* seulement,
    C'étoit une affaire faite. (V, 117.)
    Elle en donne pour gage
Deux *baisers*, par le mur arrêtés au passage. (V, 180.)
On lui donne un *baiser* pour arrhes de la grâce
Qu'il demandoit. (V, 266; voyez V, 131.)
.... Puis un *baiser*, puis autre chose encore. (IV, 81.)
Simples *baisers* font craindre le surplus. (V, 77; voyez V, 76.)
    Les bonnes gens se sont mis à cueillir
    Certaines fleurs que *baisers* on appelle. (IV, 288.)
    Mille *baisers* de flamme
Furent donnés et mille autres rendus. (IV, 414; voyez V, 53.)
Emporte chez les morts ce *baiser* tout de flamme! (VI, 272.)
.... *Baisers* à grosse usure. (V, 213 et note 3.)

BAISSER; SE BAISSER :

.... D'un air modeste et *baissant* la paupière. (IV, 302.)
    Il vous sied mal d'écrire en si haut style.
    — Eh bien! *baissons* d'un ton. (I, 131.)
    Il faut changer de langage
Et *baisser* de plus d'un cran. (VIII, 433.)
    Cher compagnon, *baisse-toi*, je te prie:
Je prendrai mon dîné dans le panier au pain. (II, 300.)

BALADIN :

Messieurs les *baladins* [les comédiens]. (VII, 367.)

BALAFRE :

    Le perfide
M'a fait cette *balafre*. (V, 376.)

BALAFRER :

Que n'ai-je un instrument propre pour *balafrer*? (VII, 383.)

BALANCE, au figuré; EN BALANCE :

    « Je te fais juge souverain. »
— Voilà notre berger la *balance* à la main. (III, 48.)
    Jamais le juge ne tenoit
A leur gré la *balance* égale. (III, 341.)
Faire incliner la *balance*. (IX, 407.)
Vous mettez avec moi votre gloire *en balance*. (VII, 626.)
Comment! qui vous tient *en balance*? (VII, 344.)
    Rien ne tient *en balance*
Sur ce point-là mon esprit soucieux. (IX, 9; voyez VII, 287.)

BALANCER, au figuré, neutralement et activement :

La victoire *balança*. (I, 287.)

Tel, *balançant* l'Europe toute entière,
Vous luttez seul contre cent envieux. (IX, 34.)

Sa voix, qui *balance*
Les rochers sur leurs fondements. (VIII, 395.)

BALANDRAS, long manteau de voyage. (II, 11 et note 15.)

BALAYER :
Une servante vient *balayer* tout l'ouvrage :
Autre toile tissue, autre coup de balai. (I, 226.)

BALAYEUR :
Notre magistrat l'ayant pris
Pour le *balayeur* du logis.... (V, 272.)

BALLER :
Il sait danser, *baller*,
Faire des tours de toute sorte. (II, 372 et note 12.)
Il *fut* dansé, sauté, *ballé*. (IV, 61 et note 5.)

BALLON :
.... Comme on voit l'air sortir d'un *ballon* mal enflé. (VI, 333.)
Notre souffleur à gage
Se gorge de vapeurs, s'enfle comme un *ballon*. (II, 10.)

BALLOT :
Quelques moments après, l'objet devient brûlot,
Et puis nacelle, et puis *ballot*. (I, 304; voyez II, 174.)
Elle eut bientôt trouvé
Le vrai *ballot*. (IV, 257 et note 3.)

BALUSTRE :
Un riche *balustre*. (VIII, 251; voyez VIII, 262.)

BÂME :
Ma foi, c'est *bâme*. (V, 326 et note 1.)
C'est baume.

BAN, BANS :
Il n'est hobereau qui ne fasse
Contre nous tels *bans* publier. (III, 31 et note 6.)

BANAL :
Adam, parrain *banal* de toutes ces familles. (IX, 43.)

BANC :
Gouffre, *banc*, ni rocher, n'exigea de péage
D'aucun de ses ballots. (II, 174 et note 1.)

Bancs d'une université :
Il devoit au bout de dix ans
Mettre son âne sur les *bancs*. (II, 66.)

BANDE :
Je suis prête à sortir avec toute ma *bande*. (I, 147.)

Plus d'un guéret s'engraissa
Du sang de plus d'une *bande*. (I, 287.)

Le bruit du coup fait que la *bande* [des lapins]
S'en va chercher sa sûreté, etc. (III, 82.)

Toute la *bande* des amours
Revient au colombier. (II, 75.)

....A quoi toute la *bande* [des nonnes]
N'avoit pris garde. (V, 418.)

....Et Jupiter, et Némésis,
Et les Juges d'Enfer, enfin toute la *bande*. (III, 271.)

Chez vous, mâle et femelle il en est une *bande*. (VIII, 379.)
Une bande d'enfants.

De gens crasseux une malpropre *bande*. (IX, 92.)
.... En cas que les voleurs attaquent notre *bande*. (I, 315.)
.... Minutolo s'y rend seul de sa *bande*. (IV, 72.)

Parmi la *bande*
Il pourroit bien Roderic préférer. (VI, 98.)
Dans le nombre.

Faites-moi place en votre troupe,
Messieurs de la grand'*bande*. (V, 133 et note 4.)
La confrérie des cocus.

BANDER :
De son arc toutefois il *bande* les ressorts. (II, 349.)

BANDOULIÈRE :
Il a une grande épée, une *bandoulière* où pend un mousqueton. (VII, 290 et note 1; voyez VII, 297.)

BANLIEUE :
Je ne peux pas souffrir qu'aucun godelureau approche mon domaine de la *banlieue*. (VII, 486 et note 2; voyez VII, 488.)

BANNIR :
Bannissez, je vous prie,
Ces soupirs à la voix du sommeil ennemie. (VII, 158.)

Soupçons dont j'ai l'âme occupée,
Dois-je donc vous *bannir*? (VII, 526; voyez VII, 544, 588.)

Les plaisirs défendus n'auront rien qui vous pique?
Et vous les *bannirez* de votre république? (V, 121.)

Platon, *ayant banni* Homère de sa république, etc. (I, 16.)

BANQUEROUTE :
Gardez de faire aux égards *banqueroute*. (VI, 62 et note 2.)

BANQUET :
Je voudrois qu'à cet âge
On sortît de la vie ainsi que d'un *banquet*. (II, 212.)

BANQUETER :
Conter son jeune temps, *banqueter* à son aise. (VII, 97.)

BAPTISER :
Puis le galant vous la mit toute nue,
Comme s'il eût voulu la *baptiser*. (IV, 477 et note 4.)

BARBACOLE, BARBACOLES :
Humains, il vous faudroit encore à soixante ans
Renvoyer chez les *barbacoles*. (III, 229 et note 29.)

BARBARE :
Gens *barbares*, gens durs. (VI, 162.)
....Un chien, maudit instrument
Du plaisir *barbare* des hommes. (III, 280.)
Celui-là parle une langue *barbare*,
Qui l'or en main n'explique ses desirs. (IV, 361 et note 4.)

BARBE :
....Un vieillard impuissant et perclus,
Sans esprit, sans vigueur, sans *barbe*. (VII, 48; voyez IV, 447.)
[Polyphème] tailloit sa *barbe* et se miroit dans l'eau. (V, 183.)
Sa toison
Étoit d'une épaisseur extrême,
Et mêlée à peu près de la même façon
Que la *barbe* de Polyphème. (I, 179.)
Barbe d'étrange guise. (V, 47.)
Il s'agit d'une fausse barbe.

Le galant passa pour sœur Colette,
Auparavant que la *barbe* lui crût. (V, 523.)
Son menton nourrissoit une *barbe* touffue. (III, 144.)
.... Autant de jugement que de *barbe* au menton. (I, 219.)
Ils [nos pères] n'apprenoient cette leçon
Qu'ayant de la *barbe* au menton. (V, 209.)
.... Ceux qui n'ont la *barbe* grise. (VI, 6.)
.... Et je le lis encore ayant la *barbe* grise. (IX, 23.)
Enfant à *barbe* grise. (IX, 173.)
[Homme] dont la *barbe* grise
Montroit assez qu'il devoit faire choix
De quelque femme à peu près de même âge. (IV, 331.)
Non que j'assemble tous les jours
Barbe fleurie et les amours. (IX, 448 et note 3.)

Par ma *barbe!* (I, 218.)

BARBON :
Monsieur notre *barbon!* (V, 275 et note 5.)
Un rapporteur *barbon*. (V, 337.)
Lui, déjà vieux *barbon*; elle, jeune et jolie. (V, 245 et note 3; voyez IV, 387.)

BARBOUILLER :
Il faut que, cette nuit...,
Quelque chose vous *ait barbouillé* le cerveau. (VII, 339 et note 1.)

BARON :
>Delà les monts chacun veut être comte,
>Ici marquis, *baron* peut-être ailleurs. (V, 160 et note 4.)

BARQUE, au figuré :
>.... Les conducteurs de cette *barque*
>Y perdroient bientôt leur latin. (IX, 444.)

Comparez Racan, *les Bergeries*, acte V, scène 1 :
>.... Avec un peu d'effort
>On arrive toujours au port,
>Quand on sait conduire sa barque.

BARQUE de Caron :
L'oiseau parleur est déjà dans la *barque*. (III, 65 et note 14 ; voyez VIII, 209.)
[Ils] tirent maintenant la *barque* de Caron. (IX, 352 ; voyez VIII, 208.)

BARREAU, l'enceinte réservée où plaident les avocats :
On me trouve au *barreau* bien moins qu'à la buvette. (VII, 312.)

BARRIÈRE :
Il ne craint point des monts les puissantes *barrières*. (VI, 256.)
>Un torrent tomboit des montagnes....
>Nul voyageur n'osoit passer
>Une *barrière* si puissante. (II, 329.)
>.... Des ondes
>Dont il falloit franchir les *barrières* profondes. (VI, 301.)

BAS, BASSE, adjectivement et adverbialement, locutions diverses :
Dès leur *bas* âge. (III, 197.)
Les gens du *bas* étage. (II, 353.)
Ce *bas* hémisphère. (IX, 166.)
.... Pour nous autres gens du *bas* monde. (IX, 381.)
En ce *bas* univers. (II, 70 ; III, 195 ; IX, 170.)
[Deux chèvres] quittèrent les *bas* prés. (III, 208.)
>Tu passes
>De la terreur des Grecs aux âmes les plus *basses*. (VII, 623.)
[Maint vieux chat] les guetta, les prit, fit main *basse*. (III, 228.)
>Cherchez-la [votre femme] plus *bas*;
>Suivez le fil de la rivière. (I, 248.)
Le drôle à son chien feignit de parler *bas*. (V, 261.)
Puis je priai notre épouse tout *bas*.... (V, 57 ; voyez V, 79, 270.)
....Serrant la queue, et portant *bas* l'oreille. (I, 114.)
[Le chasseur,] de son arc, avoit mis *bas* un daim. (II, 348.)
Telle descend la foudre, et d'un soudain fracas
Brise, brûle, détruit, met les rochers à *bas*. (VI, 259.)
Le galand fait le mort, et du haut d'un plancher
Se pend la tête en *bas*. (I, 256.)

ICI-BAS, LÀ-BAS. Voyez ICI, LÀ.

BAS-BRETON :
>Avoir cent menus soins,
>C'étoit parler *bas-breton* tout au moins. (V, 490 et note 1.)

BASSA :
Le *bassa* et le marchand. (II, 302 et note 1.)

BASSET :
Voilà maint *basset* clabaudant. (III, 322 et note 25.)
.... La fumée y pourvut, ainsi que les *bassets*. (II, 429.)

BASTANT, suffisant :
Renaud n'en prit qu'une somme *bastante*. (IV, 269 et note 5.)

BASTONNADE :
Il vous faudra choisir, après cela,
Des cent écus ou de la *bastonnade*. (IV, 137.)

BÂT :
....Rencontre un *bât*, se le met. (VI, 56.)
Me fera-t-on porter double *bât*, double charge ? (II, 26.)
L'on ne voyoit point, comme au siècle où nous sommes,
Tant de selles et tant de *bâts*. (I, 319.)

BATAILLE :
Mais il falloit livrer *bataille*. (I, 71.)
....De taille
A lui dépenser moins, mais à fuir la *bataille*. (II, 305.)
Même il avoit perdu sa queue à la *bataille*. (I, 258.)
Défions-nous du Sort, et prenons garde à nous
Après le gain d'une *bataille*. (II, 172.)
Un sergent de *bataille*. (II, 142 et note 8.)
Rapprochez Brantôme, tomes I, p. 347, II, p. 117, III, p. 297, etc..

On doit m'attendre entre deux draps,
Champ de *bataille* propre à de pareils combats. (V, 452.)

BATEAU, BATEAUX :
Votre serviteur Gille...,
Arrive en trois *bateaux*. (II, 371 et note 10.)
Bateau de sel. (VIII, 267.)

BATELEUR, BATELEURS :
....Singes et chiens de *bateleurs*. (I, 291.)
.... Par la main des fripiers vêtus en *bateleurs*. (VII, 356.)

BÂTER :
Je suis *bâté!* (VI, 56 ; voyez VI, 58, 59.)
Diantre soit fait, dit l'époux en colère,
Et du témoin, et de qui l'a *bâté!* (V, 229 et note 4.)

BATIFOLAGE :
Adieu le *batifolage!* (VII, 491.)

BATIFOLER ; BATIFOLANT, ANTE :
Elle aime à *batifoler*.... Je *batifolons* sans cesse. (VII, 491 et note 6.)
Je suis d'humeur *batifolante*. (VII, 491.)

BÂTIR, BÂTI, au propre et au figuré :
Tout bourgeois veut *bâtir* comme les grands seigneurs. (I, 67.)
   Un octogénaire plantoit :
« Passe encor de *bâtir;* mais planter à cet âge ! » (III, 155.)
Le loup et le renard sont d'étranges voisins :
Je ne *bâtirai* point autour de leur demeure. (III, 109.)
Des cellules si bien *bâties.* (I, 122.)
.... Ce palais *bâti* non pour des hommes,
  Mais apparemment pour des dieux. (V, 271 ; voyez V, 275, 551.)
  .... Rien qu'une métairie,
Chétive encore, et pauvrement *bâtie.* (V, 162 et note 4.)
L'homme *est* ainsi *bâti.* (II, 339; voyez III, 145.)
Notre épouse *étant* donc de la sorte *bâtie,* etc. (II, 432 et note 3.)
Vous les trouverez tous (les amants) *bâtis* sur ce modèle. (VII, 93.)
Sur ce beau fondement le pauvre homme *bâtit*
  Maint ombrage et mainte chimère. (V, 124.)
.... Comme le monde *est* à présent *bâti,* etc. (IV, 79.)

BÂTON, BÂTONS :
Dans la gueule, en travers, on lui passe un *bâton*...,
Puis chaque canard prend ce *bâton* par un bout. (III, 15 ; voyez III, 16.)
Quand l'eau courbe un *bâton,* ma raison le redresse. (II, 201.)
  Deux forts paillards ont chacun un *bâton,*
  Qu'ils font tomber par poids et par mesure,
  En observant la cadence et le ton. (IV, 138.)
On n'en peut rien tirer qu'avecque le *bâton.* (I, 297.)
A coups de *bâton.* (IX, 98.)
.... Les pierres, les *bâtons* y perdent leur crédit. (I, 277.)
Son fils, sans un *bâton,* ne pouvoit faire un pas. (III, 271.)
Un bâton d'appui.
  Donner la chasse aux gens
  Portants *bâtons,* et mendiants. (I, 72.)
Bâton de commandement. (VIII, 210.)
....Maint maître d'œuvre y.... tient haut le *bâton.* (II, 467 et note 51.)

BÂTON (MARTIN-). Voyez MARTIN.

BATTEMENT :
En passant par le cœur il [le sang] cause un *battement:*
C'est ce qu'on nomme pouls. (VI, 329; voyez VI, 330.)
  L'auteur de cette tromperie
  Se connoîtroit au *battement* du pouls. (IV, 231.)

BATTERIE, au figuré :
Damon changea de *batterie.* (V, 126.)

BATTEUSE :
Je me suis souhaité vingt fois de pareilles vaches, un pareil herbage...,
et ce qui s'ensuit, hormis la *batteuse,* qui est un peu vieille. (IX, 222.)
La batteuse de beurre.

BATTRE, au propre et au figuré :
Je n'en *battrai* ma femme assurément. (IX, 14.)
Le cocu *battu* et content. (IV, 83.)
Que fait Antoine? — Antoine est *battu* comme plâtre. (VII, 368.)
L'oreille lui roidit, il *bat* du pied la terre. (VIII, 480.)
    Le malheureux lion....
Bat l'air, qui n'en peut mais. (I, 157.)
[Le coq] aiguisoit son bec, *battoit* l'air et ses flancs. (II, 171.)
[Le cochet] se *battoit*... les flancs avec ses bras. (II, 17.)
Las de courir et *battre* le pavé. (VII, 63.)
Il apprendra de moi les sentiers peu *battus*
Qui mènent aux honneurs sur les pas des vertus. (III, 107; voyez IX, 290.)
Quel esprit ne *bat* la campagne? (II, 153.)
Il faut *battre* des mains. (VII, 570.)
Je m'en *bats* l'œil. (VII, 367 et note 2.)
    Posez deux forteresses;
Qu'il [l'Amour] en *batte* une, une autre le dieu Mars. (VI, 26 et note 3.)

BAUDET :
  Un peintre étoit, qui, jaloux de sa femme,
  Allant aux champs, lui peignit un *baudet*
  Sur le nombril, en guise de cachet. (V, 228.)
A ces mots on cria haro sur le *baudet*. (II, 99.)
  Un *baudet* chargé de reliques
  S'imagina qu'on l'adoroit. (I, 408.)
Un quart voleur survient, qui les accorde net
 En se saisissant du *baudet*. (I, 97; voyez I, 159, 203; II, 36, 53, 54, 300, 301; III, 128, 130.)

BAUDRIER :
Corps, harnois, *baudrier*, épée, et mousqueton. (VII, 297.)

BAUME :
Elle [la graine du quinquina] a l'effet du *baume*. (VI, 342.)
[Le vin] porte au sang un *baume* précieux. (VI, 348.)
Voyez BÂME.

BAVETTE :
  On n'est pas sitôt à la *bavette*
Qu'on trotte, qu'on raisonne : on devient grandelette. (V, 105.)
  Les enfants de votre pays
  Ont, ce me semble, des *bavettes*
  Que je trouve plaisamment faites. (IX, 115 et note 2.)

BAVOLET :
Quand beauté luit sous simples *bavolets*. (IX, 37 et note 6.)
Comparez Mathieu de Coucy, *Histoire de Charles VII*, Paris, 1661, in-fol., p. 665 : « .... Dame ayant par dessus [ses cheveux beaux et blonds] une toque couverte d'un volet [en marge, bavolet] fort enrichi de pierreries. »

BÉAT :
  Rien n'échappa de leur colère,
  Ni moinillon, ni *béat* père. (IV, 200 et fin de la note 4.)

Mon révérend, dit-elle au *béat* homme,
Je viens vous voir. (V, 293.)

BÉATITUDE :

.... Tant il tardoit à la belle de leur montrer sa *béatitude*. (VIII, 88 ; voyez VIII, 97, 158.)

Pour l'emploi de ce terme mystique, comparez les Lexiques de Malherbe, Corneille, la Bruyère, la Rochefoucauld.

BEAU, BEL, BELLE ; BEAU, ironiquement ; DE PLUS BEAU, DE PLUS BELLE ; BEL ET BON, BELLE ET BONNE ; BEL ET BIEN ; BIEN ET BEAU ; TOUT BEAU ; AVOIR BEAU ; FAIRE BEAU OU BEL :

Jadis régnoit en Lombardie
Un prince aussi *beau* que le jour. (IV, 19 ; voyez V, 261.)
.... Frère Guillaume,
Un des *beaux* moines du royaume. (IV, 196.)
Un homme qui s'aimoit sans avoir de rivaux
Passoit dans son esprit pour le plus *beau* du monde. (I, 92.)
Frais, délicat, et *beau* par excellence. (VI, 42 ; voyez V, 250.)
.... Tendrons en abondance,
Plus que maillés, et *beaux* par excellence. (V, 385.)
Sous le ciel n'est un plus *bel* animal [que la femme]. (V, 177.)
Babeau (c'est la jeune femelle)....
Fut du bon poil, ardente, et *belle*. (IV, 378.)
La dame étoit de gracieux maintien,
De doux regard, jeune, fringante, et *belle*. (IV, 86.)
Jeune et *belle*, elle avoit sous ses pleurs de l'éclat. (VI, 79.)
Sévigné, de qui les attraits
Servent aux Grâces de modèle,
Et qui naquîtes toute *belle*.... (I, 263.)
Je ne suis plus assez *belle* à vos yeux :
Si je l'étois, je serois assez sage. (V, 196.)
Il épousa Teudelingue la *belle*. (IV, 221.)
[Un savetier] prit *belle* femme, et fut très avisé. (IV, 108.)
Jument bien faite et poulinière,
Auras de jour, *belle* femme de nuit. (V, 494.)
Elle étoit jeune, et *belle* créature. (IV, 361.)
.... Bon vin, bon gîte, et *belle* chambrière. (IV, 85.)
Belle servante et mari vert galant. (IV, 302.)
.... Cette *belle* homicide. (III, 336.)
Proposez-vous de voir tout ce corps si charmant
Comme un *beau* marbre seulement. (V, 427.)
Le *beau* corps ! le *beau* cuir ! (V, 429.)
.... Ces nonnains au corps gent et si *beau*. (V, 538.)
Qui fit cela? deux *beaux* yeux seulement. (V, 185.)
.... De fort *beaux* traits, mais qui ne plaisoient point. (IV, 31.)
Que ceci soit *beau* poitrail de jument. (V, 497 ; voyez V, 498.)
Ayant courage, intelligence,
Et *belle* hure outre cela. (I, 265.)
La dame au *bel* habit. (V, 223 ; voyez V, 220.)

Une grenouille vit un bœuf
Qui lui sembla de *belle* taille. (I, 66.)

... Marque entre cent moutons le plus gras, le plus *beau*. (I, 178.)
Beaux et bons sangliers, daims et cerfs bons et *beaux*. (I, 188.)
Un dogue aussi puissant que *beau*. (I, 70.)

Un animal paît dans nos prés,
Beau, grand. (III, 294.)

Il la trouvoit [sa chatte] mignonne, et *belle*, et délicate. (I, 185.)
Mes petits sont mignons, *beaux*, bien faits. (I, 422 ; voyez I, 423.)
.... Chiens fameux, *beaux*, bien faits, et hardis. (II, 333.)

Le doux charme de maint songe
Par leur *bel* art inventé, etc. (II, 354 ; voyez III, 274.)

Le *beau* tour des vers, le *beau* langage, etc. (IV, 147.)

.... L'autre [mulet] portant l'argent de la gabelle ;
Celui-ci, glorieux d'une charge si *belle*, etc. (I, 68 ; voyez VI, 253.)
O mort, lui disoit-il, que tu me sembles *belle!* (I, 105 ; voyez I, 63.)
Soyez-vous l'un à l'autre un monde toujours *beau*. (II, 366.)
Poussé d'un *beau* desir. (VI, 261.)
Plein de *belle* espérance. (II, 255.)
Belle leçon pour gens à cheveux gris ! (IV, 354.)
Belle leçon pour les gens chiches ! (I, 405.)
Il donnoit les leçons les plus *belles*. (IV, 335.)

Un essaim de frères mineurs,
Pleins d'appétit et *beaux* dîneurs. (IV, 179.)

Garçon bien fait, *beau* parleur, et de mise. (IV, 309.)
Il étoit grand, bien fait, *beau* personnage. (IV, 256 ; V, 111 et note 9.)
En *beaux* louis se content les fleurettes. (IV, 358.)
Cent *beaux* écus bien comptés clair et net. (VI, 128.)
Belle monnoie. (IV, 108.) — *Bel* argent. (IV, 71.)
L'onde étoit transparente ainsi qu'aux plus *beaux* jours. (II, 111.)

Le compagnon, par une *belle* nuit
(*Belle*, non pas, le vent et la tempête
Favorisoient le dessein du galant), etc. (IV, 465.)

Le lion, pour bien gouverner,
Voulant apprendre la morale,
Se fit, un *beau* jour, amener
Le singe. (III, 124.)

On eût vu quelque *beau* matin
Un mariage clandestin. (I, 265.)

Un *beau* soir, en chemin faisant, etc. (IV, 192.)

Le *beau* premier qui sera dans vos lacs,
Plumez-le-moi. (V, 70 et note 5.)

Un jour un coq détourna
Une perle qu'il donna
Au *beau* premier lapidaire. (I, 118.)

Amour viendra le *beau* premier en danse. (IX, 30.)
.... Entre les *beaux* premiers. (IX, 25.)
Voyez un peu la *belle* affaire ! (V, 12.)

Poisson, mon *bel* ami, etc. (I, 373.)

Ne plaise à Dieu que si *belle* amitié
Soit par mon fait de désastre ainsi pleine! (IV, 345.)

L'argent t'est-il plus cher qu'une union si *belle?* (V, 131.)
Et ce *beau* cuisinier armé d'un grand couteau? (II, 321.)
Pendant ce *beau* discours, etc. (II, 301.)
Le *bel* emploi que tu nous donnes! (I, 83.)
Voyez un peu la *belle* espèce! (II, 115.)
Le *bel* état où me voici! (III, 42.)
O la *belle* friponne! (IV, 75.)

Tout ce qui tient Madame
Est seulement *belle* honte de Dieu. (V, 311 et note 7.)

Que quelque jour ce *beau* marmot
Vienne au bois cueillir la noisette! (I, 331.)

Tout ce *beau* ménage fut découvert. (IV, 283.)

Prétendez-vous, *beau* Monsieur que vous êtes,
En demeurer quitte à si bon marché? (IV, 215.)

Vous aviez fait... un *bel* ouvrage! (IV, 164.)
[Frère André] leur fit ce *beau* petit prêche. (IV, 181.)

Le chat et le renard, comme *beaux* petits saints,
S'en alloient en pèlerinage. (II, 426.)

La résolution... est *belle*. (V, 451.)

Révérences, le drôle en faisoit des plus *belles*,
Des plus dévotes. (V, 445.)

Il ne tiendra qu'à vous, *beau* sire,
D'être aussi gras que moi. (I, 71; voyez IV, 304; V, 512; IX, 143; etc.)
Il dit....
Le *beau* sujet d'une telle folie. (VI, 56.)

Beau trio de baudets! (I, 204.)
Les vieux amis reviennent *de plus beau*. (V, 422.)
Me voilà prêt à conter *de plus belle*. (VI, 13.)
Le seigneur fait frapper *de plus belle*. (IV, 139.)

Voici *de plus belle*
Un flambeau, comble de tous maux. (IV, 391.)

J'aurai, le revendant, de l'argent *bel et bon*. (II, 152.)
Tout cela est *bel et bon*. (VII, 495.)

Et puis la dame se rendit
Belle et bonne religieuse. (V, 459.)

A ces mots, sur un arbre il grimpa *bel et bien*. (II, 428.)
Leur avocat disoit qu'il falloit *bel et bien*
Recourir aux arrêts. (III, 228.)

Le berger vient, le prend, l'encage *bien et beau*. (I, 179.)

Il la prêcha, mais si *bien et si beau*,
Qu'elle donna les mains. (V, 46.)

Voyez BIEN.

Tout beau, demeurons là. (VII, 45.)
Le père dit : « *Tout beau!* » (V, 293; voyez V, 536, 593.)

Autrefois Carpillon fretin

Eut beau prêcher, il *eut beau* dire,
On le mit dans la poêle à frire. (II, 408.)

Cette dernière femme *eut beau* faire, *eut beau* dire. (II, 181 ; voyez I, 11, 256, 373, 377; II, 214, 452,468; III, 57, 219, 291 ; IV,32, 372, 408; V, 136; VI, 49, 269; VII, 265, 456, 468, 469; IX, 103; etc.)
Il nous *feroit beau* voir parmi de jeunes gens, etc. (IX, 398.)

Si les arbres parloient, il *feroit bel* ouïr
Ceux de ce bois. (IV, 414.)

Beau, substantivement :

Nous faisons cas du *beau*, nous méprisons l'utile ;
Et le *beau* souvent nous détruit. (II, 29-30.)

Que le bon soit toujours camarade du *beau*,
Dès demain je chercherai femme. (II, 102 et note 3.)

Le *beau* du jeu n'est connu de l'époux. (V, 289.)
On me vint interrompre au plus *béau* de mon conte. (VIII, 360.)

.... [Celle-là] méritoit de se voir servie
Par les plus *beaux* et les meilleurs. (V, 245.)

[Ce jeu] divertit et la laide et la *belle*. (V, 289.)
La *belle* étoit pour les gens fiers. (I, 265 ; voyez I, 278; II, 76, 115, 116, 278; III, 57; IV, 48, 50, 53, 57,59, 64, 65, 70, 73, 77, 81, 90, 112, 157, 166, 205, 208; et passim.)

.... Être seul auprès de quelque *belle*
Sans la toucher, il n'est victoire telle. (V, 471.)

Un Gascon, pour s'être vanté
De posséder certaine *belle*, etc. (IV, 385.)

.... Une *belle*, alors qu'elle est en larmes,
En est plus belle de moitié. (VI, 80.)

S'il tombe sous sa main
Belle qui soit quelque peu simple et neuve.... (IV, 459.)

.... Ces appeaux à prendre *belles*. (V, 150.)

Bel aise, Belle amie, Belle audience, Beau chemin, Belles dents, Beaux dés, Bel esprit, Beaux esprits, Beau fils, Beau jeu, Beau monde, Beau parler, Beau père, Beau sexe, etc. Voyez Aise, Amie, Audience, etc.

Conter des plus belles (En). Voyez Conter.

Donner belle (La), Échapper belle (L'), Manquer belle (La). Voyez Donner, Échapper, Manquer.

BEAUCOUP :

Celui-ci, glorieux d'une charge si belle,
N'eût voulu pour *beaucoup* en être soulagé. (I, 68.)

.... En avez pris et *beaucoup* plus qu'assez. (IV, 230.)
César hésita *beaucoup* davantage. (VIII, 322.)
Les derniers adieux furent tendres et l'eussent eté *beaucoup* davantage si, etc. (IX, 227; voyez VIII, 310.)

BEAUTÉ, BEAUTÉS :

La *beauté*, dont les traits même aux dieux sont si doux,
Est quelque chose encor de plus divin que nous. (VI, 234; voyez VII, 604, 606.)

.... La grâce plus belle encor que la *beauté*. (VI, 233.)

Comme s'il n'y avoit pas dans le ciel assez de *beauté* pour eux [les dieux]! (VIII, 176.)

.... Cet esprit, qui, né du firmament,
A *beauté* d'homme avec grâces de femme, etc. (III, 278.)

.... De beauté d'homme auoit plus grande part
Que le Troyen qui fut espris d'Helene.
(Marot, tome II, p. 97.)

Va, cruel, va montrer ta *beauté* singulière. (IV, 25.)

L'époux d'une jeune *beauté*
Partoit pour l'autre monde. (II, 74.)

.... Une *beauté* si superbe et si fière !
Une *beauté!*... je ne la décris point. (V, 201.)

Nulle *beauté* n'étoit alors égale
A Teudelingue. (IV, 221.)

Un essaim de frères mineurs...
S'alla jeter dans une ville
En jeunes *beautés* très fertile. (IV, 179.)

Combien voyons-nous de ces *beautés* régulières qui ne touchent point et dont personne n'est amoureux ! (IV, 147.)

Il n'est *beauté* dans nos écrits
Dont vous ne connoissiez jusques aux moindres traces :
Eh ! qui connoît que vous les *beautés* et les grâces ? (II, 86.)

BEC, au propre et au figuré :

La cicogne au long *bec*. (I, 113; voyez II, 111.)

Il ouvre un large *bec*. (I, 63; voyez I, 62.)

D'un *bec* toujours ouvert.... (III, 37.)

Eh quoi ! toujours pâtés au *bec* ! (V, 511 et note 4.)

.... Sein qui pousse et repousse
Certain corset en dépit d'Alibech
Qui tâche en vain de lui clore le *bec*. (V, 474 et note 1.)

Caquet-bon *bec* [la pie] de jaser au plus dru. (III, 244 et note 7.)

Un sien valet avoit pour femme
Un petit *bec* assez mignon. (V, 507 et note 7.)

BEC de navire, proue. (IX, 261.)

BEDAINE :

N'ayez point peur, je vais vous percer la *bedaine*. (VII, 370.)

BÉGAYER, BÉGAYANT :

Bégayante couvée. (III, 37.)

BÈGUE :

Ils rejetèrent cette friponnerie sur Ésope, ne croyant pas qu'il se pût jamais justifier, tant il étoit *bègue*. (I, 31.)

BÉGUIN, béguins :
La signora, de retour chez sa mère,
S'entretenoit jour et nuit du saint-père,
Préparoit tout, lui faisoit des *béguins*. (IV, 481 et note 7.)

BEIGNET, au figuré :
.... Pour réparer l'affront
De vous avoir tantôt fait un *beignet* au front. (VII, 300 et note 1.)

BÊLER, bêlant :
Sur l'animal *bêlant* à ces mots il s'abat. (I, 179.)

BELOUSE, blouse, de billard. (IX, 137 et note 1.)

BÉNÉFICE D'INVENTAIRE (Par) :
Un païen qui sentoit quelque peu le fagot,
Et qui croyoit en Dieu, pour user de ce mot,
Par *bénéfice d'inventaire*.... (I, 342 et note 3.)

BENÊT :
Le *benêt!* (VII, 459.)

BÉNIN :
Deux animaux m'ont arrêté les yeux :
L'un doux, *bénin*, et gracieux,
Et l'autre turbulent et plein d'inquiétude. (II, 16.)
Luce est *bénin*. (IV, 466.)
Actes *bénins*. (VIII, 415.) — Astres *bénins*. (IX, 139.)

BÉNIR :
Nous *bénirons* nos fers. (VII, 547; voyez VIII, 499.)

BENOÎT :
Quand les épouses font un récipiendaire
Au *benoît* état de cocu.... (V, 454 et note 8.)

BERGER, bergère :
Il s'habille en *berger*, endosse un hoqueton,
Fait sa houlette d'un bâton,
Sans oublier la cornemuse. (I, 210.)
Le jeune et beau Daphnis, *berger* de noble race, etc. (III, 331.)
L'heure du *berger* brusquée par un petit-maître entre deux vins. (VII, 570.)
Titre d'ouvrage supposé.
.... Il y fait bon, l'heure du *berger* sonne. (V, 123 et note 6; voyez VIII, 359, 446.)
Sa parure est sans art; elle a l'air de *bergère*. (VI, 17.)
Bonne galande en toutes les façons,
Et qui sut plus que garder les moutons,
Tant qu'elle fut en âge de *bergère*. (V, 372.)
Il lui donna l'emploi d'une simple *bergère*. (VI, 285.)
Femme ne lui seroit autre que bonne amie,
Nymphe, si vous voulez, *bergère*, et cætera. (V, 104 et note 2.)

Tout leur est nymphe ou *bergère*,
Et déesse bien souvent. (V, 340.)

[L'Amour] dormoit à la manière d'un dieu..., ainsi que sa mère en use, et les nymphes aussi, et quelquefois les *bergères*. (VIII, 103.)

BERGERIE, au propre et au figuré :

.... Autrefois on t'eût vu sauver sa *bergerie*. (III, 191.)

Et ne permets qu'à l'Amour
D'entrer dans la *bergerie*. (VIII, 382.)

BERLUE :

.... Cette reine fichue,
Pour qui le grand Antoine a si fort la *berlue*. (VII, 361.)

Comparez la vieille farce de *Pathelin*, scène XIV ; et Molière, *Don Juan*, acte II, scène 1.

BERNER :

Suis-je assez *berné ?* (VII, 329.)
Berné, sifflé, moqué, joué. (I, 300.)

BERNIQUET, privés, latrines :

Qu'Antoine au *berniquet*
Envoyant Cléopâtre, abaisse son caquet. (VII, 362 et note 1.)

Usité autrefois sous la forme « barniquet », « burniquet » ou « bruniquet », mais toujours, croyons-nous, au même sens de « latrines », endroit où l'on dépose le *bran, bren*, ou *brun*.

BESACE :

Il savoit bien que le garçon
N'auroit de lui pour héritage
Qu'une *besace* et qu'un bâton. (V, 17.)

BESACIER, BESACIERS :

Le fabricateur souverain
Nous créa *besaciers* tous de même manière....
Il fit pour nos défauts la poche de derrière,
Et celle de devant pour les défauts d'autrui. (I, 79 et note 8.)

Ce mot n'est pas de l'invention de la Fontaine. Entre autres exemples donnés par M. Delboulle, citons celui-ci de Guillaume Farel (*la Summaire et brieue Declaration*, 1534) : « Ceulx qui peuuent bien gagner leur vie, comme font ces besaciers et aultres porceaux » ; et l'*Apologie pour Hérodote* d'Henri Estienne (1566) : « Je viendray aux subtilitez qui sont ès regles de ceulx qui s'appellent religieux, tant des caymans, ou besaciers, ou bribeurs, que des aultres. »

BESOGNE, BESOGNES, acceptions diverses :

Ce petit sot me taille ici de la *besogne*. (VII, 360.)

Je vous veux conter la *besogne*
Des Cordeliers de Catalogne,
Besogne où ces pères en Dieu, etc. (IV, 176 et note 1.)

.... Qui le veut bien faire [bien faire l'époux],
Doit en *besogne* aller plus doucement. (IV, 212.)

Voilà l'opératrice aussitôt en *besogne*. (I, 230.)
Voilà grande *besogne !* (V, 496 et note 4.)

Le galand, pour toute *besogne*,
Avoit un brouet clair. (I, 112 et note 2.)

Vous chercherez vos *besognes* demain. (IV, 306 et note 6.)

BESOGNER :
 Si cet enfant avoit plusieurs oreilles,
 Ce ne *seroit* à vous bien *besogné*. (IV, 163 et note 2.)

BESOIN; AU BESOIN :
 Le *Besoin*, docteur en statagème. (III, 19.)
     Mes peines
Ont pour but son plaisir ainsi que son *besoin*. (III, 7.)
   .... Pour le *besoin*
  N'en dois-je pas garder? (III, 164.)
  Je vous puis donner aide....
   En ce *besoin*. (IV, 159 ; voyez VIII, 367.)
 Le pauvre amant, en ce *besoin* extrême,
 Voit son faucon, sans raisonner le prend. (V, 170.)
Cependant on s'oublie en ces communs *besoins*. (III, 345.)
Mon fils, en un *besoin*, eût pris le chat-huant. (II, 356 et note 24;
voyez VII, 107 ; IX, 262.)
 .... Honnête et sage autant qu'il est *besoin*. (V, 24.)
   Ce sont de tels mystères
 Qu'il n'est *besoin* d'en faire le récit. (V, 204.)
 .... A quel dessein, *besoin* n'est de le dire. (IV, 156 ; voyez V, 465,
485, 529 ; IX, 37.)
   Pour pareille affaire
 Il n'est *besoin* que l'on soit si subtil. (V, 299.)
  .... Et prenant plaisir à ce jeu
  Qu'il n'est pas *besoin* que je nomme. (V, 123.)
Besoin n'étoit qu'elle fît la jalouse. (V, 67 ; voyez V, 480 ; IX, 38.)
Quoique j'aie autant de *besoin* de ces artifices que pas un autre, je ne
saurois me résoudre à les employer. (IV, 8.)
 VAR. : autant besoin.

 Bon *besoin* eut d'être femme d'esprit. (IV, 319.)
 Votre oraison vous fera bon *besoin*. (IV, 248.)
   Tant de cervelle
 N'y fait *besoin* et ne sert de deux clous. (V, 288.)
 Prenez ces cent écus ; gardez-les avec soin
  Pour vous en servir *au besoin*. (II, 220.)
Les amis, *au besoin*, sont toujours les amis. (VII, 375.)
Notre homme eût pu trouver des gens sûrs *au besoin*. (III, 24.)
   Que votre présence
 Ne nous manque *au besoin*. (VII, 95.)
   Ton cœur abattu
 Manque-t-il *au besoin* d'adresse et de vertu? (VII, 35.)
 L'homme ignoroit les dieux qu'il n'apprend qu'*au besoin*. (VI, 353
et note 1.)
 Au besoin ne m'abandonne pas. (VII, 341.)
 Dieu ne quittera pas ses enfants *au besoin*. (VI, 294 et note 5.)

BESTIOLE :
 [Ce jeu] fait venir l'esprit et la raison :
 Nous le voyons en mainte *bestiole* ;

Avant que Lise allât en cette école,
Lise n'étoit qu'un misérable oison. (V, 290 et note 4.)

BESTION :

Le pauvre *bestion* [l'aragne] tous les jours déménage. (I, 227 et note 9.)
La sœur de Philomèle, attentive à sa proie,
Malgré le *bestion* happoit mouches en l'air. (III, 37 et note 12.)

Il est très vrai, comme le fait observer Walckenaer, qu'en italien *il bestione* n'est pas un diminutif, mais un augmentatif, et signifie une bête grosse ou grande. Mais il n'est pas moins vrai que ce mot existait dans notre vieille langue avec le sens de petite bête; outre les deux exemples de la Fontaine, nous en mentionnerons un emprunté aux *Serées* de Bouchet (II, 23), et un autre à du Fail (I, 240), où il signifie puces et poux. Dans la première édition du *Dictionnaire* de l'Académie, 1694, on lit : « *Bestions*, s. m. pluriel. Bestes, et particulièrement bestes sauvages. Il ne se dit guère qu'en parlant de tapisseries qui représentent ces sortes de bestes. *Tapisseries de bestions.* » Or, dans l'ouvrage de M. Lacordaire que nous avons déjà cité (livre I, fable IX, note 2), parmi les tentures de la première moitié du dix-septième siècle, nous voyons figurer, page 52 : « Paysage et verdure à *bestions*, d'après les dessins de Fouquières », et à la page 31, dans une note relative à ce mot *verdure*, nous lisons ceci : « On appelait ainsi les tapisseries à paysages, de dernier ordre, comme en art, où ne figuraient que des personnages et *animaux de très petite dimension.* » Ces divers textes rapprochés nous semblent donner raison à la Fontaine contre ceux qui lui cherchent querelle : il n'a pas dénaturé le sens que ce mot a dans notre langue.

BÉTAIL, au propre et au figuré :

La biberonne eut le *bétail.* (I, 195.)
Les nonnes sont un étrange *bétail.* (IV, 494.)
C'est un *bétail* servile et sot, à mon avis,
Que les imitateurs. (VII, 165 et note 3.)
Quelques imitateurs, sot *bétail*, je l'avoue,
Suivent en vrais moutons le pasteur de Mantoue. (IX, 202.)

BÊTE :

Ils disent donc
Que la *bête* est une machine. (II, 460 ; voyez II, 461, 463, 471, 475.)
En mon pailler rien ne m'étoit resté :
Depuis deux jours la *bête* a tout mangé. (V, 174.)
La fouine, le putois, le blaireau, la belette, etc.

Si tu as des enfants qui crient et qui soient méchants, ma mine les fera taire : on les menacera de moi comme de la *bête.* (I, 33 et note 3.)

[Le lion] bannit des lieux de son domaine
Toute *bête* portant des cornes à son front. (I, 376.)
Au bout de quelque temps il fit quelques profits,
 Racheta des *bêtes* à laine. (I, 268.)
.... Valets et *bêtes* de labeur. (I, 194.)
 J'ai, dit la *bête* chevaline,
Une apostume sous le pied. (I, 392.)
Croyons ce bœuf. — Croyons, dit la rampante *bête.* (III, 7.)
 Tiennette a sur Jeanne
De l'avantage, à ce qu'il semble aux gens ;
Mais le meilleur de la *bête*, à mon sens,
N'est ce qu'on voit. (V, 323.)

.... Et ne sais *bête* au monde pire
Que l'écolier, si ce n'est le pédant. (II, 383.)

La crainte donne aux *bêtes* de l'esprit. (IV, 167.)

[Descartes] tient le milieu
Entre l'homme et l'esprit, comme entre l'huître et l'homme
Le tient tel de nos gens, franche *bête* de somme. (II, 462.)

Un astrologue un jour se laissa choir
Au fond d'un puits. On lui dit : « Pauvre *bête*.... » (I, 167.)

Vois-tu, Nuto, je ne suis qu'une *bête*;
Mais dans ce lieu tu ne me verras point
Un mois entier sans qu'on m'y fasse fête. (IV, 496.)

BÉVUE :
J'ai pensé faire une étrange *bévue*. (IV, 211 ; voyez IX, 341.)

BIAIS :
.... Qu'elles prennent la chose du même *biais* que l'a toujours prise leur mère. (VIII, 150.)

BIAU, prononciation picarde de BEAU :
Biaux chires Leups. (I, 332 et note 14.)

BIBERON, BIBERONNE, ivrogne :
A la coquette l'attirail
Qui suit les personnes buveuses;
La *biberonne* eut le bétail. (I, 195.)

Voyez les deux exemples d'Olivier Basselin que cite Littré.

BIEN, BIENS, avoir, fortune; avantage, profit, bonheur, etc.; A BIEN ; HOMME, GENS, FILLE, DE BIEN :

Ce n'est pas un fort bon moyen
Pour payer que d'être sans *bien*. (I, 192.)

Héritier et maître d'un grand *bien*. (VII, 421.)

Son père avoit du comptant et du *bien*. (VI, 51.)

.... En préférant les légères amorces
De quelque *bien* à cet autre point-là. (IV, 350.)

Les père et mère ont pour objet le *bien*. (IV, 329.)

Sa sagesse, son *bien*, le bruit de ses beautés,
Mais le *bien* plus que tout y fit mettre la presse. (V, 110.)

.... Lui demander ce qu'il a pour tout *bien*. (V, 167.)

Elle n'avoit pour tout *bien* qu'une fille. (IV, 462.)

Le premier, pour tous *biens*, n'a que les dons du corps. (VI, 252.)

Cherchons ailleurs du *bien*. (II, 164.)

On s'occupe
A dire faux pour attraper du *bien*. (I, 367.)

Il n'étoit moyen
Plus sûr pour obliger ces filles
A se défaire de leur *bien*. (I, 195.)

Je ne suis plus ta femme;
Rends-moi mon *bien*. (IV, 76.)

Ma dot.

Le différend s'échauffa jusqu'à tel point que la femme demanda son *bien*, et voulut se retirer chez ses parents. (I, 35.)
Un intérêt de *biens*, de grandeur, et de gloire, etc. (III, 83.)
C'est jouir des vrais *biens* avec tranquillité. (IX, 187 ; voyez IX, 184.)
.... Une chienne coquette et de mauvaise vie,
Qui, pour le *bien* public, desiroit travailler, etc. (VII, 317.)
L'amour du *bien* public empêchoit le repos. (VI, 297.)
   Chacune de vous
Tâche à contribuer au commun *bien* de tous. (VI, 298.)
C'étoit apparemment le *bien* des deux partis. (I, 240.)
Nos galands y voyoient double profit à faire :
Leur *bien* premièrement, et puis le mal d'autrui. (II, 445.)
  .... Ceux d'entre les hommes
Qui, comme en l'âge d'or, font cent *biens* ici-bas. (III, 249.)
Je ne viens point ici vous reprocher ce *bien*. (VII, 608.)
Ce bienfait.
 .... Le *bien* qu'Amour à ses desirs envoie. (VI, 131.)
Récitons-nous les maux que ses *biens* [les biens de l'Amour] nous attirent. (VI, 175.)
.... Usant des *biens* que l'hymen nous envoie. (V, 481.)
   Que fait ma femme au monde?
   — Ce qu'elle y fait ? Tout *bien*. (V, 401 et note 4.)
Qu'en pouvoit-il arriver que tout *bien* ? (VI, 131.)
C'est tout mal ou tout *bien*. (IV, 250.)
Nul *bien* sans mal, nul plaisir sans alarmes. (V, 413.)
  Un mal est dans l'affaire ;
  Mais ici-bas put-on jamais tant faire
  Que de trouver un *bien* pur et sans mal? (V, 38.)
Son fils m'a voulu du *bien*. (VIII, 174.)
  La nation des belettes,
  Non plus que celle des chats,
  Ne veut aucun *bien* aux rats. (I, 286.)
Ils [ces cailloux] n'étoient mis là pour aucun *bien*. (IX, 5.)
Cocuage est un *bien*. (V, 101 ; voyez V, 103.)
  Je vais, sans tarder davantage,
  Lui porter un *bien*, etc. (V, 221.)
  Que lui demandoit son amant ?
Un *bien* dont elle étoit à sa valeur tenue :
« Il vaut mieux, disoit-il, vous en faire un ami,
Que d'attendre qu'un homme à la mine hagarde
Vous le vienne enlever : Madame, songez-y ;
  L'on ne sait pour qui l'on le garde. » (IV, 413.)
Encor faut-il du temps pour mettre un cœur à *bien*. (IV, 43 et note 6.)
  Telles gens par leurs bons avis
  Mettent à *bien* les jeunes âmes. (IV, 177.)
Moyennant Dieu, l'enfant viendroit à *bien*. (IV, 480.)
Homme de bien, qui voyez tant de choses, etc. (IV, 375.)
Voyez... l'*homme de bien* et le personnage grave ! (VIII, 202.)
  En tout un royaume
Il n'auroit cru trois aussi *gens de bien*. (IV, 241 et note 6.)

La belle lui promit,
Foi de *fille de bien*, que, etc. (IV, 53.)

BIEN, adverbe, sens divers; BIEN ET BEAU :
.... L'une encor verte, et l'autre un peu *bien* mûre. (I, 110.)
.... Cela les fâche *bien*. (IV, 399.)
Bien loin que mon pouvoir l'empêchât de finir.... (VI, 270.)
.... Cent beaux écus *bien* comptés clair et net. (VI, 128; voyez II, 424; IV, 71; VI, 113.)
Ce roi vit un troupeau qui couvroit tous les champs,
Bien broutant, en bon corps. (III, 47.)
Le *bien* disant Ulysse. (VIII, 264.)
Soyez beau, *bien* disant. (V, 129 et note 1.)
.... Deux mots de votre bouche et belle et *bien* disante. (IX, 180.)
Propre, *bien* fait, *bien* mis. (V, 561.)
Voyez FAIRE.

Bien voulu de chacune. (V, 27 et note 5.)
        Dieu gard sire Oudinet
D'un rapporteur barbon et *bien* en femme. (V, 337 et note 8.)
De tout ce que dessus j'argumente très *bien*
Que, etc. (III, 126.)
Mais voici *bien* une autre fête. (I, 257.)
        .... La première
Qui, de le voir s'aventurant,
Osa *bien* quitter sa tanière. (I, 214.)
        Étant donc la donzelle
Prête à *bien* faire, etc. (IV, 254 et note 3.)
Gens de mer sont toujours prêts à *bien* faire. (IV, 341 et note 2.)
Il va trouver sa femme en ce moment;
Puis fait si *bien* que s'étant éveillée
Elle se lève. (IV, 284.)
Bien savoit son métier. (IV, 342.)
Bien sauroit prendre et le temps et le lieu,
Qui tromperoit à son aise un tel homme. (IV, 299.)
Voyez PRENDRE.

Trop *bien* savez que, etc. (IX, 13.)
Voyez TROP.

.... *Bien* l'avoit mérité. (V, 560.)
    .... *Bien* lui sembloit, en la considérant,
N'en avoir vu jamais de si gentille. (IV, 302 et note 6.)
    Bien est-il vrai qu'auprès d'une beauté
Paroles ont des vertus nonpareilles. (IV, 240; voyez IV, 245; V, 77, 211; VI, 125; IX, 147.)
Bien vous dirai que, etc. (IX, 66.)
Bien lui prit d'avoir des charmes à moissonner. (VIII, 173.)
Très *bien* lui prit d'avoir de quoi payer. (IV, 342.)
Le mal le plus commun, et quelqu'un même assure
Que seul on le peut dire un mal, à *bien* parler, etc. (VI, 319.)
Aussi *bien* que manger en qui n'a que le son? (II, 449.)

Car aussi *bien* tu n'es pas, comme moi,
Franc du collier. (V, 535 ; voyez III, 21.)
.... Si j'y manque, adieu l'anneau
Que j'ai gagné *bien et beau*. (IV, 53 et note 7.)
[Certain corsaire] l'emmena *bien et beau*. (IV, 340.)
Il falloit *bien et beau*
Donner cet animal au seigneur du village. (II, 305.)
Celui-ci... se pend *bien et beau*. (II, 437 et note 11.)
En montant le matin dans ma cour *bien et beau*,
Je m'étois dextrement aidé d'un escabeau. (VII, 295 ; comparez IV, 88 ; VII, 347 ; VIII, 299 ; IX, 256.)

Voyez BEAU, BEL.

BIENFACTEUR, BIENFAICTEUR. Voyez BIENFAITEUR.

BIENFAIT :

Il n'a sans mes *bienfaits* passé nulles journées. (III, 6.)
.... On s'y sert du *bienfait* contre les bienfaiteurs. (III, 290.)
.... Allons nous acquitter de ce *bienfait* immense. (VI, 299.)

BIENFAITEUR, BIENFAITRICE :

Celui-ci... fut si méchant que d'oser souiller le lit de son *bienfaiteur*. (I, 47.)
Bienfacteur, dans les deux éditions de 1678 ; *bienfaiteur*, dans l'édition originale. Comparez Balzac, lettre à Chapelain du 4 janvier 1639 : « Béni soit mon bienfacteur, ou mon bienfaicteur, puisque M. de Vaugelas le veut ainsi, et que pour si peu de chose il ne faut pas se mettre mal avec ses amis » ; et la Bruyère, tome I, p. 180 et note 5 : « Quelques femmes donnent aux convents...; galantes et bienfactrices, elles ont jusque dans l'enceinte de l'autel des tribunes et des oratoires où elles lisent des billets tendres, et où personne ne voit qu'elles ne prient point Dieu. »

Le cheval remercie
L'homme son *bienfaiteur*. (I, 320 et note 8.)
[Le serpent] tâche à faire un saut
Contre son *bienfaiteur*, son sauveur, et son père. (II, 41.)
Bienfaicteur, dans l'édition de 1679 Amsterdam.
Les reines des étangs, grenouilles veux-je dire...,
Contre leur *bienfaiteur* osèrent cabaler. (III, 349 et note 8.)
Il emmanche son fer :
Le misérable ne s'en sert
Qu'à dépouiller sa *bienfaitrice*. (III, 289.)
Le cerf, hors de danger,
Broute sa *bienfaitrice*. (I, 410.)

BIENHEUREUX, EUSE :

Bienheureuse Ilion, nous te portons envie. (VII, 619.)
[Qu'elle] fit mille soupirants sans faire un *bienheureux*. (VIII, 424.)

BIENSÉANCE, BIENSÉANCES :

.... Un peu grondés,
Mais seulement par *bienséance*. (IV, 61.)
Outre le sexe, et quelque *bienséance*
Qu'il faut garder, etc. (V, 195.)
La *bienséance* et la médiocrité... s'y rencontrent partout [chez Térence]. (VII, 7.)

Cette règle est moins de nécessité que de *bienséance*. (I, 19.)
Je l'ai suivi [Planude] sans retrancher de ce qu'il a dit d'Ésope que ce qui... s'écartoit en quelque façon de la *bienséance*. (I, 29.)
Qui voudroit réduire Boccace à la même pudeur que Virgile... pécheroit contre les lois de la *bienséance*, en prenant à tâche de les observer. Car, afin que l'on ne s'y trompe pas, en matière de vers et de prose, l'extrême pudeur et la *bienséance* sont deux choses bien différentes. Cicéron fait consister la dernière à dire ce qu'il est à propos qu'on die eu égard au lieu, au temps, et aux personnes qu'on entretient. (IV, 13 et note 4.)
.... N'épargnant histoire ni fable où il s'agissoit de la *bienséance* et des règles du dramatique. (IV, 150.)
Contre la raison et la *bienséance*. (VIII, 21.)
J'irai me délasser parmi les *bienséances*. (VII, 572; voyez VIII, 340.)

    Prends donc en récompense
Tout ce qui peut chez nous être à ta *bienséance*. (II, 433.)

BIENSÉANT à :

S'il étoit *bienséant à* moi de, etc. (VIII, 162.)

BIENVENUE :

    Voilà Mazet, à qui, pour *bienvenue*,
    L'on fait bêcher la moitié du jardin. (IV, 497.)

BIÈRE, cercueil :

    Notre défunt étoit en carrosse porté,
      Bien et dûment empaqueté,
    Et vêtu d'une robe, hélas! qu'on nomme *bière*,
      Robe d'hiver, robe d'été,
    Que les morts ne dépouillent guère. (II, 157; voyez V, 397.)

BIGARRÉ, ée :

    Elle [ma peau] est *bigarrée*,
    Pleine de taches, marquetée,
    Et vergetée, et mouchetée. (II, 370.)
Mon sommeil ne fut nullement *bigarré* de songes. (IX, 292.)

BIGARRURE :

La *bigarrure* plaît. (II, 371.)
Mais il n'en faut point venir là, si l'on peut, ni faire rire et pleurer dans une même nouvelle. Cette *bigarrure* déplaît à Horace. (IV, 151.)

BILE :

Enchérir est plus court, sans s'échauffer la *bile*. (II, 357.)
Ils exercent ma *bile*. (IX, 123.)
    .... Les amis, les indifférents,
Qui m'ont fait employer le peu que j'ai de *bile*. (IX, 177.)

BILIEUX, ieuse, au propre :

Si l'humeur *bilieuse* a causé ces transports, etc. (VI, 320.)

BILLARD, ancienne masse ou queue du jeu de billard. (IX, 136 et note 4.)

BILLE de billard. (IX, 136.)

BILLET, lettre d'introduction. (VIII, 31.)

BIQUE :

La *bique*, allant remplir sa traînante mamelle, etc. (I, 326 et note 2 ; voyez I, 327.)

BIQUET :

    La bique....
   Ferma sa porte au loquet,
   Non sans dire à son *biquet*, etc. (I, 327 ; voyez I, 328.)

BIS, BISE, adjectif :

   Cette maîtresse un tantet *bise*
   Rit à mes yeux. (V, 506 et note 3.)

    Ce n'est pas une sottise,
   En fait de certains appétits,
   De changer son pain blanc en *bis*. (V, 513 et note 3.)

BISE, substantif :

   La cigale ayant chanté
    Tout l'été
   Se trouva fort dépourvue
   Quand la *bise* fut venue. (I, 59.)

La gent qui n'aime pas la *bise*. (IV, 186 et note 2 ; variante.)
Transi du vent de *bise*. (VII, 429 et note 2.)
Mouillé, fangeux, ayant au nez la *bise*. (IV, 249.)
.... Qu'il eût du chaud, du froid, du beau temps, de la *bise*. (II, 13.)

BISSAC :

En sais-tu tant que moi ? J'ai cent ruses au sac ?
— Non, dit l'autre : je n'ai qu'un tour dans mon *bissac*. (II, 427.)

BIZARRE :

La déesse *bizarre*. (II, 164.)
La Fortune.

   Elle étoit fière et *bizarre* surtout :
   On ne savoit comme en venir à bout. (V, 186.)

De perdre ainsi ses pas notre *bizarre* outré, etc. (VII, 429.)

BLÂME :

   Car si j'allois vous en rendre quelque autre [dame]...,
   Ce me seroit une espèce de *blâme*. (IV, 345 et note 2.)

BLÂMER :

Pendant le repas, Xantus ne fit autre chose que *blâmer* son cuisinier : rien ne lui plaisoit. (I, 39.)

   Que dorénavant on me *blâme*, on me loue...,
   J'en veux faire à ma tête. (I, 204 ; voyez I, 116.)

   .... De l'en *blâmer* il seroit inutile :
   Ainsi vit-on chez nous autres François. (IV, 365.)

BLANC, pièce de monnaie :

   Et le tout pour six *blancs* :
   Non, Messieurs, pour un sou. (II, 372 et note 14.)

BLANC, BLANCHE, au propre et au figuré :
On auroit bien donné demi-douzaine de *blanches* pour cette noire. (VIII, 227.)

[Cette maîtresse] *blanche* qu'elle est, en nulle guise
Ne me cause d'émotion. (V, 506.)

Elle étoit jeune, agréable, et touchante,
Blanche surtout. (IV, 262 et note 1.)

.... [Le] garçon au corps jeune et frais,
Blanc, poli. (V, 345.)

La donzelle
Montre à demi son sein, sort du lit un bras *blanc*. (V, 123.)

Elle partit, non sans lui présenter
Une main *blanche*. (V, 175.)

Bientôt un certain breuvage
Lui fit voir [à Candaule] le noir rivage,
Tandis qu'aux yeux de Gygès
S'étaloient de *blancs* objets. (V, 435 et note 7.)

Deux chèvres donc s'émancipant,
Toutes deux ayant patte *blanche*.... (III, 208 et note 5.)

Le biquet soupçonneux par la fente regarde :
« Montrez-moi patte *blanche*, ou je n'ouvrirai point »,
S'écria-t-il d'abord. Patte *blanche* est un point
Chez les loups, comme on sait, rarement en usage. (I, 328.)

Bains et parfums ; matelas *blancs* et mous. (IV, 253.)

.... Un abbé *blanc* : J'en sais de ce plumage
Qui valent bien les noirs, à mon avis,
En fait que d'être aux maris secourables. (V, 390 et note 5 ; voyez V, 400.)

Dans une lettre de Racine à l'abbé le Vasseur, du 30 avril 1662 :« .... Je passerai volontiers par-dessus toutes ces considérations d'habit noir et d'habit blanc qui m'inquiétoient autrefois. »

On fait venir des gens
De toute guise, et des noirs, et des *blancs*,
Et des tannés. (V, 313.)

De Pagamin il prit un sauf-conduit,
L'alla trouver, lui mit la carte *blanche*. (IV, 344 et note 1.)

.... Homme ayant l'âme en Dieu toute occupée,
Et se faisant tout *blanc* de son épée. (V, 470 et note 1.)

Selon que vous serez puissant ou misérable,
Les jugements de cour vous rendront *blanc* ou noir. (II, 100.)

Ton âme un jour plus *blanche* que l'ivoire.... (V, 398.)

BLANC (DE BUT EN). Voyez BUT.

BLANCHEMENT :

Tant ne songeoient au service divin
Qu'à soi montrer ès parloirs aguimpées
Bien *blanchement*. (IV, 488 et note 7.)

La patiente attend sa destinée,
Bien *blanchement* et ce soir atournée. (V, 48.)

BLANCHEUR :

Je rehausse d'un teint la *blancheur* naturelle. (I, 272.)

Blancheur, délicatesse, embonpoint raisonnable,
Fermeté : tout charmoit. (V, 587.)
Les femmes [ont] de la *blancheur*. (IX, 294.)
Une vive *blancheur*. (IX, 334.)
Ce corps... qu'il appelle le temple de la *blancheur*. (VIII, 192.)
O vous dont la *blancheur* est souvent empruntée, etc. (VI, 288.)
.... La délicatesse et la *blancheur* y étoient toujours. (VIII, 220.)
....Ni la *blancheur* ni les autres merveilles de ce beau sein. (VIII, 281.)
A laquelle de leurs beautés [des beautés de ces bras] donner l'avantage, à leur forme ou à leur *blancheur*, bien que cette dernière fît honte à l'albâtre...? (VIII, 285 et note 4.)

    La belle enfin découvre un pied dont la *blancheur*
        Auroit fait honte à Galatée. (VI, 18 et note 3.)
            Une couleur de roses,
Par le somme appliquée, avoit, entre autres choses,
Rehaussé de son teint la naïve *blancheur*.
.... Quand j'aurois là-dessus épuisé tous les traits,
Et fait pour cette gorge une *blancheur* nouvelle, etc. (VII, 179.)

BLANCHIR, au propre et au figuré :

....A la voir tricoter, ou *blanchir* sa dentelle. (VII, 405.)
Tout cela ne faisoit que *blanchir*. (V, 159 et note 2.)

BLASON :

            Le noble poursuivit :
« Moi, je sais le *blason*; j'en veux tenir école. »
Comme si, devers l'Inde, on eût eu dans l'esprit
La sotte vanité de ce jargon frivole. (III, 90.)

BLASONNEUR :

Chez l'Amy ! c'est un lieu fertile en *blasonneurs*. (VII, 569 et note 4.)

BLASPHÈME :

Si d'un côté elle [la langue] loue les dieux, de l'autre elle profère des *blasphèmes* contre leur puissance. (I, 38.)

BLÊME :

La Parque *blême*. (VII, 269; IX, 198.)
        La main des Parques *blêmes*
De vos jours et des miens se joue également. (III, 156 et note 10.)
Notre malade avoit la face *blême*
    Tout justement comme un saint de carême. (V, 307 et note 2.)

BLESSER, BLESSÉ :

Elle [la perdrix] fait la *blessée*, et va, traînant de l'aile,
Attirant le chasseur et le chien sur ses pas. (II, 465.)
        Le hasard est la cause
De tout ce qui se passe en un cerveau *blessé*. (II, 400.)
        Pour un gentilhomme
Jeune, bien fait, et des mieux mis de Rome,
Jusques au vif il [l'Amour] voulut la *blesser*. (V, 188.)

BLOC :
  Un *bloc* de marbre étoit si beau
  Qu'un statuaire en fit l'emplette. (II, 385.)
Ce *bloc* enfariné ne me dit rien qui vaille. (I, 258.)

BLOND, onde :
Ce dieu porte-lumière, aux yeux vifs, au *blond* crin. (VII, 279 et note 5.)
  Le blé, riche présent de la *blonde* Cérès. (II, 412.)
La *blonde* Aurore. (IX, 450.) — Tresse *blonde*. (VI, 232.)
Soyez beau, bien disant, ayez perruque *blonde*. (V, 129 et note 2.)

Blonde, substantivement :
  Je ne vous réponds pas qu'encor
  Je n'emploie un peu de votre or
  A payer la brune et la *blonde*. (IX, 448.)

BLONDIN, ine, substantivement et adjectivement :
  Encor si c'étoit un *blondin*…,
  Mais un gros lourdaud de valet ! (IV, 28 et note 7.)
  Jadis s'étoit introduit un *blondin*
  Chez des nonnains, à titre de fillette. (V, 523.)
  Ils déplaisoient tous à la dame,
  Hormis certain jeune *blondin*
  Bien fait et beau par excellence. (V, 250.)
Des discours du *blondin* la belle n'a souci. (V, 114.)
Deux ou trois jeunes *blondins*. (VIII, 275.)
  Il se présenta des *blondins*,
  De bons bourgeois, des paladins. (V, 111.)
Dès que vous sentirez approcher les *blondins*,
Fermez vite vos yeux, vos oreilles, vos mains. (V, 248.)
Lucrèce étoit échappée aux *blondins*,
On l'alloit mettre entre les bras d'un rustre. (V, 42.)
    La *blondine* chiorme
Afin de vous gagner n'épargne aucun moyen. (V, 100 et note 1.)

BLOTTIR (Se) :
  A cette voix, toutes pleines d'effroi,
  Se blottissant, l'une et l'autre est en transe. (IV, 466.)
    Notre maître Mitis….
Se niche et *se blottit* dans une huche ouverte. (I, 257 ; voyez I, 149.)

BOCAGER, bocagère :
On ne va voir ici que fêtes *bocagères*. (VII, 564 et note 5.)

BOCHERON, bûcheron :
Vilains *bocherons*. (IX, 231 et note 1.)

BOËTE, boîte :
Ma *boëte* est perdue, ah! (VII, 580 ; voyez VI, 35 et note 10 ; VII, 575.)

BOIRE, emplois divers :
Ce n'est pas tout de *boire*, il faut sortir d'ici. (I, 217.)

Revenons à l'histoire
De ce spéculateur qui fut contraint de *boire*. (I, 170.)
　　　　Que l'on m'apporte à *boire*...!
　　— Or *buvez* donc et *buvez* à votre aise. (IV, 136.)
.... Ce ne fut pas sans *boire* un coup. (III, 218.)
Un jour le cuisinier *ayant* trop *bu* d'un coup, etc. (I, 236.)
　　　　On le fit trop *boire* d'un coup :
　　　　Quelquefois, hélas! c'est beaucoup. (V, 435.)
　　　　Alaciel..., de sa vie,
　　Selon sa Loi, n'*avoit bu* vin. (IV, 428.)
　　　　Chacun à sa chacune
But en faisant de l'œil. (V, 352 ; voyez IX, 366.)
....Un beau jour, après *boire*. (IV, 493 ; voyez IX, 370.)
Tous trois *burent* d'autant : l'ânier et le grison
　　Firent à l'éponge raison. (I, 159 et note 5.)

« Boire d'autant, *acratoposiæ certamen vel agon*. » (Nicot.) — « Boire d'autant, c'est-à-dire boire beaucoup. » (Richelet.) — « Ainsi on dit : boire d'autant, boire tout pur, boire comme un trou, boire à longs traits, des rasades, de rouges bords, pour dire boire en débauché et pour s'enivrer. » (Furetière.) — Comparez aussi Noël du Fail, tome II, p. 127; Ronsard, tome I, p. 79 :

Ie veux, me souuenant de ma gentille amie,
Boire ce soir d'autant, et pour ce, Corydon,
Fais remplir mes flacons, et verse à l'abandon
Du vin pour resiouir toute la compaignie ;

Montaigne, tomes II, p. 14, 15, 16, 20, I, p. 222 : « Les philosophes mesmes ne treuuent pas louable en Callisthenes d'auoir perdu la bonne grace du grand Alexandre, son maistre, pour n'auoir voulu boire d'autant à luy » ; etc.
Voyez AUTANT.

Tous deux au Styx allèrent *boire*. (II, 330.)
J'ai gagé véritablement que je *boirois* toute la mer, mais non pas les fleuves qui entrent dedans. (I, 41 ; voyez I, 40.)
.... Tout cela, c'est la mer à *boire*. (II, 339 et note 15 ; voyez II, 338.)

BOIRE, substantivement :
　　　　Le financier se plaignoit
　　　　Que les soins de la Providence
N'eussent pas au marché fait vendre le dormir,
　　Comme le manger et le *boire*. (II, 217 et note 6.)

BOIS, acceptions diverses :
Nous n'irons point au *bois* qu'avec précaution. (VII, 571.)
Le fond des *bois* et leur vaste silence. (VI, 11 ; voyez VI, 238 et note 6.)
....Conte aux vents, conte aux *bois* ses déplaisirs secrets. (VI, 191.)
Certain païen chez lui gardoit un dieu de *bois*,
De ces dieux qui sont sourds, bien qu'ayants des oreilles. (I, 295.)
Jamais le Ciel ne fut à nos vœux si facile
Que quand Jupiter même étoit de simple *bois* ;
Depuis qu'on l'a fait d'or, il est sourd à nos voix. (VI, 152.)
Bois de grume, *bois* de marmenteau. (IX, 98.)
　　Il sut dans peu la carte du pays,
　　Connut les bons et les méchants maris,
　　Et de quel *bois* se chauffoient leurs femelles. (V, 28 et note 2.)

Dans le cristal d'une fontaine
Un cerf se mirant autrefois
Louoit la beauté de son *bois*. (II, 28 ; voyez II, 29, 30 ; IX, 248.)

BOÎTE :

Des malheurs qui sont sortis
De la *boîte* de Pandore.... (I, 222 et note 10 ; comparez VI, 317, 336.)

Voyez BOÊTE ; et, sur la « boîte de Pandore », qui était plutôt un grand vase d'argile, une jarre, *l'Intermédiaire* du 10 septembre 1865, col. 525.

BOITEUX, EUSE :

Volontiers gens *boiteux* haïssent le logis. (III, 13.)

Celle-ci [la chevrette]....
Contrefait la *boiteuse*, et vient se présenter. (III, 283 ; voyez II, 365.)
Quatre sièges *boiteux*, un manche de balai, etc. (II, 181.)

BOMBANCE :

Maints rats assemblés
Faisoient, aux frais de l'hôte, une entière *bombance*. (III, 353.)
.... On s'étonnoit d'une telle *bombance*. (VI, 96.)

BON, BONNE, acceptions diverses :

Comme les dieux sont *bons*, ils veulent que les rois
Le soient aussi. (III, 248.)
Mais je suis *bon*, et veux, etc. (V, 361 ; IV, 132.)
Mais je suis *bonne*, et ne veux point d'éclat. (IV, 307.)

Ironiquement dans ces trois derniers exemples.

Seigneur, vous êtes *bon* et sage. (IX, 113 ; voyez IX, 152.)
[L'âne] est *bonne* créature. (II, 299.)
Moi, charitable et *bon* homme. (V, 239.)
.... C'en étoit trop pour le *bon* homme. (V, 249.)
Le *bon* homme Joconde. (IV, 51 et note 2.)

Onc il ne fut une plus forte dupe
Que ce vieillard, *bon* homme au demeurant. (IV, 92.)
Le *bon* homme en tient. (VII, 44.)

Il se trouva que le *bon* homme
Avoit le doigt où vous savez. (IV, 383.)
Doucement, notre épouse,
Dit le *bon* homme. (V, 544 ; voyez I, 278 ; IV, 51, 106.)

Grand merci de son passe-port ;
Je le crois *bon*; mais, etc. (II, 47.)
Il prit pour *bon* un enfer très suspect. (V, 481.)
.... J'ai l'œil *bon*, Dieu merci !
— Je ne l'ai pas mauvais aussi. (II, 404.)

.... Ces chiens au *bon* nez. (III, 321.)
Grande de taille, en *bon* point, jeune et fraîche. (IV, 345 et note 3.)
Ce roi vit un troupeau qui couvroit tous les champs,
Bien broutant, en *bon* corps. (III, 47 et note 5.)
Beaux et *bons* sangliers, daims et cerfs *bons* et beaux. (I, 188.)

.... Où gisoient les *bons* vins,
Les *bons* morceaux, et les *bonnes* commères. (V, 391.)
Voyez Commère.

Amour se plaît avec les *bons* maris. (IV, 299.)
Eh! c'est ce *bon* paysan qui vous amène ces deux personnes. (VII, 484.)
Le *bon* sire le souffre, et se tient toujours coi. (I, 215.)

Mon *bon* Monsieur,
Apprenez que tout flatteur, etc. (I, 64.)
.... Tout au rebours de la *bonne* donzelle. (IV, 319.)
La *bonne* dame et le jeune muguet. (IV, 322.)

De prime abord sont par la *bonne* dame
Expédiés tous les péchés menus. (IV, 103.)
Bonne galande en toutes les façons. (V, 372.)

Il n'étoit fils de *bonne* mère
Qui, etc. (I, 101 et note 12.)
A cause que vous êtes un *bon* frère, en voilà rasade. (VII, 490.).

Bons bourgeois du temps de nos pères
S'avisoient tard d'être *bons* frères. (V, 208 et note 3.)
Les *bons* pères [les Cordeliers]. (IV, 180.)
Des rues... qui sentent leur *bonne* ville. (IX, 237.)
Les parents de l'athlète étoient gens inconnus;
Son père, un *bon* bourgeois. (I, 99.)
Voyez Bourgeois.

Son *bon* destin voulut que, etc. (IV, 270.)
S'il plaît à Dieu, *bon* ordre s'y mettra. (V, 416.)
.... Mettre à part force *bons* ducats. (II, 181.)
Ésope répondit là-dessus que la *bonne* amie n'étoit pas la femme. (I, 37.)

Femme ne lui seroit autre que *bonne* amie,
Nymphe, si vous voulez, bergère, et cætera. (V, 104 et note 1.)
Je vous conseille de l'étrangler par *bonne* amitié. (VII, 488.)
Le *bon* Homère ou le *bon* Virgile. (IX, 469.)
.... Comme le rat du *bon* Horace. (II, 112.)
Notre *bon* Ovide. (IX, 245.)
N'en déplaise au *bon* Pétrone. (VI, 85.)
Le *bon* Socrate. (I, 334; voyez III, 144.) — Le *bon* Platon. (IX, 186.)
Ah! maudit animal, qui n'es *bon* qu'à noyer, etc. (III, 114.)

Ceci s'adresse à vous, esprits du dernier ordre,
Qui n'étant *bons* à rien cherchez sur tout à mordre. (I, 414.)

Ils sont trop verts, dit-il, et *bons* pour des goujats. (I, 234.)
Il est *bon* de savoir que, etc. (V, 167; voyez V, 138.)
Il n'est pas toujours *bon* d'avoir un haut emploi. (I, 69.)
Qu'est-il *bon* de faire? (III, 20.)

Bon, adverbialement :

L'arbre tient *bon*; le roseau plie. (I, 127.)

.... Vers le coin du lit
Se va cacher, pour dernière retraite :
Elle y voulut tenir *bon*, mais en vain. (V, 55.)

.... Il n'y savoit remède que d'entrer
Au corps des gens, et de s'y remparer,

D'y tenir *bon*. (VI, 108.)
Comment tenir *bon*
Contre ce dernier adversaire? (V, 127.)
.... *Bon* fait aux filles l'épargner. (V, 214.)
Bon fait de loin regarder tels acteurs. (IX, 150.)
Bon fait avoir ici-bas un ami. (IV, 162.)
Bon fait troquer. (V, 330; voyez V, 560.)
.... Il y fait *bon*, l'heure du berger sonne. (V, 123.)
.... *Bon !*
Harpajème y pourvut. (VII, 426.)
Exclamation.

BON (DE), TOUT DE BON, expressions adverbiales :
Qu'il ait été promis ou *de bon*, ou par jeu.... (VII, 46.)
.... Quoi! vous avez donc cru que c'étoit *tout de bon ?*
— *Tout de bon*, ou par jeu, etc. (VII, 51.)
Tout de bon ? — *Tout de bon*. (VII, 472 ; voyez VII, 69, 155, 560.)
Vous voyant *tout de bon* gisé dans le cercueil. (VII, 564.)
Parlez-vous *tout de bon ?* (VII, 82.)
Cet homme enfin....
Me fit voir en ses yeux qu'il m'aimoit *tout de bon*. (VIII, 424.)
L'époux, enrôlé *tout de bon*,
De sa moitié plaignoit bien fort la peine. (V, 51 ; voyez I, 356 ; V, 200, 202.)

BON, substantivement :
Ce fut le *bon*. (IV, 362 et note 4.)
Le *bon* de l'affaire
C'est qu'il ne doit au gîte revenir. (V, 71 et note 3.)
Le *bon* de l'affaire
Est que l'on n'a pas dit tout ce qu'il savoit faire. (VII, 76.)
Quiconque eut du *bon*
Par devers soi le garda sans rien dire. (IV, 218 et note 4.)

BON CŒUR, BON DROIT, BONNE FOI, BONNES GENS, BONNE GRÂCE, BON GRÉ, BON LIEU, BONNE MINE, BON NATUREL, BON SENS, BON TEMPS, BON VIN, etc. Voyez CŒUR, DROIT, etc.
BONNE (LA DONNER, LA GARDER). Voyez DONNER, GARDER.

BOND ; FAIRE FAUX BOND À :
Deux chiens aux pieds agiles
L'étranglèrent du premier *bond*. (II, 429.)
Aurions-nous de concert *fait faux bond* à la vie? (VII, 337 et note 2.)

BONDE :
Par les sanglots notre amante étouffée
Lâche la *bonde* aux pleurs cette fois-là. (V, 202 et note 3.)
Comparez aussi *l'Astrée* de d'Urfé, tome I, p. 43.

BONHEUR :
De *bonheur* pour ce loup, qui ne pouvoit crier,
Près de là passe une cicogne. (I, 230.)

Camille dit à ses gens, par *bonheur*,
Qu'on le laissât. (V, 190 et note 4.)
Par grand *bonheur* il s'en rencontra deux [portes]. (VI, 47.)

BON HOMME. Voyez BON.

BONHOMMEAU :
Le *bonhommeau* des coups se consola. (IV, 97 et note 2.)

BONNASSERE, *buona sera*. (VII, 312.)

BONNEMENT :
Les permuteurs ne pouvoient *bonnement*
Exécuter un pareil changement
Dans le village à moins que de scandale. (V, 329 et note 6.)
Sous le masque on n'eût su *bonnement*
Laquelle élire entre ces créatures. (VI, 128.)
Lorsque je compare
Les plaisirs de ce singe à ceux de cet avare,
Je ne sais *bonnement* auxquels donner le prix. (III, 203.)
Et son cœur *bonnement*
Vous croit mort et le reste. (VII, 560.)
Elle dit *bonnement*
Que son hymen se va conclure au firmament. (VI, 21 et note 5; voyez VII, 13, 345.)

BONNET :
.... En mettez-vous votre *bonnet*
Moins aisément que de coutume? (V, 94.)
Il fut fait in petto confrère de Vulcan;
De là jusqu'au *bonnet* la distance est petite. (V, 434 et note 8.)
Dieu gard sire Oudinet
D'un rapporteur barbon et bien en femme,
Qui fasse aller la chose du *bonnet*. (V, 337 et note 9.)
Tous les avocats,
Après avoir tourné le cas
En cent et cent mille manières,
Y jettent leur *bonnet*, se confessent vaincus. (I, 193 et note 7.)
Les voilà sans crédit, sans argent, sans ressource,
Prêts à porter le *bonnet* vert. (III, 221 et note 6.)

BONTÉ :
Un mets si plein de *bonté*. (V, 512.)
.... Pleine de *bonté*
Cette servante, et confite en tendresse. (IV, 254.)

BOQUILLON, bûcheron :
Boquillons de perdre leur outil. (I, 366 et note 21.)
Ou *boqillon, bosquillon, bosqeillon, bosqueillon, bousquillon, botilhon*. Voyez les exemples cités par du Cange et Littré.

BORD, BORDS, acceptions diverses :
Ils s'assirent enfin au *bord* d'une fontaine. (III, 89.)

Au *bord* de quelque bois sur un arbre je grimpe. (III, 82 ; voyez IX, 158.)
Sur le *bord* des forêts. (VIII, 491.)
.... Justement sur le *bord*
De la frontière. (IV, 444.)
Un jeune enfant dans l'eau se laissa choir,
En badinant sur les *bords* de la Seine. (I, 115.)
Vous naissez le plus souvent
Sur les humides *bords* des royaumes du vent. (I, 126.)
Je toucherai du front les *bords* du firmament. (VI, 351.)
L'aube empourproit les *bords* de l'horizon. (VI, 286.)
Il n'étoit pas sur les *bords* du sommeil, etc. (VI, 46.)
Nous voici... en un *bord* étranger,
Ignorés du reste des hommes. (IV, 409.)
Aux *bords* lointains puisse passer la guerre! (IX, 28.)
Ayant tout dit, il mit l'enfant à *bord*. (I, 116.)
Le dauphin l'alloit mettre à *bord*. (I, 292.)
Si j'avois mis nos gens à *bord*
Sans argent, etc. (IV, 407 et note 6.)
.... Aussitôt qu'elle fut à *bord*. (VIII, 133.)
Arriver à *bord*. (VIII, 135 et note 3.)
Qu'un seul mouton se jette en la rivière,
Vous ne verrez nulle âme moutonnière
Rester au *bord*. (V, 303.)
Vingt corsaires pourtant montèrent sur son *bord*. (IV, 400.)
Comme Grifonio passoit d'un *bord* à l'autre,
Un pied sur son navire, un sur celui d'Hispal.... (IV, 402.)
Notre rat d'abord
Crut voir, en les voyant, des vaisseaux de haut *bord*. (II, 253.)

BORDAGE, BORDAGES :

Deux gros cailloux... servoient de *bordages* à l'eau. (VIII, 140.)

BORDER :

[Ces arbres] iront assez tôt *border* le noir rivage. (III, 306.)
.... Puissions-nous chanter sous les ombrages
Des arbres dont ce lieu va *border* ses rivages! (VI, 168.)

BORDURE :

J'aurai près de ce temple un simple monument;
On gravera sur la *bordure*, etc. (III, 335.)
La *bordure* du mausolée. (VIII, 184.)

BORNER, BORNÉ :

Quant à nos enfants déjà nés,
Nous souhaitons de voir leur jours bientôt *bornés*. (III, 150.)
Bornons ici cette carrière. (II, 77.)
Jamais un favori ne *borne* sa carrière. (VIII, 357.)
Si le mal continue, et que d'aucun repos
La fièvre n'*ait borné* ses funestes complots.... (VI, 334.)

Le Styx n'a pu *borner* son pouvoir souverain. (VIII, 50.)
Si le séjour de Vaux *eût borné* ses desirs! (VIII, 357.)
Et, *bornant* mes desirs dans sa possession.... (VII, 14.)
Vous, Thalie, il vous faut contrefaire un amant
Qui ne veut point *borner* son amoureux tourment. (VII, 151 et note 4.)
Connoissances *bornées*. (III, 90.)

BOUC, BOUCS :
Sépare-moi des *boucs* réprouvés et maudits. (VIII, 417 et note 2.)

BOUCHE, BOUCHES, emplois divers :
    Arrière ceux dont la *bouche*
    Souffle le chaud et le froid. (I, 388 et note 10.)
    Ainsi parle Vénus,
Et ses yeux éloquents en disent beaucoup plus :
Ils persuadent mieux que ce qu'a dit sa *bouche*. (VI, 235.)
Voilà ce que l'on dit d'une commune *bouche*. (VII, 616.)
.... Pour celui-ci, sans cesse il est dans votre *bouche*. (VIII, 372.)
Le lieu leur plait, l'eau leur vient à la *bouche*. (IV, 374 et note 3.)
    Encore un coup, motus,
    Bouche cousue. (V, 494 et note 5.)
Elle fît pourtant la petite *bouche* devant Psyché. (VIII, 168.)
    .... Faire ici de la petite *bouche*
    Ne sert de rien. (IV, 351 et note 4.)
La Déesse aux cent *bouches*. (I, 314.)

BOUCHER, BOUCHÉ :
.... Le maudit pommeau qui me tenoit *bouché*
Juste un certain endroit comme un bouchon de liège. (VII, 296.)
Eh! l'esprit *bouché!* (VII, 448.)

BOUCHON, au figuré :
Quoi! mon *bouchon!* (VII, 364 et note 1 ; VII, 475.)
Voyez aussi Molière, tome VI, p. 57 et note 4 : « Ah! ma petite friponne! que je t'aime, mon petit bouchon! »

BOUCLIER :
.... Ni que ces noms illustres de Térence et de Ménandre lui tiennent lieu [à la comédie de « l'Eunuque »] d'un assez puissant *bouclier* contre toutes sortes d'atteintes. (VII, 9.)

BOUE, BOUES :
    Ôte d'autour de chaque roue
    Ce malheureux mortier, cette maudite *boue*
    Qui jusqu'à l'essieu les enduit. (II, 61.)
Son maître étoit jusqu'au cou dans les *boues*. (IV, 250.)

BOUFFI DE :
.... Croyant être attaqué de quelque hydropisie,
S'alloit faire saigner, *bouffi de* frénésie,
Et des bras et des pieds. (VII, 345.)
D'orgueil tout *bouffi*. (VIII, 467.)

BOUFFON, substantivement et adjectivement :
Plaute n'est plus qu'un plat *bouffon*. (IX, 349.)
Cela est *bouffon!* (VII, 458.)

BOUGE :
Nous étions couchés dans un *bouge* ici près. (VII, 324.)
    Notre maitre,
Poussé dans quelque *bouge*, y voit d'abord paroître
Tout un déshabillé. (V, 456 et note 5.)

BOUGER :
Désormais je ne *bouge*. (II, 167; voyez IX, 104.)
Vous ne *bougerez* pour le coup. (IV, 193; voyez V, 582.)
Je n'*ai bougé* toute nuit d'auprès d'elle. (IV, 218.)
  Non, mes enfants; dormez en paix :
  Ne *bougeons* de notre demeure. (I, 357; voyez VIII, 231.)

BOUGRE :
Le *bougre* avoit juré de m'amuser six mois.
Il s'est trompé de deux : mes amis, de leur grâce,
Me les ont épargnés, l'envoyant où je croi
  Qu'il va bien sans eux et sans moi. (IX, 175 et note 1.)

BOUILLIR, BOUILLANT :
Le mont semble *bouillir*. (VIII, 205.)
  Ce mal si craint n'a pour raison
Qu'un sang qui... *bout* dans sa prison. (VI, 339; voyez VI, 340.)
Que faisoient nos aïeux pour rendre plus tranquille
Ce sang ainsi *bouillant?* (VI, 341.)
Un levain trop *bouillant* en vouloit à leurs jours. (VI, 344.)
  Le moût surtout, lorsque le bon Silène
Bouillant encor le puise à tasse pleine, etc. (VI, 347; voyez VI, 348.)

BOUILLON, BOUILLONS :
Le jeune homme, inquiet, ardent, plein de courage,
A peine se sentit des *bouillons* d'un tel âge.... (II, 292 et note 11.)

BOUILLONNEMENT :
  .... Certain *bouillonnement*
Par le nitre causé fait ce débordement. (VI, 340.)

BOULEVERSER :
.... *Bouleverser* l'ordre des éléments. (VII, 409.)

BOURDON; PORTE-BOURDON :
Un simple pèlerin! Madame à son chevet
Pourroit voir un *bourdon!* (V, 260 et note 3.)
Je n'aurois pas d'un roi cette chose soufferte...,
Et d'un *porte-bourdon* je la pourrois souffrir! (V, 262.)

BOURDONNEMENT :
Une mouche survient, et des chevaux s'approche,
Prétend les animer par son *bourdonnement*. (II, 142.)

L'essaim [de nonnes] fit voir par son *bourdonnement*
Combien rouloient de diverses pensées
Dans les esprits. (V, 421.)

BOURDONNER, BOURDONNANT :
Des animaux ailés, *bourdonnants*, un peu longs. (I, 121.)

BOURGADE, BOURGADES :
Le gent maudite aussitôt poursuivit
Tous les pigeons, en fit ample carnage,
En dépeupla les *bourgades*, les champs. (II, 138; voyez VIII, 110.)

BOURGEOIS, BOURGEOISE :
Le surprenant spectacle
Éblouit le *bourgeois* et fit crier miracle ;
Mais la seconde fois il ne s'y pressa plus. (IX, 155.)
Tout *bourgeois* veut bâtir comme les grands seigneurs. (I, 67.)
Les parents de l'athlète étoient gens inconnus ;
Son père, un bon *bourgeois*. (I, 99.)
Ainsi que bons *bourgeois* achevons notre vie,
Chacun près de sa femme. (IV, 60.)
Laissez les bons *bourgeois* se plaire en leur ménage :
C'est pour eux seuls qu'Hymen fit les plaisirs permis. (V, 121.)
Il se présenta des blondins,
De bons *bourgeois*, des paladins. (V, 111.)
Les parents d'Aminte, bons *bourgeois*, etc. (VI, 56.)
Bons *bourgeois* du temps de nos pères
S'avisoient tard d'être bons frères. (V, 208.)
« Mieux eût valu tousser après l'affaire »,
Dit à la belle un des plus gros *bourgeois*. (IV, 111 et note 4.)

BOURGEOIS (DEMI-) :
Un amateur du jardinage,
Demi-bourgeois, demi-manant. (I, 277.)

BOURGEOIS, adjectivement :
Dissimuler un tel transport,
Cela sent son humeur *bourgeoise*. (V, 447.)

BOURREAU :
.... A-t-on vu rimer de cette sorte,
Bourreau ? (VII, 367.)

BOURRIQUE :
Le baudet n'en peut plus; il mourra sous leurs coups :
Hé quoi? charger ainsi cette pauvre *bourrique !* (I, 202.)

BOURRU, UE :
Si quelque ingrat rend ton humeur *bourrue*.... (IX, 38.)

BOURRU, substantivement :
J'entendois mon *bourru* tousser, cracher, frémir. (VII, 429.)
Eh! le *bourru!* (VII, 425; voyez VII, 404, 418, 561; etc.)

BOURSE, BOURSES :

J'en suis d'accord ; et gage votre habit,
Votre cheval, la *bourse* au préalable. (IV, 247.)

Un homme n'ayant plus ni crédit, ni ressource,
Et logeant le diable en sa *bourse*.... (II, 435 et note 2.)

Un suppôt de Bacchus
Altéroit sa santé, son esprit, et sa *bourse*. (I, 223.)

Aucun ne leur ouvrit sa *bourse*. (III, 222.)
Mille *bourses* vous sont ouvertes à la fois. (V, 101.)
.... Et font *bourse* commune. (III, 220.)
.... Faisant chère et vivant sur la *bourse* publique. (I, 316.)

BOURSON :

Ragotin, tirant d'un *bourson*. (VII, 375 et note 1.)

C'est une indication, un jeu de scène.

BOUSSOLE :

Esculape en fait [du pouls] sa *boussole :*
Si toujours le pilote a l'œil sur son aimant,
Toujours le médecin s'attache au battement. (VI, 330.)

BOUT ; À BOUT, VENIR À BOUT DE ; AU BOUT, AU BOUT DE ; BOUT À BOUT ; DE BOUT EN BOUT ; DE L'UN À L'AUTRE BOUT :

Ses disciples lui conseillèrent [à Xantus] d'acheter ce petit *bout* d'homme [Esope] qui avoit ri de si bonne grâce. (I, 34.)

L'aigle, reine des airs, avec Margot la pie...,
Traversoient un *bout* de prairie. (III, 243.)

.... Deux colonnes du corps desquelles sortent des *bouts* de navires. *Bouts* de navires ne vous plaira guère, et peut-être aimeriez-vous mieux le terme de pointes ou celui de becs ; choisissez le moins mauvais de ces trois mots-là. (IX, 261 et notes 2, 3.)

Ajoutons que la galerie mentionnée dans la note 3 s'appelle encore aujourd'hui « galerie des Proues ».

.... Par quelque *bout* il faut que je m'y mette. (IX, 12.)
.... Mais je les veux avoir par le bon *bout*. (V, 371 et note 4.)
La cour ne se mit pas seule sur le bon *bout*. (IX, 325.)
On le fit asseoir au haut *bout*. (I, 39.)

Peu de gens en leur estime
Lui refusent le haut *bout*. (II, 275 et note 7.)

Ce n'est pas qu'après tout
D'autres divinités n'y tiennent [à votre cour] le haut *bout*. (III, 185.)

Toujours le vin et la satire
Tiennent aux tables le haut *bout*. (VII, 226.)

Les valets enrageoient ; l'époux étoit à *bout*. (II, 104.)
.... Qui peut sans coup férir mettre une affaire à *bout*. (VII, 108.)

Nous mettrons... autant de cœurs à *bout*
Que nous voudrons en entreprendre. (IV, 44 et note 5.)

Le scélérat, réduit en un péril extrême,
Et presque mis à *bout* par ces chiens au bon nez, etc. (III, 321.)

[Les Grecs] n'avoient pu mettre à *bout* cette fière cité. (I, 130.)
Vous voyez ses défenseurs à *bout*. (IX, 465.)

Buvons toute cette eau ; notre gorge altérée
En viendra bien *à bout*. (II, 338.)

Je ne *viendrois* jamais *à bout*
De nombrer les faveurs que l'amour leur envoie. (IV, 42.)

Il n'est si sotte, après tout,
Qui ne puisse *venir à bout*
De tromper à ce jeu le plus sage du monde. (IV, 51.)

Elle étoit fière et bizarre surtout :
On ne savoit comme *en venir à bout*. (V, 187.)

Amour même, dit-on, fut de l'intelligence :
De quoi ne *vient*-il point *à bout ?* (V, 433.)

Comment *venir à bout*
De subsister sans connoître personne ? (V, 17.)

De quoi ne *vient à bout*
L'esprit joint au desir de plaire ? (III, 108.)

D'un certain jeu je *viendrai* bien *à bout*. (V, 536 ; 203 ; voyez I, III, 58, 340 ; IV, 53, 309 ; V, 155, 573 ; VII, 310.)

Quoi qu'il en soit, avant que d'être *au bout*,
Gaillardement six postes se sont faites. (IV, 214.)

Tout fut bien jusqu'*au bout*. (V, 59.)

Si votre main puissante
Vouloit favoriser jusqu'*au bout* deux mortels, etc. (VI, 161.)

Ils s'aiment jusqu'*au bout*, malgré l'effort des ans. (VI, 163.)

.... Capable enfin de pénétrer dans tout,
Et de pousser l'examen jusqu'*au bout*. (VI, 94.)

Et pendant que Caliste, attrapant son mari,
Pousseroit jusqu'*au bout* ce qu'on nomme tendresse, etc. (V, 120 ; voyez I, 185, 211.)

Vous vouliez jusqu'*au bout* tourmenter ce tendron. (IV, 56.)

Froid est l'amant qui ne va jusqu'*au bout*. (V, 568.)

.... Tel souvent en a peu qui croit en avoir tout,
Et même va bien loin sans aller jusqu'*au bout*. (VII, 64 ; voyez VII, 100, 326.)

Telles gens n'ont pas fait la moitié de leur course
Qu'ils sont *au bout de* leurs écus. (I, 224.)

Tous les jours ce ne sont que plaisirs *bout à bout*. (VII, 562.)

Quatre Mathusalems *bout à bout* ne pourroient
Mettre à fin ce qu'un seul desire. (II, 339.)

Déchirez-la *de bout en bout* [la cédule]. (VII, 123.)

Momus alors présent reprit *de bout en bout*
De nos deux envoyés les harangues frivoles. (VI, 356.)

.... Lui dit *de bout en bout* toute la vérité. (V, 553.)

Contez-lui votre cas
De bout en bout. (IV, 168.)

Sans rien cacher, Lise, *de bout en bout*,
De point en point, lui conte le mystère. (V, 298 et note 2.)

.... Firent *de bout en bout* retentir ces déserts. (VIII, 55 ; voyez VIII, 50, 64.)

Le monde est plein de sots, *de l'un à l'autre bout*. (VII, 244.)

J'ai parcouru le sein *de l'un à l'autre bout*. (VII, 180.)
.... [Que j']écrive leur propos *de l'un à l'autre bout*. (VII, 38.)

BOUTEILLE, BOUTEILLES :
Celui-ci, plein du jus de la treille,
Avoit laissé ses sens au fond d'une *bouteille*. (I, 224.)
L'autre jour on but vingt *bouteilles*. (IX, 449.)
 On composa trois lots :
 En l'un les maisons de *bouteille*,
 Les buffets dressés sous la treille. (I, 193 et note 10.)
 L'autre [âne] se faisant prier,
 Portoit, comme on dit, les *bouteilles* :
 Sa charge étoit de sel. (I, 159 et note 2.)

BOUTER ; BOUTER BAS :
Il vaut mieux que je vous *boute* dans queuque endroit où il n'aille pas vous charcher. (VII, 451 ; voyez VII, 461, 479.)
« Je nous sommes *boutés* dans une barque. » (Molière, *Don Juan*, acte II, scène 1.)
Je ne nous *boutons* rian dans la tête que de la bonne sorte. (VII, 477.)
Boutons bas. (VII, 302 et note 1.)
Dégringolant les murs et *boutant bas* les armes. (VII, 362.)
« .... Il ne faut croire, comme font plusieurs, que dans la conversation, et dans les compagnies, il soit permis de dire en raillant un mauvais mot.... Par exemple, ils disoient : *Boutez-vous là* pour dire *Mettez-vous là*, et le disoient en raillant, sçachant bien que c'estoit mal parler, et ceux mesmes qui l'oyoient ne doutoient point que ceux qui le disoient ne le sceussent, et avec tout cela ils ne le pouvoient souffrir. » (Vaugelas, Préface de ses *Remarques sur la langue françoise*, p. 25.)

BOUTIQUE, au propre et au figuré :
.... Une si riche queue, et qui semble à nos yeux
 La *boutique* d'un lapidaire. (I, 183.)
 Et, si j'avois un petit cœur,
 J'aurois de tout dans ma *boutique*. (VII, 127 ; voyez I, 413.)
Ce sont propos d'amour trop fins pour ma *boutique*. (VII, 88 et note 1.)
 Boccace n'est le seul qui me fournit :
 Je vas parfois en une autre *boutique*. (IV, 277.)
 .... Du mont où les savantes sœurs
 Tiennent *boutique* de douceurs. (IX, 113.)

BOUTON :
[La ballade] fait rire ou ne vaut un *bouton*. (IX, 109.)
Ne vaut rien.

BOUTS-RIMÉS :
Nous avons vu les Rondeaux, les Métamorphoses, les *Bouts-rimés*, régner tour à tour. (IV, 9 et note 2.)

BOYAU, BOYAUX :
 « Mangeons cependant
La corde de cet arc : il faut que l'on l'ait faite
De vrai *boyau*.... »
 En disant ces mots il se jette

Sur l'arc qui se détend, et fait de la sagette
Un nouveau mort : mon loup a les *boyaux* percés. (II, 350.)

BRACELET :

[Elle] lui donne
Un *bracelet* de façon fort mignonne,
En lui disant : « Ne le perds pas,
Et qu'il soit toujours à ton bras....
Il est de mes cheveux, je l'ai tissu moi-même, etc. » (IV, 25 et note 7; voyez IV, 26.)

Mon bracelet, ie te veux honorer
Comme mon plus precieux en ce monde :
Aussi viens tu d'une perruque blonde
Qui pourroit l'or le plus beau redorer.
Mon bracelet, mon cher mignon, ie t'aime, etc.
(Jodelle, tome II, p. 7; *ibidem*, p. 5.)

Comparez Ronsard, tome II, p. 83; Tallemant, historiettes de des Portes, de Villarceaux, et *passim;* les Mémoires du comte de Grammont, chapitre x; ceux de Casanova, chapitre xv; etc.

Force *bracelets* et autres ornements de femmes. (VIII, 66.)

BRACHMANE. (VIII, 31 et note 2.)

BRAILLARD :

[L'homme] abuse encore d'un mot,
Et traite notre rire et nos discours de braire.
Les humains sont plaisants de prétendre exceller
Par-dessus nous [les ânes]....
Voilà les vrais *braillards*. (III, 128.)

BRAIRE, au propre et au figuré :

Le lion le posta [l'âne], le couvrit de ramée,
Lui commanda de *braire*. (I, 189 ; voyez III, 127.)

Et puis viens-t'en me *braire*,
Viens me conter ta faim et ta douleur! (V, 500 et note 8.)

Vous *brayez* quand vous voulez rire! (VII, 135.)

BRAISE :

Tes yeux sont flamblants comme *braise*. (VIII, 197.)

BRAMIN :

Une souris tomba du bec d'un chat-huant :
Je ne l'eusse pas ramassée;
Mais un *bramin* le fit....
De cette sorte de prochain
Nous nous soucions peu; mais le peuple *bramin*
Le traite en frère. (II, 391 et note 1 ; voyez II, 392, 393, 395.)

BRAN :

Des avaleurs de *bran*. (VIII, 438.)

Surtout vive l'amour, et bran pour les sergents !
(Regnier, satire xi, vers 91.)

BRANCHER :

Heureux de n'*avoir* pas pourtant *été branché!* (VII, 396.)

Le trio *branché*
Mourut contrit, et fort bien confessé. (IV, 271 et note 5.)

BRANDON :
Messer Cupidon
En badinant fit choir de son *brandon*
Chez Agiluf, droit dessus l'écurie. (IV, 222 et fin de la note 3.)

BRANDOUILLER :
Puis après par les pieds je vous *brandouillerai*. (VII, 369 et note 3.)

BRANLE :
Notre prétendue fiancée se donna le *branle* à soi-même. (VIII, 172.)

BRANLER :
La pauvre nonnain....
N'osoit *branler*, et la vue abaissoit. (V, 418 et note 2.)
Le renard dit, *branlant* la tête, etc. (III, 96.)

BRAS, au propre et au figuré :
Bon villageois, à qui, pour toute terre...,
Dieu ne donna que ses deux *bras* tout nus. (V, 486.)
Ses manches, qui s'étoient un peu retroussées..., me découvroient à moitié ces *bras* si polis. (VIII, 285.)
Il prit d'abord son joli *bras* d'ivoire. (IV, 477.)
[Le cochet] a la voix perçante et rude,
Sur la tête un morceau de chair,
Une sorte de *bras* dont il s'élève en l'air. (II, 16; voyez II, 17.)
L'un [des rats] se mit sur le dos, prit l'œuf entre ses *bras*. (II, 475 et note 81.)
A ces sœurs l'enfant de Cythère
Mille fois le jour s'en venoit
Les *bras* ouverts, et les prenoit
L'une après l'autre pour sa mère. (V, 588.)
.... Ne pouvant l'attaquer [le vice] avec des *bras* d'Hercule. (I, 363.)
La mort leur tend les *bras*. (VI, 303.)
[Baucis] devenoit arbre, et lui tendoit [à Philémon] les *bras*;
Il veut lui tendre aussi les siens, et ne peut pas. (VI, 163.)
.... Bien qu'il [cet arbre] couvre un arpent de terre
Avec ses *bras*. (VIII, 30.)
Pauvres gens, d'attirer sur vos *bras* un tel homme ! (VII, 109.)
Avez-vous sur les *bras* quelque monsieur Dimanche, etc. (V, 101.)
Empêchez qu'on ne nous mette
Toute l'Europe sur les *bras*. (II, 229.)
J'ai sur les *bras* une dame jolie
A qui je dois faire franchir le pas. (V, 371.)
.... Cet âge qui nous retire insensiblement des *bras* de l'enfance. (VII, 464.)

BRASIER :
L'Empédocle de cire au *brasier* se fondit. (II, 419.)
Il aime, il sent couler un *brasier* dans ses veines. (VI, 235 et note 7.)

BRASSE :

Un chapelet pendoit à sa ceinture,
Long d'une *brasse*, et gros outre mesure. (IV, 460.)

On avoit pour son argent,
Avec un bon soufflet, un fil long de deux *brasses*. (II, 399.)

Un honnête homme, en pareil cas,
Auroit fait un saut de vingt *brasses*. (I, 400.)

BRASSER :

.... Sans qu'il se doute brin
De ce qu'Amour en dehors vous lui *brasse*. (V, 545 et note 3.)

Quoi donc ! méchante femme,
A ton mari tu *brassois* un tel tour ! (IV, 94 et note 3.)

BRAVE :

Comment ! elle est aussi *brave* que nous ! (IV, 286 et note 3.)

T'ai-je jamais refusé nulle chose,
Soit pour ton jeu, soit pour tes vêtements ?
En étoit-il quelqu'une de plus *brave ?* (IV, 348.)

Ce ne fut pas une petite joie pour Psyché de se voir si *brave*. (VIII, 57.)

.... Qui, tenant table ouverte, et toujours des plus *braves*,
Vouloit être servi par un monde d'esclaves. (VII, 34 ; voyez VII, 472.)

BRAVEMENT :

Oui, reprit le lion, c'est *bravement* crié :
Si je ne connoissois ta personne et ta race,
J'en serois moi-même effrayé. (I, 190.)

BRAVER :

Voici le capitan tout prêt de nous *braver*. (VII, 105.)

BRAVOURE :

Je vais jeter en sable à toi ce petit coup
Avec rubis sur l'ongle, et la *bravoure* au bout. (VII, 316 et note 2.)

BREBIS, au figuré :

Messire Grégoire
Disoit toujours, si j'ai bonne mémoire :
« Mes *brebis* sont ma femme. » (V, 322.)

Mes ouailles.

Seroit-ce point quelque garçon en fille ?
Dit la prieure, et parmi nos *brebis*
N'aurions-nous point, sous de trompeurs habits,
Un jeune loup ? (V, 524.)

Le jeune loup fut aux vieilles *brebis*
Livré d'abord. (V, 530.)

Fais qu'on me place à droite, au nombre des *brebis*. (VIII, 417 et note 2.)

BRÈCHE :

[L'Amour] est un enfant qui fait des *brèches*
Dans les cœurs aisés à dompter. (VII, 203 et note 1.)

.... Non qu'à votre beau corps je veuille faire *brèche*. (VII, 369.)

BREF :
Tel *bref* en *bref*, après bon examen,
Nous envoyer feroit grand bien en France. (V, 319 et note 2.)

BREUVAGE :
Qui te rend si hardi de troubler mon *breuvage*? (I, 89.)
.... Il n'en avale rien, et répand le *breuvage*. (V, 132 ; voyez V, 135.)
[Circé] leur fit prendre un *breuvage*
Délicieux, mais plein d'un funeste poison. (III, 186.)
Tu n'as point l'air d'un donneur de *breuvage*. (II, 304 et note 17.)
Bientôt un certain *breuvage*
Lui fit voir le noir rivage. (V, 435.)
Ce *breuvage* vanté par le peuple rimeur,
Le nectar que l'on sert au maître du tonnerre,
Et dont nous enivrons tous les dieux de la terre,
C'est la louange. (II, 458.)

BREVET, acceptions diverses :
.... Qu'un *brevet* de déesse lui fût donné. (VIII, 229.)
[.... Tout disposé] pour exécuter sans remise
Les ordres des nonnains, les servant à leur guise
Dans son office de Mazet,
Dont il lui fut donné par les sœurs un *brevet*. (V, 592 et note 3.)
Pour venir à ses fins, l'amoureuse Nérie
Employa philtres et *brevets*. (V, 119.)
Beaucoup de gens ont une ferme foi
Pour les *brevets*, oraisons, et paroles. (IV, 239 et note 1.)

BRÈVETÉ, brièveté :
La contrainte de la poésie, jointe à la sévérité de notre langue...,
banniroient de la plupart de ces récits la *brèveté*, qu'on peut fort bien
appeler l'âme du conte. (I, 9 et note 3.)
On ne trouvera pas ici l'élégance ni l'extrême *brèveté* qui rendent
Phèdre recommandable. (I, 14.)

BRÉVIAIRE :
Le moine disoit son *bréviaire*. (II, 143.)
Si vous teniez toujours votre *bréviaire*.... (V, 411.)
Certaines voix, enfin certains propos,
Qui n'étoient pas sans doute en son *bréviaire*. (V, 413).
Bréviaire de nonnes, dans les deux derniers exemples.

BRIÈVETÉ. Voyez BRÈVETÉ.

BRIGADE :
Une *brigade* de zéphyrs. (VIII, 69.)

BRIGUE (Ffaire) :
.... Ils en ont l'alarme, et font *brigue*. (IX, 131.)

BRIGUER :
Va *briguer* quelque voix sur mon cœur absolue. (VII, 72 ; voyez VII, 626.)

BRILLANT, BRILLANTS, substantivement et adjectivement :
Force *brillants* sur sa robe éclatoient. (V, 188.)
Un auteur sans *brillants*. (IX, 204.)
Pour tous les faux *brillants* courir et s'empresser! (IX, 185.)
.... Dont le rare génie et les *brillantes* mains
Surpassent, etc. (IX, 162.)
_{En parlant d'une claveciniste.}
Il est bien fait, jeune, et *brillant* d'appas. (VII, 306.)

BRILLER :
Il élevoit sa queue, il la faisoit *briller*. (III, 299.)
J'eusse en ses yeux fait *briller* de son âme
Tous les trésors. (III, 277.)
J'irai me délasser parmi les bienséances,
Briller au plus profond d'un noir appartement. (VII, 572.)

BRIN, au propre et au figuré :
  Arrachez *brin* à *brin*
 Ce qu'a produit ce maudit grain. (I, 83.)
.... Quelques *brins* de thym et de marjolaine. (VIII, 203.)
  Tout le dîner s'achève
Sans brochet, pas un *brin*. (V, 353.)
Ne t'attends pas que je t'aide un seul *brin*. (V, 363 et note 1.)
 .... Sans qu'il se doute *brin*
 De ce qu'Amour, etc. (V, 545.)

BRIQUE :
.... La terre en *brique* au feu durcie. (II, 418.)

BRISÉE, BRISÉES :
Il faut reprendre nos *brisées*. (IX, 466.)

BRISER :
 Il faut bien que le diable en effet
 Soit une chose étrange et bien mauvaise;
 Il *brise* tout. (V, 476 et note 7.)

BROC, BROCS :
.... La vaisselle d'argent, les cuvettes, les *brocs*,
 Les magasins de malvoisie. (I, 194.)
Je ne vois point Sanga, vaillant parmi les *brocs*. (VII, 106.)

BROCARD, BROCARDS :
.... M'honorer de ses niches et de ses *brocards*. (IX, 364.)

BROCHE :
 Il vit des bergers, pour leur rôt,
 Mangeants un agneau cuit en *broche*. (III, 31.)
 Thibaut l'agnelet passera,
 Sans qu'à la *broche* je le mette.... (III, 32.)
 Si tu voyois mettre à la *broche*

Tous les jours autant de faucons
Que j'y vois mettre de chapons, etc. (II, 322.)

BRODER :
[Elle] filoit mieux que Clothon, *brodoit* mieux que Pallas. (V, 109.)
Toutes sachant *broder*, aussi sages que belles. (VI, 198.)

Ce que les gens en deux mois à grand'peine
Avoient brodé périt en un moment. (V, 199.)

BRODERIE :
.... La chamarrure avec la *broderie*. (V, 188.)
Dix mille hommes en *broderie*. (IX, 325.)
C'étoit *broderie* de perles. (VIII, 63.)

BRODEUSE :
Les eunuques, et les coiffeuses,
Et les *brodeuses*. (I, 194.)

BRONCHER :
.... Mon cheval en a craint tout autant, que je pense,
Car il en a du coup si rudement *bronché*, etc. (VII, 296.)

BRONZE, au figuré :
Ames de *bronze*, humains, celui-là fut sans doute
Armé de diamant, qui tenta cette route. (II, 165.)

BROSSAILLES. (VIII, 196.)
Comparez le verbe *brosser : brosser* par les bois, dans les fourrés.

BROUET :
Le galand, pour toute besogne,
Avoit un *brouet* clair....
Ce *brouet* fut par lui servi sur une assiette. (I, 113.)

Pour se sauver de la pluie,
Entre un passant morfondu :
Au *brouet* on le convie. (I, 387.)

BROUHAHA :
De toute l'assemblée il a les *brouhahas*. (VII, 306 et note 3.)

BROUILLER :
Calculateur que fût l'amant,
Brouiller falloit incessamment. (V, 213.)
Elles filoient si bien que les sœurs filandières
Ne faisoient que *brouiller* au prix de celles-ci. (I, 381 et note 4.)
.... Confondre et *brouiller* la voie. (II, 464.)
Brouiller l'Etat. (VIII, 318; voyez VIII, 452.)
Ils s'aiment; on le dit; et je veux le savoir,
En être convaincue, et les *brouiller* ensemble. (VII, 573.)

BROUILLERIE :
De ma part, si jamais il survient *brouillerie*,
En pièces aussitôt je consens d'être mis. (VII, 111.)

BROUSSAILLES. Voyez BROSSAILLES.

BROUTER, broutant :
Eh bien! ne mangeons plus de chose ayant eu vie :
Paissons l'herbe, *broutons.* (III, 31.)

  Dès que les chèvres *ont brouté,*
  Certain esprit de liberté
  Leur fait chercher fortune. (III, 207.)

Ce roi vit un troupeau qui couvroit tous les champs,
Bien *broutant,* en bon corps. (III, 47.)
Tout se mit à *brouter* les bois du voisinage. (III, 218.)
  Le cerf, hors de danger,
Broute sa bienfaitrice. (I, 410.)
La vigne qui l'a abrité.

BRU, brus :
Mères, *brus,* et vieillards, au temple couroient tous. (III, 235 et note 20.)

BRUIRE :
  On n'entend aux montagnes
  Bruire en ces lieux aucuns torrents. (VI, 340.)
Ils [ces reptiles] font *bruire* le mont. (VIII, 294.)
Monstre énorme et cruel, qui souille les fontaines,
Qui fait *bruire* les monts, qui désole les plaines. (VI, 249.)
[Louis] fera *bruire* en leurs vers tout le sacré vallon. (VIII, 36.)

BRUIT, emplois divers :
Le cimeterre au poing l'esclave entre avec *bruit.* (VI, 302.)
  Avec grand *bruit* et grand fracas
  Un torrent tomboit des montagnes....
Ce n'étoit que menace et *bruit* sans profondeur. (II, 329.)
  Celle-ci faisoit un vacarme,
Un *bruit* et des regrets à percer tous les cœurs. (VI, 70 et note 4.)
On fait beaucoup de *bruit,* et puis on se console. (II, 73.)
  L'époux guère ne tarde,
  Monte, et fait *bruit.* (IV, 167 et note 4.)
[Pinucio] au lit de camp s'en va droit et sans *bruit.* (IV, 209.)
  Ne pourrai-je jamais
Loin du monde et du *bruit* goûter l'ombre et le frais? (III, 121.)
Là, le jeune Adonis, exempt d'inquiétude,
Loin du *bruit* des cités, s'exerçoit à chasser. (VI, 228.)
Il doit être puissant. — Plus en *bruit* qu'en effet. (VII, 48.)
  Les gens sans *bruit* sont dangereux :
  Il n'en est pas ainsi des autres. (II, 330.)
Non loin de Rome un hôtelier étoit...,
Homme sans *bruit,* et qui ne se piquoit
De recevoir gens de grosse dépense. (IV, 204 et note 1.)
  .... Bonnes gens, et sans *bruit,*
Ce lui sembloit. (IV, 241.)

Si je n'ai pas bon *bruit*.... (IV, 344 et note 2.)
Si j'avois *bruit* de maùvais garnement.... (IX, 44.)
Au *bruit* qui couroit d'elle en toutes ces provinces,
Mamolin, roi de Garbe, en devint amoureux. (IV, 399 et note 4.)

    Le *bruit* de ses beautés,
Mais le bien plus que tout y fit mettre la presse. (V, 40.)
Il n'étoit *bruit* que d'elle et de sa chasteté. (VI, 68.)

    Il n'étoit *bruit*, aux champs comme à la ville,
    Que d'un manant qui chassoit les esprits. (VI, 111.)

    Il n'étoit *bruit* que d'aventures
    Du chrétien et de créatures. (V, 516.)

N'étoit *bruit* qu'il se trouvât léans
Fille qui n'eût de quoi rendre le change. (IV, 489.)
La province, il est vrai, fut toujours son séjour [de Clymène] :
Ainsi l'on n'en fait point de *bruit* en votre cour. (VII, 148.)

    Le moins de *bruit* que l'on peut faire....
    Est le plus sûr de la moitié. (IV, 27 et note 3.)

BRÛLER, BRÛLANT, BRÛLER DE, QUE, au propre et au figuré :
Les nymphes de ce fleuve errent dans les campagnes
Sous les signes *brûlants*. (VI, 340 et note 1.)
Je transissois, je *brûle* maintenant. (IV, 264 et note 1.)

    Que je *brûle*, meure,
    Et m'en tourmente, etc. (V, 567.)

              Faut-il toujours vous dire
Qu'on *brûle*, qu'on languit, qu'on meurt sous votre empire? (V, 147 ; voyez VIII, 364.)
Quoi! je pourrois encor *brûler* pour cette ingrate! (VII, 11 ; voyez V, 117 ; VII, 521.)
.... L'autre moitié *brûloit* pour lui d'amour. (IV, 20.)
.... Je *brûle de* la voir représentée [cette pièce]. (VII, 283.)
.... Ce sont ces choses-là que je m'imagine, que je *brûle de* savoir. (VII, 467.)
Je *brûle* pour cela *que* notre troupe vienne. (VII, 281.)

BRÛLOT. (I, 304 et note 7.)

BRUN, BRUNE :

    Certain soir qu'il faisoit
    Un temps fort *brun*. (IV, 207.)

C'étoit une claire *brune*. (IX, 233.)
Payer la *brune* et la blonde. (IX, 448.)

BRUNE (SUR LA) :

    Hier au soir, *sur la brune*,
Un chat-huant s'en vint votre fils enlever. (II, 356.)

    Il vous faudra demain
    Faire choisir *sur la brune* le sire. (V, 43.)

Nous viendrons *sur la brune*. (V, 72.)

BRUSQUER :
L'heure du berger *brusquée* par un petit-maître entre deux vins. (VII, 57.)

BÛCHETTE :
> Tenez donc, voici deux *bûchettes;*
> Accommodez-vous, ou tirez. (I, 226 et note 3.)

BUFFET :
> .... Les maisons de bouteille,
> Les *buffets* dressés sous la treille. (I, 193.)

BUREAU :
> Là le notaire aura du moins sa gamme
> En plein *bureau.* (V, 337 et note 5.)

BUREAU, étoffe grossière. (VIII, 482 et note 3.)
Voyez aussi Villon, p. 32 :
> > Mieulx vault viure soubz gros bureaux
> > Pauure, qu'auoir esté seigneur
> > Et pourrir soubz riches tumbeaux !

et rappelons le vieux proverbe :
> > Aussi bien sont amourettes
> > Sous bureau que sous brunettes;

c'est-à-dire les pauvres et les riches aiment également.

BUSC, BUSQUE :
L'Étoile, lui donnant un coup de *busc* sur les doigts. (VII, 337.)
Indication, jeu de scène.

> .... Qui me fera donner du *busque* sur les doigts. (V, 582 et note 2.)

BUT; BUT À BUT; DE BUT EN BLANC :
> Trois Saints, également jaloux de leur salut,
> Portés d'un même esprit, tendoient à même *but.* (III, 338.)

[Cet ordre] m'a fait passer le *but* que je m'étois prescrit. (VI, 315.)
> > Le Magnifique,
> > Qui voit le *but* de cette politique, etc. (V, 564.)

C'étoit son *but :* mais, quoi qu'on se propose, etc. (VI, 123.)
Voilà dedans ces lieux le *but* de notre emploi. (VI, 299.)
> Le malade ressemble alors à ces vaisseaux
> Que des vents opposés et de contraires eaux
> Ont pour *but* du débris que leurs fureurs méditent. (VI, 333.)
> > Mon *but* est de dire

Comme un roi fit venir un berger à sa cour. (III, 47; voyez III, 270.)
Romaines vont au *but.* (V, 444 et note 6.)
[Il] ne put par sa souffrance
Amener à son *but* cet objet inhumain. (V, 251.)
La mienne [ma femme] ira *but à but* pour la tienne. (V, 322 et note 5.)
> *De but en blanc* leur parler [aux rois] d'une affaire
> > Dont le discours leur doit déplaire,
> > Ce seroit être maladroit. (IV, 36 et note 2.)

BUTER :
Si je suivois mon goût, je saurois où *buter.* (I, 200 et note 12.)

Il *étoit buté* là. (V, 26 et note 3.)

Voyez aussi les *Lettres* de Chapelain, tome I, p. 85 : « Nous butons à nous acquitter de nos dettes. »

BUTIN :

Vous et moi nous étions le *butin* de la Grèce. (VII, 599 ; voyez VIII, 441.)

BUTTE à (En) :

En butte aux méchants tours. (IX, 173.)
Vous vous croyez *en butte aux* plus sensibles coups. (VII, 69.)

BUVETTE :

On me trouve au barreau bien moins qu'à la *buvette*. (VII, 312 et note 6.)

BUVEUSE :

 Un certain homme avoit trois filles,
 Toutes trois de contraire humeur :
 Une *buveuse*, une coquette,
 La troisième, avare parfaite. (I, 192.)
A la coquette l'attirail
Qui suit les personnes *buveuses*. (I, 195.)

C

ÇÀ :

Çà, déjeunons, dit-il. (I, 278.) — *Çà*, dépêchons. (V, 497.)
.... *Çà*, ma cousine, allons, promettez-le-moi ? (VII, 430 ; comparez II, 143, 145 ; V, 497.)

Voyez Or çà.

CABALE ; LA CABALE :

  Tout est prévention,
Cabale, entêtement. (II, 179.)
Ici-bas maint talent n'est que pure grimace,
Cabale, et certain art de se faire valoir. (III, 126.)
 Puis-je jamais vouloir du bien
 A leur *cabale* trop heureuse ? (IX, 179.)
.... Toujours notre *cabale* y trouve à regratter. (VII, 173.)
L'envie, la malignité, ni *la cabale*, n'avoient de voix parmi eux. (VIII, 26.)
Créatures de *la cabale*. (IV, 8 et note 1.)

CABALER :

On *cabale*, on suscite
Accusateurs. (III, 51 ; voyez III, 349.)

CABAS :

.... Car en certain *cabas*, où leurs gens les cachèrent,
Les souris enfin les mangèrent. (III, 228 ; variante.)

CABINET, sens divers :

Allez au *cabinet* qui face l'avenue. (VII, 280; voyez VII 476.)
Nos deux galants, dans ce péril extrême,
Se jettent vite en certain *cabinet*. (V, 73; voyez IV, 32.)
Dedans ce *cabinet*
Menons ce sot. (IV, 498 et note 8.)
Petite cabane, treille de plaisance, bosquet de verdure.

Ils vont... ils vont au *cabinet* d'amours. (VI, 37 ; voyez VI, 35.)
Ce que je puis est de faire des vœux pour sa gloire, et d'y prendre part en mon *cabinet*. (VIII, 16.)
N'eussiez-vous pas mieux fait
De le laisser chez vous en votre *cabinet* [ce trésor]? (I, 346 et note 15.)
La prudence veut que je les garde [mes ouvrages] en mon *cabinet*. (IV, 10 et note 2.)
Que l'Astrée
Fasse en mon *cabinet* encor quelque séjour. (IX, 22.)
Je n'oublierai pas... les *cabinets*, et les tables de pierreries. (VIII, 63.)
Quel roi mieux que le nôtre entend le *cabinet*? (IX, 339.)
Les affaires.

CACHE, cachette :

Je sais, Sire, une *cache*. (II, 21 et note 7.)
Et qui vous a cette *cache* montrée? (V, 191 et note 6.)

CACHER (Se), suivi d'un régime direct :

Son silence, et le soin de *se cacher* le nez. (V, 456; voyez IV, 226.)

CACHET, scellé :

Un peintre étoit, qui, jaloux de sa femme,
Allant aux champs, lui peignit un baudet
Sur le nombril, en guise de *cachet*. (V, 228.)

CACHETTE :

Enfin, sans se tourner, ni quitter sa *cachette*.... (VII, 181.)

CADEAU, CADEAUX, festin, collation, bal, sérénade, concert, etc., offerts à des dames :

Toujours rêveuse au milieu des *cadeaux*. (V, 189.)
Cadeaux, festins, bien fort apétissoient,
Altéroient fort le fonds de l'ambassade. (VI, 99 ; comparez V, 161 et note 1.)
Voyez aussi Molière, *le Bourgeois gentilhomme*, acte III, scène xv (tome VIII, p. 151), où *cadeau* est opposé à *present*.

CADEDI, CADEDIS :

Tout autre choix à part, je dirois : « *Cadedi*...!
Louis le bien nommé, c'est Louis le Hardi. » (IX, 43.)
Oui, *cadedis!* (VII, 484; voyez VII, 488.)
Cap de Diou, tête de Dieu.

CADENASSER, CADENASSÉ :

La chambre bien *cadenassée*. (III, 203.)

CADENCE :
La *cadence* et le ton. (IV, 138.)

CADET, cadet de famille :
N'a pas longtemps de Rome revenoit
Certain *cadet*, qui n'y profita guère. (IV, 85.)

CADRER ; CADRER À :
.... Puis faire aucunement *cadrer* la pénitence. (V, 349 et note 1.)
L'exemple *a* très bien *cadré*. (V, 436.)
Bref, le lacet *à* l'un et l'autre sexe
Ne put *cadrer*. (V, 527 ; voyez VII, 164.)

CADUCÉE :
Le singe de Jupiter,
Portant un *caducée*, avoit paru dans l'air. (III, 310.)

CAFARD :
Au demeurant, il faisoit le *cafard*. (IV, 460 et fin de la note 4.)
Rapprochez les *Anciennes poésies françoises*, tome VII, p. 144, 145, 170, et p. 25 :
Cagotz, caffars, et la vermine ;
Marot, tome I, p. 223, et p. 219 : « Caffart pelé » ; Rabelais, tomes I, p. 10, 167, et p. 195 :
Haires, cagots, caffars empantouflez,
Gueux mitouflez, frappars escorniflez ;
et II, p. 14, 385, 431 ; etc.

CAGE, au propre et au figuré :
Le chat, sortant de sa *cage*. (II, 289.)
Il s'agit d'un chat en voyage.
Un chat contemporain d'un fort jeune moineau
Fut logé près de lui dès l'âge du berceau :
La *cage* et le panier avoient mêmes pénates. (III, 196.)
Gare la *cage* ou le chaudron ! (I, 82.)
Il me donna sa lettre, et rentra dans sa *cage*. (VII, 426.)
Nos gens sortent de *cage*. (V, 85.)
Tu fus d'abord, pauvre cœur, mis en *cage*. (IX, 40.)
Je gage
Qu'on verra, s'ils [vos appas] sortent de *cage*,
Beau jeu. (IX, 105.)

CAGOT :
Notre *cagot* s'étoit mis aux aguets. (IV, 473.)
L'un dit qu'il faut en diligence
Aller massacrer ces *cagots*. (IV, 198.)
Comparez les *Anciennes poésies françoises*, tomes VII, p. 26, 28, VIII, p. 121 :
Cagotz et prestraille,
Vous ne valez pas la maille ;
Marot, tome I, p. 181, 284, et p. 222 :
Ilz escument comme ung verrat
En pleine chaire ces cagotz ;
Rabelais, tomes I, p. 194, II, p. 496, III, p. 189 ; etc.

CAHIN-CAHA :

Las ! nous vivons *cahin-caha*. (VII, 129 et note 1; voyez VII, 295.)

CAHUTE :

Je vous ai déjà fait passer la nuit dans ma *cahute*. (VII, 450; voyez VII, 479.)

CAILLOU :

.... Cent *cailloux*, luttant à chaque bond,
Suivoient les longs replis du cristal vagabond. (VI, 241.)

L'huissier, voyant de *cailloux* une pile,
Crut qu'ils n'étoient mis là pour aucun bien. (IX, 5.)

.... Ou des *cailloux* glacés, ou des charbons ardents. (VII, 409.)
Auras-tu bien le cœur si dur, que...? — Je l'aurai dur comme un *caillou*. (VII, 445.)

CAJOLER :

Ce n'est pas mon métier de *cajoler* personne. (IV, 43.)

.... Le nôtre soit sans plus un jouvenceau,
Qui, dans les prés, sur le bord d'un ruisseau,
Vous *cajoloit* la jeune bachelette. (VI, 7; voyez VII, 207.)

Elle *cajole* son mari, et vit avec lui comme si c'étoit son galant. (IX, 285 et note 2.)
.... Et tantôt *cajolant* l'une et l'autre portière. (VII, 294 et note 2.)
Un renard qui *cajole* un corbeau sur sa voix. (I, 131.)
Je la *cajolai* sur sa coiffure. (IX, 292.)

CAJOLERIE, CAJOLERIES :

Je craindrois bien plutôt que la *cajolerie*
Ne mit le feu dans la maison. (V, 10 et note 1; voyez V, 248.)

.... J'y eusse trouvé matière de *cajolerie*. (IX, 227.)
Après tant de *cajoleries* et de serments. (VIII, 79.)
Elle sauroit résister aux *cajoleries* que l'on lui feroit. (VIII, 149.)

CALAMBOUR :

Le bois de *calambour*. (VIII, 467 et note 1.)
Voyez aussi le Dictionnaire de MM. Darmesteter et Hatzfeld.

CALANDRAN :

La jupe et le *calandran*. (VIII, 434 et note 1.)

CALCUL; FAIRE SON CALCUL DE :

Son *calcul* se monte
A la trentaine. (IV, 133.)

Tu mérites la hart;
Fais ton *calcul* d'y venir tôt ou tard. (IV, 132 et note 3.)

CALE, sorte de coiffure :

Des chaperons de drap rose-sèche sur des *cales* de velours noir. (IX, 221 et note 2.)
Une espèce de *cale* à oreilles. (IX, 292.)
Le diminutif *caline* est très usité en Bretagne.

CALEÇONS :
Le pauvre Renaud
En *caleçons*, en chausses, en chemise. (IV, 248.)

CALENDE, CALENDES :
C'étoit jour de *calende*. (V, 351 et note 1.)
Proprement jour d'appel.
Il s'éloigne des chiens, les renvoie aux *calendes*. (II, 33 et note 5.)

CALICE :
Il faut porter ta croix, goûter de ton *calice*. (VI, 291.)

CALME, substantif :
.... Les dangers
Des pirates, des vents, du *calme*, et des rochers. (II, 165; voyez IV, 443.)

CAMAIEU, CAMAÏEUX. (IX, 275.)

CAMARADE, au propre et au figuré :
Mon *camarade*,
Tu te moques de nous. (II, 424; voyez I, 370; III, 134, 190, 234.)
Que le bon soit toujours *camarade* du beau.... (II, 102.)

CAMÉLÉON :
Peuple *caméléon*, peuple singe du maître. (II, 282 et note 8.)

CAMP (METTRE LE), au figuré :
[Mars] *mit le camp* devant Cythérée. (VIII, 295.)

CAMPAGNE ; EN CAMPAGNE :
Comment percer des airs la *campagne* profonde? (II, 296 et note 29.)
Toute la *campagne* des airs. (VIII, 145.)
[Louis XIV] veut sur le théâtre, ainsi qu'à la *campagne*,
La foule qui le suit. (IX, 157.)
En campagne, au cours de ses campagnes.
Rats *en campagne* aussitôt. (I, 86; voyez I, 227; III, 282; V, 468.)
Leur roi, nommé Ratapon,
Mit *en campagne* une armée. (I, 287.)

CAMPER ; SE CAMPER :
Quelqu'un n'a-il point vu
Comme on dessine sur nature?
On vous *campe* une créature, etc. (V, 346 et note 5.)
Le jeune homme
Se campe en une église. (V, 445.)
L'aragne cependant *se campe* en un lambris. (I, 226.)
Vous campez-vous jamais sur la tête d'un roi? (I, 272.)

CAMUS :
Et m'en voilà *camus* comme un chien de Boulogne. (VII, 360 et note 3.)
Camus en chien d'Artois. (VII, 586.)

Qui fut *camus*? c'est le trépas. (IX, 105 et note 1.)

« Je veux que Monsieur vous rende un peu camuse. » (Molière, *Don Juan*, acte II, scène IV.)

CAMUSET, camusette :

Oh! par ma foi! le petit papa, le petit fanfan, le petit *camuset* en tient. (VII, 486 et note 6.)

Je te promets, à ce printemps,
Une petite *camusette*. (IX, 143.)

Une petite chienne. Rapprochez les *Anciennes poésies françoises*, tome X, p. 223 :

L'autre chante : « Au ioli bosquet »,
Ou : « La petite camusette » ;

Remy Belleau, tomes I, p. 89, 174, 204, 208, II, p. 44, 81, 85, et passim; Ronsard, tome II, p. 90, 129; du Bellay, tome II, p. 59; etc.

CANAILLE :

Toujours veiller à semblable *canaille!* (I, 116.)
Moutons, *canaille*, sotte espèce. (II, 97.)
Travailler est le fait de la *canaille!* (V, 362 ; voyez II, 245, 305 ; III, 109.)
Pour qui nous prenez-vous? Pasteurs, sont-ce *canailles?* (V, 353 et note 4.)

CANCAN :

C'est trop faire de *cancan*. (VIII, 433.)

Voyez les étymologies proposées par Littré. Nous sommes, pour nous, disposé à croire que ce mot dérive tout naturellement du cri des canards, du vacarme qu'ils font quand ils s'abordent : il en est, comme *cacatois* de l'oiseau *kakatoua*, la figuration ou l'onomatopée. — Rapprochons une lettre de d'Alembert à Voltaire du 24 janvier 1778 : « .... Le long cancan que je viens de faire à l'Académie pour la réception de l'ex-jésuite Millot. »

CANCRE :

Cancres, haires, et pauvres diables. (I, 71 et note 3.)

Se dit proverbialement, selon Furetière, d'un homme pauvre qui n'est capable de faire ni bien ni mal : cet homme est un gueux, un *cancre*, un pauvre *cancre*.

CANDEUR :

.... Si la *candeur* n'y règne ainsi que l'innocence. (VI, 296.)

CANÈLE, cannelle. (II, 174 et note 6.)

CANINE (Faim) :

Notre renard pressé par une *faim canine*. (III, 134.)

CANNELLE. Voyez CANÈLE.

CANONISER :

Veut-elle point que l'on la *canonise*? (V, 419.)

CANTON, cantons :

Il nous faudroit mille personnes
Pour éplucher tout ce *canton*. (I, 83 ; voyez II, 253.)
Messieurs les curés, en tous ces *cantons*-là,
Ainsi qu'au nôtre, avoient des dévots et dévotes. (V, 349.)
L'auteur, en vos *cantons*, peut soutenir la chose. (IX, 214.)

Tous les *cantons* de l'univers. (IX, 190; voyez II, 313.)
.... La Grèce en fourmilloit [de sages] dans son moindre *canton*. (IX, 204.)
Certains royaumes, situés en un *canton* qui étoit entre telle et telle contrée. (VIII, 165.)
.... Purifier le *canton* où ce prodige étoit survenu. (VIII, 180.)
En ce *canton* délicieux. (VIII, 68; voyez VIII, 200, 211, 285; etc.)

CANTONNER (Se) :
La plupart des gens avoient résolu de *se cantonner*. (VIII, 228.)
De rester à l'écart, de bouder.

CAPABLE; capable de :
.... Si qu'il y faut moines et gens *capables*. (V, 390.)
Je me trouvois aussi digne, entre nous,
De ces plaisirs que j'*en* étois *capable*. (IV, 349.)
Nous sommes d'ailleurs *capables de* souffrir
Toute l'infirmité de la nature humaine. (V, 256.)
.... Et, *capable* d'amour, ne me sauroit aimer. (VIII, 362.)

CAPE :
Une *cape* d'étoffe blanche. (IX, 252.)

Cape (Sous) :
Riant de lui *sous cape*, et faisant des grimaces. (VII, 426; voyez V, 9 et note 2; VI, 114.)

CAPITAINE :
Capitaine Renard. (I, 217.)

CAPITAL, ale :
Péché *capital*. (V, 434.)

Capital, substantivement :
Ce même endroit d'Homère dont vous avez fait votre *capital*. (VIII, 115.)
Comparez les Lexiques de Corneille, la Bruyère, Sévigné.

CAPITAN :
Voici le *capitan* tout prêt de nous braver. (VII, 105.)

CAPRICE, caprices :
Ne connoissant autres lois
Que son *caprice*. (III, 331; voyez III, 254.)
.... C'est où ces dames vont promener leurs *caprices*. (III, 208.)
Un *caprice* amoureux. (IV, 391.)
Sauvez-moi du *caprice*. (VII, 345.)
Du caprice, de la manie, d'un fou.

CAPRICIEUX, ieuse :
Je ne puis héberger cette *capricieuse* [la Fortune]. (III, 164.)

CAPRIOLE, caprioles :
Aussi font-ils florès et *caprioles*. (IV, 272 et note 6.)
L'amour fait dans mon cœur d'étranges *caprioles*. (VII, 366.)

CAPTIF :
Enfants aux cœurs déjà *captifs*. (VI, 282.)

CAPTIVER, au propre et au figuré :
Il *captivoit* sa femme. (IV, 369 et note 5.)
La retenait captive.

Damon la *captiva*. (V, 117.)
La séduisit.

Cette même beauté qui *captive* mon âme. (VII, 46 ; voyez VII, 356.)

CAPUCE :
L'anachorète, en quêtant par le bourg,
Vit cette fille, et dit sous son *capuce*, etc. (IV, 464 et note 1.)

CAQUET :
Ton *caquet* m'étourdit. (VII, 42 ; voyez VII, 95, 303.)
.... Abaisse ton *caquet*. (VII, 362.)
Un lion en passant rabattit leur *caquet*: (I, 232.)

Je laisse à penser quel *caquet*.
Car il eut des femmes en foule. (II, 172.)

Caquet-bon bec [la pie] alors de jaser au plus dru. (III, 244 et note 7 ; voyez III, 245.)

CAQUETER, CAQUETANT :
Caquetants au plus dru. (I, 294.)

CAR (Les) :
Les si, *les car*, enfin tous les détours. (V, 28 et note 3.)

CARACOLER :
Progné me vient enlever les morceaux;
Caracolant, frisant l'air et les eaux,
Elle me prend mes mouches à ma porte. (III, 35 et note 5.)
Tantôt *caracolant* devant, tantôt derrière. (VII, 294.)

CARACTÈRE ; CARACTÈRES magiques :
Les propriétés des animaux et leurs divers *caractères*, y sont exprimés [dans les Fables]. (I, 17 ; voyez III, 84.)

Il étoit mari, c'est son mal,
Et les gens de ce *caractère*, etc. (V, 433 et note 6.)

Car un loup doit toujours garder son *caractère*. (IX, 172.)
Vous vouliez du plaisant, comment eût-on pu faire?
— J'en voulois, il est vrai, mais dans leur *caractère*. (VII, 162.)

Ils tombèrent enfin
Sur ce qu'on dit de la vertu secrète
De certains mots, *caractères*, brevets. (IV, 243 et note 3.)

CARAT, CARATS :
Ignorante à vingt et trois *carats*. (II, 180 et note 6.)

« La vérité jette, lorsqu'elle est à un certain *carat*, une manière d'éclat auquel l'on ne peut résister. » (Retz, tome III, p. 49.)

CARAVANE :
C'étoit un plaisir que d'en voir des hordes et des *caravanes* [de fourmis] arriver de tous les côtés. (VIII, 205.)

CARCASSE, machine de guerre explosive. (IX, 161 et note 2.)

CARÊME :
Un rat plein d'embonpoint, gras, et des mieux nourris,
Et qui ne connoissoit l'avent ni le *carême*. (I, 308 et note 6; IV, 335.)
Un saint de *carême*. (V, 307 et note 2.)

CARESSE, CARESSES :
Vous paierez de *caresses* pleines de charmes : mais moi, de quoi paierai-je? (IX, 423.)
La chienne... revenoit faire *caresses* après qu'on l'avoit battue. (I, 37.)
  Je les tiens sûrs
De quelque semblable *caresse*. (II, 400.)
Ironiquement : d'un coup, d'un soufflet.

CARESSER ; SE CARESSER :
Puis que le peintre en *a caressé* l'une,
L'autre doit suivre. (V, 83.)
Quoi! ce coquin ne te *caressoit* pas? (IV, 315.)
  Camille, en *caressant* la belle,
Des dons d'Amour lui fit goûter l'essai. (V, 206; voyez II, 433; IV, 130; V, 38, 542; etc.)
L'époux, qui voit comme l'on *se caresse*.... (IV, 314.)

CARNAGE, CARNAGES :
D'un *carnage* récent sa gueule est toute teinte. (VI, 181.)
Il part, se fait guider, rencontre le *carnage*. (VI, 263; voyez VI, 302.)
Jamais de liberté, ni pour les pâturages,
 Ni d'autre part pour les *carnages*. (I, 240.)

CARNÉ :
Leur plumage... paroît *carné*. (VIII, 28 et note 3.)
On dit aussi, en horticulture : anémone carnée, œillet carné.

CARNASSIER, IÈRE :
Ventre *carnassier*. (VI, 282.)
Bête *carnassière*. (III, 191.)

CAROGNE :
Eh! d'où diantre ces deux *carognes* sont-elles venues? (VII, 474 et note 2.)

CAROLUS, ancienne monnaie. (IV, 142 et note 1.)

CARPEAU, petite carpe :
.... Un *carpeau*, qui n'étoit encore que fretin. (I, 372 et note 2.)

CARPILLON :
Le pauvre *carpillon*. (I, 373; voyez II, 407.)
On disait également *carpion*.

CARRÉ, ÉE :

Il enferme sa femme en une tour *carrée*. (V, 135.)
Garçon *carré*, garçon couru des filles. (V, 532 et note 2.)

CARREAUX, au sens de foudre, proprement flèches d'arbalète :

Ce dieu [Vulcain] remplit ses fourneaux
De deux sortes de *carreaux*. (II, 317 et note 19.)

Carreaux, tapis, coussins :

.... Entourée d'Amours qui lui accommodoient le corps et la tête sur des *carreaux*. (VIII, 184.)

Carreaux de potager :

Adieu planches, *carreaux*;
Adieu, chicorée et porreaux. (I, 279.)
On dirait aujourd'hui : carrés.

CARREFOUR, carrefours :

Les deux maris vont dans maint *carrefour*. (VI, 58.)
Un fol alloit criant par tous les *carrefours*. (II, 399.)
[Mercure] se chargea de crier Psyché par tous les *carrefours* de l'univers. (VIII, 166.)

CARRER (Se) :

Dans ce penser il [le baudet] *se carroit*. (I, 408.)

CARRIÈRE :

[La tortue] touchoit presque au bout de la *carrière*. (II, 34.)
Par de nouveaux dangers distinguez-vous des hommes:
Hector en a semé la *carrière* où nous sommes. (VII, 608; voyez II, 226.)
Se donner *carrière*. (II, 16.)
Si je ne courois dans cette *carrière* avec succès, etc. (I, 13.)
Et Rome t'ouvre une *carrière*.... (VIII, 391.)
Une troisième [sœur] entre dans la *carrière*. (V, 315.)
[Son char] a bientôt achevé l'amoureuse *carrière*. (VI, 232.)
Il voudroit achever sa *carrière*. (VI, 78.)
Ne pas hâter sa fin.

Le dieu du jour achève sa *carrière*. (VIII, 31.)
.... Lorsque le soleil rentre dans sa *carrière*. (III, 81.)

La plus belle des rivières
Que de ses vastes *carrières*
Phébus regarde couler. (IX, 236.)

CARROSSE, voiture publique :

Nous irons prendre au Bourg-la-Reine la commodité du *carrosse* de Poitiers. (IX, 224 et note 4.)
Elle est accouchée... dans le *carrosse*. (VIII, 377.)
Carrosses en relais. (VIII, 378, 379.)
« Sa Majesté va demain voir Ath, sans la Reine ni les dames, en relais de calèche, pour revenir le soir. » (Pellisson, *Lettres historiques*, Paris, 1729, in-12 tome I, p. 36.)

J. DE LA FONTAINE. X

CARROUSSE (FAIRE), s'enivrer :
Elle ignoroit l'effet d'une liqueur si douce,
  Insensiblement *fit carrousse*. (IV, 428 et note 5.)

CARTE ; CARTE BLANCHE :
Il sut dans peu la *carte* du pays. (V, 28 et note 1.)
 De Pagamin il prit un sauf-conduit,
 L'alla trouver, lui mit la *carte blanche*. (IV, 344 et note 1.)
Lui donna plein pouvoir.

CAS, sens divers ; LES SI, LES CAS ; C'EST GRAND CAS SI ; C'EST UN GRAND CAS QUE, QUAND ; FAIRE CAS DE ; EN TOUT OU TOUS CAS ; EN CAS DE, QUE ; SUR CE CAS :
Le *cas* parut étrange. (III, 118 ; voyez II, 190, 240 ; III, 20, 133, 162, 221, 257 ; IV, 60, 165, 197, 255, 364 ; V, 279, 481, 522 ; VI, 125 ; etc., etc.)
Grand *cas*. (V, 94, 347.) — Merveilleux *cas*. (V, 404.)
Tout vilain *cas*, dit-elle, est reniable. (VI, 31.)
La peste encore est un dangereux *cas*. (IX, 39.)
La femme est-elle un *cas* si différent ? (V, 321.)
Nul *cas* n'étoit à craindre en l'aventure. (IV, 226 et note 4.)
Nul contretemps, nul accident. Voyez IV, 249.

 En la quittant, Gulphar alla tout droit
 Conter ce *cas*. (IV, 364.)
Ce bon tour. Voyez IV, 82 ; V, 378.

 Qu'à père André l'on aille de ce pas,
 Car il entend d'ordinaire mon *cas*. (V, 234.)
Mes péchés. Voyez IV, 69 ; V, 348.
   Mon homme,
En s'informant de tout, et *des si* et *des cas*.... (V, 449 et note 2.)
 Les si, les cas, les contrats, sont la porte
 Par où la noise entra dans l'univers. (VI, 100.)
Et *c'est grand cas* s'il peut digérer tout. (IV, 138.)
Grand hasard.

 C'est un grand cas qu'étant homme si sage
 Vous n'ayez su l'énigme débrouiller. (IV, 105 et note 3.)
  C'est un grand cas
 Que toujours femme aux moines donne ! (IV, 193 et note 7.)
Il est bien singulier, bien étonnant.

C'est un grand cas quand on m'affine. (VII, 130 et note 2.)
Faites-vous *cas* d'un bien qu'on ne peut conserver ? (VII, 14.)
.... Si je *faisois cas de* vous. (VIII, 167.)
Volontiers on *fait cas* d'une terre étrangère. (III, 13 ; voyez IV, 205, 310 ; etc.)
En tout cas. (VI, 6.) — *En tous cas*. (IX, 259.)
.... *En cas de* mine. (I, 221.)
Mais *en cas de* vertus, Louis, etc. (IX, 156.)
En fait de.

En cas que les voleurs attaquent notre bande. (I, 315 ; voyez I, 34.)

Désormais faut qu'Alibech se contente
D'être martyre, *en cas que* sainte soit. (V, 476.)
En supposant que.
La femme, neuve *sur ce cas*.... (II, 240.)
La belle en étant *sur ce cas*,
On la promet, on la commence. (V, 216.)

CAS, adjectif, cassé, rauque :
Il parloit d'un ton *cas*. (IV, 469 et note 9.)

CASAQUE, manteau :
Ils lui prirent en somme
Chapeau, *casaque*, habit. (IV, 248 et note 2.)

CASE, cabane, petite et chétive demeure :
Voyez-vous ces *cases* étrètes? (I, 225; voyez I, 226; II, 253.)

CASSER, CASSÉ :
.... Ce verre *cassé* pour elle est mon ouvrage. (VII, 320 et note 1.)
Voilà messire Jean Chouart
Qui du choc de son mort a la tête *cassée*. (II, 159.)
Ah! j'ai le nez *cassé*. (VII, 290.)
Le vieillard, tout *cassé*. (V, 17 et note 2.)
On fit *casser* le mariage. (V, 458.)

CASTILLE, querelle :
Avecque nous....
Les Castillans n'auront plus de *castille*. (IX, 15 et note 3.)

CATADUPES, cataractes :
Un gazouillement à peu près semblable à celui des *catadupes* du Nil.
(VIII, 137 et note 1.)

CATALOGUE :
Voilà tout fait et tout formé
Un époux du grand *catalogue*. (V, 434 et note 3.)

CATASTROPHE :
La *catastrophe* de ce fracas fut la perte de deux chevaux. (IX, 351.)

CATÉGORIE :
Rois et dieux mettent, quoi qu'on leur die,
Tout en même *catégorie*. (I, 421.)

CATHÉDRAL, assis sur le siège :
Le galant *cathédral*. (V, 593 et note 3.)

CATUS, corruption du mot « cas » :
Et s'étant fait raconter derechef
Tout le *catus*.... (V, 416 et note 1.)

CAUSE; à CAUSE QUE :
A juste *cause*. (VI, 123; IX, 44.) — Avec juste *cause*. (V, 93.)

Pour *cause*. (I, 77 ; II, 321 ; IV, 441 ; V, 41, 421, 494, 597 ; VII, 37, 303 ; IX, 248 ; et passim.)
Avoir *cause* gagnée. (III, 10.) — Donner *cause* gagnée. (VII, 110.)
....*A cause* que vous êtes un bon frère. (VII, 490 ; voyez VII, 322, 486.)

CAUSER, être cause de :
 ....Mainte et mainte machine
 Qui *causera* dans la saison
 Votre mort ou votre prison. (I, 82 ; voyez I, 256 ; IV, 197 ; VI, 290.)

CAUSER, converser :
En France on peut conter des fleurettes ; l'on *cause*. (V, 444.)

CAUSEUSE :
 Ma femme au logis est rêveuse ;
 Et celle-ci paroît *causeuse*. (V, 450.)

CAUT, prudent, rusé :
Tout homme *caut*. (VIII, 444 et note 5.)

CAUTION ; être sujet à caution :
....J'en suis *caution*. (VII, 424.)
 Qu'à *caution* tous amants *soient sujets*.... (IX, 36.)

CAVALCATE, *cavalcata*, cavalcade :
Une *cavalcate* de dieux marins. (VIII, 46.)

CAVALIER, adjectif ; à la cavalière :
Un équipage *cavalier*. (I, 434.)
.... Et l'ouvrage et l'auteur, j'en crois tout *cavalier*. (VII, 570.)
Amour et vers, tout est fort *à la cavalière*. (VII, 147 et note 4.)

Cavalier, substantivement :
La cour, les dames, les *cavaliers*, les savants, le peuple. (VIII, 110.)

CAVER, creuser ; se caver :
Ses yeux *cavés*. (IV, 31 et note 4.) — Ses yeux *se cavent*. (VIII, 219.)

CAVERNE :
[Le greffe] est proprement la *caverne* au lion. (IV, 270 et note 8.)
Cavernes creuses. (I, 257.) — *Cavernes* sombres. (VIII, 290.)

CAVERNEUX :
Tronc *caverneux*. (III, 162.)

CE, cet, cette :
 A ce plaisant objet si quelqu'une recule,
  Cette quelqu'une dissimule. (V, 580.)
Cette mienne épée. (VII, 408.)
.... *Ce* portier du logis étoit un chien énorme. (II, 410.)
.... *Ces* gens étoient les fous, Démocrite le sage. (II, 341.)
Mais si j'ai juré par le Styx ? — .... Qui est-il, *ce* Styx ? (VIII, 81.)
Par l'avis de *ces* deux. (IX, 347.) — Nous saluâmes *ces* deux. (IX, 252.)

CE, cela :

Ce dis-tu. (II, 210 et note 13.) — Ce dit-il. (II, 237; III, 53; IV, 39 et note 4, 505; V, 147, 254, 264, 477; IX, 16; etc.) — Ce disoit-elle. (VI, 103.) Ce dit-on. (I, 374; II, 381, 446; III, 95; IV, 245; V, 136, 413; IX, 109, 223; etc.) — Ce m'a-t-on dit. (VII, 131.) — Ce dit l'histoire. (V, 524.) Ce m'est assez. (V, 492.) — Ce m'est tout un. (VIII, 67.) — Ce m'est une leçon. (V, 573.) — Ce lui fut... une amorce. (I, 186; IV, 443.) Ce semble. (I, 417; V, 564.) — Ce lui sembloit. (V, 563.)
.... Quand ce vient à la continue. (I, 303.)
Quand ce vint au dieu de Cythère. (III, 107; voyez VI, 107.)
En ce ne fit Richard tour d'homme habile. (VI, 332.)

 Maint d'entre vous souvent juge au hasard,
 Sans que pour ce tire à la courte paille. (IV, 130.)

Et sur ce, le chroniqueur, etc. (IX, 237.)

CE, explétif :

Qu'est-ce ceci ? (IX, 5.)

 Le plus grand des soins,
Ce doit être celui d'éviter la famine. (I, 221.)
La clef du coffre-fort et des cœurs, c'est la même. (V, 244.)

CÉANS, ici dedans :

Puisqu'il n'est point céans..., il faut qu'il soit au diable. (VII, 332; voyez VII, 379.)

 Comme a-t-on....
 Trouvé céans ce petit champignon ? (V, 524.)
Je ne voudrois que dans ce témoignage
D'affection pas une de céans
Me devançât. (V, 311.)

CECI, CELA :

Qu'est ceci ? (I, 224.) — Qu'est-ce ceci ? (IX, 5.)
 Et de ceci ni de cela
 Ne se douta le moins du monde
 Ni le roi lombard, ni Joconde. (IV, 55.)
Caquet-bon bec alors de jaser au plus dru
 Sur ceci, sur cela, sur tout. (III, 244.)
 Il alla
 Dire ceci, dire cela
 A madame Anne. (V, 353.)
 En mille endroits nichoit l'Amour,
Sous une guimpe, un voile, et sous un scapulaire,
Sous ceci, sous cela, que voit peu l'œil du jour. (V, 587; voyez V, 475; VI, 134.)

CÉDER À; CÉDER À... DANS :

Vénus vous cède. (VII, 265.) — Charlemagne vous cède. (IX, 194.)
Romains et Grecs, vous cédez à la France. (IX, 153 et note 2.)
[Paris] n'aura rien qui ne cède à ce double ornement. (IX, 366.)
Il fallut céder au sort. (I, 287.)

 [Les deux chèvres] ne se voulurent pas
 L'une à l'autre céder. (III, 210.)

Ils ne *cédoient à* pas une nonnain
Dans le desir, etc. (V, 314.)

CÉDULE, billet, reconnaissance :
Ésope écrivit une *cédule* par laquelle, etc. (I, 50.)
Avant le coup demandez la *cédule*. (IV, 110 et note 3.)
Faites-lui rendre ma *cédule*. (VII, 123.)

CEINDRE :
.... Leur nombre est assez grand pour *ceindre* les forêts. (VI, 251.)

CEINT (DEMI-). Voyez DEMI-CEINT.

CEINTURE :
Ceinture de joncs marins. (III, 145.)
En fin finale, une certaine enflure
La contraignit d'allonger sa *ceinture*. (IV, 479.)
Il lui fallut élargir sa *ceinture*. (V, 524.)

CÉLÈBRE :
.... Et rendre vos douleurs encore aussi *célèbres*. (VII, 573.)

CELER :
Celer sa maladie. (I, 391.)

CELLERIÈRE :
.... La *cellerière* du royaume
De Satan. (I, 224 et note 8.)

CELLULE :
On verra qui sait faire, avec un suc si doux,
Des *cellules* si bien bâties. (I, 122.)
Cellules des ruches d'abeilles.

CELUI, CELLE, CEUX, CELLES :
.... Un moment après, *celui* qui en devoit être le possesseur arriva. (VIII, 59.)
Celle [la déesse] aux yeux bleus, *celle* aux bras blancs. (IX, 391.)
D'elle descendent *ceux* de la Prudoterie,
Antique et célèbre maison. (VI, 68.)
Ceux du firmament. (III, 311.)
Ceux de Strasbourg. (IX, 151.)
Les gens du firmament. — Les habitants de Strasbourg.
Celles qui sont prêtresses de Vénus. (V, 192.)

CELUI-LÀ DE OU DU, CELUI-LÀ QUE OU QUI, CELLE-LÀ QUE OU QUI :
Il n'est enseignement pareil
A *celui-là de* fuir une tête éventée. (II, 399 et note 2.)
Celui-là [le tour] *du* berceau
Lève la paille. (VI, 125.)
Un mari, de *ceux-là que* l'on perd sans pleurer. (IV, 387.)
Fin *celui-là qui* n'y laisse du sien. (IV, 271; voyez V, 38, 94, 253; IX, 9; etc.)
Un profond somme occupoit tous les yeux,

Même *ceux-là qui* brillent dans les cieux. (VI, 37; voyez II, 244 et note 11.)

Notre galant vous lorgne une fillette,
De *celles-là que* je viens d'exprimer. (VI, 8; voyez III, 275; V, 566.)
Rodopé, *celle-là qui*, des libéralités de ses amants, fit élever une des trois pyramides. (I, 51; voyez V, 245, 466, 467; VI, 48.)

CENDRE :

Mettre leurs villes en *cendre*. (VIII, 389.)

CENS (Dîmes et). (V, 390 et note 3.)

CENSÉ :

Que s'il n'est point *censé* cocu suffisamment.... (V, 133.)

CENSEUR :

Tout babillard, tout *censeur*, tout pédant. (I, 116.)
Maudit *censeur!* te tairas-tu? (I, 132.)
Malc annonce au vieillard *censeur* de sa jeunesse, etc. (VI, 280.)
Sans répondre aux *censeurs*, car c'est chose infinie.... (VI, 67; voyez I, 130; III, 85; IV, 15; V, 279, 594; VIII, 213.)

CENSURE :

Votre *censure* et votre haine. (III, 195; voyez VIII, 441.)

CENSURER; SE CENSURER :

Chose à *censurer*. (I, 138.)
Chacun *censuroit* son ouvrage. (I, 333.)
On chercheroit de quoi me *censurer*. (VI, 48.)
Jupin les renvoya *s'étant censurés* tous. (I, 78.)

CENT (Un) :

Un *cent* d'œufs. (II, 151.)
Un *cent* de fer. (II, 355 et note 19.)
Cent livres, un quintal.

CENTAURÉE, plante. (VI, 344 et note 2, 345.)

CEPENDANT; CEPENDANT QUE :

Ainsi raisonnoit notre lièvre,
Et *cependant* faisoit le guet. (I, 172; voyez II, 164.)
Pendant ce temps-là.

Monsieur s'en va chopiner *cependant*
Qu'on se tourmente ici le corps et l'âme. (V, 544; voyez I, 126, 170.)

CERCLE; CERCLES magiques :

Cercle de peines. (III, 8 et note 25.)
Cercles de jours. (VI, 337.)
La fée..., par ses suffumigations, par ses *cercles*, par ses paroles.... (VIII, 205.)

CÉRÉMONIE; FAIRE CÉRÉMONIE :

Il prit sa place sans *cérémonie*. (I, 39; voyez III, 243; V, 201.)
.... Dieux familiers et sans *cérémonie*. (V, 542.)

Somme toute, il n'y manquoit plus
Qu'une seule *cérémonie*. (V, 214 et note 1; voyez V, 499.)
Chaque royaume a ses *cérémonies*. (IV, 226.)
Si c'étoit, dit Joconde, une *cérémonie*,
Vous auriez droit de prétendre le pas! (IV, 49.)
    Avec mes amis
Je ne *fais* point *cérémonie*. (I, 113.)

CERTAIN, après un nom, sûr, assuré; CERTAIN, marquant, devant un nom, qu'on ne peut ou ne veut le déterminer; CERTAIN, répété; UN CERTAIN, un quidam; LE PLUS CERTAIN; POUR LE CERTAIN :

Demeure fixe et *certaine*. (II, 70.)
              Cette fenêtre
Pour voir et pour entendre est un endroit *certain*. (VII, 565 et note 2.)
Certain Alexandre. (I, 313.) — *Certain* arbre. (V, 530.)
Certain curé. (V, 485.) — *Certain* jeune garçon. (IV, 493.)
Un *certain* poirier. (IV, 91.) — Un *certain* tombeau. (I, 224; voyez I, 191, 286, 390; III, 207, 238; IV, 32, 443; V, 450; VI, 329; etc.)
De *certains* bras. (V, 266.) — De *certains* coqs. (III, 39.) — De *certains* cordons. (I, 256.)

Il se sauva chez un *certain* fermier,
En *certain* coin. (VI, 107.)
Certaine abbesse un *certain* mal avoit. (V, 306.)
Certain trompeur et *certaine* innocente. (VI, 14; voyez IV, 65, 232; V, 413, 473, 541; etc.)
    Je saurois bien qu'en faire,
Disoit l'autre jour un *certain*. (IV, 430 et note 3.)
Le plus certain. (I, 212.) — *Pour le certain*. (VIII, 441; IX, 105.)

CERTIFICAT, CERTIFICATS :

Bons *certificats* des voisins. (V, 268 et note 3.)
.... Et faire voir à tous, par ses réjouissances,
Un bon *certificat* de ses extravagances. (VII, 561.)

CERTITUDE :

    Pour tourner en *certitude*
    Le soupçon.... (V, 124.)

CERVEAU, CERVEAUX :

Cerveau creux. (II, 343.) — Fou du *cerveau*. (I, 202.)
... Les *cerveaux* qui hantent les neuf Sœurs. (VI, 5.)

CERVELLE; TENIR EN CERVELLE :

Les fumées [du vin] leur échauffoient déjà la *cervelle*. (I, 40.)
Belle tête, dit-il, mais de *cervelle* point. (I, 325 et note 6.)
Tant se la mit le drôle en la *cervelle*. (IV, 87.)
Le cheval... n'étoit dépourvu de *cervelle*. (III, 294.)
    C'est, ce dit-on, la meilleure *cervelle*
    De nourrisson qui, etc. (IX, 118.)
Tourner la *cervelle*. (VI, 47, 118.)

Sage *cervelle*. (I, 172; V, 275.) — *Cervelle* rompue. (I, 215.) — *Cervelle* usée. (V, 552 et note 4.)

Ne vous ai-je pas dit, *cervelle* ignorante...? (VII, 447.)

Tant de *cervelle*
N'y fait [à ce jeu] besoin. (V, 288.)

.... Il vaut bien mieux la tenir en *cervelle*. (VII, 57 et note 5.)

CERVOISE :

La *cervoise* amère. (VI, 347 et note 1.)
La *cervoise* engraissante. (VIII, 206.)

CESSE :

Point de *cesse*. (I, 382; V, 555.)
Vous n'avez ni *cesse* ni relâche. (VII, 158.)

CESSER; CESSER DE :

Après que l'applaudissement *fut* un peu *cessé*.... (VIII, 265.)
J'insiste toutefois, et n'*aurai* point *cessé*
Que, etc. (VIII, 417.)
.... La race en *est cessée*. (V, 119.)
Toute affaire *cessante*. (IV, 165.)
Ils font *cesser de* vivre avant que l'on soit mort. (III, 308; III, 67.)

CESTUI, CETTUI, icelui :

Cestui Richard étoit juge dans Pise. (IV, 331 et note 2.)
En *cettui* lieu beaux-pères fréquentoient. (IV, 491 et note 1.)
Cettui vôtre humble captif. (VIII, 442.)
Cettui me semble à le voir papimane. (V, 357.)

CHACUN, UNE :

Chacun à sa *chacune*
But en faisant de l'œil. (V, 352 et note 1.)
Un par *chacun* quartier. (IX, 109.)
Un tas de *chacune* espèce. (VIII, 204.)
.... Aussitôt que *chacune* sœur
Ne possédera plus sa part héréditaire. (I, 192.)

Dans les trois derniers exemples, terme de pratique, au lieu de « chaque ».

.... Mon frère, en eunuque aujourd'hui déguisé,
A *chacun* du logis par sa feinte abusé. (VII, 98.)

CHAGRIN :

Tant de façons mettoient Pierre en *chagrin*. (V, 498.)

CHAGRIN, INE :

Dame *chagrine*. (IX, 38.)
.... *Chagrins*, impatients, et se plaignant sans cesse. (III, 341.)

CHAGRINER :

.... Elle [la coupe] eût peut-être dit quelque chose qui m'*auroit chagriné*. (VII, 492.)

CHAÎNE, au figuré :

O nœuds par qui l'Amour recommence à former
L'espoir le plus cher de nos *chaînes!* (VII, 548.)

C'est une *chaîne* de gens qui pleurent, comme dit votre Platon. (VIII, 113 et note 1.)

CHAIR :
    On vit du purgatoire
    L'âme sortir, légère, et n'ayant pas
    Once de *chair*. (V, 404 et note 3.)
Chair et poisson. (I, 310 et note 16.)
Défier la *chair*. (V, 471 et note 4.) — Je suis de *chair*. (IV, 352 et note 1.)
Elles sont de *chair* ainsi que les bergères. (IV, 399.)
Entre la *chair* et la chemise. (IV, 184.)

CHAIR (HAPPE-). Voyez HAPPE-CHAIR.

CHAISE, voiture légère :
Tant de *chaises*, tant de carrosses. (I, 320 et note 6.)

CHALANDISE :
L'enseigne fait la *chalandise*. (II, 182 et note 16.)

CHALEUR ; EN CHALEUR :
Chaleur naturelle. (VI, 327.)
Dans la *chaleur* d'un repas.... (VIII, 329.)
.... J'en suis tout *en chaleur*. (VII, 54.)

CHALOIR :
.... Dont bien peu *chaut*. (VIII, 444.)
.... Il ne m'en *chaut*. (IX, 6 et note 4.)
Car quant à moi du plaisir ne me *chaut*. (IV, 298 et note 3.)
.... Non pourtant qu'il m'en *chaille*. (IV, 306 et note 2.)
Car que me *chaut* si le Nord s'entrepille! (IX, 14.)

CHAMADE :
    .... Avant qu'ouïr sur le tambour
    La *chamade* dans Philisbour. (VIII, 467 et note 3.)

CHAMAILLER (SE), proprement, se frapper à grands coups, engager la mêlée :
Les vautours plus ne *se chamaillèrent*. (II, 137 et note 15.)

CHAMARRÉ :
Habits *chamarrés* de diamants. (VIII, 90.)

CHAMARRURE, lacets, tresses, soutaches, ganses, serpentines :
La *chamarrure* avec la broderie. (V, 188 et note 2.)
Chez Dufresny, *les Mal Assortis*, acte II, scène II :
    Cet avare vilain se plaint de ma parure :
        Cependant cette chamarrure
        Ne revient qu'à cinq cents écus.

CHAMBRE :
.... L'ambroisie en leurs *chambres* enclose. (II, 417.)
Les ruches des abeilles.

    Il vous mettra dedans la *chambre* noire,
    Non pour jeûner, comme vous pouvez croire. (IV, 70 et note 2.)

Le rendez-vous n'est point dans une *chambre* haute. (V, 453 et note 1.)
Ils sont logés à la troisième *chambre*. (II, 309 et note 7.)
Au troisième étage.

La *chambre* des philosophes. (IX, 383 et note 4.)

CHAMBRIÈRE :

Il étoit une vieille ayant deux *chambrières*. (I, 381 ; voyez V, 76.)
Sa *chambrière* Pâquette. (II, 158.)

>Prenez ma *chambrière*,
Rendez-moi ma jument. (IX, 73.)

Bon vin, bon gîte, et belle *chambrière*. (IV, 85.)

>La bonne dame habille en *chambrière*
Le jouvenceau. (IV, 302.)

CHAMP, CHAMPS, au propre et au figuré :

>Aussitôt il [Eschyle] quitta la ville,
Mit son lit en plein *champ*. (II, 295.)

.... Aux *champs* aussi bien qu'à la ville
Je sens que mon esprit est toujours peu tranquille. (VII, 29 ; voyez VII, 65, 78, 79.)

A travers *champs*. (II, 254 ; III, 244.) Aller aux *champs*. (IV, 362 ; V, 228 ; VIII, 359.) Battre aux *champs*. (V, 140.) Demeurer aux *champs*. (V, 250.) Être aux *champs*. (VI, 123.) Être de retour des *champs*. (IV, 363.) Faire un tour aux *champs*. (V, 71.) Maison des *champs*. (V, 248, 359, 571 ; VI, 34.) Mettre ses étendards aux *champs*. (VI, 26.)
Un mot les met aux *champs*, demi-mot les rappelle. (VII, 93.)
.... Le *champ* vous est ouvert. (VII, 582.)
C'est un beau *champ*. (V, 58 et note 1.)
Une belle occasion qui s'offre à vous.

>On doit m'attendre entre deux draps,

Champ de bataille propre à de pareils combats. (V, 452 et note 2.)
Rude combat en *champ* clos, quoique à nu. (IX, 89 ; voyez III, 210.)
.... Ennemi de ces molles délices
Qui loin du *champ* de Mars ont choisi leur séjour. (IX, 338 ; voyez IX, 157.)

CHAMPÊTRE :

Champêtre repas. (VI, 153.) — *Champêtre* séjour. (VII, 66.)
Le jardin... a beaucoup d'endroits fort *champêtres*. (IX, 232.)
Un petit compliment *champêtre*. (VIII, 141.)
Champêtres soins. (VI, 293.) — *Champêtres* voisins. (VI, 293.)

CHAMPÊTRE, substantivement :

Que le *champêtre* soit conservé. (VIII, 143.)

CHAMPIGNON, au propre et au figuré :

L'homme ne vient point sur la terre comme un *champignon*. (VII, 465 et note 2.)

>Comme a-t-on,
Disoient les sœurs en riant, je vous prie,
Trouvé céans ce petit *champignon* ? (V, 524.)

CHANCE :
Il va partout conter sa *chance*. (IV, 197.)
Par antiphrase : raconter qu'il est cocu.

CHANCELER :
On se bat : le sort *chancelle*. (VIII, 505.)

CHANCELIER, IÈRE :
La *chancelière* haquenée
Nommée ainsi très justement. (IX, 325-326 et note 1.)

CHANCEUX ; CHANCEUX POUR :
Qui n'auroit cru ces gens-là fort *chanceux ?* (IV, 272.)
.... J'en connois bien qui ne sont si *chanceux*. (V, 576 ; voyez II, 126 et note 28.)
Peu *chanceux*, et vous et moi. (IX, 419.)
Notre homme en choisit un [bénitier] *chanceux pour* ce point-là. (V, 445.)

CHANDELLE :
Le Gascon, après ces travaux,
Se fût bien levé sans *chandelle*. (IV, 392.)
Le oui fut dit à la *chandelle*. (V, 217.)
A la nuit.

Vous chantez son triomphe, enflez sa renommée,
Avant qu'on ait encor la *chandelle* allumée. (VII, 354 et note 1.)
Avant qu'on n'ait allumé les chandelles du théâtre.

Plus ne m'irai brûler à la *chandelle*. (V, 464 et note 2.)

CHANGE, terme de vénerie, au propre et au figuré :
Le retour sur ses pas, les malices, les tours,
Et le *change*, et cent stratagèmes. (II, 465 et note 40.)
Donner le *change*. (III, 321 ; voyez IV, 323.)
.... Avant qu'il pût aucun *change* paroître. (VI, 134.)
J'aime le *change*. (V, 513 et note 4.)
.... Et n'étoit bruit qu'il se trouvât léans
Fille qui n'eût de quoi rendre le *change*. (IV, 489 et note 3 ; voyez V, 120 et note 3.)

CHANGE (LETTRES DE). Voyez LETTRES DE CHANGE.

CHANGEMENT :
Le *changement* de mets réjouit l'homme. (V, 319.)
Un *changement* non de corps, mais de cœur. (VI, 206.)
Trouves-tu, ma chère âme,
En mon visage un si grand *changement ?* (IV, 347.)

CHANGER ; CHANGER DE :
Il fait tant enfin qu'elle *change*. (VI, 81.)
Retournez voir Luce le saint ermite ;
Je l'*ai changé*. (IV, 476.)
J'ai changé ses dispositions.

.... Une autre nation [les pigeons],
Au col *changeant*, au cœur tendre et fidèle. (II, 137 et note 14.)

Changer d'écharpe. (I, 143.) *Changer* d'étable. (IV, 247.) *Changer de* stratagème. (III, 223.) *Changer de* note, *de* ton. (I, 151, 285, 297; V, 150.)

CHANOINE
On le prendroit pour un *chanoine*. (VII, 134.)

CHANSON, CHANSONS, sens et emplois divers :
Ils dansèrent quelques *chansons*. (VIII, 203.)
C'étoit aux *chansons* que l'on dansoit. (VIII, 281.)
Ils dansoient aux *chansons*. (VI, 242 et note 1.)
Les maux les plus cruels ne sont que des *chansons*.... (V, 91.)
.... Ce que mon livre en dit doit passer pour *chansons*. (V, 11 ; voyez IV, 396.)

J'ai pris mari qui, pour toute *chanson*,
N'a jamais eu que ses jours de férie. (IV, 349.)

Le malheureux n'a rien qu'une *chanson*. (IV, 139; voyez V, 563.)
Il n'a qu'une *chanson* dont il nous étourdit. (VII, 79.)
.... Jarnigué! ne vlà-t-il pas encore la *chanson* du ricochet! (VII, 449 et note 4.)
Il suffira que je les paye en *chansons*. (IX, 254.)

O vous de qui les voix jusqu'aux astres montèrent,
Lorsque par vos *chansons* [chants, poésies] tout l'univers charmé
Vous ouït, etc. (VI, 237; voyez VI, 278.)

.... L'éclat et les mêmes sons
Qu'avoient jadis mes *chansons*. (IX, 461.)

Goûtez dans nos *chansons* les douceurs de la paix. (IX, 194; voyez VIII, 232, 313, 411, 415; IX, 199; etc.)

Ayez pitié d'un avocat. — *Chansons !* (VII, 388; voyez VII, 415.)

CHANT :
Le paon se plaignoit à Junon :
« .... Le *chant* dont vous m'avez fait don
Déplaît à toute la nature. » (I, 182.)

.... Quant aux merveilles
Dont votre divin *chant* vient frapper les oreilles, etc. (III, 128; voyez I, 284.)

Le cri de l'âne.

CHANTER, au propre et au figuré ; CHANTER À; CHANTER SA GAMME À, CHANTER GOGUETTE À :
Leurs deux moitiés entrent tout en *chantant*. (V, 74.)

.... Vous *chantiez?* j'en suis fort aise :
Eh bien! dansez maintenant. (I, 60.)

Apprenons ses desseins, et voyons ce qu'il *chante*. (VII, 412.)

Eh quoi? cette musique
Pour ne *chanter* qu'*aux* animaux,
Tout au plus à quelque rustique? (I, 245.)

Bien préparée à *lui chanter sa gamme*. (IV, 72 et note 4 ; voyez VI, 131.)
.... *A* sa moitié *chanta goguette*. (V, 508.)
Lui dit des injures.

CHANTEUR :
Un tel *chanteur* [le cygne]. (I, 236.)

CHANTRE :
Il se défit de tous ses esclaves, à la réserve d'un grammairien, d'un *chantre*, et d'Ésope. (I, 34.)
Le *chantre* de ce bois [du quinquina] sut choisir ses sujets. (VI, 357.)
Grands et nobles esprits, *chantres* incomparables. (VI, 237.)
Oiseaux, hommes, et dieux, que tous *chantres* choisissent
Désormais, en leurs sons, Clymène pour sujet. (VII, 150.)
Vous qui du *chantre* grec ainsi que du romain, etc. (VIII, 249.)
Homère et Virgile.

[Les] *chantres* dont l'Olympe admire les douceurs. (IX, 192.)
Les *chantres* des bois. (VI, 239 et note 5; voyez VIII, 68.)
Les oiseaux.

CHANVRE :
Au temps que la *chanvre* se sème.... (I, 81 et note 2.)

CHAOS :
.... Je n'ai pas ramené le *chaos* au monde! (VIII, 222.)
Dans la première [tapisserie] on voyoit un *chaos*,
Masse confuse, etc. (VIII, 64.)
.... Débrouiller ce *chaos* de dettes. (IX, 454.)

CHAPE À L'ÉVÊQUE (LA) :
De *la chape à l'évêque*, hélas! ils se battoient. (IV, 50 et note 1.)

CHAPE-CHUTE, proprement « chape tombée », bonne aubaine pour celui qui la trouve et la ramasse, occasion favorable :
Messer Loup attendoit *chape-chute* à la porte. (I, 330 et note 2.)
Voyez les *Curiosités françoises* d'Oudin; et comparez *le Moyen de parvenir*, p. 352 : « O voire, cela estoit une *chappe cheute*, une fortune rencontrée; il ne faut jamais laisser passer ce qui s'offre »; Tallemant des Réaux, historiette du président Amelot : « Quelqu'un, peut-être pour se moquer de lui, l'envoya chez une jolie fille... ; il y va pensant trouver *chape-chute* »; Mme de Sévigné, tome II, p. 176; Gui Patin, Lettres, tome II, p. 591 : « On parle ici de la mort du pape; si elle arrive, elle sera une bonne chape-chute pour son successeur »; etc.

CHAPEAU :
Il s'en alloit, enfonçant son *chapeau*.... (V, 78 et note 3.)
Un *chapeau* de fleurs. (VIII, 173 et note 2.)

CHAPERON, au propre et au figuré :
Des *chaperons* de drap rose-sèche. (IX, 221.)
Féronde avoit un joli *chaperon*. (V, 391 et note 5.)
J'amènerai de ce pays-là quelque beau petit *chaperon* pour le faire jouer. (IX, 225 et note 1.)

CHAPITRE, CHAPITRES, acceptions diverses.
.... Il en est sur un autre *chapitre*. (IX, 110.)
Le demeurant des rats tint *chapitre* en un coin. (I, 134 et note 4.)
J'ai maints *chapitres* vus,

Qui pour néant se sont ainsi tenus;
Chapitres, non de rats, mais *chapitres* de moines,
   Voire *chapitres* de chanoines. (I, 135; voyez IV, 506; V, 530.)
Chapitre donc, puisque *chapitre* y a,
   Fut assemblé. (V, 416.)
Assemblée, conseil, de religieuses.

CHAPITRER, réprimander en plein chapitre :
Vous la verrez tantôt bien *chapitrée*. (V, 416 et note 7.)

CHAR, chariot, charrette, voiture à foin, coche ou voiture publique, corbillard :
Une chèvre, un mouton, avec un cochon gras,
Montés sur même *char*, s'en alloient à la foire. (II, 270 et note 2; voyez IV, 329.)
   Le Phaéton d'une voiture à foin
Vit son *char* embourbé. (II, 58; voyez II, 59.)
Aussitôt que le *char* [le coche] chemine.... (II, 142.)
Un heurt survient : adieu le *char* [le corbillard]. (II, 159.)

CHARCHEUR. Voyez **CHERCHEUR.**

CHARGE; CHARGE DE; À LA CHARGE DE :
Prendre emploi dans l'armée, ou bien *charge* à la cour. (I, 200.)
Cette *charge* fut partagée. (V, 142.)
Proserpine m'a donné *charge de*, etc. (VIII, 228.)
Il me faut *du* logis donner *charge* à Pythie. (VII, 59.)
Peut-être le premier eût eu *charge de* l'ost. (V, 146.)
   Qui t'a, dit-il, donné telle épousée?
   Que je la baise, *à la charge d*'autant. (V, 232.)

CHARGER; CHARGER DE; SE CHARGER DE :
Ce sang *chargé* repassant par le cœur.... (VI, 331.)
   .... [Le] diableteau qui, l'épaule *chargée*,
   Court au marché. (V, 368.)
.... C'est qu'un diable tantôt, fait de même manière,
Mais mille fois plus grand, *a chargé* sur mon dos
Cent millions de coups d'un bâton court et gros. (VII, 386.)
   Monsieur le curé
De quelque nouveau saint *charge* toujours son prône. (II, 219.)
Qu'aux environs d'ici nul ne fasse un seul tour
Dont mon livre *chargé* ne l'instruise au retour. (VII, 38 et note 1.)
Au faix de tant de biens *chargé d*'ans il succombe. (VII, 96; voyez I, 242; II, 464.)
   A quoi bon *charger* votre vie
Des soins d'un avenir qui n'est pas fait pour vous? (III, 156.)
Sans *me charger* ici *d*'une foule d'exemples.... (VI, 350.)
Comme les narrations en vers sont très malaisées, il *se* faut *charger de* circonstances le moins qu'on peut. (IV, 151.)

CHARITABLE :
Je suppose qu'un moine est toujours *charitable*. (II, 109.)

La veuve *charitable*. (IV, 266 et note 3.)
Charitables filles d'enfer. (VIII, 129.)

CHARITÉ :

.... Le soin de soulager ces maux
Est une *charité* que je préfère aux autres. (III, 340.)

.... Voudrois-tu partir d'ici sans avoir la *charité* de tirer ce pauvre petit jeune homme de l'erreur où l'on le fait vivre? (VII, 452.)

.... Besogne où ces pères en Dieu
Témoignèrent en certain lieu
Une *charité* si fervente
Que mainte femme en fut contente. (IV, 177.)

Même emploi ironique de ce mot aux tomes IV, p. 172, 192, 436; V, 296, 312, 402 et note 2, 477; etc.

.... Le temps que vos bonnes amies vous donnent par *charité*. (IX, 219.)

CHARIVARI :

C'étoit pour faire un bon *charivari*. (IV, 211 et note 2.)
Sérénades, concerts, *charivaris*, crevailles. (VII, 563; comparez VII, 582.)

Voyez l' « Histoira morale, civile, politique, et littéraire, du Charivari, depuis son origine vers le IVe siècle », par le docteur Calybariat (G. Peignot), Paris, Delaunay, 1833, in-8°.

CHARLATAN, CHARLATANS :

Le monde n'a jamais manqué de *charlatans*. (II, 63; voyez I, 170.)

CHARME, CHARMES, d'une femme, d'un homme; sort, sortilèges, enchantements :

.... Là, se fondant en pleurs, on voit croître ses *charmes*. (VI, 245; voyez II, 86; VI, 202, 233; VII, 240, 546; etc.)

Le Sort offre à mes yeux un berger plein de *charmes*. (VII, 530.)
Les merveilles du chien et les *charmes* du sire. (V, 265 et note 3; voyez VI, 265.)
Vous n'êtes que des noms dont le *charme* est rompu. (VI, 293.)
Ne sentirai-je plus de *charme* qui m'arrête? (II, 367.)
C'est [l'apologue] proprement un *charme*. (II, 85; voyez VI, 177.)
.... Quand le Somme a sur nous ses *charmes* répandus. (VI, 295.)

Un démon plus noir que malin
Fit un *charme* si souverain
Pour, etc. (V, 549; voyez IV, 240; V, 555; VI, 263.)

Cet homme donc, par prières, par larmes,
Par sortilèges et par *charmes*,
Fait tant, etc. (I, 185; voyez III, 185; VI, 185, 240.)

CHARMER, séduire, jeter un charme :

Jamais la dame la plus belle
Ne *charma* tant son favori. (I, 185.)

La déesse *charmée*. (VI, 243.)
Charmer les loups, conjurer le tonnerre. (IV, 244 et note 2.)
.... Si ce poirier n'*est* peut-être *charmé*. (IV, 313.)

CHARNIER :
Quel Louvre! un vrai *charnier*. (II, 131.)
Voilà notre renard au *charnier* se guindant. (III, 322.)
Aux fourches patibulaires.

CHARRUE :
La *charrue* du mariage. (IV, 329.)

CHARTIER, charretier :
.... Pour venir au *chartier* embourbé dans ces lieux. (II, 59 et note 6.

CHARTON, charreton :
Le *charton* n'avoit pas dessein
De les mener voir Tabarin. (II, 270 et note 5.)

CHARTRE, lieu clos, prison, au propre et au figuré :
Dans une *chartre* un dragon la gardoit (la couronne). (II, 20 et note 1.)
.... Mais cette *chartre* est faite de façon
Qu'on n'y voit goutte. (V, 479 et note 7.)

CHASSE À (DONNER LA); FAIRE CHASSE :
L'aigle *donnoit la chasse* à maître Jean Lapin. (I, 49; voyez VI, 258.)
Donner la chasse aux gens.... (I, 72.)

Le pauvre gars acheva simplement
Trois fois le jeu, puis après il *fit chasse*. (IV, 502 et note 8.)

CHASSER, acceptions diverses :
.... Un âne boiteux..., avec un misérable qui le *chassera*. (VIII, 208; voyez I, 434.)
En son temps, aux souris le compagnon *chassa*. (III, 163; voyez VI, 244.)

CHASSER DE RACE :
Chacun sait que *de race*
Communément fille bâtarde *chasse*. (V, 393; V, 106 et note 1.)

CHASSEUR :
L'oiseau *chasseur* [le faucon]. (II, 321.)

CHAT EN POCHE :
Vous ne voulez *chat en poche* donner. (V, 324 et note 1.)

CHAT-HUANT, CHAT-HUANS, au pluriel. (II, 356 et note 26.

CHÂTEAU, CHÂTEAUX :
Qui ne fait *châteaux* en Espagne? (II, 153 et note 23.)

CHÂTEL, châtelet, bastille. (IX, 104 et note 4.)

CHÂTIER :
Tu *seras châtié* de ta témérité. (I, 89.)
Mais, foi de Dieu! ce bras te *châtiera*. (IV, 95.)

CHATOUILLER :
On mit aux repas près du sire
Un pâté d'anguille : ce mets

J. DE LA FONTAINE. X

Lui *chatouilloit* fort le palais. (V, 511 et note 1.)
>Que te dirai-je encor
>Qui te *chatouille* et qui te plaise? (VIII, 197.)

La louange *chatouille* et gagne les esprits. (I, 98.)

.... *Chatouillée* de ce témoignage de son mérite. (VIII, 168.)

Si nous ne nous sentions *chatouillés* de ce son.... (VIII, 232.)

CHATOUILLEUX :

.... Quelque chose encore de plus *chatouilleux*. (IX, 459.)

De plus délicat.

CHATTEMITE :

>C'étoit un chat vivant comme un dévot ermite,
>Un chat faisant la *chattemite*. (II, 188 et note 21.)

Oriane prêchoit, faisant la *chattemite*. (IX, 24.)

Amants savoient faire la *chattemite*. (IX, 38.)

Comparez l'apologue de la Souris et de ses sourichons dans les *Anciennes poésies françoises*, tome VII, p. 195; Gringoire, tome I, p. 255; *les Cent Nouvelles nouvelles*, p. 277; *l'Heptaméron*, p. 335; Rabelais, déjà cité, tome II, p. 496, 497; Marot, tome I, p. 84, 279; Baïf, tome II, p. 259; Jodelle, tome II, p. 198; Olivier de Magny, p. 54; Brantôme, tome III, p. 110; Scarron, *le Virgile travesti*, livre VII; etc.

CHAUD, adjectivement :

>Le Marseillois, Provençal un peu *chaud*,
>Ne manque pas d'attaquer au plus tôt
>Madame Alix. (VI, 128.)

CHAUD MAL (DE FIÈVRE EN) :

Mais me voici tombé *de fièvre en chaud mal*. (VII, 388 et note 4.)

>Et *de fièvre en chaud mal* me voici, Monseigneur,
>Enfin tombé sur la calèche. (IX, 333.)

CHAUD, substantivement :

>Arrière ceux dont la bouche
>Souffle le *chaud* et le froid. (I, 388 et note 10.)

>Qu'il eût du *chaud*, du froid, du beau temps, de la bise,
>Enfin du sec et du mouillé,
>Aussitôt qu'il auroit bâillé. (II, 13.)

>[L'arbre] servoit de refuge
>Contre le *chaud*, la pluie, et la fureur des vents. (III, 9.)

[Des cèdres] défendoient ce lieu du *chaud* et des hivers. (VI, 287.)

>C'étoit pendant ces mois où le *chaud* qu'on respire
>Oblige d'implorer l'haleine des zéphyrs. (VI, 191.)

>Le *chaud*, la solitude, et quelque dieu malin,
>L'invitèrent d'abord à prendre un demi-bain. (VI, 17.)

Le *chaud* et la lassitude le contraignirent de s'endormir. (I, 32.)

Le grand *chaud* étant passé.... (VIII, 107.)

>Un froid avant-coureur s'en vient nous annoncer
>Que le *chaud* de la fièvre aux membres va passer. (VI, 330.)

>En tel et pire état le frisson vient réduire
>Ceux qu'un *chaud* véhément [le chaud de la fièvre] menace de détruire.
(VI, 334; voyez VI, 348.)

CHAUDEAU :

.... Un *chaudeau* propre pour Lucifer. (I, 224 et note 6.)

« Les gentils hommes de l'hostel où ce nouuel marié demouroit vinrent hurter à l'huis de ceste chambre, et apporterent le chaudeau. » (*Les Cent Nouvelles nouvelles*, p. 136.)

CHAUMINE :

Un pauvre bûcheron, tout couvert de ramée...,
Gémissant et courbé, marchoit à pas pesants,
Et tâchoit de gagner sa *chaumine* enfumée. (I, 107 et note 4.)

CHAUSSE, CHAUSSES :

.... Non pas que le messire
Eût *chausse* faite ainsi qu'un amoureux. (V, 419.)

Le pauvre Renaud,
En caleçons, en *chausses*, en chemise, etc. (IV, 248 et note 4.)

CHAUSSES (HAUT-DE-). Voyez **HAUT-DE-CHAUSSES.**

CHAUSSER, SE CHAUSSER À, au propre et au figuré :

Son général lui *chaussa* l'éperon. (IV, 101.)

.... Et sur ce point à *chausser* difficiles. (V, 395 et note 5.)

Frère Roc à vingt *se chaussoit*. (IV, 190 et note 2.)

A vingt femmes.

CHAUVE :

.... Une palissade de philirea apparemment ancienne, car elle est *chauve* en beaucoup d'endroits. (IX, 277.)

CHAUVE-SOURIS. Voyez **SOURIS-CHAUVE.**

CHEF, acceptions diverses ; **VENIR À CHEF DE :**

.... Un autre dragon, qui n'avoit qu'un seul *chef*,
Et bien plus d'une queue, à passer se présente....
Ce *chef* passe, et le corps. (I, 95 et note 3.)

Qu'il [Pégase] ne t'affole la fressure,
Ou fasse au *chef* une blessure. (IX, 182.)

Le *chef* d'octobre. (IX, 108.)

Le terme du 1ᵉʳ octobre.

.... On n'a qu'à faire entrer, par un pieux usage,
Les membres du Seigneur et leur *chef* en partage. (VI, 280 et note 1.)

.... Non plus berger en *chef* comme il étoit jadis,
Quand ses propres moutons paissoient sur le rivage. (I, 267.)

Votre beauté m'eût gagné sans effort,
Et de son *chef*. (V, 195 et note 2.)

Notre prince a des dépendants
Qui, de leur *chef*, sont si puissants
Que, etc. (I, 95.)

En quelques *chefs* pourtant ils eurent gain de cause. (VIII, 430.)

Terme de procédure.

Le pis de leur méchef
Fut qu'aucun d'eux ne put *venir à chef*
De son dessein. (V, 86 et note 1.)

Penseriez-vous qu'on pût *venir à chef*
D'assez priser ni vendre cette aumaille? (V, 304.)

CHEMIN, CHEMINS, acceptions diverses :
Dans un *chemin* montant, sablonneux, malaisé.... (II, 141.)
Eux discourant, pour tromper le *chemin*.... (IV, 243 et note 2.)
Bien vous dirai qu'en allant par *chemin*
J'ai certains mots que je dis au matin. (IV, 245.)

Il [le moucheron] sonne la victoire,
Va partout l'annoncer, et rencontre en *chemin*
L'embuscade d'une araignée. (I, 157.)

Le trou de l'escarbot se rencontre en *chemin*. (I, 149.)

Pour moi, j'ai certaine affaire
Qui ne me permet pas d'arrêter en *chemin*. (I, 219.)

Nous n'avons pas telles armes en main
Pour demeurer en un si beau *chemin*. (V, 536.)

Quoi qu'il en soit, le pauvre sire
En très beau *chemin* demeura. (V, 209.)

A mi-*chemin* je crois que tous demeureroient. (II, 339.)
Vous n'iriez qu'à moitié *chemin*? (V, 121.)
Passez votre *chemin*, la fille, et m'en croyez. (I, 202.)

Elle eût beaucoup mieux fait
De passer son *chemin* sans dire aucune chose. (III, 16.)

L'un fit *chemin* à l'autre. (I, 95.)

Les deux nonnains n'oublièrent la trace
Du cabinet, non plus que du jardin :
Il ne falloit leur montrer le *chemin*. (IV, 503.)

.... N'en est-il point quelqu'une
Pour lui montrer l'exemple et le *chemin*? (V, 312; voyez V, 314.)

Claude suit son *chemin*, le rustre aussi le sien. (V, 595 et note 1.)

Je veux du plus fin [amour],
Qui me laisse avancer *chemin*. (V, 149 et note 4.)

Notre notaire assura l'un et l'autre
Que tels traités alloient leur grand *chemin*. (V, 328 et note 3.)

C'étoit un homme qui faisoit
Beaucoup de *chemin* en peu d'heure. (IV, 440.)

L'objet, lorsqu'il revient, va dans son magasin
Chercher, par le même *chemin*,
L'image auparavant tracée. (II, 471.)

Il lui prend des curiosités toutes contraires au *chemin* que je veux qu'il tienne. (VII, 464.)

Le *chemin* qu'il falloit suivre. (I, 14.)

Ésope leur dit [aux Samiens] que la Fortune présentoit deux *chemins* aux hommes : l'un, de liberté, rude et épineux au commencement, mais dans la suite très agréable ; l'autre, d'esclavage, dont les commencements étoient plus aisés, mais la suite laborieuse. (I, 45.)

Veut-on monter sur les célestes tours?
Chemin pierreux est grande rêverie :
Escobar sait un *chemin* de velours. (IX, 20.)

Aucun *chemin* de fleurs ne conduit à la gloire. (III, 74.)

Jamais désert ne fut moins connu des humains ;
A peine le soleil en savoit les *chemins*. (VI, 287.)
Tous *chemins* vont à Rome. (III, 339 et note 3.)
Le *chemin* du cœur est glissant. (IX, 410.)

CHEMINER :
Je parle, je *chemine*. (II, 471.)
Deux mulets *cheminoient*. (I, 68.)

 Aussitôt que le char *chemine*,
 Et qu'elle [la mouche] voit les gens marcher,
Elle s'en attribue uniquement la gloire. (II, 142.)

La terre *chemine*. (II, 201.)
Voyez-vous cette main qui par les airs *chemine* ? (I, 82.)
Telle est la montre qui *chemine*, etc. (II, 461 et note 22.)

CHEMISE :
 Quand vint à la *chemise*,
 La pauvre épouse eut en quelque façon
 De la pudeur.... (V, 495 ; voyez V, 497.)

En caleçons, en chausses, en *chemise*.... (IV, 248.)

 Près de ces gens, je me suis, peu s'en faut,
 Remise au lit en *chemise* ainsi nue. (IV, 211.)

« .... Combattre en chemise ainsy nud. » (Brantôme, tome VI, p. 420.)

 C'étoit Philis, qui d'Eurilas
Avoit tenu la place, et qui, sans trop attendre,
 Tout en *chemise* s'alla rendre
Dans les bras de Cloris. (IV, 392.)

.... Mouillé jusques à sa *chemise*. (VII, 429.)

 Entre la chair et la *chemise*
Il faut cacher le bien qu'on fait. (IV, 184 et note 2.)

Il met quatre Électeurs et Savoie en *chemise*. (IX, 55 et note 2.)

 Le bon Bonneau conta de point en point
 Comme il avoit été mis en pourpoint.
   (Voltaire, tome VIII, p. 172 de l'édition de 1876.)

CHÈNEVIÈRE :
 Quand la *chènevière* fut verte,
L'hirondelle leur dit : « Arrachez brin à brin
 Ce qu'a produit ce maudit grain. » (I, 83.)

CHENU, UE :
Aux monts idaliens un bois délicieux
De ses arbres *chenus* semble toucher les cieux. (VI, 228 et note 1.)
Nos Alpes *chenues*. (VIII, 387 et note 3.)
Qu'ont servi ses châteaux, ni leurs cimes *chenues* ? (VIII, 504.)

 Vous qui, sur vos cimes chenues,
 Voyez dans le vague des airs
 Les tonnerres et les éclairs
 Sortir du rouge sein des nues,
 Superbes monts, etc.
   (Godeau, Psaume CXLVIII.)

CHER, CHÈRE :
Un quart d'heure ! un quart d'heure est *cher*. (V, 220.)
Adieu, Seigneur ; gardez un courroux qui m'est *cher*. (VII, 605.)

Xantus fut extrêmement surpris de ne plus trouver son anneau, lequel il tenoit fort *cher*. (I, 40.)

Caliste eut liberté, selon le convenant ;
    Par son mari *chère* tenue,
    Tout de même qu'auparavant. (V, 145 et note 2.)
    .... Ces illustres bergères,
    Que le Lignon tenoit si *chères*. (VIII, 405.)

Tel que fut mon printemps, je crains que l'on ne voie
Les plus *chers* de mes jours aux vains desirs en proie. (IX, 187.)
Ceux qui devraient m'être les plus précieux.

CHER, adverbialement :

Que les enfants des Dieux vendent *cher* aux mortelles
L'honneur de quelques soins ! (VII, 600.)
.... Ne laissant pas de la vendre [leur vie] bien *cher*. (IX, 150.)

CHERCHER :

Un loup survient à jeun, qui *cherchoit* aventure. (I, 89.)
Voyez AVENTURE.

Le galand alla *chercher* femme. (I, 134.)

Que le bon soit toujours camarade du beau,
    Dès demain je *chercherai* femme ;
Mais, comme le divorce entre eux n'est pas nouveau...,
Ne trouvez pas mauvais que je ne *cherche* point. (II, 102-103.)

Propre, galant, *cherchant* partout fortune, etc. (V, 27.)
Cherchons partout notre fortune. (IV, 40.)
Voyez FORTUNE.

On *cherche* les rieurs, et moi je les évite. (II, 248.)
Donnez-moi votre armure, Hector me *cherchera*. (VII, 623.)

CHERCHEUR, CHERCHEURS :

    Or c'étoient les moitiés
De nos galants et *chercheurs* d'aventure. (V, 74 et note 3.)
.... Un chevalier errant, grand *chercheur* d'aventures. (IV, 437.)
Quatre *chercheurs* de nouveaux mondes. (III, 88.)
.... Tous les noms des *chercheurs* de mondes inconnus. (II, 250.)
Notre petit maître est un *chercheur* de midi à quatorze heures. (VII, 451.)
C'est un paysan qui parle.

CHÈRE ; FAIRE CHÈRE, CHÈRE LIE :

Et ce soir-là chez vous la *chère* fut entière. (VII, 282.)
Voilà commencement de *chère* et de festin. (I, 373.)
Gens riches, de bonne *chère*. (VIII, 150 ; voyez I, 321 ; II, 255.)
Faisant chère et vivant sur la bourse publique. (I, 316.)
Tu *fais* meilleure *chère*. (III, 234.)

    Je laisse à penser quelle *chère*
    Faisoit alors frère Frappart. (IV, 188 ; voyez V, 332.)
    .... Sans se mettre en colère,
    Et sans en *faire* pire *chère*. (IV, 36 et note 6.)
... Loin de lui *faire* pire *chère*. (IV, 58 et note 1.)

La galande *fit chère lie*. (I, 251 et note 3; II, 176 et note 11.)

CHÉRI, ie :

.... Tout ce qu'un maître,
Et qu'un père à la fois uniquement *chéri*
Exige de devoirs. (VI, 299.)

Chaque époux la prônoit à sa femme *chérie*. (VI, 68.)
Ah! Caliste, autrefois de Damon si *chérie!* (V, 131.)

.... Je ne me crois pas si *chéri* du Parnasse
Que de savoir orner toutes ces fictions. (I, 129.)

CHERTÉ :

Le marchand fit son chantre mille oboles, son grammairien trois mille.... La *cherté* du grammairien et du chantre dégoûta Xantus. (I, 34.)

CHÉTIF, ive :

Quand Crésus le vit [vit Ésope], il s'étonna qu'une si *chétive* créature lui eût été un si grand obstacle. (I, 45.)

Va-t'en, *chétif* insecte, excrément de la terre! (I, 155.)

Chétif hôte des bois. (II, 283.)

Celle-ci [la fourmi], *chétive* et misérable,
Vit trois jours d'un fétu. (I, 272.)

Tel est ce *chétif* animal
Qui voulut en grosseur au bœuf se rendre égal. (I, 363; I, 66.)

.... Surcroît *chétif* aux autres têtes. (II, 349.)

Il vint des partis d'importance :
La belle les trouva trop *chétifs* de moitié. (II, 115.)

Il ne resta
Au pauvre amant rien qu'une métairie,
Chétive encore, et pauvrement bâtie. (V, 162 et note 3.)

.... Comme un chien qui fait fête
Aux os qu'il voit n'être par trop *chétifs*. (V, 488.)

Pauvre pécheur, qui, sans savoir comment...,
De quelques corps a chassé quelque diable,
Apparemment *chétif* et misérable. (VI, 112 et note 3.)

CHEVALERIE :

Les lois de la *chevalerie*. (IV, 439.)

Faisons-nous chevaliers de la Table Ronde : aussi bien est-ce en Angleterre que cette *chevalerie* a commencé. (IX, 406.)

CHEVALIER; chevalier errant :

La belle en ses traverses....
Eut beaucoup à souffrir, beaucoup à travailler,
Changea huit fois de *chevalier*. (IV, 398.)

Vous autres *chevaliers* tenterez l'aventure. (IX, 384.)

Un *chevalier errant*, grand chercheur d'aventures. (IV, 437; voyez III 75; IV, 439; IX, 463.)

CHEVALIN, chevaline :

J'ai, dit la bête *chevaline*,
Une apostume sous le pied. (I, 392.)

CHEVANCE :
Comment ranger cette *chevance*? (II, 124 et note 21.)
.... Et rendre sa *chevance* à lui-même sacrée. (I, 345.)
Sur le point de partir leur *chevance*, etc. (IV, 273 et note 2.)
Certes, tout l'univers ne vaut pas la *chevance*
Que je rencontre ici. (V, 272.)

CHEVET :
    Madame à son *chevet*
    Pourroit voir un bourdon! (V, 260.)

CHEVEU, CHEVEUX :
    .... Cela nous fait-il empirer
D'une ongle ou d'un *cheveu*? (V, 264.)
Il [ce bracelet] est de mes *cheveux*, je l'ai tissu moi-même. (IV, 25 et note 7.)
    Un long tissu de fleurs, ornant sa tresse blonde,
    Avoit abandonné ses *cheveux* aux zéphyrs. (VI, 232.)
    Il captivoit sa femme cependant,
    De ses *cheveux* vouloit savoir le nombre. (IV, 369.)
    Sous mes *cheveux* blancs
    Je fabrique à force de temps
    Des vers.... (III, 232.)
Les mères, les maris, me prendront aux *cheveux*
    Pour dix ou douze contes bleus! (V, 12.)

CHEZ :
[Un philosophe] voyagea *chez* les Grecs. (III, 304.)
.... Quand j'irai *chez* les morts. (VIII, 417.)

CHIAOUX, tchaouch. (I, 95 et note 1.)

CHICHE; CHICHE DE :
.... Je fuis ceux qui sont *chiches*. (VII, 36.)
L'amant *chiche* et la dame au cœur intéressé. (VIII, 213.)
Belle leçon pour les gens *chiches*! (I, 405 et note 4.)
    Chiches et fiers appas
    Que le soleil ne voit qu'au nouveau monde. (V, 528 et note 4.)
    Celle-ci donc, des plus galantes...,
    N'étoit *chiche* de ses regards. (V, 212 et note 4.)
    .... Il est *chiche*
    De ces tons doucereux. (VII, 430.)

CHICHEMENT :
[Le renard] vivoit *chichement*. (I, 113.)

CHIEN, CHIENNE ; ROMPRE LES CHIENS :
On reçoit ici les femmes comme un *chien* dans un jeu de quilles. (VII, 448 et note 1.)
    Ce n'étoit pas un sot, non, non, et croyez-m'en,
    Que le *chien* de Jean de Nivelle. (II, 319 et note 1.)
Camus en *chien* d'Artois d'avoir compté sans hôte. (VII, 586.)
Et m'en voilà camus comme un *chien* de Boulogne. (VII, 360 et note 4.)

Vous vous battez, faisant un bruit de *chien*. (IX, 5.)

Moins scélérat, moins *chien*, moins traître, moins lutin,
Que n'est pour nos péchés ce maudit Florentin. (VII, 406.)

.... Mais cette *chienne* de coupe, que deviendra-t-elle ? (VII, 495.)

 Le mari, qui se doutoit du tour,
  Rompoit les chiens. (V, 394 et note 8 ; comparez III, 322 et note 19.

CHIENNE (La gent). (II, 334.)

CHIFFON :

Perdoit-on un *chiffon*, avoit-on un amant...,
Chez la devineuse on couroit. (II, 179.)

CHIFFRE, CHIFFRES :

  Sur le linge, ces fleurs,
Formoient des lacs d'amour, et le *chiffre* des sœurs. (V, 586.)

.... Des chênes vieux où leurs *chiffres* gravés
Se sont avec les troncs accrus et conservés. (VI, 239 et note 1.)

CHIMÈRE, CHIMÈRES :

 Ils embrassoient violemment
 Les intérêts de leur *chimère*. (II, 388 et note 8.)

Sur ce beau fondement le pauvre homme bâtit
 Maint ombrage et mainte *chimère*. (V, 124.)

[Ceux] qui souhaitent toujours et perdent en *chimères*
Le temps qu'ils feroient mieux de mettre à leurs affaires. (II, 126.)

Les *chimères*, le rien, tout est bon ; je soutiens
 Qu'il faut de tout aux entretiens. (II, 459.)

Le test et le cerveau piqués violemment
Joignent à la douleur les songes, les *chimères*. (VI, 321 et note 1.)

.... Il s'y voit, il se fâche ; et ses yeux irrités
Pensent apercevoir une *chimère* vaine. (I, 93.)

 Toute la nuit tu cours, tu te démènes,
 Et vas contant mille *chimères* vaines. (IV, 217.)

CHIMÉRIQUE :

.... Etant de ces gens-là qui sur les animaux
 Se font un *chimérique* empire. (II, 98.)

CHIORME :

  La blondine *chiorme*
Afin de vous gagner n'épargne aucun moyen :
Vous êtes le patron. (V, 100 et note 1.)

CHIRE, prononciation picarde de SIRE. (I, 332 et note 14.)

CHOC ; VENIR AU CHOC :

[Jean Chouart] du *choc* de son mort a la tête cassée. (II, 159.)

Vous, commencez le *choc*, et puis à notre tour
Vous nous verrez tous deux appuyer son amour. (VII, 101.)

Avec l'abbesse un jour *venant au choc*, etc. (IV, 505 et note 6.)

CHŒUR, chœurs :
Prince du double mont,
Commande aux neuf pucelles
Que leur *chœur* pour m'aider députe deux d'entre elles. (VI, 319.)
Parmi les *chœurs* des anges. (IX, 205.)

CHOIR :
Un jeune enfant dans l'eau se laissa *choir*. (I, 115.)
Messer Cupidon
En badinant fit *choir* de son brandon
Chez Agiluf, droit dessus l'écurie. (IV, 222 et note 3.)
Or me voici d'un mal *chu* dans un autre. (IV, 264.)

CHOISIR :
Tout dire,
Ce seroit trop : il faut *choisir*. (III, 330.)

CHOIX (Faire) :
Changez : vous pouvez *faire* un *choix* rempli d'appas. (VII, 534.)
.... Riche d'ailleurs, mais dont la barbe grise
Montroit assez qu'il devoit *faire choix*
De quelque femme à peu près de même âge. (IV, 331.)
De Belphégor aussitôt on *fit choix*. (VI, 94.)
Il *fait choix* de deux boucs, les plus grands du troupeau. (VI, 300.)

CHOMMER, neutralement et activement :
Je t'ai jà dit que j'étois gentilhomme,
Né pour *chommer*, et pour ne rien savoir. (V, 363.)
Je ne crois pas qu'en ce poste je *chomme*. (I, 226.)
.... Pour tout cela ne croyez que je *chomme*. (IV, 299 et note 3.)
Chommons, c'est un métier qu'il veut nous faire apprendre. (I, 207 et note 5.)
Je n'ai que trop d'emploi, n'ayez peur que je *chomme*. (VII, 32.)
Chommons : c'est faire assez qu'aller de temple en temple. (VI, 210.)
Le mal est que dans l'an s'entremêlent des jours
Qu'il faut *chommer* ; on nous ruine en fêtes. (II, 218; voyez VII, 111.)
Vierge n'étoit, martyr, et confesseur,
Qu'il ne *chommât*. (IV, 336 et note 2.)
Qu'on me révère et qu'on *chomme* ma fête. (V, 468.)
Et nous irions *chommer* la peste des humains ! (VI, 174.)
Tous les voisins *chommèrent* la défaite
De ce démon. (V, 378.)

CHOPINER :
Leur voisin le notaire
Un jour de fête avec eux *chopinoit*. (V, 321 et note 3.)
Monsieur s'en va *chopiner*. (V, 544.)

CHOQUER, au propre et au figuré :
L'oiseau de Jupiter, sans répondre un seul mot,
Choque de l'aile l'escarbot,
L'étourdit. (I, 150.)

La pesanteur des peaux et leur mauvaise odeur
Eurent bientôt *choqué* l'impertinente bête. (II, 35.)
D'accord, son procédé *choque*. (VII, 583.)
  Elle sent chaque jour
Déloger quelques Ris, quelques Jeux, puis l'Amour ;
  Puis ses traits *choquer* et déplaire. (II, 116.)
  Vous faites cent secrets :
Faut-il qu'un seul vous *choque* et vous déplaise ! (V, 310.)
Je les chasserois [ces personnes], car elles me *choquent*. (VIII, 82.)
L'Hippogriffe n'a rien qui me *choque* l'esprit. (V, 119.)

CHOSE, CHOSES, acceptions diverses ; CHOSE PUBLIQUE :

 .... Possible alloit dans ce moment,
 Pour se venger de son amant,
 Porter à son mari la *chose*
 Qui lui causoit ce dépit-là.
 Quelle *chose* ? C'est celle-là
 Que fille dit toujours qu'elle a :
 Je le crois ; mais d'en mettre jà
 Mon doigt au feu, ma foi ! je n'ose.
 Ce que je sais, c'est qu'en tel cas,
 Fille qui ment ne pèche pas. (V, 224 et note 3 ; voyez V, 211.

Même il se peut qu'en venant à la *chose*
Jamais son cœur n'y voudroit consentir. (V, 41 et note 4.)

Vous... devez savoir les *choses* de la vie. (I, 200.)

Un jour il conteroit à ses petits enfants
Les beautés de ces lieux, les mœurs des habitants,
Et le gouvernement de la *chose publique*
  Aquatique. (I, 309.)

CHOU, CHOUX :

Le lièvre étoit gîté dessous un maître *chou*. (I, 279.)

« J'ai vu dit-il, un *chou* plus grand qu'une maison.
— Et moi, dit l'autre, un pot aussi grand qu'une église. »
Le premier se moquant, l'autre reprit : « Tout doux ;
 On le fit pour cuire vos *choux*. » (II, 357.)

[Ce diable] n'avoit encor tonné que sur les *choux*. (V, 360 et note 5.)

.... Et, comme elles sont, morguoy ! bian jolies, si elles alloient rencontrer queuque gaillard qui voulît en faire comme des *choux* de son jardin. (VII, 457 et note 2.)

C'est un paysan qui parle.

CHOYER :

Je t'*ai* toujours *choyé*, t'aimant comme mes yeux. (II, 325 et note 9.)

CHRÉTIEN, CHRÉTIENNE, substantif :

 Il n'étoit bruit que d'aventures
 Du *chrétien* et de créatures. (V, 516 et note 3.)

 Elle enterra vers et prose
 Avec le pauvre *chrétien*. (IX, 320 et note 2.)

Car aux faveurs d'une belle il eut part

Sans débourser, escroquant la *chrétienne*. (IV, 359 et note 2.)
S'il prit à ce jeu
Quelque plaisir, c'est qu'alors la *chrétienne*
N'étoit à lui. (V, 335.)

Direz-vous : « Je suis sans *chrétienne* » ?
Vous en avez à la maison
Une qui vaut cent fois la mienne. (V, 509.)

.... Aux Iris des petits chiens,
Ainsi qu'à celles des *chrétiens*. (IX, 142.)

Chrétien (En) :

.... Des Grâces, des Vénus, avec un grand concours
D'Amours,
C'est-à-dire, en *chrétien*, beaucoup d'anges femelles. (V, 445 et note 4.)
En langage chrétien.

[Pour] parler du Pape en *chrétien*.... (IX, 457.)

CHRONIQUE, chroniques :

La *chronique* le dit. (IV, 258.)
De ce dieu la *chronique* ne ment. (VII, 164.)

La *chronique* immortelle
De ces murs pour qui les dieux
Eurent dix ans de querelle. (VIII, 261.)
L'Iliade.

Les charmes de la pauvre femme étoient trop avant dans les *chroniques* du temps passé. (VIII, 170.)

CHRONIQUEUR, chroniqueurs :

Et sur ce, le *chroniqueur* fait fin au présent chapitre. (IX, 237.)
J'ai vu des *chroniqueurs* attribuer le cas
Aux passe-droits qu'avoit une chienne en gésine. (III, 227.)
Et si ce n'étoit que M. Chapelain est son *chroniqueur* [le chroniqueur de la Pucelle], je ne sais si j'en ferois mention. (IX, 235.)
Chroniqueur de Cythère. (IX, 410.)

CHUCHILLEMENT :

Grand éclat de risée, et grand *chuchillement*. (V, 458 et note 2.)

CHUT :

Chut! ou je te rendrai complice. (VII, 480 ; voyez VII, 565.)

CHUTE, au propre et au figuré :

Faute de reculer, leur *chute* fut commune. (III, 210.)
J'avois prévu ma *chute* en montant sur le faîte. (III, 54.)
.... Le sens, la *chute*, tout m'y paroit admirable. (IX, 213 et note 2.)

CHYLE. (VI, 328 et note 2.)

CICOGNE :

Le renard et la *cicogne*. (I, 112 et note 1.)
Le loup et la *cicogne*. (I, 228.)

CIEL, cieux :
Un bois délicieux
De ses arbres chenus semble toucher les *cieux*. (VI, 228; voyez I, 127.)
Est-il un oiseau sous les *cieux*
Plus que toi capable de plaire? (I, 183.)
Celui qui dispense les trésors du *ciel*, etc. (VI, 278.)
Vouloir tromper le *ciel* c'est folie à la terre. (I, 341.)
Ce n'est pas le seul don qu'il ait reçu des *cieux*. (VI, 229.)
Pour m'élever aux *cieux*
Il ne faut qu'un aveu de la bouche ou des yeux. (VII, 73.)
La belle avoit de quoi mettre un Gascon aux *cieux*. (IV, 387 et note 8.)

CIGOGNE. Voyez CICOGNE.

CILICE :

Il faut porter ta croix, goûter de ton calice,
Couvrir son front de cendre et son corps d'un *cilice*. (VI, 291.)

CIME :

Cimes chenues. (VIII, 504.)
.... La joie en est parvenue à sa *cime*. (IX, 146.)

CIMETERRE :

Le *cimeterre* au poing. (VI, 302.)

CIMETIÈRE, cimetières :

.... Tel on voit qu'un brigand fameux et redouté....
Fait des champs d'alentour de vastes *cimetières*. (VI, 250.)
Que tu sois à tous les larrons
Ce qu'on appelle un *cimetière!* (IX, 231.)
Il s'agit d'un bois.

CINNAMOME, cannelle :

Cet arbre [le quinquina] ainsi formé se couvre d'une écorce
Qu'au *cinnamome* on peut comparer en couleur. (VI, 343.)

CINQ, cinquième :

Au quart il fait une horrible grimace;
Au *cinq*, un cri. (IV, 138 et note 1.)

CIRCONSPECT :

Le passereau peu *circonspec*
S'attira de tels coups de bec
Que, etc. (III, 65 et note 11; voyez III, 197 et note 2)
Circonspec, pour la rime.
Les Grecs,
Imprudents et peu *circonspects*,
S'abandonnèrent à des charmes.... (III, 185.)

CIRCONSTANCE, circonstances :

Comme les narrations en vers sont très malaisées, il se faut charger
de *circonstances* le moins qu'on peut. (IV, 151.)
Les *circonstances* du dialogue. (VIII, 340.)

CIRCONSTANCIER :
En confesseur exact il fit conter l'histoire,
Et *circonstancier* le tout fort amplement. (V, 348 et note 4.)

CIRCULAIRE :
Le temps, qui toujours marche, avoit, pendant deux nuits,
    Échancré, selon l'ordinaire,
De l'astre au front d'argent la face *circulaire*. (III, 134.)
    C'est ligne *circulaire*
Et courbe que ceci ; je t'ordonne d'en faire
    Ligne droite et sans nuls retours. (V, 555.)
    Envoyant de tous les côtés
    Une *circulaire* écriture. (II, 129 et note 3.)
    Par le moyen
    De cet argument *circulaire*
Pilpay jusqu'au soleil eût enfin remonté. (II, 395 et note 19.)

CIRE ; VENIR DE CIRE **:**
    Après que les ruches sans miel
N'eurent plus que la *cire*, on fit mainte bougie. (II, 418.)
L'Empédocle de *cire*. (II, 419 et note 10.)
Le cierge.
    Monsieur le Mort, j'aurai de vous
    Tant en argent, et tant en *cire*. (II, 158 et note 11.)
La cire, les cierges employés à un enterrement, et qui se partagent entre le clergé et la fabrique de la paroisse.
    Tels dons étoient pour des dieux,
    Pour des rois, voulois-je dire :
    L'un et l'autre y *vient de cire*. (V, 432 et note 5.)
Votre jardin *viendra* comme *de cire*. (V, 571.)

CIRON, CIRONS **:**
Je m'arrêterai seulement à un saint Hiérôme, tout de pièces rapportées, la plupart grandes comme des têtes d'épingles, quelques-unes comme des *cirons*. (IX, 272 ; voyez II, 391 et note 4.)

CISEAU, CISEAUX, au propre et au figuré **:**
    Un statuaire en fit l'emplette [d'un bloc de marbre] :
    « Qu'en fera, dit-il, mon *ciseau*? » (I, 385.)
Je viens d'abandonner la trame d'un monarque
    Aux *ciseaux* de la Parque. (VII, 269 ; II, 348.)
Le *ciseau* des douleurs me coupe la parole. (VII, 365.)

CITADIN, CITADINS **:**
    Et le *citadin* de dire :
    « Achevons tout notre rôt.
    — C'est assez », dit le rustique. (I, 87.)
Empoisonner un, de ses *citadins!* (V, 42 et note 1.)
Je suis roi : deviendrai-je un *citadin* d'Ithaque ? (III, 189.)

CITÉ, CITÉS **:**
Le voleur tourne tant qu'il entre au lieu guetté,

Le dépeuple, remplit de meurtres la *cité*. (III, 112 et note 14.)
Un poulailler.

Avec les animaux ils [les hommes] formoient des *cités*. (VIII, 252.)
   J'aime aux *cités*
 Un peu de bruit et de cohue. (IX, 255; voyez VI, 228.)

CITER :

Il [l'ange] les ira *citer* au fond de leur asile. (VIII, 414 et note 2.)
Citer les morts.

CITOYEN, CITOYENNE :

   Les Troyens
Ont laissé de leurs murs la garde aux *citoyens*;
Leurs guerriers vont sortir pour finir la querelle. (VII, 619.)
Pamphile est *citoyenne*. (VII, 99 et note 1; voyez VII, 97.)
L'Olympe et tous ses *citoyens*. (II, 236.)
O dieux, ô *citoyens* du lumineux empire! (VII, 236; voyez VII, 267.)
Apollon, *citoyen* de ces augustes lieux. (III, 250.)
 Tu te verras *citoyen* du haut monde
 Dans mille ans d'hui. (V, 397 et note 8.)
L'époux alors ne doute en aucune manière
 Qu'il ne soit *citoyen* d'enfer. (I, 224.)
 Tout élément remplit de *citoyens*
 Le vaste enclos qu'ont les royaumes sombres. (II, 137.)
Les *citoyens* ailés. (VIII, 395 et note 3.)
Citoyens de cette onde. (III, 57 et note 3.)
Les *citoyennes* des étangs. (II, 39 et note 4.)
Un *citoyen* du Mans, chapon de son métier. (II, 319.)

CIVETTE :

.... L'infernale liqueur d'un profond pot de chambre
Qui n'étoit point rempli de *civette* ni d'ambre. (VII, 338 et note 2.)
« Sainct Alipentin, quelle ciuette! Au diable soit le mascherable, tant il pue ! »
(Rabelais, tome I, p. 243.)

CIVIL, CIVILE :

[La langue] est le lien de la vie *civile*. (I, 38.)
 Lui qui s'étoit jusque là comporté
 En homme doux, *civil*, et sans fierté. (V, 201.)
 Autrefois le rat de ville
 Invita le rat des champs,
 D'une façon fort *civile*,
 A des reliefs d'ortolans. (I, 85.)
Et de peur que Thaïs, ou quelque autre voisine,
Par son *civil* accueil ne l'aille retenir, etc. (VII, 97.)

CIVILISER, CIVILISÉ :

Gens grossiers, peu *civilisés*. (II, 70.)

CLABAUDER :

Voilà maint basset *clabaudant*. (III, 322 et note 26.)

CLAIR, claire :
C'étoit une *claire* brune. (IX, 233.)
.... Qu'on y puisse être pris, la chose est toute *claire*. (IV, 398.)

Clair, substantivement et adverbialement :
.... Dansant au *clair* de la lune. (VIII, 281.)
Tu vois plus *clair* que moi. (VII, 452.)
Il voit *clair* aux ouvrages. (IX, 369.)

  L'aveugle enfant, joueur de passe-passe,
  Et qui voit *clair* à tendre maint panneau. (VI, 125.)
    Beaucoup de maris,
Qui se vantent de voir fort *clair* en leur affaires,
N'y viennent bien souvent qu'après les favoris. (IV, 449.)
 .... Puis tousserez afin de m'avertir,
 Mais haut et *clair*. (IV, 110 et note 5.)
Et soutins haut et *clair* que, etc. (IX, 23.)
Cent beaux écus bien comptés *clair* et net. (VI, 128.)

CLAIRVOYANT, ante :
 Ce diable étoit tout yeux et tout oreilles,
 Grand éplucheur, *clairvoyant* à merveilles. (VI, 94.)
 Nanette comprit bien,
 Comme elle étoit *clairvoyante* et finette, etc. (V, 298.)

CLAMEUR, clameurs :
.... C'étoit une *clameur* à rendre les gens sourds. (II, 271.)
Une *clameur* si haute. (I, 397.)
Remplissant l'air de ses *clameurs*. (VI, 76.)
.... Signaler son devoir par de fausses *clameurs*. (VII, 561 ; voyez VII, 581, 585.)
  Les grenouilles, se lassant
  De l'état démocratique,
  Par leurs *clameurs* firent tant
Que Jupin les soumit au pouvoir monarchique. (I, 214.)

Clamours :
  Onc, en amours,
  Vaines *clamours*
  Ne me reviennent. (VIII, 444.)
 Si te supplie, entends à mes clamours,
 Et prends pitié des contrainctes d'amours.
    (Marot, tome III, p. 255.)

CLANDESTIN, ine :
 On eût vu quelque beau matin
 Un mariage *clandestin*. (I, 265.)
Blessure *clandestine*. (IX, 89.)

CLAQUEMURER :
 Il nous faudroit toutes dans des couvents
 Claquemurer jusques à l'hyménée. (VI, 58.)

CLAQUER, emplois divers :
    Il frissonne,
Claque des dents, et meurt quasi de froid. (IV, 93.)
    Au désespoir bientôt il s'abandonne,
Claque des dents, se plaint, tremble, et frissonne. (IV, 251.)
    L'orateur de cour souveraine
    Fit là-dessus claquer son fouet. (IX, 430 et note 4.)

CLARTÉ, CLARTÉS, au propre et au figuré :
Pendant la nuit il vit aux fentes du tombeau
Briller quelque clarté. (VI, 76.)
La clarté que fait la lampe. (VIII, 100.)
    .... Et le roi lui mettoit
    Entre les mains la clarté qu'il portoit,
    Clarté n'ayant grand'lueur ni grand'flamme.
    D'abord la dame éteignoit en sortant
    Cette clarté : c'étoit le plus souvent
    Une lanterne, ou de simples bougies. (IV, 225 et note 6.)
Sans bruit et sans clarté. (IV, 230.)
Le soir on les enferme en un lieu sans clartés. (VI, 292.)
Enfin, ne voulant plus jouir de la clarté
    Que son époux avoit perdue,
Elle entre dans sa tombe. (VI, 72 et note 4.)
Que me sert la clarté du jour? (VII, 528.)
    Elle lui donne un coup si furieux
    Qu'il en perd la clarté des cieux. (III, 270.)
Qui de nous des clartés de la voûte azurée
Doit jouir le dernier ? (III, 157.)
.... Les noms et les vertus de ces clartés errantes
Par qui sont nos destins et nos mœurs différentes. (III, 122 et note 15.)
.... Si vous le concevez, redoutez ma vengeance
Pour peu que vous soyez rebelle à ses clartés. (VII, 581.)
Aux clartés de cette fable.

CLASSE, CLASSES, acceptions diverses :
Faire plainte au maître de la classe. (II, 382.)
Un enfant alors dans ses classes. (I, 400.)
    Locution plus usitée autrefois qu'aujourd'hui : qui faisait ses classes, ses études.
    L'hymen est bon seulement
    Pour les gens de certaines classes. (IX, 431.)

CLEF, au figuré; CLEF DES CHAMPS; CLEFS DE MEUTE :
[La langue] est le lien de la vie civile, la clef des sciences, etc. (I, 38.)
Caliste (c'est le nom de notre renfermée)
N'eut pas la clef des champs, qu'adieu les livres saints. (V, 111.)
    Les clefs de meute parvenues
A l'endroit où pour mort le traître se pendit,
Remplirent l'air de cris ; leur maître les rompit. (III, 322 et note 18.

CLÉMENCE :
La *clémence* sied bien aux personnes royales. (IV, 433.)
Oronte est à présent un objet de *clémence*. (VIII, 358.)

CLÉMENT :
Du titre de *clément* rendez-le ambitieux. (VIII, 358.)

CLERC :
  Le *clerc* non plus ne fit du sien remise [remise de son droit] :
  Rien ne se perd entre les gens d'Eglise. (V, 329 et note 3.)
Conseiller *clerc*. (IX, 5.)
Un loup, quelque peu *clerc*, prouva par sa harangue
Qu'il falloit dévouer ce maudit animal. (II, 100.)
Salomon, qui grand *clerc* étoit, etc. (IV, 51.)

CLIENTE, CLIENTES :
Les *clientes* de Pâris. (IX, 392.)

CLIMAT, CLIMATS :
     Notre homme
Tranche du roi des airs, pleut, vente, et fait en somme
Un *climat* pour lui seul. (II, 14.)
Demeurez au logis, ou changez de *climat* :
Imitez le canard, la grue, et la bécasse. (I, 84.)
Daims et cerfs de *climat* changèrent. (I, 376.)
Un cerf, à la faveur d'une vigne fort haute,
Et telle qu'on en voit en de certains *climats*, etc. (I, 410 et note 1.)
   Pour moi, je ne souhaite
  Ni *climats*, ni destins meilleurs. (II, 163.)
  .... La France, en grands noms plus féconde
  Qu'aucun *climat* de l'univers. (III, 86.)
Notre *climat* ne doit rien au romain. (IX, 347.)
Le *climat* doit en cœurs foisonner. (IX, 16.)
Six étés n'ont point vu la paix dans ces *climats*. (IX, 47 ; voyez IX, 127.)
   .... Ces deux monts
  Qu'en nos *climats* les gens nomment tetons. (V, 497; voyez VII, 543.)
Les *climats* où il [Foucquet] est particulièrement reconnu. (VIII, 289.)
Venez, Amours, volez de cent *climats* divers. (VII, 527; voyez VIII, 269.)
Climats du matin. (IX, 31.) — *Climats* où commande l'Aurore. (VIII, 205.)
Au fond de ces *climats* [des enfers]. (VIII, 215.)
[Les] *climats* de l'histoire. (VIII, 279.)

CLIN D'ŒIL, CLINS D'ŒIL :
Et Montreuil d'un *clin d'œil* tout contraire à la haine
Sera le regardé. (VII, 574.)
C'est tantôt un *clin d'œil*, un mot, un vain sourire. (VIII, 373.)
.... [Que] je tienne des *clins d'œil* un registre fidèle. (VII, 38.)
Un simple *clin d'œil* [du Roi] m'a renvoyé, je ne dirai pas satisfait, mais plus que comblé. (VIII, 312.)

CLINQUAILLE. (VIII, 437 et note 5.)

CLINQUANT :

Un monsieur tout chargé de *clinquant* vous demande. (VII, 85.)
Point de *clinquant*, jupe simple et modeste. (IV, 261 et note 7.)

CLOCHER, verbe, au propre et au figuré :

    C'est grand'honte
Qu'il faille voir ainsi *clocher* ce jeune fils. (I, 202.)

  Le nœud d'hymen doit être respecté....
  Si par malheur quelque atteinte un peu forte
 Le fait *clocher* d'un ou d'autre côté, etc. (VI, 61 et note 7.)
Toute comparaison *cloche*. (IX, 137; voyez VIII, 317.)

CLOCHER, substantif :

Ennui galoperoit avec moi devant que j'aie perdu de vue les *clochers* du grand village. (IX, 362.)

CLOÎTRE :

Un *cloître* punira cette insolence-là. (VII, 586.)

CLOÎTRIER, CLOÎTRIÈRE :

 Leurs *cloîtrières* Excellences
 Aimoient fort ces magnificences. (V, 586 et note 6.)

CLOPER :

Tout en *clopant* le vieillard éclopé.... (VIII, 300.)

CLOPIN-CLOPANT :

 Mes gens s'en vont à trois pieds,
 Clopin-clopant, comme ils peuvent. (I, 371 et note 1.)

CLOPINER :

.... Quand Vulcain, *clopinant*, lui vint donner à boire. (III, 259.)
« Le boiteux vient clopinant. » (Voltaire, tome VIII, p. 82.)

CLORE, CLOS, CLOSE :

  L'aventureux se lance,
 Les yeux *clos*, à travers cette eau. (III, 77.)

 .... Sein qui pousse et repousse
 Certain corset, en dépit d'Alibech
 Qui tâche en vain de lui *clore* le bec,
 Car toujours parle. (V, 474.)

Bouche *close*. (VII, 304.) — Mains *closes*. (IV, 270.)

 La femme fut lacée un peu trop dru...,
 N'étant jamais à son gré trop bien *close*. (V, 526 et note 6.)

 Dans les visites qui sont faites,
Le renard se dispense et se tient *clos* et coi. (II, 224 et note 9.)
Il se veut désormais tenir *clos* et couvert. (VII, 96 et note 1.)

CLOS (CHAMP). Voyez CHAMP.

CLOSES (LETTRES) :

 Femmes ont maintes choses
 Que je préfère, et qui sont *lettres closes*. (V, 323.)

[Le galant] crie, en voyant je ne sais quels appas :
« O dieux! que vois-je ! et que ne vois-je pas ! »
Sans dire quoi, car c'étoient *lettres closes*. (IV, 375 et note 2.)

  Un mortel eut le crédit
De voir de si belles choses,
A tous mortels *lettres closes!* (V, 432; voyez IX, 418.)

Il faut encor pratiquer d'autres choses,
D'autres vertus, qui me sont *lettres closes*. (V, 469.)

  Le doux langage des soupirs
Est pour vous *lettre close*. (IX, 372.)

Que vous m'aimiez, c'est pour moi *lettre close*. (IX, 44.)

CLOU, clous :

.... Armé d'un fort collier qu'on a semé de *clous*. (VI, 258.)

  Tant de cervelle
N'y fait besoin et ne sert de deux *clous*. (V, 288 et note 6.)

Pour fortifier l'idée de négation : comme on dirait un bouton, un liard, une fève, un pois, un radis, un épi, une cerise, une chènevotte, un chiffon, etc.

CLYSTÈRE, clystères :

On lui donne maints *clystères*. (IV, 122.)

COCHE, voiture publique :

Le *coche* et la mouche. (II, 139.)

COCHET, petit coq :

Or c'étoit un *cochet* dont notre souriceau
Fit à sa mère le tableau. (II, 17.)

COCLUCHON :

  Robes, manteaux, et *cocluchons*,
Tout fut brûlé comme cochons. (IV, 201 et note 1.)

COCU, cocus :

Le *cocu* battu et content. (IV, 83.)

Voyez la *Dissertation étymologique, historique, et critique, sur les diverses origines du mot cocu, avec des notes et pièces justificatives*, par un membre de l'Académie de Blois (J. de Pétigny), Blois, 1835, in-18.

N'êtes-vous pas *cocu* plus d'à demi ?
Madame Alis au fait a consenti. (V, 79.)

Il se maintient *cocu* du moins de la pensée. (V, 92.)
Ses songes sont toujours que l'on le fait *cocu*. (V, 91.)

  Un *cocu* se pouvoit-il faire
Par la volonté seule, et sans venir au point? (V, 132 ; voyez IX, 71.)

Quand les épouses font un récipiendaire
  Au benoît état de *cocu*,
S'il en peut sortir franc, c'est à lui beaucoup faire ;
  Mais, quand il est déjà reçu,
Une façon de plus ne fait rien à l'affaire. (V, 454.)

  L'hôtesse alla tirer du cabinet
Les regardants, honteux, mal contents d'elle,
Cocus de plus. (V, 85.)

De leur boutique il sort chez les François
Plus de *cocus* que du cheval de Troie
Il ne sortit de héros autrefois. (IV, 361.)

COCUAGE, cocuages :

Je fus forcé par mon destin
De reconnoître *Cocuage*
Pour un des dieux du mariage. (IV, 37 et note 2.)

De l'aller voir Amour n'eut à mépris,
Y conduisant un de ses bons amis,
C'est *Cocuage*; il fut de la partie :
Dieux familiers et sans cérémonie,
Se trouvant bien dans toute hôtellerie. (V, 542.)

Il falloit bien que Messer *Cocuage*
Le visitât. (IV, 321 et note 6.)

C'est bien raison que Messer *Cocuage*
Sur son état vous couche ainsi que nous. (V, 83.)

Cocuage en plus d'une sorte
Tient sa morgue parmi ses gens. (V, 139.)

Cocuage, s'il eût voulu,
Auroit eu ses franches coudées. (V, 279.)

.... Croyant par là *Cocuage* hors de gamme. (IV, 370.)

C'est *Cocuage* qu'en personne
Il a vu de ses propres yeux. (V, 92.)

.... Donner l'ordre de *Cocuage*. (V, 30 et note 5.)

Si j'étois crû, dit-il, en dignité
De *cocuage* et de chevalerie ? (IV, 103 et note 3.)

Qu'est-ce que *Cocuage* ? (V, 93.)
Cocuage n'est point un mal. (V, 95, 98.)
Cocuage est un bien. (V, 101, 103.)

Carvel, craignant, de sa nature,
Le *cocuage* et les railleurs.... (IV, 378.)

Vous ne tombez proprement dans le cas
De *cocuage*. (V, 43.)

Longue ambassade et long voyage
Aboutissent à *cocuage*. (V, 247.)

Heureux amants, que l'absence est cruelle !
Que de dangers on essuie en amour !
On risque, hélas ! dès qu'on quitte sa belle,
D'être cocu deux ou trois fois par jour.
(Voltaire, tome VIII, p. 90.)

Ce fut avec une fierté de reine
Qu'elle donna la première façon
De *cocuage*. (V, 52.)

Si pour des *cocuages*
Il faut en ces pays faire tant de façon,
Allons-nous-en chez les sauvages. (V, 134.)

CODE :

Il ne sait loi, ni Digeste, ni *code*. (IV, 350 et note 4.)
.... Le simple sens commun nous tiendroit lieu de *code*. (I, 122.)

CŒUR, acceptions diverses :

Il est bien temps d'ôter à mes yeux ta présence
Quand tu luis dans mon *cœur!* (VIII, 152.)

L'oiseau se donne au *cœur* joie. (I, 310.)

Toute profession s'estime dans son *cœur*. (III, 125.)

.... Mainte belle sans doute en a ri dans son *cœur*. (IX, 24.)

.... Et la dame en son *cœur*
Se proposa d'en dire sa pensée. (VI, 135 ; voyez V, 446.)

C'est assez qu'il [le sexe] condamne en son *cœur*
Celles qui font quelque sottise. (V, 9.)

Ce soufflet m'est toujours demeuré sur le *cœur*. (VII, 374.)

Panneau n'étoit, tant étrange semblât,
Où le pauvre homme à la fin ne donnât
De tout son *cœur*. (V, 32.)

.... Négliger le plaisir du *cœur* pour travailler à la satisfaction de l'oreille. (IV, 146.)

C'est le *cœur* seul qui peut rendre tranquille :
Le *cœur* fait tout. (VI, 100 et note 8 ; comparez VI, 156.)

Voyez aussi Molière, tome VI, p. 141.

A qui donner le prix?
Au *cœur*, si l'on m'en croit. (III, 284.)

Le chemin du *cœur* est glissant. (IX, 410.)

Je suis ravi de voir que vous avez du *cœur*. (VII, 561 ; voyez VII, 136.)

Les Turcs reprennent *cœur*. (IX, 54.)

Le bon *cœur* est chez vous compagnon du bon sens. (III, 319.)

[Chacun] admire le grand *cœur*, le bon sens, l'éloquence,
Du sauvage ainsi prosterné. (III, 151.)

Et si j'avois un petit *cœur*,
J'aurois de tout dans ma boutique. (VII, 127 et note 2.)

Un diamant... taillé en *cœur*. (VIII, 241.)

COFFRE :

Non que nous ayons peur de fouiller dans le *coffre*. (VII, 110.)
Le meuble à serrer l'argent, le coffre-fort.

COFFRE-FORT :

La clef du *coffre-fort* et des cœurs, c'est la même. (V, 244.)

COFFRER :

Ne seroit-ce pas lui qui vient de me *coffrer?* (VII, 383 et note 1.)
De me mettre dans le coffre.

COGNÉE :

... Que ne l'émondoit-on, sans prendre la *cognée?* (III, 9.)

Un bûcheron perdit son gagne-pain :
C'est sa *cognée*. (I, 364 ; voyez III, 288.)

COHORTE :

.... La *cohorte*
N'en perd pas un seul coup de dent. (I, 100.)

Il fut tout étonné d'ouir cette *cohorte*
Le proclamer monarque. (III, 78.)

  Et les sergents, et les procès,
  Et le créancier à la porte...,
N'occupoient le trio qu'à chercher maint détour
  Pour contenter cette *cohorte*. (III, 223 et note 11.)

Il [l'ambassadeur] vient avec grande *cohorte*. (IX, 131.)
L'antique *cohorte* [de nonnes]. (V, 537.)

  Que fait autour de notre porte
  Cette soupirante *cohorte* ?
  Vous me direz que jusqu'ici
  La *cohorte* a mal réussi. (V, 247 et note 5.)

Des *cohortes* nombreuses [de fourmis]. (VIII, 205.)

COHUE :

Un peu de bruit et de *cohue*. (IX, 255.)

COI, adjectivement et substantivement :

Ces fertiles vallons, ces ombrages si *cois*. (IV, 24 et note 3.)
Antres *cois*. (IX, 126.)
Les zéphyrs étoient *cois*. (VII, 164.) —.... Acanthe, soyez *coi*. (VII, 158.)
Le bon sire le souffre, et se tient toujours *coi*. (I, 215 ; voyez V, 79.)
Le renard se dispense, et se tient clos et *coi*. (II, 224 et note 9.)

  T'avois-je pas recommandé, gros âne,
  De ne rien dire et de demeurer *coi* ? (V, 500.)

Sur le *coi* de la nuit. (VI, 9, variante.)

Coi, adverbialement :

Sur ce propos l'autre l'arrêta *coi*. (IV, 287 et note 4.)
Lors le manant les arrêtant tout *coi*.... (IV, 375.)

COIFFER ; SE COIFFER DE, au figuré :

La nuit vient : on le *coiffe*, on le met au grand lit. (IV, 389.)

  Fille *se coiffe* volontiers
  D'amoureux à longue crinière. (I, 265.)

.... Le soupçon et l'inquiétude
Dont Damon *s'est coiffé* si malheureusement. (V, 124 et note 4.)

COIFFEUSE :

  Les eunuques, et les *coiffeuses*,
  Et les brodeuses. (I, 194.)

COIN, acceptions diverses :

Enfin me voilà vieille : il me laisse en un *coin*. (III, 7.)
Pleurante en un *coin*. (VII, 586.) — Garder le *coin* du feu. (I, 369.)
Du *coin* de l'œil l'époux le regardoit. (IV, 302 ; voyez V, 488 et note 3.)

  Puis ce *coin* d'œil, par son langage doux,
  Rompt à mon sens quelque peu le silence. (V, 569.)

.... Frappés en naissant au *coin* des beaux esprits. (VII, 353.)

COL, cou :

Il se jeta à son *col*. (VIII, 225.)
Guindé la hart au *col*, étranglé court et net. (II, 66.)

Il se rompit le *col*, ou peu s'en faut. (IV, 314.)
.... Allonge en vain le *col*. (VIII, 122.) — *Col* penché. (VIII, 102.)
.... Une autre nation
Au *col* changeant. (II, 137.)
On servit, pour l'embarrasser,
En un vase à long *col* et d'étroite embouchure. (I, 113 et note 6.)

COLÈRE :
Laissez, entre la *colère*
Et l'orage qui la suit,
L'intervalle d'une nuit. (II, 314.)
La *colère* du roi, comme dit Salomon,
Est terrible, et surtout celle du roi lion. (II, 283.)
L'époux, sortant quelque peu de *colère*.... (IV, 166.)

COLÈRE, adjectivement :
Achille à l'âme si *colère*. (VIII, 263 et note 5.)

COLLATION :
Jamais de bruit pour la quittance ;
Trop bien quelque *collation*,
Et le tout par dévotion. (IV, 187 et note 3.)
Il m'est venu prier d'une *collation*. (VII, 380 ; voyez VIII, 423.)

COLLÉGIALE :
C'est une *collégiale* assez bien rentée pour un bourg. (IX, 238 et note 3.)

COLLERETTE :
.... Puis, tout à coup levant la *collerette*,
Prit un baiser. (V, 76 et note 7.)

COLLET :
[Borée] eut beau faire agir le *collet* [du manteau] et les plis. (II, 11.)
Dindenaut au *collet*
Prend un bélier. (V, 305 ; voyez IV, 323.)

COLLIER :
Le *collier* dont je suis attaché
De ce que vous voyez est peut-être la cause. (I, 73.)
C'est Phlégon, qui souvent aux loups donne la chasse,
Armé d'un fort *collier* qu'on a semé de clous. (VI, 258.)
[Le chien] s'étoit fait un *collier* du dîné de son maître. (II, 244.)
Un *collier* de vingt mille écus. (V, 150.) — *Colliers* d'or. (VIII, 482.)
Franc du *collier*. (V, 535.)

COLOMBIER :
Toute la bande des Amours
Revient au *colombier*. (II, 75 et note 15.)

COLONNES d'un patibulaire. (III, 322 et note 22.)

COLORER :
Je veux un peu d'hymen pour *colorer* l'affaire. (VII, 170.)

COMBAT, COMBATS, au propre et au figuré :
Les assaillants, faits aux *combats* de mer. (IV, 400.)
Dans un *combat* de main à main. (VI, 209.)

  Ce *combat* plein de charité
Fut par le sort à la fin terminé. (IV, 436.)
   Ardente et belle,
Et propre à l'amoureux *combat*. (IV, 378 et note 6.)
.... Un pauvre malheureux,
Qui vous précède au *combat* amoureux. (V, 40 et note 2.)
On doit m'attendre entre deux draps,
Champ de bataille propre à de pareils *combats*. (V, 452 et note 3.)

COMBATTRE :

Deux taureaux *combattoient* à qui posséderoit
  Une génisse avec l'empire. (I, 139.)
Lieux dont *j'ai combattu* la douce violence.... (VI, 285.)

COMBLE :

   Voici de plus belle
Un flambeau, *comble* de tous maux. (IV, 391.)
.... Ce fut bien là le *comble*. (V, 135.)
  Et, pour *comble*, lui donne
Un bracelet. (IV, 25.)
  Et, pour *comble* de gloire,
Il combat en mourant. (VI, 259.)

COMBLER ; COMBLER DE :

Que le Ciel, disoit-on, afin de vous *combler*,
Fasse à l'hymen de Malc le vôtre ressembler. (VI, 296.)
Un simple clin d'œil [du Roi] m'a renvoyé, je ne dirai pas satisfait, mais plus que *comblé*. (VIII, 312.)
Comblé d'amour. (V, 203.)

COMBUSTION :

   Cet altercas
Mit en *combustion* la salle et la cuisine. (III, 227.)

COMÉDIE :

Une ample *comédie* à cent actes divers,
  Et dont la scène est l'univers. (I, 363.)
On se sert indifféremment de ce mot de *comédie* pour qualifier tous les divertissements du théâtre. (VIII, 110 et note 1 ; voyez VIII, 76.)
Le docteur de la *comédie*. (VIII, 340 et note 2.)
  Et jamais il ne fit si bon
Se trouver à la *comédie*. (IX, 349.)
La *comédie* au moins, me diras-tu, doit plaire. (IX, 156.)
La fable, le livret, d'un opéra.

COMIQUE, substantivement :

La difficulté n'est pas si grande dans le *comique*. (VIII, 117.)

COMMANDE :
Voilà bien des façons pour une bagatelle.
— C'est qu'elle est de *commande*. (VII, 173.)

COMMANDEMENT :
Le sort en sa place suppose
Une soubrette à mon *commandement*. (VI, 124 et note 3.)
Les plaisirs... que nous avons le plus à *commandement*. (VIII, 112.)

COMMANDER :
Commander, étoit-ce un mystère?
Obéir est bien autre affaire. (V, 551.)
Je suis, dit-il, le dieu qui *commande* à cette onde. (VI, 19.)
.... Un roc qui *commandoit* aux abîmes de ces lieux-là. (VIII, 170.)
Sur ce, je vous *commande* [recommande] à Dieu. (IX, 209 et note 2.)

COMME, emplois divers :
Comme elle disoit ces mots,
Le loup, etc. (I, 327 ; voyez I, 127 ; etc.)
Comme il fut sorti de Delphes, et qu'il eut pris le chemin de la Phocide, les Delphiens accoururent. (I, 52.)

Comme, ainsi que :
La bique, *comme* on peut croire,
N'avoit pas vu le glouton. (I, 327 ; voyez V, 314.)
Le pauvre homme en pleura... :
Non *comme* qui perdroit sa femme...,
Mais *comme* qui perdroit tous ses meilleurs amis. (V, 105.)
Il monte en haut, et fait à la donzelle
Son compliment, *comme* homme bien appris. (IV, 258.)
.... D'une taille à peu près *comme* la sienne. (VIII, 161.)
Il n'est merveille qui confonde
Notre raison, aveugle en mille autres effets,
Comme ces temps marqués où nos maux sont sujets. (VI, 332.)

Comme, en qualité de :
Monsieur l'abbé trouvoit cela bien dur,
Comme prélat qu'il étoit. (V, 395.)

Comme, parce que, puisque :
Nanette comprit bien,
Comme elle étoit clairvoyante et finette.... (VII, 298.)
Comme la musique ne rend pas l'homme meilleur, à quoi bon s'y attacher? (I, 11.)
Je m'étonne, *comme* on dit qu'il pouvoit tout, qu'il n'avoit, etc. (IX, 254.)

Comme, à la façon dont :
Comme tout se dispose. (IX, 151.)

Comme, de quelle façon :
Comme tu vas, bon Dieu ! ne peux-tu marcher droit?
— Et *comme* vous allez vous-même ! (III, 285.)

Comme, comment :

Comme est-ce qu'on le nomme? (VII, 285.)
Puis il demande aux gens *comme* on les nomme. (V, 397.)
.... Et m'enquiers *comme* il se nomme. (V, 239.)
Je veux conter *comme* une de ces femmes, etc. (V, 186.)
.... Dire à Vénus *comme* leur légation s'étoit passée. (VIII, 200.)

Mon but est de dire
Comme un roi fit venir un berger à sa cour. (III, 47.)

Si vous me demandez *comme* un chien avertit,
Je crois que, etc. (V, 270.)

Je ne vous saurois dire *comme* elle est faite. (IX, 277.)

En s'informant de tout, et des si, et des cas,
Et *comme* elle étoit faite, etc. (V, 450.)

Allons donc confronter
Vos deux moitiés *comme* Dieu les a faites. (V, 324.)

Pinucio, sur l'avis de Colette,
Marque de l'œil *comme* la chambre est faite. (IV, 208.)

Il est quelquefois bon
D'apprendre *comme* tout se passe à la maison. (V, 138.)

.... Ne comprenant *comme* il se pouvoit faire
Que son épouse eût eu si peu d'esprit. (IV, 165.)

Et ne sais pas *comme* il ne vient de Rome
Permission de troquer en hymen. (V, 319; voyez I, 15-16; II, 299; IV, 55, 262; V, 187; et passim.)

Quelqu'un n'a-t-il point vu
Comme on dessine sur nature? (V, 346.)

Voici *comme* il faut faire. (III, 234; voyez IV, 34, 464.)

Je m'ébahis *comme* au bout du royaume
S'en est allé le compère Guillaume. (IV, 158.)

Le peuple s'étonna *comme* il se pouvoit faire
Que, etc. (I, 195.)

Comme ai-je pu tomber dans une autre pensée? (VIII, 368.)

Comme a-t-on....
Trouvé céans ce petit champignon? (V, 524.)

COMMENCER; COMMENCER DE :

Je devois par la royauté
Avoir commencé mon ouvrage. (I, 206 et note 1.)

On la promet, on la *commence;*
Le jour des noces se tient prêt.
Entendez ceci, s'il vous plaît
(Je pense voir votre pensée
Sur ce mot-là de *commencée*) :
C'étoit alors, sans point d'abus,
Fille promise et rien de plus. (V, 216 et note 1.)

Un loup qui *commençoit* d'avoir petite part
Aux brebis de son voisinage.... (I, 210.)

Caliste enfin l'inexpugnable
Commença d'écouter raison. (V, 127.)

.... Aldobrandin *commence d'y* rêver. (V, 565.)
Je *commence*, Gnaton, *d'*avoir peine à t'entendre. (VII, 40.)

COMMENSAL, commensaux :

Dans une ménagerie....
Vivoient le cygne et l'oison :
.... L'un qui se piquoit d'être
Commensal du jardin; l'autre, de la maison. (I, 235.)
Bertrand avec Raton, l'un singe et l'autre chat,
Commensaux d'un logis, etc. (II, 444.)

On voit courir par tout cet héritage
Ses *commensaux*, rudes à pauvres gens. (V, 359.)

COMMENT :

Car, de lui demander quand, pourquoi, ni *comment*.... (III, 281.)
.... Vous allez entendre *comment*. (V, 115.)
Bon gré, mal gré, je ne sais pas *comment*. (VI, 43.)
.... Inquiète en chemin
Comment de la donner je pourrois faire en sorte. (VII, 427.)

COMMENTAIRE :

Cet auteur a, dit-on, besoin d'un *commentaire*. (IX, 374.)

COMMERCE, commerces :

[Un trafiquant] s'en allant en *commerce*.... (II, 355 et note 18.)
[Il] vit aller le *commerce* à vau-l'eau. (VI, 106.)
.... Pour maintenir ton *commerce*. (VIII, 233.)
Le commerce de la Volupté.
.... Alix d'abord rejette un tel *commerce*. (VI, 129.)
.... De peur d'être vu,
Troublé, distrait, enfin interrompu,
Dans son *commerce* au logis de la dame. (IV, 252 et note 4.)
Un *commerce* amoureux. (VII, 334; voyez VII, 410, 418.)
Certain jaloux, ne dormant que d'un œil,
Interdisoit tout *commerce* à sa femme. (IV, 368.)
D'autres propos chez vous récompensent ce point :
Propos, agréables *commerces*. (II, 459.)
A la campagne il vivoit
Loin du *commerce* et du monde. (IV, 23 et note 1.)
Cette passion et vos jeunes ans n'ont encore guère de *commerce* ensemble. (VIII, 69.)

COMMÈRE, commères :

Compère le renard se mit un jour en frais,
Et retint à dîner *commère* la cicogne. (I, 112.)

Commère, proprement « celle qui a tenu un enfant sur les fonts; et elle a ce nom tant à l'égard de celui avec qui elle l'a tenu qu'à l'égard du père et de la mère de l'enfant. » (Académie, 1694.) — Par extension, nom donné aux animaux qui ont des rapports d'amitié ou de voisinage.

.... Ma *commère* la carpe y faisoit mille tours
Avec le brochet son compère. (II, 111.)

Vous en tenez, ma *commère* m'amie. (IV, 290 et note 4; voyez II, 240; III, 14, 20, 70; IV, 285.)

Votre salaire? dit le loup :
Vous riez, ma bonne *commère!* (I, 230; voyez I, 309.)

Voyez, mon fils, dit la bonne *commère*. (V, 229.)

N'ayant autre œuvre, autre emploi, penser autre,
Que de chercher où gisoient les bons vins,
Les bons morceaux, et les bonnes *commères*. (V, 391.)

Une bonne *commère*, « une femme qui se mèle de plus d'un métier. » (Académie, 1694.) — « .... Une bonne gaillarde, une bonne éveillée, et qui aime un peu à se réjouir. » (Richelet.)

La gageure des trois *commères*. (IV, 292.)

COMMETTRE; COMMETTRE À :

Je crains de *commettre* Géronte. (VI, 35.)
De le compromettre.

Ils *commettent aux* flots cette douce espérance. (VI, 200.)
Hortense *est commise à* tes soins. (VII, 408.)
Enlever le dépôt *commis aux* soins du garde. (VI, 82.)

COMMIS, substantif :

Les *commis* de la douane. (I, 35.)
Apollon servoit quelquefois de simple *commis* aux secrétaires de Son Éminence. (IX, 260.)

COMMISSAIRE :

L'échange en étant fait aux formes ordinaires,
Et réglé par des *commissaires*.... (I, 240.)

COMMODE; COMMODE À, POUR :

Quant à moi, je me rends plus juste et plus *commode*. (VII, 66.)
Le partisan *commode* est un bon dépensier. (VII, 574.)
Onc il ne fut un moins *commode* époux. (V, 395.)
Notre jaloux devint *commode*. (V, 515.)
Esprit *commode* et doux. (VII, 585.)

La belle en choisit un, bien fait, beau personnage,
D'humeur *commode*, à ce qu'il lui sembla. (V, 112.)

Se rendre terrible à ses ennemis, facile et *commode aux* autres. (I, 48.)
Une compagne *commode pour* un mari. (VIII, 147.)

COMMODITÉ, COMMODITÉS :

La *commodité* du lieu. (VIII, 152.)

Ce que chacun d'eux devoit porter pour la *commodité* du voyage fut départi selon leur emploi et selon leurs forces. (I, 33.)

.... Non qu'il se soit du tout privé
Des *commodités* de la vie. (IX, 208.)

Je ne parlai d'autre chose que des *commodités* de la guerre. (IX, 230.)
Les dieux, qui savent le plaisir que j'ai à vous contempler, m'en ont donné des *commodités*. (VIII, 287.)

Une telle *commodité* ne se rencontroit pas tous les jours. (VIII, 104.)

Nous en ferons l'amour avec plus d'assurance,
Plus de plaisir, plus de *commodité*. (IV, 40.)

174   LEXIQUE DE LA LANGUE   [COM

Je sais une dame
Près de qui nous aurons toute *commodité*. (IV, 45.)

Ayant eu le vent des beautés,
Perfections, *commodités*,
Qu'en sa voisine on disoit être, etc. (IV, 423 et note 6.)

Ma sœur me mande qu'elle a fort affaire d'argent : c'est à vous de prendre votre *commodité*. (IX, 311.)

Leurs jambes coupées
Firent qu'il [le hibou] les mangeoit [les souris] à sa *commodité*. (III, 163.)

Nous irons prendre au Bourg-la-Reine la *commodité* du carrosse de Poitiers. (IX, 224 et note 3.)

Je suis un mortel qui ne possède que ces filets et quelques petites *commodités* dont j'ai meublé deux ou trois rochers. (VIII, 139.)

COMMUN, COMMUNE, emplois divers ; COMMUN À :

Voilà ce que l'on dit d'une *commune* bouche. (VII, 616.)
.... Vont trafiquer au loin, et font bourse *commune*. (III, 220.)
Faute de reculer, leur chute fut *commune* :
Toutes deux tombèrent dans l'eau. (III, 210.)

Bertrand avec Raton, l'un singe et l'autre chat,
Commensaux d'un logis, avoient un *commun* maître. (II, 444.)

Eux seuls seront exempts de la *commune* loi! (III, 298.)

Sans ce *commun* sort
Peut-être ils se mettroient à l'abri de la mort. (VI, 325.)

Chacune de vous
Tâche à contribuer au *commun* bien de tous. (VI, 298.)

A frais *communs* se conduisoit l'affaire. (V, 69.)

C'est chose *commune*
Que de lui voir [à la Fortune] traiter ceux qu'on croit ses amis
Comme le chat fait la souris. (III, 212.)

Cependant on s'oublie en ces *communs* [bas, vulgaires] besoins. (III, 344.)

Se tairoient-ils d'une telle fortune ?
Et devoit-on la *leur* rendre *commune* ? (VI, 132.)

Je souffre cette humeur :
Elle est *commune aux* dieux, *aux* monarques, *aux* belles. (II, 458.)

COMMUN, substantivement ; EN COMMUN :

Le bel esprit en vers distingue du *commun*. (VII, 574.)
Les gens du *commun*. (VIII, 169.)
Le nez royal fut pris pour un nez du *commun*. (III, 253.)
Que ne vis-tu sur le *commun* ? (III, 264 et note 7.)
Ayons quelque objet *en commun*. (IV, 45.)

Soyons chacun
Et du plaisir et des frais *en commun*. (VI, 131.)

Malgré nous désormais nous vivrons *en commun*. (VI, 294.)

COMMUNE, substantif :

La *commune* s'alloit séparer du sénat. (I, 209 et note 12.)

« La commune s'émut. — La commune prit les armes. — Il ne faut pas irriter la commune, armer la commune. » (Académie, 1694.)

COMMUNICATION :

.... Celui des mortels qui avoit le plus de *communication* avec les dieux. (I, 15.)

COMMUNIQUER :

Ah! si vous connoissiez, comme moi, certain mal
    Qui nous plaît et qui nous enchante...!
    Souffrez qu'on vous le *communique*. (II, 276.)

D'autre côté, *communiquer* la belle,
Quelle apparence! (VI, 131 et note 6.)

COMPAGNE :

Je me comptois toujours *compagne* de sa couche. (VII, 421.)
.... Devenue *compagne* des ours. (VIII, 85.)
Nous laissons nos chères *compagnes*. (III, 149.)

Des portions d'humeur grossière,
Quelquefois *compagnes* du sang,
Le suivent dans le cœur. (VI, 331.)

COMPAGNIE :

Là, son unique *compagnie*
Consistoit aux oiseaux. (V, 14.)

Là, pour *compagnie*, elle rencontroit des hiboux et force serpents. (VIII, 164.)

.... Lui donnant seulement Toinon pour *compagnie*. (VII, 562.)

Il s'en va seul, sans *compagnie*
Que celle de ce fils qu'il portoit dans ses bras. (V, 15.)

Il faut dans le plaisir un peu de *compagnie*. (VII, 573.)

Notre curé suit son seigneur;
Tous deux s'en vont de *compagnie*. (II, 159.)

Capitaine Renard alloit de *compagnie*
Avec son ami Bouc. (I, 217; voyez III, 243.)

Il voyageoit de *compagnie*. (III, 75 et note 7.)

.... Quatre animaux, vivants de *compagnie*,
Vont aux humains en donner des leçons. (III, 279.)

Une esclave en ce lieu la suivit par pitié,
Prête à mourir de *compagnie*. (VI, 73.)

Si vous voulez coucher de *compagnie*,
Vous et Monsieur, nous vous hébergerons. (IV, 207.)

Les grâces lacédémoniennes ne sont pas tellement ennemies des muses françoises que l'on ne puisse souvent les faire marcher de *compagnie*. (I, 10.)

.... Enfin, bref, tout l'attirail de guerre,
Donner, non sans douleur, de *compagnie* à terre. (VII, 297.)

[Pinucio] s'en vient en *compagnie*
D'un sien ami. (IV, 207.)

Il la retrouve en bonne *compagnie*. (IV, 102.)

[Alaciel] goûta ce soir, par *compagnie*,
De ce breuvage si divin. (IV, 428 et note 4.)

.... Que de ta fille il ait la *compagnie :*
Car d'eux doit naître un pape. (IV, 467 et note 1.)
.... A moins enfin qu'elle n'ait à souhait
Compagnie d'homme : Hippocrate ne fait
Choix de ses mots. (V, 309 et note 2.)

COMPAGNON; COMPAGNON DE, À :

Ma foi, le *compagnon* nous l'a su donner belle. (VII, 75.)
En son temps, aux souris le *compagnon* chassa. (III, 163 et note 9; voyez III, 299.)
Le *compagnon* vous la tenant seulette, etc. (V, 76; voyez I, 426; IV, 167, 211, 223, 324, 362, 464, 493; V, 32, 48, 196, 410; VI, 10, 36.)

« Il fit appeler... les plus forts et roides compagnons, et mit Romilde entre leurs mains pour en faire leur plaisir l'ung aprez l'aultre, laquelle repassèrent toute une nuict. » (Brantôme, tome IX, p. 382.)

    Ce *compagnon* n'est pas
Tel que j'ai cru : le drôle a la peau fine. (V, 51.)
    Le maître, étant bon *compagnon,*
    Eut bientôt empaumé la dame. (V, 508 et note 1.)
Bon *compagnon* et beau joueur de quilles. (V, 532 et note 4.)
    Ce chien, parce qu'il est mignon,
    Vivra de pair à *compagnon*
    Avec Monsieur, avec Madame? (I, 283.)
Le premier, de son arc, avoit mis bas un daim ;
Un faon de biche passe, et le voilà soudain
Compagnon du défunt. (II, 348.)
Sommes-nous pas *compagnons de* fortune? (V, 83.)
Nous voici *compagnons de* voyage. (I, 315.)
Le bon cœur est chez vous *compagnon du* bon sens. (III, 319 et note 2.)
Je te dois des plaisirs *compagnons des* autels. (VII, 176.)
J'aurai des *compagnons à* punir cet outrage. (VII, 610 et note 2.)

COMPARAISON; À COMPARAISON DE :

Voyez ces animaux, faites *comparaison*
    De leurs beautés avec les vôtres. (I, 78.)
Toute *comparaison* cloche. (IX, 137; voyez VIII, 317.)
Ce n'étoit rien *à comparaison du* désespoir où étoit la mère. (VIII, 52 ; voyez VIII, 225; IX, 308.)

COMPAROÎTRE :

    Que tout ce qui respire
S'en vienne *comparoître* aux pieds de ma grandeur. (I, 77.)
Un citoyen du Mans, chapon de son métier,
    Étoit sommé de *comparaître*
    Par devant les lares du maître,
Au pied d'un tribunal que nous nommons foyer. (II, 320 et note 4.)

COMPARTIMENT, COMPARTIMENTS :

Fleurons, *compartiments,* animaux, broderie. (IX, 274; voyez VIII, 33 et note 1.)

COMPAS, au figuré :
> Et ces gens veulent au *compas*
> Tracer le cours de notre vie! (II, 298.)

De leurs avis servez-vous pour *compas*. (IX, 21.)

COMPASSION :

La *compassion* a aussi ses charmes, qui ne sont pas moindres que ceux du rire. (VIII, 105; voyez VIII, 24.)

Votre *compassion*, lui répondit l'arbuste,
Part d'un bon naturel. (I, 127.)

COMPÈRE :

C'est mon voisin, c'est mon *compère*. (I, 150.)

> *Compère* loup, le gosier altéré,
> Passe par là. (III, 134.)

Ma commère la carpe y faisoit mille tours
Avec le brochet son *compère*. (II, 111.)

D'une part l'appétit, de l'autre le danger,
N'étoient pas au *compère* un embarras léger. (III, 109.)

Dans tous ces exemples il s'agit d'animaux.

> *Compère* mon ami. (V, 490.)

Pourvoyez-vous de quelque autre *compère*. (V, 39.)

> Obliger mon *compère*,

Ce m'est assez. (V, 492; voyez IV, 159, et comparez III, 24 et note 10.)

Le *compère* Guillaume. (IV, 158; voyez IV, 164.)

« Un *compère*, un gaillard, un bon dégoûté, un bon éveillé, un bon compagnon. » (Richelet.) — « On dit figurément d'un homme fort éveillé, fort alerte pour ses intérêts, ou pour son plaisir, que c'est un *compère*. » (Académie, 1694.)

Viens tenir mon enfant, tu seras mon *compère*. (IX, 43.)

« Nom d'alliance spirituelle qui se donne par un homme et par une femme à celui qui a tenu sur les fonts quelqu'un de leurs enfants. » (Académie, 1694.)

COMPLAIRE; SE COMPLAIRE :

Flatter ceux du logis, à son maître *complaire*. (I, 72.)
C'est assez vous *complaire*. (VII, 575; voyez VII, 98.)
J'avois prévu ma chute en montant sur le faîte;
Je m'y *suis* trop *complu*. (III, 54.)

COMPLAISANT, ANTE :

[Telle] lui sourioit, faisoit la *complaisante*. (V, 411.)

COMPLET, COMPLÈTE :

> En voyageant, plus la troupe est *complète*,
> Mieux elle vaut. (IV, 242; voyez V, 73.)

COMPLICE, COMPLICES :

Le sort ne m'aura point contre lui pour *complice*. (VII, 598.)
C'est ainsi que le monstre a ces bois pour *complices*. (VI, 250.)
[Les antres] *complices* des larcins de ce couple amoureux. (VI, 243.)

COMPLIMENT, COMPLIMENTS :

Préparer les logis, faire le *compliment*. (VII, 35.)

J. DE LA FONTAINE. X

Obligez-moi, de grâce,
De le lui présenter [ce diamant] avec mon *compliment*. (V, 261.)
 Il monte en haut, et fait à la donzelle
 Son *compliment*, comme homme bien appris. (IV, 258.)
Son *compliment* parut galant et des plus fins ;
 Il surprit et charma la belle. (V, 265.)
Après ce *compliment*, sans plus longue demeure,
Il lui dit en deux mots, etc. (IV, 439.)
Le *compliment* n'est ici nécessaire. (IV, 346 et note 3.)
Tel *compliment* n'étant là de saison.... (VI, 133.)
 .... Par quel *compliment*
 Elle pourra lui déclarer sa flamme. (V, 191.)
[Madame Alis] eut de la jeune Aminte
Ce *compliment*, ou plutôt cette plainte. (VI, 29.)
Sans long *compliment*. (IV, 158.)
Leur *compliment* fut court. (II, 345.)
C'est *compliment*, ce que vous m'avez dit. (V, 195.)
 .... L'accueil qu'en ont tous ses amants
N'aboutit, je le crois, qu'à de vains *compliments*. (VII, 14 ; voyez VII, 26, 59, 62 ; etc.)
Leurs coutumes, façon de vivre, occupations, *compliments* sur tout ne me plaisent point. (IX, 294.)
 .... S'acquitter envers le prince
De certains *compliments* de consolation. (II, 280.)

COMPLIMENTEUR :

 L'ours, très mauvais *complimenteur*,
Lui dit : « Viens-t'en me voir. » (II, 261.)

COMPLOTER :

Les voleurs contre eux *complotèrent*. (II, 125.)

COMPORTER (Se) :

 Je ne vois point de créature
 Se comporter modérément. (II, 412.)
 [L'homme] *se comporte*
En mille occasions comme les animaux. (III, 80.)
 Comportez-vous de manière et de sorte
 Que, etc. (VI, 61.)
 .... Lui qui *s'étoit* jusque-là *comporté*
 En homme doux, civil, et sans fierté. (V, 200.)
L'amant alors *se comporte* en époux. (VIII, 456.)
 Comportez-vous
Comme frère en secret, en public comme époux. (VI, 294.)

COMPOSER, activement et neutralement :

Une personne que le Ciel *a composée* avec tant de soin. (VIII, 151.)
 .... Puissent ses plaisirs les plus doux
 Vous *composer* des destinées
 Par ce temps à peine bornées. (III, 250.)
Eux seuls ils *composoient* toute leur république. (VI, 150.)

.... Que la nature *ait composé* mon cœur de marbre dur. (V, 569.)
Pour une oreille il *auroit composé*;
Sortir à moins, c'étoit pour lui merveilles. (IV, 173.)

Composé, substantivement :
Si dans son *composé* quelqu'un trouve à redire,
Il peut le déclarer sans peur. (I, 77.)
Le reste du *composé*
Est l'être le plus volage. (IX, 462.)

COMPOSITEUR, faiseur de vers. (VII, 174.)

COMPOSITION :
Il l'a achetée [cette coupe] d'un Arabe qui, soit par *composition* ou par enchantement, y avoit attaché cette vertu. (VII, 458.)
Composition savante, mais naturelle, par opposition à « enchantement ».

COMPRENDRE :
.... Je n'y *comprends* le sexe en général. (V, 177.)

COMPTANT, substantivement :
Force *comptant*. (VI, 44.)
Il avoit du *comptant*,
Et partant
De quoi choisir. (I, 110.)
Son père avoit du *comptant* et du bien. (VI, 51.)

COMPTE, ordinairement écrit CONTE; sens et emplois divers :
Un gros singe....
Jetoit quelque doublon toujours par la fenêtre,
Et rendoit le *compte* imparfait. (III, 203.)
Le tout sans *compte* et sans mesure. (V, 213.)
Gaillardement six postes se sont faites :
Six de bon *compte*, et ce ne sont sornettes. (IV, 215; voyez IX, 263.)
Nous en avons passé quatre [rivières] en chemin,
De fort bon *compte*, au moins qu'il m'en souvienne. (IX, 251.)
Avant le jour du *compte* efface entier le mien. (VIII, 416 et note 2.)
Le pauvre époux se trouve tout heureux
Qu'à si bon *compte* il en ait été quitte. (IV, 308.)
Bien ou mal, je ne laisse
D'avoir mon *compte*. (V, 302 et note 2.)
Gardez-vous de rien dédaigner,
Surtout quand vous avez à peu près votre *compte*. (II, 113.)
Amour fait tant qu'enfin il a son *compte*. (V, 541.)
Vous eussiez eu votre *compte* tous trois. (IV, 111.)
Cet hymen seroit bien mon *compte*. (V, 215; voyez V, 221.)
L'une et l'autre trouva de la sorte son *compte*. (I, 227.)
On ne trouve jamais son *compte* à des jaloux. (VII, 110.)
Faites votre *compte* que, etc. (VIII, 84.)
Il se seroit trompé sûrement dans son *compte*. (VII, 412.)
.... Sans mettre en *compte* leur bonté. (IX, 142.)
Je ne veux pas te mettre en *compte*
Le zèle ardent.... (VIII, 393.)

Mettre tout sur son *compte*. (VI, 137.)
  Il est force gens comme lui
Qui prétendent n'agir que pour leur propre *compte*. (II, 278.)
    Titres par lui plus qu'aucuns regrettés,
    Et dont alors on faisoit plus de *compte*. (V, 160.)
.... De venir ne tenois quasi *compte*. (IV, 94.)
Je rendrai de vous un très bon *compte*. (IV, 307 et note 1.)

COMPTER :

J'arrivai assez à temps pour *compter*. (IX, 239 et note 7.)
    Le lion par ses ongles *compta*. (I, 76.)
    Ce n'est point ma manière
    De *compter* de la sorte. (II, 218.)
Le demeurant [du troupeau], non *compté* par la belle,
    Prit aussitôt le chemin du logis. (VI, 10.)
Mais le mal est qu'ils [les vers que j'ai à faire] ne *sont* pas *comptés*. (IX, 12.)
Dans mille ans d'hui, complets et bien *comptés*. (V, 397.)
En argent bien *compté*. (IX, 18.)
    Il leur promit cent talents d'or,
Bien *comptés*. (II, 424 ; voyez IV, 71; VI, 113, 128.)
[Elles] paieroient leur mère tout *comptant*. (I, 195.)
Voici... deux cents écus *comptants*. (IV, 362.)
    Je puis enfin *compter* l'aurore
    Plus d'une fois sur vos tombeaux. (III, 158.)
Un mourant, qui *comptoit* plus de cent ans de vie, etc. (II, 209.)
On *compte* au lansquenet le riche financier. (VII, 574.)
    On fait cas de.
    Mais la pauvrette *avoit compté*
    Sans l'autour aux serres cruelles. (I, 419.)
Camus en chien d'Artois d'*avoir compté* sans hôte. (VII, 586.)
Vous *comptez* sans votre hôte. (IX, 16 ; voyez IX, 447.)
Tout *compté*, mieux vaut, etc. (II, 306.)

COMPTEUR :

.... S'il n'avoit entendu son *compteur* à la fin
    Mettre la clef dans la serrure. (III, 204.)
Au propre, le thésauriseur qui comptait sans cesse son argent.

    Ce chaos de dettes
    Qu'un maudit *compteur* avoit faites. (IX, 454.)
Le trésorier des États de Bretagne.

COMPTOIR, COMPTOIRS :

Un marchand, ayant devant lui, sur son *comptoir*, des sacs de blé. (VII, 127.)
    La chambre, bien cadenassée,
    Permettoit de laisser l'argent sur le *comptoir*. (III, 203 et note 15.)
Le meuble sur lequel le thésauriseur le comptait.

Ils avoient des *comptoirs*, des facteurs, des agents. (III, 221.)

COMTE :
Delà les monts chacun veut être *comte*. (V, 160 et note 2.)

COMTÉS :
Belles *comtés*, beaux marquisats de Dieu. (V, 156 et note 2.)

CONCEPTION :
L'esprit se porte à la *conception* de bien des choses. (VII, 464.)

CONCERT, CONCERTS, emplois divers :
.... Tant que notre *concert* en fut déconcerté. (VII, 317.)
Les grands *concerts* d'Orphée. (IX, 154.)
       Jamais dans ces bois
Les échos n'ont formé des *concerts* de leurs voix. (VI, 286.)
Sans s'être concertés pour une fin semblable,
Tous deux travailleront d'un *concert* admirable. (VII, 411.)
Lubin..., avec moi de *concert*, etc. (VII, 575; voyez VII, 407.)

CONCERTER; SE CONCERTER :
La musique en *sera* d'autant mieux *concertée*. (IX, 160.)
.... Sans *s'être concertés* pour une fin semblable. (VII, 401.)

CONCEVOIR, au propre et au figuré; SE CONCEVOIR :
J'ai des cavales en Égypte qui *conçoivent* au hannissement des chevaux qui sont devers Babylone. (I, 49; voyez I, 50.)
       .... Afin que les belettes
       En *conçussent* plus de peur. (I, 288.)
   Je ne sais pas pourquoi votre parent...
   A de m'aimer *conçu* la fantaisie. (VI, 29.)
.... Si vous étiez l'objet des vœux qu'il *a conçus*. (VII, 69.)
Dieux! qu'on est empêché quand il faut qu'on exprime
       Ce qu'on ne sauroit *concevoir!* (IX, 341.)
Il leur fit *concevoir* ce que c'est que la vie. (VI, 77.)
Si vous le *concevez* [le sens de cette fable] redoutez ma vengeance. (VII, 581.)
[Ce principe] est distinct du corps, *se conçoit* nettement,
       Se conçoit mieux que le corps même. (II, 472 et note 71.)

CONCIERGERIE, prison :
   [Lucifer], qui tiens là-bas noire *conciergerie*.... (IX, 21.)
Comparez les Lexiques de Malherbe et de Racine.

CONCILIATEUR :
Jupiter le *conciliateur*. (IX, 395; voyez III, 340.)
C'est l'épithète homérique.

CONCITOYEN :
Le lièvre et la perdrix, *concitoyens* d'un champ. (I, 417.)
D'un champ, comme on diroit d'une ville, d'un État.

Concitoyen des ours. (VI, 207 et note 3.)

CONCLAVE :

Les simples monseigneurs
N'étoient d'un rang digne de ses faveurs :
Il lui falloit un homme du *conclave*. (V, 187 et note 3.)

CONCLURE; SE CONCLURE :

L'éloquence du dieu, la peur de lui déplaire...,
    Conclurent tout en peu de temps. (VI, 20.)
    .... Dont je *conclus* en forme :
Cocuage est un bien. (V, 100; voyez I, 301.)
Leur hymen *se conclut*. (VI, 209; voyez VI, 21.)

CONCLUSION :

Ce premier point eut par fortune
Malheureuse *conclusion*. (V, 593.)
La voilà, pour *conclusion*,
Grasse, mafflue, et rebondie. (I, 251.)
Conclusion, que Renaud sur la place
Obtint le don d'amoureuse merci. (IV, 266 et note 1; voyez V, 159, 575; VI, 78, 99.)

CONCOURIR :

Quelques termes de l'art, beaucoup de hardiesse,
Du hasard quelquefois, tout cela *concouroit*. (II, 180.)
On les alloit unir; tout *concouroit* pour eux. (VI, 205.)
Celui qui dispense les trésors du Ciel, et le monarque..., *ont concouru* et de faveurs et d'estime pour vous élever. (VI, 278 et note 2.)
Concourez pour lui plaire. (VI, 339.)

CONCOURS :

Des Grâces, des Vénus, avec un grand *concours*
    D'Amours. (V, 445.)
C'est un *concours* de victoires nouvelles. (IX, 150.)
[Le] grand *concours* de Germains, tous en armes. (IX, 151.)

CONCURRENT, CONCURRENTE :

Celui-ci sur son *concurrent*
Vouloit emporter l'avantage. (II, 309.)
Ajax à l'âme impatiente
De moutons et de boucs fit un vaste débris,
Croyant tuer en eux son *concurrent* Ulysse. (III, 113.)
    Ainsi nos *concurrents*
Crurent pouvoir choisir des sentiers différents. (III, 339 et note 4.)
Son *concurrent* n'avoit encor su dire
Le moindre mot à l'objet de ses vœux. (V, 563 et note 1.)
Sa *concurrente* étoit sa bonne amie. (IV, 65 et note 3.)
La *concurrente* de Vénus. (VIII, 141; voyez VIII, 138, 176.)

CONDAMNER; SE CONDAMNER :

L'on ne me sauroit *condamner* que l'on ne *condamne* aussi l'Arioste devant moi. (IV, 12.)

Dire pourrez, sans que l'on vous *condamne :*
« Cettui me semble, etc. » (V, 357.)

C'est assez qu'il *condamne* en son cœur
Celles qui font quelque sottise. (V, 9.)

L'homme, pour ses péchés,
Se condamne à plaider la moitié de sa vie. (III, 340.)

CONDESCENDRE À :

Par pitié donc elle *condescendit*
Aux volontés du capitaine. (IV, 419.)

.... Je fis semblant d'y vouloir *condescendre.* (IV, 90.)

CONDITION :

Les biens, les maux, les plaisirs et les peines,
Bref, ce qui suit notre *condition,* etc. (VI, 94.)

Il se faut contenter de sa *condition.* (I, 269.)

Notre *condition* jamais ne nous contente :
La pire est toujours la présente. (II, 37.)

Cancres, haires, et pauvres diables,
Dont la *condition* est de mourir de faim. (I, 71.)

Avec ces défauts, quand il [Ésope] n'auroit pas été de *condition* à être esclave, il ne pouvoit manquer de le devenir. (I, 30.)

CONDUCTEUR, CONDUCTRICE :

Le *conducteur,* car il est bon et sage,
Quand il voudra, nous fera reposer. (IX, 152.)
Ce sont des soldats de Turenne qui parlent de leur général.

.... Musique aussi douce et aussi charmante que si Orphée et Amphion en eussent été les *conducteurs.* (VIII, 58.)

Veuillent les Immortels, *conducteurs* de ma langue,
Que je ne dise rien qui doive être repris ! (III, 146.)

Le bon sens et l'esprit, *conducteurs* du courage. (IX, 467.)

Que l'honnêteté, la discrétion, la prudence, soient *conductrices* de cette affaire. (VIII, 158.)

CONDUIRE ; SE CONDUIRE :

.... Un talent pour *conduire*
Et les affaires et les gens. (III, 319.)

Le bel art de *conduire* la voix. (IX, 154.)

Venez donc m'inspirer ; et, *conduisant* ma voix,
Faites-moi dignement célébrer ces exploits. (VI, 258.)

Son exemple est puissant, ses yeux le sont aussi :
De *conduire* les miens, Seigneur, prends le souci. (VI, 290.)

Quoi ! mes bras, lui dit-il, *sont conduits* par les vôtres ! (VI, 261.)

.... D'autres ouvrages *conduits* par la fille de Jupiter. (VIII, 63.)

Trouvez-moi
Chose par les humains à sa fin mieux *conduite.*(III, 164 ; voyez III, 169.)

Comme j'étois d'un âge à *me conduire....* (VII, 21.)

Vous pouvez donc tellement *vous conduire*
Que, etc. (IV, 69.)

CONDUITE :

.... Il s'est jusqu'ici chargé de ma *conduite*,
Toujours la fourche aux reins. (VII, 297.)

Je n'ai pas encore rendu raison de la *conduite* de mon ouvrage. (I, 18; voyez VIII, 19, 21.)

.... Nous espérons beaucoup de cette *conduite*. (I, 5.)

D'autres que moi diront ton zèle et ta *conduite*. (VI, 351.)

Par son bel ordre, par sa *conduite*, par son courage.... (VIII, 345.)

Vos soins, votre *conduite*,
Votre exemple et vos yeux animent nos guerriers. (IX, 189; voyez VIII, 409, 505.)

Un homme subtil, et si plein de *conduite*. (VII, 40.)

Près du prince Gygès eut assez de *conduite*. (V, 430 et note 6.)

CONFECTION, terme pharmaceutique :

.... Et dès ce soir donner la potion :
J'en ai chez moi de la *confection*. (V, 43 et note 5.)

CONFESSE (À) :

Ce qui me presse,
Ce n'est pas d'aller à *confesse*. (IV, 193.)

CONFESSER; CONFESSER une chose; SE CONFESSER :

Pour ce s'avise, un jour de confrérie,
De se vêtir en prêtre, et *confesser*. (IV, 103; voyez V, 234.)

Cet oiseau raisonnoit : il faut qu'on le *confesse*. (III, 162.)

Je suis victus, je le *confesse*. (V, 556; voyez I, 41.)

Je *confesse* que l'oracle est très clair pour nous. (VIII, 24.)

Ésope écrivoit une cédule par laquelle Necténabo *confessoit* devoir deux mille talents à Lycérus. (I, 50.)

VAR. : *confessoit de* devoir.

Quelqu'un lui dit : « Il faut *se confesser*. » (V, 234.)

Se confesser à son propre mari ! (VI, 61.)

CONFESSEUR :

.... Comment gagner les confidents d'amours,
Et la nourrice, et le *confesseur* même. (V, 29.)

Confesseur exact. (V, 348.)

Confesseur prudent. (V, 349.)

CONFIDENCE :

On se peut devant vous ouvrir en *confidence*. (VII, 96.)

CONFIDENT, CONFIDENTE :

.... Comment gagner les *confidents* d'amours. (V, 29.)

Femme, de plus, assez prudente
Pour me servir de *confidente*. (IX, 431.)

CONFIER :

Tous deux...
Vont *confier* leur peine au silence des bois. (III, 342.)

CONFINER, activement; SE CONFINER; CONFINER AVEC :
Malc *avoit* dans ces lieux *confiné* sa jeunesse. (VI, 279.)
  Il *se* va *confiner*
Aux lieux les plus cachés qu'il peut s'imaginer. (I, 92; voyez V, 162.)
Le [pouls] foible et l'étouffé *confine avec* la Parque. (VI, 329.)

CONFINS :
Les *confins* du territoire. (III, 83.) — Les *confins* d'Italie. (IV, 41.)

CONFIRMER :
Croyez qu'un demi-dieu vous peut garder sa foi :
Il me l'*a confirmé* cent fois en votre absence.
— Je le viens *confirmer* encore en sa présence. (VII, 601.)
 .... Or ai-je été prolixe sur ce cas
 Pour *confirmer* l'histoire de Féronde. (V, 389.)
Ce qu'elles [les fables] nous représentent *confirme* les personnes d'âge avancé dans les connoissances que l'usage leur a données. (I, 18.)

CONFIRE :
La noix *confite*. (IV, 267 et note 3.)
 Petits mots, jargons d'amourettes
 Confits au miel. (IX, 174.)
Cet homme en fer tout *confit*. (IX, 103.)
 .... Pleine de bonté
 Cette servante, et *confite* en tendresse. (IV, 254 et note 7.)

CONFLIT :
Le pigeon profita du *conflit* des voleurs. (II, 364.)

CONFONDRE; SE CONFONDRE :
Mais ne *confondons* point, par trop approfondir,
 Leurs affaires avec les vôtres. (I, 252.)
 Il n'est merveille qui *confonde*
 Notre raison, etc. (VI, 332.)
Il n'étoit pas possible au philosophe de le *confondre*. (I, 37.)
C'est ce qui me *confond*. (VI, 5; voyez VIII, 261.)
Jupiter *confonde* les chats! (I, 143.)
Elle a su me *confondre* avec tant d'artifice
Qu'elle m'a fait partout passer pour un bourru. (VII, 561; voyez VII, 605, 609, 611, 627.)
 Les échos *se confondent*,
De leurs palais voûtés tous ensemble ils répondent. (VI, 254.)

CONFORMER À (SE).
Étant une loi indispensable de *se conformer aux* choses qu'on écrit....
(IV, 12.)

CONFRÈRE :
L'un des deux [ânes] disoit à son *confrère*.... (III, 127.)
Avec plus de raison nous aurions le dessus,
 Si mes *confrères* [les lions] savoient peindre. (I, 232.)
Tous les *confrères* de Brifaut. (II, 429; voyez III, 321.)

Mais si du dieu nommé Vulcan
Vous suivez la bannière, étant de nos *confrères*
En ces redoutables mystères, etc. (V, 138.)
Il fut fait in petto *confrère* de Vulcan. (V, 434.)
N'en déplaise au nouveau *confrère*,
Il n'étoit pas bien conseillé. (V, 454.)
L'époux ne tarda guères
Qu'il n'eût atteint tous ses autres *confrères*. (V, 56; voyez VI, 137; VII, 461.)

CONFRÉRIE :

A l'abord une *confrérie*
Par les bons pères fut bâtie. (IV, 179 et note 9.)
.... Pour ce s'avise, un jour de *confrérie*,
De se vêtir en prêtre, et confesser. (IV, 103 et note 4.)
Dès qu'on avoit atteint l'âge de discernement, on se faisoit enregistrer dans la *confrérie* de ce dieu. (VIII, 180.)
Brûlez Arnauld, quittez sa *confrérie*. (IX, 21.)
.... Et ne suis pas seul de ma *confrérie*. (IX, 122.)
Ceux que l'hymen fait de sa *confrérie*. (VI, 117 et note 5.)
L'époux n'aura dedans la *confrérie*
Sitôt un pied qu'à vous je reviendrai. (V, 371 et note 2.)

CONFRONTER :

Allons donc *confronter*
Vos deux moitiés comme Dieu les a faites. (V, 324.)

CONFUS, CONFUSE :

Troupe épaisse et *confuse*. (VI, 252.)
Bacchus entre, et sa cour, *confus* et long cortège. (VI, 210.)
D'un tel propos l'hôte tout étourdi
D'un ton *confus* gronda quelques paroles. (IV, 215.)
Indistinct.
.... La veuve *confuse*. (V, 174; voyez VIII, 262.)
Le corbeau, honteux et *confus*,
Jura, mais un peu tard, qu'on ne l'y prendroit plus. (I, 64.)
... Le médecin *confus* redouble ses alarmes. (VI, 334.)

CONFUSÉMENT :

Les oisillons, las de l'entendre,
Se mirent à jaser aussi *confusément*
Que faisoient les Troyens, etc. (I, 84.)
.... On ne lui répondit là-dessus que *confusément*. (VIII, 57.)

CONGÉ :

Donnez-moi mon *congé* puisqu'il vous plaît ainsi. (IV, 57; V, 471.)
Sans son *congé* je vas partout m'ébattre. (IV, 297; voyez VII, 625.)

CONJOINT, CONJOINTS, substantivement :

Tels cas sont dangereux
Lorsque l'un des *conjoints* se sent privé du somme. (IV, 391.)
J'appelle un bon, voire un parfait hymen,
Quand les *conjoints* se souffrent leurs sottises. (VI, 102.)

CONJONCTION, CONJONCTIONS :

Il [notre sort] dépend d'une conjoncture
De lieux, de personnes, de temps,
Non des *conjonctions* de tous ces charlatans. (II, 296 et note 26.)

CONJONCTURE :

Ulysse étoit trop fin pour ne pas profiter
D'une pareille *conjoncture*. (III, 188.)

Voyez aussi l'exemple précédent.

CONJUGAL, ALE :

Tant d'honneur pouvoit nuire au *conjugal* lien. (V, 247.)
Ayant su raffiner sur l'amour *conjugale*. (VI, 68.)

CONJURATEUR :

Dès l'heure même on vous met en présence
Notre démon et son *conjurateur*. (VI, 112.)

CONJURER :

Charmer les loups, *conjurer* le tonnerre. (IV, 244.)
.... Que Belphégor se laissât *conjurer*. (VI, 112.)

CONNOISSANCE, sens divers :

.... En cet état, privés de *connoissance*,
On les portoit en d'agréables lieux. (V, 384.)
Mais d'où vient qu'il ne veut pas que son fils connoisse des femmes?
Est-ce une si mauvaise *connoissance ?* (VII, 448.)
Il fait *connoissance* avec elle. (I, 278.)
De ce qu'on fait ici donne-moi *connoissance*. (VII, 560.)
Connoissances bornées. (III, 90.) — Hautes *connoissances*. (II, 202.)

CONNOISSEUR, CONNOISSEUSE :

Vous êtes *connoisseur*. (V, 428; voyez V, 510; VII, 177.)
Nous en croirons les *connoisseuses*. (IV, 22 et note 3.)

CONNOÎTRE; SE CONNOÎTRE; SE CONNOÎTRE EN :

Loin des peuples *connus* Apollon l'a placée [l'écorce du quinquina]. (VI, 318.)
Le meunier, à ces mots, *connoît* son ignorance. (I, 201.)

Elle [ta cognée] n'est pas perdue,
Lui dit ce dieu; la *connoîtras*-tu bien? (I, 365.)

Je ne nomme personne : on peut tous nous *connoître*. (IX, 202.)
Atis avoit changé de visage et de traits :
On ne le *connut* pas. (V, 261 et note 2.)

Faisons... au galant une marque
Pour le pouvoir demain *connoître* mieux. (IV, 232.)

.... Dites-moi quelques marques
A quoi je le pourrai *connoître*. (II, 277.)

On les *connoît* à leur visage mince. (V, 356.)
.... Les passants n'y *connoîtroient* rien. (VI, 82.)
Il *connoît* l'univers et ne *se connoît* pas. (II, 343 et note 17.)

Apprendre à *se connoître* est le premier des soins. (III, 342.)
Vous êtes-vous *connus* dans le monde habité? (III, 343.)
[Psyché] demeura longtemps les yeux attachés à terre sans *se connoître*. (VIII, 128.)
Et depuis ce moment je ne *me connois* plus. (VII, 530.)

    Tout babillard, tout censeur, tout pédant,
    Se peut *connoître* au discours que j'avance. (I, 116.)

Se connoissant tous deux de plus d'un jour. (IV, 321.)
Si vous *vous connoissez* maintenant *en* orateurs et *en* poètes, vous *vous connoîtrez* encore mieux quelque jour *en* bons politiques et *en* bons généraux d'armée. (III, 175.)

CONQUÉRANT, CONQUÉRANTE :

Cent *conquérants* voudroient avoir ta place. (IV, 32.)
[Psyché] n'étoit pas de ces *conquérantes* à qui il faut un peu d'aide. (VIII, 90.)

CONQUÉRIR :

Après m'*avoir conquise*, est-il quelque victoire
Qu'un cœur ambitieux ne doive dédaigner? (VII, 626; voyez IV, 59.)

CONQUÊTE, CONQUÊTES :

Les vastes appétits d'un faiseur de *conquêtes*. (II, 349.)
Une femme allant en *conquête*. (I, 273.)

    Toutes les *conquêtes* d'éclat
    Flattent la vanité des hommes. (VII, 532.)

CONSACRER :

.... L'espérance de *consacrer* tout ce qui part de ma plume. (VIII, 470.)
L'envie de *consacrer* les marques de sa naissance.... (IX, 255.)
Je les *consacrerois* [les dons de la poésie] aux mensonges d'Ésope. (I, 129.)

Mais des suppôts de Bel l'âme aux feux *consacrée*,
Victime nécessaire, à l'enfer est livrée. (VI, 302.)

CONSCIENCE ; EN CONSCIENCE ; AVOIR, FAIRE, CONSCIENCE DE :

    Voyons sans indulgence
    L'état de notre *conscience*. (II, 96.)

    Qu'avez-vous fait? et quelle offense
    Presse ainsi votre *conscience?* (IV, 193.)

Homme sans *conscience*. (VII, 326.) — Gens sans *conscience*. (IX, 103.)

    Au demeurant il n'étoit *conscience*
    Un peu jolie, et bonne à diriger,
    Qu'il ne voulût lui-même interroger. (V, 486 et note 2.)

Monsieur le colonel, parlez *en conscience*. (VII, 560; voyez VII, 451.)
Quoi! *de* tuer un homme *auriez*-vous *conscience?* (VII, 413 et note 8.)

    Alix *fit conscience*
De n'avoir pas mieux gagné son argent. (VI, 136; voyez IV, 183 et note 9.)

CONSCIENCE (MARIAGE DE) :

On la tenoit dans Poitiers pour honnête fille, tant qu'un *mariage de conscience* se peut étendre. (IX, 233.)

Que dites-vous de ces *mariages de conscience?* On est fille et femme tout à la fois. (IX, 234 et note 5.)

CONSEIL, acceptions diverses :
Ce n'est point par *conseil* que notre cœur soupire. (VII, 536.)
[L'ombrage] lui vint par *conseil* seulement. (V, 115.)
   Ce général n'a guère son pareil,
   Bon pour la main et bon pour le *conseil*. (IX, 211 et note 3.)
      Sur son rapport les trois amis
      Tiennent *conseil*. (III, 281.)
...., Là le *conseil* se tint entre les pauvres gens. (III, 89.)
Et contre la Fortune ayant pris ce *conseil*, etc. (II, 167.)
....Quelque sceau que l'on apposoit aux délibérations du *conseil*. (I, 43.)

CONSEILLER, verbe :
      Le Scythe...
Conseille à ses voisins, prescrit à ses amis
      Un universel abatis. (III, 307 et note 15.)
.... Pensez-y, croyez-nous; que la nuit vous *conseille*. (VII, 613.)
Les gens bien *conseillés*. (II, 400 et note 12.)
      N'en déplaise au nouveau confrère,
      Il n'*étoit* pas bien *conseillé*. (V, 454 et note 2.)
Qui peut sans coup férir mettre une affaire à bout,
Seroit mal *conseillé* d'en user d'autre sorte. (VII, 108.)

CONSEILLER, CONSEILLÈRE :
Les *conseillers* muets dont se servent nos dames. (I, 92 et note 3.)
Les miroirs, conseillers de leurs grâces.
      Si je faisois le *conseiller*.... (IX, 113.)
      Ne faut-il que délibérer,
      La cour en *conseillers* foisonne;
      Est-il besoin d'exécuter,
      L'on ne rencontre plus personne. (I, 135.)
Le *conseiller* [membre d'un conseil] se rend utile à vos affaires. (VII, 574.)
Ces deux filles du Ciel, ces sages *conseillères*. (VI, 357.)
La constance aux douleurs et la sobriété.

CONSENTEMENT :
      J'ai bon *consentement*
      De l'agréer [cet argent]. (IX, 18.)

CONSENTIR; CONSENTIR DE :
.... Moitié forcée, et moitié *consentante*,
Moitié voulant combattre ce desir. (V, 476.)
Consentez seulement *de* vous voir adorée. (VIII, 365 ; voyez I, 146.)

CONSÉQUENCE; DE CONSÉQUENCE :
La *conséquence* est bonne. (IX, 177.)
Je tire donc ma *conséquence*. (V, 95.)
Par les raisonnements et *conséquences* que l'on peut tirer de ces fables, on se forme le jugement et les mœurs. (I, 17.)
Quantité de meubles et de nippes *de conséquence*. (IX, 234.)

[Ces particularités de la vie d'Ésope] sont de trop peu *de conséquence* pour en informer la postérité. (I, 36.)
Comparez les divers Lexiques de la Collection.

CONSERVER ; SE CONSERVER :

Ils usent leurs souliers, et *conservent* leur âne. (I, 203 ; voyez V, 220.)
.... Là, sous des chênes vieux où leurs chiffres gravés
Se sont avec les troncs accrus et *conservés*.... (VI, 239.)

CONSIDÉRABLE :

Il acheta force gibier, comme pour une noce *considérable*. (I, 37.)
        Mon ami, disoit-il souvent...,
    Vous vous croyez *considérable*. (II, 309 et note 5.)
.... On y joua les plus *considérables* de ses amants. (VIII, 90.)
.... Plus *considérables* par leurs attraits que par les États de leur père. (VIII, 43.)
Tout cela n'a fait qu'un petit recueil aussi peu *considérable* par sa grosseur que par la qualité des ouvrages qui le composent. (IV, 10.)

CONSIDÉRATION :

Crésus... non seulement lui pardonna [à Ésope], mais il laissa en repos les Samiens à sa *considération*. (I, 46.)
J'ai donc composé cette ode à la *considération* du Parnasse. (IX, 355.)
Animal sans *considération* ni respect. (IX, 277.)

CONSIDÉRER :

En toute chose il faut *considérer* la fin. (I, 219 ; voyez I, 17.)
Il ne falloit pas *considérer* la forme du vase, mais la liqueur qui y étoit enfermée. (I, 44.)
        Quand on *eut* bien *considéré*
L'intérêt du public, celui de la partie, etc. (III, 271 ; voyez IX, 125.)
    [L'époux] *avoit* toujours *considéré* sa femme. (V, 165 et note 4.)
.... La belle s'y transporte ; et partout révérée,
Partout des deux partis Chloris *considérée*, etc. (VI, 200.)
Ne *considérez* point des traits qui périront. (V, 109 et note 1.)

CONSIGNER, déposer une somme en garantie :

Je n'*ai* point *consigné* ; mandez-moi s'il est encore temps. (IX, 312.)

CONSISTER À, EN :

Son bonheur *consistoit aux* beautés d'un jardin. (III, 305.)
Son unique compagnie *consistoit aux* oiseaux. (V, 14 et note 1.)
En vous seule il faisoit *consister* son devoir. (VII, 600.)

CONSISTOIRE :

Satan dit en plein *consistoire*.... (VI, 93 et note 3.)
        Dans leur *consistoire*
Les dieux ont résolu.... (VIII, 447 ; voyez VIII, 280.)
.... Phébus tenant chez vous son *consistoire*. (IX, 63.)

CONSOLATEUR :

        L'ange *consolateur*
    Donne, à ces mots, au pauvre receveur
    Huit ou dix coups de forte discipline. (V, 398 et note 3.)

Les *consolateurs*
De ce triste devoir tout au long s'acquittèrent. (III, 218.)

CONSOLATION :

Ce lui fut *consolation*. (IV, 195.)

[Joconde] en tira
Consolation non petite. (IV, 34.)

CONSOLER ; SE CONSOLER :

Que fait ma femme au monde?
— Ce qu'elle y fait? Tout bien. Notre prélat
L'*a consolée*. (V, 401 ; voyez V, 402.)

Dieu gard de mal celles qu'en cas semblable
Il ne faudroit nullement *consoler!* (VI, 138.)

Consolons-nous : bien d'autres le sont qu'elles [infidèles]. (IV, 59 ; voyez V, 136, 513.)

CONSOMMER ; SE CONSOMMER :

.... Amour n'y fit un trop long examen... :
En peu de jours il *consomma* l'affaire. (VI, 45.)

Ne t'attends pas que je t'aide un seul brin,
Ni que par moi ton labeur *se consomme*. (V, 363.)

Lorsqu'avec tant d'apprêts cet œuvre *se consomme*,
Le trésor de la vie est bientôt épuisé. (VI, 324.)

CONSPIRER À :

A charmer vos ennuis en ces lieux tout *conspire*. (VII, 533.)
Que tout *à* ta gloire *conspire*. (VII, 628.)

CONSTAMMENT :

Hélas! que me sert-il de l'aimer *constamment?* (VII, 262; voyez VII, 532.)

Avec constance.

CONSTANT, ANTE :

Aucuns ont assuré, comme chose *constante*,
Que, etc. (IV, 404.)

Il finit par un mot *constant* et véritable. (IX, 213.)

Hyménée et l'Amour, par des desirs *constants*,
Avoient uni leurs cœurs dès leur plus doux printemps. (VI, 149 ; voyez VIII, 388.)

CONSTELLATION :

La *constellation* changera quelque jour. (IV, 59 et note 5.)

CONSTITUTION, engagement de rente. (IX, 298 et note 2.)

CONSTITUER EN :

Il nous *constitue* toujours *en* de nouveaux frais par de nouveaux témoignages de sa valeur. (IX, 469.)

CONSULTER :

La chambrière...

Fait la honteuse, et jette une ou deux larmes,
Prend son paquet, et sort sans *consulter*. (IV, 307; voyez V, 225.)
Mais j'aperçois nos gens qui *consultent* ensemble. (VII, 100.)
Le paysan *consultant* là-dessus.... (IV, 133 et note 2.)
Le philosophe *fut consulté* là-dessus. (I, 43.)
L'affaire *est consultée* (I, 193 et note 6.)

CONSULTANT, CONSULTANTS, substantivement :
L'ambition, l'envie, avec les *consultants*,
Dans la succession entrent en même temps. (I, 339 et note 19.)

CONSUMER ; SE CONSUMER :
.... Les moments prescrits à cuire ou *consumer*
L'aliment ou l'humeur qui s'en est pu former. (VI, 332.)
   [La somme] qu'il ne devoit *consumer* qu'en dix ans. (VI, 96.)
       Qu'un pareil espoir
[Nous] fasse ainsi *consumer* notre avoir, etc. (V, 177.)
       Aller ainsi *consumer*
       Un quart d'heure ! (V, 220.)
.... Qu'il n'*eût* ici *consumé* certain temps. (VI, 95; voyez VI, 239.)
.... J'y *consumai* près de trois années. (VIII, 239.)
.... Ce mal dont la peur vous mine et vous *consume*. (V, 94.)
Le temps qui peut tout *consumer*. (IX, 115.)
L'un meurt, l'autre soupire, et l'autre en son transport
Languit et *se consume*. (VII, 168.)
Se consumer en efforts impuissants (III, 253.)

CONTE, CONTES :
Le *conte* fait passer le précepte avec lui. (II, 1.)
.... Le *conte* en courut par tout Rome. (V, 457.)
       Vous parlez magnifiquement
       De cinq ou six *contes* d'enfant. (I, 130; voyez II, 233.)
J'avois juré hautement en mes vers
De renoncer à tout *conte* frivole. (VI, 5.)
Les pères, les maris, me prendront aux cheveux
       Pour dix ou douze *contes* bleus ! (V, 12 et note 5.)
.... Il fait des *contes* à dormir debout. (VII, 483.)
On me vint interrompre au plus beau de mon *conte*. (VIII, 360.)
       Apparemment le meilleur de ce *conte*
       Entre deux draps pour Renaud se passa. (IV, 268.)

CONTEMNER, mépriser :
Le *contemner* [l'Amour] est donc folie. (VIII, 443 et note 4.)
Rapprochons ce titre d'un ouvrage publié à Lyon, s. d , in-8°, sous le nom de Jeanne Flore : « Comptes amoureux touchant la punition que faict Venus de ceulx qui contemnent et mesprisent le vray amour. »

CONTEMPLATIF, CONTEMPLATIVE :
Elle s'assit sur l'herbe, et, très fort attentive,
       Annette la *contemplative*
Regarda de son mieux.(V, 346.)

CONTEMPLER (Se), au sens passif :
>.... Un temple
> Où votre image *se contemple*. (III, 334.)

CONTEMPORAIN :
Un chat, *contemporain* d'un fort jeune moineau. (III, 196.)

CONTENANCE :
> Il est velouté comme nous,
> Marqueté, longue queue, une humble *contenance*,
> Un modeste regard. (II, 17.)

Rougira-t-il? Voyons sa *contenance*. (IV, 77.)
> L'esprit malin, voyant sa *contenance*,
> Rioit sous cape. (VI, 114.)

CONTENIR ; SE CONTENIR :
Il ne put sans parler *contenir* cette joie. (IV, 432.)
[Clidamant] ne pouvoit *se contenir* de joie. (VI, 131.)

CONTENU, substantivement :
.... Le *contenu* des paroles suivantes. (IX, 166.)

CONTENT, ENTE :
Je suis *content*, satisfait, plein de joie. (V, 203.)
> Notre Mazet
> Partagea si bien sa journée
> Que chacun fut *content*. (V, 597.)

L'hôte revint quand l'ami fut *content*. (IV, 433.)
Marié depuis peu ; *content*, je n'en sais rien. (IV, 23.)
> La nouvelle déesse à ces mots se retire,
> *Contente*, Amour le sait. (VI, 21.)

> Messieurs les favoris
> Font leur ouvrage, et la dame est *contente*. (IV, 354 et note 4.)

> Qu'en somme
> Je vive, c'est assez, je suis plus que *content*. (I, 106.)

Vivant plus que *content* dans une erreur profonde. (I, 92.)
Thérèse est mal *contente*, et gronde. (V, 595.)
Mal *content* de son stratagème. (I, 177.)
.... Les regardants, honteux, mal *contents* d'elle. (V, 85 et note 4.)
> S'il est fatal toutefois que j'expire,
> J'en suis *content*. (V, 53 ; voyez VIII, 369.)

> Ces pères en Dieu
> Témoignèrent en certain lieu
> Une charité si fervente
> Que mainte femme en fut *contente*. (IV, 177 et note 3.)

Le temps, à cela près, fut fort bien employé,
Et si bien que la fille en demeura *contente*. (IV, 52.)
Je suis *content* de n'avoir qu'un grison. (V, 503.)
.... Cependant que mon front, au Caucase pareil,
Non *content* d'arrêter les rayons du soleil,
> Brave l'effort de la tempête. (I, 126.)

J. DE LA FONTAINE. X

Ces ânes, non *contents* de s'être ainsi grattés,
S'en allèrent dans les cités, etc. (III, 129.)

CONTENTEMENT :

Notre amant
S'en va trouver sa belle, en a *contentement*. (V, 551 et note 3.)
Autre renfort de tout *contentement*. (IV, 319.)
.... Un mortel, qu'en vain elle souhaite
Posséder une nuit à son *contentement*. (V, 117 et note 3.)

CONTENTER ; SE CONTENTER :
Contenter tout le monde et son père. (I, 203; voyez I, 200, 201.)
Messieurs, dit le meunier, il vous faut *contenter*. (I, 202.)
Notre condition jamais ne nous *contente*. (II, 37 ; voyez II, 104.)
.... Pour *contenter* cette cohorte. (III, 223.)
Faites-vous *contenter* par ce couple céleste. (I, 100.)

Laisse-moi, lui dit-elle ;
Contente-toi. (IV, 79 et note 2.)
Si la beauté lui plait, j'entends qu'il *se contente*. (VII, 93.)
Contentez-vous : suivez votre humeur inquiète. (II, 163.)

Désormais faut qu'Alibech *se contente*
D'être martyre. (V, 476.)
Se résigne à.

CONTENTION :
Dans la tragédie nous faisons une grande *contention* d'âme. (VIII, 118.)

CONTER ; EN CONTER :
Contons, mais *contons* bien : c'est le point principal. (V, 12 ; II, 2.)
Si Peau d'âne m'*étoit conté*.... (II, 234.)
Ne me va pas *conter* : « C'est ici mon chemin. » (VII, 109.)
Ne m'allez point *conter* : « C'est le droit des garçons. » (IV, 450.)
Il renonce aux cités, s'en va dans les forêts,
Conte aux vents, *conte* aux bois ses déplaisirs secrets. (VI, 191.)
.... Il le *conte* aux forêts, et n'est point entendu. (VI, 247.)
Elle en aimoit fort une à qui l'on *en contoit*. (IV, 433 et note 8.)
Vous l'entendrez bientôt *en conter* des plus belles. (VII, 61.)

CONTESTATION :
Il y eut grande *contestation*... à qui plairoit davantage. (IX, 345.)
Cela fit *contestation*. (IX, 240.)

CONTESTER ; CONTESTER DE :
Nul ne s'abstint de *contester*. (IX, 450.)
De grâce, *contestons* sans fougue et sans saillie. (VII, 108.)
On en vient au partage, on *conteste*, on chicane. (I, 339.)

Après qu'on *eut* bien *contesté*,
Répliqué, crié, etc. (I, 137.)
Les parties sont lasses de *contester*. (IX, 399.)

Vous *contestez* avec succès
Par-devant le dieu des alarmes. (IX, 433.)
Mortel, contre les dieux oses-tu *contester* ? (VII, 240.)

Contester le prix proposé. (VIII, 242; voyez VIII, 250, 251.)
Du côté de César, les batailles *ont été* en plus grand nombre et plus *contestées*. (VIII, 326.)
.... Le cœur de la dame *fut contesté* avec plus de chaleur encore. (IX, 234; voyez VIII, 184.)

L'honneur de la nommer, entre eux deux *contesté*,
Dépendoit, etc. (VI, 197.)

Un pays *contesté* par des peuples divers. (VI, 199.)
.... Sans dessein de l'aller *contester* [mon bien]. (VII, 21 et note 5.)

..... Dont il croyoit que le plus haut baron
Ne lui dût plus *contester* le passage. (IV, 101.)

Contester là-dessus
Ne produiroit que discours superflus. (IV, 166.)

Les amis *contestèrent*
Touchant le pas. (VI, 133.)

A l'égard de la dent il fallut *contester*. (II, 403 et note 3.)
La mouche et la fourmi *contestoient de* leur prix. (I, 271.)

Toutes entre elles *de* beauté
Contestèrent aussi chacune à sa manière :
La Reine avec ses fils *contesta de* bonté;
Et Madame, *d*'éclat avecque la lumière. (IX, 345.)

Contester de cérémonies avec l'épouse de Cupidon. (VIII, 145.)
.... Antinoüs, qui, dans sa statue, *contestoit de* beauté et *de* bonne mine contre Apollon. (IX, 266.)

CONTESTANT, CONTESTANTS. substantivement :
Aussitôt qu'à portée il [Grippeminaud] vit les *contestants*.... (II, 190.)

CONTEUR, CONTEURS :

L'un d'eux étoit de ces *conteurs*
Qui n'ont jamais rien vu qu'avec un microscope :
Tout est géant chez eux. (II, 357.)

J'ai lu chez un *conteur* de fables, etc. (I, 255.)

Si l'on vouloit à chaque pas
Arrêter un *conteur* d'histoire,
Il n'auroit jamais fait! (IV, 44.)

Elle en aimoit fort une à qui l'on en contoit;
Et le *conteur* étoit un certain gentilhomme. (IV, 434.)

CONTINGENT, ENTE :

Chacune d'elles
Ne posséderoit plus sa *contingente* part. (I, 192 et note 4.)

CONTINU, À LA CONTINUE, adverbialement :
.... Quand ce vient *à la continue*. (I, 303 et note 6.)

Rien ne charme à la continue.
(La Motte, livre II, fable v.)

CONTINUER DE :
On *continua de* vider les pots. (I, 40.)

CONTINUITÉ :

Il aperçut l'énorme
Solution de *continuité*. (V, 376 et note 7.)

CONTOUR, contours :
Tous deux avoient du Styx repassé les *contours*. (IX, 198.)

CONTRADICTION :
.... L'esprit de *contradiction*
L'aura fait flotter d'autre sorte. (I, 248; voyez I, 37.)

CONTRAINDRE; contraindre de :
Nulles prisons ne les *contraignent* [les esprits]. (VI, 329.)
 Plus on veut nous *contraindre*,
 Moins on doit s'assurer de nous. (V, 278.)
Celle des trois qui plus *étoit contrainte*.... (IV, 301.)
Ôtez-moi promptement: la posture *est contrainte*. (VII, 434.)
Aussi le seul devoir *a contraint* mon desir. (VII, 15.)
Endurez, j'y consens, rien ne doit vous *contraindre*. (VII, 609.)
Je vais me *contraindre*. (VII, 422 et note 4.)
Je composai celle-ci [cette fable] pour une raison qui me *contraignoit de* rendre la chose ainsi générale. (I, 106.)
[Ce temps] nous *contraint de* dormir. (IV, 426.)
Le chaud et la lassitude le *contraignirent de* s'endormir. (I, 32.)

CONTRAINTE :
Desir, enfant de la *Contrainte*. (IV, 487.)
.... Il y faut un peu de *contrainte*. (IV, 415.)
De la *contrainte* ayant banni les lois, etc. (VI, 238.)
.... Mais ne le souffrez point sans beaucoup de *contrainte*. (VII, 26; voyez VII, 28, 52, 113; etc.)
.... [Le nœud de la comédie] n'a pas une seule de ces *contraintes* que nous voyons ailleurs. (VII, 7.)
La *contrainte* de la poésie. (I, 8.)

CONTRAIRE :
 .... J'entends de ceux [des vices] qui, n'étant pas *contraires*,
 Peuvent loger sous même toit. (II, 337.)
Toutes trois de *contraire* humeur. (I, 191.)
Des vents opposés et de *contraires* eaux. (VI, 333.)
.... Ils seront appointés *contraire*. (III, 226 et note 3.)

Contraire, substantivement; au contraire; au contraire de :
Loin d'être des hommes, nous en sommes tout le *contraire*. (VII, 472.)
 Il fit l'époux; mais il le fit trop bien :
 Trop bien! je faux, et c'est tout le *contraire*. (IV, 211.)
La raison des *contraires* est bonne. (V, 154.)
Il faut que je fasse des vœux *au contraire*. (VIII, 96 et note 1.)
.... *Au contraire des* autres dieux. (IV, 447; voyez I, 36.)

CONTRE, préposition; pour et contre, substantivement :
Du sac et du serpent aussitôt il donna
Contre les murs. (III, 10.)
 La guide nouvelle...
 Donnoit tantôt *contre* un marbre,
 Contre un passant, *contre* un arbre. (II, 195.)

Vous avez jusqu'ici
Contre leurs coups épouvantables
Résisté sans courber le dos. (I, 127.)

Sotte ignorance en fait trébucher mille,
Contre une seule à qui nuiroient mes vers. (VI, 14.)

Si Jupiter vouloit changer de condition *contre* moi, etc. (VIII, 147.)
Aussi *contre* Alizon je faillis d'avoir prise. (IX, 23.)
Contre de telles gens, quant à moi, je réclame. (III, 308.)
Cent dieux sont impuissants *contre* un seul Jupiter. (III, 239.)

Sa vertu, sa foi, son orgueil,
Eurent peine à tenir *contre* un tel adversaire. (V, 150; voyez V, 127.)

Mais ne prétendez pas que, *contre* mon honneur,
L'amour que j'ai pour vous me fléchisse le cœur. (VII, 616.)

Il prétend *contre* toute raison.... (VII, 49; voyez III, 307.)
Je trouve en ses pareils bien du *contre et du pour*. (IX, 26.)

CONTRECARRER :

Il prétend....
Pouvoir *contrecarrer* le présent de Thrason. (VII, 49.)

CONTREDIRE, CONTREDISANT, ANTE :

Quant à l'humeur *contredisante*...,
Quiconque avec elle naîtra
Sans faute avec elle mourra,
Et jusqu'au bout *contredira*. (I, 249.)

Il a plus de malice
Qu'un vieux singe; envieux, *contredisant*, menteur. (VII, 307.)

CONTREDIT, CONTREDITS, substantivement :

Sans aucun *contredit*. (IX, 54; voyez IX, 65.)
Sans tant de *contredits*, et d'interlocutoires, etc. (I, 122 et note 6.)
'L'histoire en cet endroit est, selon ma pensée,
Un peu sujette à *contredit*. (V, 119.)

CONTRÉE :

Ils n'osent pénétrer cette horrible *contrée*. (VI, 302.)
Un antre, une caverne.

CONTRE-ÉCHANGE :

.... En *contre-échange* un pauvre malheureux
S'en va périr. (IV, 274 et note 2.)

CONTREFAIRE, CONTREFAIT; SE CONTREFAIRE :

On quitte
Un prince si charmant pour un nain *contrefait*. (IV, 34.)

.... L'autre, afin de s'en venger, *contrefit* des lettres. (I, 47.)

Celle-ci, quittant sa retraite,
Contrefait la boiteuse. (III, 283.)

[Lui] *contrefit* le mort, puis le ressuscité. (III, 298.)
Il est impossible de le *contrefaire* [Ovide]. (VIII, 469.)
Vous, Thalie, il vous faut *contrefaire* un amant. (VII, 151 et note 3.)
Sire, nous *nous* savons toutes neuf *contrefaire*. (VII, 148 et note 5.)

Que sert-il qu'on *se contrefasse?* (III, 236.)
Prenez ma jupe, et *contrefaites-vous.* (IV, 91 et note 4.)
On *se contrefait,*
Seulement pour la forme. (VII, 572.)

CONTRE-PIED :
Les gens avoient pris justement
Le *contre-pied* du testament. (I, 194.)

CONTRE-POIDS :
Souvent au plus beau char le *contre-poids* résiste. (IX, 155.)
Il s'agit de machines de théâtre.

CONTRE-TEMPS (À) :
Il a raison, mon frère, et c'est *à contre-temps.* (VII, 112 ; voyez I, 116.)

CONTREVENIR :
Contrevenir aux vœux d'un solitaire. (VI, 298.)

CONTRIBUER :
Chacune de vous
Tâche à *contribuer* au commun bien de tous. (VI, 298 ; voyez I, 208.)
.... Il ne fut pas jusqu'à l'hôtesse même
Qui n'y voulût aussi *contribuer* [au stratagème]. (IV, 217.)

CONTRIBUTION :
Il n'étoit point d'étang dans tout le voisinage
Qu'un cormoran n'eût mis à *contribution.* (III, 19.)

CONTRIT, CONTRITE :
Le trio branché
Mourut *contrit,* et fort bien confessé. (IV, 271.)
Fieubet, auprès de Gros-Bois,
Tient contenance moins *contrite.* (IX, 208.)

CONTRÔLER :
Tu *contrôles* ses dons [du Roi], homme plein d'impudence. (IX, 53.)

CONTROUVER, imaginer, inventer :
.... Certaines amourettes
Qu'il *controuva.* (IV, 65 et note 8.)
.... Tout en est vrai, rien n'en *est controuvé.* (VI, 126.)

CONTROVERSE :
Livres de *controverse.* (IX, 285.)
Une question de *controverse.* (IX, 232.)
.... De crainte que M. de Châteauneuf ne nous remît sur la *controverse.* (IX, 233.)

CONVAINCRE :
Convaincre sa moitié. (V, 453 et note 6 ; voyez III, 10.)

CONVENABLE À :
C'est un entretien *convenable* à vos premières années. (I, 3.)

.... Des matières peu *convenables* à votre goût. (IX, 219.)
Je vous prêterai des paroles *convenables* à la grandeur de votre âme. (IX, 356.)
Qualités *convenables* à un souverain. (IX, 399.)

CONVENANT :
Caliste eut liberté, selon le *convenant*. (V, 145 et note 1.)

CONVENIR ; CONVENIR À, DE :
J'aime les sobriquets qu'un corps de garde impose;
Ils *conviennent* toujours. (IX, 42.)

Votre prologue ici ne *convient* pas. (VI, 48.)

   Tout ce chemin que l'on fait en six mois
   Il me *convient* le faire en un quart d'heure. (V, 568.)

   Tout cela ne *convient* qu'à nous.
   — Il ne *convient* pas à vous-mêmes. (III, 156.)

Elle en tomba d'accord, promit quelques douceurs,
   Convint d'un nombre de faveurs. (IV, 442.)

CONVENT, couvent :
   Il vous mit donc la créature
   Dans un *convent*. (V, 107.)

Il n'étoit alors aucun *convent* de filles. (II, 70; voyez V, 35; VI, 57, note 8.)

« Quelques femmes donnent aux convents et à leurs amants. » (La Bruyère, tome I, p. 180 et note 4.) — « Il lui expliqua fort au long ce que c'était qu'un convent ou un couvent; que ce mot venait du latin *conventus*, qui signifie assemblée. » (Voltaire, *l'Ingénu*, chapitre VI.)

CONVENTION :
A nos *conventions* je vous soumets tous deux. (VIII, 580.)

CONVERSER :
Nous ne *conversons* plus qu'avec des ours affreux. (III, 149.)

CONVIER, CONVIÉ :
   D'où vient que nous ne sommes
   Aujourd'hui que trois *conviés* ? (III, 280 et note 32 ; voyez I, 100.)

CONVOI :
Un du peuple étant mort, notre saint le contemple
En forme de *convoi* soigneusement porté. (VI, 297; comparez VIII, 53.)

CONVOITER :
.... La *convoita*, comme bien savoit faire. (IV, 86.)

CONVOITEUX :
Cette part du récit s'adresse au *convoiteux*. (II, 349 et note 14.)

CONVOYER :
   .... De horions laidement l'accoutra ;
   Jusqu'au logis ainsi le *convoya*. (IV, 96 et note 6.)

CONVULSIF :
   J'expliquerois par raison mécanique
   Le mouvement *convulsif* des frissons. (VI, 331.)

COPARTAGEANT :
Il s'en alla chez son *copartageant*.... (V, 365 et note 6.)
« Le compartageant est vendeur. » (Coutume de Normandie, 1599.)

COPIE :
Un More très lippu, très hideux, très vilain,
S'offre aux regards du juge, et semble la *copie*
    D'un Ésope d'Éthiopie. (V, 271.)
    Le vrai dormir ne fut fait que pour eux ;
    Nous n'en avons ici que la *copie*. (V, 355.)

COQ :
    J'ai toujours ouï, ce dit-il, qu'un bon *coq*
    N'en a que sept [poules]. (IV, 505 et note 6.)

COQUE :
    Il faisoit le cafard,
    Se renfermoit, voyant une femelle,
    Dedans sa *coque*. (IV, 461 et note 2.)

COQUELUCHON. Voyez COCLUCHON.

COQUET, adjectivement et substantivement :
Dans les vieux temps il fut des cœurs *coquets*. (IX, 37.)
    Un moineau fort *coquet*,
Et le plus amoureux de toute la province. (III, 65.)
    Madame Alix, encor qu'un peu *coquette*,
    Renvoya l'homme. (VI, 128.)
.... En gens *coquets* il [l'Amour] change les Catons. (V, 181.)
    Son rival autour de la poule
    S'en revint faire le *coquet*. (II, 172 et note 9.)

COQUIN :
Éclaircis-moi de ce que je veux savoir, *coquin* ! (VII, 481.)
    ...., Et le *coquin* même n'y songeant pas,
    Vous ne tombez proprement dans le cas
    De cocuage. (V, 43.)
.... Le *coquin*, lourd d'ailleurs, et de très court esprit. (V, 590.)
Traiter votre curé, dit-il, comme un *coquin* ! (V, 353.)

CORAIL, au propre et au figuré :
Jus de *corail*. (VIII, 294.)
Belle-Bouche à toute heure étale des trésors :
Le nacre est en dedans, le *corail* en dehors. (VIII, 427.)

CORBEAU ; CORBEAU BLANC :
    Hé bonjour, Monsieur du *Corbeau* :
Que vous êtes joli ! que vous me semblez beau ! (I, 63 et note 2.)
    Non pas que les heureux amants
    Soient ni phénix ni *corbeaux blancs*. (V, 10 et note 6.)
Felix ille tamen corvo quoque rarior albo. (Juvénal, satire VII.)

CORDE, au propre et au figuré :
.... Il y porte une *corde*, et veut avec un clou
Au haut d'un certain mur attacher le licou. (II, 436; voyez II, 437.)
Son seigneur dit : « Qu'on apporte une *corde*. » (IV, 133.)
Un dieu pend à la *corde*, et crie au machiniste. (IX, 156.)

      Mangeons cependant
La *corde* de cet arc : il faut que l'on l'ait faite
De vrai boyau. (II, 350.)

    Laissez-moi faire, et le drôle et sa belle
Verront beau jeu si la *corde* ne rompt. (IV, 70 et note 5; voyez V, 535 et note 4.)

CORDEAU :
      Ce qui le consola peut-être
Fut qu'un autre eût, pour lui, fait les frais du *cordeau*. (II, 438 et note 12.)

CORDON, CORDONS :
      La bête scélérate
A de certains *cordons* se tenoit par la patte. (I, 256.)

      La cassette échappa;
.... A des *cordons* étant pendue,
La belle après soi la tira. (IV, 404.)

CORNE, CORNES, sens divers :
Pégase à la *corne* dure. (IX, 181.)

    [L'âne] s'en vient lourdement,
    Lève une *corne* toute usée,
La lui porte au menton fort amoureusement. (I, 284.)

    Mais les seigneurs sur leur tête
    Ayant chacun un plumail,
Des *cornes* ou des aigrettes, etc. (I, 288 et note 8.)

.... *Cornes* cela? Vous me prenez pour cruche;
Ce sont oreilles que Dieu fit.
— On les fera passer pour *cornes*,
Dit l'animal craintif, et *cornes* de licornes. (I, 377 et note 5; voyez I, 376.)

    Mieux vaut, tout prisé,
Cornes gagner que perdre ses oreilles. (IV, 173.)

« .... Encore qu'il ne soit pas nouueau de veoir croistre la nuict des cornes à tel qui ne les auoit pas en se couchant. » (Montaigne, tome I, p. 113.)

CORNEMUSE :
Il [le loup] s'habille en berger, endosse un hoqueton,
    Fait sa houlette d'un bâton,
    Sans oublier la *cornemuse*. (I, 210 et note 3.)

CORNER :
Il [l'ermite] continue, et *corne* à toute outrance. (IV, 466 et note 2.)
Conter ce cas, le *corner* par la ville,
Le publier. (IV, 364 et note 4.)

CORNET :
Glauque de son *cornet* fait retentir les mers. (VIII, 47.)

.... Alors que l'hypocrite
Et son *cornet* font bruire la maison. (IV, 476; voyez IV, 465.)
.... Force sacrificateurs... portant de longs *cornets* dont ils entonnoient des sons fort lugubres. (VIII, 53.)

CORNETTE :

Sans nuls atours qu'une simple *cornette*. (VI, 133.)
.... Elle en *cornette* et dégrafant sa jupe. (IV, 304 et note 1.)
C'est assez qu'en son lit il trouve une *cornette*. (IV, 389.)

CORNEUR :

La nuit venue, arrive le *corneur*. (IV, 471.)

CORNU, CORNUE :

Un animal *cornu* blessa de quelques coups
Le lion. (I, 376 et note 1.)
Écrevisses *cornues*. (VIII, 294.)
    Plusieurs avoient la tête trop menue,
    Aucuns trop grosse, aucuns même *cornue*. (II, 20.)

CORPS, acceptions diverses :

Le beau *corps!* le beau cuir ! (V, 429.)
Ce roi vit un troupeau qui couvroit tous les champs,
Bien broutant, en bon *corps*. (III, 47 et note 5.)
On se tourmente ici le *corps* et l'âme. (V, 544 et note 2.)
Je réponds de vous *corps* pour *corps*. (V, 10 et note 2.)
Une tête de femme est au *corps* de la lune. (II, 201.)
Tournebroches par lui rendus communs en France
Y font un *corps* à part. (II, 334.)
    .... C'est celui [le carreau] que toujours
    L'Olympe en *corps* nous envoie. (II, 317.)
    [Notre amante] coupe ses habits,
    Corps piqué d'or, garnitures de prix. (V, 198 et note 4.)
    Quoique Bellone ait part ici,
    J'y vois peu de *corps* de cuirasse. (V, 596 et note 2.)
Il y a en face un *corps* de logis à la moderne. (IX, 243.)

CORPULENCE :

Quelque garçon d'honnête *corpulence*. (V, 47.)

CORRESPONDANCE :

C'étoit à qui vivroit avec lui dans une parfaite *correspondance*. (VIII, 43 et note 2.)

CORRESPONDANT, CORRESPONDANTS :

    On lui donna mainte et mainte remise,
    Toutes à vue, et qu'en lieux différents
    Il pût toucher par des *correspondants*. (VI, 94.)

CORRIGER; SE CORRIGER :

Corrigeant partout la nature. (III, 306.)

« *Corrigez-vous* », dira quelque sage cervelle.
Et la peur *se corrige*-t-elle? (I, 172.)

CORROMPRE :
Fi du plaisir
Que la crainte peut *corrompre!* (I, 87.)
N'allez point d'un hymen *corrompre* l'espérance. (VIII, 604.)
.... Vous que doivent troubler mille accidents sinistres,
Que le malheur abat, que le bonheur *corrompt*. (III, 344.)

CORRUPTRICE :
Cette *corruptrice* des cœurs. (VIII, 77.)
La poésie.

CORS, andouillers :
L'animal chargé d'ans, vieux cerf, et de dix *cors*. (II, 464 et note 38.)

CORSAGE :
Dame Belette au long *corsage*. (II, 324 et note 2.)
Douce d'humeur, gentille de *corsage*. (V, 413.)
.... Sitôt qu'il eut dame de tel *corsage*. (V, 49 et note 5.)
[Cette drogue] lui donneroit d'Éraste et l'air, et le visage,
Et le maintien, et le *corsage*. (V, 125.)
Il fut doux, gracieux, vaillant, de haut *corsage*. (IX, 191.)

CORSAIRE :
Amour s'en mit, Amour, ce bon apôtre,
Dix mille fois plus *corsaire* que l'autre. (IV, 342.)
Le mieux que vous puissiez faire,
Lui dit tout franc ce *corsaire*,
C'est de m'avoir pour ami :
Je suis *corsaire* et demi. (IV, 420-421.)
Corsaires à *corsaires*,
L'un l'autre s'attaquant, ne font pas leurs affaires. (I, 317 et note 15.)

CORSET :
Sein qui pousse et repousse
Certain *corset*. (V, 473.)
Corset des bons jours. (IV, 471 ; voyez V, 495.)

CORTÈGE :
.... Suivi d'un *cortège* d'enfants. (II, 382.)
Bacchus entre, et sa cour, confus et long *cortège*. (VI, 210.)
Moins d'Amours, de Ris, et de Jeux,
Cortège de Vénus, sollicitoient pour elle. (IX, 391.)

CORVÉE :
Le créancier et la *corvée*
Lui font d'un malheureux la peinture achevée. (I, 108 et note 8.)

CÔTE À CÔTE :
Tantôt on les eût vus *côte à côte* nager [le cygne et l'oison]. (I, 235.)

CÔTÉ :

Tentation, fille d'Oisiveté,
Ne manque pas d'agir de son *côté*. (IV, 487.)
Il conviendra que de votre *côté*
Vous agissiez sans tarder davantage. (V, 40.)
Tout père frappe à *côté*. (II, 316.)
Le drôle, ayant vu de loin tout le cas...,
Prend à *côté*. (IV, 249.)
.... Après en avoir dit ce qu'il en pouvoit dire,
Il se jette à *côté*. (I, 99.)
Dormir.... d'un et d'autre *côté*. (V, 114 et note 1.)

COTER :

Temps à *coter* fort difficile. (IV, 179 et note 3.)

COTILLON :

Cotillon simple et souliers plats. (II, 150.)
Un *cotillon* a paré la verdure. (IV, 289.)
Certaine nièce assez propette
Et sa chambrière Pâquette
Devoient avoir des *cotillons*. (II, 158.)
Cependant, par avance, Alain, voilà pour boire,
Et voilà pour t'avoir, Georgette, un cotillon.
(Molière, *l'École des femmes*, acte IV, scène IV)
Sous les *cotillons* des grisettes
Peut loger autant de beauté
Que sous les jupes des coquettes. (IV, 46.)

COTON :

A peine son menton
S'étoit vêtu de son premier *coton*. (VI, 42 et note 3.)

CÔTOYER :

Il *côtoyoit* une rivière. (II, 111.)
.... En *côtoyant* un bois. (IV, 248; voyez IX, 230.)
.... En *côtoyant* une montagne. (VIII, 54.)

COTTE VERTE :

Petits jeux, *cotte verte*, allégresse, ripailles. (VII, 562 et note 6; voyez VIII, 203.)

COUARDISE :

Que peut-il? c'est un enfant :
Ma *couardise* est extrême. (V, 240.)

COUCHANT :

Le plus beau *couchant* est voisin de la nuit. (IX, 183.)

COUCHE :

Je me comptois toujours compagne de sa *couche*. (VII, 421.)
Et la *couche* royale...,
Aussi complète, autant bien assortie, etc. (IV, 221.)

COUCHÉE :

La nuit de plus étoit fort approchante,
Et la *couchée* encore assez distante. (IV, 246 et note 5.)

Notre seconde *couchée* fut Bellac. (IX, 290.)

COUCHER ; SE COUCHER :

Je suis bien fâché
Qu'ayant baisé seulement Perronnelle,
Il n'*ait* encore avec elle *couché*. (V, 233 ; voyez IV, 389 ; V, 217.)

Et le galant, qui sur l'herbe la *couche*.... (IV, 374.)

Et sur l'état d'un charbonnier
Il *fut couché* tout le dernier. (II, 36.)

C'est bien raison que Messer Cocuage
Sur son état vous *couche* ainsi que nous. (V, 83 et note 5.)

.... Ce n'est pas *coucher* gros. (V, 579 et note 2.)

Il faut que je *me couche*. (V, 196 ; voyez V, 198.)

.... A ces mots il *se couche*. (III, 151 et note 47.)

Coucher, substantivement :

Se trouvant au *coucher*, au lever, à ces heures
Que l'on sait être les meilleures. (II, 164 et note 15.)

Au *coucher* du roi. (II, 224.)

COUCHETTE :

Tout est aux écoliers *couchette* et matelas. (I, 400.)

Cela ne plut pas au valet,
Qui, les ayant pris sur le fait,
Vendiqua son bien de *couchette*. (V, 508.)

COUCHEUR :

Son *coucheur* cette nuit se retourna cent fois. (IV, 391.)

COUDÉE, coudées :

Cocuage, s'il eût voulu,
Auroit eu ses franches *coudées*. (V, 279.)

COUDRAIE :

.... Sauf la *coudraie*, où Tiennette, dit-on,
Alloit souvent en chantant sa chanson. (V, 335 et note 2.)

COUDRE, cousu :

J'ai suivi leur projet [d'Ésope et de Phèdre] quant à l'événement,
Y *cousant* en chemin quelque trait seulement. (II, 3.)

L'éloge vous ennuie :
J'ai donc fait celui-ci court et simple. Je veux
Y *coudre* encore un mot ou deux. (III, 319.)

Vous savez *coudre* avec encor plus d'art
Peau de lion avec peau de renard. (IX, 146 et note 1.)

Tout *cousu* d'or. (II, 217.)

Comparez Molière *l'Avare*, acte I, scène IV : « tout cousu de pistoles » ; et Voltaire, épître LXIV : « cousu d'or », comme ici.

Encore un coup, motus,
Bouche *cousue*. (V, 494 et note 5.)

COUDRETTE :

[Tiennette,] par hasard, dormoit sous la *coudrette*. (V, 331 et note 4.)

COULER ; SE COULER :

Le temps *coule*. (V, 105.)
Faisant *couler* le temps, gagnant toujours pays.... (VII, 294.)
Qu'il pouvoit doucement laisser *couler* son âge! (VIII, 357.)
Il aime, il sent *couler* un brasier dans ses veines. (VI, 235 et note 7.)
Il m'a voulu *couler* dans la main cent pistoles. (VII, 409 et note 2 ; voyez VII, 427.)

S'insinuer, en fait de chambrière,
C'est proprement *couler* sa main au sein. (IV, 281.)
Je vous ai vu dans ce lieu *vous couler*. (IV, 104 et note 8.)

COULEUR ; PÂLES COULEURS :

.... Votre *couleur* me le démontre assez. (IV, 158 et note 6.)
.... Et comme au lansquenet, ils [les abbés] y prennent *couleur*. (VII, 569 et note 1; voyez VII, 580.)
Leur plumage tire sur le *couleur* de rose. (VIII, 28.)
Ce *couleur* d'aurore. (VIII, 234.)
Leur laine étoit d'un *couleur* de feu. (VIII, 198.)

On sait que *couleur* se prend au masculin dans ces expressions. — « Mon Dieu ! Madame, que je vous trouve le teint d'une blancheur éblouissante, et les lèvres d'un couleur de feu surprenant ! » (Molière, *l'Impromptu de Versailles*, scène IV.)

Certaine abbesse un certain mal avoit,
Pâles couleurs nommé parmi les filles. (V, 306 et note 4.)

COULPE :

J'en dis ma *coulpe*. (VI, 54 et note 1.)

COUP, coups, acceptions diverses ; COUP SUR COUP :

A cris, à *coups* de dents. (III, 83.)
A *coups* de bâton. (IX, 98.)
A *coups* de pied. (IV, 285.)
A *coups* de pierre. (III, 314 ; voyez VI, 21.)
A *coups* de griffe il faut que, etc. (V, 371; voyez V, 375.)

Coups de fourche ni d'étrivières
Ne lui font changer [au naturel] de manières. (I, 187.)
Thérèse en veut venir aux *coups*. (V, 594 ; voyez I, 147.)

Car le seigneur fait frapper de plus belle,
Juge des *coups*. (IV, 139.)

André vit tout, et n'osa murmurer,
Jugea des *coups*. (IV, 173.)

De regardants, pour y juger [au jeu d'amour] des *coups*,
Il n'en faut point. (V, 290.)
Avant le *coup* demandez la cédule. (IV, 110 et note 2.)

S'il nous fait un enfant !
— C'est s'alarmer avant que le *coup* vienne. (IV, 500.)

Nous avons un roi trop habile
Pour ne pas réussir en tous ses *coups* d'essai. (IX, 338 et note 1.)
Bertrand dit à Raton : « Frère, il faut aujourd'hui
Que tu fasses un *coup* de maître. » (II, 445.)
Et malgré vos efforts, mon fils, ils [les amants] se joindront :
C'est un *coup* sûr. (VII, 411 et note 8.)
  Amour est un étrange maître.
  Heureux qui peut ne le connoître
  Que par récit, lui ni ses *coups*. (I, 264; voyez II, 394; VII, 182, 534; IX, 104; etc.)
La Fortune se plaît à faire de ces *coups*. (II, 172.)
  Dame Vénus et dame Hypocrisie
  Font quelquefois ensemble de bons *coups*. (IV, 457.)
Qui ne voit que ceci est jeu, et par conséquent ne peut porter *coup* ? (IV, 14 et note 2; voyez V, 122 et note 3; VI, 190.)
Prête chacune à tenir *coup* aux gens. (IV, 489 et note 1.)
Ayant trop bu d'un *coup*. (I, 236.)
  On le fit trop boire d'un *coup* :
  Quelquefois, hélas! c'est beaucoup. (V, 435.)
Encore un *coup*, motus. (V, 494; voyez V, 175, 565; VI, 267.)
  Le pauvre Renaud...
  Va tout dolent, et craint avec raison
  Qu'il n'ait, ce *coup*, malgré son oraison,
  Très mauvais gîte. (IV, 249; voyez V, 53, 586; VIII, 360.)
Bonhomme, c'est ce *coup* qu'il faut, vous m'entendez,
  Qu'il faut fouiller à l'escarcelle. (I, 278; voyez I, 358.)
A ce *coup* vous voilà comme un baudet sanglé. (VII, 361; voyez VIII, 489.)
Le buisson accrochoit les passants à tous *coups*. (III, 223.)
Les veneurs, pour ce *coup*, croyoient leurs chiens en faute. (I, 410; voyez III, 25; IV, 193; V, 56, 436, 454.)
Il se tint content pour le *coup*. (IV, 51 et note 4.)
Trois rendez-vous *coup sur coup* furent pris. (V, 574.)

COUPER :

[Le Scythe] prend la serpe à son tour *coupe* et taille à toute heure. (III, 307.)
  Notre amante ayant vu,
  Près du chevet, un poignard dans sa gaîne,
  Le prend, le tire, et *coupe* ses habits. (V, 198.)
.... Deux beaux-frères qui se vont *couper* la gorge. (VII, 485.)
Combien voit-on sous lui [le sanglier] de trames étouffées!
Combien en *coupe*-t-il! (VI, 259.)
Il dit, et d'un poignard *coupe* aussitôt sa trame. (VI, 182 et note 5.)
Chaque réduit en avoit [des tendrons] à *couper*. (V, 385 et note 6.)

Familièrement : « à couper au couteau », à moins que ce verbe ne soit employé ici comme terme de chasse ; on dit : un perdreau *coupé*, un faisan fraîchement *coupé*.

COUPLE :

  O *couple* aussi beau qu'heureux,

Vous serez toujours aimables;
Soyez toujours amoureux. (VIII, 389.)
    Notre *couple* amoureux
D'un temps si doux à son aise profite. (IV, 308; voyez V, 56.)
Certain *couple* d'amis. (II, 163.)
    Ce méchant *couple* amenoit avec lui
    La curieuse et misérable Envie. (VIII, 94.)
Il s'agit des sœurs de Psyché.

COUPLER :
.... Avoir chevaux à leur char attelés
De même taille, et mêmes chiens *couplés*. (IV, 329.)

COUR, sens divers; FAIRE SA COUR, LA COUR :
Je définis la *cour* un pays où les gens,
Tristes, gais, prêts à tout, à tout indifférents,
Sont ce qu'il plait au Prince, ou, s'ils ne peuvent l'être,
    Tâchent au moins de le paraître. (II, 281 et note 6.)
.... Un lieu que devoit la déesse bizarre
Fréquenter sur tout autre; et ce lieu, c'est la *cour*. (II, 164.)
Il y a de toutes sortes de gens à la *cour*. (VIII, 190.)
Il ne faut à la *cour* ni trop voir ni trop dire. (IV, 35 ; voyez II, 133.)
.... En galant homme, et, pour le faire court,
En véritable homme de *cour*. (IV, 39.)
Je suis diable de *cour*. (V, 366.)
Langage de *cour*. (IX, 13.) — Jugements de *cour*. (II, 100.)
Lucifer, chef des infernales *cours*. (IX, 21.)
La *cour* maritime. (VIII, 270.)
    Un mois durant, le Roi tiendroit
    Cour plénière. (II, 130; voyez IX, 467, 471.)
.... La *cour* s'en plaint. (IV, 129; voyez II, 405.)
Messieurs les courtisans, cessez de vous détruire ;
Faites, si vous pouvez, *votre cour* sans vous nuire. (II, 225 ; voyez II, 224.)
Messire Jean leur *fait* aussi [aux tetons] *sa cour*. (V, 498.)
.... Si les bergers lui *font leur cour*,
Les rois lui rendent leurs hommages. (VII, 512.)
.... En vain, pour le savoir, Psyché vous *fait la cour*. (VIII, 78.)
C'est en vain que tout vous *fait la cour*. (VII, 533; voyez VII, 567.)

COURAGE, cœur :
        Que les travaux,
    Les dangers, les soins du voyage,
    Changent un peu votre *courage*. (II, 362 et note 5.)
Amour avoit amolli son *courage*. (V, 175 et note 3.)
Nous pourrions... fléchir son *courage*. (VII, 74; voyez VIII, 358.)
Maîtriser mon *courage*. (VIII, 368.)
On n'en rencontre point [d'amants] qui tiennent leur *courage*. (VII, 92.)
Cette fierté de *courage*. (VIII, 433.)
Toujours la naissance éleva mon *courage*. (VI, 202.)
Achille ne rioit pas de moins bon *courage*. (VIII, 115.)
    Le repentir de l'offense

Sert aux coupables de défense
Près d'un *courage* généreux. (VIII, 390.)
De perfides *courages*. (VIII, 452.)

COURANT, substantif, emplois divers :
Le 23 du *courant*. (IX, 220.)
Le *courant* d'une onde pure. (I, 89; voyez I, 90.)

COURBER, COURBÉ :
[L'arbre] *courboit* sous les fruits. (III, 9 et note 32.)
Quand l'eau *courbe* un bâton, ma raison le redresse. (II, 201.)
Sous le faix du fagot, aussi bien que des ans,
Gémissant et *courbé*. (I, 107.)

COURBETTES (À) :
Déjà Phébus, voisin de ces moites retraites,
Ne semble plus mener ses chevaux qu'à *courbettes*. (VII, 279 et note 3; voyez VII, 296.)

COURIR; S'EN COURIR :
Les deux maris vont dans maint carrefour,
Criant, *courant*. (VI, 58.)
En ces lieux nuls ruisseaux *courants*
N'augmentent le tribut dont s'arrosent les plaines. (VI, 340.)
Rien ne sert de *courir* : il faut partir à point. (II, 31.)
Cela dit, maître Loup s'enfuit, et *court* encor. (I, 73.)
Ce proverbe *court*. (IX, 13.) — Le conte en *courut*. (V, 457.)
De la façon que son nom *court*,
Il doit être par delà Rome. (IX, 349.)
Si je ne *courois* dans cette carrière avec succès, on me donneroit au moins la gloire de l'avoir ouverte. (I, 13.)
Tu *cours* en un moment de Térence à Virgile. (IX, 185.)
.... Vous qui *courez* partout, beau sire. (IX, 143.)
Tantôt on les eût vus [le cygne et l'oison] côte à côte nager,
Tantôt *courir* sur l'onde. (I, 235; voyez VIII, 490 et note 4.)
Aussitôt les mortels
Virent *courir* sur eux avecque violence
Pestes, fièvres, etc. (VI, 317.)
L'homme au vœu
Courut au trésor comme au feu. (II, 423 et note 12.)
.... Tant et si bien que chacun s'appliquoit
A la gagner : tout le Mans y *couroit*. (VI, 43.)
Courons ensemble le pays. (VII, 226; voyez IV, 40.)
C'est un pays que ce parc, on y *court* le cerf. (IX, 277.)
Le chambellan
A couru cent cerfs en un an;
Courir des hommes, je le gage,
Lui plairoit beaucoup davantage. (IX, 132.)
J'*aurois couru* volontiers quelque poste. (IV, 56 et note 6.)
.... Qu'il pût *courir* en ce séjour
Quelque aventure avec la dame. (IV, 439.)

Ayant couru mainte haute aventure. (II, 334.)
Garçon carré, garçon *couru* des filles. (V, 532 et note 3.)
    Ce discours fut à peine proféré
    Que l'écoutant *s'en court*. (VI, 58 et note 3.)
        L'autre *s'en court*
    A l'arsenal où sont les disciplines. (V, 531 et note 1.)
    L'associé des frais et du plaisir
    S'en court en haut en certain vestibule. (VI, 135.)

COURONNER ; SE COURONNER :
    L'anneau lui fut donné,
    Et maint bel écu *couronné*. (IV, 58 et note 4.)
Chloris ne voulut donc *couronner* tous ces biens
Qu'au sein de sa patrie. (VI, 200.)
Fais qu'un jour mes travaux par leur fin *se couronnent*. (VI, 290.)

COURRIER :
L'un [des ânes], d'éponges chargé, marchoit comme un *courrier*. (I, 158.)
Et le lièvre pourra nous servir de *courrier*. (I, 425.)
    Je vois deux lévriers,
    Qui, je m'assure, sont *courriers*
    Que pour ce sujet on envoie. (I, 176.)

COURROUX :
    Et Rome t'ouvre une carrière
    Où ton cœur trouvera matière
    D'exercer ce noble *courroux*. (VIII, 392.)
        Les deux troupes éprises
    D'ardent *courroux* n'épargnoient nuls moyens. (II, 137.)
A l'oreille du monstre il s'attache en *courroux*. (VI, 259.)
Magdeleine est en un *courroux* extrême. (V, 500 ; voyez V, 524.)

COURS ; AVOIR, DONNER, COURS ; FAIRE, DRESSER, SON COURS :
Thétis d'un vain danger laissoit passer le *cours*. (VII, 607.)
On prédisoit son *cours* [le cours de la fièvre]. (VI, 320.)
[Valenciennes] avoit arrêté le *cours* de nos lauriers. (VIII, 503.)
Les remèdes fréquents n'abrègent point leurs jours,
Rien n'en hâte le long et le paisible *cours*. (VI, 324.)
L'autre [carreau de Jupiter] s'écarte en son *cours*. (II, 317.)
Il est permis de passer le *cours* ordinaire [des songes].... (VIII, 240.)
Beau secret ! — Il est rare. — Il pourroit *avoir cours*
Si l'hymen s'allioit avecque les amours. (VII, 568.)
Une fable *avoit cours* parmi l'antiquité. (I, 313 ; voyez IX, 108.)
Rien n'*eut cours* ni débit. (II, 176.)
.... Les mensonges divers à quoi tu *donnes cours*. (VII, 518.)
Leurs malades debout après force lenteurs
    Donnoient cours à cette doctrine. (VI, 322.)
Non loin de cet endroit un ruisseau *fait son cours*. (VI, 263.)
Le firmament se meut, les astres *font leur cours*. (I, 169.)
Aux monts idaliens elle *dresse son cours*. (VI, 231 et note 6.)

COURSE :

L'eau par sa *course* l'emporte [la femme qui se noie]. (I, 248.)
Des deux flambeaux du ciel la *course* entre-suivie
A longtemps ramené la peine et le repos. (VI, 305.)
Vous passez sans pécher cette *course* mortelle. (VI, 288.)
Si les bonnes gens vivent encore, ils ne sauroient être fort éloignés du dernier moment de leur *course*. (VIII, 83.)
Telles gens n'ont pas fait la moitié de leur *course*
Qu'ils sont au bout de leurs écus. (I, 223.)
Quelle imprudence à vous de finir votre *course*
Par le seul des péchés qui n'a point de ressource! (VI, 295.)

COURSIER, coursiers :

Si dom *Coursier* vouloit
Ne point celer sa maladie,
Lui Loup gratis le guériroit. (I, 391.)
Le *coursier* d'Adonis, né sur les bords du Xanthe,
Ne peut plus retenir son ardeur violente. (VI, 235; voyez V, 529.)
Un ânier, son sceptre à la main,
Menoit, en empereur romain,
Deux *coursiers* à longues oreilles. (I, 158.)

COURT, courte :

Pieds *courts*. (III, 282.) — Lacet *court*. (V, 527.)
Votre science
Est *courte* là-dessus. (III, 91.)
Xantus rapporta le tout à la Providence, comme on a coutume de faire quand on est *court*. (I, 36.)
Foin! je suis *court* moi-même. (V, 525; voyez IX, 12.)
Il ne fut plus que Messire tout *court*. (V, 157.)
De très *court* esprit. (V, 590.)
Quoi qu'il en soit, le pauvre sire
En très beau chemin demeura,
Se trouvant *court* par celui-là :
C'est par l'esprit que je veux dire. (V, 210.)
[Il] s'enfuiroit avec sa *courte* honte. (VI, 35 et note 6.)

Court, substantivement :

C'est là notre plus *court*. (I, 358.)
Votre plus *court* est de ne dire mot. (IV, 79 et note 3.)
Va te précipiter, ce sera ton plus *court*. (VII, 65.)
Le fer auroit été le plus *court* et le mieux. (IV, 74.)

Court, adverbialement :

Pour faire *court*. (I, 147; voyez IV, 122; VI, 56; VII, 136; IX, 13.)
Pour le faire *court*. (IX, 39; voyez IV, 260.)
Pour vous trancher *court*. (IX, 23.)
Si j'avois mis nos gens à bord
Sans argent et sans pierreries,
Seroient-ils pas demeurés *court*? (IV, 408; voyez I, 47; V, 541.
Jamais la critique ne demeure *court*. (IV, 16; voyez I, 37.)

La crainte de l'éveiller [d'éveiller Cupidon] l'arrêtoit [Psyché] tout *court*. (VIII, 104.)
On s'en fût retourné tout *court*. (VIII, 54.)

  Phébus, qui, sur la fin du jour,
  Tombe d'ordinaire si *court*
Qu'on diroit qu'il se précipite. (IV, 445 et note 5.)

Légère et *court* vêtue. (II, 150.)
Guindé la hart au col, étranglé *court* et net. (II, 66.)
On l'eût pris de bien *court*, à moins que, etc. (I, 345.)

COURTAUD, proprement cheval à qui on a coupé les oreilles et la queue :
J'étois parti du Mans, monté sur un *courtaud*. (VII, 294.)

COURTAUD, commis marchand :
Les bons mots des *courtauds*. (VII, 355 et note 2.)

COURTOIS :
Gens dispos, mais peu *courtois*. (V, 117 ; voyez II, 53.)
C'est un comédien bien fait, *courtois*, habile. (VII, 281.)

COURTOISEMENT :
  .... Maint ruisseau croissant subitement
  Traita nos ponts bien peu *courtoisement*. (IX, 17.)

COURTOISIE :
  La *courtoisie* ou le sergent,
  Ou bien payez-moi six pistoles. (VII, 136 et note 3.)

« Ordonna neantmoins à sa gouge qu'elle entretenist le prebstre, voire sans faire la courtoisie. » (*Les Cent Nouvelles nouvelles*, p. 330.) — On disait au même sens : « faire la gracieuseté ».

COUSIN :
Ces animaux vivoient entre eux comme *cousins*. (III, 227.)

  .... Ce domaine
Doit être un jour à mon *cousin*. (IX, 243 et note 1.)
Mon *cousin* Jupiter. (III, 311 et note 13.)

  Votre serviteur Gille,
  Cousin et gendre de Bertrand. (II, 371.)

COUSSINET :
Perrette, sur sa tête ayant un pot au lait
  Bien posé sur un *coussinet*. (II, 150.)

COÛT, coûts :
Habits sans *coûts* et sans façon. (IX, 106.)

  ...., Tant en argent, et tant en cire,
  Et tant en autres menus *coûts*. (II, 158 et note 12.)

COÛTER :
Le porc à s'engraisser *coûtera* peu de son. (II, 151.)
.... Sur ce pied-là, qu'eût *coûté* la maîtresse? (VI, 129.)
Les principaux de la ville... ne crurent pas que leur repos leur *coûtât*

trop cher quand ils l'achèteroient aux dépens d'Ésope. (I, 45; voyez IV, 59.)

>Coûte et vaille,
Vendez-m'en un [mouton]. (V, 305 et note 1.)

COUTUME :

.... Et donner en public des pleurs à la *coutume*. (VII, 573.)
C'est peut-être la *coutume* d'en user ainsi. (I, 39.)
Ce n'étoit pas autrement sa *coutume*. (IV, 157.)
Jean Lapin allégua la *coutume* et l'usage. (II, 186.)

COUTUMIER, IÈRE, DE :

>Toujours je suis *coutumière*
De payer toute la première. (IV, 194.)

COUVÉE :

.... Achetoit un cent d'œufs, faisoit triple *couvée*. (II, 151.)

>Notre alouette de retour
Trouve en alarme sa *couvée*. (I, 356; voyez III, 37.)

COUVENT :

>.... Après qu'une personne,
Bon gré, mal gré, s'est mise en un *couvent*. (IV, 485.)
.... Fille du diable, et qui nous gâtera
Notre *couvent*. (V, 416.)

On court au *couvent* tout à l'heure. (IV, 199.)
En ce *couvent* on vendoit de l'esprit. (V, 293.)
Dans le *couvent* toujours a-t-elle affaire? (V, 401.)

>.... En un habit que vraisemblablement
N'avoient pas fait les tailleurs du *couvent*. (V, 529.
.... Dont il avint que le *couvent*,
Las enfin d'un tel ordinaire, etc. (IV, 190.)

Tout le *couvent* se trouvoit en tristesse. (V, 311.)

Voyez CONVENT.

COUVER, au propre et au figuré :

Elle bâtit un nid, pond, *couve*, et fait éclore. (I, 355.)
.... *Couvoit* plus de feux dans son sein. (IX, 296.)
Messire Jean Chouart *couvoit* des yeux son mort. (II, 158; voyez I, 178; V, 411.)

COUVERT, substantivement, sens divers; À COUVERT; À COUVERT DE :

Point d'autre *couvert* que ces rocs. (VIII, 54 et note 3.)
Contre les aquilons elle m'est nécessaire [l'architecture]?
Il n'est point de *couvert* qui n'en pût autant faire. (VIII, 254.)

>L'amour les prend,
Dans une plaine,
Sous un *couvert*. (VII, 579 et note 3.)

En peu de jours il eut, au fond de l'ermitage,
Le vivre et le *couvert*. (II, 108.)

Sur un tapis de Turquie
Le *couvert* se trouva mis. (I, 86; voyez V, 171.)
Voulant mettre *à couvert* son âme. (VI, 293.)
Un cerf, à la faveur d'une vigne fort haute...,
S'étant mis *à couvert* et sauvé du trépas, etc. (I, 410.)
Un autre amant se mit *à couvert de* la pluie dans notre cabane. (VIII, 148.)

    Son cheval le met
A couvert des voleurs. (II, 330.)

    Beautés, mettez-vous *à couvert*
D'un curieux désagréable. (VII, 588.)

    .... Pour récompense
De l'avoir mis *à couvert des* sergents. (VI, 109; voyez I, 370.)

COUVRE-CHEF :
    La voilà donc de grègues affublée :
    Ayant sur soi ce nouveau *couvre-chef*.... (V, 415.)

COUVRIR, emplois divers :
Quelques allées profondes, *couvertes*, agréables. (IX, 278.)
Un lieu *couvert* de grands arbres. (I, 41.)
Dès que vous verrez que la terre *sera couverte*.... (I, 83 et note 9.)
Il arriva qu'au temps que la chanvre se sème,
Elle vit un manant en *couvrir* maints sillons. (I, 82.)
Je crois qu'il faut les *couvrir* de touselle [ces champs]. (V, 361.)
Ce roi vit un troupeau qui *couvroit* tous les champs. (III, 45.)
Le long attirail *couvre* toute la plaine. (VI, 251.)
Un pauvre bûcheron tout *couvert* de ramée. (I, 107.)
.... Tantôt *couvrant* sa marche et ses finesses. (VI, 26.)
.... Ceux qui, pour *couvrir* quelque puissant effort,
Envisagent un point directement contraire. (III, 238.)
Il se veut désormais tenir clos et *couvert*. (VII, 96 et note 2.)

CRACHER, craché, au figuré :
    Vous ne sauriez faire
Que cet enfant ne soit vous tout *craché*. (IV, 119 et note 1.)

CRAC :
Crac, pouf, il tombe à terre. (VII, 359.)

CRAINDRE :
Il fait bon *craindre*, encor que l'on soit saint. (V, 467 et note 2.)

CRAINTE :
La *crainte* est aux enfants la première leçon. (V, 16 et note 6.)
Cet animal [le lièvre] est triste, et la *crainte* le ronge. (I, 171.)

CRAÎTRE, croître :
Proposez-vous d'avoir le lion pour ami
    Si vous voulez le laisser *craître*. (III, 98 et note 23.)

CRAN (Baisser d'un). Voyez BAISSER.

CRASSEUX :
Un jupon *crasseux*. (I, 382.)
.... De gens *crasseux* une malpropre bande. (IX, 92.)

CRAYON :
.... Puis force gens, assis comme notre bergère,
Font un *crayon* conforme à cet original. (V, 346 et note 6.)

CRÉANCE :
  Aussitôt l'éléphant de croire
  Qu'en qualité d'ambassadeur
  Il [le singe] venoit trouver Sa Grandeur.
  Tout fier de ce sujet de gloire,
Il attend maître Gille, et le trouve un peu lent
  A lui présenter sa *créance*. (III, 311 et note 7.)
.... Donner à mes conseils chez vous plus de *créance*. (VII, 615.)

CRÉANCIER :
Jupiter, dit l'impie, est un bon *créancier*. (II, 422.)
  Le *créancier* et la corvée
Lui font d'un malheureux la peinture achevée. (I, 108.)
A sa porte il vit le *créancier*. (VI, 107 ; voyez III, 222.)

CRÉATURE :
  Vers quinze ans lui fut enseigné,
Tout autant que l'on put, l'auteur de la nature,
  Et rien touchant la *créature*. (V, 17.)
Réveillez-vous, *créatures* de Dieu. (IV, 466.)
   N'est-il pas
Créature de Dieu, comme les autres bêtes? (V, 253.)
  [Carvel] alléguoit à la *créature*
  Et la Légende et l'Ecriture. (IV, 379 et note 2.)
  Il vous mit donc la *créature*
  Dans un convent. (V, 107 et note 2.)
Incontinent la jeune *créature*
S'en va le voir. (V, 292.)
  Sous le masque on n'eût su bonnement
  Laquelle élire entre ces *créatures*. (V, 128.)
[L'âne] est bonne *créature*. (II, 299.)
Voilà une méchante *créature !* (VII, 488.)
L'hôtesse, adroite et fine *créature*. (V, 81 ; voyez V, 74 et note 1.)
Sachez que nous avons ici des *créatures*
  Qui feront leurs maris cocus
  Sur la moustache des Argus. (V, 441.)
  Il n'étoit bruit que d'aventures
  Du chrétien et de *créatures*. (V, 516 et note 4.)

CRÉDIT ; EN CRÉDIT :
.... Me flattant d'un *crédit* que je devrois avoir. (VII, 616 ; voyez VII, 625.)
  La vogue étoit passée
  Au galetas : il avoit le *crédit*. (II, 182.)

Le protestant de madame Clitie
N'eut du *crédit* qu'autant qu'il eut du fonds. (V, 157.)

Pour sauver son *crédit* il faut cacher sa perte. (III, 221.)

Les voilà sans *crédit*, sans argent, sans ressource. (III, 221 ; voyez II, 435.)

   Un mortel eut le *crédit*
   De voir de si belles choses. (V, 432.)

   Voici comme Ésope le mit [ce proverbe]
    En crédit. (I, 354.)

Voyons si ses appas le mettront *en crédit*. (IV, 22.)

Ce discours près du sexe est toujours *en crédit*. (VII, 68 ; voyez VII, 414.)

CRÊTE :

Au milieu de la halle, une bourgeoise en *crête*. (VII, 361 et note 5.)
Toute crêtée, crispée, qui se dresse sur ses ergots.
Voyez PORTE-CRÊTE.

CREUSER :

Voyez-vous à nos pieds fouir incessamment
Cette maudite laie, et *creuser* une mine? (I, 220.)

Creusant dans les sujets, et forts d'expériences,
Ils [les Anglais] étendent partout l'empire des sciences. (III, 320.)

CREUX, CREUSE :

Cavernes *creuses*. (I, 257.) — Antres *creux*. (VI, 243.)

CREUX, substantivement :

   La populace
  Entroit dans les moindres *creux*. (I, 288 et note 9.)

CREVASSE :

  Trou, ni fente, ni *crevasse*,
  Ne fut large assez pour eux. (I, 288.)

CREVAILLE, CREVAILLES :

Sérénades, concerts, charivaris, *crevailles*. (VII, 563 et note 2.)

CREVER ; CREVER DE :

   La chétive pécore
  S'enfla si bien qu'elle *creva*. (I, 67 et note 5.)

   Ils [ces deux chiens] firent tant
  Qu'on les vit *crever* à l'instant. (II, 338.)

Elle tombe, elle *crève* aux pieds des regardants. (III, 16.)

Il soupe ; il *crève*. (IV, 122 et note 3.)

« La Fare étoit grand gourmand; au sortir d'une grande maladie, il se creva de morue, et en mourut d'indigestion. » (Saint-Simon, tome IX, p. 315.)

Ah ! je *crève!* (VII, 426 et note 7 ; voyez VII, 348, 363, 409.)

En leurs greniers le blé, dans leurs caves les vins :
Tout *en crève*. (II, 124 et note 20.)

Lors chacun d'enrager, mourir, *crever* d'envie. (VII, 55.)

Il en pensa *crever de* rage et *de* tristesse. (VII, 426.)

CRI, cris :
.... L'autre fit un *cri*. (I, 35; IV, 138; et comparez V, 399, note 1.)
A *cris*, à coups de dents. (III, 83 et note 15.)
Le roi n'éclata point : les *cris* sont indécents
A la majesté souveraine. (III, 253.)

CRIARD, criards :
Son fils Mercure aux *criards* vient encor. (I, 366.)

CRIBLER :
Rien ne reste à faire après nous,
Tant nous *criblons* de bonne sorte. (VII, 128.)

CRIBLEUR. (VII, 128.)

CRIER, acceptions diverses; crier à :
Tout franc, ce procédé *crie*, et vous avez tort. (VII, 586 et note 9.)
O temps! ô mœurs! j'ai beau *crier*. (III, 219; voyez III, 291; VI, 269.)
Après que le milan, manifeste voleur...,
[Eut] fait *crier* sur lui les enfants du village.... (II, 449.)
Tu murmures, vieillard! vois ces jeunes mourir....
J'ai beau te le *crier*. (II, 214.)
Plutôt que mes meubles l'on *crie*...,
Je ferai tout. (VII, 136.)
Il [Mercure] se chargea de *crier* Psyché par tous les carrefours de l'univers. (VIII, 166.)
Vous serez *criée*. (VIII, 156 et note 1.)
Un dieu pend à la corde et *crie au* machiniste. (IX, 156.)

Crier famine, Crier merveille, Crier miracle. Voyez Famine, Merveille, Miracle.

CRIEUR :
Le *crieur* des dieux est Mercure. (VIII, 165 et note 2.)

CRIMINEL, elle :
Aux trésors temporels le jeune saint succombe,
Croit qu'on en peut jouir sans être *criminel*. (VI, 279.)
.... Bannis-en ces vains traits, *criminelles* douceurs. (VI, 279.)
Ardeur *criminelle*. (II, 450.)

CRIN, crins :
Au *crin* [du cheval] tout aussitôt je me suis cramponné. (VII, 295; voyez VII, 296.)
... En secouant leur *crin*. (VIII, 123; voyez VIII, 480.)
Ce dieu porte-lumière, aux yeux vifs, au blond *crin*. (VII, 279.)
Phébus aux *crins* dorés. (I, 381 et fin de la note 5.)

CRINIÈRE :
Fille se coiffe volontiers
D'amoureux à longue *crinière*. (I, 265.)

CRISTAL :
Il s'arrête en passant au *cristal* de cette onde. (VI, 263.)

Troublez l'eau : vous y voyez-vous?
Agitez celle-ci. — Comment nous verrions-nous?
 La vase est un épais nuage
Qu'aux effets du *cristal* nous venons d'opposer. (III, 343.)
Les divins voyageurs, altérés de leur course,
Mêloient au vin grossier le *cristal* d'une source. (VI, 155.)
 Je suis... le dieu qui commande à cette onde....
 Mon *cristal* est très pur. (VI, 19.)
 [La Loire] répand son *cristal*
 Avec magnificence. (IX, 247.)
Quand l'eau cesse et qu'on voit son *cristal* écoulé.... (VIII, 34.)
Le bruit, l'éclat de l'eau, sa blancheur transparente,
D'un voile de *cristal* alors peu différente. (VIII, 34.)
Fin *cristal*. (III, 57.) — Vrai *cristal* fondu. (VIII, 181.) — *Cristal* jaillissant. (VIII, 41.) — *Cristal* vagabond. (VI, 241.) — Liquide *cristal*. (VIII, 259.) — *Cristaux* liquides. (VIII, 247.)

CRITIQUE, masculin :

Vraiment, me diront nos *critiques*.... (I, 130.)
« Que devint le palais? » dira quelque *critique*. (V, 279; voyez VIII, 182.)

CRITIQUE, féminin :

Jamais la *critique* ne demeure court, ni ne manque de sujets de s'exercer; quand ceux que je puis prévoir lui seroient ôtés, elle en auroit bientôt trouvé d'autres. (IV, 15.)
J'ai trouvé à la fin peu de certitude en cette *critique*. (I, 20; voyez I, 29.)

CRITIQUEUR :

Les *critiqueurs* sont un peuple sévère. (VI, 48 et note 4.)

CROASSER, CROASSANT :

Quelqu'un du peuple *croassant*. (I, 139 et note 2.)
Ambassades *croassantes*. (III, 350 et note 11.)

CROC :

Ils [les animaux] n'auront ni *croc* ni marmite? (III, 33 et note 18.)
 Rends-moi le premier de ma race
Qui fournisse son *croc* de quelque mouton gras. (III, 234.)
 [Le rustre] convertit en monnoie
Ses chapons, sa poulaille; il en a même au *croc*. (III, 110.)
Bonne chasse, dit-il, qui l'auroit à son *croc*! (I, 390.)
 Amour n'avoit à son *croc* de pucelle
 Dont il crût faire un aussi bon repas. (V, 292 et note 6.)

CROCAN. Voyez CROQUANT.

CROIRE, emplois divers :

Comme l'on peut *croire*. (V, 314; voyez IV, 491; V, 229, 348.)
.... Le monde n'en *croit* rien. (II, 459.)
.... M'alléguer ton Dieu, que je ne *crus* jamais. (VI, 292 et note 7.)
J'*ai cru* la Muse; et sur cette assurance, etc. (IX, 10.)
Croyons ce bœuf. — *Croyons*, dit la rampante bête. (III, 7.)
Si l'on *croit* la renommée, etc. (I, 287.)

.... Si l'on me *croit*, chacun s'y résoudra. (I, 380.)
Il *fut cru;* l'on suivit ce conseil salutaire. (III, 344.)
    Est-il juste de te *croire*
    Plutôt que ses propres yeux? (VII, 259.)
Ah! Clymène, j'*ai cru* vos yeux trop de léger. (VIII, 366.)
Mangez ce grain; et *croyez*-moi. (I, 82 ; voyez VI, 31.)
Ce n'étoit pas un sot, non, non, et *croyez*-m'en,
    Que le chien de Jean de Nivelle. (II, 319.)
Passez votre chemin, la fille, et m'en *croyez*. (I, 202 ; voyez VII, 103 ; IX, 128.)
Que je n'en *sois* pas *cru*, mais les cœurs de vos dames. (IV, 21.)
.... Vous ne seriez pas là si j'en *eusse été crue*. (VII, 436.)
Nous en *croirons* les yeux de tout autre que vous. (VII, 255 ; voyez IV, 22, 300.)
Tu t'es trompé, Timandre, et *crois* trop à tes yeux. (VII, 255.)
    J'ai toujours *cru*
    Le fauconnier garçon sage et fidèle. (IV, 89.)

CROISÉE :

A la première *croisée* de chemins. (VIII, 165 ; voyez VIII, 166.)

CROISSANCE :

Morceaux pétrefiés, coquillages, *croissance*. (VIII, 34 et note 5.)

CROÎT, substantivement :

.... Et de plusieurs troupeaux dans l'ardente saison
Vendoit à ses voisins le *croît* et la toison. (VI, 284 et note 5.)
.... Le *croît* m'en appartient. (I, 316 et note 13.)

CROÎTRE :

Pleurez, nymphes de Vaux, faites *croître* vos ondes. (VIII, 355.)
L'ombre *croît* en tombant de nos prochains coteaux. (VII, 542.)
Que l'oraison aille toujours en *croissant*. (VIII, 312.)
    Si j'*étois crû*, dit-il, en dignité
    De cocuage et de chevalerie? (IV, 103.)
Ces atomes font tout : par les uns nous *croissons*.... (VI, 328.)
Il [ce lion] *croîtra* par la guerre. (III, 96.)
Une chienne coquette et de mauvaise vie,
Qui, pour le bien public, desiroit travailler
A *croître* son espèce et la multiplier. (VII, 317 et note 2.)
Voyez CRAÎTRE.

CROIX :

Il faut porter ta *croix*, goûter de ton calice. (VI, 291.)
Je n'ai jamais appris que ma *croix* de par Dieu. (II, 181 et note 10.)
Sans *croix* ne pile. (IV, 492 et note 4.)

CROQUANT, CROCAN, paysan, rustre :

Passe un certain *croquant* qui marchoit les pieds nus ;
Ce *croquant*, par hasard, avoit une arbalète....
Le soupé du *croquant* avec elle [la colombe] s'envole. (I, 165 et note 3.)

Auroit-on pris des *croquants* pour troquants? (V, 336 et note 4.)

Ce terme, même dans la lettre que cite Littré (Supplément de son Dictionnaire, p. 363), a un sens méprisant, selon nous, et il l'a toujours eu.

Froissart emploie le mot *croquart*.

.... Tournera bientôt visage,
Et fera comme un *crocan*. (VIII, 434 et note 7.)

CROQUER, au propre et au figuré :

Le monarque des dieux leur envoie une grue,
Qui les *croque*, qui les tue. (I, 215.)

Le Ciel permit aux loups
D'en *croquer* quelques-uns [quelques moutons] : ils les *croquèrent* tous. (II, 413.)

Croquant mainte volaille. (II, 427.)

Il [le chat] *croque* l'étranger [le moineau]. (III, 198.)

.... L'humaine engeance
En auroit aussi bien *croqué* sa bonne part [des poissons]. (III, 21.)

Trop bien croyoit [Mazet], ces sœurs étant peu sages,
Qu'il en pourroit *croquer* une en passant. (IV, 494 et note 1.)

Par où le drôle en put *croquer*
Il en *croqua* : femmes et filles. (V, 516 et note 6.)

CROQUEUR :

Un vieux renard, mais des plus fins,
Grand *croqueur* de poulets. (I, 378.)

Tout le minois d'un vrai *croqueur* de nonne. (V, 534 et note 2.)

CROSSE :

Mettre à ses pieds la mitre avec la *crosse*. (V, 187.)

CROTESQUE, grotesque :

Six masques de rocaille à *crotesque* figure. (VIII, 33.)

Il [Horace] ne veut pas que nos compositions ressemblent aux *crotesques*, et que nous fassions un ouvrage moitié femme, moitié poisson. (IV, 152 et note 1.)

CROTTE :

Leur ennemi changea de note,
Sur la robe du dieu fit tomber une *crotte*. (II, 151.)

CROTTER :

L'Amour est nu, mais il n'*est* pas *crotté*. (IV, 256.)

CROULER :

Jupin, *croulant* la terre. (IX, 34 et note 7.)

Comparez Ronsard, tome I, p. 280 :

.... Escrouler ni ruer à bas
La ferme amour que ie te porte.

CROUPE, au propre et au figuré :

.... Sur la *croupe*
Du mont où les savantes sœurs
Tiennent boutique de douceurs. (IX, 113.)

Le Parnasse se découvre au fond. Quelques muses sont assises en divers endroits de sa *croupe*. (VII, 244.)
[Une saccade] du col sur la *croupe* à l'instant m'a placé. (VII, 296.)
Larges flancs, large *croupe*. (VIII, 480.)
L'homme crut avoir tort, et mit son fils en *croupe*. (I, 202.)
Les dangers... nous suivent en *croupe*. (I, 238 et note 8.)

    Toujours un double ennui
  Alloit en *croupe* à la chasse avec lui. (V, 164.)

CROYANCE :
    .... Le monde n'en croit rien :
  Laissons le monde et sa *croyance*. (II, 459.)

Dans cette *croyance*, je l'ai suivi. (I, 29.)
.... J'en ai quelque *croyance*. (IX, 10.)
Les amants sont toujours de légère *croyance*. (VI, 193 et note 4.)

CRU, substantif :
Le livre est de son *cru*. (VII, 570.)

CRUAUTÉ, CRUAUTÉS :
  [Un loup] fit un jour sur sa *cruauté*,
  Quoiqu'il ne l'exerçât que par nécessité,
    Une réflexion profonde. (III, 29.)

Mes *cruautés* sont cause de sa perte. (V, 262.)

CRUCHE, au figuré :
Vous me prenez pour *cruche*. (I, 377.)

CRUCHÉE :
Une *cruchée* d'eau. (VIII, 195.)

CRUEL, ELLE :
    Ah ! je vous connois, lui dis-je,
    Ingrat et *cruel* garçon. (V, 241 ; comparez VIII, 359.)

Il vous sera permis après d'être *cruelle*. (VIII, 365 ; voyez VIII, 424.)
On se plaint ici des *cruelles*. (VII, 512.)

    Toujours les bergers
    Nous nomment *cruelles*. (VII, 258.)

Princesse, demeurez : je trouve votre absence
  Plus *cruelle* encore que vous. (VII, 214.)

CRÛMENT :
Parler... *crûment*. (IX, 23.)

CUEILLIR :
J'ai, si je m'en souviens, un baiser à *cueillir*. (VII, 180 ; voyez IV, 288.)

    Heureux seroit
  Celui d'entre eux qui *cueilleroit*,
  En nom d'hymen, certaine chose.... (V, 211.)

CUIDER, penser, croire :
Tel, comme dit Merlin, *cuide* engeigner autrui,
  Qui souvent s'engeigne soi-même. (I, 307 et note 2.)

CUIR, peau :

C'est bien le *cuir* plus doux,
Le corps mieux fait. (IV, 214 et note 3.)

Le beau corps ! le beau *cuir* ! (V, 429 et note 6.)

CUIRE, CUIT, CUISANT :

[Le renard] trouva le dîner *cuit* à point. (I, 113.)
Un agneau *cuit* en broche. (III, 31.)
Vous y viendrez *cuire* dans notre four ! (IX, 13 et note 3.)

.... Et qu'après tout Hyménée et l'Amour
Ne soient pas gens à *cuire* à même four. (V, 332 et note 6.)

Hans Carvel prit sur ses vieux ans
Femme jeune en toute manière :
Il prit aussi soucis *cuisants*. (IV, 378.)

Ennuis *cuisants*. (IX, 40.)

CUISINE :

Sa *cuisine* alloit bien ; mais, lorsque le long âge
Eut glacé le pauvre animal,
La même *cuisine* alla mal. (III, 19.)

Quant au chat, c'est sur nous qu'il fonde sa *cuisine* ! (II, 18.)

Jamais idole, quel qu'il fût,
N'avoit eu *cuisine* si grasse. (I, 296.)

Oh ! oh ! dit-il, voilà bonne *cuisine* ! (V, 73.)
On fricasse, on se rue en *cuisine*. (I, 278 et note 10.)
Qui a une fois vu ces *cuisines*, etc. (IX, 292.)

CUL, au propre et au figuré :

Du temps des Grecs deux sœurs disoient avoir
Aussi beau *cul* que fille de leur sorte. (IV, 115.)

Le protecteur des rebelles,
Le *cul* à terre entre deux selles. (IX, 444 et note 6.)

Quelques tonneaux sont mis sur *cul*. (IV, 426 et note 2.)

C'est ce qu'on appelait « fesser le vin » (Dancourt, *les Vacances*, Divertissement final).

— Vous avez renversé sur *cu*
Plus de vingt tonneaux par année ;
Tout Courdimanche est convaincu
Que Toinon fut plus renversée. (Voltaire, *la Fête de Bélébat*.)

.... Un si haut monument sur aussi peu de base
Qu'est le *cul* d'une assiette. (VII, 282.)

CUL-DE-JATTE :

Cul-de-jatte, estropiat, impotent : c'est tout dire. (VII, 362 et note 3 ; voyez I, 106 ; VIII, 484.)

CULEBUTE, culbute :

Relevé de cette *culebute*.... (VII, 297 et note 1 ; voyez VII, 427.)

CULEBUTER (SE) :

Et les petits, en même temps,
Voletants, *se culebutants*, etc. (I, 358 et note 21.)

CURE, sens divers :
.... Ce qu'on peut faire ici,
C'est d'en remettre au temps la *cure* et le souci. (VII, 93.)
.... Une *cure* plus prompte étoit une merveille. (VI, 323.)
.... Et fasse au chef une blessure
Qui soit de difficile *cure*. (IX, 182.)
.... Le meunier n'en a *cure*. (I, 202 et note 9.)

CURÉ :
Et monsieur le *curé*
De quelque nouveau saint charge toujours son prône. (II, 219.)
Mais il en vint au *curé* quelque vent,
Il prit aussi son droit : je n'en assure,
Et n'y étois; mais la vérité pure
Est que *curés* y manquent peu souvent. (V, 329.)
.... Pour des *curés* la pâte en étoit bonne. (V, 488.)

CURÉE :
Voilà toujours *curée*. (II, 338 et note 6.)
.... La meute en fait *curée*. (I, 411.)
.... Elle en fera gorge-chaude et *curée*. (I, 309 et note 12.)

CURIEUX; CURIEUX DE :
Une femme à son âge, et la nuit et le jour
Curieuse, et sans cesse attachée à sa suite.... (VII, 307.)
C'est un desir *curieux* qui m'a pris. (V, 565.)
Un soin trop *curieux*. (I, 362.)
Assez peu *curieux* de semblables amis. (III, 294.)
Votre Majesté
Est *curieuse de* beauté. (IV, 20 et note 5.)
Gens peu *curieux de* goûter le trépas. (II, 436.)

CURIEUX, substantivement :
.... Un *curieux* y passa d'aventure. (V, 33.)

CURIOSITÉ :
Qui a une fois vu ces cuisines n'a pas grande *curiosité* pour les sauces qu'on y apprête. (IX, 292.)

CUVEAU :
Affublé du *cuveau*. (V, 545.)

CUVER :
.... Là les vapeurs du vin nouveau
Cuvèrent à loisir. (I, 224.)
.... Leur boisson *cuvée*. (V, 386.)

CUVETTE :
Sera-t-il dieu, table, ou *cuvette*? (II, 385.)
La vaisselle d'argent, les *cuvettes*, les brocs. (I, 194.)

D

DA, dea :
Nenni *da*, non. (IV, 486 et note 7.)
Oui *dea*. (V, 310.)
En amour *dea*, non en guerre. (V, 396.)
Si *dea*, fit-il. (IV, 159 et note 2.)

DADAIS :
Grand *dadais*. (VII, 452 et note 3.)

DAGUE :
.... Ayant en main ma *dague*. (VII, 413 ; VII, 369.)

DAIS :
Sous un *dais* de lumière. (III, 275.)

DAM :
Il y vint, à son *dam*. (III, 322 et note 24; voyez V, 566 et note 1; VII, 423.)

DAMAS :
Plaisirs y sont [dans les harems] sur des lits de *damas*. (IX, 41.)

DAME :
  Son épousé la faisoit *dame;*
  Son ami, pour la faire femme,
  Prend heure avec elle au matin. (V, 218 et note 2.)
  .... Et ne sais nulle *dame*,
  De quelque rang et beauté que ce soit,
  Qui vous valût pour maîtresse et pour femme. (V, 203.)
J'y consens, dit Joconde, et je sais une *dame*
Près de qui nous aurons toute commodité :
Elle a beaucoup d'esprit, elle est belle, elle est femme
  D'un des premiers de la cité. (IV, 45.)
La *dame* avoit un peu plus d'agrément [que la suivante]. (VI, 128; voyez VI, 127, 129, 130, 134, 137, 138.)
  Le pèlerin, qui le tout observoit,
  Va voir la *dame*. (IV, 93 ; voyez IV, 86, 88, 89, 94, 98, 311 ; V, 49, 67, 71, 168, 169 ; etc.)
  De prime abord sont par la bonne *dame*
  Expédiés tous les péchés menus. (IV, 104.)
  La bonne *dame* et le jeune muguet
  En sont aux mains. (IV, 322.)
.... La *dame* étrangère [une perdrix]. (III, 40 et note 6.)
La *dame* de ces biens, quittant d'un œil marri
  Sa fortune ainsi répandue,
  Va s'excuser à son mari. (II, 152 et note 20.)
C'est... la *dame* du village. (IV, 87.)

... *Dame* Fleurette en pouvoit être cause. (V, 81.)
Dame Fortune aime souvent à rire. (VI, 122.)
    Notre commune mère,
Dame Nature. (V, 526.)
Ces *dames* [les chèvres] vont promener leurs caprices. (III, 208.)
Dame Baleine, dame Fourmi. (I, 78.) — *Dame* Belette. (II, 185.) — *Dame* Mouche. (II, 143.) — *Dame* Souris. (III, 353.)

DAME, exclamation :
    Il n'avoit l'âme
  Sourde à cette éloquence, et, *dame!*
  Les orateurs du temps jadis
  N'en ont de telle en leurs écrits. (V, 515.)

DAMÉ, DAMÉE :
Fille *damée*. (IX, 89 et note 2.)

DAMNABLE :
  Fuyez la ville et les amants,
    Et leurs présents :
  L'invention en est *damnable*. (V, 248.)

DAMNER :
  Le nœud du mariage
Damne aussi dru qu'aucuns autres états. (VI, 117.)
Je me souviens d'*avoir damné* jadis
L'amant avare. (V, 153.)

DAMOISEAU :
Mais ouvrons le poulet du *damoiseau* Timante. (VII, 412.)

DAMOISELLE :
Damoiselle Belette au corps long et flouet. (I, 251.)
  Au mot de rat la *damoiselle*
  Ouvrit l'oreille. (II, 393 et note 15.)

DANGER, DANGERS :
Le trop d'attention qu'on a pour le *danger*
  Fait le plus souvent qu'on y tombe. (III, 299.)
  La vraie épreuve de courage
N'est que dans le *danger* que l'on touche du doigt. (II, 7.)
Dans les *dangers* qui nous suivent en croupe
  Le doux parler ne nuit de rien. (I, 238.)
  Hé! mon ami, tire-moi de *danger*,
  Tu feras après ta harangue. (I, 117.)
Voyant sa patrie en *danger*.... (II, 231.)
En *danger* de mourir. (II, 324.)
La voilà derechef en *danger* de sa vie. (I, 142.)
En grand *danger* d'être battue. (II, 152.)

DANGEREUX :
  Les gens sans bruit sont *dangereux*,
  Il n'en est pas ainsi des autres. (II, 330; voyez II, 263.)

Tels cas sont *dangereux*
Lorsque l'un des conjoints se sent privé du somme. (IV, 391.)
   Il faut, dit-il, beaucoup plus d'une attaque
   Contre un venin tenu si *dangereux*. (V, 56.)

DANS :

1° DANS, construit avec des mots marquant mouvement pour entrer, pour introduire :
.... Après avoir creusé quelque peu *dans* terre. (I, 42 et note 3.)
.... Creusant *dans* les sujets, et forts d'expériences. (III, 320.)
Je vous allois chercher au port et *dans* la place. (VII, 53.)
   Une troupe de Zéphyrs
   L'accompagna *dans* nos côtes. (VIII, 386 et note 3.)
   Un orage soudain
Jette un secret remords *dans* leur profane sein. (VI, 210.)
Elle se sentit enlever *dans* l'air. (VIII, 56.)
Tomber *dans* les lacs. (IV, 41.)
   Les lions entre autres vouloient
   Être admis *dans* notre alliance. (I, 264.)

2° DANS, construit avec des mots qui ne marquent pas mouvement; DANS, formant un complément plus ou moins détaché :
   Et *dans* moi-même
Je dis.... (V, 240.)
L'avez-vous dit *dans* l'âme? (VII, 155 et note 3.)
Toute profession s'estime *dans* son cœur. (III, 125.)
Déjà *dans* son esprit la galande le croque. (I, 310.)
C'est lors que, repassant *dans* sa triste mémoire, etc. (VI, 246, variante.)
Dans l'apparence. (VIII, 165.)
   Dans cette admirable pensée,
Voyant son maître en joie, il [l'âne] s'en vient lourdement. (I, 284.)
   Vous avez *dans* vos mains
   Un moyen sûr de me priver de vie. (V, 53.)
   Il nous faut *dans* notre équipage,
Continua le prince, avoir un livre blanc. (IV, 40.)
Votre méchanceté ne trouvera point de retraite sûre, non pas même *dans* les temples. (I, 53 et note 1.)
Je ne vois *dans* les défauts des personnes non plus qu'une taupe qui auroit cent pieds de terre sur elle. (IX, 315.)
N'ai-je pas bien servi *dans* cette occasion? (I, 189.)
Fais que *dans* mes chansons aujourd'hui je t'honore. (VI, 278.)
.... Mort en ses neveux, *dans* mes vers il respire. (VIII, 264.)
Dois-je *dans* la province établir mon séjour?
Prendre emploi *dans* l'armée? (I, 200.)
Avoir un [plaisir] *dans* le degré suprême. (IX, 156.)
   C'est père André, celui qui d'ordinaire
   Entend Alis *dans* sa confession. (V, 234.)
   Ce qui hors terre et dessus l'héritage

  Aura poussé demeurera pour toi ;
L'autre *dans* terre est réservé pour moi. (V, 364 et note 2.)

L'amour étoit demeuré *dans* l'air. (VIII, 128.)
Un pied *dans* l'air. (IX, 260.)
La nature... se joue *dans* les animaux comme elle fait *dans* les fleurs. (VIII, 28.)
Dis-moi s'il fut jamais rien d'égal *dans* ta cour. (VIII, 368.)
Sur le théâtre et *dans* la tribune. (VIII, 308.)
J'ai lu *dans* quelque endroit.... (I, 201.)

  Cet accident n'est pas nouveau
  Dans le chemin de la fortune. (III, 210.)

  .... Vous me verrez dessus [sur la haquenée], fort à mon aise,
  Dans le chemin de ma maison des champs. (V, 574.)

Mon cousin Jupiter, dit-il verra *dans* peu
Un assez beau combat. (III, 311.)
Dans l'abord, il [le moucheron] se met au large. (I, 156 et note 8.)

  Dans le même moment
  L'époux remonte. (IV, 316.)

  .... [Le] nouveau-né, qui, *dans* un long destin,
  De trois grands dieux fournira la matière. (IX, 31.)

3⁰ Dans, devant des noms de pays ou de villes, avec ou sans mouvement :

Né *dans* la Scythie. (III, 304.)
Un orateur estimé *dans* la Grèce. (VI, 14.)

  Dans la Pologne désormais
  On pourra s'élire des princes. (IX, 135.)

Une pareille défense s'étoit observée longtemps *dans* Athènes. (VIII, 265 ; voyez II, 231.)

  Dans Éphèse il fut autrefois
  Une dame. (VI, 68.)

  .... Et celui [le renom] du fils d'Osiris
  Qui va revivre *dans* Paris. (IX, 117.)

Cestui Richard étoit juge *dans* Pise. (IV, 331.)

  Il devoit demeurer *dans* Rome
  Six mois, et plus. (V, 247.)

C'est tout ce que j'ai vu *dans* Rome à mon abord. (III, 150.)

  Femme n'étoit ni fille *dans* Florence
  Qui n'employât, etc. (V, 158.)

  Cet inconnu s'engagea de la rendre
  Chez Zaïr ou *dans* Garbe. (IV, 441.)

A son retour *dans* Babylone. (I, 51.)

4⁰ Dans, où nous emploierions plutôt *chez* :

.... *Dans* les frelons ces enseignes étoient pareilles. (I, 121.)
.... Un des plus beaux traits qui fût *dans* Esope. (I, 106.)

  .... A la manière
  Que les dieux marchent *dans* Homère. (VIII, 452.)

J'ai profité *dans* Voiture. (IX, 403.)

DANSE, au figuré :

.... On les vient prier d'une autre *danse*. (IV, 274 et note 1.)
On vient les chercher pour les pendre.

Amour viendra le beau premier en *danse*. (IX, 30.)
Tetons d'entrer en *danse*. (IV, 284 et note 4.)
L'abbesse aussi voulut entrer en *danse*. (IV, 503.)

  Il faut, bon gré, mal gré,
 Qu'elle entre en *danse;* et, s'il est nécessaire,
 Je m'offrirai de lui tenir le pied. (V, 83 et note 8; voyez V, 387.)

Il aimoit cette *danse*. (V, 297 et note 5.)

 Pour cette fois, le mari voit la *danse*
 Sans se fâcher. (IV, 316 et note 5.)

DANSER :

 Vous chantiez? j'en suis fort aise :
 Eh bien! *dansez* maintenant. (I, 60 et note 10.)

Dansant, sautant, menant joyeuse vie. (IV, 102.)
Il *fut* sauté, *dansé*, ballé. (IV, 61 et note 5; voyez II, 372.)
C'étoit aux chansons que l'on *dansoit*. (VIII, 281; voyez VI, 242 et note 1.)
Ils *dansèrent* quelques chansons. (VIII, 203.)
Clymène chante cette gavotte, que toute la troupe *danse*, la répétant après elle. (VII, 200.)

 Sans toi ces happe-chair
M'alloient faire *danser* un entrechat en l'air. (VII, 396.)

DARD, DARDS :

Crantor d'un bras nerveux lance un *dard* à la bête. (VI, 259.)
Voyez si vous romprez ces *dards* liés ensemble. (I, 338; voyez I, 340.)
Je les vais de mes *dards* enfiler par centaines. (III, 264.)
C'est un hérisson qui se propose d'enfiler des mouches.

DAUBER :

.... Le loup en fait sa cour, *daube*, au coucher du roi,
Son camarade absent. (II, 224.)

DAUBEUR :

Les *daubeurs* ont leur tour d'une ou d'autre manière. (II, 226 et note 14.)

DAUPHIN, DAUPHINS, pâtisserie :

Tous tes *dauphins* ne valent rien. (VII, 137 et note 1.)

  Puis aprez ils auront les fours,
  Dauphins, et fleurs de lis de cresme,
  Gasteaux et bons ratons de mesme.
    (Le Mistere du Viel Testament, tome IV, p. 392.)
C'est aussi le nom d'un fromage qui a également la forme d'un dauphin.

DAVANTAGE; DAVANTAGE QUE :

Bien *davantage*..., il [le soleil] s'étoit tellement paré que.... (IX, 235.)
Bien plus, il y a plus. Comparez des Périers, tomes I, p. 28, 38, 42, 47, 183, 238, II, p. 104; Montaigne, tome I, p. 91, 108, 244, 263, 338, 355; etc.

 Celui qui s'étoit vu Coridon ou Tircis
 Fut Pierrot, et rien *davantage*. (I, 267.)

.... Un des dupes un jour alla trouver un sage
Qui, sans hésiter *davantage*,
Lui dit, etc. (II, 400.)

.... Les lieux
Où ces frères s'étoient signalés *davantage*. (I, 99; voyez IV, 340.)

Il y avoit tous les soirs gageure à qui en prendroit [de poissons] *davantage*. (VIII, 75.)

Votre esprit est infiniment élevé, et... votre âme l'est *davantage* que votre esprit. (VI, 221 et note 1.)

DE, préposition (voyez Dont, En) :

1º DE, construit après des noms ou des pronoms.

a) *Devant des noms ou des pronoms :*

Un fripon *d*'enfant. (II, 364.) — Un saint homme *de* chat. (II, 189.)
Les maisons *de* bouteille. (I, 193.) — Les esclaves *de* bouche. (I, 194.)
Son jardin *de* plantes. (IX, 244.)
Offrez des places *d*'otage. (VIII, 435.)
Quantité de personnes *de* condition et *de* ses amis. (IX, 220.)
Il est homme *de* cour, je suis homme *de* vers. (IX, 180.)
En véritable homme *de* cour. (IV, 39.)
Son cœur n'est pas *d*'un perfide et *d*'un traître. (V, 204.)
Avec ellipse de « cœur » ou de « celui ».

Notre mort
(Au moins *de* nos enfants, car c'est tout un aux mères)
Ne tardera possible guères. (I, 220.)
Avec ellipse de « la mort » ou de « celle ».

En une heure *de* temps. (I, 279.)

Le temps *de* pleurs
Est passé. (II, 283 et note 18.)

Je ne me souviens point que vous soyez venue,
Depuis le temps *de* Thrace, habiter parmi nous. (I, 245.)

Ceci est proprement matière *de* poésie. (VIII, 46.)
[Baisers] non point *de* mari à femme..., mais *de* maîtresse à amant. (VIII, 72.)

C'est justement ce *de* quoi l'on vous prie. (IX, 18.)
Ceux *du* firmament. (III, 311.)
Celui-là [le tour] *du* berceau. (VI, 125.)
....Celui *de* qui la tête au ciel étoit voisine,
Et dont les pieds touchoient à l'empire des morts. (I, 127.)
Voyez Celui, ceux, etc.

C'étoit un soliveau,
De qui la gravité fit peur. (I, 214.)

Gens *de* qui la passion
Est d'entasser. (I, 344.)

Les nymphes *de* qui l'œil voit les choses futures, etc. (VI, 263.)

Les souricières
N'étoient que jeux au prix *de* lui. (I, 256.)

Que ces hommes, voyez, sont fins au prix *de* nous! (VII, 87.)
Voyez Prix.

b) *Devant des infinitifs :*

Notre erreur est extrême,
Dit-il, *de* nous attendre à d'autres gens que nous. (I, 357.)
Il n'est enseignement pareil
A celui-là *de* fuir une tête éventée. (II, 399.)

2° DE, construit après des adjectifs ou des adverbes :
Grande *de* taille. (IV, 345.) — Brillant *d*'appas. (VII, 306.)
Loups friands *de* tuerie. (I, 240.)
Qui te rend si hardi *de* troubler mon breuvage? (I, 89.)

Le voilà fou *d*'amour extrême,
De fou qu'il étoit *d*'amitié. (I, 185.)

Il est assez *de* cette marchandise. (I, 97.)
Et puis voilà *de* ma dévotion! (V, 466.)
Voilà *de* quoi manger. (I, 357.)
Ils trouvoient aux champs trop *de* quoi. (I, 83.)

N'a-t-on point *de* présent à faire,
Point *de* pourpre à donner.... (III, 150.)
D'argent point de caché. (I, 395.)
Et *d*'amis point du tout. (I, 357.)

3° DE, construit après des verbes ou des participes.

a) *Devant des noms ou des pronoms :*

.... Sa gouvernante,
Qui *du* secret n'étoit participante. (VI, 46; voyez VI, 316.)

[Je] ne suis pas encor *du* naufrage essuyé. (VIII, 363.)
C'est un ajustement *des* mouches emprunté. (I, 273.)
L'éclat fut pris *des* feux du firmament. (IX, 170.)
Il ne faut point juger *des* gens sur l'apparence (III, 143.)
Approcher trop *du* maître. (III, 255.)
Qu'il s'assure *de* moi. (VII, 93 et note 4.)

Plus on veut nous contraindre,
Moins on doit s'assurer *de* nous. (V, 278 et note 8.)

Tout ce que nous étions *d*'hommes. (IX, 229.)

En voulez-vous [des récits] qui soient plus authentiques,
Et *d*'un style plus haut? (I, 130.)

Le fait étoit *d*'un vol, il [l'avocat] citoit des Césars. (IX, 368.)
Cela ne servit *de* rien. (VIII, 189.)
Le doux parler ne nuit *de* rien. (I, 238.)
[Il] fait sa houlette *d*'un bâton. (I, 210.)
Les bergers *de* leur peau [des loups] se faisoient maints habits. (I, 240.)
L'avocat de Beaux-Yeux fit sa péroraison
Des regards d'une intervenante. (VIII, 429.)

Le sage l'aura fait [cet éléphant] par tel art et *de* guise
Qu'on le pourra porter. (III, 76.)
Sans cesse vous allez *de* bergère en bergère. (VII, 522.)
Je vais *de* fleur en fleur, et *d*'objet en objet. (VIII, 186.)
Xantus fit prix *d*'Ésope à soixante oboles. (I, 35.)

Faire prix, expression verbale.

De quoi me sert ma beauté ? (VIII, 49 ; I, 241 ; IX, 23, 224 ; etc.)
Voyez SERVIR.

[Elle] répondoit *d*'amitié quand je parlois *d*'amour. (VIII, 361.)
.... Trafiqua *de* l'argent. (I, 267.)
De quatre-vingts [francs] il trompa la fillette. (IX, 13.)
Un conquérant... *de* qui on pourroit dire, etc. (III, 176.)
Il a *de* quoi payer. (III, 314 ; voyez VII, 388.)

b) *Devant des infinitifs :*

C'est à vous *de* parler,
A leurs orateurs *de* se taire. (III, 127.)

C'est à nos ennemis *de* craindre les combats,
A nous *de* les chercher. (II, 203.)

Il n'est que *d*'aller droit. (V, 567.)
Ce que je puis est *de* faire des vœux. (VIII, 16.)
Je ne m'attendois pas *d*'être loué de vous. (IX, 57.)

Un loup qui commençoit *d*'avoir petite part
Aux brebis.... (I, 210.)

Elle demanda *de* le voir. (VIII, 57 ; voyez IX, 250.)
Sa santé... continue *d*'être bonne. (IX, 380.)
Consentez seulement *de* vous voir adorée. (VIII, 365.)

Sa compagne consent
De lui prêter sa hutte. (I, 146 ; voyez IV, 41.)

.... Obligez-moi *de* n'en rien dire. (I, 221.)
Obligeant les ministres de tant de princes *de* s'assembler, etc. (III, 176.)

.... La première
Qui *de* le voir s'aventurant
Osa bien quitter sa tanière. (I, 214.)

Cette erreur extrême
Est un mal que chacun se plaît *d*'entretenir. (I, 93.)
C'est une déesse qui ne se plaît pas *d*'être enfermée. (IX, 260.)
.... En l'invitant *de* percer un cœur. (VIII, 127.)
.... C'est ce qu'on n'étoit point résolu *de* faire. (VIII, 48.)

Résolu *de* jouir,
Plus n'entasser, plus n'enfouir. (III, 25.)

Il n'a pas, comme eux, intérêt *d*'être injuste. (IX, 353.)
Il me fait peur *de* le voir plein de sang. (IX, 151.)
Avoir intérêt, faire peur, expressions verbales.

Ai-je failli *de* me payer moi-même ? (IV, 78 et note 3.)

Cet inconnu... nous la vient donner belle
D'insulter ainsi notre ami. (III, 198.)

D'où venez-vous *de* vous étonner ainsi ? (IX, 315.)

c) *Après des passifs, au sens de* par :

Cet homme ainsi bâti fut député *des* villes
Que lave le Danube. (III, 145.)

Annibal... pressé *des* Romains. (III, 321.)
Les antres se trouvoient *des* humains habités. (VIII, 252.)
[Psyché] se trouva combattue *de* je ne sais combien de passions. (VIII, 101.)

Cent autres passions *des* sages condamnées. (IX, 184.)
Un vaisseau menacé *de* la tempête. (VIII, 80.)
Malmené *du* combat. (IV, 403.)
Cette église... n'est cachée *d'*aucunes maisons. (IX, 241.)
Non seulement aimé *de* son peuple, mais aussi recherché *de* tous ses voisins. (VIII, 43.)
Vos vœux sont soutenus *d'*un mérite suprême. (VII, 601.)

Cet emploi de *de*, au lieu de *par*, pour marquer le complément des verbes passifs, est constant chez la Fontaine.

4° DE, où, souvent aujourd'hui, nous emploierions plutôt d'autres prépositions, ou locutions conjonctives (voyez ci-dessus, 3° *b* et *c*) :

De bonheur pour ce loup. (I, 230; voyez VIII, 138.)
De bonne fortune pour, etc. (VIII, 199; voyez VIII, 131.)
De grand dépit Richard elle interrompt. (IV, 70 et note 4; voyez IX, 13.)
De grand plaisir notre amant s'extasie. (IV, 72.)

Là, *d'*une volupté selon moi fort petite,
Et selon lui fort grande, il entassoit toujours. (III, 202.)

    Louis sera, *d'*un soin laborieux,
    Son maître, etc. (IX, 28.)

    Charles, *d'*un semblable dessein
    Se venant jeter dans mon sein.... (VIII, 257.)

    Lorsque *d'*un mélange heureux
    Le Ciel eut uni ces choses, etc. (VIII, 385.)

Tous deux travailleront *d'*un concert admirable. (VII, 411.)
Je l'ai tissu *de* matière assez forte [mon réseau]. (III, 36.)

    Un certain lit que *d'*un œil de pitié
    Elle voyoit. (V, 196.)

    Tel, et *d'*un spectacle pareil,
Apollon irrité contre le fier Atride
Joncha son camp de morts. (III, 112 et note 16.)

Telle descend la foudre, et *d'*un soudain fracas
Brise, brûle, détruit. (VI, 259.)

.... Que ses enfants gloutons, *d'*un bec toujours ouvert,
*D'*un ton demi-formé, bégayante couvée,
Demandoient, etc. (III, 37.)

    *D'*un langage nouveau
J'ai fait parler le loup. (I, 130.)

Car sans vous étaler *d'*un discours inutile
    Toutes les raisons que j'en ai.... (IX, 337.)

Assez d'amants aussi, *d'*un discours mensonger,
Vous offriront un cœur toujours prêt à changer. (VII, 71.)

    Ainsi, *d'*un discours insolent,
Se plaignoit l'araignée. (III, 36.)

*D'*un récit ennuyeux il m'a déduit sa cause. (VII, 47.)

.... Un cheval de bois, par Minerve inventé,
*D'*un rare et nouvel artifice. (I, 130.)

Nous sommes gens de bien *de* notre race ! (VII, 485.)
Bien peu, même *des* rois, prendroient un tel modèle. (III, 255.)
.... Ne vous viendront visiter *de* cet an. (IX, 151.)

.... Échauffé, s'il le fut *de* sa vie. (III, 257.)
> L'écho de ces bois
> N'en dormit *de* plus de six mois. (I, 151.)

.... Elles en seroient juges elles-mêmes : non *de* ce voyage. (VIII, 91.)
A ce voyage.

La paix est fort bonne *de* soi. (I, 241.)
On ne sauroit manquer *de* louer largement
Les dieux et leurs pareils. (I, 101.)
On ne saurait pécher en louant, etc.

Du surplus. (IX, 26.)
Nous dirions : au surplus.

5° DE, qualificatif, équivalent d'ordinaire, avec son complément, à un adjectif :

Quiconque est ignorant, *d*'esprit lourd, idiot. (III, 127.)
Cette crainte étoit *de* bon sens. (I, 140.)
> Je vous crois, Madame,
> *De* trop bon sens. (V, 567.)

Une femme *de* goût assez délicat. (I, 35.)
Un rat, hôte d'un champ, rat *de* peu de cervelle. (II, 252.)
Une jeune souris, *de* peu d'expérience. (III, 214.)
Ne me crois pas, Doris, *d*'une âme si légère. (VII, 69.)
Un renard, son voisin, *d*'assez mauvaise vie. (I, 136.)
Un vase à long col et *d*'étroite embouchure. (I, 113.)
Mon jaloux me parut *d*'un dégoût manifeste. (VII, 421.)
La Fortune présentoit deux chemins aux hommes, l'un *de* liberté..., l'autre *d*'esclavage. (I, 45.)

> Janus à double front,
> L'un *de* rigueur, l'autre à composer prompt. (IX, 123.)

6° DE, marquant des compléments circonstanciels, de temps, de lieu, de manière, etc.; DE, servant à former des sortes de locutions adverbiales :

> Le moindre vent qui *d*'aventure
> Fait rider la face de l'eau. (I, 126.)

Sans oser *de* longtemps, etc. (I, 214.)
Je vous connois *de* longtemps. (I, 137.)
Se connoissant tous deux *de* plus d'un jour. (IV, 325.)
> Thémis n'avoit point travaillé,
> *De* mémoire de singe, à fait plus embrouillé. (I, 137.)

J'entends quand vous serez *d*'humeur ou *de* loisir. (VII, 61.)
.... Ce petit bout d'homme qui avoit ri *de* si bonne grâce. (I, 35.)
> Ne comprenant pas
> Comme on peut pécher *de* cent pas. (V, 346.)

> Les belettes, *de* leur part,
> Déployèrent l'étendard. (I, 287.)

Voyez PART.

> Contre ses fins cet homme, en premier lieu,
> Va *de* droit fil. (V, 334.)

Mais je ne me crois pas si chéri du Parnasse
Que *de* savoir orner toutes ces fictions. (I, 129.)
   M'avez-vous cru si dur et si brutal
   Que *d*'avoir fait tout de bon le sévère ? (V, 202.)
.... Voici *de* la façon que Descartes l'expose. (II, 462 et note 27.)
Et c'est *de* la façon qu'elle en porte le deuil. (VII, 564 et note 2.)

7° DE, emplois et tours divers.

a) Devant un infinitif, et pris absolument :

Lors chacun *d*'enrager. (VII, 55.)
       Et les mortels crédules
De courir à l'achat. (II, 399.)
.... Moi *de* sourire et lui *de* s'en piquer. (VII, 36.)
       Et *de* prendre la tasse,
    Et *de* trinquer. (V, 75.)
       Aussitôt perles *de* tomber,
       Nourrice *de* les ramasser,
       Soubrettes *de* les enfiler,
       Pèlerin *de* les attacher. (V, 266 et note 2.)

Les exemples, chez la Fontaine, abondent à toutes les pages; même observation pour la section suivante.

b) Explétif :

   Il mourut : *de* dire comment,
   Ce seroit un détail frivole. (VI, 69.)
.... *D*'employer l'un en un endroit, et l'autre en un autre, il n'est pas permis. (VIII, 20.)
   De lui aller présenter sérieusement son nouvel esclave, il n'y avoit pas d'apparence. (I, 35.)

A la rigueur on pourrait prétendre que dans les trois exemples précédents il n'y a qu'une inversion, et même aussi dans les deux qui suivent, à la condition toutefois d'y traduire *de* par *pour*.

       De figurer le plaisir qu'a le sire,
   Il me faudroit un esprit bien plus fort. (IV, 73.)
   Car, *de* lui demander quand, pourquoi, ni comment...,
       Il avoit trop de jugement. (III, 280.)
   D'éveiller ces amants, il ne le falloit pas. (IV, 28 et note 2.)
       De recevoir les trente coups aussi
   Je ne le puis sans un péril extrême. (IV, 133.)
   Notre étourdie *de* cadette. (VIII, 171.)
       Il tardoit à la dame
   D'y rencontrer son perfide *d*'époux. (IV, 72 et note 3.)
.... Sans en avoir moitié *d*'autant d'excuses qu'elle. (IV, 414 et note 1.)
Je ne trouve *d*'heureux que ceux qui pensent l'être. (VIII, 486.)
De certaines tapisseries. (VIII, 61.)
De certains bras. (V, 266.)
       La bête scélérate
A *de* certains cordons se tenoit par la patte. (I, 256.)
Il y a *de* certaines choses que, etc. (VIII, 306.)
Il est *de* certains temps où, etc. (VIII, 458.)

Voilà des moucherons *de* pris. (I, 226.)
Il y a *de* toutes sortes de gens à la cour. (VIII, 190.)
Dans des exclamations :

De par Dieu! (V, 362.)
Pain *de* par Dieu, ou *de* par l'autre! (V, 512.)
Non, *de* par tous les chats! (III, 198.)

8° DE, DU, DE LA, DES, partitifs :
Il est *de* mes cheveux, je l'ai tissu moi-même. (IV, 25.)
Les fossés sont larges et *d*'une eau très pure. (IX, 260.)
Soyez donc *de* la compagnie. (I, 100.)
Minutolo s'y rend seul *de* sa bande. (IV, 72.)
.... De voir Cléon, de lui parler si net,
Que de l'aimer il n'aura plus *d*'envie. (VI, 30.)
Jamais *de* liberté. (I, 240.)
Croyez-moi, j'ai *de* l'âge et quelque expérience. (VII, 12.)
Car *d*'amis... moquez-vous? c'est une bagatelle. (V, 123 et note 1.)
.... Est-il *de* potentat,
De simple Grec, qui pût se plaire en sa patrie...? (VII, 609.)
Étoit-il *d*'homme sage
De mutiler ainsi, etc.? (III, 306 et note 10.)
.... Il n'y trouve plus rien *de* chatte. (I, 185.)
C'est ce qui me semble *de* merveilleux. (VIII, 350.)
Pour le poignard, il est *des* bons. (VIII, 100.)

DÉ, DÉS :
Oh çà! à vous le *dé*, pays! (VII, 489 et note 4.)
A trois beaux *dés*, pour le mieux, ils réglèrent
Le précurseur. (VI, 133 et note 5.)

DEA. Voyez DA.

DÉBALLER, absolument. (I, 316.)

DÉBAT, DÉBATS :
[Je rêvois] sur le *débat* qui s'est ému naguère. (VII, 169.)
N'entends-tu point comme ils sont en *débat*? (IV, 215.)

Autrefois entre elles
Il survint de grands *débats*
Pour le pas. (II, 193.)

L'autre [la Discorde], diligente,
Couroit vite aux *débats*. (II, 70.)

Quiconque entreprendra d'entrer dans nos *débats*, etc. (VII, 618.)
La dame et la nourrice eurent de tels *débats*
Que, etc. (V, 268.)
Petits princes, videz vos *débats* entre vous. (I, 279.)

Vous avez bien d'autres affaires
A démêler que les *débats*
Du lapin et de la belette. (II, 229.)

La Fortune... avoit mis un *débat* de gloire entre le maître et l'esclave. (I, 44.)

DÉBAUCHE :
Alexandre faisoit la *débauche*. (VIII, 30.)
.... Faisant la *débauche* avec ses disciples. (I, 40; voyez VII, 226.)
La *débauche* de vin... a trois degrés. (I, 40.)

DÉBAUCHER :
Femme n'étoit ni fille dans Florence
Qui n'employât, pour *débaucher* le cœur
Du cavalier, l'une un mot suborneur, etc. (V, 158.)
Ses larmes le *débaucheront* comme elles m'*ont débauchée*. (VII, 447.)
Dans le dessein de me *débaucher* du service, etc. (VIII, 284.)

DÉBIT :
Rien n'eut cours ni *débit*. (II, 176.)
Afin qu'il [l'âne] fût plus frais et de meilleur *débit*.... (I, 201.)

DÉBITER :
Il est jeune, il est beau, toujours prêt à tout faire,
En dit plus qu'on ne veut, sait bien le *débiter*. (VII, 65.)
.... La manière dont Ésope a *débité* sa morale. (I, 2.)

DÉBONNAIRE :
.... Que votre premier roi fût *débonnaire* et doux. (I, 216.)

DÉBORDEMENT :
.... Certain bouillonnement
Par le nitre causé fait ce *débordement*. (VI, 340.)
Pour s'opposer à son *débordement* [au débordement de la Marne]....
(IX, 18.)

DÉBOURSER :
Sans *débourser* rien. (IV, 109; voyez IV, 359.)

DEBOUT :
Leurs malades *debout* après force lenteurs.... (VI, 322.)
Il fait des contes à dormir *debout*. (VII, 483.)

DÉBOUTONNER :
Elle s'approche; elle le *déboutonne*. (V, 197.)

DÉBRIDER :
En *débridant* matines à grand erre.... (IX, 6 et note 7.)

DÉBRIS, acceptions diverses :
Baucis en égala [de la table] les appuis chancelants
Du *débris* d'un vieux vase. (VI, 154.)
Du *débris* d'Ilion s'étoit construit un bourg. (VI, 15 et note 2.)
Ajax à l'âme impatiente
De moutons et de boucs fit un vaste *débris*. (III, 113.)
La moindre chose
De son *débris* [du débris du pot de terre] seroit cause. (I, 369.)

.... Ces vaisseaux
Que des vents opposés et de contraires eaux
Ont pour but du *débris* que leurs fureurs méditent. (VI, 333 et note 4.)
Il ne resta que nous d'un si triste *débris*. (VI, 162 et note 4.)

DÉBROUILLER :

C'est un grand cas qu'étant homme si sage
Vous n'ayez su l'énigme *débrouiller*. (IV, 105.)

Rien ne lui peut *débrouiller* le mystère. (VI, 31.)
Pour vous mieux *débrouiller* le nœud de cette affaire.... (VII, 20.)

DÉBUT :

Les voilà seuls, et, pour le faire court,
En beau *début*. (IV, 260.)

DEÇÀ, DELÀ :

Deçà, delà, vous en aurez [de la besogne]. (I, 382 et note 7.)

[L'époux] racle partout, sa chandelle à la main,
Deçà, delà. (V, 545.)

Aussitôt les esprits agitent sans raison,
Deçà, delà, partout où le hasard les pousse,
Notre corps. (VI, 333.)

La porte de *deçà* du labyrinthe n'a point de portier; celle de *delà* en a un. (VIII, 209.)

DEÇÀ (PAR-), en France, opposé à PAR-DELÀ, en Italie. (IX, 449.)

DÉCADENCE :

L'empire d'Amour va en *décadence*. (VIII, 202.)

DÉCAMPER :

Chacun de nous *décampera*. (I, 356.)
Incontinent le diable *décampa*. (VI, 116.)

DÉCELER :

Ne me *décelez* pas. (I, 348; voyez VIII, 78.)
Elle retenoit jusqu'à son haleine, et craignoit presque que ses pensées ne la *décelassent*. (VIII, 102.)

DÉCÈS :

Au *décès* d'un lion. (II, 20.)

DÉCHAÎNEMENT :

.... Et ce *déchaînement* qu'on a pour l'opéra. (IX, 155.)

DÉCHAÎNER, DÉCHAÎNÉ :

Que feront des valets qui toute la journée
Vous verront contre eux *déchaînée?* (II, 105.)

DÉCHARGER; DÉCHARGER DE :

Les trésors *déchargés* sur la plage. (I, 267.)

Mercure, au lieu de donner celle-là [la hache d'or],
Leur en *décharge* un grand coup sur la tête. (I, 367.)

....Si je permets à un aspic de *décharger* sur moi sa colère. (VIII, 144.

Le panier *fut* entamé et le Phrygien *déchargé* d'autant. (I, 34.)
Ils pensent qu'on les veut seulement *décharger*
La chèvre *de* son lait, le mouton *de* sa laine. (II, 272.)
J'ai votre argent à Madame rendu... :
Déchargez-en votre livre, de grâce. (IV, 363.)

DÉCHARNER, DÉCHARNÉ :
Que s'il [le chien] en voit un [os] de belle apparence,
Non *décharné*, plein encor de substance, etc. (V, 489.)

DÉCHAUSSER :
Ce ne fut tout, elle le *déchaussa*....
Je voudrois bien *déchausser* ce que j'aime. (V, 197.)

DÉCHEVELER, DÉCHEVELÉ :
Mainte veuve... fait la *déchevelée*. (VI, 69 et note 5.)

DÉCHET :
Voyez si votre esprit
Pourra voir ce *déchet* sans un secret dépit. (VII, 155 et note 4.)
Remédier au *déchet* où étoient tombés ses appas. (VIII, 217.)

DÉCHIRER ; SE DÉCHIRER :
Chien hargneux a toujours l'oreille *déchirée*. (III, 43.)
Tu ne vois point les tiens *déchirer* leur patrie. (VII, 619.)
Le malheureux lion *se déchire* lui-même. (I, 157.)

DÉCHOIR :
.... La pitance du cerf en *déchut* de beaucoup. (III, 218.)
Tout *est* trop fort *déchu* dans le sacré vallon. (VII, 167.)
L'âge la fit *déchoir* : adieu tous les amants. (II, 116.)
L'amant se sent *déchoir* aussi bien que la belle. (VII, 168.)
Et comme celle-ci [l'action] *déchet* dans la peinture,
La peinture *déchet* dans ma description. (V, 597 et note 3.)

DÉCIDER, neutralement et activement :
Je pourrois *décider*, car ce droit m'appartient. (III, 6.)
Des dialogues pleins de sophismes, et où il n'y a rien de *décidé* la plupart du temps. (VIII, 338.)
Il étoit malaisé de *décider* la chose. (I, 121.)
Un avocat sait les points *décider*. (IV, 229 et note 4.)
Cela *décida* leur querelle. (II, 311.)
J'en fais juge un amant, et ne *décide* rien. (III, 270.)

DÉCLAMATEUR :
Faisons taire
Cet ennuyeux *déclamateur*. (III, 9.)
« .... Le mesme saint Augustin... loue la rencontre susdite de ce déclamateur. »
(H. Estienne, *Apologie pour Hérodote*, tome I, p. 259.)

DÉCLARER ; SE DÉCLARER :
.... Qui l'ira *déclarer* ? (V, 263 et note 4.)
Celle-ci lui *déclare* le tout. (V, 298.)

Celle-ci ne manqua pas
A se venger de l'autre, et *déclarer* l'affaire. (V, 268 et note 7.)
Guère ne mit à *déclarer* sa flamme. (IV, 89; voyez III, 188.)

Vous garderez que l'on ne sache
Un hymen qu'il faut que je cache :
Nous le *déclarerons* quand, etc. (VI, 20 et note 8.)

L'autre lui *déclara* la guerre. (I, 155; voyez VIII, 50.)
Après mille ans et plus de guerre *déclarée*. (I, 240.)
Pendant qu'ils dîneront, il faut qu'il *se déclare*. (VII, 64.)

Se déclarer de bouche ou par écrit
N'étoit pas sûr. (IV, 224.)

Il *se déclare* amant d'une autre belle. (IV, 65; voyez V, 203.)
Chacun *se déclara* pour son chat, pour son chien. (III, 227.)

DÉCLIN :

Le *déclin* du jour. (IX, 277.)
Mais avons-nous l'esprit qu'autrefois à cet homme
Nous savions inspirer sur le *déclin* de Rome? (VII, 167.)

DÉCOCHER :

L'un lui présente un dard, l'autre un trait lui *décoche*. (VI, 260.)

DÉCONCERTER :

.... Certain conquérant
Qui tout seul *déconcerte* une ligue à cent têtes. (III, 238.)
.... Tant que notre concert en *fut déconcerté*. (VII, 317 et note 4.)

DÉCONFIRE :

Ils savent *déconfire*,
Brûler, raser, exterminer, détruire. (IX, 146.)

Ma foi, l'Empire *est déconfit*. (VIII, 467.)

L'Espagne pleurera ses provinces désertes,
Ses châteaux abattus, et ses champs déconfits.
(Malherbe, tome I, p. 74.)

DÉCONFITURE :

Un chat, nommé Rodilardus,
Faisoit des rats telle *déconfiture*
Que l'on n'en voyoit presque plus. (I, 134.)

« Philippus s'en alla sur la place où gisoit la desconfiture (les morts), et là se prit à chanter par mocquerie. » (Amyot, traduction de la Vie de Démosthène, tome II, p. 586.) — « La desconfiture du roy Leonidas et des siens au pas des Thermopyles. » (Montaigne, tome I, p. 303.)

DÉCONFORT :

Vous mandant mon *déconfort*.... (IX, 112 et note 2.)

Ne dansez point, soyez en desconfort.
(Marot, tome II, p. 87.)

.... Les princes
Tombés en desconfort.
(Ronsard, tome II, p. 480.)

DÉCONFORTER, DÉCONFORTÉ :

La veuve dit, toute *déconfortée*.... (IV, 475 et note 4.)

DÉCONNU, ue :
Urgande *déconnue*. (IX, 37 et note 3.)

DÉCONVENUE :
Là-dessus, il conta, sans en rien oublier,
    Toute sa *déconvenue ;*
    Puis vint à celle du roi. (IV, 38.)
« Couleau arrive là-dessus, qui conte toute la déconvenue. » (Tallemant des Réaux, historiette de M. de Laval.)

Cause il n'est pas de ta *déconvenue*. (IX, 38.)

DÉCORON, décorum :
    .... Et, pour le *décoron*,
    Point ne voulut y joindre ses caresses. (V, 52 et note 1.)

DÉCOUDRE :
Le sanglier, rappelant les restes de sa vie,
Vient à lui, le *découd*. (II, 349 et note 13.)
Mais il sent aussitôt le redoutable ivoire :
Ses flancs *sont décousus*. (VI, 259.)

DÉCOURAGER ; découragé de :
    Et vous voilà, tant vous avez de presse,
    Découragé sans attendre un moment. (V, 39.)
Découragés de mettre au jour des malheureux. (III, 149.)

DÉCOUVERTE :
La feinte est un pays plein de terres désertes :
Tous les jours nos auteurs y font des *découvertes*. (I, 199 et note 7.)

DÉCOUVRIR ; à découvert :
Lieux *découverts*. (VI, 287.)
Un petit bout d'oreille échappé par malheur
    Découvrit la fourbe et l'erreur. (I, 433 et note 6.)
.... A son dam, malgré moi, m'en fit *découvrir* un [galant]. (VII, 423.)
Si quelqu'un vous *découvroit* sa flamme.... (VII, 69.)
    Que l'un *découvre* d'artifice !...
L'autre agit sans détours. (VII, 607.)
Nuls traits *à découvert* n'auront ici de place. (V, 580.)

DÉCRASSER :
Jamais la cour ne le *décrassera*. (IX, 99.)

DÉCRÉDITER :
C'est une erreur qui les bons *décrédite*. (IX, 36.)

DÉCRÉPIT, ite :
Un lion, *décrépit*, goutteux, n'en pouvant plus. (II, 223.)
.... Plus sont prisés que reine *décrépite*. (IX, 37.)

DÉCRIER :
Ils craignoient d'*être décriés* par lui. (I, 52.)

DÉCROCHER (Se) :

Enfin je fais effort, et mon pied *se décroche*. (VIII, 297.)

DÉDAIGNEUX, euse :

Le mets ne lui plut pas; il s'attendoit à mieux,
 Et montroit un goût *dédaigneux*. (II, 112.)
  Les précieuses
Font dessus tout les *dédaigneuses*. (II, 115.)

DÉDALE, dédales :

.... Dans les *dédales* verts que formoient les halliers. (VI, 287.)
.... Enfin ils feront tant, au milieu du *dédale*,
Qu'imperceptiblement ensemble ils se rendront. (VII, 411.)
Le *dédale* des cœurs en ses détours n'enserre
Rien qui ne soit d'abord éclairé par les dieux. (I, 341.)
Pour moi, je n'oserois entrer dans ce *dédale*. (VI, 332.)

DEDANS :

Renaud *dedans*, la chambrière monte. (IV, 256.)
Un trésor est caché *dedans* [le champ]. (I, 394.)
J'ai gagé véritablement que je boirois toute la mer, mais non pas les fleuves qui entrent *dedans*. (I, 41.)
 Il n'est plaisir au monde
 Qu'on ne goûtât *dedans* ce paradis. (V, 387.)
Il vous mettra *dedans* la chambre noire. (IV, 70.)
Dedans sa chambre allez, conduisez-la. (IV, 347.)
L'oracle étoit logé *dedans* un galetas. (II, 180.)
Dedans le bain je l'ai laissée. (V, 427.)
Dedans le lit sa femme il retrouva. (IV, 97.)
Dedans un bourg ou ville de province. (V, 541.)
Dedans Paris. (IX, 154.)
  Dedans Florence,
Ou bien dehors, on vous l'aura mené. (V, 44.)
Ce qu'on croira de moi *dedans* Alexandrie. (IV, 416.)
.... Et ce qu'à tous moments elle a *dedans* la bouche. (VII, 54.)
Ce qu'elle a *dedans* l'âme. (V, 565; voyez VII, 113.)
 Chaque femme....
 Garda très bien dans sa mémoire,
 Et mieux encor *dedans* son cœur
 Le discours. (IV, 185.)
Dedans l'esprit il me vint aussitôt
De, etc. (IV, 90; voyez IV, 497.)
Tu lis *dedans* mon sein. (VII, 72.)
Dedans mes vers on n'entend plus parler.... (IX, 65.)
Pas ne faillit *dedans* sa conjecture. (IV, 231.)
Pour secourir les siens *dedans* l'occasion.... (I, 221.)
Dedans un tel rencontre. (IV, 211.)
On nous veut attraper *dedans* cette écriture. (III, 76.)
.... Et trouveroit la meilleure aventure
Dedans sa pêche. (IV, 340.)

Notre amoureux ne songeoit, près ni loin,
Dedans l'abord, à jouir de sa mie. (IV, 224.)
.... Se renfermoit, voyant une femelle,
Dedans sa coque. (IV, 461.)
L'époux n'aura *dedans* la confrérie
Sitôt un pied.... (V, 371.)
    Dedans ce cabinet
Menons ce sot. (IV, 498.)
.... Si la belle avec lui n'eût tombé *dedans* l'eau. (IV, 403.)
    .... Son défunt amant
Qu'elle tira *dedans* une ruelle. (IV, 66.)
Or est venu *dedans* notre univers
Cet héritier. (IX, 27.)
.... Tant il en avoit mis *dedans* la sépulture. (I, 134.)
De tous les animaux, l'homme a le plus de pente
    A se porter *dedans* l'excès. (II, 414.)

DEDANS (PAR) :
Elle passa *par dedans* un bois. (VIII, 54.)

DEDANS, substantivement :
    Le vassal en sa panse
Loge un long trait, se munit le *dedans*. (IV, 137 et note 7.)
    Socrate un jour faisant bâtir,
    Chacun censuroit son ouvrage :
L'un trouvoit les *dedans*, pour ne lui point mentir,
    Indignes d'un tel personnage. (I, 334.)
Ils retournèrent au château, virent les *dedans*. (VIII, 31; voyez VIII, 61; IX, 255, 256.)

DÉDIRE; SE DÉDIRE :
Dédiras-tu nos yeux? (VII, 519.)
Il *se dédit* alors. (II, 29.)
.... Vous ne sauriez ce coup *vous* en *dédire*. (V, 53.)
.... Et je ne m'en *dédis*. (V, 153.)
Dédisons-nous; usons du privilège. (V, 333 et note 3.)

DÉDIT :
Sans le *dédit*. (V, 335.)

DÉDOMMAGEMENT :
    Point de Chloris. Le *dédommagement*
    Fut que le sort en sa place suppose
    Une soubrette. (VI, 124.)

DÉDOMMAGER :
Plaignant l'époux, et le *dédommageant*. (VI, 137.)

DÉDUIRE :
    Le détail a des suites
    Qui valent bien d'*être déduites*. (IX, 175.)
.... Raisons... trop longues à *déduire*. (III, 203; voyez III, 319.)
D'un récit ennuyeux il m'*a déduit* sa cause. (VII, 47.)

Nouvelles nouvelles
Sont jusqu'à cent, bien *déduites* et belles. (IV, 279.)
J'ai *déduit* ces effets
Selon leur ordre et leur progrès. (VI, 340.)

DÉDUIT, déduits :

Qui croiroit que ma femme
Auroit été si vaillante au *déduit*? (IV, 233 et note 3.)
.... Là tous les jours étoient nouveaux *déduits*. (IV, 318.)
Et prenant sa part du *déduit*.... (V, 512 et note 3.)
.... Changea d'objets en ses *déduits*.... (V, 516 et note 2.)
.... N'ayant autre *déduit*
Que d'y ruminer jour et nuit. (I, 345 et note 6.)
Tous mes *déduits* furent de grands hélas ! (IX, 40.)
C'est bien raison qu'ils entretiennent
En tout *déduit* leurs plus beaux jours. (VIII, 445.)

DÉESSE, au propre et au figuré :

Une *déesse* dit tout ce qu'elle a dans l'âme. (III, 188.)
Je n'ose t'invoquer, *déesse* de nos bois. (VII, 239 et note 3.)
La *déesse* du matin [l'Aurore]. (VIII, 455.)
La *déesse* des agréments,
Celle aux yeux bleus, celle aux bras blancs. (IX, 391 et notes 5-7.
Déesse des appas. (VII, 256.)
La *déesse* aux ailes légères [la Renommée]. (IX, 193.)
La nouvelle *déesse* à ces mots se retire. (VI, 21 et note 1.)
Tout leur est nymphe ou bergère,
Et *déesse* bien souvent. (V, 341.)
Quoi ! de son ennemie il en fait sa *déesse* ! (VII, 539.)

Déesses (Demi-) :

Demi-déesses n'est guères
En usage à mon sentiment. (IX, 134.)

DÉFAILLIR, défaillant :

.... Le secret sans doute en est beau
Pour la nature *défaillante*. (II, 225.)

DÉFAIRE; défaire de ; se défaire de :

Un dieu ne sauroit *défaire* ce qu'un autre dieu a fait. (VIII, 226.)
On ne sauroit *défaire*
Ce qui s'est fait. (V, 510 et note 4.)
L'offense la plus irrémissible parmi ce sexe, c'est quand l'une d'elles en *défait* une autre en pleine assemblée. (VIII, 45.)
Ce lion fut pris dans des rets,
Dont ses rugissements ne le purent *défaire*. (I, 163.)
Je vous *en déferai* [de ce lièvre]. (I, 278; voyez II, 305.)
.... Mon père
L'a prié de cela; je ne puis *m'en défaire*. (VII, 380 et note 2.)
De mon mari je saurai *me défaire*. (IV, 319.)

L'inconnu... pour quelque temps
S'étoit défait de tous ses gens. (IV, 442.)
Ce marchand trafiquoit d'esclaves : ... allant à Éphèse pour *se défaire de* ceux qu'il avoit, etc. (I, 32 ; voyez I, 34, 43.)

Pour obliger ces filles
A *se défaire de* leur bien.... (I, 195.)

DÉFAITE, DÉFAITES :
Il pria Ésope de lui enseigner une *défaite :* Ésope s'avisa de celle-ci.... I, 41.)
Calliope a bien fait d'user d'une *défaite*. (VII, 167.)
Non que parlant d'amour il rencontre œuvre faite :
Alors qu'on en vient là toutes ont leur *défaite*. (VII, 64.)

Foin de la toux !
Assurément ce sont *défaites*. (VII, 138.)

DÉFAUT, sens et emplois divers ; AU, PAR, EN, DÉFAUT :
Chacun a son *défaut* où toujours il revient. (I, 223.)
[Dieu] fit pour nos *défauts* la poche de derrière,
Et celle de devant pour les *défauts* d'autrui. (I, 79-80 et note 10 ; voyez I, 30.)
Mais pour vos qualités, j'y trouve du *défaut*. (VII, 154.)

.... Par le *défaut*
De la chaise un peu foible. (V, 593.)
La chaise venant à faillir, à manquer.

Quelque *défaut* de tempérament. (VIII, 81.)
Son bien supplée au *défaut* de son âge. (IV, 87.)
.... Pour suppléer au *défaut* de l'aillade. (IV, 137.)
Créanciers et voisins reviennent aussitôt,
Ceux-là sur une erreur, ceux-ci sur un *défaut*. (I, 339 et note 20.)
Le soldat qui nous conduisoit n'avoit pas la clef ; *au défaut*, je fus longtemps à considérer la porte. (IX, 250 ; voyez IX, 254.)

Je me vois condamné,
Mais *par défaut*. (IX, 124.)
Il s'enfuit dans son fort, met les chiens *en défaut*. (I, 417.)

[Le renard] mit cent fois *en défaut*
Tous les confrères de Brifaut. (II, 428.)
Je crois voir Annibal, qui, pressé des Romains,
Met leurs chefs *en défaut*. (III, 321.)
Pour mettre Apollon *en défaut*.... (I, 342.)

DÉFENDRE ; SE DÉFENDRE ; SE DÉFENDRE DE :
Je vous *défendrois* de l'orage. (I, 126.)
Les plaisirs *défendus* n'auront rien qui vous pique. (V, 121.)
Il [le Pape] *défend* les Jeannetons. (IX, 436.)

Défendez-vous au sage
De se donner des soins pour le plaisir d'autrui? (III, 158.)
Nos champions songeoient à *se défendre*. (I, 96.)
[La servante] *se défendit*. (IV, 281.)

Défendez-vous par la grandeur...,
La Mort ravit tout sans pudeur. (II, 208.)

.... Toutes sottises *dont* la belle
Se défend avec grand respect. (I, 278.)

DÉFENDEUR. (IV, 128 et note 9.)

DÉFENSE :

La *défense* est un charme : on dit qu'elle assaisonne
Les plaisirs. (VI, 177.)

Est-il quelque *défense*
Qui l'emporte sur le desir? (V, 345.)

Il faut faire *défense*
A ma moitié de répondre. (V, 566; voyez V, 569; VIII, 153.

Défense de sanglier :

.... Et, lui poussant au flanc sa *défense* cruelle. (VI, 266.)

DÉFÉRENCE :

Vous ne me rendrez aucune *déférence*. (IV, 40.)

DÉFI :

Quand je suis seul, je fais au plus brave un *défi*. (II, 154.)
Psyché se divertissoit à entendre un *défi* de rossignols. (VIII, 75.)

DÉFIANCE (Être en) :

.... Vous ai-je donné lieu d'en *être en défiance ?* (VI, 294 et note 6.)

DÉFIER; se défier de :

Il *défioit*, grâces aux cieux,
Sa femme, encor que très rusée. (V, 448.)

Je vous *défie*, ayant ce chien. (V, 278.)

Aldobrandin ne croyoit pas possible
Qu'il le fût [trompé] onc; il *défioit* les gens. (V, 562.)

.... Qui tenta cette route,
Et, le premier, osa l'abime *défier*. (II, 165.)

Outre Satan il *défia* la chair. (V, 471.)

Défiez-vous des rois. (III, 49.) — Le berger... *se défia de* soi. (VI, 293.)

DÉFIGURER :

Je devois les *défigurer* [ces traits]. (VIII, 192; voyez VI, 203.)

DÉFILER (Se) :

Mon lacet *s'est* rompu, mon collier *défilé*. (VII, 358 et note 1.)

DÉFINIR :

Je *définis* la cour un pays, etc. (II, 281.)

Un intendant! qu'est-ce que cette chose ?
Je *définis* cet être un animal
Qui, etc. (VI, 105.)

DÉFRAYER; défrayer de :

... Je veux qu'à mon souper celle-ci me *défraie*. (III, 282.)

Il peut, sans vous causer de crainte et de souci,
Vous *défrayer de* rire, et *de* festins aussi.(VII, 110.)

DÉFRISER :

.... *Défrise*-moi ceci, fais tant par tes journées
Qu'il devienne tout plat. (V, 553.)

DÉFUNT, UNTE :

Étienne vit toute fine seulette
Près d'un ruisseau sa *défunte* Tiennette. (V, 331 et note 3.)

La pauvre femelle,
Ne pouvant plus durer en tel tourment,
Voulut savoir de son *défunt* amant, etc. (IV, 66 ; voyez V, 172.)

Défunt marquis s'en alloit sans valets. (V, 164.)

DÉGAGER :

.... L'autre, allant la *dégager*,
De faction la fut faire changer. (IV, 502.)

DÉGARNIR :

Eh bien, gageons nous deux,
Dit Phébus, sans tant de paroles,
A qui plus tôt *aura dégarni* les épaules
Du cavalier. (II, 9.)

L'Indien *dégarnit* toutes ses régions [de fourmis]. (VIII, 205.)
La ville en *est* de longtemps *dégarnie* [d'argent]. (IX, 17.)

DÉGÉNÉRER :

.... Empêcher qu'une indigne maîtresse
Ne fît en ses enfants *dégénérer* son sang. (II, 334.)

DÉGOURDIR, DÉGOURDI :

L'animal *dégourdi* piqua son homme au bras. (III, 50.)

DÉGOÛT :

Quelque garçon d'honnête corpulence,
Non trop rustaud, et qui ne lui feroit
Mal ni *dégoût*. (V, 47 et note 4.)

Mille *dégoûts* viendront. (III, 51.)
C'est chose de *dégoût* que compte, vente, etc. (IX, 362.)
Mon jaloux me parut d'un *dégoût* manifeste. (VII, 421.)

Manifestement dégoûtant.

DÉGOÛTER ; DÉGOÛTER DE ; SE DÉGOÛTER DE :

.... Mais qui ne soit pourtant
Mal fait de corps, ni par trop *dégoûtant*. (V, 41 et note 2.)

Certes, pour un malade, il n'*est* point *dégoûté*. (VII, 45.)
.... Mais sur de nouveaux tons, car je *suis dégoûté*. (VII, 148.)

Le monarque irrité
L'envoya chez Pluton faire le *dégoûté*. (II, 131.)

.... Et parfois se trouvant *dégoûté*
Du tracas importun qui suit la royauté. (VII, 55.)

Les convives louèrent d'abord le choix de ce mets ; à la fin ils *s'en dégoûtèrent*. (I, 38 ; voyez V, 512.)

DÉGOUTTER, dégouttant :
.... Se couronne de joncs et d'herbe *dégouttante*. (VI, 18 et note 2.)

DÉGRAFER :
Elle en cornette et *dégrafant* sa jupe. (IV, 304.)
Dégrafez-moi cet atour des dimanches. (V, 495.)

DEGRÉ :
La débauche de vin... a trois *degrés* : le premier, de volupté ; le second, d'ivrognerie ; le troisième, de fureur. (I, 40.)

Et toujours par *degrés*, comme l'on peut penser,
De l'un à l'autre il fait cette femme passer... :
Elle écoute un amant, elle en fait un mari. (VI, 81.)

.... Ainsi ce sang chargé repassant par le cœur
S'embrase d'autant plus que c'est avec lenteur,
Et regagne au *degré* ce qu'il perd par l'attente. (VI, 332 et note 1.)

L'amour-propre, au rebours, fait qu'au *degré* suprême
On porte ses pareils. (III, 126.)
Avoir un [plaisir] dans le *degré* suprême. (IX, 156 ; voyez VIII, 117.)
Mettez les choses en pareil *degré* d'excellence. (VIII, 108.)

   Parmi les puissances
Que le Ciel voulut mettre en de plus hauts *degrés*,.... (III, 130.)

Vous qui devez savoir les choses de la vie,
Qui par tous ses *degrés* avez déjà passé, etc. (I, 200.)

  Le jouvenceau de vieille date...
  Par les *degrés* n'avoit passé. (V, 209.)

  Il prit en cocuage
  Tous ses *degrés*. (V, 575 et note 7.)

Les différents *degrés* où monte Cocuage. (V, 141.)

DÉGRINGOLER, activement :
A ces mots, tous vos Romains gendarmes,
Dégringolant les murs, et boutant bas les armes.... (VII, 362.)

DÉGUISEMENT :
Un *déguisement* et de voix et de mine. (VII, 418.)

DÉGUISER ; se déguiser :
 ....Je l'ai jà dit d'autre façon,
 Car il est bon que l'on *déguise*. (V, 507 et note 3.)
Il a beau *déguiser* (VI, 334 et note 5.)
Parle sans *déguiser*. (II, 132.)
.... Pour *déguiser* la chose. (II, 320.) — A ne *déguiser* rien. (VII, 582.)
Mais voulant tout le mois *déguiser* votre deuil.... (VII, 573.)
Le lendemain notre amant *se déguise*. (V, 47.)

DEHORS, substantivement :
Le fastueux *dehors* d'une intègre vertu. (VII, 415.)
Quittez tous ces trompeurs *dehors*. (VII, 191.)

DÉIFICATION :
Monsieur le Prince laissera passer encore un nombre d'années avant le

temps de sa *déification;* car de son vivant il auroit de la peine à y consentir. (VIII, 316.)

DÉIFIER :

    Jamais œillade de la dame,
    Propos flatteur et gracieux...,
    Déifiant le pauvre sire, etc. (II, 432 et note 3.)

On *auroit déifié* une quatrième Grâce. (IX, 387.)
Il m'*a déifié.* (IX, 471.) — Il *a déifié* ma veine. (IX, 467.)

DÉITÉ :

J'aime la *déité* de ces rives fleuries. (VII, 263.)

    .... Toute l'engeance humaine
    Seroit bientôt du domaine
    Des *déités* de là-bas. (II, 315.)

      Que Votre *Déité*
    Excuse un peu mon ignorance. (V, 272.)

DELÀ :

Delà le ciel. (IX, 64.)

Voyez AU DELÀ DE, PAR DELÀ, DEÇÀ, DELÀ.

DÉLABRER :

Trois hommes d'assez bonne mine, mais mal vêtus et fort *délabrés.* (IX, 251.)

DÉLACER :

      Délacez-moi, de grâce.
    — Je ne saurois : il fait froid, je suis nu;
    Délacez-vous. (V, 198.)

DÉLASSER; SE DÉLASSER :

Quelquefois la quenouille et l'artiste fuseau
Lui *délassoient* l'esprit. (VI, 288.)
J'irai *me délasser* parmi les bienséances. (VII, 572.)

DÉLECTABLE :

Un lieu si *délectable.* (IX, 346.)

DÉLIBÉRATION :

Les Samiens prirent une *délibération* toute contraire à celle qu'ils avoient prise. (I, 45.)

DÉLIBÉRER :

    Ne faut-il que *délibérer,*
    La cour en conseillers foisonne. (I, 135.)

DÉLICAT, ATE, nuances diverses de sens :

    Ma fille est *délicate :*
    Vos griffes la pourront blesser. (I, 265 et note 9.)

Une beauté *délicate.* (VIII, 51 ; voyez VIII, 70, 95.)

    Un beau jeune garçon,
    Frais, *délicat,* et sans poil au menton. (IV, 301 et note 3.)

Nombre de traits piquants, nouveaux, et *délicats*,
Qui disent et ne disent pas. (V, 578 et note 3.)

Raton, avec sa patte,
D'une manière *délicate*,
Ecarte un peu la cendre. (II, 445.)

Xantus avoit une femme de goût assez *délicat*. (I, 35 ; voyez VI, 80.

Délicat, substantivement :

Les *délicats* sont malheureux :
Rien ne sauroit les satisfaire. (I, 132.)

Nous autres gens peut-être aurions voulu
Du *délicat :* ce rustic ne m'eût plu. (V, 487.)

DÉLICATESSE, emplois divers :

Le voisinage du fleuve nous fait subsister, sinon avec luxe et *délicatesse*, avec beaucoup de santé tout au moins. (VIII, 149.)

Ce qui contribue non seulement à la propreté, mais à la *délicatesse*. (VIII, 88 ; voyez VIII, 220.)

Madame Lucrèce,
Habituée à la *délicatesse*
De Nicia.... (V, 41 et note 3.)

Blancheur, *délicatesse*, embonpoint raisonnable. (V, 587.)

Sa femme avoit de la jeunesse,
De la beauté, de la *délicatesse*. (IV, 23 et note 2.)

L'un n'avoit en l'esprit nulle *délicatesse*. (II, 115.)
Vos scrupules font voir trop de *délicatesse*. (II, 97.)

DÉLICES :

Une petite chienne qui étoit les *délices* de son maître. (I, 37.)

Un moineau fort coquet....
Faisoit aussi sa part des *délices* du prince. (III, 65.)

Nos *délices* seront le prix de ta souffrance. (VI, 290 et note 4.)

.... Aussi douce que pas une de ces *délices* dont l'Amour récompense ceux qui le servent fidèlement. (VIII, 287.)

Tout ce qu'Amour a de *délices*. (V, 453.)

DÉLIER :

La Fortune étoit devant lui, qui lui *délioit* la langue. (I, 32.)

DÉLIRE :

.... Les folles rêveries,
Le *délire*, et souvent le poison des furies. (VI, 336.)

DÉLOGER ; déloger de :

Chèvres, béliers, taureaux, aussitôt *délogèrent*. (I, 376 ; voyez I, 100.

Et les petits, en même temps...,
Délogèrent tous sans trompette. (I, 359 ; voyez II, 186.)

Elle sent chaque jour
Déloger quelques Ris, quelques Jeux, puis l'Amour. (II, 116.)

Le galant tout à temps *délogea*. (IV, 322.)

M'étant senti des pieds encor pour *déloger*,
J'ai promptement cherché du secours dans la fuite. (VII, 297.)

Et vous savez qu'à peine il *étoit délogé*
Qu'on vous vit à m'aimer aussitôt engagé. (VII, 22.)
On l'entend, on retourne, on le fait *déloger*. (I, 411.)
On l'a fait *déloger de* devant une ville. (IX, 54.)

 Je ne crois pas qu'en ce poste je chomme,
Ni que d'*en déloger* et faire mon paquet
  Jamais Hippocrate me somme. (I, 226.)

On la fit [la Discorde] *déloger des* cieux. (II, 69.)

DEMAIN :

 Je donnerois jusqu'à *demain*
 Pour deviner qui tenoit ce langage. (IV, 33.)

DEMANDE :

Pour Roderic on en fit la *demande* [d'Honesta]. (VI, 98.)

DEMANDER ; DEMANDER DE **:**

Il *demanda* temps. (I, 44 et note 1.)
Mamolin, roi de Garbe, en devint amoureux :
Il la fit *demander*. (IV, 399 ; voyez V, 215.)
Elle *demanda de* le voir. (VIII, 57 ; voyez IX, 250.)

DEMANDEUR, DEMANDEURS. (IX, 113.)

DÉMANGEAISON :

.... Cette *démangeaison* qui vous tient de lui vouloir cacher qu'il y a des femmes au monde. (VII, 464.)

DÉMANTELER :

 Sans dents ni griffes le voilà
 Comme place *démantelée*. (I, 266.)

DÉMARCHE :

A la première *démarche*, un battement de cœur me présagea quelque chose d'extraordinaire. (VIII, 285.)
Il [le Roi] pénètre dès sa première *démarche* jusque dans le cœur d'une province.... (I, 5.)
On le peut juger par ses premières *démarches*. (VIII, 318.)

  A peine la lumière
Osoit franchir du seuil la *démarche* première. (VI, 301 et note 9.)

DÉMÊLER ; SE DÉMÊLER DE **:**

.... Vous n'auriez rien à *démêler* ici. (V, 411.)

 Vous avez bien d'autres affaires
 A *démêler* que les débats
 Du lapin et de la belette. (II, 229.)

.... Pour *démêler* entre eux tout ce différend-là. (IV, 389.)
Je ne *démêle* pas bien la chose. (IX, 458.)
Il est glorieux pour vous de pouvoir ainsi *démêler* les diverses routes d'une contrée où vous vous êtes arrêté si peu. (VI, 277.)
Il est impossible de les *démêler* [les routes du labyrinthe]. (VIII, 209.)

  Un cyclope amoureux
 Se *démêloit* la barbe et les cheveux. (VIII, 65.)

.... Puis *s'en démêle* qui pourra. (IX, 144.)
La fausse femelle
.... *D*'un tel pas *se* sut bien *démêler.* (IV, 104 et note 7.)

DÉMEMBRER :

On écorche, on taille, on *démembre*
Messire Loup. (II, 225.)

DÉMÉNAGER :

Le pauvre bestion tous les jours *déménage*. (I, 227.)

DÉMENER (Se) :

Toute la nuit tu cours, tu *te démènes*. (IV, 217.)
Si fort se print à demener.... (*Anciennes poésies françoises*, tome X, p. 168.)

DÉMENTIR; se démentir :

Bref, je *démens* mes yeux. (II, 201.)
Ce muletier étoit homme de mine,
Et *démentoit* en tout son origine. (IV, 222.)

Ce qui en reste, qui est une tour fort haute, ne *se dément* point, bien qu'on en ait ruiné un côté. (IX, 228 et note 3.)

Dès lors qu'un endroit *se dément*,
On le rétablit tout à l'heure. (IX, 245.)

DÉMETTRE :

Il *fut démis*. (II, 22 et note 11.)

DEMEURANT, substantivement; au demeurant :

Le *demeurant* des rats tint chapitre en un coin. (I, 134.)
Le *demeurant* [du troupeau] non compté par la belle.... (VI, 10.)
La divinité... écarte tantôt un mortel, et tantôt un autre, et se moque du *demeurant*. (IX, 380.)

Plutôt périsse
L'enfant, la mère, avec le *demeurant*. (V, 173.)

La vieille a soin du *demeurant*. (V, 171.)
[Mainte veuve] n'abandonne pas le soin du *demeurant*. (VI, 70.)

Et quant au *demeurant*
André me dit, quand il parfit l'enfant,
Qu'en trouveriez plus que pour votre usage. (IV, 166 et note 1.)

Onc il ne fut une plus forte dupe
Que ce vieillard, bon homme *au demeurant*. (IV, 92.)

Au demeurant, qu'il n'y retourne plus. (IV, 234; voyez IV, 265, 460, 482; V, 486, 512.)

DEMEURE, acceptions diverses; faire demeure; en demeure :

Retirons-nous aussi, quittons cette *demeure*. (VII, 542.)
Les lions et les saints ont eu même *demeure*. (VI, 279.)
... Arbres, maisons, vergers, toute cette *demeure!* (VI, 158 et note 5.)
La terrestre *demeure*. (IX, 169.)
Que tout fleurisse aux terres leurs *demeures!* (IX, 168.)

Les timides troupeaux des daims aux larges fronts
Sont contraints de quitter leurs *demeures* secrètes. (VI, 254 et note 5; voyez VI, 255.)

Lieux amis du repos, *demeures* solitaires. (VI, 271.)
Ma sœur, si nous cherchions de plus douces *demeures?* (VI, 300.)
Votre bouche sera la *demeure* des Grâces. (VIII, 364.)
Sans plus longue *demeure*. (IV, 439; voyez V, 331 et note 6, 550.)
.... Son temps venu, ne *fait* longue *demeure*. (IV, 209 et note 1.)
Il n'a jamais aux champs *fait* si longue *demeure*. (VII, 65.)

   Vous êtes cause qu'*en demeure*
Je me trouve. (IV, 194 et note 4.)

DEMEURER :

Bartholomée, ayant ses hontes bues,
Ne se fit pas tenir pour *demeurer*. (IV, 353; voyez IV, 89; V, 191.

.... Et, faute de servir ce plat,
Rarement un festin *demeure*. (II, 300.)

Le reste du mystère
Au fond de l'antre *est demeuré*. (IV, 413.)

Froid est l'amant qui ne va jusqu'au bout,
Et par sottise en si beau train *demeure*. (V, 568 et note 4.)

   Le pauvre sire
En très beau chemin *demeura*. (V, 209.)

Pour fournir aux projets que forme un seul esprit,
Il faudroit quatre corps; encor, loin d'y suffire,
A mi-chemin je crois que tous *demeureroient*. (II, 339.)

Pour vous mieux contempler *demeurez* au désert. (III, 343.)
.... Quoi qu'il *demeurât* longtemps à en chercher l'explication [d'une inscription]. (I, 42.)

DEMI ; ET DEMI ; À DEMI ; NI DEMI :

Demi-amour et *demi*-mariage. (VI, 45.)
Prendre un *demi*-bain. (VI, 17.)

Je ne saurois fournir
Au plus qu'une *demi*-bouchée. (I, 373.)

Demi-bourgeois, *demi*-manant. (I, 277.)
Son *demi*-ceint, ses pendants de velours. (IV, 472 et note 1.)

Demi-déesses n'est guères
En usage à mon sentiment. (IX, 134.)

Croyez qu'un *demi-dieu* vous peut garder sa foi. (VII, 601.)

Et des héros, des *demi*-dieux encore,
Même des dieux. (III, 275; voyez III, 63; VI, 350; VIII, 243, 251, 260; IX, 108.)

La belle fit son devoir de pleurer
Un *demi*-jour, tant qu'il se put étendre. (IV, 341; voyez IX, 112.)

Ils étoient presque à *demi*-mille. (IV, 404.)
A *demi*-quart de lieue. (II, 474.)
Demi-mort et traînant l'aile. (III, 65.)
Demi-morte et *demi*-boiteuse. (II, 365.)
Un mot les met aux champs, *demi*-mot les rappelle. (VII, 93.)
Je suis corsaire *et demi*. (IV, 421 et note 1.)
Le Normand *et demi* laissoit les gens crier. (II, 320.)
A Rome il faut agir en galant *et demi*. (V, 444.)

Te voilà pauvre, et n'ayant *à demi*
Ce qu'il te faut. (V, 490 et note 5.)
Acanthe, je le vois, n'est pas fin *à demi*. (VII, 160.)
.... Le galant n'en fit pas *à demi*. (I, 423.)
Examiner *à demi*. (VI, 73.) — Obliger *à demi*. (VII, 109.)
Achille ne sauroit *à demi* triompher. (VII, 605.)
Tu peux dès à présent ne mourir qu'*à demi*. (VII, 622 et note 3; voyez VIII, 373.)
.... De ceux qui sont amants plus d'*à demi*. (VI, 92.)
N'êtes-vous pas cocu plus d'*à demi*? (V, 79.)
Elle tomba plus d'*à demi* pâmée. (IV, 77.)
La dame ouvrit, dormant plus d'*à demi*. (IV, 226.)
Je sais déjà jeûner plus d'*à demi*. (V, 469; voyez VIII, 96; IX, 13.)
Sans pact ni *demi*. (IV, 244 et note 4.)
Sans considérer censure ni *demie*. (IX, 24.)

DÉMOCRATIQUE :
        Les grenouilles se lassant
        De l'état *démocratique*, etc. (I, 214.)

DEMOISELLE :
        Ils persuadent la donzelle,
        Son petit chien, sa *demoiselle*. (V, 515 et note 3.)

DÉMON, acceptions diverses :
Songez qu'à m'épouser votre foi vous engage,
Ou bien que du *démon* vous serez le partage. (VII, 435.)
Un gros de Sarrasins vint s'offrir à leur vue,
Milice du *démon*. (VI, 283.)
.... Et n'étoient anges, à bien parler, qu'en tant que les autres étoient de véritables *démons*. (IX, 252.)
        Dieu sait si les Zéphyrs,
Peuple ami du *démon*, l'assistoient dans sa tâche! (II, 123 et note 16.)
Venez, légers *démons* par qui nos champs fleurissent. (VI, 192.)
Il sent un froid *démon* s'emparer de son corps. (VI, 266.)
        Il semble alors que la machine entière
        Soit le jouet d'un *démon* furieux. (VI, 331; voyez VI, 334.)
Quelque *démon* s'opposa à ce mouvement de pitié. (VIII, 193; voyez VII, 194, 620, 624.)
Faites-moi triompher de l'Envie et du Temps;
Enchaînez ces *démons*, que sur nous ils n'attentent. (VI, 164.)
Deux *démons* à leur gré partagent notre vie....
J'appelle l'un Amour, et l'autre Ambition. (III, 46 et note 2.)
Démon... bon ou mauvais. (VIII, 287.)
Démons plus doux. (VIII, 409.)
Enfin, grâce au *démon* qui conduit mes ouvrages,
Je vais offrir aux yeux de moins tristes images. (VI, 337 et note 3.)
Le *démon* du Parnasse. (VIII, 348.)
Le noir *démon* des combats. (VIII, 380; voyez VI, 199; VIII, 408; IX, 47.)
Le *démon* de la treille. (VII, 224.)
Morphée, accompagné de ses plus noirs *démons*. (VIII, 452.)

.... Plutôt *démon* qu'humaine créature. (IX, 151.)
Un vacarme de *démon*. (II, 10.)

DÉMORDRE, au propre et au figuré :
.... Mais le chat, qui n'en *démord* pas.... (III, 355.)
Le drôle avoit tantôt peine à *démordre*. (V, 59 et note 5.)

DÉNIAISER :

 Cette leçon ne fut la plus aisée,
 Dont Alibech, non encor *déniaisée*,
 Dit, etc. (V, 476 et note 6.)

DENIER :

Je ne donnerois pas un *denier* de ma vie. (VII, 79.)
 Jeanne, dit le premier,
 A le corps net comme un petit *denier*. (V, 325 et note 2.)
De ses *deniers* mariant la grand'sœur. (VI, 105.)
.... Je crois voir en ceci l'image d'une ville
Où l'on met les *deniers* à la merci des gens. (II, 246; voyez IX, 439.)

DÉNOMBREMENT :

 Il fallut que Joconde...
Fît un *dénombrement* des rois et des Césars, etc. (IV, 36.)

DÉNONCER :

Crésus, roi des Lydiens, fit *dénoncer* à ceux de Samos qu'ils eussent à se rendre ses tributaires. (I, 44.)

DENRÉE :

Entre autres *denrées*, ce marchand trafiquoit d'esclaves. (I, 33.)
 Ainsi tu ne vends pas,
 Comme tu veux, tes herbes, ta *denrée*. (V, 492 et note 3.)
Monsieur le diable, où croît cette *denrée?* (V, 368.)
 C'est chère *denrée*
 Qu'un protecteur. (II, 303 et note 4.)
Les romans sont si chère *denrée*.... (IX, 22.)

DENT, DENTS, au propre et au figuré :
A l'égard de la *dent* il fallut contester. (II, 403.)
Ses *dents* avoient duré plus longtemps que son bien. (VII, 35.)
Une de nos sans *dents*. (V, 536 et note 7.)
 Le roussin d'Arcadie
 Craignit qu'en perdant un moment
 Il ne perdît un coup de *dent*. (II, 300; voyez I, 100.)
L'homme... mangeoit de toutes ses *dents*. (I, 39.)
 .... Sinon à belles *dents*
 Je te déchire. (IV, 74.)
  Tous les enfants
 Qui sont passés entre vos *dents*
 N'avoient-ils ni père ni mère? (III, 70.)
La lice cette fois montre les *dents*. (I, 147.)
[Le monstre] de rage et de douleur frémit, grince les *dents*. (VI, 264.)

[Il] claque des *dents*. (IV, 93; voyez IV, 251.)
[Les loups] étranglent la moitié des agneaux les plus gras,
Les emportent aux *dents*. (I, 241.)
Prendre l'écuelle aux *dents*. (I, 386 et note 3.)
Prendre la lune aux *dents* seroit moins difficile.
— Ha! ha! la lune aux *dents!* (V, 441 et note 1.)
 Et toutes deux, très mal contentes,
Disoient entre leurs *dents*,.... (I, 382; voyez IV, 212.)
Celui-là ment bien par ses *dents*. (VII, 133 et note 3.)
.... Je n'en ris, morgué! que du bout des *dents*. (VII, 457.)
Le voilà sur les *dents*. (I, 157.)
L'incommoder, la mettre sur les *dents*. (V, 45 et note 4.)
Le moins qu'on peut laisser de prise aux *dents* d'autrui,
C'est le mieux. (III, 43.)
Dans ce penser il s'arme jusqu'aux *dents*. (IV, 321.)
.... N'étant pas de ces rats qui, les livres rongeants,
 Se font savants jusques aux *dents*. (II, 254 et note 13.)

Rapprochons aussi cet exemple des satires de du Lorens, cité par M. Delboulle :
Mon pere pour cela m'envoyoit à l'escole
D'un curé qui n'estoit au roolle des pedans,
Et c'est lui qui m'a fait sçavant jusques aux dens.

DÉNUER :

Alexandre, *dénué* de ces avantages, etc. (VIII, 323.)
Je voudrois que cette idylle... ne vous parût pas *dénuée* des beautés de la poésie. (VI, 276.)

DÉPART, mort :

Car qui sait les moments prescrits à son *départ?* (IX, 184.)

DÉPARTEMENT :

 .... Et pour cet entretènement...
 Chacun a son *département*,
 Communautés, bourgs, et villages. (IX, 246.)

DÉPARTIR :

 [Le Ciel] ne *départ* à gens de tous états
 Mêmes talents. (IV, 229 et note 2.)
Des appas qui lui *sont départis* par les cieux. (VIII, 428; voyez VIII, 187.)
Ce que chacun d'eux devoit porter... *fut départi* selon leur emploi et selon leurs forces. (I, 33.)
Ses biens aux pauvres *départis*.... (V, 15.)

DÉPECER :

.... Puis en autant de parts le cerf il *dépeça*. (I, 76.)

DÉPÊCHE :

César... faisoit à la fois quatre *dépêches* sur quatre matières différentes. (IX, 395.)

DÉPÊCHER :

Çà, *dépêchons*. (V, 497.)

DÉPEINDRE :
Ainsi ces fables sont un tableau où chacun de nous se trouve *dépeint*. (I, 18.)
>Mon voyage *dépeint*
>Vous sera d'un plaisir extrême. (II, 363.)

DÉPENDRE, dépendant :
Notre prince a des *dépendants*. (I, 94.)
Sommes-nous *dépendants*, vous ni moi, d'aucun autre? (VII, 611.)

DÉPENS; aux dépens de :
Tenez, la cour vous donne à chacun une écaille
Sans *dépens*. (II, 405 et note 12.)
Avec *dépens*. (VIII, 424.)
>L'un des taureaux en leur demeure
>S'alla cacher *à leurs dépens*. (I, 140; voyez III, 21.)

A vos dépens ils font rire le maître. (III, 315.)
>Apprenez que tout flatteur
>Vit *aux dépens de* celui qui l'écoute. (I, 64.)

Aux dépens de mon cœur vous vous fîtes connoître. (VII, 626.)

DÉPENSE, emplois divers :
>Une souris
>De ma taille et de ma *dépense*
>Est-elle à charge en ce logis? (III, 215 et note 5.)

Gens de grosse *dépense*. (IV, 204.)
>Il ne plaignit en son dessein
>Ni les soupirs, ni la *dépense*....
>Mais de la *dépense*, c'est trop. (V, 251.)
>Et le rat court en diligence

A l'office, qu'on nomme autrement la *dépense*. (III, 353.)

DÉPENSIER :
Le partisan commode est un bon *dépensier*. (VII, 574.)

DÉPÊTRER de; se dépêtrer de :
Rustic voudroit *être dépêtré* d'elle. (V, 478 et note 3.)
Je ne *me* puis *dépêtrer de* cet homme. (IV, 91 et note 1.)

DÉPEUPLER de :
>La gent maudite aussitôt poursuivit
>Tous les pigeons, en fit ample carnage,
>*En dépeupla* les bourgades, les champs. (II, 138.)

Il vouloit *de* souris *dépeupler* tout le monde. (I, 255; voyez III, 112.)

DÉPIT (De); en dépit de :
>Mon bourru, mécontent,

Fit, *de dépit*, fermer ma fenêtre à l'instant. (VII, 425; voyez VII, 460; IX, 13.)

De grand dépit Richard elle interrompt. (IV, 70 et note 4.)
>La pudeur et la simplicité
>L'avoient rendue ingrate *en dépit* d'elle. (V, 54.)

Notre belle,
Ayant sa fleur *en dépit d*'elle.... (V, 225.)

DÉPIT, DÉPITE :

« Votre ami tant qu'il vous plaira »,
Dit Nérie honteuse et *dépite*. (V, 122 et note 1.)

Femme un peu trop *dépite*. (IX, 37.)

DÉPLAIRE :

Adonis tâcheroit en vain de me *déplaire*. (VI, 244.)
.... Ceci soit dit sans vous *déplaire*. (V, 510.)
    Las ! nous vivons cahin-caha,
    Étant sans blé, ne vous *déplaise*. (VII, 129.)
Je chantois, ne vous *déplaise*. (I, 60; voyez V, 78.)
.... N'en *déplaise* au bon Pétrone. (VI, 85.)
.... Et n'en *déplaise* aux suppôts de saint Pierre. (IX, 6.)
.... N'en *déplaise* au nouveau confrère. (V, 454.)
.... Non pas qu'il m'en *déplaise*. (V, 476.)
.... Il m'en *déplut*. (IX, 255.)
Ce *déplaisant* langage. (IX, 41.)

DÉPLAISIR :

    Si d'ailleurs cette supercherie
    Alloit jamais jusqu'à votre mari,
    Quel *déplaisir !* (IV, 79 et note 6.)
.... J'en suis morte de *déplaisir*. (VIII, 185.)
        J'aurois du *déplaisir*
Si vous ne pensiez pas que toujours je vous aime. (IV, 415.)
Un *déplaisir* si grand. (V, 173.)
        Toujours votre visage
Baigné de pleurs nous marque un *déplaisir* secret. (VI, 201.)
.... Conte aux vents, conte aux bois, ses *déplaisirs* secrets. (VI, 191; voyez VI, 244.)
Ah ! ne rappelez point les *déplaisirs* passés. (VII, 609.)

DÉPLORER :

Et tout *est* alors *déploré* [perdu]. (VI, 329 et note 7.)

DÉPLOYER ; SE DÉPLOYER :

    [Toi] qui te panades, qui *déploies*
    Une si riche queue.... (I, 182.)
Déployons nos trésors [les fleurs que nous avons cueillies]. (VII, 199.)
    Les belettes, de leur part,
    Déployèrent l'étendart. (I, 287.)
Le bachelier *déploya* sa science. (VI, 9.)
        Que votre rigueur,
    Si bon lui semble, à son tour *se déploie*. (V, 203.)
Souffrez que mon amour à vos yeux *se déploie*. (VII, 384.)

DÉPOSER, mettre en dépôt :

Pour assurance de la gageure, il *déposa* l'anneau qu'il avoit au doigt. (I, 40.)

DÉPOSITAIRE :

Un certain *dépositaire*. (II, 355.) — Le choix d'un *dépositaire*. (III, 23.)
Passe un Mazet portant à la *dépositaire*
  Certain fardeau peu nécessaire. (V, 589 et note 3.)

DÉPÔT :

Cet habit lui tiendroit lieu de *dépôt* [de garantie]. (VIII, 162.)

DÉPOUILLE :

Il est assez de geais à deux pieds comme lui
Qui se parent souvent des *dépouilles* d'autrui. (I, 300.)
La *dépouille* d'Hector vaut bien qu'on se hasarde. (VII, 622.)

DÉPOUILLER ; SE DÉPOUILLER ; SE DÉPOUILLER DE :

Les parterres *étoient dépouillés*. (VIII, 75.)
    Il emmanche son fer :
    Le misérable ne s'en sert
    Qu'à *dépouiller* sa bienfaitrice. (III, 289.)
Il lui fallut *dépouiller* ses habits. (IV, 371.)
    Robe d'hiver, robe d'été,
    Que les morts ne *dépouillent* guère. (II, 157.)
Aussitôt de son glaive il *dépouille* la lame. (VI, 292.)
Le docteur *se dépouille*. (V, 457 et note 4.)
    Il *se* faut, et pour cause,
    Dépouiller nue et quitter cet habit. (V, 495 et note 1.)
    Sous son balandras [Phébus] fait qu'il [le voyageur] sue,
    Le contraint de *s'en dépouiller*. (II, 11.)

DÉPOURVOIR ; DÉPOURVOIR DE ; AU DÉPOURVU :

    La cigale, ayant chanté
        Tout l'été,
    Se trouva fort *dépourvue*
    Quand la bise fut venue. (I, 59.)
Le cheval, qui n'*étoit dépourvu de* cervelle.... (III, 294.)
Un souriceau tout jeune, et qui n'avoit rien vu,
    Fut presque pris *au dépourvu*. (II, 16.)

DEPUIS :

J'ai passé par ici *depuis* cinq ou six jours. (I, 252.)
C'étoit le portrait d'Hortésie qu'elle avoit fait *depuis* quelques mois. (VIII, 260.)
Depuis naguère. (IV, 324 et note 2.)
    Depuis le temps, monsieur notre curé
    Auroit déjà parfait son entreprise. (V, 497.)

DÉPUTÉ, substantivement :

    Des *députés* du peuple rat
    S'en vinrent.... (II, 108.)
    .... Sous promesse de bien traiter
    Les *députés*, eux et leur suite. (II, 45.)

DÉPUTER :

Abdère *députa*
Vers Hippocrate. (II, 342.)

On court, on s'assemble, on *député*
A l'oiseau. (III, 20.)

De chaque espèce on lui *député*. (II, 45.)
Cet homme ainsi bâti *fut député* [par les] des villes.... (III, 145.)
Que leur chœur pour m'aider *député* deux d'entre elles. (VI, 319.)
On le *député* en diligence. (V, 247.)

Le pauvre roi par nos amants
Fut député vers le Cocyte. (V, 435.)

Les dieux nous *ont* jadis deux vertus *députées*. (VI, 356.)

DÉRACINER :

Il [le vent] *déracine*
Celui de qui la tête, etc. (I, 127.)

DERECHEF :

La voilà *derechef* en danger de sa vie. (I, 142; voyez I, 151 ; IV, 476; V, 416; VII, 51.)

DÉRÉGLÉ :

Pour punir d'un jaloux les desirs *déréglés*. (VII, 407.)

DERNIER, ière :

.... Et qu'Ilion ait mis
Dans le *dernier* malheur mes *derniers* ennemis. (VII, 621 et note 3.)

Et puis l'heure *dernière*
Au malheur des mortels met la *dernière* main. (VIII, 479.)

Vous savez que cette nuit *dernière*
En faux plaisirs se passa toute entière. (VIII, 487.)

Cette *dernière* aurore éveillera les morts. (VIII, 414.)

.... Ceci s'adresse à vous, esprits du *dernier* ordre,
Qui, n'étant bons à rien, cherchez sur tout à mordre. (I, 414.

Les *derniers* venus. (I, 199.)

DÉROBER; SE DÉROBER DE :

Un escalier *dérobé*. (III, 224.)

Par un beau jour cet homme *se dérobe*
D'avec sa femme. (IV, 280 et note 3.)

DÉROGER :

Melpomène
Souvent, sans *déroger*, trafique de sa peine. (I, 102.)

DERRIÈRE, substantivement :

Ce logis avoit sur le *derrière*
De quoi pouvoir introduire l'ami. (IV, 322.)

Derrière (En) :

.... Une tresse de ses cheveux, laquelle lui pendoit *en derrière* comme une queue de cheval. (IX, 251.)

DERVIS :

Un moine? Non, mais un *dervis*. (II, 109 et note 13.)

DÈS; DÈS LORS QUE; DÈS AUPARAVANT :

Dès ses jeunes ans. (V, 13.) — *Dès* l'enfance. (V, 14.)
Dès l'âge du berceau. (III, 196.)
Ils se connoissoient tous deux *dès* leur bas âge. (III, 197.)
Dès le moment qu'on aime. (V, 193; voyez V, 541.)
Dès ce même moment. (VI, 33.)

>Elle s'attache à l'orteil *dès* ce soir
>Un brin de fil. (IV, 320.)

Dès en entrant. (IV, 371.) — *Dès* devant la pointe du jour. (III, 222.)
Les grands se font honneur *dès lors* qu'ils nous font grâce. (I, 102.)

>*Dès lors* qu'un endroit se dément,
>On le rétablit tout à l'heure. (IX, 245.)

Puis, *dès auparavant* aimé de la bergère.... (V, 344.)

Quantité de meubles et de nippes de conséquence, qu'il lui avoit donnés *dès auparavant*. (IX, 234; voyez VIII, 280.)

DÉSACCORDER :

Et vous venez, dit-on, *désaccorder* l'aubade. (VII, 586.)

DÉSACCOUTUMER :

>En vain de son train ordinaire
>On le veut *désaccoutumer* [le naturel]. (I, 186.)

DÉSALTÉRER (SE) :

>Un agneau *se désaltéroit*
>Dans le courant d'une onde pure. (I, 89.)

DÉSARÇONNER :

Ce dernier trait *désarçonna* le philosophe. (I, 39.)

DÉSARROI :

Mettre en *désarroi*. (IX, 327.)

DÉSASTRE :

>Ne plaise à Dieu que si belle amitié
>Soit par mon fait de *désastre* ainsi pleine ! (IV, 345.)

DÉSAVANTAGE :

Ardé! ce qu'on en diroit seroit-il tant à ton *désavantage?* (VII, 446.)

DESCENDRE, neutralement et activement :

.... L'un pour *descendre* en bas osera tout tenter. (VII, 411.)
S'il [l'Amour] *descend* pour vous plaire au fond de ces climats [les enfers].... (VIII, 215.)
Cette ombre aux enfers *descendue*. (VI, 73; voyez VI, 182.)
Ils [ces anciens] n'ont point fait *descendre* du ciel ces mêmes fables. (I, 15.)
Mille marches à *descendre*. (VIII, 208.)

DESCENTE :

Encor n'auriez-vous pas ce qui la rend si belle [cette gorge] :
La *descente*, le tour. (VII, 179.)

DÉSEMPARER, neutralement :
En est-il de religieux [des amis]
Jusqu'à *désemparer*, alors que la donzelle
Montre à demi son sein ? (V, 123 et note 3.)

DÉSERT, ERTE ; DÉSERT DE :
La feinte est un pays plein de terres *désertes*. (I, 199.)
.... C'est par là que *de* loups l'Angleterre est *déserte*. (III, 30 et note 4.)

DÉSERT, substantivement :
J'ai passé les *déserts*, mais nous n'y bûmes point. (II, 254 et note 10.)
Pour vous mieux contempler demeurez au *désert*. (III, 343 ; voyez I, 152 ; III, 123 ; VII, 572.)
Ces *déserts*, ces forêts. (VI, 279 ; voyez VI, 285, 287.)

DÉSERTER :
Il faut, dit-elle, enfin que je *déserte*. (VI, 33 et note 7.)

DÉSESPÉRER :
Notre *désespéré* le ramasse [le licol]. (II, 436.)
Ces retours vers la vie... dont les plus *désespérés* ne sont pas exempts. (VIII, 129.)

DÉSESPOIR :
Le pâle *désespoir*. (VIII, 255.)
Au *désespoir* bientôt il s'abandonne. (IV, 251.)
De quelque *désespoir* qu'une âme soit atteinte, etc. (VI, 71 ; voyez VIII, 211 et note 3.)

DÉSHABILLÉ, substantivement :
Tout un *déshabillé*, des mules, un peignoir,
Bonnet, robe de chambre, avec chemise d'homme ! (V, 457 et note 1.)

DÉSHABILLER (SE) :
Sus, qu'on *se déshabille*. (V, 525.)
Je ne *me* puis tout seul *déshabiller*. (V, 197.)

DESIR, DESIRS :
Heureux qui vit chez soi,
De régler ses *desirs* faisant tout son emploi! (II, 166 et note 25.)
Son miroir lui disoit : « Prenez vite un mari. »
Je ne sais quel *desir* le lui disoit aussi :
Le *desir* peut loger chez une précieuse. (II, 118.)
Est-il quelque défense
Qui l'emporte sur le *desir?* (V, 345.)
Chemin faisant, Hispal expliquoit ses *desirs*,
Moitié par ses discours, moitié par ses soupirs (IV, 409 ; voyez V, 189 et note 2.)
Le *desir* de voir. (IX, 230 ; voyez II, 363.)

DESIRER :
Le meilleur pour vous est... qu'après la possession vous ayez toujours de quoi *desirer*. (VIII, 75.)

        Chacun croit fort aisément
        Ce qu'il craint et ce qu'il *desire*. (III, 137 et note 15.)
Quatre Mathusalems bout à bout ne pourroient
    Mettre à fin ce qu'un seul *desire*. (II, 339.)

DÉSOBLIGER :

Désobliger le fils de Vénus. (VIII, 177.)

DÉSOLER :

            Monstre énorme et cruel...,
        Qui *désole* les plaines. (VI, 249.)
Achille s'en vint *désoler* notre terre. (VII, 625.)

DÉSORDRE :

        Dites-nous comme il est possible
    Qu'un corps dans le *désordre* amène réglément
        L'accès [de fièvre] ou le redoublement. (VI, 332.)
Je ne suis pas en état de lui parler : mon *désordre* paroîtroit à sa vue. (VII, 465.)

Témoin de son *désordre*, il n'aura pas la force
Entre sa fille et moi d'empêcher le divorce. (VII, 564.)

DESSALÉ, ÉE :

Elle ne l'avoueroit jamais : elle est trop *dessalée*. (VII, 457 et note 4.)

DESSEIN ; À DESSEIN DE OU QUE ; DANS LE DESSEIN DE :

        Telle est la montre qui chemine,
    A pas toujours égaux, aveugle et sans *dessein*. (II, 461.)
C'est un trop grand *dessein*. (VII, 156.)
Tous furent du *dessein*, chacun selon sa guise. (I, 424.)
        .... J'ai fait *dessein*
D'en parler à Morphée. (VII, 177.)

            L'ours, porté d'un même *dessein*,
            Venoit de quitter sa montagne. (II, 260.)
        J'ai dit tantôt qu'Amour savoit atteindre
        A ses *desseins* d'une ou d'autre façon. (VI, 29.)
        .... Pour celles-ci, quand elles sont aimantes,
        J'ai les *desseins* du monde les meilleurs. (V, 178.)
A quel *dessein*, besoin n'est de le dire. (IV, 156 et note 4.)
*A dessein d'*aller faire un bouquet. (IV, 284.)
A dessein de le prendre. (IV, 303.)

Comparez Corneille, *Nicomède*, vers 346 ; Racine, *Britannicus*, vers 1102, *Bajazet*, vers 1679 ; etc.

        *A dessein qu'*il ne le pût nier,
        Je fis semblant d'y vouloir condescendre. (IV, 90.)

Rapprochez Corneille, traduction de *l'Imitation*, livre III, chapitre XXIX, vers 3138.

Dans le dessein seulement *d'*écouter. (VI, 57.)

DESSERRE, substantif :

        Je sais qu'à la *desserre*
        Vous êtes dur. (IV, 139 et note 7.)

DESSERRER, sens divers :

　　Si quelqu'un *desserre* les dents,
　　C'est un sot. (III, 10; voyez III, 16.)

　　Le cheval lui *desserre*
Un coup; et haut le pied. (III, 295 et note 12.)

Comparez aussi *les Cent Nouvelles nouvelles*, p. 2; Ronsard, tome I, p. 363; Jodelle, tome II, p. 72, 188; du Bellay, tomes I, p. 149, 222, II, p. 269.

DESSIGNER. Voyez **DESSINER**.

DESSILLER; SE DESSILLER :

Horace, par bonheur, me *dessilla* les yeux. (IX, 203.)
A ce signe d'abord leurs yeux *se dessillèrent*. (VI, 155.)

DESSINER :

　　Quelqu'un n'a-t-il point vu
　　Comme on *dessine* sur nature? (V, 346.)

Dessigne, dans nos anciens textes.
Comparez SIGNER et SINER.

DESSOUS; AU-DESSOUS DE :

Je soupçonne *dessous* encor quelque machine. (I, 258.)
Nous sommes attroupés tretous *dessous* l'ourmeau. (VII, 586.)
Dessous la clef on les a mis. (IX, 105.)
Dessous sa griffe il faut que chacun danse. (IX, 122.)
Il vit *dessous* ma loi. (VIII, 365.)
Je vivois *dessous* votre servage. (IV, 67.)
.... Vous y vivez *dessous* notre police. (V, 361.)
Dessous un feint habit. (V, 399.)
Dessous bonne promesse. (IV, 109.)

　　Un temple fut fondé
　Dessous le nom de Vénus belle fesse. (IV, 116.)

　J'ai certains mots que je dis, au matin,
　Dessous le nom d'oraison ou d'antienne
　De saint Julien. (IV, 245.)

Être mise *au-dessous d*'une beauté mortelle. (VII, 150.)

DESSUS, substantif :

Quel billet sans *dessus* se présente à ma vue? (VII, 333 et note 1.)
Sans suscription.

　　Nous aurions le *dessus*,
　　Si mes confrères savoient peindre. (I, 232.)

　　Un vaisseau de corsaires,
　　Ayant pris le *dessus* du vent,
　　Les attaqua. (IV, 400 et note 4; voyez VI, 200.)

La nécessité prend le *dessus* des lois. (VII, 351.)

DESSUS DE (AU-) :

Penses-tu lire *au-dessus de* ta tête? (I, 167.)

　Par ce moyen la seconde commère
　Vint *au-dessus de* ce qu'elle entreprit. (IV, 317 et note 2.)

DESSUS, adverbe :

L'île *dessus* dite. (V, 359.)

De tout ce que *dessus* j'argumente.... (III, 126 et note 9.)

DESSUS, préposition :
    Dessus quelque couchette
    Vous lui mettrez un peu de paille nette. (IV, 255.)
    Ce qui hors terre et *dessus* l'héritage
    Aura poussé. (V, 364.)
Tombant *dessus* ton corps. (VIII, 489.)
Fondre *dessus* l'ortolan. (VIII, 435.)
Droit *dessus* l'écurie. (IV, 222.)
    Il restoit un certain incarnat
    Dessus son teint. (V, 81.)
.... Mon procureur *dessus* quelque autre point. (IX, 124.)
    Il [le chien] a toujours la vue
    Dessus cet os. (V, 489.)
Dessus mon chalumeau. (VIII, 478.)
.... Pour faire *dessus* des réflexions. (VIII, 337.)
    [Minutolo] mit *dessus* le tapis
    Certains propos de certaines coquettes. (IV, 65.)
    Sans qu'il lui fût *dessus* les cent écus....
    Fait seulement grâce d'un carolus. (IV, 141.)
Comme un mouton qui va *dessus* la foi d'autrui. (I, 159.)
Les voilà bien ensemble, et je tiens que le nôtre
A rebattre un discours l'emporte *dessus* l'autre. (VII, 95.)
    Les précieuses
    Font *dessus* tout les dédaigneuses. (II, 115 et note 4.)
Tous exemples où, sauf le 10ᵉ, nous mettrions *sur*.

DESSUS (PAR-). Voyez PAR-DESSUS.

DESTIN, DESTINS :
On a toujours raison, le *destin* toujours tort. (II, 177 et note 17.)
Il en faut revenir toujours à son *destin*. (II, 397.)
Les noms et les vertus de ces clartés errantes
Par qui sont nos *destins* et nos mœurs différentes. (III, 122.)
    Son bon *destin*, par un très grand hasard,
    Lui fit trouver, etc. (IV, 251.)
    Pour moi je ne souhaite
    Ni climats, ni *destins* meilleurs. (II, 163.)
.... Le monarque qui fait maintenant le *destin* de tant de peuples et de nations. (III, 175.)

DESTINÉE, DESTINÉES :
    On rencontre sa *destinée*
Souvent par des chemins qu'on prend pour l'éviter. (II, 291 et note 3.)
Aussitôt on ouït, d'une commune voix,
    Se plaindre de leur *destinée*
    Les citoyennes des étangs. (II, 39.)

La patiente attend sa *destinée*. (V, 48.)
Moi qui vous parle ai même *destinée*. (VI, 58.)
Craignant mauvaise *destinée*. (III, 355.)

DÉT] DE LA FONTAINE. 265

.... Vous composer des *destinées*
Par ce temps à peine bornées. (III, 250; voyez IX, 141.)
Que sert-il de lutter contre les *destinées?* (VIII, 484; voyez VIII, 503.)
Prince qui fais nos *destinées*.... (VIII, 390.)

DESTINER; DESTINER À, POUR :
Vienne l'an neuf, ballade *est destinée*. (IX, 108.)
.... Et, l'*ayant destinée à* ses plaisirs infâmes,
    Il l'emportoit comme un moineau. (IV, 401.)
Les seuls parents, par un esprit manceau,
La *destinoient pour* une autre famille. (VI, 43.)

DESTRUCTEUR, DESTRUCTEURS :
Tant de *destructeurs* de nations. (I, 28.)

DESTRUCTION, DESTRUCTIONS :
    .... L'animal à longue échine
    En feroit [des rats], je m'imagine,
    De grandes *destructions*. (I, 286.)

DÉTACHER; SE DÉTACHER :
Un jour donc l'animal, qui ne songeoit qu'à nuire,
Détachoit du monceau, tantôt quelque doublon,
    Un jacobus, un ducaton. (III, 204.)
Un des vaisseaux, quoiqu'il fût accroché,
S'étant quelque peu *détaché*.... (IV, 402.)

DÉTAIL :
    .... De dire comment,
Ce seroit un *détail* frivole. (VI, 69; voyez V, 574.)
Je n'ai pas entrepris
De raconter tout ce qu'il obtint d'elle :
Menu *détail*. (IV, 265.)
Voilà l'histoire en gros : le *détail* a des suites. (IX, 175.)

DÉTALER :
.... Ainsi bientôt l'un et l'autre *détale*. (V, 329.)
Le rat de ville *détale*. (I, 86.)
Il met sur pieds sa bête, et la fait *détaler*. (I, 201.)
Détale vite, et cours. (II, 301.)
Et vous, *détalez* au plus vite. (VII, 476.)

DÉTERMINER; SE DÉTERMINER :
Maint corsaire sentit son bras *déterminé*. (IV, 401.)
Il avoit gens à sa dévotion,
Déterminés. (V, 389 et note 2.)
Sa distance [du soleil] me fait juger de sa grandeur;
Sur l'angle et les côtés ma main la *détermine*. (II, 201 et note 12.)
La volonté nous *détermine*. (II, 471.)
C'est au lecteur à le *déterminer* [l'auteur] là-dessus. (IV, 5.)
Vous n'avez qu'un moment à *vous déterminer*. (VII, 620.)

DÉTERRER, au figuré :
Vous *serez déterré*, logeassiez-vous en lieu
    Qui ne fût connu que de Dieu. (V, 443 et note 2.)
DÉTESTABLE :
    Nous ménagions le moment favorable
Pour m'arracher des mains d'un jaloux *détestable*. (VII, 428.)
Des douégnas *détestables*. (IX, 251.)
Toutes les *détestables*. (V, 532.)
Aussitôt notre vieille, encor plus misérable,
S'affubloit d'un jupon crasseux et *détestable*. (I, 382.)
DÉTESTER, acceptions diverses; DÉTESTER DE :
Déteste-moi; c'est peu de me haïr. (VII, 528.)
Qui ne *détesteroit* mes fureurs excessives ? (VII, 542.)
Le voilà qui *déteste* et jure de son mieux. (II, 59 et note 7.)
        [Il] pleure et mène une vie
    A faire gens de bon cœur *détester*. (V, 166 et note 3 ; voyez VII, 422 et note 1.)
Fatigué, *détestant de* s'être vu joué. (VII, 426.)
DÉTOUR, DÉTOURS, au propre et au figuré :
Bois, dont elle parcourt les *détours* ténébreux. (VII, 544.)
Dans l'espace entre deux, par différents *détours*,
Disposez plus d'Argus qu'un siècle n'a de jours. (VII, 411.)
.... Vous laisser mourir de tristesse, c'est un *détour* que votre propre conscience doit condamner. (VIII, 146.)
Chercher maint *détour*. (III, 223.)
Comment trouver un *détour* suffisant? (V, 525.)
.... L'autre agit sans *détours*. (VII, 607.)
Les si, les car, enfin tous les *détours*. (V, 28.)
DÉTOURNER, acceptions diverses; DÉTOURNER DE; SE DÉTOURNER; SE DÉTOURNER DE :
Le hasard les assemble en un coin *détourné*. (III, 243.)
    Le mari dissimule,
Détourne l'œil. (IV, 303.)
Soit que vous les *détourniez* [les yeux] sur, etc. (VIII, 345.)
J'ai gagé... que je boirois toute la mer, mais non pas les fleuves qui entrent dedans... : que celui qui a gagé contre moi *détourne* leurs cours. (I, 41.)
Le *détourner* [le berceau] auroit fait trop de bruit. (IV, 210 et note 2.)
    Un jour un coq *détourna*
    Une perle. (I, 118 et note 1.)
Au bout de quelques jours il *détourne* l'enfant. (II, 356 et note 1.)
Le compagnon *détourne* une génisse. (VI, 10.)
        La fillette
Au fond d'un bois se laissa *détourner*. (VI, 10.)
Elle... se *détournoit* quelquefois le visage. (VIII, 188.)
Activement, malgré la forme réfléchie.
    Elle craignoit que ce ne fût dommage
    De *détourner* ainsi tel personnage. (V, 292 et note 4.)

Vous ne *détournerez* nul être *de* sa fin. (II, 397.)
Rien ne me peut *détourner de* la chose. (VII, 415.)
C'est *de* moi seulement qu'ils *détournent* leurs pas. (VII, 542.)
Détournez de vos noms un éternel reproche. (VI, 265.)
.... Les Allemands *se détournent* bien pour cela [pour visiter le château de Richelieu].... (IX, 253.)
En vain *du* coup fatal il veut *se détourner*. (VI, 260.)
Elle avoit soin de *se détourner des* hommes. (VIII, 165.)

DÉTROIT :

Quand des chiens étrangers passent par quelque endroit
  Qui n'est pas de leur *détroit*.... (III, 83 et note 13.)

  En tel *détroit*
  Mon cas étoit, etc. (VIII, 441.)

Premier occit en martial destroict
Quatre premiers cheualiers de ma lice. (Marot, tome II, p. 251.)

DÉTRÔNER :

Je m'écarte, je vais *détrôner* le Sophi. (II, 154.)

  J'ai laissé longtemps au filet
  Sœur Thérèse la *détrônée*. (V, 597 et note 6.)

DÉTRUIRE, au propre et au figuré ; SE DÉTRUIRE :

Dieu *détruira* le siècle au jour de sa fureur. (VIII, 414 et note 1.)
Ses mains avec plaisir *auroient détruit* ses charmes. (VI, 288.)
Vous *détruisez* l'ouvrage du Ciel. (VIII, 145.)

Nous faisons cas du beau, nous méprisons l'utile ;
  Et le beau souvent nous *détruit*. (II, 30.)

.... Ceux qu'un chaud véhément menace de *détruire*. (VI, 334.)

  Le Gascon se pâme à ce bruit,
  Cette fois-là se croit *détruit*. (IV, 391 et note 6.)

Détruire les Perses. (VIII, 327 ; voyez III, 96.)
[L'Amour] trouble maint État, *détruit* mainte famille. (VIII, 50.)
Et tout ce vain amour des grandeurs et du bruit
Ne le sauroit quitter [un favori] qu'après l'*avoir détruit*. (VIII, 357.)
Chez vous Quintilien s'en va tous nous *detruire*. (IX, 201.)
Je *détruis* son amant. (VII, 517 et note 1.)
Amants, heureux amants, dont je *détruis* la foi. (VII, 518.)
Encore n'a-t-il pas *détruit* sa patrie. (VIII, 323.)
Ce que vous alléguez en faveur de ces frères,
L'un d'eux, à mon égard, le *détruit* aujourd'hui. (VII, 612.)
Messieurs les courtisans, cessez de vous *détruire*. (II, 225.)
De vous détruire les uns les autres.

Il te tardoit que tu *te fusses détruite*. (VIII, 134 et note 1.)
J'aime mieux *me détruire* dans votre esprit. (VIII, 224.)

DETTEUR :

Je connois maint *detteur*. (III, 224 et note 16.)

Comparez Marot, tome I, p. 197 ; Rabelais, tome II, p. 26, 27, 28.

DEUIL :

La mort de Jean Lapin derechef est vengée :
Ce second *deuil* fut tel que.... (I, 151.)

Voilà son *deuil*, par là jugez de sa conduite. (VII, 567.)
Le *deuil* enfin sert de parure. (II, 75.)
Tel *deuil* n'est bien souvent que changement d'habits. (V, 105.)
Promener en spectacle un *deuil* en grand volume. (VII, 572.)
La pompe funèbre d'un mari, et la manière d'en porter le *deuil*. (VII, 569.)
<small>Titre d'ouvrage supposé.</small>

DEUX; DONNER DES DEUX :

Nous saluâmes ces *deux*. (IX, 252.) — Par l'avis de ces *deux*. (IX, 347.)
.... Se connoissant tous *deux* de plus d'un jour. (IV, 325; voyez VI, 151.)

 .... A travers champs s'enfuit,
 Donne des *deux*. (IV, 249.)

DEUX, deuxième :
Au *deux* il dit, etc. (IV, 138 et note 1.)

DEVANCIER, prédécesseur. (IX, 243.)

DEVANT, préposition :

La pauvre dame alloit tout *devant* elle. (IV, 157 et note 7.)
Prenant le frais tous deux *devant* chez nous. (VII, 425.)
Les services d'Hispal en ce même moment
 Lui reviennent *devant* la vue. (IV, 412.)
L'une se mit la main *devant* les yeux. (I, 35.)
.... Pour s'ôter de *devant* les yeux un objet si désagréable. (I, 30.)

DEVANT DE (AU-), en tête de :
 J'en ai placé l'idée et le projet,
 Pour plus de grâce, au *devant* d'un sujet.... (III, 278.)

DEVANT (PAR). Voyez PAR DEVANT.

DEVANT, avant; DEVANT QUE :

Devant ce temps-là même ils [vos appas] vous auront quittée. (VII, 168.)
Devant ces moments-là. (VIII, 193.)
On le faisoit lever *devant* l'aurore. (II, 35 et note 1; voyez IV, 230.)
Dès *devant* la pointe du jour. (III, 222.)
Devant la fin du carême. (IX, 309.)
Plus heureuse... que *devant* l'oracle. (VIII, 179.)
Il y en avoit à qui l'amour venoit *devant* la raison. (VIII, 180.)
 Horace, dans ses sons,
L'avoit dit *devant* lui; *devant* eux la nature
L'avoit fait dire en cent façons. (IX, 199.)
L'on ne me sauroit condamner que l'on ne condamne aussi l'Arioste *devant* moi, et les anciens *devant* l'Arioste. (IV, 12.)
Si l'on t'immole un bœuf, j'en goûte *devant* toi. (I, 272.)
Devant que sortir des confins d'Italie. (IV, 41.)
Devant que de l'acheter. (I, 35.)
Devant que de l'épouser. (VIII, 155; voyez VIII, 157.)
Devant que l'Aurore fût éveillée. (IX, 282.)
Devant que le jour se passe. (VIII, 151; voyez II, 453.)
Devant que le temps l'ait adoucie. (VIII, 151.)

Celle-ci prévoyoit jusqu'aux moindres orages,
Et, *devant* qu'ils fussent éclos,
Les annonçoit aux matelots. (I, 81.)
Devant qu'elle vint. (VIII, 155; voyez I, 169.)
Devant que j'aie perdu de vue les clochers du grand village. (IX, 361.)
.... Vingt fois *devant que* son palais s'en sente. (V, 489.)
Devant que mon tourment occupât sa mémoire. (VIII, 361; voyez V, 418, 421, 481; VII, 29, 71; VIII, 167, 192, 367; etc.)

DEVANT, adverbialement :
.... [Il] envoie un peu *devant* le train qui les suivoit. (V, 270.)
Je suis gros Jean, comme *devant*. (II, 154.)

    Dans dix mois et *devant*
Nous porterons au baptême l'enfant. (V, 36.)

Longtemps *devant* toujours il s'abstenoit;
Longtemps après il en usoit de même. (IV, 335; voyez V, 111.)
Nous voici, grâce aux dieux, aussi prêts que *devant*. (VII, 60.)

DÉVELOPPER :
.... Voilà son cœur *développé*. (VI, 208 et note 1.)

    Mon âme, en toute occasion,
Développe le vrai caché sous l'apparence. (II, 201.)

DEVENIR :
O dieux! que *devient*-il? (VI, 181; voyez VI, 183.)
Il *devient* plus beau que jamais. (IV, 35.)
Puisqu'on plaide, et qu'on meurt, et qu'on *devient* malade.... (III, 344; voyez IV, 55; V, 166.)
.... Puis après par les pieds je vous brandouillerai,
Et vous *deviendrez* mort. (VII, 369.)
Enfermez l'un des deux dans le plus haut étage;
Qu'à l'autre le plus bas *devienne* le partage. (VII, 410.)

DEVERS, vers, du côté de :
J'ai des cavales en Égypte qui conçoivent au hannissement des chevaux qui sont *devers* Babylone. (I, 49.)

    Devers la Somme on est en assurance;
Devers le Rhin tout va bien pour la France. (IX, 152.)
Devers la ville il [le château] est situé sur un roc. (IX, 248.)
Ayant le nez *devers* l'arbre tourné. (V, 530.)
Il s'en alloit *devers* Château-Guillaume. (IV, 241.)

    Ce lui fut un signal
Pour s'enfuir *devers* sa tanière. (I, 173.)
Il se rendra *devers* mon cabinet. (VI, 35 et note 1; voyez V, 36.)

DEVERS (PAR). Voyez PAR DEVERS.

DEVIN, DEVINE :
    Léonide, ce fut toi-même
Qui me fis, malgré moi, consulter ce *devin*. (VII, 532.)
[Apollon], berger, *devin*, architecte, et chanteur. (VIII, 273.)

Moi *devine!* on se moque. (II, 181 et note 9.)
> Jà sont ouverts d'eux-mesmes les cent huis
> Tant spacieux du grand manoir, et puis
> Par eux la voix de la devine apporte
> Response en l'air.
>> (Des Mazures, *Énéide*, p. 255 r°, 1608.)

Gachet, dans son Glossaire roman, fournit de ce mot un exemple du xiv° siècle et un autre du xvi°.

DEVINERESSE :
Il voulut consulter une *devineresse*. (VII, 427.)
> Sa mere, une deuineresse,
> Et une fort enchanteresse.
>> (Benoist, *Chronique de Normandie*, xii° siècle, Paris, 1838, in-4°, tome I, p. 707.)

DEVINEUSE :
> Chez la *devineuse* on couroit
> Pour se faire annoncer ce que l'on desiroit. (II, 179 et note 3.)

DEVIS :
Ils étoient en *devis*. (IV, 65 et note 4.)
> Les femmes....
S'entredisoient en leurs menus *devis*, etc. (V, 330.)
Plaisants repas, menus *devis*. (IX, 208.)

DEVISE, DEVISES :
Faiseurs d'habits et faiseurs de *devises*. (V, 158 et note 4.)
Joutes, tournois, *devises*, sérénades. (V, 569 et note 7.)
> Plutôt souffrir que mourir,
> C'est la *devise* des hommes. (I, 108.)
Diversité, c'est ma *devise*. (V, 506; voyez V, 507, 513, 517.)
Voyez la curieuse étymologie du mot *devise*, proposée dans le Supplément du Dictionnaire de Littré, p. 116.

DEVOIR, verbe; DEVOIR À :
Tous *avoient dû* tomber sous les célestes armes. (VI, 159 et note 5.)
Je *dois* trop *au* beau sexe. (V, 9.)
Votre amant *vous devra*, quoique fils de Thétis. (VII, 601 et note 1.)
> Je vais en bonne foi
Songer à vous payer tout ce que je *vous doi*. (VII, 322.)
[Vos exploits] *nous sont dus*. (VII, 617.)
.... Vous ne *lui devez* rien de ce côté-là. (IX, 395.)
Aux plus charmants il n'en *doit* guère. (IV, 21 et note 2.)
Monsieur le Prince ne *lui* en *doit* guère [à Alexandre]. (VIII, 325.)
> *A* la foiblesse du sculpteur
> Le poète autrefois n'en *dut* guère. (II, 386 et note 4.)

DEVOIR, substantif; FAIRE SON DEVOIR, SON DEVOIR DE :
La crainte lui nuisoit autant que le *devoir*. (IV, 435.)
> Non toutefois que la belle n'oppose
> *Devoir* et tout à ce doux sentiment;
> Mais, lorsque Amour prend le fatal moment,
> *Devoir* et tout, et rien, c'est même chose. (VI, 27.)

En vous seule il faisoit consister son *devoir*. (VII, 600.)
Je me fais du trépas un funeste *devoir*. (VII, 525.)
Quelle âme! chez son père elle fut toute en pleurs
Signaler son *devoir* par de fausses clameurs. (VII, 561.)
A ce dessein s'oppose un *devoir* de famille. (VII, 584.)
Six ans de *devoirs* et de soins. (V, 162.)
Voilà qui est bien, et vous *faites votre devoir*. (VIII, 223.)
La belle *fit son devoir de* pleurer. (IV, 341 et note 5.)
Chacun *fit son devoir de* dire à l'affligée.... (VI, 72.)
.... Ils tâchoient donc d'*en faire leur devoir*. (V, 69 et note 1.)
Je ne doute point que les d'Hervarts et les Saint-Diez ne *fassent leur devoir de* vous écrire. (IX, 389.)

Il n'est griffe ni dent en la bête irritée
Qui *de* la mettre en sang ne *fasse son devoir*. (I, 156.)

DÉVOLU :

Tu sais, vilain, que tous ces champs sont nôtres :
Ils sont à nous *dévolus* par l'édit. (V, 361.)

DÉVORER, au propre et au figuré :

En quoi différez-vous des monstres *dévorants?* (VI, 289.)
J'*ai dévoré* force moutons. (II, 96; voyez I, 142.)
Des soucis *dévorants* c'est l'éternel asile. (VI, 148; voyez VIII, 356.)
Il *dévore* des yeux et du cœur cent beautés. (VI, 17 et note 5.)

DÉVOT, DÉVOTE; DÉVOT À :

Frère Philippe...
Avoit force *dévots*, de *dévotes* pas une. (V, 18 et note 3.)

Messieurs les curés...
Avoient des *dévots* et *dévotes*. (V, 349.)

Plus d'offrandes, plus de *dévots*, plus de pèlerinages. (VIII, 44.)

O vous le chef de ses *dévots*,
De ses *dévots* à toute outrance,
Faites-nous l'éloge d'Hortense. (IX, 406.)

Je parle en la personne
Du sexe en général, des *dévotes* d'amour. (VII, 166.)

J'allois leur faire ma prière,
Comme tout *dévot* chat en use les matins. (II, 325.

Maintes *dévotes* oraisons,
Et des psaumes, et des leçons. (II, 157.)

Révérences, le drôle en faisoit des plus belles,
Des plus *dévotes*. (V, 445.)

Maint *dévot* sourire. (IX, 142.)

Je ne rencontre ici que deux ou trois mortels,
Encor très peu *dévots à* nos sacrés autels. (VII, 174.)

DÉVOTION :

.... C'eût été le temple de la Grèce
Pour qui j'eusse eu plus de *dévotion*. (IV, 116.)

La *dévotion* fut si grande que les femmes consentirent que l'on vendit leurs colliers. (VIII, 183.)

Jamais de bruit pour la quittance :
Trop bien quelque collation ;
Et le tout par *dévotion*. (IV, 187.)

Et puis voilà de ma *dévotion!* (V, 474 et note 6.)
Il avoit gens à sa *dévotion*. (V, 389.)

    Le portier est personne
Entièrement à ma *dévotion*. (V, 294 et note 1.)

DÉVOUEMENT :

L'histoire nous apprend qu'en de tels accidents
    On fait de pareils *dévouements*. (II, 96.)

DÉVOUER :

Il falloit *dévouer* ce maudit animal. (II, 100 et note 28.)

DÉVOYER :

.... Pour mettre au bon sentier votre esprit *dévoyé*. (VII, 419; voyez VII, 324.)

Les romans, et le jeu, peste des républiques,
Par qui *sont dévoyés* les esprits les plus droits. (IX, 184.)

DEXTREMENT :

Je m'étois *dextrement* aidé d'un escabeau. (VII, 295.)

DIABLE, emplois divers :

Le *diable* en enfer. (V, 462.)
Comment *diable!* (VIII, 466.) — Mais *diable!* (IX, 182.)
Est-ce que vous ne savez pas ce qu'on craint quand on ne sait pas où *diable* est sa femme ? (VII, 457.)
Que le *diable* y ait part! (IV, 135 et note 3.)

« C'est grand honte au royaume de France, et au Roy, quand il le souffre, que à peine peut l'on parler que on ne die : « Que dyables y ait part! » (Joinville, p. 247.)

Puisqu'il n'est point céans..., il faut qu'il soit au *diable*. (VII, 332.)
Que le manteau s'en aille au *diable*. (II, 9.)
Au *diable* ces pâtés maudits! (V, 512.)

    Au *diable* l'un, à ce que dit le livre,
    Qui demeura. (V, 305 et note 3.)

J'ai voulu remonter à cheval, c'est le *diable!* (VII, 294; voyez VII, 588.)
Il en eût pris [de l'argent] du grand *diable* d'enfer. (IV, 71 et note 4.)

Comparez aussi Brantôme, tome IX, p. 170 : « des femmes laides comme diables d'enfer » ; et Scarron, *le Virgile travesti*, livre I :

    Le grand diable d'enfer m'emporte!

Le *diable*, bien nommé *diable*. (VII, 406.)

.... Et parmi ce discours, aux enfants agréable,
    Mêla des menaces du *diable*. (V, 16.)

    Le *diable* est bien méchant
Et bien trompeur. Si c'étoit lui, ma fille,
Qui fût venu, etc. (IV, 469 ; voyez VI, 127 et note 5.)

    Parmi les femelles
    Volontiers le *diable* se met. (V, 268 et note 6.)

Fille du *diable!* (V, 416.)
Madame Alis l'appelle enfant du *diable*. (VI, 30.)
.... Pour me redemander, avec de grands hélas,
Une seconde fois ce maudit pot du *diable*. (VII, 325.)
Ce chat, le plus *diable* des chats. (III, 354.)
Touchez là, vous venez de souper comme un *diable*. (VII, 303; voyez VII, 313.)

    Celui-là ment bien par ses dents,
    Qui nous fait larrons comme *diables*. (VII, 133.)
Les parents ne font point les *diables*. (IX, 234.)
.... Vos pareils y sont misérables,
Cancres, haires, et pauvres *diables*. (I, 71.)
Un homme n'ayant plus ni crédit ni ressource,
    Et logeant le *diable* en sa bourse,
C'est-à-dire n'y logeant rien. (II, 435 et note 2.)

« Cette expression est née à une époque où toutes les monnaies étaient frappées à l'effigie de la croix... : ce qui donne lieu d'imaginer que, si le diable voulait se glisser dans une bourse, il fallait nécessairement qu'il n'y eût ni sou ni maille. Cette explication se justifie par un vieux proverbe fort original que voici : « Le « plus odieux de tous les diables est celui qui danse dans la poche quand il n'y a « pas la moindre pièce marquée du signe de la croix pour l'en chasser. » (Quitard, *Dictionnaire des Proverbes*, p. 310.)

DIABLERIE :

    L'enchanteresse Nérie
    Fleurissoit lors ; et Circé,
    Au prix d'elle, en *diablerie*
    N'eût été qu'à l'A, B, C. (V, 115 et note 7.)
.... C'est bien alors que c'est la *diablerie*. (IX, 40 et note 7.)

DIABLETEAU. (V, 365 et note 2, 368.)

Comparez Rabelais, tome II, p. 430, 454, 506, 509; B. des Périers, tome I, p. 72 ; etc.

DIAMANT :

Tout est fin *diamant* aux mains d'un habile homme. (IX, 214.)
    Celui-là fut sans doute
Armé de *diamant*, qui tenta cette route. (II, 165 et note 19.)
Ils [les beaux ouvrages] sont pour vous d'airain, d'acier, de *diamant*. (I, 415.)

DIANTRE :

Eh ! d'où *diantre* ces deux carognes sont-elles venues? (VII, 474.)
Merci *diantre!* ai-je l'air d'une fille intrigante? (VII, 407.)
    Diantre soit fait, dit l'époux en colère,
    Et du témoin, et de qui l'a bâté ! (V, 229 et note 3.)
Comment faut-il donc faire avec ces *diantres* d'animaux-là? (VII, 489.)

« Qu'on est aisément amadoué par ces diantres d'animaux-là ! » (Molière, *le Bourgeois gentilhomme*, acte III, scène x.)

DIAPRER :

    Ils arrivèrent dans un pré
Tout bordé de ruisseaux, de fleurs tout *diapré*. (I, 316.)

DICTATEUR :
>Vous égalez ce *dictateur*
>Qui dictoit tout d'un temps à quatre. (IX, 395 et note 2.)

DICTER :
>De concert avec lui j'*ai dicté* cette lettre. (VII, 407.)
>Voyez l'exemple précédent.

DIE. Voyez DIRE.

DIEU, DIEUX; DIEU SAIT :
>Car, si je ne suis *dieu*, tout au moins je suis roi. (VII, 176.)
>   Les *dieux*, au milieu de leur gloire,
>Sont moins *dieux* quelquefois que ne sont les amants. (VII, 222.)
>Entre les *dieux* Sévigné me plaça. (IX, 63 et note 2.)
>.... Que ce doive être un *dieu* ou une déesse, c'est ce qui n'est pas encore tout à fait certain. (IX, 337.)
>Il ne m'appartient pas d'importuner les *dieux*. (IX, 377.)
>Belles comtés, beaux marquisats de *Dieu*. (V, 156 et note 3.)
>Belle honte de *Dieu*. (V, 311.)
>.... Avec plaisir, *Dieu sait !* (VII, 413; voyez IX, 369.)
>*Dieu sait* la vie ! (VI, 10; voyez VII, 562; IX, 143.)
>   *Dieu sait* la vie,
>Et le lard qui périt en cette occasion ! (I, 251.)

DIEU (DEMI-). Voyez DEMI.

DIEU MERCI (LA). Voyez MERCI.

DIFFAMER :
>*Diffamer* ma famille ! (VII, 388 et note 3.)
>Que dira-t-on ? me voilà *diffamée*. (IV, 77 et note 5.)
>Rapprochez aussi les *Chansons du* XVe *siècle*, p. 109; B. des Périers, tome II, p. 83; Ronsard, tome II, p. 146; Brantôme, tome IX, p. 137, 490, 491; etc.

>Verrai-je pour un jour tous mes jours *diffamés ?* (VII, 627 et note 4.)
>L'endroit étoit plus connu et plus *diffamé* que le voisinage de Scylle et de Charybde. (VIII, 196.)
>Par cent cruels repas cet antre *diffamé*
>Se trouvoit en tout temps de carnage semé. (VI, 301 et note 10.)

DIFFÉRENCE :
>Connoître les choses par leur genre et leur *différence*. (VIII, 338.)

DIFFÉREND :
>   Or un cheval eut alors *différend*
>   Avec un cerf plein de vitesse. (I, 320; voyez VIII, 160.)
>   Entre deux bourgeois d'une ville
>   S'émut jadis un *différend*. (II, 308 et note 2.)
>.... Pour démêler entre eux tout ce *différend*-là. (IV, 389.)
>Ce *différend* si fameux. (IX, 391.)
>Le différend de Vénus, de Junon, et de Minerve.

DIFFÉRENT, ENTE :
>Tous deux s'étant trouvés *différents* pour la cure.... (I, 402.)

L'aigle, reine des airs, avec Margot la pie,
Différentes d'humeur, de langage, et d'esprit,
  Et d'habit.... (III, 242.)

DIFFICULTÉ :

La *difficulté* fut d'attacher le grelot. (I, 135.)
  La *difficulté*
Ne gisoit pas à plaire a cette belle. (IV, 205.)
Tous tels sorts sont recettes frivoles ;
Frivoles sont : c'est sans *difficulté*. (IV, 240 et note 2.)

DIGÉRER, au figuré :

Le père lui laissa *digérer* sa disgrâce. (II, 75.)
J'ai peine à *digérer* la chose. (II, 229.)
  Nice d'abord eut peine à *digérer*
  L'expédient. (V, 41 et note 5.)
Et c'est grand cas s'il peut *digérer* tout. (IV, 138.)
Tous les coups de bâton.

DIGNITÉ, DIGNITÉS :

  .... Là le bonheur et la misère
Ne se distinguoient point, égaux en *dignité*. (V, 254.)
De votre *dignité* je ne suis point surpris. (IX, 68.)
Le cardinalat donné au duc d'Albret.

Fortune, qui nous fais passer devant les yeux
Des *dignités*, des biens. (II, 167.)
Monter aux grandes *dignités*.... (III, 159.)
  Si j'étois crû, dit-il, en *dignité*
  De cocuage...? (**IV**, 103 ; voyez V, 434.)

DILATER ; SE DILATER :

C'est ainsi que le sang fermente dans nos veines,
Qu'il y bout, qu'il s'y meut, *dilaté* par le cœur. (VI, 340.)
.... Un sang qui *sé dilate* et bout dans sa prison. (VI, 339.)
.... Là sa joie *se dilatoit*. (VIII, 166.)

DILIGENCE (EN) :

.... Un messager y court *en diligence*. (V, 234 ; voyez V, 247, 262.)

DILIGENT, ENTE ; DILIGENT À :

  [La discorde], *diligente*,
Couroit vite aux débats. (II, 70.)
La chose alloit à bien par son soin *diligent*. (II, 151.)
Le berger plut au roi par ces soins *diligents*. (III, 48.)
  Pierre à crier ne fut si *diligent*
  Que bonne part de la cérémonie
  Ne fût déjà par le prêtre accomplie. (V, 499.)
Même tour chez Scarron (*le Virgile travesti*, livre VII) :
  .... Lesquels à ramer diligents
  Firent entrer la flotte entière, etc.

DILIGENTER (Se) :

Notre galant, *s'étant diligenté*,
Se retira sans bruit et sans clarté. (IV, 230 et note 1.)

DIMANCHE :

.... D'autant que c'est la veille du *dimanche :*
Pour ce dernier, c'est un jour de repos. (IV, 335.)

Dégrafez-moi cet atour des *dimanches*. (V, 495 et note 4.)

DÎME, dîmes :

Or, les œuvres de mariage
Étant un bien, comme savez...,
Il est clair que *dîme* en est due :
Cette *dîme* sera reçue
Selon notre petit pouvoir. (IV, 183.)

Point de *dîmes* accumulées. (IV, 191.)

Quoi payer? — La *dîme* aux bons pères.
— Quelle *dîme?* (IV, 193; voyez IV, 194.)

Riche manant, ayant soin du tracas,
Dîmes et cens, revenus, et ménage,
D'un abbé blanc. (V, 390 et note 3.)

DÎMER :

.... Nous laissant *dîmer* sur un bien
Qui ne vous coûte presque rien. (IV, 182 et note 6.)

DÎMEUR (Peuple). (IV, 198.)

DIMINUER :

L'affliction *diminueroit* sa beauté. (VIII, 152.)

DINDONNIER, ière :

La *dindonnière* gent. (III, 298 et note 4.)

Comparez Perrault, *Peau d'âne*, où le mot est appliqué aux gardeuses de dindons :
Il fallut en venir enfin
Aux servantes, aux cuisinières,
Aux tortillous, aux dindonnières.

DÎNÉ, substantif :

Le chien qui porte au cou le *dîné* de son maître. (II, 242; voyez II, 300, 473.)

DÎNÉE :

Dès la *dînée*, le panier fut entamé. (I, 34.)

DÎNÉE (Après-). Voyez Après-dînée.

DÎNER de :

L'oiseau n'est plus : vous *en avez dîné*. (V, 174.)

DÎNEUR, dîneurs :

Un essaim de frères mineurs,
Pleins d'appétit et beaux *dîneurs*. (IV, 179 et note 5.)

DIRE; SE DIRE; ÊTRE DIT QUE :

« *Avez*-vous *dit* ? »
Lui répliqua la ménagère. (I, 273.)

.... S'il faut ainsi *dire*. (VIII, 141.)

Quiconque ne voit guère
N'a guère à *dire* aussi. (II, 363.)

Il ne pouvoit que *dire*. (II, 132.)

.... J'ai, pour y suffire,
De bons murs, des verrous, et des yeux : c'est tout *dire*. (VII, 410; voyez II, 275.)

Roi vraiment roi, cela *dit* toutes choses. (IX, 33.)

Il ne faut à la cour ni trop voir, ni trop *dire*. (IV, 35.)

Ce bloc enfariné ne me *dit* rien qui vaille. (I, 258.)

C'*étoit* bien *dit* à lui. (I, 258.)

Dire d'un, puis d'un autre! (I, 331 et note 8.)

.... Cela faisoit que le bon sire
Ne savoit tantôt plus qu'y *dire*. (IV, 380.)

.... Écouter si le sire
S'approcheroit, et s'il en voudroit *dire*. (V, 57 et note 1.)

En jouer, comme d'un instrument.

.... *Dire* ce qu'il est à propos qu'on *die* eu égard au lieu, au temps, et aux personnes. (IV, 13 et note 5.)

.... Quoi qu'Arnauld nous en *die*. (IX, 19.)

Rois et dieux mettent, quoi qu'on leur *die*,
Tout en même catégorie. (I, 421.)

Chacun s'en doute assez sans qu'on le *die*. (IV, 72.)

Quiconque aime le *die*. (V, 206.)

Qu'on me *die*
En quoi vous valez mieux que cent peuples divers? (III, 147.)

Empêchons, s'il se peut, que la Grèce ne *die* :
« Je suis mère féconde en enfants malheureux. » (VIII, 610; voyez I, 327; II, 208; IV, 316; V, 563; VI, 316; etc.)

.... Lui sourioit, faisoit la complaisante,
Et *se disoit* sa très humble servante. (V, 411.)

Je *me suis dit* seulement votre ami. (VI, 92.)

Est-il *dit* qu'on nous voie
Faire festin de toute proie? (III, 33.)

DIRE À ROME (ALLER LE) :

Ceux qui sont péris sous leurs eaux
Ne *l'ont* pas *été dire à Rome*. (IX, 251.)

DIRE (Y AVOIR À) :

Et n'êtes-vous pas des hommes comme nous? — Oh! vraiment non, il *y a* bien *à dire*. (VII, 471 et note 2.)

DISANT (BIEN). Voyez BIEN.

DIRE, substantivement :

Le Soleil, à leur *dire*, alloit tout consumer. (III, 350.)

Au *dire* de chacun. (II, 98.)

>Mon *dire* et mes raisons
>Iront aux Petites-Maisons. (I, 377.)

J'en reviens à mon *dire*. (III, 229.)
J'ai de mon *dire* Apollon pour garant. (IX, 119.)
Il accomplit son *dire*. (III, 298.)
Les traits du bien *dire*. (VIII, 263.)

>Je ne connois rhéteur ni maitre ès arts
>Tel que l'Amour; il excelle en bien *dire*. (VI, 25 et note 4.)

DIRECTEUR :

>Messire Jean auroit voulu tout faire,
>S'entremettoit en zélé *directeur*. (V, 486.)

Pour son cher *directeur* et ses sages avis
Il reprit des transports. (VI, 284 et note 6.)
Trois grands dieux *directeurs* de sa vie. (IX, 30.)

DIRECTION :

Je ne sais comme ils n'ont point fait descendre du ciel ces mêmes fables, et comme ils ne leur ont point assigné un dieu qui en eût la *direction*, ainsi qu'à la poésie et à l'éloquence. (I, 16.)

DIRIGER :

>Au demeurant il n'étoit conscience
>Un peu jolie, et bonne à *diriger*,
>Qu'il ne voulût lui-même interroger. (V, 486.)

DISCIPLE :

>Le *disciple* aussitôt droit au coq s'en alla,
>Jetant bas sa robe de classe,
>Oubliant les brebis, les leçons, le régent. (III, 253.)

Les *disciples* d'Arachne. (VIII, 62 et note 1.)
Ses *disciples* [de Xantus] lui conseillèrent d'acheter ce petit bout d'homme. (I, 34 ; voyez I, 40, 41.)

DISCIPLINE, DISCIPLINES :

.... Qu'on crût ouïr cinquante *disciplines*. (IV, 474 et note 2.)
Huit ou dix coups de forte *discipline*. (V, 398.)

>L'autre s'en court
>A l'arsenal où sont les *disciplines*. (V, 531.)

DISCONTINUER DE :

Son mari n'*avoit* point discontinué de l'aimer. (VIII, 159.)

DISCONVENANCE, DISCONVENANCES :

Je ne me serois jamais avisé de proposer à l'éloquence un dieu comme Hercule, et encore moins un Gaulois : ce sont des *disconvenances*, etc. (VIII, 322.)

DISCONVENIR :

.... Je n'en *disconviens* pas. (I, 274.)

DISCORDE :

La *discorde* a toujours régné dans l'univers. (III, 225.)

DISCOURS :
    Je tiens que le nôtre [notre vieillard]
A rebattre un *discours* l'emporte dessus l'autre. (VII, 95.)
De semblables *discours* rebutoient l'appointeur. (III, 342.)
Or, sans vous étaler, d'un *discours* inutile,
    Toutes les raisons que j'en ai.... (IX, 337.)
.... Je m'en tais : aussi bien les Ris et les Amours
Ne sont pas soupçonnés d'aimer les longs *discours*. (III, 185.)
Beaux *discours*. (V, 591.)
    De but en blanc leur parler d'une affaire
    Dont le *discours* leur doit déplaire,
    Ce seroit être maladroit. (IV, 36 et note 3.)
    Jadis l'erreur du souriceau
Me servit à prouver le *discours* que j'avance. (III, 144.)

DISCRET, DISCRÈTE :
.... Usez-en tout au moins comme un homme *discret*. (VII, 50.)
    L'occasion et le *discret* amant
    Sont à la fin les maîtres de la chose. (VI, 123 et note 5.)
    En sage et *discrète* personne,
    Maître Chat excusoit ces jeux. (III, 197 et note 3.)
    La nourrice avec les soubrettes,
    Sages personnes et *discrètes*. (V, 268.)
Ces deux nymphes... avoient été du nombre de ses favorites, comme prudentes et *discrètes* entre toutes les nymphes du monde. (VIII, 133.)
    Soit nonne, soit nonnette,
    Mère prieure, ancienne, ou *discrète*. (V, 312 et note 3.)

DISCRÉTION ; À DISCRÉTION :
    Discrétion françoise
Est chose outre nature et d'un trop grand effort. (V, 446.)
.... Sans t'en remettre à la *discrétion* d'un esclave. (I, 38.)
Le vainqueur l'eut à sa *discrétion*. (V, 55 et note 4; voyez VIII, 130.)
    Je foudroie, *à discrétion*,
    Un lapin qui n'y pensoit guère. (III, 82 et note 8.)
    .... Là, vivant *à discrétion*,
    La galande fit chère lie. (I, 251.)

DISERT, ERTE :
    Il rendroit *disert* un badaud,
    Un manant, un rustre, un lourdaud. (II, 64.)
Le plus *disert* des parleurs. (VIII, 349.)
Cicéron.

DISEUR, DISEURS :
    Dieu ne créa que pour les sots
    Les méchants *diseurs* de bons mots. (II, 249.)
Les *diseurs* de bonne aventure. (II, 292.)
    Il consultoit matrones, charlatans,
    Diseurs de mots, experts sur cette affaire. (V, 26 et note 1.)

DISGRÂCE :
[Le] fleuve auteur de sa *disgrâce*. (I, 248; voyez VIII, 133.)
Le père lui laissa digérer sa *disgrâce*. (II, 75 et note 12.)
.... Il y boit huit jours sans *disgrâce* [à la coupe]. (V, 135.)

DISGRACIÉ :
Et j'appris, par ses soins, avec quelque pitié,
Qu'il étoit des mortels le plus *disgracié*. (VII, 421.)

DISLOQUER quelque membre (Se) :
Cette charmante fille
S'est de son propre pied *disloqué* la cheville. (VII, 350.)

DISPAROÎTRE à :
L'impossibilité *disparoît* à son âme. (II, 339.)

DISPENSATEUR :
Moi [l'Amour] qui suis le *dispensateur* d'un bien près de qui la gloire et les richesses sont des poupées. (VIII, 200.)

DISPENSE :
A Rome on ne lit pas Boccace sans *dispense*. (IX, 26.)

DISPENSER, sens divers; se dispenser :
Cela nous met en méfiance :
Que Sa Majesté nous *dispense*. (II, 47.)
Dispensez-moi, je vous supplie. (II, 356; voyez IV, 475.)
Celui qui *dispense* les trésors du Ciel. (VI, 278.)
.... Pour *dispenser* les biens et les maux de la vie. (VI, 353 et note 4.)
Le Sort se plaît à *dispenser* les choses
De la façon. (IV, 250 et note 4.)
Vous savez *dispenser* à propos votre estime. (IX, 396.)
Il tâche d'empêcher que des biens assez grands
Ne soient mal *dispensés* par d'avares parents. (VI, 280.)
Le renard *se dispense*, et se tient clos et coi. (II, 224.)

DISPERSER :
La cohorte du saint d'abord *est dispersée*. (VIII, 283.)
Au bruit de la trompette en tous lieux *dispersé*
Toute gent accourra. (VIII, 414 et note 3.)
.... L'histoire en *est* aussitôt *dispersée*. (I, 366.)

DISPOS :
Le muletier, frais, gaillard, et *dispos*,
Et parfumé, se coucha sans rien dire. (IV, 226 et note 8.)
C'étoient messieurs les Borées,
.... Gens *dispos*, mais peu courtois. (V, 117 et note 2.)

DISPOSER de; se disposer; se disposer à :
Bacchus donc, et Morphée, et l'hôte de la belle,
Cette nuit *disposèrent* d'elle. (IV, 430.)

Si Dieu m'avoit fait tant de grâce
Qu'ainsi que vous je *disposasse*
De Madame, je m'y tiendrois. (V, 510 et note 3.)

Tant que la belle....
Vient à son point, et le drôle *en dispose.* (IV, 181.)

Vous *disposez de* vous sans me le demander. (VII, 604.)
Je suis à vous, *disposez de* mes peines. (V, 491.)
Son prince *disposa du* reste de sa vie. (IX, 194.)
J'eusse, en cas de besoin, *disposé de* leurs veines. (IX, 174.)
.... Ne pouvoir *disposer d'*un seul de ses cheveux. (VII, 81.)
Comme tout *se dispose*.... (IX, 151.)
De la façon dont tout se prépare.

.... Puis, qu'on soit toute à lui; ma foi, l'on *s'y dispose.* (VII, 79.)

DISPUTE; EN DISPUTE DE :

La *dispute* est d'un grand secours :
Sans elle on dormiroit toujours. (II, 427.)

Certain sujet fit naître la *dispute*
Chez les oiseaux. (II, 135.)

Une *dispute* vint. (III, 270.)
En dispute du pas et *des* droits de l'empire.... (III, 310.)

DISPUTER, emplois divers; DISPUTER DE :
Pour l'accourcir [le chemin] ils *disputèrent.* (II, 427.)
Sur quoi ne *disputez*-vous point? (IX, 397.)
Le rhinocéros me *dispute* le pas. (III, 312; voyez VI, 133.)
Il [le pied de Vénus] *dispute du* prix avec ceux des Naïades. (VII, 180.

DISPUTEUR, DISPUTEURS :
Pleins d'esprit et bons *disputeurs.* (IX, 397.)

DISSIMULER :
C'est trop *dissimuler.* (V, 200.)
Les premiers jours le mari *dissimule.* (IV, 303.)
.... Il faut vous en parler sans que l'on *dissimule.* (VII, 618.)
Il eût *dissimulé* peut-être une autre offense. (VII, 600.)

Dissimuler un tel transport,
Cela sent son humeur bourgeoise. (V, 447.)

DISSIPER :
Dépensez, *dissipez*, donnez à tout le monde. (V, 257.)
Le soleil *dissipe* la nue. (II, 11.)
Le jour suivant, que les vapeurs de Bacchus *furent dissipées*.... (I, 40.)
Les charmes des premiers [Bacchus et Morphée] *dissipés* à la fin...
(IV, 430.)
La vue *étant dissipée* par une quantité d'ornements.... (VIII, 189.)

DISSOUDRE, défaire, détacher; SE DISSOUDRE :
Viens *dissoudre* ces nœuds. (II, 326 et note 12.)
Cet hymen *se dissout.* (VI, 304.)

DISTILLER; SE DISTILLER :
[L'eau] se précipite à travers les rochers,
Et fait comme alambics *distiller* leurs planchers. (VIII, 41; voyez
VIII, 294.)

Quand tout l'empire de Flore, avec les deux Arabies..., *seroient distillés*, on n'en feroit pas un assortiment de senteurs comme celui-là. (VIII, 89.)

... Et *se distilloit* en adieux. (IV, 23, variante.)

Faut-il qu'en pleurs je *distille* ma vie? (Ronsard, tome I, p. 427.)

« .... Mais enfin il me fallut rendre et être *distillé* moi-même.... » (Malherbe, traduction des Épîtres de Sénèque, épître LXXVIII.) Dans le latin : *Eo perductus sum ut ipse distillarem, ad summam maciem deductus.*

Mais je m'arrête trop, et je laisse mon maître
Se distiller en pleurs.

(Regnard, *le Bal*, scène IV.)

Semblable locution : « se distiller en larmes », dans les rondeaux de Benserade.

DISTINGUER; DISTINGUER DE; SE DISTINGUER; SE DISTINGUER DE :

Ce n'étoient que danses et combats de nymphes, qui, *distinguées* par des écharpes de fleurs, comme par des ordres de chevalerie, etc. (VIII, 75.)

Le bel esprit en vers *distingue du* commun. (VII, 574 et note 4.)

.... Là le bonheur et la misère
Ne *se distinguoient* point, égaux en dignité. (V, 254.)

Par de nouveaux dangers *distinguez-vous des* hommes. (VII, 608.)

DISTRAIRE; DISTRAIRE DE :

De peur d'*être* vu,
Troublé, *distrait*, enfin interrompu,
Dans son commerce au logis de la dame.... (IV, 252.)

.... Assez pour m'*en distraire* [de cette ruse] il s'est inquiété. (VII, 98.)

.... Pour *de* mon souvenir n'*être* jamais *distraite*. (VII, 562.)

DISTRAIT, AITE :

Soit qu'Ésope fût *distrait*, etc. (I, 40.)

DIT, substantivement :

Quand vous parlez, c'est *dit* notable. (V, 99 et note 2.)

DIVERS, ERSE :

Oh! combien l'homme est inconstant, *divers*. (VI, 4 et note 1.)

Soyez-vous l'un à l'autre un monde toujours beau,
Toujours *divers*, toujours nouveau. (II, 366 et note 24.)

Tout en tout est *divers* : ôtez-vous de l'esprit
Qu'aucun être ait été composé sur le vôtre. (II, 419.)

Le sort toujours *divers*. (I, 170.)

DIVERSIFIER :

Achète-moi demain ce qui est de pire : ces mêmes personnes viendront chez moi, et je veux *diversifier*. (I, 38.)

Les fées l'avoient *diversifié* [le palais de Psyché], comme vous savez que leur imagination est féconde. (VIII, 66.)

Un pays fort grand, *diversifié*, agréable. (VIII, 142.)

On a en aspect la côte la plus riante et la mieux *diversifiée*. (IX, 250.)

DIVERSITÉ :

Diversité, c'est ma devise. (V, 506 et note 1 ; voyez V, 507, 513, 517.)

J'ai tâché de mettre en ces deux dernières Parties toute la *diversité* dont j'étois capable. (II, 83.)

Cette *diversité* dont on vous parle tant
Mon voisin Léopard l'a sur soi seulement;
Moi, je l'ai dans l'esprit. (II, 371; voyez II, 373.)
Diversité de mets peut nuire à la santé. (IV, 45.)
Parmi cette *diversité* d'objets, etc. (VIII, 66.)

DIVERTIR ; SE DIVERTIR :
Oui, tout cela est fort *divertissant*. (VII, 466.)
Les maux d'autrui nous *divertissent*, c'est-à-dire qu'ils nous attachent l'esprit. (VIII, 114.)
Souvent, pour *divertir* leur ardeur mutuelle,
Ils dansoient aux chansons. (VI, 241.)
Enfin, pour *divertir* l'ennui qui le possède,
On lui dit que la chasse est un puissant remède. (VI, 248 et note 7.)
Divertis ses soins. (VII, 534.)
.... Ne dites point qu'ils y vont pour se réjouir..., dites qu'ils y vont pour *se divertir*. (VIII, 113; voyez VIII, 75.)
Laissez-moi *divertir* tout le reste du mois. (VII, 572.)
Me divertir.

DIVERTISSEMENT :
Ou l'Amour est aveugle, ou bien il n'est pas sage
    D'avoir assemblé ces amants :
        Ce sont, hélas ! ses *divertissements !* (IV, 29.)
Et, pour rendre complet le *divertissement*,
Bacchus avec Cérès, etc. (V, 585.)
Des *divertissements* de traineaux. (IX, 271 ; voyez VIII, 92.)

DIVIN, INE :
C'est quelque chose de si *divin* que plusieurs personnages de l'antiquité ont attribué la plus grande partie de ces fables à Socrate. (I, 15.)
La beauté, dont les traits même aux dieux sont si doux,
Est quelque chose encor de plus *divin* que nous. (VI, 235.)
Venez, *divin* mortel. (II, 344.) — Nymphes *divines*. (IX, 160.)
Ce *divin* esprit [Boccace]. (IV, 278.)
        Et quant aux merveilles
Dont votre *divin* chant vient frapper les oreilles.... (III, 128.)

DIVINITÉ :
Cérès sent sa *divinité* de province et n'a nullement l'air de la cour. (VIII, 231.)
Noires *divinités* du ténébreux empire. (VI, 271.)
Nos belles cacheroient un pareil sentiment :
Chez les *divinités* on en use autrement. (VI, 188.)
        Ce n'est pas comme on en use
            Avec des *divinités*,
        Surtout quand ce sont de celles
        Que la qualité de belles
        Fait reines des volontés. (II, 275.)
        Mais une *divinité*
        Veut revoir sur le Parnasse
        Des fables de ma façon. (II, 274; voyez III, 274.)

.... Il s'en plaignit à sa *divinité*. (V, 553.)

Le Ciel vous fit, il est vrai, ce qu'on nomme
Divinité. (V, 568.)

Quoi ! je revois les mêmes bords
Où ma *divinité* m'interdit sa présence ! (VII, 547.)

Ni l'or ni la grandeur ne nous rendent heureux :
Ces deux *divinités*, etc. (VI, 148.)

DIVISER :

Un homme étoit tenu pour injuste et méchant,
S'il plantoit une borne ou *divisoit* un champ. (VIII, 479.)

Tenez toujours *divisés* les méchants. (II, 138.)

DIVISION, DIVISIONS :

[La langue] est la mère de tous débats, la nourrice des procès, la source des *divisions* et des guerres. (I, 38.)

DIVORCE :

Il n'aura pas la force
Entre sa fille et moi d'empêcher le *divorce*. (VII, 564.)

La femme..., pour la moindre parole, menaçoit de faire un *divorce*. (I, 37.)

Que le bon soit toujours camarade du beau,
    Dès demain je chercherai femme ;
Mais, comme le *divorce* entre eux n'est pas nouveau, etc. (II, 102.)

DOCTE :

Ces *doctes* langues. (IX, 328.)

Vous qu'on nomme à bon droit les *doctes* du pays. (VII, 353.)

DOCTEUR :

Le besoin, *docteur* en stratagème. (III, 19.)

    Car Nice étoit *docteur* en droit canon :
Mieux eût valu l'être en autre science. (V, 32.)

Docteur en lois. (V, 436 et note 4.)

Le *docteur* de la comédie. (VIII, 340 et note 2.)

DOCTRINE :

[Apollon] avoit un peu trop de *doctrine*. (VIII, 296.)

DOIGT, DOIGTS :

L'Aurore aux *doigts* de rose. (VI, 46.)

.... Et jusque sur le nez lui porta certains *doigts*
Que la peur lui fit trouver rudes. (IV, 391.)

    Raton, avec sa patte,
    D'une manière délicate,
Écarte un peu la cendre, et retire les *doigts*,
Puis les reporte. (II, 445 et note 11.)

    Atis, votre beau paladin,
Ne vaut pas seulement un *doigt* du personnage. (V, 263 et note 1.)

    Mon petit *doigt* sauroit plus de malice,
Si je voulois, que n'en sait tout son corps. (V, 372 et note 9.)

.... Des quatre parts les trois
En ont regret et se mordent les *doigts*. (IV, 488; voyez VII, 489.)

.... En leur rivage discourtois
En ont depuis mordu leurs doigts.
(Scarron, *le Virgile travesti*, livre VI.)

.... D'en mettre jà
Mon *doigt* au feu, ma foi! je n'ose. (V, 224 et note 5; voyez IV, 343 et note 2.)

Un mouchoir noir, de deux grands *doigts* trop court. (IV, 261.)

DOINT, donne :

A tous époux Dieu *doint* pareille joie! (V, 481 et note 6.)
Dieu me *doint* patience! (V, 534.)

DOLÉANCE :

[Un voleur] interrompit la *doléance*. (II, 433.)

DOLENT, ENTE :

Et le pauvre Renaud,
En caleçons, en chausses, en chemise,
Mouillé, fangeux, ayant au nez la bise,
Va tout *dolent*. (IV, 249.)

La trop *dolente* mère
Fit dans l'abord force larmes couler. (V, 176 et note 1.)

DOM, dominus :

Dom Bertrand. (III, 203.)
Dom Coursier. (I, 391.)
Dom Pourceau. (II, 271 et note 7.)

DOMAINE :

Bon villageois, à qui, pour toute terre,
Pour tout *domaine*, et pour tous revenus,
Dieu ne donna que ses deux bras tout nus. (V, 486.)

Toute l'engeance humaine
Seroit bientôt du *domaine*
Des déités de là-bas. (II, 315.)

DOMESTIQUE, substantif, quelqu'un d'attaché à la maison ou à la personne; neutralement, l'ensemble de la maison :

Eux seuls ils composoient toute leur république,
Heureux de ne devoir à pas un *domestique*
Le plaisir ou le gré des soins qu'ils se rendoient. (VI, 150.)

Hé quoi? charger ainsi cette pauvre bourrique !
N'ont-ils point de pitié de leur vieux *domestique*? (I, 202.)

Je suis trop bon dans mon *domestique*. (VII, 486 et note 4.)

Les parents d'Aminte, bons bourgeois,
Et qui n'avoient que cette fille unique,
La nourrissoient, et tout son *domestique*. (VI, 57 et note 1.)

DOMESTIQUE, adjectif :

Elle avoit raison : la vertu
De tout exemple *domestique*
Est universelle. (III, 240 et note 11.)

DOMINATEUR :

Père de l'univers, *dominateur* des cieux. (VIII, 484.)

DOMINER :

Quand Prométhée voulut former l'homme, il prit la qualité *dominante* de chaque bête. (I, 18.)

DOMMAGE :

.... Et mirent en commun le gain et le *dommage*. (I, 76.)
Honte souvent est de *dommage* cause. (V, 310.)
L'amour que j'ai m'a causé ce *dommage*. (V, 196.)
.... Égratigné quelqu'un, causé quelque *dommage*. (I, 256.)
Quel tort vous fait-il, quel *dommage* ? (V, 93.)

    [Ce diable] n'avoit encor tonné que sur les choux :
    Plus ne savoit apporter de *dommage*. (V, 360.)

Le *dommage* devoit être aussi réparé. (III, 271.)

    Elle craignoit que ce ne fût *dommage*
    De détourner ainsi tel personnage. (V, 292.)

C'est *dommage*, Garo, que tu n'es point entré
Au conseil de celui que prêche ton curé. (II, 376.)
C'est grand *dommage*. (V, 51.)
Ce n'est pas grand *dommage*. (IX, 14.)

DOMMAGEABLE :

    Son bois, *dommageable* ornement,
    L'arrêtant à chaque moment,
    Nuit, etc. (II, 29.)

DOMPTEUR :

[Le] *dompteur* des humains. (IX, 165.)
Louis XIV.

Je plains le *dompteur* de serpents. (VII, 205.)
Apollon.

DON, DONS :

Pour nous, fils du savoir, ou, pour en parler mieux,
Esclaves de ce *don* que nous ont fait les dieux.... (VI, 325.)
Les *dons* qu'à ses amants cette Muse a promis. (I, 129.)

    Meurs, et va chez Pluton
    Porter tes cent talents en *don*. (II, 424.)

.... D'en faire au Prince un *don* [d'un milan] cet homme se propose. (III, 253 ; voyez III, 257.)

    A la moins jeune il accorde le prix,
    Puis l'épousant lui fait *don* de son âme. (IV, 115.)

    Le chant dont vous m'avez fait *don*
    Déplaît à toute la nature. (I, 182.)

Une humeur franche et libre, et le *don* d'être amie. (III, 319.)
Le *don* d'aimer. (VII, 194.)
Il [le sanglier] foule aux pieds les *dons* de Flore et de Cérès. (VI, 249 ; voyez VI, 154 ; VII, 511.)

Des *dons* de la fortune abondamment pourvu. (VII, 34.)

> Camille, en caressant la belle,
> Des *dons* d'Amour lui fit goûter l'essai. (V, 206.)

> Vous me direz que notre usage
> Répugne aux *dons* du mariage. (IV, 181 et note 4.)

Le *don* d'amoureuse merci. (IV, 267 et note 2.)

Comparez Marot, tome II, p. 28 : « don de merci », p. 19 : « don d'amoureuse pitié », p. 184 : « don d'amoureuse liesse ».

DONC :

Qui fut-ce *donc*? (V, 197 et note 4.)
Encore ainsi? — Vraiment oui; comment *donc*? (V, 295.)

DONDON :

Je trouvai l'original de cette *dondon* que notre cousin a fait mettre sur la cheminée de sa salle : c'est une Magdelaine du Titian, grosse et grasse. (IX, 271 et note 3.)

DONNER, emplois divers; SE DONNER; SE DONNER À, POUR; S'EN DONNER :

Ce que vous possédez de trop je l'*ai donné*. (V, 277.)
Les jours *donnés* aux dieux ne sont jamais perdus. (VI, 211.)
Qu'on lui *donne* les étrivières. (I, 42.)
Donnez-moi conseil. (VIII, 143.)
Et puis cette raison qu'à tort vous me *donnez*.... (VII, 618.)
Que ce cruel dessein lui *donne* de douleurs ! (VI, 243.)
.... [Cela] ne lui *donne* point de peur. (IX, 131.)
Quelques attaques que la Fortune... lui *eût données*.... (VIII, 310.)
Ésope, au contraire, ne fut vêtu que d'un sac, et placé entre ses deux compagnons, afin de leur *donner* lustre. (I, 34 et note 1.)
Il s'offrit de lui *donner* la main. (VI, 22 et note 6.)

De l'épouser.

Je vous rends cette main que vous m'*avez donnée*. (VI, 294; voyez VII, 435, 628.)
[L'âne] se *donnant* tout l'honneur de la chasse.... (I, 189.)

> Notre magistrat l'ayant pris
> Pour le balayeur du logis,
> Et croyant l'honorer lui *donnant* cet office.... (V, 272.)

Lui prêtant, lui attribuant.

> Il est bien vrai que ce divin esprit
> Plus que pas un me *donne* de pratique. (IV, 278.)

Je vous la *donne* pour une femme vindicative. (VIII, 138.)
Je le rends comme on me le *donne*. (IV, 44 et note 1.)

> Monsieur le Mort, laissez-nous faire,
> On vous en *donnera* de toutes les façons. (II, 158.)

Ma foi, le compagnon nous l'a su *donner* belle. (VII, 75.)
Pinucio nous l'alloit *donner* belle. (IV, 218 et note 2.)
Vous me la *donnez* bonne. (V, 572 et note 2.)
Nos femmes, ce dit-il, nous en *ont donné* d'une. (IV, 39 et note 5.)
Je vous le *donne* en deux. (VII, 178.)

> Je *donnerois* jusqu'à demain
> Pour deviner, etc. (IV, 33.)

Il [Monsieur le Prince] n'*a* pas tant *donné* à la fortune que le prince de Macédoine. (VIII, 323.)
Donner encore à quelqu'un dans la vue. (IV, 306 et note 4.)
« Ils n'auront pas l'avantage de se servir de nos habits pour vous donner dans la vue. » (Molière, *les Précieuses ridicules*, scène xv.)

[On a vu] tout l'attirail de guerre
Donner, non sans douleur, de compagnie à terre. (VII, 297.)

La guide nouvelle...
Donnoit tantôt contre un marbre,
Contre un passant, contre un arbre. (II, 195.)

Du sac et du serpent aussitôt il *donna*
Contre les murs, tant qu'il tua la bête. (III, 10.)

Donnez-vous, ne *vous donnez* pas,
Ce sera toujours même affaire. (V, 264.)

Je *me suis* moi-même *donné* à vous avant que de vous dédier ces ouvrages. (VIII, 344.)

A ce reproche l'assemblée,
Par l'apologue réveillée,
Se donne entière à l'orateur. (II, 233.)

Je ne *me donnerai* pas *pour* un autre. (IX, 386.)
Xantus *s'en donna* jusqu'à perdre la raison. (I, 40.)

Et le garçon, ayant repris haleine,
S'en donna pour le jour, et pour le lendemain. (IV, 55.)

DONNER UNE ASSIGNATION, DONNER LA CHASSE, DONNER CONGÉ, DONNER DES DEUX, DONNER LES MAINS, etc. Voyez ASSIGNATION, CHASSE, CONGÉ, DEUX, MAINS, etc.

DONNEUR :
.... Surtout quand le *donneur* est bien fait et qu'il aime. (V, 277 et note 3.)
Tu n'as point l'air d'un *donneur* de breuvage. (II, 304.)
De tous côtés lui vient des *donneurs* de recettes. (II, 224.)
Donneur de faux avis. (IX, 310.)

DONT, duquel, avec lequel, grâce auquel, par lequel :
Mais je n'estime au don que le lieu *dont* il vient. (VII, 59.)

Jupiter eut un fils, qui, se sentant du lieu
Dont il tiroit son origine.... (III, 101.)

On tient toujours du lieu *dont* on vient. (II, 394.)

N'en est-il point [d'appas] *dont* il [votre voile] puisse à ma vue
Se confier? (IX, 106.)

Régler la violence
Dont la chaste recluse embrasse l'oraison. (VI, 304.)

Des ciseaux
Dont on coupoit le crin à ses chevaux. (IV, 232.)

Un faucon
Dont à l'entour de cette métairie
Défunt marquis s'en alloit, sans valets,
Sacrifiant à sa mélancolie
Mainte perdrix, etc. (V, 163 et note 6.)

Quelle que soit la pente et l'inclination
  Dont l'eau par sa course l'emporte.... (I, 248.)
  L'anneau lui fut donné,
  Et maint bel écu couronné,
Dont peu de temps après on la vit mariée. (IV, 58 et note 5.)
  Le collier *dont* je suis attaché
De ce que vous voyez est peut-être la cause. (I, 73.)
.... Une sorte de bras *dont* il s'élève en l'air
  Comme pour prendre sa volée. (II, 16.)
  L'hiver survint...,
  Dont maint ruisseau croissant subitement, etc. (IX, 17.)
  Par toi je vaincrai des obstacles
  Dont d'autres rois sont arrêtés. (VIII, 398.)
.... L'ardeur *dont* la cour échauffée
Frondoit en ce temps-là les grands concerts d'Orphée. (IX, 154.)

DONT, elliptiquement :
  Son général lui chaussa l'éperon :
  Dont il croyoit que le plus haut baron
  Ne lui dût plus contester le passage. (IV, 101.)
  Il oublia de serrer le toupet :
  Dont le galant s'avisa d'un secret. (IV, 232.)
    .... *Dont* avecque furie
  Le feu se prit au cœur d'un muletier. (IV, 222.)
  .... *Dont* le galant, sans plus longue demeure,
  En vint au point. (V, 331.)
.... *Dont* le galant passa pour sœur Colette. (V, 523.)
    .... *Dont* Teudelingue entra par plusieurs fois
  En pensement. (IV, 228.)
      .... *Dont* je conclus en forme :
    Cocuage est un bien. (V, 100; voyez IV, 129; V, 486 ; VI,
99, 106 ; et passim.)
  Partout ailleurs, *dont* de bon cœur j'enrage,
  Le mal d'amour est le plus rigoureux. (IX, 41.)
  Toutes vouloient au vieillard commander,
  Dont, ne pouvant entre elles s'accorder,
  Il souffroit plus que l'on ne sauroit dire. (IV, 492.)
Pour : ce dont, dans les deux derniers exemples.

DONZELLE :
  Votre époux, chez Janot le baigneur,
  Doit se trouver avecque sa *donzelle*. (IV, 68 et note 6.)
  Dès que le sire avoit *donzelle* en main,
  Il en rioit avecque son épouse. (V, 66.)
  Le Pape enfin, s'il se fût piqué d'elle,
  N'auroit été trop bon pour la *donzelle*. (V, 188.)
    La *donzelle*
Montre à demi son sein, sort du lit un bras blanc. (V, 123.)
  Tant bien exploite autour de la *donzelle*,
  Qu'il en naquit une fille. (IV, 118.)

.... Et fut suivi de la *donzelle*
Qui craignoit fatigue nouvelle. (IV, 55.)
Étant donc la *donzelle*
Prête à bien faire, etc. (IV, 254; voyez V, 87, 318, 319, 321, 450, 451, 515; etc.)
Mais les *donzelles*, scrupuleuses,
De s'acquitter étoient soigneuses. (IV, 190.)

DORÉ :

Mots *dorés* en amour font tout :
Ils persuadent la donzelle,
Son petit chien, sa demoiselle, etc. (V, 515; voyez V, 514 et notes 2, 4.)

DORMEUR :

Un gland tombe : le nez du *dormeur* en pâtit. (II, 377.)
Le *dormeur* s'éveilla. (III, 118; voyez VIII, 198.)
Pinuce, au même instant,
Fait le *dormeur*. (IV, 217.)

DORMIR :

Guillot, le vrai Guillot, étendu sur l'herbette,
Dormoit alors profondément ;
Son chien *dormoit* aussi, comme aussi sa musette ;
La plupart des brebis *dormoient* pareillement. (I, 211 ; voyez III, 97.)
On ne *dort* point, dit-il, quand on a tant d'esprit. (II, 377.)
Elle aimoit à *dormir* la grasse matinée. (VII, 577 et note 4.)
A cela près, censeurs, je vous conseille
De *dormir*, comme moi, sur l'une et l'autre oreille. (V, 12 et note 2.)
Dormir de plus que de deux yeux. (V, 143; voyez VII, 490.)
Il fait des contes à *dormir* debout. (VII, 483.)
Allons quelques moments *dormir* sur le Parnasse. (VI, 337 et note 2 ; voyez VII, 243 et note 4; IX, 111.)
[La merveille] qui *dort* avec le Roi. (IX, 335.)
La Reine.
J'ai vu la beauté même et les grâces *dormantes*. (VIII, 153.)

DORMIR, substantivement :

.... Que les soins de la Providence
N'eussent pas au marché fait vendre le *dormir*,
Comme le manger et le boire. (II, 217 et note 6.)
Le vrai *dormir* ne fut fait que pour eux. (V, 355.)
Le long *dormir* est exclus de ce lieu. (V, 356 et note 5.)

DORMITIF :

Bons *dormitifs* en or comme en argent
Aux douagnas. (V, 575 et note 3.)
Comparez « dormitoire » chez Scarron (*le Virgile travesti*, livre v).

DOS :

Les sages quelquefois....
Tournent le *dos* au port. (III, 238 et note 1.)

DOSE :
>Ajoutez-y quelque petite *dose*
>D'amour honnête. (V, 356.)

>Son regret fut d'avoir enflé la *dose*
>De ses faveurs. (IV, 364.)

De vos faveurs doublez plutôt la *dose*. (IX, 45.)

DOTER :
>On les *dota* l'un et l'autre amplement. (IV, 324.)

>.... Qu'une fille en valût un peu moins, *dotez*-la,
>Vous trouverez qui la prendra :
>L'argent répare toute chose. (VI, 23.)

DOUAGNA, douégna :
Cette *douagna*. (IV, 371 et note 2.)
>Bons dormitifs en or comme en argent
>Aux *douagnas*. (V, 575; voyez V, 571 et note 6.)

Douégnas détestables. (IX, 251; voyez IX, 252.)

DOUAIRE :
La dot fut ample, ample fut le *douaire*. (V, 112.)

DOUBLE :
Prince du *double* mont. (VI, 319 et note 3; voyez VI, 342; VII, 174; IX, 406.)
>.... Nos galands y voyoient *double* profit à faire. (II, 445.)
>Tout oracle est douteux, et porte un *double* sens. (VI, 189.)
>Es-tu *double*? Viens çà, etc. (VII, 83.)

>.... Nos yeux étant un peu troubles,
>Sans pourtant voir les objets *doubles*. (IX, 450.)

Double, substantivement :
>.... C'est bien raison qu'au *double* on le leur rende. (V, 70.)

DOUBLEMENT :
>Certain enfant qui sentoit son collège,
>*Doublement* sot et *doublement* fripon. (II, 380.)

Ses accusateurs furent punis *doublement*, pour leur gourmandise et pour leur méchanceté. (I, 31.)

DOUBLON, pièce de monnaie. (III, 203 et note 20.)

DOUCEREUX :
>Il est chiche
>De ces tons *doucereux*. (VII, 430.)

DOUCET :
>Ce *doucet* est un chat,
>Qui, sous son minois hypocrite, etc. (II, 18.)

Voyez les exemples cités par Littré; et comparez, dans Rabelais, tome II, p. 448 : « Les filles pucelles mariables du lieu, belles, ie vous affie, saffrettes, blondelettes, doulcettes, et de bonne grace. »

DOUCEUR, douceurs :

Plus fait *douceur* que violence. (II, 11 et note 17.)

Ces vains traits, criminelles *douceurs*
Que j'allois mendier jadis chez les neuf Sœurs. (VI, 279.)

Je sais mal employer l'ordinaire langage
Des *douceurs* qu'à l'amour on donne en apanage. (VII, 602.)

Elle... promit quelques *douceurs*. (IV, 442.)

    N'allez point à l'eau chez un autre,
    Ayant plein puits de ces *douceurs*. (V, 510.)

Douceurs de l'amour. (IV, 410 ; voyez IV, 414.)

Approche et tends la main ; celle-ci t'est donnée
Pour gage des *douceurs* d'un fidèle hyménée. (VII, 628.)

S'il a quelques *douceurs*, elles sont pour les belles. (VII, 153.)

Je vous promets des jours tout remplis de *douceur*. (VI, 300.)

    .... Les sérails de ces heureux bachas,
    D'où cruauté fut de tout temps bannie,
    Où *douceur* gît toujours entre deux draps. (IX, 41.)

DOUÉGNA. Voyez DOUAGNA.

DOUER de :

En le *douant* [Ésope] d'un très bel esprit, elle [la nature] le fit naître difforme et laid de visage. (I, 30 ; voyez VII, 334.)

DOUILLET :

Manchons aux peaux *douillettes*. (IX, 142.)
Un endroit *douillet*. (VII, 296.)

DOUTANCE :

    De tomber, las !
    D'Amour ès las,
    Ne fais *doutance*. (VIII, 443.)

DOUTE ; doute de :

Mais à présent je ne fais aucun *doute*. (VI, 33.)

    .... Si n'étoit pas l'époux homme si sot
    Qu'il n'*en* eût *doute*. (V, 393.)

Si vous êtes, dit-elle, en *doute de* cela.... (V, 132.)
Je ne suis nullement en *doute de* ta foi. (VII, 559.)

DOUTER si, que, de ; se douter de :

Les parents de la belle *doutèrent* longtemps s'ils obéiroient. (VIII, 51)
.... Ne *doutez* point qu'il n'y fût sans escorte. (VI, 36.)
.... Tâchez donc d'*en douter*. (V, 94 et note 3.)
.... Et *se douta du* tour. (I, 110 ; voyez V, 294.)
Ce qui m'a fait *douter du* badinage. (IV, 105.)
M'a fait *me douter du*.

DOUTEUX :

Il étoit *douteux*, inquiet. (I, 172 et note 6.)

[Le vieillard] imbecile, douteux, qui voudroit et qui n'ose.
                              (Regnier, satire v, vers 146.)

Ainsi toujours douteux, chancelant, et volage....
(Boileau, épître III, vers 89.)

Le sort seroit *douteux* entre Vénus et vous. (VI, 234.)
Tout oracle est *douteux*, et porte un double sens. (VI, 189 et note 4.)
Les Latins les nommoient [ces mois d'automne] *douteux*. (II, 9 et note 5; voyez VI, 47 et note 3.)

DOUX, DOUCE :

Ce qui étoit *doux*, il le trouvoit trop salé ; et ce qui étoit trop salé, il le trouvoit *doux*. (I, 39.)
Lieux dont j'ai combattu la *douce* violence. (VI, 285; voyez VI, 221.)
Ainsi s'aimer est plus *doux* qu'eau de rose. (IX, 45.)
.... Tout ce qui naît de *doux* en l'amoureux empire. (VI, 238.)
Homme *doux*, civil, et sans fierté. (V, 201.)

Bien qu'il fût d'humeur
Douce, traitable.... (V, 189.)

Le *doux* parler ne nuit de rien. (I, 238 et note 9.)
Le *doux* entretien. (III, 188 et note 28.)

Doux, substantivement et adverbialement :

Du *doux*, du tendre. (IX, 174.)
Tout *doux*. (II, 357; voyez IV, 469 ; V, 38, 83.)
On en va mieux quand on va *doux*. (VI, 187 et note 2.)

La dame....
Plus *doux* que miel à la fin l'écouta. (IV, 80 et note 3.)
Voyez aussi du Bellay, tome I, p. 88, 162.

DOYEN :

Leur *doyen* [des rats], personne fort prudente. (I, 134 et note 4 ; voyez I, 135.)

DRAGON, au propre et au figuré :

.... Dans une chartre un *dragon* la gardoit. (II, 20; voyez VIII, 54, 84, 94, 96, 97, 195, 197; etc.)
.... Afin qu'elle eût quelque valable excuse
Pour éloigner son *dragon* quelque temps. (IV, 372.)

DRAMATIQUE, substantivement :

Il s'agissoit de la bienséance et des règles du *dramatique*. (IV, 150 et note 3.)
Le mot de comédie est pris abusivement pour toutes les espèces du *dramatique*. (VIII, 110.)

DRAP, DRAPS :

Un luminaire, un *drap* des morts. (I, 224.)
Drap de sépulture. (IX, 181 et note 1.)
.... Lorsqu'Amour seul étant de la partie,
Entre deux *draps* on tient femme jolie. (IV, 93.)

Apparemment le meilleur de ce conte
Entre deux *draps* pour Renaud se passa. (IV, 268.)

On doit m'attendre entre deux *draps*,
Champ de bataille propre à de pareils combats. (V, 452 et note 1.)

.... Où douceur gît toujours entre deux *draps*. (IX, 41.)
Entre les *draps* il se glissa. (IV, 54.)
            La belle et ses appas
Se sont au même instant cachés au fond des *draps*. (VII, 181; voyez VI, 47.)
La fille enfin met le nez hors des *draps*. (IV, 468.)

DRESSER :
Aux monts idaliens elle *dresse* son cours. (VI, 231 et note 5.)
Elle *dressa* donc ses pas vers le lieu où, etc. (VIII, 136 et note 2.)

DRET, DRÈTE. Voyez DROIT, DROITE.

DRILLE. (III, 115 et note 31.)

DROIT, DROITE :
Il n'est que d'aller *droit*. (V, 567.)
Ne peux-tu marcher *droit* ? (III, 240.)
        L'oiseau...
        Va tout *droit* imprimer sa griffe
        Sur le nez de Sa Majesté. (III, 253.)
Le disciple aussitôt *droit* au coq s'en alla. (III, 235.)
Elle va trouver sa sœur *droit* par le chemin que l'autre lui avoit tracé. (VIII, 172.)
Chez le marchand tout *droit* il s'en alla. (II, 304; voyez IV, 269.)
.... Allant si *droit* au cœur. (VI, 91.)
        .... Maître Jean Lapin,
Qui *droit* à son terrier s'enfuyoit au plus vite. (I, 149.)
.... *Droit* au logis s'en retourna. (II, 365.)
        Pot de fer son camarade
        Se mit *droit* à ses côtés. (I, 370 ; voyez IV, 321.)
.... Et sauta *droit* au nez de la prieure. (V, 529.)
Droit dessus l'écurie. (IV, 222.)
Droit vers le front du sire. (IV, 232.)
De taille haute et *drète*. (V, 345 et note 4.)

Comparez le vers 4 de la fable VI du livre IV.

Sans rien garder, non plus qu'un *droit* apôtre. (V, 391 et note 3.)
Comme *droites* poupées. (IV, 488 et fin de la note 7.)

DROIT, substantivement; À BON, À JUSTE DROIT; PLUS QUE DE DROIT :
Sans payer le *droit*. (VIII, 208.)
Sur tous ses compagnons Atropos et Neptune
Recueillirent leurs *droits*. (II, 174 et note 4.)
Je prends *droit* là-dessus contre le Bramin même. (II, 395.)
Ne m'allez point conter : « C'est le *droit* des garçons ». (IV, 450.)
Par *droit*. (I, 76.)
Par *droit* de royauté. (II, 21.)
Par *droit* de représailles. (V, 353.)
Contre le *droit* des gens. (I, 309.)
Balancer le *droit* et le tort que ces conquérants ont eu. (VIII, 323.)
A tort, à *droit*, me demanda.... (IX, 174.)

DRU] **DE LA FONTAINE.** 295

Un apprenti marchand étoit
Qu'avec *droit* Nicaise on nommoit. (V, 207.)

A bon droit.

.... Je m'en serois *à bon droit* défié. (IV, 26 ; voyez V, 455.
.... Vous verrez si c'est *à juste droit.* (VII, 177.)

.... Si la belle,
Plus que de droit ne se montroit cruelle. (IV, 264 et note 4.)

DROIT CANON. (V, 32 et note 4.)

DRÔLE, substantivement et adjectivement :

Vous noterez que l'ange étoit un *drôle,*
Un frère Jean, novice de léans. (V, 399.)

Un *drôle* donc caressoit madame Anne. (V, 542.)

Le *drôle,* ayant vu de loin tout le cas
(Comme valets souvent ne valent guères),
Laisse son maitre. (IV, 249.)

Le *drôle* et sa belle
Verront beau jeu, si la corde ne rompt. (IV, 70.)

Le *drôle* a la peau fine. (V, 51.)

Le *drôle* étoit, grâce à certain talent,
Très bon époux, encor meilleur galant. (V, 66 ; voyez IV, 87, 303, 309; V, 59, 204, 261, 267, 350, 365 ; etc.)

Le *drôle* [un chat-huant] estropia
Tout ce qu'il prit ensuite. (III, 163.)

Que le *drôle* [un lion] à ces lacs se prenne en ma présence. (II, 4 ; voyez I, 113 ; et passim.)

Voilà un petit *drôle* qu'il n'y aura plus moyen de retenir. (VII, 468 ; voyez VII, 481.)

Le tour n'est-il pas *drôle,* et bien trouvé? (VII, 305.)

Le *drôle* de petit air qu'a celle-ci ! (VII, 475.)

DRU, DRUE, adjectivement et adverbialement :

Une petite camusette,
Friponne, *drue,* et joliette. (IX, 144.)

Vous, vieux penard, moi, fille jeune et *drue.* (IV, 348 et note 5.)
La fillette étoit *drue.* (V, 344 et note 3.)

Il étoit vert galant,
Lucrèce jeune, et *drue,* et bien taillée. (V, 33 et note 2.)

Comparez les *Anciennes poésies françoises,* tomes X, p. 162, et VII, p. 80 :
Paillardes, qui estes tant drues;
Coquillart, tome II, p. 161; B. des Périers, tome II, p. 82; Dufresny, *la Précaution inutile,* acte I, scène IV : « Qu'il aille folâtrer avec les drues »; etc.

De telles gens il est beaucoup
.... Qui, caquetants au plus *dru,*
Parlent de tout, et n'ont rien vu. (I, 294 ; voyez III, 244.)

La femme fut lacée un peu trop *dru.* (V, 526 et note 5.)

Le nœud du mariage,
Damne aussi *dru* qu'aucuns autres états. (VI, 117 et note 1.)

Quand ilz vinrent donner l'assault,
Les ungs se seruoient du courtault
Si dru, si net, si sec que terre.(Villon, p. 154.)

DÛ, substantivement :
    Peut-être qu'il eut peur
De perdre, outre son *dû*, le gré de sa louange. (I, 100.)

DUCAT, pièce de monnaie. (II, 339 et note 13 ; III, 201.)

DUCATON. (I, 119 ; III, 204 et note 20.)

DUIRE, convenir :
    Genre de mort qui ne *duit* pas
A gens peu curieux de goûter le trépas. (II, 436 et note 3.)
Ceux-là me *duisent* fort. (VII, 36 ; voyez VII, 167.)
                Tout *duit*
    Aux gens heureux ; car aux autres tout nuit. (VI, 43 et note 7 ; voyez IX, 396.)

DÛMENT :
Bien et *dûment* empaqueté. (II, 157.)
Dûment atteint de cocuage. (V, 132.)
Leur feu *dûment* déclaré. (V, 213.)
Cléon se tint pour *dûment* averti. (VI, 36.)
Par raison bien et *dûment* déduite. (VI, 106.)

DUPE :
Un des *dupes*. (II, 400 et note 9.)
Onc il ne fut une plus forte *dupe*. (IV, 92.)

DURANT :
    Un mois *durant* le Roi tiendroit
Cour plénière. (II, 130.)

DURE (COUCHER SUR LA). (V, 472.)

DURER :
Ne pouvant plus *durer* en tel tourment. (IV, 66.)
Dans sa peau peu ni point ne *duroit*. (IV, 87 et note 2.)
.... Je voudrois voir quelque saint y *durer*. (VI, 118.)
[Le François] n'a que pour l'opéra de passion qui *dure*. (IX, 159.)
Le son en *dure* encore [de vos triomphes] aux bouts de l'univers. (IX, 279.)
    La fièvre... lui *a duré* continue pendant trois ou quatre jours. (IX, 388.)

DURETÉ :
    Les rochers, à ses cris,
Quittant leur *dureté*, répandirent des larmes. (VI, 273.)
.... Pour vaincre la *dureté* de notre siècle. (VI, 221.)
Ils habitoient un bourg plein de gens dont le cœur
Joignoit aux *duretés* un sentiment moqueur. (VI, 151.)

DUVET :
A peine son menton d'un mol *duvet* s'ombrage. (VI, 229 et note 1.)

E

EAU :
Les rendez-vous chez quelque bonne amie
Ne lui manquoient non plus que l'*eau* du puits. (IV, 318.)
L'*eau* qui coule en la rivière. (IV, 481.)
Eau lustrale. (V, 446 et note 1.) — *Eau* sacrée. (V, 442 et note 1.)
Une *eau* dont les sorciers ont trouvé le secret,
Et qu'ils appellent l'*eau* de la métamorphose,
   Ou des miracles autrement. (V, 125.)
Je suis en *eau* [en sueur]. (IX, 13.)
N'allez point à l'*eau* chez un autre. (V, 510.)
Pêcher en *eau* trouble. (VI, 105.)
Vous verrez s'il [votre cuvier] tient *eau*. (V, 545 et note 1.)
      Petite créature
   Qui ressembloit comme deux gouttes d'*eau*,
   Ce dit l'histoire, à la sœur jouvenceau. (V, 524.)
Chacun a mis de l'*eau* dans son vin. (VII, 362.)
Le lieu leur plaît, l'*eau* leur vient à la bouche. (IV, 374 et note 3.)

EAU DE ROSE :
Ainsi s'aimer est plus doux qu'*eau de rose*. (IX, 45.)

ÉBAHIR ; s'ébahir comme :
Vous nous rendez tous *ébahis*. (IX, 115.)
   Je m'*ébahis comme* au bout du royaume
   S'en est allé, etc. (IV, 158 et note 4.)

ÉBAT, ébats ; fournir d'ébat à :
Témoin l'*ébat* qu'on prit sous la coudraie. (V, 332.)
Tiens, tiens, voilà l'*ébat* que l'on desire. (V, 537.)
Pour vos *ébats* nous nourrirons nos filles ! (IV, 216 et note 2 ; voyez IV, 227, 310 et note 3, 312, etc.)
   Quoi ! Teudelingue *a*-t-elle cette nuit
   Fourni d'*ébat* à plus de quinze ou seize ? (IV, 234 et note 1.)

ÉBATTEMENT :
.... Que le manteau s'en aille au diable :
L'*ébattement* pourroit nous en être agréable. (II, 9.)

ÉBATTRE (S') :
La gazelle *s*'alloit *ébattre* innocemment. (III, 280.)
Sans son congé je vas partout m'*ébattre*. (IV, 297.)
Il nous feroit beau voir, parmi de jeunes gens,
Inspirer le plaisir, danser, et *nous ébattre*. (IX, 398.)
   Tu t'*ébattras* puis après de manière
   Qu'il ne sera besoin d'y retourner. (IV, 501 et note 3 ; voyez IV, 230.)

ÉBAUCHE :
      Agréez que ma Muse
Achève un jour cette *ébauche* confuse. (III, 278.)

ÉBAUCHER :
Mais pour mon frère l'ours, on ne l'a qu'*ébauché*. (I, 78.)
Le drôle n'*ébauchoit* pas trop mal mon portrait. (VII, 307.)
Il seroit à souhaiter que j'eusse mis la dernière main à ces vers au même lieu qui me les a fait *ébaucher*. (IX, 278.)
Ce miracle *ébauché* laisse ici frère et sœurs. (VIII, 379.)

ÉBÈNE :
.... Repensant à l'*ébène* de cette personne. (VIII, 221.)

ÉBLOUIR, au propre et au figuré :
Les pauvres gens *étant* à la longue *éblouis*,
Toujours il en tomboit quelqu'un. (III, 299.)
Le bonhomme *ébloui* donna dans le panneau. (VII, 562.)
Des machines d'abord le surprenant spectacle
Éblouit le bourgeois, et fit crier miracle. (IX, 155.)

ÉBORGNER (S') :
.... Et qui *s'éborgneroit* du meilleur de son cœur. (VII, 307.)

ÉBRANCHER :
Même il *ébranchoit* l'arbre. (II, 381 ; voyez III, 305 et note 7.)

ÉBRANLER :
.... Une petite inclination de tête qui *ébranla* légèrement l'univers. (VIII, 231.)
[Richelieu] lui donna [à cette monarchie] des atteintes qui l'*ébranlèrent*. (VIII, 309.)

ÉCAILLE, ÉCAILLES :
Le reste [du corps], plein d'*écaille*, est d'un monstre marin. (VIII, 481.)
On fait tant, à la fin, que l'huître est pour le juge,
Les *écailles* pour les plaideurs. (I, 123 ; voyez II, 405.)

ÉCART (A L') :
Son maître étoit logé à *l'écart*. (I, 41.)

ÉCARTER ; ÉCARTER au jeu ; S'ÉCARTER :
Écarter les loups. (II, 452.)
Écarter tous ses gens. (V, 269.) — *Écarter* tout son monde. (V, 394.)
Même votre homme *écarte* et ses as et ses rois. (V, 101.)
Je ne *me suis écarté* par trop fort. (V, 306 ; voyez II, 317.)
Je m'*écarte* un peu trop, rentrons dans nos limites. (IX, 368.)
Je m'*écarte*, je vais détrôner le Sophi. (II, 154 et note 26.)
Il ne laissa pas de *s'écarter* : ses trois amis le suivirent. (VIII, 120.)
.... L'autre [carreau] *s'écarte* en son cours. (II, 317.)
Voyez le Supplément du Dictionnaire de Littré, p. 126.

ÉCERVELÉ, ÉE :
C'est une *écervelée*. (VIII, 171.)

ÉCHANCRER :
Le temps, qui toujours marche, *avoit*, pendant deux nuits,

Échancré, selon l'ordinaire,
De l'astre au front d'argent la face circulaire. (III, 134.)

ÉCHANCRURE. (III, 136.)

ÉCHANGE :
.... L'*échange* proposé me la rend assurée. (VII, 50.)
.... L'*échange* en étant fait aux formes ordinaires. (I, 240.)

ÉCHANSON :
Tu connois l'*échanson* du monarque des dieux? (V, 273.)
            Le plafonds...
Tombe sur le festin, brise plats et flacons,
    N'en fait pas moins aux *échansons*. (I, 101.)

ÉCHANTILLON :
.... Un *échantillon* des douceurs et des avantages dont je jouis. (VIII, 83.)
Ce sont des *échantillons* de l'un et de l'autre style. (VIII, 239; voyez VIII, 267.)

ÉCHAPPÉE, ÉCHAPPÉES, substantivement :
    Les pauvres gens n'avoient de leurs amours
    Encor joui, sinon par *échappées*. (IV, 302.)

ÉCHAPPER ; L'ÉCHAPPER BELLE :
[L'âne] revint sur l'eau, puis *échappa*. (I, 159.)
Lucrèce *étoit échappée* aux blondins. (V, 42.)
J'ai tant vu de ces amants *échappés* revenir incontinent! (VIII, 146.)
Le veneur *l'échappa belle*. (III, 255.)

ÉCHARPE, ÉCHARPES :
Plusieurs se sont trouvés qui, d'*écharpe* changeants,
Aux dangers, ainsi qu'elle, ont souvent fait la figue. (I, 143 et note 5.)
Distinguées par des *écharpes* de fleurs, comme par des ordres de chevalerie, [ces nymphes] se jetoient ensuite, etc. (VIII, 75.)

ÉCHAUDER (S'), au figuré :
    [Ces princes] vont *s'échauder* en des provinces
    Pour le profit de quelque roi. (II, 446 et note 15.)

ÉCHAUFFER ; S'ÉCHAUFFER ; S'ÉCHAUFFER LA BILE :
Les fumées [du vin] leur *échauffoient* déjà la cervelle. (I, 40.)
Le bruit des canons leur *échauffe* la cervelle. (IX, 331.)
Ce mouvement du cœur *échauffe* le cerveau. (VII, 465.)
Plein de zèle, *échauffé*, s'il le fut de sa vie. (III, 257; voyez V, 49.)
Te voilà bien *échauffé!* (VII, 481.)
.... Le Zéphyre qu'elle vit venir à grands pas et fort *échauffé*. (VIII, 84.)
Que dis-tu de l'ardeur dont la cour *échauffée*
Frondoit en ce temps-là les grands concerts d'Orphée? (IX, 154.)
Le différend *s'échauffa*. (I, 35.)
Enchérir est plus court sans *s'échauffer la bile*. (II, 357.)

ÉCHEC :
    Et toutefois il ne put si bien faire
    Que son honneur ne reçût quelque *échec*. (IV, 314; voyez II, 176.)

ÉCHEVELER :
Perrette *échevelée*. (V, 374.)

ÉCHEVIN. (IV, 43; VI, 129; IX, 18.)

ÉCHINER :
> On vous happe notre homme,
> On vous l'*échine*, on vous l'assomme. (III, 315.)

ÉCHO, échos :
> Une jeune et belle bergère
> Conte aux *échos* les appétits gloutons.... (III, 191.)

> Et la jeune pucelle
> S'en va pleurant et demande aux *échos*
> Si pas un d'eux ne sait, etc. (VI, 10.)

Faire redire aux *échos*. (VI, 59; voyez VII, 541.)
.... Que sert d'en parler aux *échos*? (VII, 259.)
Il se plaint aux *échos* d'alentour. (VII, 532.)
Voyez I, 151; V, 254; VI, 225, 237, 246, 254; etc.

ÉCHOIR :
La longue [paille] *échet* sans faute au défendeur. (IV, 128 et note 7.)
.... Il n'*écherroit* que dix coups pour un noir. (V, 400 et note 4.)
Nous ne pouvions que bien *échoir*. (IX, 142.)

ÉCHOUER :
Les trois *échoués* aux bords de l'Amérique. (III, 90.)
> Elle tint bon : Frédéric *échoua*
> Près de ce roc, et le nez s'y cassa. (V, 155.)

ÉCLAIRCIR; éclaircir de; s'éclaircir :
.... Le point n'en put *être éclairci*. (I, 121.)
Cette difficulté *fut* encore *éclaircie*
> Par Nérie. (V, 132.)
L'infortunée fille *éclaircit* encore ce doute. (VIII, 52; voyez V, 133.)
Éclaircis-moi *de* ce que je veux savoir. (VII, 481.)
[Il] ne peut *s'éclaircir* par cet art ordinaire. (VI, 190 et note 4.)

ÉCLAIRER, au propre et au figuré :
Pendant la nuit quand on n'*est éclairée*.... (V, 415.)
> Des lieux
Honorés par les pas, *éclairés* par les yeux,
D'une aimable et vive princesse, etc. (IX, 360; voyez II, 366 et note 27.)
> ...., Dis : d'où viens-tu? Quels lieux
> Sont embellis, éclairés par ses yeux?
> (Voltaire, tome VIII, p. 172.)

Le dédale des cœurs en ses détours n'enserre
Rien qui ne *soit* d'abord *éclairé* par les dieux. (I, 341 et note 1.)
Je *scrai* de près *éclairée*. (IV, 417 et note 1; voyez VI, 293.)

ÉCLAT :
Un son plein d'*éclat*. (II, 17.)

Éclats de rire. (III, 258.) — Éclat de risée. (V, 458 ; voyez VIII, 108.)
J'ai fait éclat pour tous. (VII, 609 ; voyez IV, 215.)
Me parer de l'éclat d'un lugubre ornement. (VII, 572.)
Le vif éclat de ses attraits. (VII, 531.)
Pierres d'éclat, pierres de nom. (IX, 274.)

> Toutes les conquêtes d'éclat
> Flattent la vanité des hommes. (VII, 532.)

Vivre avec assez d'éclat. (V, 246.) — Vivre sans éclat. (VI, 280.)

ÉCLATER ; S'ÉCLATER :

Sons éclatants. (II, 135.)
Le bal éclatant de cent nymphes divines. (IX, 160.)
A ce propos le galant éclata. (IV, 77 et note 2.)
Il éclate en cris superflus. (III, 302 ; voyez III, 253.)
.... Je ferai d'autant plus éclater ma vengeance. (VII, 618.)
Monsieur le Prince n'ayant eu aucune occasion d'éclater avant la bataille de Rocroi.... (VIII, 320.)
Il n'est bon que telle chose éclate. (V, 403.)
[Que ta bonté] n'éclate en ma faveur. (VIII, 417.)
Mille beaux dons éclatent dans son cœur. (IX, 168.)
De ces dards joints ensemble un seul ne s'éclata. (I, 338.)
Chacun s'éclata de rire. (I, 44 ; voyez I, 201 ; V, 590.)

ÉCLIPSER (S'), au figuré :

Tout dès l'abord Constance s'éclipsa. (V, 190 ; voyez V, 252.)
La sotte s'éclipse de la case paternelle. (VII, 485.)

ÉCLOPER :

Tout en clopant le vieillard éclopé. (VIII, 300 et note 2.)

ÉCLORE :

Elle bâtit un nid, pond, couve, et fait éclore. (I, 355.)

> Celle-ci prévoyoit jusqu'aux moindres orages,
> Et, devant qu'ils *fussent éclos*,
> Les annonçoit aux matelots. (I, 81.)

N'attendez point les traits que son char fait éclore. (VI, 179.)
Le char de l'Aurore.

> C'est dans ce dessein même, et pour le voir éclore,
> Que j'emprunte la voix du Printemps et de Flore. (VII, 575.)

ÉCOLE :

Ainsi parle l'*École* et tous ses sectateurs. (VI, 321 ; voyez VI, 339, 341.)
Moi, je sais le blason, j'en veux tenir école. (III, 90.)

> Elle avoit le sein nu : je n'ai point de parole,
> Quoique dès ma jeunesse instruit dans cette *école*,
> Pour vous bien exprimer un double mont d'attraits. (VII, 179.)

ÉCOLIER, ÉCOLIÈRE :

Tout est aux écoliers couchette et matelas. (I, 400 ; voyez II, 380, 381, 383 ; V, 439, 457.)

> Maître Rustic eût dû donner congé
> Tout dès l'abord à semblable *écolière*. (V, 471.)

ÉCONDUIRE :

Éconduire un lion rarement se pratique. (I, 315.)
    Pour si peu de chose
Vous ne *serez* nullement *éconduit*. (IV, 318 et note 5.)
⁕ Aussi l'épouse de Cupidon *fut*-elle *éconduite*. (VIII, 176.)

ÉCONOMAT :

Les soins divers de cet *économat*. (V, 393 et note 7.)

ÉCONOME :

Un certain Zénas, qui étoit là en qualité d'*économe* et qui avoit l'œil sur les esclaves. (I, 32.)

ÉCORCHER, au propre et au figuré :

D'un loup *écorché* vif appliquez-vous la peau. (II, 225 et note 12; voyez IV, 312.)
    Écorcher les oreilles. (V, 430.)

ÉCORNIFLEUR. (II, 474 et note 80.)

« Ung escornifleur poursuiuant de repeue franche. » (Amyot, traducteur de Plutarque, *Comment on pourra discerner le flatteur d'auec l'amy*.)

ÉCOT, écots :

Nous la faisons [la Fortune] de tous *écots*. (I, 401 et note 3.)

ÉCOURTER :

A ces mots il se fit une telle huée
Que le pauvre *écourté* ne put être entendu. (I, 380.)
Le renard ayant la queue coupée.

ÉCOUTER :

Écouter d'où vient le vent. (II, 33 et note 7.)
Le gouverneur aimoit à se faire *écouter*. (IV, 445; voyez VII, 80.)
Le Grec *écoute*. (II, 303 et note 7.)
    Si le galant *est écouté*,
Vos soins ne feront pas qu'on lui ferme l'oreille. (V, 114; voyez IV, 205.)
Elle *écoute* un amant, elle en fait un mari. (VI, 81.)
.... Que Pamphile d'ailleurs volontiers ne l'*écoute*. (VII, 64.)
Pholoé, ne l'*écoutez* plus. (VII, 217; voyez VII, 256, 263.)

ÉCOUTANT, écoutants, substantivement :

    Ce discours fut à peine proféré
    Que l'*écoutant* s'en court. (VI, 58 et note 2.)
    .... Savez-vous si les *écoutants*
En feront une estime à la vôtre pareille? (III, 162 et note 2; voyez II, 182.)

ÉCRIER (S'); s'écrier à, contre :

    A ces paroles la tortue
    S'*écrie*, et dit.... (III, 280 et note 33.)
« Puis s'escria horriblement, et les siens ensemble. » (Rabelais, tome I, p. 179.)

Ce bloc enfariné ne me dit rien qui vaille,
S'écria-t-il de loin *au* général des chats. (I, 258; voyez I, 202.)
Je ne m'*écrirai* pas *contre* elle. (V, 245 et note 1.)

ÉCRIRE :
Ses péchés *écrits*. (IX, 23 et note 5.)

ÉCRITEAU. (III, 77.)

ÉCRITURE :
« Frère Lubin », et mainte autre *écriture*. (IX, 146.)
Cette plaisante *écriture*. (IX, 181.)
On nous veut attraper dedans cette *écriture*. (III, 76.)
    [Carvel] alléguoit à la créature
    Et la Légende et l'*Écriture*. (IV, 379.)
L'Écriture sainte.
Il sait l'*Écriture*. (IX, 285; voyez IX, 233.)

ÉCU, bouclier. (VIII, 327.)

ÉCU, pièce de monnaie :
Ils sont au bout de leurs *écus*. (I, 224.)
Voilà trois *écus* blancs. (VII, 376.)

ÉCU COURONNÉ, écu à la couronne. (IV, 58.)

ÉCUEIL, au figuré :
Valenciennes étoit l'*écueil* de nos guerriers. (VIII, 503.)
.... C'est un *écueil* fatal pour la fidélité. (VII, 520.)
Écueil de tout le monde, or ! quelle est ta puissance ! (VII, 585.)

ÉCUELLE :
Prendre l'*écuelle* aux dents. (I, 386 et note 3.)

ÉCUMER :
Le quadrupède *écume*. (I, 156; voyez VI, 259.)

ÉCURIE :
Je le suis donc [malheureux], grâces à l'*écurie*. (IX, 122.)
Grâce à la qualité d'écuyer.

ÉDENTÉ, ÉE :
Vieille *édentée*. (V, 163 et note 2.)

ÉDIFICATEUR :
Les beaux esprits... ne sont pas grands *édificateurs*. (IX, 257 et note 1.)

EDIFIER :
Cette union si douce, et presque fraternelle,
    Édifioit tous les voisins. (III, 227.)

EFFACER :
.... Pas une beauté qui m'*efface*. (IV, 32.)
    Un sien confrère, amoureux de la dame,
    La va trouver, et l'âne *efface* ret. (V, 228.)

EFFAROUCHER :
Ne les *effarouchez* pas. (VII, 474; voyez VII, 493.)

EFFET, réalité, résultat; FAIRE EFFET :
En *effet*. (IV, 418 et note 2.)
Plus en bruit qu'en *effet*. (VII, 48.)
.... Si l'*effet* ne s'en voit ou d'une ou d'autre part. (VII, 73.)
Je ne vois point l'*effet* répondre à ces paroles. (IX, 202.)
.... Sans que l'*effet* aux promesses réponde. (II, 167.)
L'*effet* suit la parole. (VI, 262; voyez V, 53, 94; VII, 409.)
...,. J'en ai vu des *effets*. (V, 33; voyez V, 269.)
   Une troupe affamée
N'est pas de grand *effet*. (VII, 107.)
Damon, sous ce feint personnage,
Pourroit voir si Caliste en viendroit à l'*effet*. (V, 125 et note 4.)
.... Au jeu d'amour étoit homme d'*effet*. (IV, 340 et note 6.)
  L'oraison de Monsieur saint Julien
 Feroit effet. (IV, 260.)
Cet apologue *fit* son *effet*. (I, 45.)

EFFETS, biens, héritage :
[Elles] ne posséderoient plus les *effets* de leur père. (I, 195.)

EFFLEURER :
L'autre [trait] *effleura* la dame. (VI, 79.)

EFFORCER (S'); S'EFFORCER DE :
  Après *s'être* en vain une heure entière
Efforcé, plaint, etc. (VII, 325.)
Vous vous *efforceriez* en vain *de* me déplaire. (VI, 244, variante.)

EFFORT; FAIRE EFFORT :
N'en pouvant plus d'*effort* et de douleur. (I, 107.)
Il faudroit de nouveaux *efforts*. (IV, 445.)
C'est là qu'il faut tourner l'*effort* de la machine. (VII, 97.)
L'*effort* de la sculpture. (I, 324; voyez I, 362.)
Vaincre l'*effort* des ans. (II, 418; voyez VI, 163.)
.... Tant que l'*effort* des ans en détruise l'empire. (VII, 71.)
L'*effort* de la tempête. (I, 126.) — L'*effort* des armes. (VII, 600.)
  [Ils] soutinrent assez longtemps
  Les *efforts* des combattants. (I, 287.)
Fais un *effort*. (V, 236; voyez VI, 261.)

EFFRONTÉ, ÉE :
Comment! petit *effronté!* (VII, 475.)
Audace *effrontée*. (VI, 316.)

ÉGAL, ALE, adjectivement et substantivement; À L'ÉGAL DE :
Tenir la balance *égale*. (III, 341.)
Qu'il aime, et qu'en sa tente il demeure tranquille,
Tout est *égal*. (VII, 618.)
Tout leur est *égal*, c'est-à-dire indifférent. (VIII, 87 et note 1.)

Sépulture pour sépulture,
La mer est *égale*, à mon sens. (IV, 406 et note 1.)

Elle reçoit et donne, et la chose est *égale*. (I, 208 ; voyez VIII, 171.)
Sous un maître commun vivre d'*égale* sorte. (VII, 206.)

La chose ainsi presque toujours *égale*,
    Quatre fois l'an, de grâce spéciale,
Notre docteur régaloit sa moitié. (IV, 337.)

Train toujours *égal*. (I, 170.)
Égal en appas. (IV, 20.) — *Égaux* en dignité. (V, 254.)
Ne nous associons qu'avecque nos *égaux*. (I, 371.)
Vous que l'on aime à l'*égal de* soi-même. (III, 278.)
.... Me la firent chérir à l'*égal* d'une sœur. (VII, 21.)

ÉGALER ; ÉGALER À, EN ; S'ÉGALER :

Baucis en *égala* [de cette table] les appuis chancelants. (VI, 153.)
Égalisa.

Homme *égalant* les rois. (III, 304.)
[Jeune merveille] *égalant* les plus belles. (III, 331.)
    Que le fruit de vos amours
    Égale aux herbes leurs tours. (VIII, 389 et note 2.)
Égaler l'animal *en* grosseur. (I, 66.)
    Lors la Beauce de s'aplanir,
    De *s'égaler*, de devenir
    Un terroir uni comme glace. (IX, 242.)

ÉGALITÉ :

L'amour n'est plus amour dès qu'il cherche en ce choix
    Une *égalité* si parfaite. (VII, 531.)

ÉGARD, ÉGARDS ; ÉGARD À ; À L'ÉGARD DE ; POUR CET ÉGARD.

Gardez de faire aux *égards* banqueroute. (VI, 62.)
.... Grimpant sans *égard* sur un arbre fruitier. (II, 381.
[Le sénat] ordonne à l'instant que, sans *égard* à rien
Vous lui rendiez raison d'Hortense et de son bien. (VII, 437.)

A l'égard de la dent il fallut contester. (II, 403 ; voyez II, 82, 337 ; IV, 386, 405 ; VI, 332.)
A l'égard des amants, tout leur est refusé. (VII, 159.)
A l'égard du premier, je n'ai rien à lui dire. (IX, 90.)
La véritable grandeur, *à l'égard des* philosophes..., est de régner sur soi-même. (VIII, 150.)
A mon égard je juge nécessaire, etc. (IX, 110 ; voyez VIII, 239.)
Ne me blâmez, Messieurs, *pour cet égard*. (IV, 129 et note 4.)

ÉGAYER ; S'ÉGAYER :

C'est par cette raison qu'*égayant* leur esprit,
Nombre de gens fameux en ce genre ont écrit. (II, 2 ; voyez I, 308.)
J'ai cru qu'il falloit *égayer* l'ouvrage.... (I, 14.)
Quintilien dit qu'on ne sauroit trop *égayer* les narrations. (I, 14.)
        Pour m'*égayer*,
Je viens de lui dresser un plat de mon métier. (VII, 332 ; voyez VII, 335.)

.... Pour en avoir un plus certain indice,
Et *s'égayer*, et voir, etc. (V, 192 et note 5.)
Ne trouverois-je assez d'heures au jour
Pour *m'égayer*, si j'en avois envie ? (IV, 316 et note 1.)

ÉGIDE de Pallas. (VI, 210.)

ÉGLISE :

Notre mère sainte *Église*. (IV, 186 et note 2; voyez VI, 7.)
Gens d'*Église*. (V, 329.)

ÉGOSILLER (S') :

Nos pèlerins *s'égosillèrent*. (II, 427 et note 8.)

ÉGRATIGNER. (I, 256 et note 7.)

ÉJOUIR de (S') :

On en fa:t [du cerf] maint repas
Dont maint voisin *s'éjouit* d'être. (I, 352 et note 17.)

ÉLAN :

Les *élans* qu'il fit furent vains. (II, 34.)

ÉLÉGAMMENT :

Phèdre sur ce sujet dit fort *élégamment*, etc. (I, 352.)

ÉLÉMENT, ÉLÉMENTS :

En ce bas *élément*. (VII, 164.)
Sur l'humide *élément*. (VIII, 269.)
Au fond du moite *élément*. (VIII, 270.)
                L'*élément*
Qui doit être évité de tout heureux amant. (VI, 200.)
La mer.
Bouleverser l'ordre des *éléments*. (VII, 409; voyez III, 226.)
    Tout *élément* remplit de citoyens
    Le vaste enclos qu'ont les royaumes sombres. (II, 137.)
        Car la France est d'une belle
        Le véritable *élément*. (VIII, 386; voyez IX, 462.)

ÉLEVER, glorifier; ÉLEVER À :

    Les courtisans ravis
Élèvent de tels faits. (III, 255 et note 36 ; voyez I, 99.)
    Pour m'*élever aux* cieux,
Il ne faut qu'un aveu de la bouche ou des yeux. (VII, 73.)

ÉLIRE :

Il ne sait quels charmes *élire*. (VI, 17; voyez V, 211; VI, 128.)

ÉLITE :

La fleur et l'*élite* de Rome. (V, 445 et note 2.)
Un amant d'*élite*. (IX, 38.)
Alcithoé ma sœur, attachant vos esprits,
Des tragiques amours vous a conté l'*élite*. (VI, 186 et note 4.)
[Les romans] qu'on peut lire, et dont voici l'*élite*.... (IX, 25.)

ELLÉBORE. (II, 32 et note 2.)

ÉLOIGNEMENT :
L'immense *éloignement*, le point, et sa vitesse.... (II, 297.)
Témoin ces deux mâtins qui, dans l'*éloignement*,
Virent un âne mort. (II, 337.)
.... Le Parnasse en *éloignement*. (VII, 197.)
.... Dans l'*éloignement* le palais d'Isoure. (VII, 530.)

ÉLOIGNER :
Dans un cloître *éloigné* Malc s'occupe au silence. (VI, 304.)
  Vous me donnez une espérance
Belle, mais *éloignée*. (III, 91.)
Le vent de plus en plus l'*éloignoit* de nos chiens [l'âne mort]. (II, 337.

ÉLOQUENCE :
Je hais les pièces d'*éloquence*. (II, 382.)
Un des maîtres de notre *éloquence*. (I, 8 : voyez II, 64.)
Le dieu de l'*éloquence*. (VI, 151 ; voyez VIII, 322.)

ÉMAIL :
L'*émail* des parterres. (VIII, 85.)
L'*émail* d'une prairie. (VI, 242 et note 4.)
Toutes saisons n'ont pas ces richesses légères
Dont l'*émail* peint nos champs de diverses couleurs. (VII, 511.)
[Le soleil] peint d'un si riche *émail* les portes du couchant....
(VIII, 32.)

ÉMAILLER :
Les premiers traits du jour, sortant du sein de l'onde,
Commençoient d'*émailler* les bords de notre monde. (VIII, 284.)

ÉMANCIPER (S') :
Deux chèvres donc s'*émancipant*.... (III, 208.)

EMBALLER :
Leur emplette..., tout *emballée*. (III, 221.)

EMBARRAS :
  Une tête empanachée
N'est pas petit *embarras*. (I, 289 ; voyez IV, 82.)
Des biens sans *embarras*. (III, 120.)
Mainte échelle est portée, et point d'autre *embarras*. (IV, 426 et note 3.)
L'*embarras* des chasseurs succède au déjeuné. (I, 279.)
  Le mérite
De tous côtés fait *embarras*. (IX, 130.)

EMBARRASSER ; EMBARRASSER DE :
Un grand nombre d'acteurs le théâtre *embarrasse*. (IX, 156.)
Ces gens l'*embarrassoient*. (V, 250.)
  Ils demandèrent la sagesse :
C'est un trésor qui n'*embarrasse* point. (II, 126.)

Les dieux, par leur grandeur suprême,
Ne font souvent qu'*embarrasser*. (VII, 206.)

.... Vous n'*êtes* point *embarrassée*
De le croire. (II, 463.)

EMBÂTONNER :

Et, *fussiez*-vous *embâtonnés*,
Jamais vous n'en serez les maîtres [du naturel]. (I, 187.)

Proprement, armés d'un bâton ; mais le mot bâton s'appliquait à toute espèce d'armes, même aux armes à feu : voyez Fleury de Bellingen, *l'Étymologie des proverbes*, p. 249. — « Trois ou quatre gros valets embastonnez de longs vouges, perches, broes ferrez, desquels ilz chargeoient sur ce monsieur. » (Noël du Fail, tome I, p. 208.) — « Ilz se trouuerent sur le lieu, equipez et embastonnez pour le secourir. » (*Ibidem*, p. 109.)

EMBELLIR ; s'EMBELLIR :

O lieux que mon berger *a* longtemps *embellis!* (VII, 542.)
Que sous les pas d'Astrée ici tout *s'embellisse*. (VII, 541.)
Diroit-on pas que l'air *s'embellit* à ses traces? (VII, 198.)

EMBLÉE (D') :

Il prend le château *d'emblée*. (IV, 420 et note 1.)

EMBLER :

Le cœur dès l'abord ils nous *emblent*. (IX, 104 et note 2.)

EMBOÎTER :

Mais mon pied, *emboîté* dans ce pas détestable.... (VII, 396.)

EMBONPOINT :

De fort beaux traits, mais qui ne plaisoient point,
Faute d'éclat et d'*embonpoint*. (IV, 31.)

Blancheur, délicatesse, *embonpoint* raisonnable. (V, 587 ; voyez I, 71 ; IV, 262 ; V, 473, 529 ; VIII, 70, 226, 424.)

EMBOUCHER :

.... Il s'y rencontre de méchants chevaux,
Encore mal ferrés, et plus mal *embouchés*. (IX, 253.)

EMBOUCHURE :

Un vase à long col et d'étroite *embouchure*. (I, 113.)
Fringant, délicat *d'embouchure*. (IX, 182 et note 3.)

EMBOURBER :

Chartier *embourbé*. (II, 59.) — Char *embourbé*. (II, 58.)

EMBRASEMENT :

Un vaste *embrasement*. (VIII, 414.)

EMBRASER :

Vos yeux alloient tout *embraser*. (IX, 105 ; voyez VI, 177.)

EMBRASSER, au propre et au figuré :

Ah ! mon frère, dit-il, viens m'*embrasser*. (II, 327.)

Cet amant
Qui brûla sa maison pour *embrasser* sa dame. (II, 433.)
Le valet *embrasse* la maîtresse. (IV, 313; voyez IV, 72.)
Les fables d'Ésope... *embrassent* toutes sortes d'événements et de caractères. (III, 174; voyez II, 207.)
Puis-je *embrasser* l'erreur où ce discours me plonge? (VI, 234.)

    Ils *embrassoient* violemment
Les intérêts de leur chimère. (II, 388.)

Embrasser l'oraison. (VI, 304 et note 8.)
Que tous vos chefs unis *embrassent* sa défense. (VII, 618.)

EMBROUILLER :

    Thémis n'avoit point travaillé,
De mémoire de singe, à fait plus *embrouillé*. (I, 137.)

EMBÛCHE :

.... Vous n'éviterez point ses *embûches* secrètes. (III, 279.)
Un lieu, pour les voleurs, d'*embûche* et de retraite. (IX, 229.)

EMBUSCADE :

Embuscades, partis, et mille inventions. (II, 470.)
    Il [le moucheron] rencontre en chemin
    L'*embuscade* d'une araignée. (I, 157.)

ÉMERAUDE :

Une prairie verte comme fine *émeraude*. (VIII, 181.)

ÉMÉTIQUE (Vin). (VI, 336 et note 2.)

ÉMEUTE. Voyez ÉMUTE.

ÉMINENCE, ÉMINENCES :

Les Majestés et les *Éminences*. (IX, 277.)

ÉMINENTISSIME :

Votre Altesse *Éminentissime*. (VI, 276.)

EMMANCHER :

Le bois dont il avoit *emmanché* sa cognée. (III, 288.)
Le héron au long bec *emmanché* d'un long cou. (II, 111.)

ÉMONDER :

[Il] ébranchoit, *émondoit*, ôtoit ceci, cela. (III, 305 et note 7.)
.... Que ne l'*émondoit*-on [l'arbre] sans prendre la cognée? (III, 9.)

ÉMOTION :

L'*émotion* croissoit, tant tout lui sembloit beau. (V, 430 et note 3.)
    Cette maîtresse...,
    Blanche qu'elle est, en nulle guise
    Ne me cause d'*émotion*. (V, 506.)

.... Soit que sœur Thérèse eût chargé d'action
Son discours véhément et plein d'*émotion*, etc. (V, 593; voyez IV, 232.)

ÉMOUCHER, au figuré, battre :
Émoucher les épaules. (IV, 141 et note 5.)

ÉMOUCHEUR, au propre. (II, 262 et note 21.)

ÉMOUVOIR ; ÉMOUVOIR À ; S'ÉMOUVOIR :
J'ai voulu t'*émouvoir*. (VII, 627.)
Caliste étoit un roc, rien n'*émouvoit* la belle. (V, 126.)
  Ce doux objet joua son jeu :
  Gygès en *fut ému*. (V, 428.)
Ému de passion. (V, 474.)
Cela l'*émouvra à* compassion. (VIII, 178.)
Le jeune homme s'*émut*, voyant peint un lion. (II, 293 et note 14.)
Le débat qui *s'est ému* naguère. (VII, 169 et note 5.)
Comparez Marot, tome III, p. 21 ; Brantôme, tomes VI, p. 25, 28, VII, p. 367.

EMPANACHER :
Une tête *empanachée*. (I, 288.)

EMPAQUETER :
Notre défunt étoit en carrosse porté,
Bien et dûment *empaqueté*. (II, 157 ; voyez II, 474.)
Sortons, je ne saurois qu'avec douleur très forte
Le voir empaqueté de cette étrange sorte !
Las ! en si peu de temps ! il vivoit ce matin !
    (Molière, *l'Étourdi*, acte II, scène III.)

EMPÂTER :
Vous lui *empâterez* ses trois gueules. (VIII, 209.)
Les gueules de Cerbère.

EMPAUMER, au figuré, s'emparer de, avoir dans sa main :
Le maître, étant bon compagnon,
Eut bientôt *empaumé* la dame. (V, 508 et note 2.)

EMPÊCHER ; EMPÊCHER À ; EMPÊCHER DE :
Ce sont arrêts du Sort qu'on ne peut *empêcher*. (III, 239.)
L'amour du bien public *empêchoit* le repos. (VI, 297.)
Un point sans plus tenoit le galand *empêché*. (I, 309.)
On vous a dit qu'elle *étoit empêchée*. (VII, 11 ; voyez I, 95, 212 ; VII, 19 ; VIII, 282 ; IX, 110.)
Dieux ! qu'on *est empêché* quand il faut qu'on exprime
Ce qu'on ne sauroit concevoir ! (IX, 341.)
Ceci de plus en plus m'embarrasse et m'*empêche*. (IX, 333.)
Madame vient. Qui *fut* bien *empêché*? (IV, 304 ; voyez I, 159 ; II, 125 ; V, 167 et note 5.)
Je *suis* avec l'un *empêchée*. (IV, 54.)
Occupée.

  Jeunes cœurs *sont* bien *empêchés*
  A tenir leurs desirs cachés. (IV, 411 et note 1.)
Rapprochez aussi du Fail, tome I, p. 104 ; des Périers, tome I, p. 21, 42.

. . Il y seroit aussi *empêché* que je le suis à présent. (IX, 343.)

(Un roi) qui n'*est* point *empêché* d'un monde d'ennemis. (III, 213 et note 7.)

Après avoir tout vu, le Romain se retire,
    Bien *empêché de* ce secret. (IV, 35 et note 3.)

EMPENNER, garnir, armer, de plumes :

Une flèche *empennée*. (I, 144 et note 2.)

« .... Glaterons empennez de petites plumes de oysons ou de chapons. » (Rabelais, tome I, p. 297.) Voyez aussi Marot, tomes I, p. 9, II, p. 245; Ronsard, tome I, p. 84; Saint-Gelais, tome III, p. 47.

EMPEREUR :

        Un *empereur* auguste
    A les vertus propres pour commander. (IV, 229.)

Empereur (appliqué à Alexandre). (I, 314 et note 6.)

EMPÊTRER :

Elle (la toison) *empêtra* si bien les serres du corbeau.... (I, 179.)

EMPHASE :

.... Chacun s'étonna que le hasard eût fait
De morceaux entassés avec autant d'*emphase*
Un si haut monument. (VII, 282.)

EMPIÉTER :

.... Auparavant que le jeûne eût commencé d'*empiéter* sur elle. (IX, 272.)

EMPIRE :

Vous voulez m'engager sous un nouvel *empire*. (VII, 536.)

Deux taureaux combattoient à qui posséderoit
    Une génisse avec l'*empire*. (I, 139; voyez III, 310.)

L'*empire* françois. (IX, 48.)

Chantons, portons nos voix jusqu'au céleste *empire*. (VII, 553.)

L'*empire* d'amour. (VI, 227.) L'*empire* amoureux. (VI, 238; voyez IV, 31; VIII, 424, 456.) L'*empire* de Cupidon. (VIII, 48.)

.... Qui ne croiroit que Flore y tienne son *empire*? (VII, 533; voyez VIII, 29.)

L'*empire* de la fable. (VI, 18.) L'*empire* des flots. (VI, 318.) L'*empire* flottant. (VIII, 46.) L'*empire* maritime. (VIII, 267; voyez II, 254.)

L'*empire* des morts. (I, 128.) L'*empire* ténébreux. (VI, 271.)

L'*empire* des sciences. (III, 320.)

Tout l'*empire* des camaïeux. (IX, 275.)

EMPIRER :

Il n'est rien qui n'*empire*. (VII, 167.)

    Cela nous fait-il *empirer*
D'une (sic) ongle ou d'un cheveu? (V, 264.)

EMPLETTE; D'EMPLETTE :

    Un bloc de marbre étoit si beau
    Qu'un statuaire en fit l'*emplette*. (II, 385.)

        Leur *emplette*....
Alla tout emballée au fond des magasins
    Qui du Tartare sont voisins. (III, 221 et note 3.)

Son mari donc se trouvant en *emplette*.... (IV, 158 et note 1.)
La dame étoit *de* bonne *emplette* encor. (IV, 212 et note 8.)
De bon emploi, de bon usage.

EMPLIR :
.... Là cette femme *emplit* sa bourse. (II, 180.)

EMPLOI, EMPLOIS ; PRENDRE EMPLOI ; FAIRE SON EMPLOI DE :
Pendant le doux *emploi* de ma Muse innocente,
Louis dompte l'Europe. (III, 169 ; voyez II, 86 ; VI, 15.)
.... Des *emplois* si relevés. (VII, 148 ; voyez II, 260.)
Il n'est pas toujours bon d'avoir un haut *emploi*. (I, 69.)
Ce n'est pas qu'un *emploi* ne doive être souffert....
Il faut des médecins, il faut des avocats. (III, 344.)
Je n'ai que trop d'*emploi*. (VII, 32.)
Le bel *emploi* que tu nous donnes ! (I, 83.)
    Je garde mon *emploi*
Pour les surintendants sans plus et pour le Roi. (VII, 147 et note 5 ;
voyez VIII, 168, 197, 426, 430.)
Les *emplois* de Mars. (IX, 189 ; voyez III, 159.)
Prendre emploi dans l'armée. (I, 200.)
    Heureux qui vit chez soi,
De régler ses desirs *faisant* tout *son emploi !* (II, 166.)

EMPLOYER ; EMPLOYER À ; S'EMPLOYER ; S'EMPLOYER À :
Employez-moi : vous verrez des merveilles. (V, 536 et note 4 ; voyez
I, 292.)
Pour la soubrette on *employa* la femme. (VI, 124.)
Employer tapis et maîtresse. (V, 223 et note 3.)
Le temps, à cela près, *fut* fort bien *employé*. (IV, 52 ; voyez V, 523.)
Dois-je contre un valet *employer* mon courroux ? (VII, 62.)
Si l'intérêt des Grecs est d'*employer* mon bras.... (VII, 609.)
La moitié des chasseurs, à le plaindre *employée*. (VI, 263 ; voyez I, 12.)
Tout *s'employa*. (II, 137.)
Le dernier moment qui retient sa belle âme
S'emploie au souvenir de l'objet qui l'enflamme. (VI, 267 et note 5.)

EMPOISONNEUR, EUSE :
Les transports, monstres *empoisonneurs*. (III, 107.)
L'*empoisonneuse* coupe. (III, 189 et note 33.)
.... C'est un *empoisonneur*. (VIII, 50 ; voyez VIII, 91 et note 2.)

EMPORTEMENT :
    .... Cet amant
Qui brûla sa maison pour embrasser sa dame,
  L'emportant à travers la flamme :
  J'aime assez cet *emportement*. (II, 434.)

EMPORTER, au propre et au figuré ; s'EMPORTER :
Voyez l'exemple précédent.
Une maille rongée *emporta* tout l'ouvrage. (I, 163.)

.... Tel que l'on voit Jupiter dans Homère
Emporter seul tout le reste des dieux. (IX, 34 et note 5.)

En peu de temps Mars *emporta* la dame. (VIII, 296; voyez V, 559.)
Elle *emporta* le prix. (VI, 197; voyez I, 56; III, 113; IX, 263, 392.)
Emporter l'avantage. (II, 309.)
O vous dont le public *emporte* tous les soins...! (III, 344.)
· Qu'une fable contée en prose m'*ait* tant *emporté* de loisir.... (VIII, 19.)
.... Par un coup imprévu vit ses jours *emportés*. (III, 159.)
Une flatteuse erreur *emporte* alors nos âmes. (II, 153.)
.... [Le temps] où vivoit Platon l'*a emporté* en cela par-dessus les autres. (VIII, 338.)

    Autrefois Progné l'hirondelle
    De sa demeure s'écarta,
    Et loin des villes *s'emporta*. (I, 245.)

Dans les forêts il *s'emporte*. (II, 29.)
Je m'*emporte* un peu trop, revenons à l'histoire, etc. (I, 170.)

EMPOTER :

Mais je n'ai point songé qu'à ce pied *empoté*. (VII, 386.)

EMPOURPRER :

Dès que l'Aube *empourproit* les bords de l'horizon.... (VI, 286.)
Empourprer cet albâtre. (VIII, 194; voyez VIII, 192.)

EMPREINDRE; s'empreindre :

L'image du trépas en ses yeux *est empreinte*. (VI, 257.)
Les pas *empreints* sur la poussière. (II, 45.)

    .... Soit que le vin par ce chaud véhément
    S'empreigne alors beaucoup plus aisément. (VI, 348 et note 2;
voyez VI, 329.)

EMPREINTE :

    Une fleur n'auroit pas
    Reçu l'*empreinte* de ses pas. (VIII, 451 et note 3.)

Comparez le livre VII de *l'Énéide*, vers 808-809.

EMPRESSEMENT :

    Mais ces *empressements*
    Sont-ils des effets de tendresse? (VII, 522.)

EMPRESSER (S'); FAIRE L'EMPRESSÉ :

Pour tous les faux brillants courir et *s'empresser!* (IX, 185.)
[La mouche] va, vient, *fait l'empressée*. (II, 142; voyez II, 143.)

EMPRUNTER :

Blancheur *empruntée*. (VI, 288 et note 4.)
Lieux *empruntés*. (V, 110 et note 5.) — Maisons *empruntées*. (IV, 302.)

EMPRUNTEUSE. (I, 60.)

ÉMULATION :

.... Y ayant quelque sorte d'*émulation* entre Cythérée et cette déesse. (VIII, 176.)

ÉMULE :

Les rois qui étoient *émules* de Lycérus. (I, 47.)

ÉMUTE, émeute :

Mars autrefois mit tout l'air en *émute*. (II, 135 et note 4.)
Grande est l'*émute*. (III, 20 et note 2.)

Ce mot se prononce encore ainsi dans quelques-unes de nos provinces du sud-ouest.

1° EN, préposition :

Dans les exemples qui vont suivre, on en remarquera un certain nombre où aujourd'hui, de préférence à *en*, on emploierait d'autres prépositions, *à*, *chez*, *dans*, *de*, etc.

a) E<small>N</small>, marquant des compléments indirects de verbes ou de périphrases verbales, d'adjectifs, d'adverbes, ou de noms :

Demeurez *en* province. (I, 204.)
Honteux qu'on vit sa misère *en* Florence. (V, 162 et note 6.)
L'éclat des beaux yeux qu'on adore *en* Cythère. (VI, 232.)
Etant *en* affaire. (IX, 112.)
Se trouvant *en* emplette. (IV, 158.)
Je suis *en* eau. (IX, 13.)
Docteur *en* lois. (V, 436.) — Docteur *en* droit canon. (V, 32.)
[Il] la croit femme *en* tout et partout. (I, 185.)
Son maître fut réduit à garder les brebis,
Non plus berger *en* chef comme il étoit jadis. (I, 267.)

  Un des derniers se vantoit d'être
 En éloquence si grand maître.... (II, 64.)

Voyant son maître *en* joie. (I, 284.)
Sa mère étoit *en* belle humeur. (VIII, 229.)
Monarque de l'Olympe, *en* qui sont tous les temps. (VII, 231.)
En son sang abreuvé. (VI, 250.)
La triste Aréthuse *en* ses larmes noyée. (VI, 263.)
Se consumer *en* efforts impuissants. (III, 253.)

  J'ai, dit-il, *en* mon écurie
 Un fort beau roussin d'Arcadie. (II, 65.)

L'un touché des soucis, des longueurs, des traverses,
Qu'*en* apanage on voit aux procès attachés.... (III, 339; voyez V, 359; VII, 194, 602.)

  Les marques de ta bienveillance
 Sont communes *en* mon endroit. (II, 325 et note 7.)

  Toujours hautaine et rude
 En son endroit. (V, 168 et note 2.)

Vous êtes *en* un âge.... (I, 3; voyez VI, 27.)

  Je reçus autrefois
Clovis *en* son berceau, Childéric *en* sa tombe. (VIII, 498.)

 Vos douagnas *en* leur premier sommeil,
 Vous descendrez. (V, 571.)

[Ces gens] mettront du mauvais *en* la place. (IX, 174.)
Que feriez-vous donc si vous étiez *en* ma place? (VIII, 79.)

Peut-être *en* votre place ils auroient la puissance. (III, 148.)
Vite fuis-t'en, m'ayant mis *en* ta place. (V, 535.)
L'époux entre *en* sa place. (V, 545.)
Il alloit l'égorger [le cygne], puis le mettre *en* potage....
« Quoi? je mettrois, dit-il, un tel chanteur *en* soupe? » (I, 236.)
Le récit *en* farce en fut fait. (II, 152.)

   L'on conte *en* deux façons
L'accident du chasseur. (III, 257; voyez IX, 213.)

Prenez *en* gré mes vœux ardents. (II, 231.)

   Faites-moi la grâce
De prendre *en* don ce peu d'encens. (II, 231.)

Pour moi je n'ai de part *en* ces dons du Parnasse.... (IX, 139.)
Je prends trop d'intérêt *en* tout ce qui regarde votre famille. (IX, 341.)
La chose *en* preuves abonde. (I, 162.)

   La vertu
 De tout exemple domestique
 Est universelle et s'applique
En bien, *en* mal, *en* tout. (III, 240.)

Elle est jeune, *en* bon point. (VII, 46; voyez IV, 345.)

   Il me vient *en* pensée
De rappeler du mois la coutume passée. (VII, 570.)

Entrer *en* la pensée. (III, 148.)
Et comment cela se passa-t-il? — *En* excuses du côté de la dame, *en* soufflets de la part du mari. (VII, 460.)

En mille endroits nichoit l'Amour. (V, 587.)

   En mille endroits de sa personne
La belle avoit de quoi mettre un Gascon aux cieux. (IV, 387; voyez VI, 126.)

   L'abondance, à pleines mains,
  Verse *en* leurs coffres la finance,
  En leurs greniers le blé. (II, 124.)

N'est-il point arrivé quelque noise *en* ménage? (VII, 67.)

   [Il] se pouvoit dire *en* femme
  Mieux que pas un. (VI, 127.)

Un rapporteur barbou et bien *en* femme. (V, 337 et note 8.)

   J'ai su le servir
A la guerre, *en* amour, auprès de ses maîtresses. (VII, 54; voyez IV, 240, 256, 265; V, 67, 208, 261, 439, 514; VI, 9, 38; etc.)

  Payer ainsi des marques de tendresse
 En la suivante étoit, vu le pays,
Selon mon sens, un fort honnête prix. (VI, 128.)

Mériter doublement de vivre *en* l'avenir. (VII, 626.)
On remarque *en* quelle distance elles sont les unes des autres. (IX, 236.)
Loger *en* même hôtellerie. (IX, 240.)
Coucher *en* mêmes lits..., boire *en* mêmes verres. (IX, 253.)
Coucher *en* même chambre. (VII, 49.)
Mettre *en* campagne. (I, 287.)
Se mettre *en* campagne. (V, 142.)
[Les souris] se mettent *en* quête. (I, 256.)
Une femme allant *en* conquête. (I, 273.)

De discours *en* autre ils vinrent, etc. (VIII, 73.)
Passant d'une extrémité *en* une autre.... (VIII, 229.)
Une dame encor jeune, et sage *en* sa conduite. (VI, 284.)
La plus heureuse *en* sa pêche. (VIII, 75.)

b) E<small>N</small>, dans des locutions qui marquent des compléments circonstanciels de lieu, de temps, de manière, etc., plus ou moins détachés :

En après. (V, 400 et note 2.)
En allant et venant. (IV, 204.)

Sa chatte, *en* un beau matin,
Devient femme. (I, 185.)
L'as-tu point vue *en* passant par ces lieux? (VII, 44; voyez VII, 47.)
Notre ville
Ne vous est pas connue, *en* tant que je puis voir. (V, 441.)
Le paroissien *en* plomb entraîne son pasteur. (II, 159 et note 15.)
[Le] Roi même *en* personne. (III, 253; voyez VII, 565.)

En qualité d'ambassadeur
Il venoit trouver Sa Grandeur. (III, 311.)
Il fut comme accablé de ce cruel outrage ;
Mais bientôt il le prit *en* homme de courage,
En galant homme, et, pour le faire court,
En véritable homme de cour. (IV, 39.)
Celui-là frappe *en* maître. (V, 72 et note 9.)
[Il] sait, *en* vieux renard, s'échapper de leurs mains. (III, 321.)

Un ânier, son sceptre à la main,
Menoit, *en* empereur romain,
Deux coursiers à longues oreilles. (I, 158.)

.... Lui rendre, *en* cette aventure,
Les honneurs de la sépulture. (I, 248.)
Le roi des animaux, *en* cette occasion,
Montra, etc. (I, 162 ; voyez I, 251.)

La mouche, *en* ce commun besoin,
Se plaint. (II, 143; voyez II, 356; III, 345; IV, 159; V, 170; VII, 107; VIII, 367; IX, 262.)
[La sœur] ne marchanda point à se résoudre *en* son âme. (VIII, 168; voyez I, 283; IV, 82, 233, 439, 446; V, 82, 310; VI, 99; VIII, 168.)
Pestant, *en* sa fureur extrême. (II, 59.)

Mal que le Ciel *en* sa fureur
Inventa, etc. (II, 94.)

C'est double honneur, ce semble, *en* une femme,
Quand son mérite échauffe un esprit lourd. (V, 49.)
On servit de l'ambrosie *en* toutes les sortes. (VIII, 57.)

Monsieur le Mort, j'aurai de vous
Tant *en* argent, et tant *en* cire,
Et tant *en* autres menus coûts. (II, 158.)

En ce même langage
Hispal lui repartit. (IV, 405; voyez VIII, 46; IX, 13.)
Une grenouille approche, et lui dit *en* sa langue. (I, 309; voyez II, 352; III, 5, 167; VIII, 38; IX, 370.)

Son œil me dit *en* son patois. (VIII, 445; voyez I, 202.)
　　　Je me suis, peu s'en faut,
　Remise au lit, *en* chemise ainsi nue. (IV, 211; voyez IV, 248, 392; IX, 55.)
　[O vous] qui savez plaire *en* un degré suprême. (III, 278.)
　　　　Chacun *en* son endroit
　　S'entremet, agit, et travaille. (III, 284; voyez I, 287.)
En ce qui le regarde.
　　　　　　[Il] n'eût su
　Ce qu'*en* fait de babil y savoit notre agasse. (III, 244.)
　　　S'insinuer, *en* fait de chambrière,
　　C'est proprement couler sa main au sein. (IV, 281.)
　　　Vous croyez donc qu'il faille avoir
　Beaucoup de peine à Rome *en* fait que d'aventures? (V, 441.)
　　　　Grâce à Dieu, je passe les nuits
　　　Sans chagrin, quoique *en* solitude. (II, 116.)
　　　　　Heureux seroit
　　　Celui d'entre eux qui cueilleroit,
　　En nom d'hymen, certaine chose. (V, 211.)
Un du peuple étant mort, notre saint le contemple
En forme de convoi soigneusement porté. (VI, 297.)
Tantôt l'un *en* théâtre affronte l'Achéron.... (II, 63 et note 5.)
　.... Là, tout l'Olympe *en* pompe eût été vu
　Plaçant Iris sous un dais de lumière. (III, 275; voyez V, 177, 480.)
La voilà derechef *en* danger de sa vie. (I, 142.)
　　　[Elle] va s'excuser à son mari,
　　En grand danger d'être battue. (II, 152.)
Autrefois l'éléphant et le rhinocéros,
En dispute du pas et des droits de l'empire,
Voulurent terminer la querelle en champ clos. (III, 310.)
　　　Désormais faut qu'Alibech se contente
　　D'être martyre, *en* cas que sainte soit. (V, 476.)
　　.... Cet espoir a tant fait
　Que le regret que j'ai les rend maux *en* effet. (VIII, 361.)
[Le galand] se pend la tête *en* bas. (I, 256.)
Depuis deux jours *en* çà. (IX, 63.)
.... Une tresse de ses cheveux, laquelle lui pendoit *en* derrière comme une queue de cheval. (IX, 251.)
Je m'imaginai voir le port de Constantinople *en* petit. (IX, 236.)
　　　　　　Miraut,
　En dépit de ses tours, l'attrapera bientôt. (I, 278; voyez V, 24, 225.)

2° EN, pronom (voyez Y):

a) EN, se rapportant à un pronom ou à un nom de chose ou de personne :

Son époux *en* cherchoit le corps [de sa femme]. (I, 248.)
Leur troupe n'étoit pas encore accoutumée
　　　A la tempête de sa voix;
L'air *en* retentissoit d'un bruit épouvantable. (I, 189.)

Une certaine année
Qu'il *en* étoit [des rats] à foison. (I, 286.)

Il n'avoit donc alors ni sceptre ni couronne?
— Quand il *en* auroit eu, ç'auroit été tout un. (III, 253.)

En la voyant, il *en* fut enchanté. (IV, 86.)

Les mains cessent de prendre,
Les bras d'agir, les jambes de marcher :
Tous dirent à Gaster qu'il *en* allât chercher. (I, 207 et note 7.)

D'un jardinier il *en* fait un roi. (VIII, 330.)

Il n'y a point de termes si humbles..., que je ne m'*en* doive servir en cette rencontre. (IX, 355.)

J'*en* lis qui sont du Nord, et qui sont du Midi. (IX, 204.)

b) En, tenant la place d'un nom indéterminé ou partitif qui précède :

.... Le conseil *en* est pris. (VII, 613.)

.... De femme se passant tant qu'il en eut affaire,
Devenu vieux, il s'avisa
D'*en* prendre, et n'*en* sut plus que faire. (IX, 91.)

Quant au surplus, ils avoient deux enfants,
Garçon d'un an, fille en âge d'*en* faire. (IV, 204.)

Que sert-il de lutter contre les destinées?
Le sage *en* est conduit, le rebelle entraîné. (VIII, 484.)

Que lui demandoit son amant?
Un bien dont elle étoit à sa valeur tenue :
« Il vaut mieux, disoit-il, vous *en* faire un ami
Que d'attendre, etc. » (IV, 413 et note 3.)

c) En, se rapportant à toute une proposition, et, parfois, à l'idée plutôt qu'aux mots :

.... On s'y trompe ; et le pire
C'est qu'il *en* coûte cher. (III, 49.)

Il ne faut point juger des gens sur l'apparence:
Le conseil *en* est bon, mais il n'est pas nouveau. (III, 144.)

Le magistrat... lui demanda où il alloit.... Il répondit qu'il n'*en* savoit rien. (I, 40.)

J'ôte le superflu, dit l'autre, et l'abattant,
Le reste *en* profite d'autant. (III, 307.)

Quand on a le cœur en flamme,
Le teint n'*en* est jamais si frais. (VIII, 424.)

Il a donc fallu que j'aie cherché d'autres enrichissements.... Je ne tiens pas qu'il soit nécessaire d'*en* étaler ici les raisons. (II, 80.)

Le renard se dispense, et se tient clos et coi :
Le loup *en* fait sa cour. (II, 224.)

Dieu gard de mal celles qu'en cas semblable
Il ne faudroit nullement consoler!
J'en connois bien qui n'*en* feroient que rire. (VI, 138.)

Ceux qui s'appliqueront à la lecture de ses Commentaires, s'étonneront qu'il [César] ait cultivé sa langue avec tant de soin : on dit qu'il *en* a composé des livres. (VIII, 321.)

Toute l'Europe admire leur vaillance,
Toute l'Europe *en* craint l'expérience. (IX, 150.)
.... Ils *en* ont l'alarme. (IX, 131.)
.... Je ne vois plus d'instants qui ne m'*en* sollicitent. (IX, 184.)
.... Il m'*en* déplut. (IX, 255.)
Voyez Déplaire.

d) En, dans certaines locutions verbales :
Voici comment il *en* alla. (I, 265.)
On s'*en* va me nommer, etc. (IX, 368.)
[Certain loup] trouvant un chien hors du village,
S'*en* alloit l'emporter. (II, 409.)

  Ton économat
 S'*en* va son train. (V, 401; et passim.)

Nous *en* savons plus d'un, dit-il. (I, 257.)
On continua de vider les pots. Xantus s'*en* donna jusqu'à perdre la raison. (I, 40.)
.... Bousseau n'*en* a pas fait de même. (IX, 124; voyez VII, 423.)
Voulant *en* faire à sa tête. (I, 159.)
Mais que dorénavant on me blâme, on me loue,
Qu'on dise quelque chose ou qu'on ne dise rien,
J'*en* veux faire à ma tête. (I, 204.)
.... Si notre maître, qui hait les femmes, venoit à vous trouver, où *en* serois-je? (VII, 445.)
Il *en* prit aux uns comme aux autres. (I, 84.)

 Ce conseil ne plut pas :
 Il *en* prit mal, et force États
 Voisins du sultan en pâtirent. (III, 98 et note 22.)

ENCAGER :
Le berger vient, le prend, l'*encage* [le corbeau] bien et beau. (I, 179.)

ENCAISSER :
Il se croit enterré lorsqu'il n'*est* qu'*encaissé*. (VII, 337.)

ENCAN (À L') :
Meubles *à l'encan*. (VIII, 435.)

ENCAVER :
M'*auroit*-on *encavé?* (VII, 336 et note 1.)

ENCEINTE :
 Il n'embrasa que l'*enceinte*
 D'un désert inhabité. (II, 315 et note 12.)
Puisse le feu du ciel désoler ton *enceinte!* (IX, 230.)

ENCENS, au figuré :
 Que me sert-il qu'on me donne
 En ces lieux l'*encens* qui m'est dû ? (VII, 215.)
.... Comme maître Vincent, dont la plume élégante
Donnoit à son *encens* un goût exquis et fin. (VII, 165.)
Prince, l'unique objet du soin des Immortels,
Souffrez que mon *encens* parfume vos autels. (III, 183.)

Un peu de cet *encens* qu'on recueille au Parnasse. (III, 330; voyez II, 203, 231; III, 324; V, 147; VIII, 344, 379, 380, 381; IX, 316; etc.)

ENCENSER, au figuré :
    Apollon l'*encensa*,
    Car il est maître en l'art de flatterie. (VI, 96.)

ENCENSOIR, au figuré :
Deux ânes qui, prenant tour à tour l'*encensoir*,
Se louoient tour à tour. (III, 126.)

ENCHAÎNEMENT :
Je prendrai de plus haut tout cet *enchaînement*. (VI, 326.)

ENCHAÎNER, au propre et au figuré; ENCHAÎNER À :
Enchaînez ces démons, que sur nous ils n'attentent. (VI, 164; IX, 264.)
Voyez combien voilà de choses *enchaînées*
    Et par la cassette amenées. (IV, 408.)
Ce qui consume la vie de plusieurs vieillards *enchaînés aux* livres dès leur enfance.... (VI, 277.)

ENCHANTEMENT :
    Quand l'autre voit celle-là qu'il adore,
    Il se croit être en un *enchantement*. (V, 566 et note 4.)
    Un mot seulement
Nous gâteroit tout notre *enchantement*. (V, 494.)
La force de l'*enchantement* le rendit muet. (VIII, 138.)
Qu'est-ceci, dis-je, et quel *enchantement*? (VII, 164; voyez I, 130; VII, 458, 535, 545; VIII, 114, 227, 240, 242, 254, 286; etc.)

ENCHANTER :
.... Je crois, si tu le veux, qu'on en *est enchanté*. (VII, 211.)
En la voyant, il en *fut enchanté*. (IV, 86.)
    La beauté
Qui tient votre cœur *enchanté*. (V, 258.)
    De jeunes beautés
Aux yeux vifs, aux traits *enchantés*. (V, 20 et note 1.)
Lieux *enchantés*. (V, 272; VIII, 68.)
Parle-lui de cet antre où des flots *enchantés*
Faisoient connoître un cœur ou constant ou perfide. (VII, 534.)

ENCHANTEUR, ENCHANTERESSE :
Enchanteur, penses-tu que ta pompe m'étonne? (VII, 238.)
    Tout l'univers est plein
De maudits *enchanteurs* qui des corps et des âmes
Font tout ce qu'il leur plaît. (IV, 60.)
Il y a des *enchanteurs* agréables. (VIII, 75; voyez VIII, 74.)
Deux *enchanteurs* pleins de savoir. (IX, 346.)
Torelli et le Brun.
    Quiconque nous appelleroit
    Enchanteurs il ne mentiroit. (VIII, 429.)
Nous, Beaux-Yeux.

Les attraits *enchanteurs* de la prospérité. (VIII, 357.)
Ce sont de telles *enchanteresses* qu'elles faisoient passer du vin médiocre et une omelette au lard pour du nectar et de l'ambrosie. (IX, 379.)

ENCHANTERESSE DE :

Des douleurs la nuit *enchanteresse*
Plonge les malheureux au suc de ses pavots. (VI, 247 et note 7.)

ENCHÂSSER :

Je conseille à ces gens de le faire *enchâsser* [leur âne]. (I, 203.)
.... J'y ai *enchâssé* des vers [dans mon ouvrage]. (VIII, 24.)

ENCHÈRE :

Le prix de ces diamants augmentoit celui de ces filles, et y faisoit mettre l'*enchère* par plus d'amants. (VIII, 161.)

ENCHÉRIR ; ENCHÉRIR SUR :

Phèdre [le fabuliste] *enchérit* souvent par un motif de gloire. (I, 337 ; voyez II, 357 ; IV, 150.)
Enchérissez sur les tendresses
Que vous eûtes pour lui. (IV, 432.)
.... La dernière *enchérissoit* toujours *sur* la précédente. (VIII, 57.)
Ma sœur excusera si j'*enchéris sur* elle. (VII, 173.)

ENCLIN à :

Blaireaux, renards, hiboux, race *encline à* mal faire. (III, 321.)
Et nous de qui les cœurs sont *enclins aux* forfaits.... (VI, 289.)

ENCLORE :

Ceux qu'*enclôt* la tombe noire. (I, 224.)
La liqueur *enclose*. (VI, 341.)

ENCLOS, substantivement :

Les brèches à l'*enclos*. (VI, 45 et note 7.)
Le vaste *enclos* qu'ont les royaumes sombres. (II, 137.)
Cet *enclos* de lumière. (IX, 165.)

ENCLOUURE :

.... C'est là l'*enclouure*. (IX, 182 et note 4.)

ENCLUME :

Et frappant sur ton dos comme sur une *enclume*.... (IX, 98.)

ENCOMBRE :

Arriver sans *encombre*. (II, 150.)
Il arriva nouvel *encombre*. (II, 453 et note 6.)

ENCOMMENCER, terme de pratique :

On poursuivit la chose *encommencée*. (IV, 162 et note 5.)

ENCONTRE ; à L'ENCONTRE DE :

Nous avons beau sur ce sexe avoir l'œil :
Ce n'est coup sûr *encontre* tous esclandres. (IV, 372 et note 5.)
.... L'impression
Qu'avoit l'abbesse *encontre* ce remède. (V, 316 et note 6.)

Femme incrédule, et qui vas *à l'encontre*
Des volontés de Dieu ton créateur. (IV, 471.)

ENCORE, ENCOR, emplois divers; ENCOR QUE :

.... Cela dit, maître Loup s'enfuit et court *encor*. (I, 73.)

Quoi? ce n'est pas *encor* beaucoup
D'avoir de mon gosier retiré votre cou ? (I, 230 ; voyez I, 249 ; V, 565.

A peine au lit il s'étoit mis *encore*. (V, 56.)

Honteux qu'on vît sa misère en Florence,
Honteux *encor* de n'avoir su gagner, etc. (V, 162.)

Encor n'usa-t-il pas de toute sa puissance. (II, 11.)
Encor si la saison s'avançoit davantage ! (II, 362.)

Lise, de bout en bout,
De point en point, lui conte le mystère,
Dimensions de l'esprit du beau père,
Et les *encores*, enfin tout le phébé. (V, 298 et note 5.)

Il suit sa pointe, et d'*encor* en *encor*
Toujours l'esprit s'insinue et s'avance. (V, 296.)

Je chante les héros dont Ésope est le père,
Troupe de qui l'histoire, *encor que* mensongère,
Contient des vérités qui servent de leçons. (I, 55.)

On a peur de le voir, *encor qu*'on le desire. (II, 278.)

Notez ceci, et qu'il vous en souvienne,
Galants d'épée ; *encor bien que* ce tour
Pour vous styler soit fort peu nécessaire. (IV, 359 ; voyez I, 190;
III, 66, 78, 162; V, 448, 467, 581; VI, 58, 77, 117, 128, 152, 303,
335; IX, 336, 396; etc.)

ENCORNER :

Capitaine Renard alloit de compagnie
Avec son ami Bouc des plus haut *encornés*. (I, 217.)

A-t-il pas le front encorné,
Encorné d'une corne issante?
(Remy Belleau, tome I, p. 84.)

ENCORNETER (S'), mettre une cornette :

Messire Bon se couvrit d'une jupe,
S'encorneta. (IV, 92 et note 6.)

ENCOURTINER :

Catin se devoit bien tenir *encourtinée*. (VII, 577 et note 3.)

ENDENTÉ :

Tous gens bien *endentés*. (I, 278.)

ENDORMIR :

Une poudre *endormante*. (V, 396 et note 6.)
Pas ne trouva la pucelle *endormie*. (IV, 209.)
L'autre n'*étoit* à l'ouïr *endormie*. (V, 298.)

.... Mais elle ne fut endormie
A me le rendre chauldement.
(Marot, tome II, p. 77.)

ENDOSSE :
.... Le rapporteur m'en a donné l'*endosse*. (IX, 125 et note 1.)

ENDOSSER, au propre :
Il s'habille en berger, *endosse* un hoqueton. (I, 210.)

ENDROIT; EN MON, EN SON, ENDROIT ; À L'ENDROIT DE :
Le Parnasse n'a point d'*endroits* où vous soyez capable de vous égarer. (VI, 277.)
J'ai lu dans quelque *endroit*, etc. (I, 201.) — L'*endroit* de l'ermite. (IX, 24.)
En mille *endroits* nichoit l'Amour. (V, 587 ; voyez IV, 387 ; VI, 126.)
[Mlle Certain], par mille *endroits* également charmante. (IX, 162.)
De l'*endroit* où j'en suis souviens-toi bien, Pythie. (VII, 90.)
C'est le plus vilain *endroit* de ma vie. (VII, 485.)
Une fille qui n'aime qu'en un *endroit* ne sauroit être blâmée. (VIII, 158.)

   Mais la perte la plus grande
   Tomba presque en tous *endroits*
   Sur le peuple souriquois. (I, 287.)

   Les marques de ta bienveillance
   Sont communes *en mon endroit*. (II, 325 et note 7 ; voyez V, 168 et note 2.)

   Chacun *en son endroit*
   S'entremet, agit, et travaille. (III, 284.)
De son côté.

Toujours le même *à l'endroit de* sa femme. (IV, 347 et note 6.)
Est-il chose assez sainte *à l'endroit* d'une femme ? (VII, 91.)

ENDURCIR, au propre. (VIII, 294.)

ENDURER ; ENDURER QUE :
Au moins, s'il faut souffrir, *endurez* doucement. (VII, 16; voyez VII, 609.)
Vous aurez plutôt fait d'*endurer* qu'à loisir
Je contente l'ardeur que pour lui j'ai conçue. (VII, 24.)

ENFANCE :
Les pensées de l'*enfance*. (I, 17.)
L'*enfance* n'aime rien. (III, 102.)
Les fruits de l'âge mûr joints aux fleurs de l'*enfance*. (IX, 139.)
L'*enfance* du monde. (VI, 352 et note 4; VIII, 480.)

ENFANÇON :
Le décès de l'*enfançon*. (V, 165 et note 6.)

ENFANT :
Un fripon d'*enfant* (cet âge est sans pitié), etc. (II, 364.)
Certain *enfant* qui sentoit son collège. (II, 380.)
L'aveugle *enfant* [l'Amour]. (VI, 125.)
Appétit d'*enfant*. (V, 479 et note 4.)
.... Ce sont *enfants* tous d'un lignage. (III, 17.)
Je me lasse d'être un *enfant* et une ignorante. (VIII, 156; voyez IV, 76.
Enfant de bon lieu. (V, 370.)

Enfants de la bonne fortune. (III, 349; voyez VII, 518.)
Les arts sont les *enfants* de la nécessité. (VI, 349.)
Enfant du diable. (VI, 30.)
Que les *enfants* des dieux vendent cher aux mortelles
L'honneur de quelques soins, bien souvent peu fidèles! (VII, 600.)
Un *enfant* des neuf Sœurs, *enfant* à barbe grise. (IX, 173.)
Moi qui suis *enfant* du sommeil et de la paresse. (IX, 247.)
Enfant d'honneur. (V, 272 et note 5.)

ENFANTIN, INE :
Les pensées de l'enfance sont d'elles-mêmes assez *enfantines*.... (I, 17.)

ENFARINER ; s'ENFARINER :
Ce bloc *enfariné* ne me dit rien qui vaille. (I, 258.)
        Notre amant se déguise
Et *s'enfarine* en vrai garçon meunier. (V, 47 et note 6; voyez I, 257.)

ENFER, au propre et au figuré ; LES ENFERS :
        Tout l'*enfer*
Fut employé dans cette réprimande. (VI, 32 ; voyez VI, 293.)
Petit tison d'*enfer!* (V, 419 et note 8.)
Deux ans de paradis s'étant passés ainsi,
    L'*enfer* des *enfers* vint ensuite. (V, 112 et note 3.)
L'*enfer* s'ennuie, autant en fait la belle. (V, 478; voyez V, 462, 475, 476, 477, 479, 481, 482.)
Cette ombre aux *Enfers* descendue. (VI, 73 ; voyez VI, 182 ; etc.)

ENFERMER :
La penaille ensemble *enfermée*.... (IV, 199.)
Il ne falloit pas considérer la forme du vase, mais la liqueur qui y étoit *enfermée*. (I, 44.)
Ces lettres *enfermoient* un triple sens. (I, 43.)
.... Ce que la nuit des temps *enferme* dans ses voiles. (I, 169.)
.... *Enfermer* un cœur par vos traits méprisé. (VIII, 368.)
        D'*enfermer* sous l'ombre
Une telle aise, le moyen? (V, 267.)

ENFERRER (S') :
Le cruel animal *s'enferre* dans ses armes. (VI, 265.)

ENFILER, au propre et au figuré :
.... Je les vais de mes dards *enfiler* par centaines. (III, 264.)
Enfiler la venelle. (III, 294 et note 6 ; VI, 117.)
Quand un plaideur s'en vient m'*enfiler* son procès.... (VII, 95.)
Elle en alloit *enfiler* beaucoup plus [de noms]. (IV, 104 et note 4.)
Il sembloit à Pyrrhus, hasardeux à la main,
Qui tousiours enfiloit dessein dessus dessein, etc.
        (Ronsard, tome II, p. 467.)
Comparez Brantôme, tome VI, p. 422; Montaigne, tomes I, p. 368, IV, p. 21 ; et Maucroix, tome I, p. 112 : « enfileuse de chapelets et débrideuse de matines ».

ENFIN :
L'aveugle *enfin* ne le crut pas. (III, 50 et note 19.)

Nymphe qui cache *enfin* sa tête dans la nue. (VI, 230.)
Qui finit par cacher.

ENFLAMMER :

La balle *enflammée*. (VIII, 41.)
Il se sentit *enflammer* le gosier. (IV, 141.)
   Quand un sujet l'*enflamme* [l'homme],
L'impossibilité disparoît à son âme. (II, 339.)
Au palais de Vénus il s'en alloit tout droit,
Espérant y trouver le sujet qui l'*enflamme*. (VIII, 297.)
L'objet qui l'*enflamme*. (VI, 267.)

ENFLER ; s'ENFLER :

Un ballon mal *enflé*. (VI, 333.)
Leurs ruisseaux *sont enflés* par mes pleurs. (IX, 75 ; voyez VIII, 355.)
Les méchants, *enflés* de leurs ligues.... (VIII, 395.)
Vous chantez son triomphe, *enflez* sa renommée. (VII, 354.)
    La chétive pécore
 S'enfla si bien qu'elle creva. (I, 67 et note 5 ; voyez I, 66 et note 3 ; II, 10.)

ENFLURE :

Quelle *enflure!* ah! j'ai l'âme saisie. (VII, 339.)

ENFONCEMENT :

Ce bois qui paroît en l'*enfoncement*.... (IX, 222.)
Niches, *enfoncements*. (VIII, 41.)

ENFONCER ; s'ENFONCER :

Dans le lit l'une et l'autre *enfoncée*.... (IV, 468.)
Je m'*enfonçai* dans l'une de ces allées. (IX, 278.)
Quand on pense sortir d'une mauvaise affaire,
 On *s'enfonce* encor plus avant. (I, 383.)

ENFONÇURE :

Le vieillard couchoit dans une *enfonçur* du rocher. (VIII, 142 ; voyez VIII, 39.)

ENFONDRER :

M'*enfondrer* l'estomac. (VII, 326 et note 1.)

ENFOUIR :

Plus n'entasser, plus n'*enfouir*. (III, 25.)
Ils vont *enfouir* le trésor. (III, 24.)

ENFOUISSEUR. (III, 22 et note 1.)

ENFUMER :

   Le Prince tout à l'heure
Veut qu'on aille *enfumer* renard dans sa demeure. (II, 224.)
Sa chaumine *enfumée*. (I, 107 et note 4.)

ENGAGER, sens divers; ENGAGER À, DANS, DE; S'ENGAGER; S'EN-
GAGER À, DANS, DE :

Vous ne connoissez pas l'attrait qui vous *engage*. (III, 49.)
Qui vous tente.

Certaine philosophie,
Subtile, *engageante*, et hardie. (II, 460.)

Cette civilité *engageante*. (VIII, 346.)
Aminte est *engageante*, et prévient par ses charmes. (VII, 520.)

.... Fût-ce le beau berger
Qu'OEnone eut autrefois le pouvoir d'*engager*. (IX, 384.)

Engagé par mes premiers serments. (II, 367.)
Laissant tout mon bien *engagé*. (VII, 21.)

J'*engage* à Votre Altesse
Ma foi, mon bien, mon honneur, ma promesse. (IX, 128 et note 3.)

.... Quiconque *engagera* ma foi. (VIII, 374.)

Son esprit, ses traits, sa richesse,
Engageoient beaucoup de jeunesse
A sa recherche. (V, 211.)

Il sut les *engager*
A lui servir, etc. (II, 250; voyez III, 284.)

Il ne les faut jamais *engager* [les rois] *dans* vos guerres. (I, 180; voyez VI, 199, 209.)
Je veux *dans* les plaisirs la laisser *engager*. (VII, 561.)
Il *engage* tous les passants que le hasard conduit ici *d'*en faire l'épreuve [de cette coupe]. (VII, 461.)

[Mon cœur] aime à *s'engager*. (VIII, 363.)
Il *s'engage* avecque Florise. (VII, 211.)

.... Sans mon congé
Vous *vous êtes*, Patrocle, *au* combat *engagé*. (VII, 625.)

Nous *nous sommes* insensiblement *engagés à* l'examiner [ce point]. (IV, 249; voyez VII, 564.)
Pour moi, je n'ai pas voulu *m'engager dans* cette critique. (I, 29; voyez IV, 148.)
De les aller trouver je *me suis engagée*. (IV, 53 et note 6.)

Cet inconnu *s'engagea de* la rendre
Chez Zaïr. (IV, 440.)

ENGEANCE :

Engeance sans pitié. (I, 145.)
Maudite *engeance*. (II, 382; voyez VIII, 212.)

Notre *engeance*
Prit pied sur cette indulgence. (II, 316.)

L'*engeance* humaine. (II, 315; voyez III, 21 et note 9.)
Il peupla tout de son *engeance*. (II, 334.)

Cette *engeance*, insecte devenue,
Tâche de lancer l'eau. (VIII, 122.)

Jupiter résolut d'abolir cette *engeance*. (VI, 151; voyez I, 116, 264; II, 4; VI, 283, 316, 356.)

ENGEIGNER, tromper, prendre au piège; s'ENGEIGNER :
Tel, comme dit Merlin, cuide *engeigner* autrui,
Qui souvent *s'engeigne* soi-même. (I, 307-308 et note 4.)

> Car moult souuentes fois aduient
> Que celui là soi mesme engeigne
> Qui menestrel engeigner pense.
> (Rutebeuf, Paris, 1891, in-16, p. 160.)

ENGEINGREIGNIAUX :
Si je m'allois mettre dans la çarvelle tous vos *engeingreigniaux*, adieu le batifolage. (VII, 491 et note 7.)

ENGENDRER :
L'homme n'*engendre* guère à soixante et dix ans. (IX, 43.)

ENGER DE, charger de, embarrasser de, engrosser :
Il les *engea de* petits Mazillons. (IV, 506 et note 4.)

ENGIN, ENGINS :
De là naîtront *engins* à vous envelopper. (I, 82 et note 7.)

ENGOUER (S') :
Un auteur n'est que trop facile à *s'engouer*. (VII, 354 et note 2.)

ENGOUFFRER; s'ENGOUFFRER :
Les vents *engouffrés* dans les arbres. (VI, 287 et note 1.)
Le cavalier eut soin d'empêcher que l'orage
Ne *se* pût *engouffrer* dedans [dans son manteau]. (II, 10.)

ENGOURDIR :
Un serpent *engourdi* de froid. (III, 50; voyez II, 41.)

ENGRAISSER; s'ENGRAISSER; s'ENGRAISSER DE :
La cervoise *engraissante*. (VIII, 206.)
Le porc à *s'engraisser* coûtera peu de son. (II, 151.)
Plus d'un guéret *s'engraissa*
Du sang de plus d'une bande. (I, 287.)

ENHARNACHER. (IX, 253, 331.)

ENIVRER :
.... Les yeux *enivrés* par des charmes puissants. (VI, 240.)

ENJAMBER :
.... De moment en moment *enjambant* l'intervalle. (VII, 411.)
Vers qui *enjambent*. (IV, 146.)

ENJEU, ENJEUX :
On mit près du but les *enjeux*. (II, 32.)

ENJÔLER :
Je ne me laisserai pas *enjôler* davantage. (VII, 445 et note 1.)

ENJOUÉ :
Maître Vincent, qui même auroit loué
Proserpine et Pluton en un style *enjoué*. (VII, 165.)

ENLACER :
Enlacer tout insecte volant. (III, 36.)

ENLEVER, au propre et au figuré :
Pour un âne *enlevé* deux voleurs se battoient. (I, 96.)
    Un satrape voisin....
  Enlève à Zoon sa conquête. (VI, 209.)
Elle se sentit *enlever* dans l'air. (VIII, 56; voyez VIII, 94, 100; etc.)
Ils [ces grands hommes] *enlèveront* toujours les esprits. (VIII, 350.)

ENNEMI ; ENNEMI À, DE :
Notre *ennemi*, c'est notre maître. (II, 26.)
Un sage *ennemi*. (II, 263.)
Entourés d'*ennemis* dès les premiers instants. (VI, 336; voyez I, 157; III, 213.)
Une autre belette *aux* oiseaux *ennemie*. (I, 142.)
Troupe *aux* jeux *ennemie*. (IX, 30.)
La saison la plus *ennemie de* la guerre. (I, 6; voyez I, 10; VIII, 452.)
Ces *ennemies du* genre humain [les vapeurs et la toux]. (IX, 379.)

ENNUI, chagrin :
    Toujours un double *ennui*
  Alloit en croupe à la chasse avec lui. (V, 164 et note 5.)
Maint voisin charitable entretient ses *ennuis*. (VI, 183; voyez V, 94, 126 et note 2; VI, 193, 202, 243, 248, 271, 296, 321; VII, 22, 153, 240, 533; VIII, 158, 215, 280, 356, 370, 373, 378, 391, 452; IX, 103, 198; etc.)

ENNUYER ; S'ENNUYER :
L'horreur d'une prison longue, obscure, *ennuyante*. (VII, 417.)
Les ennuis d'amour ont cela de bon qu'ils n'*ennuient* jamais. (VIII, 158.
    .... Un jeu
  Qui, comme on sait, lasse plus qu'il n'*ennuie*. (IV, 209.)
Il [l'ours] vint à *s'ennuyer* de cette triste vie....
  Non loin de là certain vieillard
  S'ennuyoit aussi de sa part. (II, 259-260.)
Le maître des dieux assez souvent *s'ennuie*. (III, 243.)
L'enfer *s'ennuie*, autant en fait la belle. (V, 478.)

ENNUYEUX, EUSE :
La Beauce m'avoit semblé *ennuyeuse*. (IX, 238.)
Des peines près de qui le plaisir des monarques
Est *ennuyeux* et fade. (II, 277.)
Termes de qui le sort sembleroit *ennuyeux*, etc. (VIII, 122.)
Le jour m'est *ennuyeux*. (VIII, 367 et note 1.)

ÉNORMITÉ :
L'*énormité* du cas. (III, 271.) — L'*énormité* du fait. (IV, 39.)

ENQUÉRIR COMME, DE (S') :
Je m'*enquiers comme* il se nomme. (V, 239.)
Atis *s'enquit de* la raison. (V, 252.)

ENQUERRE de (S') :
.... Le Parlement n'a droit de *s'en enquerre*. (IX, 6.)

ENQUÊTE (Faire) :
[La guêpe] *fit enquête* nouvelle. (I, 121.)
Puis il fallut *faire enquête* du père. (V, 524.)

ENQUINAUDER :
Bref il m'*enquinauda*. (IX, 174 et note 5.)

ENRAGER; enrager de :
Il *est enragé*. (VII, 475.)
J'*enrage*. (VII, 424.) — Les valets *enrageoient*. (II, 104.)
Lors chacun d'*enrager*, mourir, crever d'envie? (VII, 55.)
A vous faire *enrager* je mettrai mon génie. (VII, 432.)
.... Le Destin
Adresse là les gens quand il veut qu'on *enrage*. (II, 59 et note 4.)
Il a honte, il *enrage*
De n'avoir pas, etc. (V, 169.)

ENRHUMER (S') :
Quand je m'*enrhumerois* à force d'appeler! (VII, 176.)

ENRICHIR :
[La peste], capable d'*enrichir* en un jour l'Achéron. (II, 95 et note 13.)

ENRICHISSEMENT :
Il a donc fallu que j'aie cherché d'autres *enrichissements*. (II, 80.)

ENRÔLER :
.... Il ne faut
Prendre ceci pour guerrière bravade,
Ni m'*enrôler* là-dessus malgré moi. (V, 396.)
L'époux, *enrôlé* tout de bon. (V, 51 et note 3.)

ENROUER :
.... *Enroué*,
Fatigué, détestant de s'être vu joué. (VII, 426.)

ENSANGLANTER :
Arrête, il ne faut pas *ensanglanter* la scène. (VII, 370.)
Le plus beau des mortels, l'amour de tous les yeux,
Par le vouloir du Sort *ensanglante* ces lieux. (VI, 265.)
Le maître et son esclave, attendant le trépas,
Gisent *ensanglantés*. (VI, 303.)

ENSEIGNE, sens divers :
Dans les frelons
Ces *enseignes* étoient pareilles. (I, 121.)
Caractères, signes extérieurs, *insignia*.

Pour *enseigne* et mot du guet.... (I, 327 et note 3.)
L'*enseigne* fait la chalandise. (II, 182.)
L'enseigne de boutique.

ENSEIGNEMENT :
Je crois qu'ainsi que vous, pleine d'*enseignements*,
Oriane prêchoit. (IX, 24.)

ENSEIGNER :
[C'est lui qui] au combat *enseigne* mes mains. (VIII, 400 et note 1.)

ENSEMBLE (Tout) :
Des inventions si utiles et *tout ensemble* si agréables. (I, 3.)
Pleine de honte et d'amour *tout ensemble*. (V, 54.)

ENSERRER :
En la tombe *enserrée*. (VIII, 475.)
    Dans sa cave il *enserre*
L'argent, et sa joie à la fois. (II, 220.)
.... Le trésor qu'il *enserre*. (II, 438 ; voyez IX, 27.)
Le dédale des cœurs en ses détours n'*enserre*
Rien qui ne soit d'abord éclairé par les dieux. (I, 341.)

ENSORCELER :
.... C'est ce poirier ; il *est ensorcelé*. (IV, 316.)
    Savons-nous si ces gens...
N'ont point *ensorcelé* mon épouse et la vôtre? (IV, 60.)
Paroles *ensorcelantes*. (VIII, 174.)

ENSUITE DE :
Ensuite de la promenade on alla souper. (IX, 345.)

ENSUIVRE ; S'ENSUIVRE :
Quelques jours *ensuivant*. (IV, 503 et note 2.)
Ce qui *s'ensuit*. (I, 31 ; voyez V, 128, 494 ; VIII, 424 ; IX, 386.)
La paix *s'ensuivit*. (II, 137.)

ENTACHER :
Que le moins *entaché* se moque un peu de vous. (V, 136.)

ENTAILLER :
Sur chaque base des deux colonnes... *étoient entaillés* ces mots, etc. (VIII, 186.)

ENTAMER, au propre et au figuré :
Entamer sa peau. (VI, 260.)
    Il [l'Amour] *entama*
Le soldat jusqu'au vif. (VI, 79 et note 7.)
    Ses traits ont eu la force d'*entamer*
Les cœurs, etc. (VIII, 42.)
Le point étoit d'*entamer* cette affaire. (VI, 29 et note 2.)

ENTASSER :
    Je n'*entasse* guère
Un jour sur l'autre. (II, 218.)
Plus n'*entasser*, plus n'enfouir. (III, 25 ; voyez I, 344 ; III, 202.)

ENTENDEMENT :

Ton peu d'*entendement*. (II, 321.)

ENTENDRE, sens divers; ENTENDRE À ; s'ENTENDRE :

N'*entends*-tu point comme ils sont en débat? (IV, 215.)

C'est père André, celui qui d'ordinaire
Entend Alis dans sa confession. (V, 234.)

Vous m'*entendez*, je vous *entends*,
Il suffit. (III, 128.)

.... C'étoit le mont qu'*entendoit* l'oracle. (VIII, 54.)
Je n'*ai* pas *entendu* d'abord ce qu'il vouloit. (VII, 182.)
Un prophète *entend*-il les choses qu'il annonce? (VII, 232.)
Il n'*avoit* pas *entendu* d'abord ce que ce songe signifioit. (I, 11; voyez I, 42, 192, 195, 278; V, 49, 273, 572, 578, 581, 596 ; etc.)
Ce que vous possédez de trop je l'ai donné,
Bien *entendu*, Monsieur. (V, 277.)

Entendez que la dame
Pour l'autre emploi inclinoit en son âme. (V, 82 ; voyez V, 319.)

Belle-Bouche n'*entend* pas bien
Pour cette fois-là son affaire. (VIII, 428.)

C'est là ce qu'on appelle *entendre* le métier. (VII, 106.)
Vraiment vous l'*entendez*. (VII, 157.)
Monsieur le Cardinal l'*entend*, en bonne foi. (IX, 329; voyez IV, 215.)
Comment l'*entend* Monsieur mon hôte? (IV, 432.)
Qu'il tranche du railleur, qu'il fasse l'*entendu*. (VII, 32.)

Entre Mars et Vénus mon cœur se sent suspendre,
Est recherché des deux, ne sait *auquel entendre*. (VII, 58.)

Le roi des dieux ne sait *auquel entendre*. (I, 366.)
On fit *entendre à* l'aigle enfin qu'elle avoit tort. (I, 153.)
Grâce, s'*entend*, la première des trois. (VII, 163 ; voyez IX, 386.)

Au reste, n'allez pas chercher ce style antique
Dont à peine les mots s'*entendent* aujourd'hui. (VII, 163.)

Les fleurettes s'*entendent* par tout pays. (IX, 292.)

ENTENTE :

Chacun sait quelle est mon *entente*. (V, 514 et note 4.)

ENTER :

Le troisième tomba d'un arbre
Que lui-même il voulut *enter*. (III, 159.)

Ce sont morceaux de rochers
Entés les uns sur les autres. (IX, 290.)

Ce visage d'Éthiopienne *enté* sur un corps de Grecque. (VIII, 228.)

ENTÉRINER :

Ma prière parvint aux temples étoilés,
Parut devant sa face, et *fut entérinée*. (VIII, 395 et note 2.)

ENTERRER ; s'ENTERRER :

Un curé s'en alloit gaiement
Enterrer ce mort au plus vite. (II, 157.)

Il se croit *enterré* lorsqu'il n'est qu'encaissé. (VII, 337.)
Son père veut *enterrer* toute sa famille avec lui. (VII, 477.)
On l'*avoit enterré* [ce trésor] dedans telle bourgade. (II, 424; I, 346.)
Nous-mêmes nous allons *enterrer* tout cela [ces appas]. (VI, 79.)
Cette honte, qu'*auroit* le silence *enterrée*,
Court le pays. (V, 136.)
    Elle *enterra* vers et prose
    Avec le pauvre chrétien. (IX, 320.)
La dame *s'enterroit* ainsi toute vivante. (VI, 77.)

ENTÊTEMENT :
Le Ciel le punira de cet *entêtement*. (VII, 416.)
Tout est prévention, cabale, *entêtement*. (II, 179.)

ENTÊTER ; ENTÊTÉ DE ; S'ENTÊTER DE :
Nos *entêtés*. (VIII, 339.)
Plein de Machiavel, *entêté de* Boccace. (IX, 204.)
N'allez pas *vous entêter de* ce petit vilain-là. (VII, 477 et note 2.)

ENTICHÉ DE :
Vous voyez deux pauvres orphelines, qui ne sont nullement *entichées du* vice d'ingratitude. (VII, 478 et note 1.)

ENTIER, IÈRE ; EN SON ENTIER :
[Il] trafiqua de l'argent, le mit *entier* sur l'eau. (I, 267.)
Plaisir *entier*. (IV, 318.) — *Entière* bombance. (III, 353.)
Et ce soir-là chez vous la chère fut *entière*. (VII, 282.)
Vous possédez *entier* le cœur de votre amant. (VII, 600.)
Avant le jour du compte efface *entier* le mien. (VIII, 416.)
    L'assemblée....
  Se donne *entière* à l'orateur. (II, 233 ; voyez II, 202 et note 19 ; III, 122.)
.... C'est assez que tantôt il vous ait plu d'avoir
    La fillette toute *entière*. (IV, 57.)
    Son épouse étoit toujours fidèle,
    Entière, et chaste. (IV, 343 et note 3.)
L'édifice résiste et dure *en son entier*. (II, 467.)

ENTONNER :
J'*entonnois*, en ronflant, déjà mon premier somme. (VII, 324.)

ENTORTILLER :
    Ce maudit mousqueton,
Ayant entortillé mes jambes de son long.... (VII, 296.)
    Un sphinx aux larges flancs
Se laisse *entortiller* de fleurs par des enfants. (VIII, 121.)

ENTOUR DE (À L') :
A l'entour de ces murs je vous laisse combattre. (VII, 618.)
    A l'entour de ce pin
L'homme tendit ses rets. (II, 324.)
Qu'*à l'entour de* sa femme une mouche bourdonne.... (V, 92 ; voyez I, 157, 182 ; II, 40 ; IV, 505 ; V, 113, 134 ; VII, 619 ; etc.)

ENTR'AIDER (S') :
Il *se* faut *entr'aider*, c'est la loi de nature. (II, 299.)

ENTR'AIMER (S') :
Toutes deux *s'entr'aimoient*. (VI, 73.)

ENTRE ; D'ENTRE :
Un petit maître *entre* deux vins. (VII, 570 et note 2.)
Je me joue *entre* des cheveux. (I, 272.)
     J'aurois peine à dire
Entre vous et Phébus lequel des deux m'inspire. (IX, 192.)
Entre les villes où il s'arrêta, Delphes fut une des principales. (I, 51; voyez V, 67.)
Quelque jeune homme *d'entre* le peuple. (V, 40.)
Il tire de la boîte, et *d'entre* du coton,
  De ces appeaux à prendre belles. (V, 150.)

ENTRE-BAISER (S') :
Nous pourrons *nous entre-baiser* tous. (I, 176.)

ENTRE-BATTRE (S') :
Sitôt qu'elle eut vu cette troupe enragée
S'entre-battre elle-même et se percer les flancs.... (III, 40.)

ENTRECHAT :
  Sans toi ces happe-chair
M'alloient faire danser un *entrechat* en l'air. (VII, 396.)

ENTRE-DIRE (S') :
  Les femmes même, à l'envi des maris,
  S'entre-disoient en leurs menus devis.... (V, 330.)

ENTRE-DONNER (S') :
Tous deux *s'étoient entre-donné* la foi. (IV, 324 et note 3.)

ENTRÉE d'un repas. (I, 38.)

ENTREFAITE (Sur l') :
L'ennemi vient *sur l'entrefaite*. (II, 25 et note 3.)

ENTREGENT :
Peu d'*entregent*, beaucoup d'honnêteté. (IV, 462 et note 2.)

ENTREMÊLER (S') :
Le mal est que dans l'an *s'entremêlent* des jours
Qu'il faut chommer. (II, 218.)

ENTREMETS. (I, 38.)

ENTREMETTEUR :
Pour un *entremetteur*, on te fait trop attendre. (VII, 63 et note 1.)

ENTREMETTRE (S') ; s'entremettre de :
  Chacun en son endroit
  S'entremet, agit, et travaille. (III, 284; voyez IV, 81; V, 486.)

.... Faire l'agent, et *d'amour s'entremettre.* (VII, 35; voyez VII, 100.)

ENTRE-PILLER (S') :
Car que me chaut si le Nord *s'entre-pille?* (IX, 14.)

ENTRE-POUSSER (S') :
L'onde, pour la toucher, à longs flots *s'entre-pousse.* (VIII, 47.)

ENTREPRENDRE ; ENTREPRENDRE SUR :
Vous savez à propos *entreprendre.* (IX, 33.)
Ce qu'il *n'entreprend* pas, et ce qu'il *entreprend,*
N'est d'abord qu'un secret. (III, 239.)
Nous mettrons, dit Astolphe, autant de cœurs à bout
    Que nous voudrons en *entreprendre.* (IV, 44 et note 6.)
Entreprends mon cadet. (VII, 92.)
M. de Châteauneuf... *l'entreprit,* et lui dit que, etc. (IX, 232.)
Et si de t'agréer je n'emporte le prix,
J'aurai du moins l'honneur de *l'avoir entrepris.* (I, 56.)
> Dans les choses grandes et belles
> Il suffit d'avoir entrepris.
>   (Molière, *le Malade imaginaire*, prologue, tome IX, p. 269.)

Je *n'entreprendrai* point *sur* les droits de Borée. (II, 392.)

ENTREPRENEUR :
Et quel est donc ce sot *entrepreneur?* (VII, 414 et note 5.)
« Pour moi, je ne trouve rien de si fou que de vouloir deviner les entreprises, car on ne sait point d'ordinaire les forces ni les vues des entrepreneurs. » (Lettre de Bussy Rabutin à Mme de Montmorency du 16 juin 1667.)

ENTRE-PRESSER (S') :
A passer *s'entre-pressant* chacune.... (V, 306.)

ENTREPRISE :
Le lion dans sa tête avoit une *entreprise.* (I, 424.)
    Depuis le temps, Monsieur notre curé
    Auroit déjà parfait son *entreprise.* (V, 497.)
Ami, te dis-je encor, laisse cette *entreprise.* (VII, 623.)
Qu'ils achèvent sans moi *l'entreprise* de Troie. (VII, 621.)

ENTRER :
Dès en *entrant.* (IV, 371 et note 1.) — Tout en *entrant.* (V, 543.)
.... Votre oncle qui dit *avoir entré* dans les chambres. (IX, 228.)
.... Les fleuves qui *entrent* dedans [dans la mer]. (I, 41.)
C'est dommage, Garo, que tu n'*es* point *entré*
Au conseil de celui que prêche ton curé. (II, 376.)
Entrer en la pensée. (III, 148.)
J'*entre* en tentation. (IX, 23.)
[Le loup] *entre* en propos. (I, 71.)
Entrer dans leurs différends. (VIII, 177.)
Entrer sérieusement dans les déplaisirs d'une fille de ce nom-là. (IX, 432.)

ENTRE-REGARDER (S') :
On est longtemps à *s'entre-regarder.* (V, 303.)

ENTRE-SUIVRE :

.... Notre sort en dépend : sa course *entre-suivie*
Ne va, non plus que nous, jamais d'un même pas. (II, 297 et note 37.)
Des deux flambeaux du ciel la course *entre-suivie*. (VI, 305.)
De soixante soleils la course *entre-suivie*. (IX, 185.)
De différents desirs elle [la vie] *est entre-suivie*. (VII, 210.)

ENTRE-TEMPS :

Cet *entre-temps* ne fut sans fruit. (V, 523 et note 5.)
    Quelque ameublement
D'été, d'hiver, d'*entre-temps*. (VI, 103 et note 8.)

ENTRETÈNEMENT :

    Et pour cet *entretènement*,
    Unique obstacle à tels ravages,
    Chacun a son département. (IX, 246 et note 1.)

ENTRETENIR, sens divers ; ENTRETENIR DE :

    On ne sut pas longtemps à Rome
    Cette éloquence *entretenir*. (III, 153.)
Pour l'*entretenir* deux jours me sont assez. (VII, 64 ; voyez V, 565 ; VII, 112.)
    .... Le vain ressouvenir
Qui le vient malgré lui sans cesse *entretenir*. (VI, 248.)
    Certain marquis, gouverneur de la place,
    L'*entretenoit* [cette veuve]. (IV, 252.)
[Il] l'*entretint de* petits oiseaux. (V, 16.)

ENTRETIEN :

Fuir tout *entretien*. (V, 14 et note 7.) — Le fil de l'*entretien*. (V, 546.)
Bien que j'abrégeasse mon récit, il nous fournit d'*entretien* jusqu'au château. (VIII, 292.)
Il faut de tout aux *entretiens*. (II, 459.)
La mine d'un héros et le doux *entretien*. (III, 188 et note 28.)
    Celle-ci paroît causeuse
Et d'un agréable *entretien*. (V, 450 et note 6.)
Pleine d'esprit, d'un *entretien* charmant. (IX, 15.)
D'aimable *entretien*. (VII, 429.)
Ce seroit pour Pamphile un mauvais *entretien*. (VII, 49.)
Je ne demande plus qu'un *entretien* flatteur. (VII, 97 ; voyez VII, 602.)

ENTREVOIR, absolument :

Dans ce dessein j'*entrevois*, ce me semble. (VII, 573 et note 3.)

ENTR'OUÏR :

Entr'ouïr la voix de sa maîtresse. (V, 564 et note 1.)

ENVELOPPE :

Ces puérilités servent d'*enveloppe* à des vérités importantes. (I, 3.)

ENVENIMER :

Querelle *envenimée*. (II, 170.)

ENVERS; À L'ENVERS :

Il est bon d'être charitable :
Mais *envers* qui? c'est là le point. (II, 43.)
Envers et contre tous je te protégerai. (II, 326.)
Cette maison va tomber *à l'envers*. (I, 100.)

ENVI (À L'); À L'ENVI DE :

Eux de recommencer la dispute *à l'envi*. (II, 428.)
En mariage *à l'envi* demandée. (IV, 206; voyez VI, 242, 306, 334; VII, 425, 509, 618; etc.)
Phébus brille *à l'envi du* monarque françois. (VIII, 121; voyez V, 330; VIII, 62 et note 2.)

ENVIE, acceptions diverses :

Si j'ajoute du mien à son invention [de Phèdre],
C'est pour peindre nos mœurs, et non point par *envie*. (I, 337 et note 4.)
Mon fouet étoit usé; j'en retrouve un fort bon :
Vous n'en parlez que par *envie*. (III, 50.)
Est-ce pour se moquer, ou pour nous faire *envie*? (VII, 81.)
Ne pouvoir disposer d'un seul de ses cheveux,
D'un seul de ses desirs, d'un moment de sa vie,
N'est pas une fortune à donner de l'*envie*. (VII, 81; voyez VIII, 49.)
J'ai sujet en un point de vous porter *envie*. (VII, 599.)
Triompher de l'*envie* et du temps. (VI, 164; voyez VIII, 92.)
Je vous raconterai Térée et son *envie*. (II, 449 et note 7.)
Contenter son *envie*. (II, 292; voyez VI, 299.)
.... Pour un mouton pourri, pour quelque chien hargneux,
Dont j'aurai passé mon *envie*. (III, 31 et note 9.)
.... Il étoit sur le point d'en passer son *envie*. (IV, 439; voyez IV, 224.)
Si, de ma vie,
Je vous rappelle, et qu'il m'en prenne *envie*.... (II, 105.)
Satisfaire à leurs vaines *envies*. (I, 235 et note 3.)

ENVIEILLI, IE :

L'erreur *envieillie*. (IX, 377.)

ENVIER :

Mais tu me dois aussi quelques moments d'amour :
Le Ciel nous les *envie*. (VII, 628.)
Mon mari est bien cruel d'*envier* à deux personnes qui n'en peuvent plus la satisfaction de me voir! (VIII, 83.)

ENVIEUX, EUSE :

[La grenouille] *envieuse*. (I, 66.) — Nos [sœurs] *envieuses*. (VIII, 99.)

ENVINÉ, ÉE :

Ce bachique dessein part d'une âme *envinée*. (VII, 312 et note 4.)

ENVIRON; À L'ENVIRON :

Environ le temps que tout aime. (I, 355.)
On tremble *à l'environ*. (I, 156; voyez II, 4.)

ÉPA] DE LA FONTAINE. 337

ENVIRONNER :

Hispal en un moment se vit *environné*. (IV, 401.)

    Gardez d'*environner* ces roses
    De trop d'épines. (III, 330.)

ENVISAGER :

Sa tendresse *envisage* un moineau digne d'elle. (VII, 582.)
.... Loin d'*envisager* ces périls évidents. (VII, 403.)
Envisager le fait. (III, 79.)
Ceux qui d'un œil cruel *envisageant* ma vie.... (VIII, 399.)
.... Ceux qui, pour couvrir quelque puissant effort,
Envisagent un point directement contraire. (III, 238.)

ENVOLER (S') :

Il *s'envole* avec l'ombre, et me laisse appeler :
Hélas! j'use au hasard de ce mot d'*envoler*,
Car je ne sais pas même encor s'il a des ailes. (VIII, 78.)
Sur les ailes du temps la tristesse *s'envole*. (II, 73.)

ENVOYER :

Vers ses associés aussitôt elle *envoie*. (I, 76.)
Gens *envoyés* peupler les monuments.... (IX, 146.)
Un *envoyé* du Grand Seigneur. (I, 94.)

ÉOLIPYLE. (VI, 341 et note 2.)

ÉPAGNEUX, épagneuls. (V, 259 et note 3.)

ÉPAISSIR :

J'*épaissis* sa rondeur. (II, 201.)
La rondeur du soleil.

ÉPANCHER; s'épancher :

    .... Là nulle humaine créature
Ne touche aux animaux pour leur sang *épancher*. (III, 255.)
Leur souffle pousse un jet qui va loin *s'épancher*. (VIII, 33.)
Ces rayons dont l'éclat dans les airs *s'épanchant*.... (VIII, 32.)

ÉPANDRE; s'épandre :

Celui dont le luxe *épand* beaucoup de bien.... (II, 310.)
C'est un parterre où Flore *épand* ses biens. (II, 459.)
J'*épands* en l'air ces caractères. (VII, 231.)
Écho redit ces mots dans les airs *épandus*.... (III, 335.)
Quelques restes de feu sous la cendre *épandus*. (VI, 153 et note 1.)
Homère *épand* toujours ses dons avec largesse. (VIII, 250.)
Les compagnons de Malc *épandus* par ces champs. (VI, 283.)
En superfluités [le blé] *s'épandant* d'ordinaire.... (II, 413.)
La nuit couvre la terre et *s'épand* sur les eaux. (VIII, 484.)

ÉPANOUIR :

[L'huitre] humoit l'air, respiroit, *étoit épanouie*. (II, 254.)

ÉPARGNER :

    Si quelque chose vous empêche
    D'aller tout droit en paradis.

J. DE LA FONTAINE. x

C'est d'*épargner* pour vos maris
Un bien dont ils n'ont plus que faire. (IV, 181 et note 2.)
Si tu veux qu'on t'*épargne*, *épargne* aussi les autres. (II, 50.)
Vous ne m'*épargnez* guère,
Vous, vos bergers, et vos chiens. (I, 90.)

ÉPARS :
Les chasseurs *épars*. (VI, 265.). — Tant de gens *épars*. (VI, 253.)

ÉPAULE :
Large d'*épaule*. (V, 535.)
Émoucher les *épaules*. (IV, 141 et note 5; voyez IV, 133.)

ÉPÉE :
.... Tout à la pointe de l'*épée*. (I, 72.)
Homme d'*épée*. (VIII, 297.) — Galants d'*épée*. (IV, 359 et note 3.)
Jeune saint très fervent,
Et se faisant tout blanc de son *épée*. (V, 470 et note 1.)
Il a du côté de l'*épée*
Mis, ce dit-on, quelques deniers. (IX, 439.)
Pour mieux cacher ou mieux défendre ces deniers volés.

ÉPERDU :
Anselme, à son tour *éperdu*. (V, 270.)

ÉPERDUMENT :
Un homme chérissoit *éperdument* sa chatte. (I, 185.)

ÉPIGRAMME :
On en trouvera même quelques-uns [de ces contes] que j'ai prétendu mettre en *épigrammes*. (IV, 10 et note 5; voyez IV, 147 et note 4.)

ÉPINE, au figuré :
Gardez d'environner ces roses
De trop d'*épines*. (III, 330.)
Tirez-moi, s'il vous plaît, cette *épine* du pied. (VII, 389.)
Je vous aurai bientôt tiré
Une telle *épine* de l'âme. (V, 553 et note 4.)

ÉPINEUX :
[Chemin] rude et *épineux*. (I, 45.)

ÉPINGLE, au figuré :
.... A moins que je ne retire mon *épingle* du jeu. (VII, 479 et note 1.)
J'en donnerois le choix pour une *épingle*. (IX, 473.)

ÉPLUCHER, au propre et au figuré :
Éplucher tout ce canton. (I, 83.)
Ja ne les faut *éplucher* trop avant [les femmes]. (V, 323 et note 7.)

ÉPLUCHEUR, au figuré :
Ce diable étoit tout yeux et tout oreilles,
Grand *éplucheur*, clairvoyant à merveilles. (VI, 94 et note 7.)

ÉPONGIER, chargé d'éponges :
Camarade *épongier*. (I, 159.)
Ce mot ne se trouve dans aucun de nos anciens Dictionnaires.

ÉPOUSAILLES :
Contrat d'*épousailles*. (IX, 125.)

ÉPOUSÉ, ÉPOUSÉE, substantivement :
Son *épousé* la faisoit dame. (V, 218 et note 1.)
La pauvre *épousée*. (V, 222 et note 1 ; voyez V, 232 ; VI, 45, 102 ; VII, 82, 112.)

ÉPOUSER :
     Roderic *épousa*
 La parenté de madame Honesta. (VI, 104.)
On vous feroit un couvent *épouser*. (IX, 105.)

ÉPOUSTER, épousseter :
   Je viens de la part de César,
Qui vous *époustera* comme il faut tôt ou tard. (VII, 361 et note 3.)
Comparez aussi Dancourt, *le Tuteur*, scène XXII : « C'est notre monsieur qui est la damoiselle que vous avez si bien époustée. »

ÉPOUVANTAIL :
Ses disciples lui conseillèrent d'acheter ce petit bout d'homme qui avoit ri de si bonne grâce : on en feroit un *épouvantail*. (I, 35.)

ÉPOUVANTE :
L'*épouvante* est au nid plus forte que jamais. (I, 357.)
   Les cors, mêlés de voix,
Annoncent l'*épouvante* aux hôtes de ces bois. (VI, 254.)

ÉPOUVANTER :
.... Et Malc *épouvanté* s'approche de la dame. (VI, 292 ; voyez VIII, 490 et note 1.)

ÉPOUX :
 Je me déclare aujourd'hui votre amant
 Et votre *époux*....
On est *époux* et galant tout ensemble. (V, 203 ; voyez V, 289.)
    Comportez-vous
Comme frère en secret, en public comme *époux*. (VI, 295.)
Soyez amants aussi longtemps qu'*époux*. (IX, 167 ; voyez VI, 101 ; VIII, 456.)

ÉPREINDRE, presser, tordre, pour sécher :
Une des Grâces lui *épreignoit* les cheveux encore tout mouillés. (VIII, 186.)

ÉPRENDRE, ÉPRIS DE :
  Les deux troupes, *éprises*
 D'ardent courroux. (II, 137.)
Épris d'un feu. (VI, 33.) — *Épris* d'une flamme. (VI, 53.)
Épris d'une rage insensée. (VII, 423.)

ÉPREUVE; FAIRE L'ÉPREUVE :
La vraie *épreuve* de courage. (II, 7.)
Le singe aussi *fit l'épreuve* en riant. (II, 20; voyez VII, 461.)

ÉPREUVE (À L'); À L'ÉPREUVE DE :
Un bon amant, un amant *à l'épreuve*. (VII, 173.)
S'étant choisis l'un et l'autre *à l'épreuve*. (IV, 354 et note 1.)
Nous n'avons pas les yeux *à l'épreuve des* belles. (II, 243.)

ÉPROUVER; S'ÉPROUVER :
J'*ai* cependant *éprouvé* d'autres feux. (VI, 54; voyez VII, 207.)
N'osant plus des miroirs *éprouver* l'aventure.... (I, 92.)
Il faut tout *éprouver* avant que de combattre. (VII, 107.)
Éprouver tout, et tenter le hasard. (IV, 225.)
Éprouver sa monture. (V, 571 ; voyez V, 575.) — *Éprouver* sa femme. (VII, 459.)

 Le grand Mogor l'*avoit* avec succès
 Depuis deux ans *éprouvé* [ce secret] sur sa femme. (V, 33 et note 8.)
 Pour *s'éprouver* le perfide m'a fait
 Cette balafre. (V, 376 et note 1.)

ÉPUISER :
Coffres *épuisés*. (IX, 113.)— Trésor de la vie... *épuisé*. (VI, 324.)
 Loin d'*épuiser* une matière,
 On n'en doit prendre que la fleur. (II, 77; voyez I, 13.)
 Ce n'est pas l'ouvrage d'un jour
 Que d'*épuiser* cette science. (III, 269.)

ÉPURER :
.... Ce reste rentre encore, *est* encore *épuré*. (VI, 328.)

ÉQUIPAGE, acceptions diverses :
Il s'en alla en Égypte avec tout cet *équipage*. (I, 48.)
On chercha dans son *équipage*, et il [le vase] fut trouvé. (I, 52.)
Vénus naquit avec tout son *équipage*. (VIII, 186.)
Elle s'en alla à Cythère en *équipage* de triomphante. (VIII, 45.)
L'*équipage* du dieu Morphée. (VIII, 142.)
Équipage de jour et de nuit. (VIII, 89.)
Leurs jupes... étoient plus riches que ne sembloit le promettre un tel *équipage*. (IX, 252.)
Avec peu de suite, sans *équipage*. (VIII, 148.)
Son ami, le voyant en mauvais *équipage*.... (II, 176.)
Piteux *équipage*. (I, 279.) — *Équipage* cavalier. (I, 434.)
.... Le meuble et l'*équipage* aidoient fort à la chose. (II, 181 et note 13.)
 Il est au Mogol des follets
 Qui font office de valets,
Tiennent la maison propre, ont soin de l'*équipage*. (II, 122 et note 14.)
Si la belle revient en pareil *équipage*.... (VIII, 458.)
Toute nue.

Chacun se met en *équipage*. (III, 354; voyez I, 289, 291; II, 287 et note 9 ; IV, 40, 274 et note 5, 425, 444; V, 168, 275; VI, 253, 283 ; VIII, 322, 357 ; etc.)

ERGO, donc :
Ma fille est nonne, *ergo* c'est une sainte. (IV, 487 et note 5.)

ÉRIGER à, en :
Tharsis, nous *érigeons* ce trophée *à* ta gloire. (VII, 227.)
    Nous devons, tous tant que nous sommes,
    Ériger en divinité
Le sage par qui fut ce bel art inventé. (II, 84 et note 8.)
    J'ai tort d'*ériger* un fripon
    En maître de cérémonies. (V, 593.)

ERRE (Grand) ; à grand erre :
Reviens au fait, Muse, va plus *grand erre*. (IX, 146.)
Le dieu... s'enfuit *à grand erre*. (VI, 21 et note 8.)
En débridant matines *à grand erre*. (IX, 6 ; voyez IX, 114.)

ERRER :
Que ne m'est-il permis d'*errer* parmi les ombres ! (VI, 269
.... Sur l'aile des esprits aux familles *errantes*. (VI, 320.)
Très lourdement il *erroit* en cela. (IV, 331 et note 1.)
Se trompait.

Un seul point négligé fait *errer* aisément. (VI, 326.)
Ne point *errer* est chose au-dessus de mes forces. (IX, 185 et note 2.)
    Et Statira, qui se méprit aux traits
    Du conquérant dont la Grèce se vante,
    Au roi des Francs n'*auroit* jamais *erré*. (IX, 169.)
Un œil indifférent à le voir eût *erré*. (VI, 203.)

ERREUR :
T'attendre aux yeux d'autrui quand tu dors, c'est *erreur*. (III, 116.)
Si l'on dit qu'elle [la langue] est l'organe de la vérité, c'est aussi celui de l'*erreur*. (I, 38.)
Il songe à profiter de l'*erreur* de ces temps. (VI, 18 ; voyez VI, 306.
L'*erreur* alla si loin.... (II, 342.)
.... Une flatteuse *erreur* emporte alors nos âmes. (II, 153.)
Prétendre *erreur* et cause d'ignorance. (VI, 138 et note 1.)
    Un homme accumuloit : on sait que cette *erreur*
    Va souvent jusqu'à la fureur. (III, 201.)
Ne nous fais point, dit Malc, tomber dans cette *erreur*. (VI, 292.)
Dans ce péché.

Ne songez désormais qu'à vos *erreurs* passées. (III, 156.)
Les *erreurs* du paganisme. (I, 16.)

ERTE (à l') :
Son rat qui se tenoit *à l'erte* et sur ses gardes. (II, 327 et note 15.)
Stare all' erta, proprement « se tenir à ou sur la côte, l'éminence ».

ÉRUDITION, éruditions :
Cette *érudition* seroit longue. (VIII, 110.)
Des *éruditions* la cour est ennemie. (VIII, 452.)
.... Et d'*éruditions* ne se pouvoient lasser. (IX, 373.)

ÈS, dans les, en les :
Maître ès arts. (IV, 223; VI, 25.)
>Tant ne songeoient au service divin
>Qu'à soi montrer ès parloirs aguimpées. (IV, 488 et note 5.)

ESCADRON, au figuré :
>L'*escadron* [des nonnains] vient, porte en guise de cierges
>Gaules et fouets. (V, 535 et note 7; voyez IV, 186 et note 3; V, 313 et note 5.)

Des ministres du dieu les *escadrons* flottants. (VI, 158 et note 4.)
Les nuages poussés par les vents.

ESCALADE :
>Je ne veux de plein saut
>Prendre la ville, aimant mieux l'*escalade*. (V, 396 et note 1.)

ESCARBOTE (RACE) :
>Quand la race *escarbote*
>Est en quartier d'hiver.... (I, 153.)

ESCARCELLE, grande bourse :
Il faut fouiller à l'*escarcelle*. (I, 278.)
Il plut dans son *escarcelle*. (II, 175 et note 7; voyez V, 552.)

ESCLANDRE, attaque, rixe, scandale, accident :
>Le pauvre loup, dans cet *esclandre*...,
>Ne put ni fuir, ni se défendre. (I, 212 et note 8.)
>.... Quand on n'a qu'un endroit à défendre,
>On le munit de peur d'*esclandre*. (III, 43 et note 7; voyez IV, 423.)
>.... Ce n'est coup sûr encontre tous *esclandres*. (IV, 372 et note 6.)

ESCLAVE; FAIRE L'ESCLAVE DE :
Ai-je droit de prétendre, *esclave* et malheureuse,
Que, d'une ardeur constante autant que généreuse,
Un prince tel que vous daigne me consoler? (VII, 602; voyez VII, 603.)
L'union n'étoit pas si grande en nos provinces
Que nous dussions tous suivre en *esclaves* ces princes. (VII, 611.)
Maint oisillon se vit *esclave* retenu. (I, 84.)
Les *esclaves* de bouche. (I, 194.)
Ils étoient *esclaves* d'eux-mêmes. (III, 194.)
L'astre dont les clartés sont *esclaves* du monde. (VI, 282.)
Il *fit* si bien *l'esclave de* la belle.... (VI, 52 et note 3; voyez IX, 264.)

ESCORTE :
La princesse partit pour Garbe en grande *escorte*. (IV, 448.)
Madame Alis servit d'*escorte*. (V, 82; voyez VI, 36.)

ESCRIMER DE (S') :
L'un *s'escrimoit du* bec. (III, 197.)
>Chacune peut l'entrevoir *s'escrimant*
>*Du* saint outil. (IV, 474.)

.... Et moi-même autrefois je *m'en suis escrimé* [d'aimer]. (VII, 66.)

« ... Mon doux amy, tu t'en es tant escrimé que les mains te tremblent. » (*Le Moyen de parvenir*, p. 312.)

ESCROC :
A femme avare galant *escroc*. (IV, 355.)

ESCROQUER :
Escroquant maint fromage. (II, 427.)
[Raton] tire un marron, puis deux, et puis trois en *escroque*. (II, 445 ; voyez II, 444.)
.... Aux faveurs d'une belle il eut part
Sans débourser, *escroquant* la chrétienne. (IV, 359.)

ESPACE de temps, de lieu :
Quand le galant, un assez bon *espace*,
Avec la dame eut été.... (IV, 93 et note 7.)
.... Après un peu d'*espace*. (IV, 210 et note 5.)
Une cage d'un pied d'*espace*. (VIII, 145.)

ESPÈCE, ESPÈCES :
Quand Prométhée voulut former l'homme, il prit la qualité dominante de chaque bête : de ces pièces si différentes il composa notre *espèce*. (I, 18 ; voyez III, 125.)
Chaque *espèce* [d'animaux]. (II, 45.)
La connoissance de chaque *espèce*. (VIII, 338.)
Voyez un peu la belle *espèce* [de gens] ! (II, 115.)
Moutons, canaille, sotte *espèce*. (II, 97.)
La pire *espèce* c'est l'auteur. (III, 302.)
.... En guise de petits démons, et représentant les simulacres et les *espèces* qui s'offrent aux yeux. (VII, 236 et note 1.)
Les apparences.

ESPÉRANCE :
Notre écolier....
Gâtoit jusqu'aux boutons, douce et frêle *espérance*. (II, 381.)
Ses œufs, ses tendres œufs, sa plus douce *espérance*. (I, 150.)
Un sou, quand il est assuré,
Vaut mieux que cinq en *espérance*. (I, 268.)
[Baisers] de maîtresse à amant, et, pour ainsi dire, de gens qui n'en seroient encore qu'à l'*espérance*. (VIII, 72.)

ESPÉRER :
Prométhée *espéra*
De voir bientôt une fin à sa peine. (II, 136.)
.... Quelques moralités desquelles je n'*ai* pas bien *espéré*. (I, 20.)

ESPIÈGLE :
Harpajême revint, essoufflé, tout en nage,
Sans avoir joint ces deux *espiègles*. (VII, 426.)

ESPLANADE :
[Il] rencontre une *esplanade*, et puis une cité. (III, 77 ; voyez VIII, 140.

ESPOIR :
Quittez le long *espoir* et les vastes pensées. (III, 165 et note 7.)
Ame, où t'envoles-tu sans *espoir* de retour? (VI, 335.)
Sa dent a détruit l'*espoir* de la faucille. (VI, 249 et note 7.)

ESPRIT, ESPRITS, sens divers :
Un *esprit* vit en nous, et meut tous nos ressorts. (II, 472.)
    Dedans l'*esprit* il me vint aussitôt
    De l'étrangler. (IV, 90; voyez IV, 497; V, 112.)
C'est une radoteuse : elle a perdu l'*esprit*. (III, 7.)
Mon *esprit* diminue. (III, 183.)
Un baiser n'auroit pas irrité ses *esprits*. (VII, 160; voyez VII, 411.)
D'un même *esprit* que tous, Seigneur, soyez porté. (VII, 610 ; voyez III, 338 et note 1.)
Esprit de contradiction. (I, 248.)
Bon *esprit*. (II, 125.) — *Esprits* lourds. (IX, 21; voyez IX, 13.)
Quand son mérite [d'une femme] échauffe un *esprit* lourd.... (V, 49 et note 3.)
Moi je suis un *esprit* fait. (VIII, 171.)
Esprit manceau. (VI, 43 et note 4.)
Certain *esprit* de liberté. (III, 207.)
Esprits nés pour les fers. (VI, 302.)
[Un rat] sur le bord d'un marais égayoit ses *esprits*. (I, 308.)
    Quand il fut en l'âge où la chasse
    Plaît le plus aux jeunes *esprits*.... (II, 292.)
Comment l'*esprit* vient aux filles. (V, 285; voyez V, 290, 291, 292, etc.)
    Va, va, pour ces leçons
    Il n'est besoin de tout l'*esprit* du monde. (IV, 469.)
On ne dort point, dit-il, quand on a tant d'*esprit*. (II, 377.)
    De quoi ne vient à bout
    L'*esprit* joint au desir de plaire? (III, 108.)
Son peu d'*esprit*. (VI, 206.)
Le trop d'*esprit* ne l'incommodoit point. (IV, 157 et note 6.)
Gens grossiers, sans *esprit*. (II, 321.)
    [Ce mortel] qui tient le milieu
    Entre l'homme et l'*esprit*. (II, 462 et note 29.)
Aimer comme les *esprits* détachés des corps. (VIII, 225.)
Reine des *esprits* purs. (VI, 278; voyez V, 528.)
Esprit de Lucifer ! (V, 419.)
Ses confrères les *Esprits* [les Esprits follets]. (II, 123; voyez II, 124.)
[L'hôtesse] court à la cave et de peur des *esprits* [des revenants]
Mène avec soi madame Simonette. (V, 76.)
Les *esprits* corps et pétris de matière. (III, 81 et note 6.)
Esprits animaux. (VI, 327 et note 3.)
Aussitôt les *esprits* agitent sans raison....
Notre corps qui frémit à leur moindre secousse. (VI, 333; voyez II, 210; VI, 262 et note 5, 320, 331, 332, 340.)
Esprits nitreux. (VI, 339 et note 7.)
Les *esprits* sortants de son corps échauffé. (I, 418 et note 6.)

Un arbre en est couvert [de cette écorce], plein d'*esprits* odorants. (VI, 342 ; voyez VI, 347.)

ESPRIT (BEL) :
Le *bel esprit* en vers distingue du commun. (VII, 574.)
Les *beaux esprits* n'entendent pas toute chose. (II, 275 ; voyez IX, 381 et note 4.)

ESQUIF :
En son *esquif*
Caron m'appelle. (VIII, 442.)

ESQUIVER :
Les petits, en toute affaire,
Esquivent fort aisément. (I, 289.)
Force lui fut d'*esquiver* par la fuite. (VI, 107.)
[Il] tourne de tous côtés [autour du monstre], *esquive* en l'approchant. (VI, 262.)
Le fanfaron aussitôt d'*esquiver*. (II, 6 et note 1 ; voyez II, 261.)

ESSAI ; FAIRE ESSAI DE :
Réussir en tous ses coups d'*essai*. (IX, 338 et note 1.)
Si ce qu'on dit d'Ésope est vrai,
C'étoit l'oracle de la Grèce :
Lui seul avoit plus de sagesse
Que tout l'Aréopage. En voici pour *essai*
Une histoire des plus gentilles. (I, 191.)
Pour échantillon.
C'est ce bon paysan qui vous amène ces deux personnes pour *faire essai de* votre coupe. (VII, 484 ; voyez V, 137 ; VII, 495.)

ESSAIM, au figuré :
Un *essaim* de frères mineurs. (IV, 179.)
L'*essaim* [des nonnes] frémit. (V, 414 et note 1 ; voyez V, 421.)

ESSAYER ; ESSAYER DE :
.... On le peut, je l'*essaie* : un plus savant le fasse. (I, 130.)
Maître Pucelage
Joua des mieux son personnage :
Un jeune gars pourtant *en avoit essayé*. (IV, 52.)

ESSENTIEL, substantivement :
Avoir l'*essentiel* de la royauté, sans en affecter aussi les apparences. (VIII, 333.)

ESSOR :
L'alouette à l'*essor*.... (I, 137 et note 14.)
Loin de son nid.
La raison prend l'*essor*. (VI, 334 et note 3.)
Je ne prends point ici l'*essor*. (IV, 407.)
Je ne me donne point trop libre carrière.
.... Celui-ci qui donnoit à ses desirs l'*essor*. (IV, 438 et fin de la note 3.)

ESSUYER ; s'essuyer :

[Je] ne *suis* pas encor du naufrage *essuyé.* (VIII, 363.)

         Essuyant les dangers....
Des pirates, des vents, du calme, et des rochers. (II, 165.)

On *essuyoit* force grimaces. (II, 399.)

       .... Il faut
Qu'auparavant je m'*essuie*. (V, 239.)

ESTAFIER :

Maint *estafier* accourt. (III, 315 et note 4 ; voyez VII, 34.)

ESTIMABLE :

    Vous n'êtes pas seulement *estimable*
    Par ce grand art qui fait les conquérants. (IX, 35.)

ESTIMATION :

Ainsi chacune prit son inclination,
    Le tout à l'*estimation*. (I, 194.)

ESTIME ; faire estime de :

Il voulut mériter son *estime* et son cœur. (VI, 199 ; voyez VI, 28 ; VIII, 291.)

L'Arabe n'en fit voir qu'une *estime* légère [de cette dame]. (VI, 285.)

.... Savez-vous si les écoutants
En feront une *estime* à la vôtre pareille ? (III, 162.)

ESTIMER ; estimer à :

Il [le cerf] *estime* un bois qui lui nuit. (II, 30.)

      Que la Grèce
Possède en paix mes biens, qu'elle en soit la maîtresse :
Je n'en *estime* qu'un. (VII, 604.)

Estimez-vous si peu cet être qu'il vous donne ? (VI, 295.)

Thaïs vaut qu'on l'*estime*. (VII, 67.)

On fait tout pour se voir *estimé*. (VI, 209.)

Mais je n'*estime au* don que le lieu dont il vient. (VII, 59.)

ESTOCADE :

Vénus a le casque en tête et une longue estocade. (IX, 270 et note 2.)

ESTROPIAT :

On me verra plutôt, j'en jure, avant cela,
Cul-de-jatte, *estropiat*, impotent ; c'est tout dire. (VII, 362 et note 2.)

ESTROPIER :

.... Par l'âge *estropié*. (I, 242 ; voyez I, 101.)

ET :

.... On ne s'en peut sauver, *et* fût-on tout de glace. (VII, 103.)

    L'éléphant, honteux et surpris,
Lui dit : « *Et* parmi nous que venez-vous donc faire ? » (III, 312 et note 18.)

Quoi ? vous présent ? — Moi présent. — *Et* quel mal, etc. (V, 565.)

Et, après une exclamation ou une interrogation :
Pauvre ignorant ! *et* que prétends-tu faire ? (I, 413.)
.... Jamais de vous ! *et* pourquoi ne fera ? (IV, 476.)
Je ne me pendrai pas ! *et* vraiment si ferai. (II, 437.)
 Quoi ! c'est ainsi qu'on donne de l'esprit ?
 — *Et* vraiment oui. (V, 295.)

ET CÆTERA :
 Avec moi l'on ne craint jamais
 Les *et cætera* de notaire. (VII, 130 et note 1.)

ÉTABLE :
Une *étable* à bœufs. (I, 348; voyez IV, 247.)

ÉTABLIR ; S'ÉTABLIR :
Établir sa fortune. (III, 339.)
Amour *établissoit* chez le juge ses lois. (V, 246 et note 4.)
 On ne peut mieux *établir* cette chose
 Que par un fait à Marseille arrivé. (VI, 126.)
La puissance de ses appas lui semble trop bien *établie*. (VIII, 81.)
Notre démon *s'établit* à Florence. (VI, 95.)

ÉTABLISSEMENT :
 Tout *établissement*
Vient tard et dure peu. (III, 156 et note 9.)

ÉTAGE :
L'animal à triple *étage* [l'éléphant]. (II, 287 et note 10.)
Enfermez l'un des deux dans le plus haut *étage*. (VII, 410.)

ÉTALAGE :
 On vit un *étalage*
 De corps sanglants et de carnage. (III, 112.)
.... Pour mettre ces portraits dans tout leur *étalage*. (VII, 569.)

ÉTALER ; S'ÉTALER :
La queue en panache *étalée*. (II, 17.)
La belle *étala* son argent. (IV, 269 et note 4.)
 Il n'est pas besoin que j'*étale*
 Tout ce que l'un et l'autre dit. (II, 345 et note 26.)
Il ne m'appartient pas d'*étaler* votre joie. (III, 251.)
Je ne puis seulement qu'*étaler* aujourd'hui
Son esprit. (IX, 179.)
Notre galant n'*étale* un long narré. (V, 566 et note 5.)
Étaler les raisons. (II, 80; voyez IX, 337.)
Le prince à ses sujets *étaloit* sa puissance. (II, 131.)
 [Il] croit que sur ces bords
Vénus vient *étaler* ses plus rares trésors. (VI, 17.)
Belle-Bouche à toute heure *étale* des trésors. (VIII, 427.)
Elle *étaloit* aux yeux tout un monde d'attraits. (VIII, 451.)
Quant à vous *étaler* tous ses autres appas,
Je ne m'en mêle point. (VII, 102.)

.... Les traits qu'une bouche *étaloit*. (VII, 182.)
Toute la magnificence et la pompe qu'un roi des astres peut *étaler*.
(VIII, 76.)
   La veuve, en ces alarmes,
N'*étala* point des clameurs et des larmes, etc. (VII, 581.)
   Ces bois, et cette onde si claire,
Étalent ce qu'ils ont de plus délicieux. (VII, 524.)
.... Des dons que le printemps *étale*. (VIII, 455; voyez VIII, 85, 90,
121, 249, 264, 296, 348, 401; etc.)
   .... Tandis qu'aux yeux de Gygès
S'étaloient de blancs objets. (V, 435.)

ÉTAMINE, filtre, crible, au figuré :
Tout passoit par son *étamine*. (V, 438 et note 2.)

ÉTAT, ÉTATS, sens divers :
   D'où vient que personne en la vie
   N'est satisfait de son *état*? (III, 231.)
   Il étoit un quidam
Dont je tairai le nom, l'*état*, et la patrie. (V, 103; voyez III, 47; IV,
205, 207; V, 111.)
   [Le Ciel] ne départ à gens de tous *états*
   Mêmes talents. (IV, 229; voyez III, 226; VI, 101, 117.)
Benoît *état* de cocu. (V, 454.)
   Certaine femelle
De haut *état*. (V, 561 et note 5.)
   On pourroit voir chaque chose réduite
En son *état*. (VI, 106 et note 3; voyez VI, 199.)
Le bel *état* où me voici! (III, 42.)
Que faire en cet *état*? (III, 352.)
Toujours en un *état* de pénitence. (IV, 473.)
   .... Sans nuls atours qu'une simple cornette,
Bref en *état* de ne lui point manquer. (VI, 133.)
Je ne suis pas en *état* de lui parler. (VII, 465; voyez VII, 417.)
Elle remit sa coiffure en *état*. (V, 80 et note 6.)

ÉTAT DE (SE METTRE EN); FAIRE ÉTAT DE, QUE :
Crésus *se mit en état de* les attaquer. (I, 45.)
Il ne *faisoit* guère plus d'*état de* la puissance de son père. (VIII, 317.)
   Faites état que la magnificence
De ce repas ne consista qu'en l'eau. (V, 472.)
Faites état qu'il ne lui manquoit rien. (VI, 51.)

ÉTAT, ÉTATS, gouvernement, provinces :
État démocratique. (I, 214.)
Tenir les *états* de l'univers. (III, 176.)
Gouverneurs d'*états*. (III, 83.) — Vainqueur de tant d'*états*. (IX, 83.)
L'*état* des belles-lettres est entièrement populaire. (VII, 9 et note 2.)

ÉTAT, livre, registre :
   C'est bien raison que Messer Cocuage
   Sur son *état* vous couche ainsi que nous. (V, 83 et note 5; voyez
II, 36 et note 4.)

ÉTAYER :
>Le plafonds,
>Ne trouvant plus rien qui l'*étaie*.... (I, 101.)

ÉTEINDRE :
>La dame *éteignoit* en sortant
>Cette clarté. (IV, 226.)

Leucippe, il faut tâcher d'*éteindre* votre flamme. (VII, 235.)
>L'onde venoit d'*éteindre*
>Le vif éclat de ses attraits. (VII, 531.)

Ils *sont éteints* ces dons si précieux. (V, 196.)
L'éclat de mes charmes, etc.

.... La meilleure partie de ses grâces y sembloit *éteinte* [sur son portrait]. (VIII, 260.)
Près d'un siècle d'hivers n'a pu l'*éteindre* encor. (VI, 305.)
La chaleur de son zèle.

Mémoire *éteinte*. (I, 29.) — *Éteindre* leur soif. (I, 17; voyez VIII, 483.)
Je devrois dans ton sang *éteindre* ce forfait. (V, 131.)

ÉTENDARD :
>Les belettes, de leur part,
>Déployèrent l'*étendard*. (I, 287.)

Tantôt il met aux champs ses *étendards*. (VI, 26.)

ÉTENDRE ; S'ÉTENDRE :

Mollement *étendus*. (VI, 238, 286.) — *Étendu* de son long. (I, 400.)
Que si ce loup t'atteint, casse-lui la mâchoire... :
Tu l'*étendras* tout plat. (II, 301.)
>Si j'*étendois* la chose,
>Je vous endormirois. (IX, 381.)

Clio me conseilla de l'*étendre* [l'histoire] en ces vers. (VI, 164; voyez II, 80; IV, 10; V, 36.)
>J'ai trop établi mon renom :
>Je l'*étendrai* plus loin. (VII, 618.)

Ils *étendent* partout l'empire des sciences. (III, 320.)
[La grenouille] envieuse, s'*étend*, et s'enfle, et se travaille. (I, 66.)
Pour revenir au fait, et ne point trop m'*étendre*. (VI, 16.)
Je ne m'*étendrai* pas davantage là-dessus. (III, 175 ; voyez IX, 210.)
Le Prince s'*étendit* sur le malheur des grands. (III, 89; voyez II, 86.)
.... Un demi-jour, tant qu'il se put *étendre*. (IV, 341.)
Quant à sa conduite, on la tenoit dans Poitiers pour honnête fille, tant qu'un mariage de conscience se peut *étendre*. (IX, 233.)

« Preud'hommes auoient affaire à elle...; et toutesfois c'estoit auec chasteté, tant qu'elle se pouuoit estendre. » (*Le Moyen de parvenir*, p. 348.)

ÉTERNEL, ELLE :

Un *éternel* reproche.... (VI, 265.)
Nous rejetterez-vous en d'*éternels* travaux? (VII, 619.)
Douleurs *éternelles*. (VIII, 211.)
Éternels abois. (VIII, 490 et note 1.)
Si certain homme étoit dans la nuit *éternelle*.... (VII, 582; voyez VIII. 140, 416.)

ÉTEUF, proprement balle que se renvoient les joueurs au jeu de longue paume :
L'*éteuf* passant à celui-là.... (II, 393 et note 13.)
Se renvoyant l'une à l'autre l'*éteuf*. (IV, 490 et note 1.)

ÉTINCELER :
Le quadrupède écume et son œil *étincelle*. (I, 156.)

ÉTINCELLE, ÉTINCELLES :
Sous leurs voiles brilloient des yeux pleins d'*étincelles*. (V, 445.)

ÉTIQUETER :
Le notaire présente l'obligation *étiquetée*. (VII, 133 et note 1.)

ÉTOFFE :
  Faisant ore un tendon,
 Ore un repli, puis quelque cartilage,
Et n'y plaignant l'*étoffe* et la façon. (IV, 161.)
.... Et si c'est d'un Amour, ou si c'est d'une Grâce,
Que vous avez perdu l'*étoffe* et la façon. (VIII, 378.)
Je ne vis de ma vie chose [poil] de telle *étoffe*. (V, 556.)
Les gens de même *étoffe* qu'elle. (IV, 205 et note 7.)
Des Jupiters et des Apollons, des Bacchus, des Mercures, et autres gens de pareille *étoffe*. (IX, 262.)
Ce ne sont pas gens de petite *étoffe*. (IX, 267.)

ÉTOILE :
L'aide des vents et des *étoiles*. (IX, 455 ; voyez VIII, 357.)
Une *étoile* ennemie autant que favorable. (VII, 532.)
Auroit-il imprimé sur le front des *étoiles*
Ce que la nuit des temps enferme dans ses voiles? (I, 168.)
L'*étoile* poussinière. (VII, 385 et note 1.)

ÉTOLE. (V, 373 et note 4.)

ÉTONNEMENT :
L'hôtesse eut quelque *étonnement*. (IV, 212 ; voyez VI, 135 et note 3.)
 Me voilà saisi derechef
 D'*étonnement* et d'épouvante. (I, 95.)

ÉTONNER, S'ÉTONNER, sens divers ; S'ÉTONNER DE, COMME OU QUE :
Qui *fut* bien *étonné*? (V, 353 ; voyez V, 191 et note 3.)
 Agiluf alla trouver la reine,
 Voulut s'ébattre, et l'*étonna* bien fort. (IV, 230 et note 6.)
Agathopus et ses camarades ne parurent point *étonnés*. (I, 31.)
Nos deux époux, surpris, *étonnés*, confondus. (VI, 160.)
.... Ceci vous trouble et vous *étonne*. (VII, 214 ; voyez VII, 238.)
Les trompes et les cors font un tel tintamarre
 Que le bonhomme *est étonné*. (I, 279.)
Frappé de stupeur.

L'aspect *étonnant* des profondes rivières. (VI, 256.)
Effrayant.

Quatre Andrés n'auroient pu l'*étonner*. (IV, 168.)
Lui faire peur.

Quand vous le considérez qui regarde sans *s'étonner* l'agitation de l'Europe.... (I, 5; voyez VIII, 261.)
Ne pouvant que mourir il meurt sans *s'étonner*. (VI, 260.)

[Ils] *s'étonnoient de* voir que Martin
Chassât, etc. (I, 434.)

Le peuple *s'étonna comme* il se pouvoit faire, etc. (I, 195.)

Plus d'une fois je *me suis étonné*
Que, etc. (IV, 329.)

ÉTOUFFER; ÉTOUFFER DE; S'ÉTOUFFER; S'ÉTOUFFER DE :

Le [pouls] foible et l'*étouffé* confine avec la Parque. (VI, 329.)
Combien voit-on sous lui de trames *étouffées!* (VI, 259.)
C'est le moyen d'*étouffer* cette affaire. (V, 79.)
Nulle précaution ne les peut *étouffer* [vos appas]. (V, 13 et note 3.)

Étouffe tous ces travaux,
Et leurs semences mortelles. (VIII, 382.)

.... Il n'est point d'actions qui n'en soient *étouffées* [par vos trophées]. (VII, 621.)
Ma femme est toujours autour de moi à m'*étouffer de* caresses. (VII, 486; voyez VII, 488.)
Ce que l'on sent pour vous ne *se* peut *étouffer*. (VII, 605.)
Quoi! pleurer un époux en *s'étouffant de* rire! (VII, 572.)

ÉTOUPER :

.... Celle-là dont le drôle à propos
Avoit d'abord *étoupé* la clochette. (VI, 10 et note 7.)

ÉTOUR, choc, assaut :

.... Ne vous voir mie
Dure à l'*étour*. (VIII, 443 et note 1.)

ÉTOURDIR; À L'ÉTOURDIE; EN ÉTOURDI :

Ton caquet m'*étourdit*. (VII, 42.)
Il n'a qu'une chanson dont il nous *étourdit*. (VII, 79.)
.... J'en parle si souvent qu'on en *est étourdi*. (IX, 204.)

Le pauvre homme, *étourdi* dès l'abord,
Ne sut que dire. (VI, 32.)

Sainte ni saint n'étoit en paradis
Qui de ses vœux n'eût la tête *étourdie*. (V, 25; voyez III, 30, 228, 271; V, 372; VI, 92.)

Un rat sortit de terre assez à l'*étourdie*. (I, 162; voyez VIII, 216.)
[Adam] n'imposoit pas le nom *en étourdi*. (VIII, 318.)

ÉTOURNEAU, au figuré :

Ce petit *étourniau*-ci. (VII, 452.)
C'est un paysan qui parle.

ÉTRANGE :

Il faudroit être bien *étrange*
Pour résister à tant d'appas. (IV, 41.)

Je les tiendrai créatures *étranges*
Si, etc. (V, 527.)
.... De l'un à l'autre il fait cette femme passer :
Je ne le trouve pas *étrange*. (VI, 81.)
Leur fils se plaint d'*étrange* sorte. (III, 301 ; voyez I, 300.)
Étrange affaire. (V, 96.) — *Étrange* manière. (V, 397.) — Peine *étrange*. (II, 124.) — *Étrange* ravage. (III, 354.) — *Étrange* sermon. (V, 134.) — *Étranges* voisins. (III, 109.)
Nations *étranges*. (III, 324 et note 38.)
Étrangères.

    Des qualités qui font voler
Son nom jusqu'aux peuples *étranges*. (IX, 179.)
Étrange terre. (IX, 114.)
Messire Jean est-ce quelqu'un d'*étrange* ? (V, 496.)

ÉTRANGLER ; s'étrangler :
Guindé la hart au col, *étranglé* court et net. (II, 66.)
..... Je l'*étranglerai* tout d'abord. (I, 16.)
Pour un mot quelquefois vous *vous étranglez* tous. (III, 191.)

ÊTRE, verbe substantif, verbe attributif :
Un peintre *étoit* qui, jaloux de sa femme, etc. (V, 228.)
    Le moindre grain de mil
Seroit bien mieux mon affaire. (I, 118.)
La candeur du juge, ainsi que son mérite,
Furent [devinrent] suspects au prince. (III, 51.)
    Il *eût été* mal
Qu'on n'eût pu du jardin sortir tout à cheval. (I, 279.)

ÊTRE À, DE, POUR :
    Le portier du logis et moi
Nous *serons* tout à l'heure *à* toi. (II, 409.)
Ils vont vite et *seront* dans un moment *à* nous. (I, 176.)
Le philosophe *étant de* festin. (I, 36.)
Un loup donc *étant de* frairie. (I, 229.)
    Les ruines d'une maison
Se peuvent réparer : que n'*est* cet avantage
    Pour les ruines du visage ? (II, 117.)
    Quoi ! le pauvre homme a la jaunisse !
    Ce n'*est* pas *pour* nous la donner. (IV, 30.)
.... C'*étoit pour* faire un bon charivari. (IV, 211.)

ÊTRE DE, pour EN ÊTRE DE :
Bien que chacun soit éloquent dans sa passion, il *est de* la mienne comme *de* ces vases qui, etc. (VIII, 306.)

ÊTRE, substantivement, la vie, l'existence :
Je tiendrai l'*être* encore un coup de toi. (I, 365.)
Frivoles déités qui nous devez votre *être*. (VI, 292.)
L'auteur de son *être*. (VI, 299 ; voyez VI, 291 et note 7, 295.)

Ils reprendroient tous deux leur premier *être*. (VI, 106.)
En son *être* premier retourne l'assemblage. (VIII, 206.)

ÉTRENNE, ÉTRENNES :

Si je l'avois [ce mari], j'en ferois une *étrenne*. (IV, 298 et note 2.)
J'en ferois cadeau à une autre.

Que me veux-tu donner pour mes *étrennes?* (V, 491 ; voyez VII, 88.)

ÉTRET, étroit :

Voyez-vous ces cases *étrètes?* (I, 225 et note 2.)
Les portes *étrètes*. (I, 286.)

ÉTRIF, lutte, querelle :

En cet *étrif* la servante tomba. (IV, 282 et note 4 ; voyez VIII, 442.)

ÉTRILLER :

J'*étrillerai* quelqu'un. (VII, 367.)

  Veut-il qu'à l'étriller ma main un peu s'applique?
    (Molière, *Amphitryon*, acte I, scène II.)

ÉTRIVIÈRES, proprement courroies qui servent à porter les étriers :

Qu'on lui donne les *étrivières* [des coups d'étrivière]. (I, 42 ; voyez I, 187.)

ÉTROIT, ÉTROITE :

Les plus *étroites* bornes sont les meilleures. (IV, 13.)
Voyez ÉTRET.

ÉTUDE :

Nous nous sommes prescrit une *étude* infinie. (VI, 325 ; voyez IX, 133.)
Gens d'*étude*. (V, 32.)

ÉTUDIANT :

Si j'étois quelque peintre ou quelque *étudiant*.... (III, 294 et note 5 ; voyez V, 446.)

ÉTUI :

Si je n'avois toussé sortant de mon *étui*.... (VII, 308.)

ÉVANGÉLISTE. (IV, 336 et note 1.)

ÉVANGILE :

Gloser sur l'*Évangile*. (IV, 179 et note 2.)
Gens de l'*Évangile*. (V, 360 et note 1.)

 [Les serments] des Gascons et des Normands
 Passent peu pour mots d'*Évangile*. (IV, 388 et note 2.)

Comparez *les Cent Nouvelles nouvelles*, p. 313 : « Une assez bonne histoire qui n'est moins vraie que l'Euangile »; et les *Anciennes poésies françoises*, tome III, p. 132 : « Vrai comme la messe ».

.... Voilà bel *évangile*. (IX, 6.)

ÉVEILLER ; S'ÉVEILLER :

Il s'approcha, l'*éveillant* en sursaut. (V, 331 ; voyez V, 475.)
L'œil *éveillé*, l'oreille au guet. (III, 82.)

Je ne l'ai jamais vu si *éveillé*. (VII, 483.)

  Chacun d'eux pourtant *s'éveilla*
  Bien étonné de telle aubade. (IV, 55 ; voyez IV, 284 ; V, 77 et note 6 ; VII, 181.)

ÉVÉNEMENT, effet, issue :
J'ai suivi leur projet quant à l'*événement*. (II, 3.)
.... Causer un même *événement*. (II, 471 et note 69.)
.... L'*événement* n'en peut être qu'heureux. (IX, 34.)

ÉVENT (À L') :
Votre tête *à l'évent* ne se peut contenir. (VII, 101 et note 1.)

ÉVENTER, sens divers, au propre et au figuré :
  Et vous, Zéphyrs, en ce jour,
  De la fraîcheur de vos ailes
  Éventez le sein des belles. (VII, 578.)
[Un chien] vint sur l'herbe *éventer* les traces de ses pas. (III, 280.)
Dryope la première *évente* sa demeure. (VI, 255 et note 2.)
Que ce secret ne *soit* point *éventé*. (VI, 62 ; voyez VI, 304.)
Tête *éventée*. (II, 399 et note 3.)

ÉVERTUER (S') :
  Elle part [la tortue], elle *s'évertue*,
  Elle se hâte avec lenteur. (II, 33.)

ÉVIDENT :
Philémon reconnut ce miracle *évident*. (VI, 155.)

ÉVITER :
On cherche les rieurs, et moi je les *évite*. (II, 248.)
Vous n'*éviterez* point ses embûches secrètes. (III, 279 ; voyez II, 291.)
  O belles, *évitez*
  Le fond des bois et leur vaste silence. (VI, 11.)
Leur rencontre se fit non loin de l'élément
Qui doit être *évité* de tout heureux amant. (VI, 200.)

ÉVOQUER :
Le parlement *évoque* à soi l'affaire. (V, 334 et note 2.)
.... J'ai presque envie d'*évoquer* son ombre. (IX, 397 ; voyez VIII, 117.

EXACT, ACTE :
Des registres *exacts* de mise et de recette. (III, 221.)
Régime *exact*. (VI, 352 et note 2.)
En confesseur *exact* il fit conter l'histoire. (V, 348.)
Malgré ma défiance *exacte*. (VII, 432.)

EXAGÉRATION :
Ces *exagérations* sont permises à la poésie. (III, 165.)
Le vieillard finit par l'*exagération* de son bonheur. (VIII, 150.)

EXAGÉRER :
Il plut du sang : je n'*exagère* point. (II, 136.)
Exagérant nos maladies.... (VI, 355.)

EXAMEN :

.... Amour n'y fit un trop long *examen*. (VI, 45.)
Si l'on vouloit venir à l'*examen*.... (V, 205.)

EXAMINATEUR :

Notre *examinateur* soupiroit dans sa peau. (V, 430 et note 1.)

EXAMINER :

N'*ayant examiné* qu'à demi ce complot.... (VI, 73 ; voyez IV, 149.)

EXCELLENCE :

L'*excellence* d'un ouvrage. (I, 12.)
Si d'ailleurs quelque endroit plein chez eux d'*excellence*.... (IX, 202.)
Mettez les choses en pareil degré d'*excellence*. (VIII, 108; voyez VIII, 340.)
Si le Ciel t'eût, dit-il, donné par *excellence*, etc. (I, 219.)
Tendrons... beaux par *excellence*. (V, 385.)
[Blondin] beau par *excellence*. (V, 250 et note 6; voyez V, 472; VI, 42.)

EXCELLENCE (Son); EXCELLENCES :

    Maître Gille enfin, en passant,
    Va saluer *Son Excellence*. (III, 311 et note 8; voyez V, 261 et note 7.)

.... J'en connois beaucoup aujourd'hui....
Qui changeroient entre eux les simples *Excellences*,
    S'ils osoient, en des Majestés. (III, 130 et note 23.)

EXCELLER; EXCELLER EN :

    Parmi les plus fous
Notre espèce *excella*. (I, 79.)
Les humains sont plaisants de prétendre *exceller*
Par-dessus nous. (III, 127 et note 10.)
Sur les plus fins je prétends qu'il [ce tour] *excelle*. (VI, 38.)
Exceller en tours pleins de matoiserie. (III, 133 ; voyez VI, 330.)
Il [l'Amour] *excelle en* bien dire. (VI, 25.)

EXCEPTER; FORS EXCEPTÉ; S'EXCEPTER DE :

Voici pourtant un cas qui peut *être excepté*.... (III, 162.)

    Le mal d'autrui ne me tourmente en rien,
    Fors excepté ce qui touche au compère. (IV, 159 et note 5.)
Je saurai m'*excepter de* cette obscure vie. (VII, 610.)

EXCÈS :

Toujours il va d'un *excès* dans un autre. (V, 39.)
Une foi sans *excès*. (VI, 595.)

    Parvenant jusqu'à certain *excès*,
Il [le chaud de la fièvre] acquiert un degré qui, etc. (VI, 330.)
L'*excès* des prodigues moissons. (II, 413 et note 8.)
.... Vos promesses, Seigneur, et cet *excès* de gloire
Font que je n'oserois en douter, ni le croire. (VII, 602 et note 5.)
Cet honneur me confond, et va jusqu'à l'*excès*. (VII, 114.)
A quel *excès* monte votre colère? (VII, 618; voyez VI, 72; VIII, 153.)
.... Il est dans l'*excès*. (VII, 156 et note 3.)

EXCESSIF; EXCESSIF À :
Flatteur *excessif*. (II, 131.)
Excessive amitié. (VI, 73.) — Peines *excessives*. (VIII, 153.)
   La nature
Excessive à payer ses soins avec usure. (III, 306 et note 8.)

EXCITER :
Nul mets n'*excitoit* leur envie. (II, 95.)
Je suis *excité* de prendre la lyre. (VIII, 313.)

EXCLURE :
Le long dormir est *exclus* de ce lieu. (V, 356 et note 6.)
Se voir *excluse* d'un asile. (VIII, 175.)

EXCRÉMENT :
Va-t-en, chétif insecte, *excrément* de la terre! (I, 155 et note 3.)

EXCUSABLE :
La quantité rend *excusable*. (V, 127.)

EXCUSE :
Les ans et les travaux me serviront d'*excuse*. (III, 183.)
.... Lors pour sortir elle prend une *excuse*. (IV, 71; voyez IV, 323.)

EXCUSER; S'EXCUSER; S'EXCUSER À, DE, SUR :
Mais il n'est pas besoin d'*excuser* ce mépris. (VII, 11.)
S'*excuser* à son mari. (II, 152; voyez III, 248.)
Alcandre *de* ce droit s'est longtemps *excusé*. (IX, 67.)
.... Ésope s'en *excusa sur* ce qu'il n'osoit le faire. (I, 44.)
Le renard s'*excusa sur* son peu de savoir. (III, 295.)

EXÉCUTER; S'EXÉCUTER :
Pour survivre à soi-même il faut *exécuter*. (VII, 622.)
   Ne faut-il que délibérer,
   La cour en conseillers foisonne;
   Est-il besoin d'*exécuter*,
   L'on ne rencontre plus personne. (I, 135; voyez III, 79.)
L'édit du Prince s'*exécute*. (II, 45; voyez IV, 199.)

EXÉCUTION :
L'*exécution* de la gageure. (I, 41.)

EXEMPLAIRE, modèle :
Un prince que le Ciel prendra pour *exemplaire*. (VI, 351 et note 3.)
.... L'un et l'autre servoit d'*exemplaire* et d'image. (IX, 197.)

EXEMPLE :
L'*exemple* sert, l'*exemple* nuit aussi. (V, 301.)
   La vertu
   De tout *exemple* domestique
   Est universelle.... (III, 240 et note 11.)
On se le proposoit tous les jours pour *exemple*. (VI, 296.)
Je n'ai entrepris la chose que sur l'*exemple*, etc. (I, 10.)

Les dieux vous serviront d'*exemples*. (VII, 606.)
.... Voilà l'*exemple* des honnêtes gens. (VII, 492.)

EXEMPLUM :

Exemplum ut talpa. (III, 186 et note 25.)

  Exemplum la guerre de Troie.
      (Scarron, *le Virgile travesti*, livre VII.)

EXEMPT DE :

Exempt d'inquiétude. (VI, 228.)
L'humble toit est *exempt* d'un tribut si funeste. (VI, 148.)
.... Gardant leurs toisons *exemptes de* rapines. (VI, 287.)
Le dieu qu'on nomme Amour n'est pas *exempt* d'aimer. (VIII, 42.)
Son malheur fut d'aimer : quelle âme en est *exempte?* (IX, 194.)

EXEMPTER DE :

Le soin que j'aurai pris *de* soin m'*exemptera*. (I, 275 ; voyez VI, 270.)

EXERCER ; S'EXERCER :

Exercer leur talent. (III, 91.)

  S'il veut *exercer* son courroux,
Le seul motif en est l'amour qu'il a pour vous. (VII, 600; voyez
I, 246 ; III, 29 ; VII, 621.)

Celle [l'inhumanité] que vos préteurs *ont* sur nous *exercée*.... (III, 148.)
Il savoit le mieux du monde *exercer* la patience d'un philosophe. (I, 39.)
Mais quoi! de l'*exercer* [la constance] il n'est plus de matière. (IX, 340.)
La guerre aussi s'*exerce* en son empire. (VI, 26.)

EXERCICE :

Les malades d'alors, étant tels que les nôtres,
Donnoient de l'*exercice* au pauvre hospitalier. (III, 340.)

.... Soit aux arts libéraux, soit aux jeux d'*exercice*,
A sauter, à lutter, à courir dans la lice. (VII, 61.)

Un dur *exercice*. (VI, 199.)

  .... Un héros,
 Un rejeton du maître en l'*exercice*
 Qui fait les dieux. (IX, 31.)

La guerre.

EXHALER :

.... Les vapeurs qu'elle [l'eau] *exhale*. (VI, 254.)

EXHORTER à :

Exhorter à patience. (I, 218 et note 3.)

EXPÉDIENT :

Chacun admira l'*expédient* que Xantus avoit trouvé. (I, 41.)
L'*expédient* plut très fort à Catelle. (IV, 70 ; voyez V, 41.)
Le trop d'*expédients* peut gâter une affaire. (II, 429.)
Ne me proposez point pour *expédient* de vous laisser mourir de tristesse. (VIII, 146.)

EXPÉDIENT, adjectivement :

Psyché ne se put rien imaginer de plus à propos ni de plus *expédient*.
(VIII, 98.)

EXPÉDIER :
   Permettez qu'en forme commune
   La Parque m'*expédie*. (III, 218 et note 3.)
.... *Expédiant* les loups en forme. (II, 410.)
   Les beaux-pères n'*expédioient*
   Que les fringantes et les belles. (IV, 191.)
   De prime abord *sont* par la bonne dame
   Expédiés tous les péchés menus. (IV, 104.)

EXPÉRIENCE :
   Ces survenants de mainte *expérience*
   Se vantoient tous. (IV, 245 et note 3.)
   Elle allégua son peu d'*expérience*. (IV, 479; voyez VI, 9.)
   Vous savez bien par votre *expérience*
   Que c'est d'aimer. (V, 173.)
      Le bachelier
   Leur avoit rendu familier
   Chaque point de cette science,
   Et le tout par *expérience*. (V, 585; voyez I, 268.)
Creusant dans les sujets et forts d'*expériences*,
Ils [les Anglois] étendent partout l'empire des sciences. (III, 320.)

EXPÉRIMENTÉ :
.... Il étoit *expérimenté*. (I, 258.)

EXPERT ; EXPERT À, SUR :
.... Bien ou mal, je le laisse à juger aux *experts*. (II, 3.)
Gens *experts* et savants. (II, 224.)
Expert aux choses de l'amour. (V, 123 ; voyez V, 299; VI, 252.)
Arbitre *expert sur* tous les cas. (II, 190; voyez V, 26.)

EXPIER :
   Rien que la mort n'étoit capable
   D'*expier* son forfait. (II, 100; voyez I, 53; VIII, 212.)
Ma mort seule *expiera* le tort que tu m'as fait. (V, 131.)

EXPLOIT, terme de pratique :
Voilà l'*exploit* qui trotte incontinent. (V, 333.)

EXPLOITER :
      L'un de ces amoureux
   Tant bien *exploite* autour de la donzelle.... (IV, 118 et note 1.)

EXPOSER, acceptions diverses; s'EXPOSER :
Dans un chemin montant, sablonneux, malaisé,
Et de tous les côtés au soleil *exposé*.... (II, 141.)
Je m'en vais *exposer* une fable à vos yeux. (VII, 581.)
Ce ne fut qu'en pleurant qu'il *exposa* ce fils [aux dangers du monde].
(V, 19.)
Il veut vous ménager en *exposant* Aminte. (VII, 520.)
Où *vous exposez*-vous? (VI, 281 ; voyez II, 103.)

EXPRÈS :
Nous avons ordre *exprès* de venir en personne. (VII, 565.)

EXPRIMER :
Notre galant vous lorgne une fillette,
De celles-là que je viens d'*exprimer*. (VI, 8.)
Ce Scythe *exprime* bien
Un indiscret stoïcien. (III, 308 et note 18.)
.... *Exprimant* ce héros qu'il commence à tracer ·
L'*exprimer !* c'est beaucoup. (IX, 368.)
Dieux ! qu'on est empêché quand il faut qu'on *exprime*
Ce qu'on ne sauroit concevoir ! (IX, 341 ; voyez V, 269.)

EXQUIS, ISE :
C'est un fromage *exquis*. (III, 135.)
Pâture *exquise*. (VI, 287 ; voyez III, 198.)
Meubles *exquis*. (I, 194.)
Ce qu'Amour a d'*exquis*. (V, 121.)
Beauté *exquise*. (V, 505 ; VIII, 147.)
En ma maison des champs je trouve un goût *exquis*.... (VII, 66 ; voyez VII, 165.)
Des plaisirs trop *exquis* pour un simple mortel. (VII, 176.)
.... C'est un chef-d'œuvre *exquis* de constance et de foi. (VII, 27.)

EXTASE :
.... Ravi comme en *extase* à cet objet charmant. (V, 20 ; voyez VI, 288.)
.... Si l'on doit appeler joie ce qui est proprement *extase*. (VIII, 104.)
Un ravissement, une *extase*. (VIII, 114.)

EXTASIER (S') :
De grand plaisir notre amant *s'extasie*. (IV, 72.)

EXTERMINATEUR :
Ce chat *exterminateur*. (I, 255.)

EXTERMINER :
On n'*exterminoit* pas la fièvre, on la lassoit. (VI, 322.)

EXTRACTION :
Un jeune homme d'*extraction* noble. (I, 47.)

EXTRÊME :
Amour *extrême*. (VII, 154 ; voyez IV, 25 ; etc.) — Plaisir *extrême*. (II, 234.)
Courroux *extrême*. (V, 500, 524.) — Diligence *extrême*. (IV, 270.)
Erreur *extrême*. (I, 357 ; voyez III, 23.) — Folie *extrême*. (II, 344.)
Ces *extrêmes* Agnès
Sont oiseaux qu'on ne vit jamais. (V, 579.)

EXTRÉMITÉ :
.... Et dans ce bourg une veuve fort sage,
Qui demeuroit tout à l'*extrémité*. (IV, 462 et note 1.)
Elle croit que ses ailes
La sauront garantir à toute *extrémité*. (I, 418.)

F

FABLE, acceptions diverses :
.... Ces divinités
Que la *Fable* a dans son empire. (VI, 18.)
L'apologue est composé de deux parties, dont on peut appeler l'une le corps, l'autre l'âme. Le corps est la *fable*, l'âme la moralité. (I, 19.)
Les *fables* ne sont pas ce qu'elles semblent être :
Le plus simple animal nous y tient lieu de maître. (II, 1 et note 2.)
  Les gens du pays des *fables*
  Donnent ordinairement
  Noms et titres agréables, etc. (V, 340 et note 2.)
  .... Tel que d'une *fable*
Il a l'air et les traits, encor que véritable. (III, 162.)
.... Je livrai mon âme à de secrets plaisirs
De voir que mon jaloux fût, malgré ses desirs,
La *fable* d'un rival. (VII, 426.)

FABRICATEUR, FABRICATEURS :
  Le *fabricateur* souverain
Nous créa besaciers. (I, 79.)
Stratagème inouï, qui des *fabricateurs*
  Paya la constance et la peine. (I, 131.)

FABRIQUER :
  Je *fabrique* à force de temps
  Des vers moins sensés que sa prose. (III, 132.)

FABULEUX :
La parabole est-elle autre chose que l'apologue, c'est-à-dire un exemple *fabuleux*? (I, 16.)
Je ne vois presque personne qui ne tienne pour *fabuleuse* celle [la vie d'Ésope] que Planude nous a laissée. (I, 20 ; voyez I, 29.)
.... Ni des temps *fabuleux* enfin la moindre trace. (VI, 16.)
Votre fils s'est laissé prévenir en ma faveur par les rapports *fabuleux* qu'on lui a faits. (VIII, 192.)

FABULISTE :
Aucun des *fabulistes* ne l'a gardée [cette règle]. (I, 19.)

FACE :
On rit de moi-même à ma *face*. (VII, 367.)
[Ma prière] parut devant sa *face*. (VIII, 395.)
  .... Si quelqu'un se présente
  A vos regards ayant *face* riante. (V, 357.)
De l'astre au front d'argent la *face* circulaire. (III, 134.)
L'autre blâmoit la *face* [la façade].... (I, 334.)
Rider la *face* de l'eau. (I, 126.)

FACE À FACE :
Le couple infortuné *face à face* repose. (VI, 205.)

FACER :
Allez au cabinet qui *face* l'avenue. (VII, 280 et note 3.)

FÂCHER; SE FÂCHER; SE FÂCHER DE :
.... C'est ce qui la *fâchoit*. (IV, 364.)
.... Cela les *fâche* bien. (IV, 399.)
    Les enfants n'ont l'âme occupée
    Que du continuel souci
    Qu'on ne *fâche* point leur poupée. (II, 387.)
Il s'y voit [dans l'eau], il *se fâche*. (I, 93.)
    .... Pardon, dit-il, Madame :
    Ne *vous fâchez du* tour qu'on vous a fait. (V, 53.)

FÂCHEUX; FÂCHEUX À :
    .... Avoit-on un amant...,
Une mère *fâcheuse*, une femme jalouse? (II, 179.)
Femme *fâcheuse* est un méchant partage. (IX, 39.)
L'abord de cette ville est *fâcheux*. (IX, 292.)
Il est certains secrets *fâcheux à* révéler. (VII, 585.)

FACIÉ :
Il est bien *facié*, sa voix est agréable. (VII, 351 et note 2.)

FACIENDE :
    Ligurio, qui de la *faciende*
    Et du complot avoit toujours été.... (V, 47 et note 9.)
Voyez dans le Supplément du Dictionnaire de Littré, p. 153, un emploi moderne de ce mot vieilli.

FACILE; FACILE À :
Ce n'est point l'intérêt qui me rendra *facile*. (VII, 72; voyez VII, 80.)
    Amarille
Attendit trop longtemps à se rendre *facile*. (VIII, 359.)
Jamais le Ciel ne fut *aux* humains si *facile*, etc. (VI, 152.)

FAÇON, FAÇONS, acceptions diverses :
    Tout alla de *façon*
    Qu'il ne vit plus aucun poisson. (II, 113.)
Tu ne voudrois pas être heureux de la *façon?* (VII, 50; voyez VII, 53, 82, 564.)
    Le sort se plaît à dispenser les choses
    De la *façon*. (IV, 250.)
    Les deux galants ayant de la *façon*
    Réglé la chose.... (VI, 132.)
    Faut-il que qui vous oblige
    Soit traité de la *façon?* (V, 241 et note 2.)
    .... Amour savoit atteindre
A ses desseins d'une ou d'autre *façon*. (VI, 29.)

.... De la *façon* que le traducteur les a rendus [ces textes], etc. (VIII, 350.)

La pauvre épouse eut en quelque *façon*
De la pudeur. (V, 495 ; voyez I, 29.)
.... Prendre des plaisirs de toutes les *façons*. (VII, 564.)
J'ai servi des beautés de toutes les *façons*. (V, 11.)
   Il n'étoit si novice
Qu'il ne connût ses gens à la *façon*. (V, 192 et note 4.)
   La taille du garçon,
Sa simplicité, sa *façon*. (V, 591 et note 6.)
   .... Certain fils de famille,
Bien fait, et beau, d'agréable *façon*. (VI, 54.)
Le jeune Amour, bien qu'il eût la *façon*
D'un dieu.... (V, 181.)
.... Pour moi, je n'y entends point tant de *façons*. (VII, 453.)
.... D'ailleurs il n'y faut point faire tant de *façon*. (IV, 47 et note 1.)
   Sans faire tant de *façon*,
   Qu'on m'apporte tout à l'heure
   Le reste de mon poisson. (IV, 122.)
   .... Si pour des cocuages
Il faut en ce pays faire tant de *façon*. (V, 134.)
Nos petites *façons* amollissent les âmes. (VII, 417.)
.... Et n'y plaignant l'étoffe et la *façon*. (IV, 161 et note 5 ; voyez VIII, 378.)
Thérèse, accomplissant le repos de la France,
Y fera, je m'assure, encor cette *façon*. (IX, 337.)
   .... Ce fut avec une fierté de reine
   Qu'elle donna la première *façon*
   De cocuage.... (V, 51 et note 4.)
Une *façon* de plus ne fait rien à l'affaire. (V, 455.)
   Dès à présent je vous réponds
Que l'époux de la dame a toutes ses *façons*. (V, 451 et note 7.)

FAÇONNER :

Maint cierge aussi *fut façonné*. (II, 418.)
Ais non *façonnés* à l'aide du compas. (VI, 153.)
Votre corps est à lui : ses mains l'*ont façonné*. (VI, 295.)
On l'*a*, dès son jeune âge, instruit et *façonné*. (VII, 61.)

FACTEUR, FACTEURS :

Facteurs, associés, chacun lui fut fidèle. (II, 174 et note 5.)
Ils avoient des comptoirs, des *facteurs*, des agents. (III, 221.)

FACTION :

De *faction* Simonette changea. (V, 82 et note 3 ; voyez IV, 502 et note 4.)

FACTOTUM :

Au *factotum* tu n'as qu'à t'adresser. (IV, 496 et note 4 ; voyez IV, 497.)

FACULTÉ, FACULTÉS :

Cependant la longueur minoit nos *facultés*. (VI, 323.)

FADE :

           Mais cette couleur *fade*,
Ce visage plombé, nous marque un air malade. (VII, 338.)
Des peines près de qui le plaisir des monarques
Est ennuyeux et *fade*. (II, 277.)
Ni *fade* adulateur, ni parleur trop sincère. (II, 133.)

FAGOT (Sentir le) :

Un païen qui *sentoit* quelque peu *le fagot*. (I, 341 et note 2.)

FAGOTER :

Quel est ce godenot *fagoté* de la sorte? (VII, 290.)

« Qu'est-ce que c'est que ceci? qui vous a fagoté comme cela? » (Molière, *le Bourgeois gentilhomme*, acte V, scène 1.)

Je ne sais comme ces masques ont *fagoté* tout chela. (VII, 456 et note 3.)

FAILLIR, acceptions diverses :

    .... Ils suivent ma musette,
Et chantent, sans *faillir*, déjà deux airs nouveaux. (VII, 263.)
    Croyant *faillir* en retenant
    Un bien à l'ordre appartenant. (IV, 191.)
.... Et par bonheur pour moi je ne saurois *faillir*. (VII, 180.)
Jamais ne *faux* en rencontres pareilles. (IV, 164 et note 2.)
    Il fit l'époux, mais il le fit trop bien :
    Trop bien, je *faux*, et c'est tout le contraire. (IV, 211.)
    .... L'essai? je *faux* : Constance en étoit-elle
    Aux éléments? Oui. (V, 206.)
Trois! je *faux* d'un. (V, 410.)
Cyprine là? je *faille* lourdement. (VII, 163.)
    Et supposé que quant à la matière
    J'eusse *failli*.... (VI, 6.)
Pas ne *faillit* dedans sa conjecture. (IV, 231.)
Notre cochon ne nous *faudra* pourtant. (V, 491 et note 3.)
    Ruse ni stratagème
    Ne vous *faudront*. (V, 540.)
.... Pas n'y *faudrai*, lui repartit la dame. (IV, 98 et note 1.)
      Car point ne *fault*
      Tout homme caut
    A chercher mieux quand on l'amuse. (VIII, 444.)
Les genoux commencèrent à lui *faillir*. (VIII, 218.)
On ne peut y *faillir* [aux enfers] qu'une fois. (IX, 198.)
.... Quand tout *faillit* en toi. (II, 210.)
Ai-je *failli* de me payer moi-même? (IV, 78 et note 3.)
    .... Que mou père
Ne *faillit* pas demain d'être son défenseur. (VII, 47.)
    Deux jours après la commère ne *faut*
    De mettre un fil. (IV, 323.)
.... Aussi contre Alizon je *faillis* d'avoir prise. (IX, 23.)

FAIM canine. Voyez Canine.

FAIRE :

1° FAIRE, avec des régimes directs, précédés ou non d'un article ou d'un autre déterminatif :

La vache à notre femme
Nous a promis qu'elle *feroit* un veau. (V, 492.)
Il lui *fait* encor des enfants. (IX, 285.)
Il avoit deux enfants,
Garçon d'un an, fille en âge d'en *faire*. (IV, 204.)
Frère Rustic peu de vierges *faisoit*. (V, 476 et note 5.)
Faire un ami. (VIII, 371.) — *Faire* maîtresse. (VII, 45, 46 et note 1.)
Cela *fit* des guerres. (VIII, 148.)
Elle me *fera* mille maux. (VIII, 144.)
Je n'ose me soustraire aux peines excessives
Que mes remords me *font*. (VIII, 153.)
Le traitement que l'on *faisoit* à Psyché. (VIII, 195.)
.... Si qu'à la cour elle en *feroit* leçon. (IX, 106.)
La mer *fit* rempart aux Hébreux. (VIII, 397.)
J'ai l'honneur de servir Nosseigneurs les chevaux,
Et *fais* aussi la chirurgie. (I, 392.)
.... Les loups et les brebis *ayant fait* un traité de paix. (I, 45.)
On *fait* de pareils dévouements. (II, 96.)
Clymène lui *fait* ombre. (VII, 150.)

Renaud n'étoit si neuf qu'il ne vît bien
Que l'oraison de monsieur saint Julien
Feroit effet. (IV, 260.)

Cet apologue *fit* son effet. (I, 45.)
Au paresseux tout *fait* de l'embarras. (VIII, 484.)
J'ai *fait* éclat pour tous, je veux encor le *faire*. (VII, 609.)
Ayant fait grand fracas, chère lie. (II, 176.)
Ce marchand *fit* son chantre mille oboles. (I, 34.)
Xantus... *fit* prix d'Ésope à soixante oboles. (I, 35.)
.... Horace n'y *faisoit* faute. (V, 341; voyez V, 81.)
Venez me voir chez moi, je vous *ferai* festin. (I, 309.)
Guillot les crut et leur *fit* fête. (II, 453.)

.... Comme un chien qui *fait* fête
Aux os qu'il voit n'être par trop chétifs. (V, 488 ; voyez IV, 496 et note 1.)

.... L'animal à longue échine
En *feroit*, je m'imagine,
De grandes destructions. (I, 286.)

Car Rominagrobis
Fait en tous lieux un étrange ravage. (III, 354.)
Au jeu d'amour le muletier *fait* rage. (IV, 229 et note 5.)

Le vent, le froid, et l'orage,
Contre l'enfant *faisoient* rage. (V, 239 et note 1.)

Le petit chien *fait* rage, aussi fait l'amoureux. (V, 258; voyez IX, 15, 106.)
.... Et *faisant* mainte place nette. (II, 25.)
Toutes ces trois pièces ne *font*,.. nulle symétrie. (IX, 243.)
L'autre *fit* un cri. (I, 35.)

.... Des cris qu'elle fut contrainte de *faire*. (VIII, 193.)
    Le receveur s'étant frotté l'épaule
    Fait un soupir. (V, 399 et note 1.)
Acante... *fit* un soupir. (VIII, 223; voyez VIII, 360.)
    L'escarbot comparut,
    Fit sa plainte. (I, 153.)
Il attend son destin sans *faire* aucunes plaintes. (I, 243.)
    Les gens d'autrefois
    Firent la figue au portrait du saint-père. (V, 358 et note 1 ; voyez
I, 143.)
Esope..., tous les jours, *faisoit* de nouvelles pièces à son maître. (I, 37.)
Avec quelqu'une *as*-tu *fait* la folie? (V, 533 et note 1.)
.... Et c'est l'opinion qui *fait* toujours la vogue. (II, 178.)
.... Un brin de jonc en *fit* l'affaire. (I, 309; voyez V, 128.)
De régler ses desirs *faisant* tout son emploi. (II, 166.)
Vous seule *avez fait* mes pensers et mes soins. (VII, 602.)
    Et ce sexe vaut bien
Que nous le regrettions, puisqu'il *fait* notre joie. (I, 248.)
.... Madame en *fera* ses amours. (V, 259; voyez VI, 304.)
    .... Les beautés qui *font* plaisir aux gens
    Pour la somme. (V, 440.)
.... L'on y *fait* l'amour aussi volontiers qu'en lieu de la terre. (IX, 287.)
Damis *a fait* son temps, d'autres *fassent* le leur. (VII, 101 et note 3.)
La Fortune se plait à *faire* de ces coups. (II, 172; voyez II, 394;
IV, 457.)
.... Toujours prêt à tout *faire*. (VII, 65.)
Servez-vous de vos rets : la puissance *fait* tout. (III, 58.)
L'esprit *fait* tout. (IX, 213.)
C'est le cœur qui *fait* tout. (VI, 156 et note 1.)
    Adieu; je n'ai que *faire*
    D'une babillarde à ma cour. (III, 245.)
On en rit; car que *faire* ? (VI, 21.)
.... J'ai grondé mes gens; mais qu'y *faire* ? (II, 355; VII, 58.)
    .... N'ayant pas la riposte
    Ainsi que vous : qu'y *feroit*-on? (IV, 57 et note 1; IX, 18,
212, 262.)
Qu'*eût fait* le pauvre sire? (V, 279.)
Qu'*eût*-il *fait* ? c'eût été lion contre lion. (I, 316.)
Contre tant de trompeurs qu'*eût fait* une innocente ? (VI, 18.)
Qu'*eût fait* Alaciel ? force n'a point de loi. (IV, 421, voyez IV, 364;
V, 117.)
    Nous verrons,
    S'il répond à mes vœux, ce que nous en *ferons*. (VII, 574.)
    Sa maîtresse eut d'abord quelque dispute
    Avec Janot qui *fit* le réservé. (IV, 71.)
    Il me vient une chose
    Dedans l'esprit ; je *ferai* le muet
    Et l'idiot. (IV, 497.)
.... Que je *fasse* le mystérieux. (IX, 374.)
Le galand *fait* le mort. (I, 256; voyez I, 428.)
Elle *fait* la blessée et va traînant de l'aile. (II, 465.)

[Alix] *fait* l'irritée et puis s'apaise enfin. (VI, 129.)
.... De quoi la ville d'Orléans....
Se plaignit, et *fit* la mauvaise. (IX, 242.)
Vous *faites* les mutins. (IX, 242 et note 2.)
Besoin n'étoit qu'elle *fît* la jalouse. (V, 67.)
Je *fais* la froide et l'indifférente. (VIII, 160.)
.... Et sans *faire* le fin, le froid, ni le modeste. (V, 429.)
.... Je n'en fais point la *fine*. (V, 77 et note 1.)
.... Celle-ci *fait* d'abord plus la sévère. (V, 82 et note 4.)
Faire la renchérie. (V, 57 et note 8.)

    La chambrière, écoutant ce discours,
    Fait la honteuse. (IV, 307.)

[Pinuce] *fait* le dormeur. (IV, 217.)

    .... Le monarque irrité
L'envoya chez Pluton *faire* le dégoûté. (II, 131.)
Ils *font* partout les nécessaires. (II, 144.)
.... *Faisant* les empressés. (II, 143; voyez II, 142.)
Le bon apôtre de roi *fait* là le saint homme. (IX, 239.)
Les parents ne *font* point les diables. (IX, 234.)
.... Si je *faisois* le conseiller. (IX, 113.)
Vous *feriez* l'homme chaste auprès d'une maîtresse. (V, 120.)

    Il *fit* l'époux, mais il le *fit* trop bien :
    Trop bien, je faux, et c'est tout le contraire;
    Il le *fit* mal : car qui le veut bien *faire*
    Doit en besogne aller plus doucement. (IV, 211-212.)

Une femme, à Paris, *faisoit* la pythonisse. (II, 179.)
Il *fit* si bien l'esclave de la belle.... (VI, 52 et note 2.)

Faire la petite bouche, Faire bruit, Faire caresse, Faire cérémonie, Faire chasse, Faire comparaison, Faire conscience, Faire corps, Faire florès et caprioles, Faire fortune, Faire la nique, Faire raison, Faire récit, Faire régal, Faire résidence, Faire la sauce, Faire voyage, etc. Voyez Bouche, Bruit, Caresse, Cérémonie, Chasse, etc.

2° Faire (Se).

a) Avec *se* régime direct :
La fille crût, *se fit*. (V, 105 et note 2.)

    Mais puisqu'on ne sauroit défaire
    Ce qui *s'est fait*.... (V, 510 et note 4.)

Se faire petit. (IV, 390.)
N'étant pas de ces rats qui, les livres rongeants,
Se font savants jusques aux dents. (II, 254.)
Je *me fais* fort de quatre.... (IX, 109.)
.... *Se faisant* tout blanc de son épée. (V, 470.)

b) Avec *se* régime indirect :

    Certain chien....
S'étoit fait un collier du dîné de son maître. (II, 244.)
.... Étant de ces gens-là qui sur les animaux
    Se font un chimérique empire. (II, 98.)

3° Faire, suivi d'un infinitif; d'un infinitif de verbe pronominal, sans pronom exprimé :

Pilpay *fait* près du Gange arriver l'aventure. (III, 255.)
Tout cela bien souvent *faisoit* crier miracle. (II, 180.)
   De par le roi des animaux
   Fut fait savoir à ses vassaux, etc. (II, 45.)
   .... Ces paroles
Firent arrêter l'autre. (III, 5.)
Qui vous a *fait* aviser de ce tour? (VI, 37.)
L'indocilité qui me *fait* envoler. (II, 322 et note 13.)

4° Faire que; ne faire que :

Quoi? voilà celui qui *fait qu*'on s'oppose à mes volontés! (I, 45.)
.... Il *n*'en *fit que* rire. (I, 48.)
Voyez que.

5° Faire, tenant lieu d'un verbe ou d'une périphrase verbale qui précèdent et dont on veut éviter la répétition :

Les loups les étranglèrent [les brebis] avec moins de peine qu'ils ne *faisoient*. (I, 45.)
   Jamais la dame la plus belle
   Ne charma tant son favori
   Que *fait* cette épouse nouvelle
   Son hypocondre de mari. (I, 185.)
   Les oisillons....
Se mirent à jaser aussi confusément
Que *faisoient* les Troyens. (I, 84.)
Puis-je autrement marcher que ne *fait* ma famille? (III, 240.)
   « Acceptez ce parti.... »
   Elle le *fit*. (V, 481.)
Je veux bien que vous me traitiez comme on *fait* les dieux. (VIII, 73.)
L'artifice et le mensonge ne régnoient pas comme ils *font*. (VIII, 89.)
A le prendre en général, comme vous *faites*.... (VIII, 108.)
Je crains celle-ci encore plus que vous ne *faites*. (VIII, 119.)
Je ne me trouve plus belle comme je *faisois*. (VIII, 154.)
Il s'ouvrira bien plutôt à vous qu'il ne *feroit* à sa mère. (VIII, 200.)
Son mari regardoit déjà la belle d'une autre sorte qu'il n'a coutume de *faire* ceux qui approchent de son tribunal. (VIII, 214.)
La lecture les a occupés plus qu'elle n'a de coutume de *faire* de gens de leur sorte. (VIII, 320.)
.... Porter cet avantage aussi haut que Jules César a *fait*. (VIII, 320.)
Je ne me pendrai pas! et vraiment si *ferai*. (II, 437; voyez IV, 476.)

6° Faire, avec des adverbes :

   Le vent redouble ses efforts
   Et *fait* si bien qu'il déracine
Celui.... (I, 127.)
   Elle *fait* si bien qu'on lui donne
   Liberté de se retirer. (I, 142.)
   Une lice....
Fait si bien qu'à la fin sa compagne consent
De lui prêter sa hutte. (I, 146.)

Le monarque des dieux s'avisa, pour bien *faire*, etc. (I, 153.)
Gens de mer sont toujours prêts à bien *faire*. (IV, 341.)
    Étant donc la donzelle
Prête à bien *faire*.... (IV, 254 et note 3.)
Et plût au sort que j'eusse pu mieux *faire!* (VI, 92.)
Ils n'attendoient que le temps de mieux *faire*. (IV, 89 et note 3.)
    .... On languit, on soupire :
Pas ne tiendroit aux gens qu'on ne *fît* mieux. (V, 466.)
Elle *fit* tant autour d'eux.... (VI, 43.)
Sire Rat accourut et *fit* tant par ses dents.... (I, 163; voyez II, 108.)
Xantus *fit* tant par sa patience.... (I, 35; voyez V, 553.)
    Cet homme donc....
Fait tant qu'il obtient du Destin, etc. (I, 185.)
[Ésope] *fit* tant qu'il fut rencontré par un des domestiques. (I, 37.)
[Les grenouilles] par leurs clameurs *firent* tant
Que Jupin les soumit au pouvoir monarchique. (I, 214.)
J'*ai* tant *fait* que nos gens sont enfin dans la plaine. (II, 143.)

7° FAIRE, absolument; FAIRE, emplois divers :
    .... Eh! là, Bartholomée,
Comme tu *fais!* (IV, 347.)
Comble-moi cette ornière. *As*-tu *fait ?* (II, 161.)
Soit fait, dit-il, nous recommencerons. (V, 297.)
    Soit fait, dit l'autre, il faut à ton desir
Acquiescer. (IV, 501 et note 1.)
On ne peut *faire* qu'en *faisant*. (IV, 186 et note 4.)
Car de pourvoir vous seul au tourment de chacune...,
Vous n'*auriez* jamais *fait* [jamais fini]. (IV, 21.)
Je n'*aurois* jamais *fait*. (V, 522; voyez VI, 91.)
    Si l'on vouloit à chaque pas
    Arrêter un conteur d'histoire,
    Il n'*auroit* jamais *fait*. (IV, 44 et note 3.)
Je n'*aurois* jamais *fait* d'examiner toutes les beautés de l'Eunuque. (VII, 8; voyez VII, 59.)
    Et Pagamin prit à femme sa veuve :
Ce *fut* bien *fait*. (IV, 353.)
    Mon ami,
C'*est* fort bien *fait* à toi. (III, 314.)
    Voici trois mots d'un bon apôtre
    Qui *font* à notre intention. (IV, 184 et note 3.)
    C'est maintenant la seule chose
    Qui peut *faire* au gain du procès. (IX, 453.)
.... Le nom n'y *fait* rien. (IX, 6.)
.... Rien n'y *fera* pour le sûr sa défense. (V, 569.)
.... Jusques au chien, tout y *fait* quand on aime. (V, 29 et note 2.)
    .... Les pleurs et la pitié,
Tout y *fit*. (VI, 80.)
    Qu'eût coûté la maîtresse?
Peut-être moins, car le hasard y *fait*. (VI, 129.)
Ces qualités... ne *faisoient* rien pour la consoler. (VIII, 145.)

Une chose *fait* pour Alexandre. (VIII, 326 et note 2.)
O dieux! c'*est fait* de nous. (VII, 65.)
S'il n'a l'oiseau, c'*est fait* que de sa vie. (V, 168 et note 5.)

FAIT (ÊTRE); BIEN FAIT, LE MIEUX FAIT; MAL FAIT; ÊTRE FAIT À, POUR :

Tous gens *sont* ainsi *faits*. (II, 137.)
Sa personne *étant* ainsi *faite*.... (I, 211.)

 Eh bien! tous deux nous saurons comme quoi
  Vous *êtes faite*. (V, 496.)

[S'informant] comme elle *étoit faite*.... (V, 450 et note 1.)
.... Personne ne s'imagina qu'il pût rien partir de raisonnable un homme *fait* de cette manière. (I, 44.)
Je le suppose riche, honnête, assez *bien fait*. (VII, 70.)
La belle en choisit un, *bien fait*, beau personnage. (V, 111.)
Qu'on soit *bien fait*, qu'on ait quelque talent. (V, 559.)

 La dame étoit jeune...,
 L'amant *bien fait*. (V, 574.)

Propre, *bien fait*, bien mis. (V, 561; voyez V, 188.)

 Certaine fille à Florence étoit lors,
 Belle et *bien faite*. (VI, 98; voyez V, 76.)

 Bien est vrai, car il faut tout dire,
 Qu'il étoit très *bien fait* de corps. (V, 211; voyez V, 27.)

Des amis si *bien faits*. (VIII, 372.)
Je ne l'aurois pas cru si beau, ni si *bien fait*. (VII, 61; voyez IV, 309, 418, 434; V, 123, 250, 261, 277, 433; VI, 54; VII, 281, 285, 289, 306, 334, 429; etc.)

Il fait tant que de plaire et se rend en effet
Plus digne d'être aimé que le mort *le mieux fait*. (VI, 81.)

Un jeune esclave le plus beau du monde et *le mieux fait*. (I, 35.)
.... Mais qui ne soit pourtant *mal fait* de corps. (V, 41.)

 L'animal aux têtes frivoles
 Étant fait à ces traits.... (II, 232.)

Une vieille viendra qui, *faite au* badinage,
Vous saura ménager un secret entretien. (V, 443 et note 3.)
Qui de l'âne ou du maître *est fait pour* se lasser? (I, 203.)

FAISEUR; FAISEUSE :

Faiseur d'enfants. (V, 536.) — *Faiseur* d'oreilles. (IV, 153, 169.)
Le trop grand soin de les éviter [les négligences] jetteroit un *faiseur* de contes en de longs détours, etc. (IV, 146.)
Faiseurs de comédies. (VIII, 108.) — *Faiseurs* de vers. (IX, 316.)
Faiseurs d'habits et *faiseurs* de devises. (V, 158.)
Tout *faiseur* de journaux doit tribut au Malin. (IX, 369.)

   Rien ne remplit
Les vastes appétits d'un *faiseur* de conquêtes. (II, 349.)

  Le jeune Amour....
Fut de tout temps grand *faiseur* de miracles. (V, 181.)
La *faiseuse* de remontrances. (VIII, 169.)

FAIT, substantivement, acceptions diverses :
De ces deux rois je comparai les *faits*. (IX, 169.)
Les *faits* de tes aïeux. (I, 56.)
.... Ce grand saint dont la plume
Des *faits* du Dieu vivant expliqua le volume. (VI, 305.)
.... Vos *faits* en sont témoins. (VII, 615 et note 2.)
Notre galant n'étale
Un long narré, mais vient d'abord au *fait*. (V, 567.)
De ce *fait* il me reste une fille. (VI, 54.)
Il m'est resté de ce *fait* un garçon. (VI, 55.)
Madame Alis au *fait* a consenti. (V, 79.)
.... Tant qu'à la fin la cave et le grenier
Du *fait* des sœurs maintes choses apprirent. (IV, 503.)
Ne plaise à Dieu que si belle amitié
Soit par mon *fait* de désastre ainsi pleine! (IV, 345.)
Son *fait* n'étoit que papelardie. (IX, 23.)
Leur *fait* n'est que bonne mine. (I, 324.)
Son *fait* consistoit en adresse. (II, 180.)
En train de discourir
Sur le *fait* des romans. (IX, 22 ; voyez IV, 493.)
.... Et je sais même sur ce *fait*
Bon nombre d'hommes qui sont femmes. (II, 239.)
Point de jour en l'année....
Où l'on se pût sans scrupule appliquer
Au *fait* d'hymen. (IV, 333.)
[Le frère Girard] avoit eu son *fait* à part. (IV, 201.)
Chacun son *fait*. (IV, 229.)
Ligurio choisira le garçon :
C'est là son *fait*. (V, 44 et note 2.)
Ce n'est mon *fait*. (V, 194.)
Aussi n'est-ce pas mon *fait* que de raisonner, etc. (IX, 272.)
Parler votre langage est mieux mon *fait*. (IX, 362.)
Voilà
Mon *fait*, joignant à cela
D'autres petites affaires. (V, 350 et note 4.)
Voici mon *fait* : dites le prix. (VII, 129; voyez VII, 139, 171, 351, 381
L'innocence des champs est-elle votre *fait*? (II, 104.)
Ce n'est le *fait* d'une âme bien chrétienne. (IV, 335.)
Travailler est le *fait* de la canaille. (V, 362.)
.... Car il trouvoit toujours du mécompte à son *fait*. (III, 202 et note 11
A son bien, à son argent.
Chacun serre son *fait*. (VII, 88.)
J'allois offrir mon *fait* à part. (I, 315.)
.... Et tout son *fait* dès la veille mangeoit. (V, 391.)
Son *fait*, dit-on, consiste en des pierres de prix. (III, 52.)
Le malheureux....
Court au mugot, et dit : « C'est tout mon *fait*. » (IV, 140 et note 4

FAIT DE (EN) :
L'autre étoit passé maître *en fait de* tromperie. (I, 217.)

FAIT QUE DE (EN) :

.... J'en sais de ce plumage
Qui valent bien les noirs, à mon avis,
En fait que d'être aux maris secourables. (V, 390.)
Vous croyez donc qu'il faille avoir
Beaucoup de peine à Rome *en fait que* d'aventures? (V, 441.)

FAIT À FAIT QUE :

Fait à fait que le char chemine. (II, 142, note 7, variante ; voyez IX, 310.)

FAIT (PRENDRE SUR LE) :

Je vous *prends sur le fait.* (VII, 478.)
.... Cela ne plut pas au valet,
Qui les *ayant pris sur le fait,* etc. (V, 508.)

FAÎTE :

Un des deux compagnons grimpe au *faite* d'un arbre. (I, 428.)
Des taillis les plus hauts mon front atteint le *faite.* (II, 29.)
J'avois prévu ma chute en montant sur le *faite.* (III, 54 et note 39.)
La rage alors se trouve à son *faite* montée. (I, 156.)

FAIX :

Sous le *faix* du fagot aussi bien que des ans
Gémissant et courbé. (I, 107.)
Au *faix* de tant de biens, chargé d'ans, il succombe. (VII, 96.)
.... Ayant seule à présent
Le *faix* entier sur soi. (V, 401.)

FALLOIR :

Rien ne le contentoit, rien n'étoit comme il *faut.* (II, 104.)
Point de raison : *fallut* deviner et prédire. (II, 181.)
Vraiment *faut* que j'y monte [sur l'arbre]. (IV, 313.)
.... Et, supposé que facile ne fût,
Falloit qu'alors son plaisir d'autant crût. (V, 335.)
D'éveiller ces amants, il ne le *falloit* pas. (IV, 28.)

FALLOIR QUE (NE) :

Voilà ma bourse : il *ne faut que* compter. (IV, 346.)
.... Il *ne faut qu'*employer
Le vase qui me sut vos secrets révéler. (V, 137.)

FALLOIR PEU QUE (S'EN) :

Planude rapporte qu'il *s'en fallut peu qu'*on ne prît la fuite.... (I, 34.)
Peu s'en fallut que le soleil
Ne rebroussât d'horreur.... (III, 112.)

FALLOIR RIEN QUE (NE S'EN) :

Il *ne s'en fallut rien qu'*Argie
Ne battît sa nourrice. (V, 262.)

FAMEUX :

Deux peintres *fameux.* (VIII, 254.) — *Fameuses* beautés. (VIII, 61.

Nombre de gens *fameux* en ce genre ont écrit. (II, 2.)
Ce différend si *fameux*. (IX, 391.)

FAMILIER, IÈRE :
Et leur troupe à la fin se rendit *familière*.... (I, 214.)
Dieux *familiers* et sans cérémonie. (V, 542.)
.... Un exemple fabuleux, et qui s'insinue avec d'autant plus de facilité... qu'il est plus commun et plus *familier*. (I, 16.)
Les traits *familiers* que j'ai semés avec assez d'abondance dans ces deux autres Parties.... (II, 80.)
Nous vous rendrons la chose *familière*. (V, 470.)

   Le bachelier
 Leur avoit rendu *familier*
 Chaque point de cette science. (V, 584.)
.... L'accoutumance ainsi nous rend tout *familier*. (I, 303.)

   Le monde ne vous connoît guères
S'il croit que les faveurs sont chez vous *familières*. (V, 10 et note 4.)
Animal fort *familier* en cette contrée. (VIII, 54 et note 4.)

FAMILIER, substantivement :
 Quiconque est de ses *familiers* [à Cocuage]
 On ne manque pas de l'élire
 Ou capitaine ou lieutenant. (V, 142 et note 1.)

FAMILLE, au sens latin du mot :
Il déjeune très bien, aussi fait sa *famille*,
Chiens, chevaux, et valets, tous gens bien endentés. (I, 278 et note 12.)
 .... Force vieillards craintifs,
Femmes, *famille*, enfants aux cœurs déjà captifs. (VI, 282 et note 4.)
.... Il faut qu'avec notre *famille*
Nous prenions dès demain chacun une faucille. (I, 358 et note 19.)
L'avare laboureur se plaint à sa *famille*
Que sa dent [du sanglier] a détruit l'espoir de la faucille. (VI, 249 et note 6.)
  Il parloit d'un ton cas,
 Comme je crois que parle la *famille*
 De Lucifer. (IV, 470.)

FAMILLE (DE) :
Jeune homme *de famille*. (IV, 205.) — Fils *de famille*. (VI, 54.)

FAMINE :
  Le plus grand des soins
Ce doit être celui d'éviter la *famine*. (I, 221.)
Crier *famine*. (I, 59.)

FAN, faon :
Procris s'étoit cachée en la même retraite
Qu'un *fan* de biche avoit pour demeure secrète. (VI, 195.)
Mère Lionne avoit perdu son *fan*. (III, 69 et note 1 ; voyez VI, 301 303 ; VIII, 434.)

FANFAN :

Elle m'appelle son petit papa, son petit *fanfan*. (VII, 486 et note 5; voyez VII, 487.)

FANFARON, substantivement et adjectivement :

Un *fanfaron*, amateur de la chasse. (II, 6.)
Dame Souris, lui dit ce *fanfaron*.... (III, 353.)
.... Car qui pourroit souffrir un âne *fanfaron*? (I, 190.)

FANGE :

Un vieux hôte des bois...,
Blessé par des chasseurs et tombé dans la *fange*. (III, 263.)

FANGEUX :

Que faisons-nous, dit-il, de ce poids inutile,
Et qui va balayant tous les sentiers *fangeux*? (I, 380.)

Et le pauvre Renaud...,
Mouillé, *fangeux*, etc. (IV, 249 et note 1.)

FANTAISIE :

Ce qu'un enfant a dans la *fantaisie*,
Incontinent il faut l'exécuter. (V, 166.)
Je sais que cet honneur est pure *fantaisie*. (IV, 49; voyez VIII, 299.)
Plus malade de *fantaisie* que d'une brûlure. (VIII, 202.)
De ce cousin j'avois la *fantaisie*. (VII, 414 et note 6.)

Je ne sais pas pourquoi votre parent....
A de m'aimer conçu la *fantaisie*. (VI, 29.)

[Elle] faisoit aller le monde à sa *fantaisie*. (VIII, 204; voyez I, 156; VIII, 65.)

FANTASTIQUE :

Ouvrage *fantastique*. (VI, 109 et note 4.)

FANTÔME :

Fidèles courtisans d'un volage *fantôme*. (II, 161.)
Ne me préférez plus un *fantôme* de gloire. (VII, 626.)

Ce n'est pas un vain *fantôme*
Que la gloire et la grandeur. (IX, 399.)

De *fantômes* divers une cour mensongère. (VIII, 248; voyez VIII, 211.
Le *fantôme* brillant [le miroir] attire une alouette. (II, 50 et note 4.)

FAON :

Un *faon* de biche passe. (II, 348 et note 8.)
Voyez FAN.

FARCE :

Quelle *farce*, dit-il, vont jouer ces gens-là? (I, 201.)
Le récit en *farce* en fut fait. (II, 152 et note 22.)

FARCIN :

L'on guérit sa monture
Soit du *farcin*, etc. (IV, 244 et note 5.)

FARD, au propre et au figuré :

Cent sortes de *fards*. (II, 116; voyez VIII, 89)

Ouvrez-moi votre cœur, je le veux;
Mais sans *fard*. (VII, 580.)

FARDEAU :
Une lice étant sur son terme,
Et ne sachant où mettre un *fardeau* si pressant.... (I, 146.)
Un roitelet pour vous est un pesant *fardeau*. (I, 126; voyez I, 34;
III, 78.)

FARDER, au figuré :
Vous êtes redevable à ma sincérité
De ne vous *avoir* point *fardé* la vérité. (VII, 432 et note 1.)
Chacun *farde* sa marchandise. (I, 34.)

FARFADET :
Le villageois, étourdi du vacarme,
Au *farfadet* ne put répondre un mot. (V, 372.)

FARINE :
Rien ne te sert d'être *farine*. (I, 258 et note 14.)

FARINER :
Le meunier semble un Jodelet
Fariné d'étrange manière. (VII, 134 et note 1.)

FAROUCHE :
Que ne lui donnoit-il [à Achille] une humeur moins *farouche?* (VII,
616; voyez VI, 9.)
Qui vous rend si *farouche?* (VII, 56.)
D'une jeune *farouche*
L'Amour est plus tôt vainqueur. (VII, 220.)
Fier et *farouche* objet. (III, 331.)

FASCINER :
Il me *fascine* les yeux. (VIII, 98.)

FASTE :
Toujours un peu de *faste* entre parmi les pleurs. (VI, 71.)
Être sans *faste* et cultiver les Muses. (IX, 126.)

FASTES :
Aide-moi, Muse, à rappeler
Ces *fastes* qu'aux humains tu daignas révéler. (VI, 344.)

FASTUEUX :
La veuve, en ces alarmes,
N'étala point des clameurs et des larmes
Le *fastueux* charivari. (VII, 582.)
En habit, et des pieds en tête revêtu
Du *fastueux* dehors d'une intègre vertu. (VII, 415.)

FAT :

Et notre maître ès arts, qui n'étoit pas un *fat*.... (III, 131 et note 25.)

<small>Comparez Rabelais, tome III, p. 3 : « Pourquoy est ce qu'on dit maintenant en commun prouerbe : « Le monde n'est plus fat » ? Fat est un vocable de Languedoc, et signifie non salé, sans sel, insipide, fade, par metaphore signifie fol, mais despourueu de sens, esuenté de cerueau, etc. » Voyez aussi Brantôme, tome VIII, p. 53, 187; Ronsard, tome I, p. 69; et Molière, déjà cité, tome IX, p. 169.</small>

Antoine est assez *fat* pour la garder [Cléopâtre] toujours. (VII, 362.)
Je serai ravi de connoître par elle [la coupe] lequel est le *fat* de nous deux. (VII, 487 et note 2; voyez VII, 488.)

Vain comme un pédant, sot et *fat* comme deux. (VII, 284; voyez VII, 305.)

FATAL; FATAL À :

.... Quand on prend comme il faut cet accident *fatal*. (V, 98.)
Que nous eût du chasseur l'aventure *fatale*
Enseigné de nouveau ? (III, 259.)
.... Mais lorsqu'Amour prend le *fatal* moment,
Devoir et tout, et rien, c'est même chose. (VI, 27 et note 8.)
Les nymphes ont beau s'opposer aux Destins :
Contre un ordre *fatal* tous leurs charmes sont vains. (VI, 263.)
On ne daigna lui faire ouvrir
Cette maison *fatale*. (III, 333.)
Adonis attire tous les yeux;
D'une *fatale* ardeur déjà son front s'allume. (VI, 253.)
Je voi
De ce *fatal* courroux les Grecs se prendre à moi. (VII, 616.)
O science *fatale*,
Science que Damon eût bien fait d'éviter! (V, 135.)
Tant que nous le verrons sur ces rives *fatales*,
Je craindrai pour ses jours. (VII, 600.)
S'il est *fatal* toutefois que j'expire,
J'en suis content. (V, 53 et note 8.)
[Le malheureux époux] court au-devant d'un mal
Que la peur bien souvent rend *aux* hommes *fatal*. (V, 135 et note 2.
L'heure *au* monstre *fatale*. (II, 348.)
Cet ours *fatal aux* bergeries,
Fatal aux autres ours, teint de sang nos prairies. (VII, 223.)
Presque toujours il [ce remède] se trouve *fatal*
A celui-là qui le premier caresse
La patiente. (V, 38.)

FATALITÉ :

L'abbé l'est [aimé] de tout le monde par une *fatalité* dont il ne aut point chercher la cause parmi les astres. (IX, 268.)

FATIGUE :

[Il] fut suivi de la donzelle,
Qui craignoit *fatigue* nouvelle. (IV, 56.)
Aux *fatigues* de Mars donnez quelque relâche. (VII, 619.)

FATIGUER, absolument et activement :
Tu *fatigues* assez pour gagner davantage. (III, 314 et note 1.)
Par des vœux importuns nous *fatiguons* les Dieux. (II, 236.)
Nous *fatiguons* le Ciel à force de placets. (II, 37.)
Vous me semblez tous deux *fatigués* du voyage. (VI, 151.)

FATRAS :
Sans tant de contredits, et d'interlocutoires,
 Et de *fatras*, et de grimoires,
  Travaillons. (I, 122.)
Rêvant à tels *fatras*. (IX, 24.)

FAUCILLE :
.... Sa dent [du sanglier] a détruit l'espoir de la *faucille*. (VI, 249.)
Chacun apportant sa *faucille*. (I, 356 ; voyez I, 358.)

FAUCONNIER :
Messire Bon, fort content de l'affaire,
Pour *fauconnier* le loua bien et beau. (IV, 88 ; voyez III, 260.)

FAUSSER :
Tu sauras ce que c'est d'*avoir faussé* ta foi. (VII, 105.)
[Damon] ne pouvoit se résoudre à *fausser* la promesse
D'être fidèle à sa moitié. (V, 118 et note 3.)

FAUTE ; FAUTE DE ; SANS FAUTE ; emplois divers :
Point de *faute* au calcul. (IV, 443.)
Gens trop heureux font toujours quelque *faute*. (IV, 213; voyez IV, 208.)
Toute *faute* s'expie. (VI, 295 ; voyez VI, 289, 294, etc.)
Les veneurs... croyoient leurs chiens en *faute*. (I, 410 et note 2.)
Or le laissons, il n'en viendra pas *faute*. (V, 374 et note 2.)
.... Horace n'y faisoit *faute*. (V, 341.)
.... De lui sourire au retour ne fit *faute*. (V, 81.)
Faute d'argent cause bien du ravage. (IX, 39.)
Mazet n'avoit *faute de* restaurants. (IV, 505.)
Faute de reculer, leur chute fut commune. (III, 210.)
Faute d'avoir le temps de se mettre en courroux. (IV, 401 ; voyez II, 300.)
Je la tiens pucelle *sans faute*. (IV, 48.)
La longue [paille] échet *sans faute* au défendeur. (IV, 128.)
 Elle [la montagne] accoucheroit *sans faute*
 D'une cité plus grosse que Paris. (I, 397.)
Mieux vous vaudroit passer outre, *sans faute*. (IV, 207.)
.... Ils y couchoient tous les huit jours, *sans faute*. (IV, 339.)
.... Plaisant fut-il, au péché près, *sans faute*. (V, 466.)
Il n'est prison si douce que son hôte
En peu de temps ne s'y lasse *sans faute*. (V, 477.)
Il leur dit que, *sans faute*,
Moyennant Dieu, l'enfant viendroit à bien. (IV, 480.)
.... [Tant de cœurs] que notre Reine en mérite *sans faute*. (IX, 16.)
 Sans aucune *faute*....
Elle lui donneroit, etc. (IV, 53.)

>Cette princesse lui payroit....
>Tant chaque jour, *sans* nulle *faute.* (IV, 442.)

Sans point de *faute.* (IX, 105.)

FAUX, FAUSSE; À FAUX :

Il accusoit toujours les miroirs d'être *faux.* (I, 92.)
J'ai fait publier le *faux* bruit de ma mort. (VII, 560.)
.... Mettant de *faux* milieux entre la chose et lui. (II, 341.)
Pour tous les *faux* brillants courir et s'empresser! (IX, 185.)

>.... Chez son père elle fut toute en pleurs
>Signaler son devoir par de *fausses* clameurs. (VII, 561.)

Le *faux* Mahom. (V, 386.)

>A qui crois-tu parler?
>— A mon mari, dit la *fausse* femelle. (IV, 104 et note 6.)

La *fausse* vieille sut tant dire. (V, 264 et note 5.)

« Il y a la plus fausse vieille sus le Petit Pont. » (Des Périers, tome II, p. 9.

Faux frère. (VII, 307.)
Si je dis *faux*, coupez-moi les oreilles. (V, 536; voyez I, 367.)
Il se vantoit *à faux.* (IV, 385.)

FAUX-FUYANT. (IX, 214.)

FAUX JOUR. Voyez JOUR.

FAVEUR, FAVEURS, acceptions diverses :

Accordez-moi quelque *faveur.* (VII, 136; voyez IV, 266.)

>Son regret fut d'avoir enflé la dose
>De ses *faveurs.* (IV, 364; voyez IV, 359; VII, 80.)

Sa médisante humeur, grand obstacle aux *faveurs.* (IV, 434.)

>Il comptoit pour siennes déjà
>Les *faveurs* qu'Anne avoit gardées. (V, 347.)

... Combien en voyons-nous se laisser pas à pas
>Ravir jusqu'aux *faveurs* dernières,
>Qui dans l'abord ne croyoient pas
>Pouvoir accorder les premières? (IV, 411.)

Un cerf, à la *faveur* d'une vigne fort haute...,
S'étant mis à couvert, etc. (I, 410.)
.... Les vents en sa *faveur* leur offroient un air doux. (VI, 287.)
Ils sont pourtant parés des *faveurs* de la belle. (VI, 252.)
De ses rubans, de ses couleurs.

FAVORABLE; FAVORABLE À :

>Il aimoit mieux Clitie inexorable
>Qu'il n'auroit fait Hélène *favorable.* (V, 159.)

>Vous jeûnerez à votre tour,
>Ou vous *me* serez *favorable.* (IV, 421.)

>Pourriez-vous être *favorable*
>*Aux* jeux innocents d'une fable? (I, 264; voyez VI, 161.)

FAVORI, adjectivement et substantivement; FAVORITE :
Protégez désormais le livre *favori.* (II, 86.)

.... Tout ce qu'un maître....
Exige de devoirs d'un couple *favori*. (VI, 299.)
Faites-moi votre *favori*. (VII, 123.)
 Il se déclare amant d'une autre belle,
 Il fait semblant d'en être *favori*. (IV, 65.)
  Jamais la dame la plus belle
  Ne charma tant son *favori*. (I, 185.)
Quoi donc! si votre femme avoit un *favori!* (V, 120.)
 .... Beaucoup de maris....
N'y viennent bien souvent qu'après les *favoris*. (IV, 449.)
  Messieurs les *favoris*
Font leur ouvrage, et la dame est contente.... (IV, 354.)
L'ouvrage des maris.
  .... Ces antres écartés,
Des *favoris* du Ciel autrefois habités. (VI, 279.)
Il regarde à ses pieds les *favoris* des rois. (VI, 148.)
Jamais un *favori* ne borne sa carrière. (VIII, 357.)
Favoris des neuf Sœurs, achevez l'entreprise. (III, 169 ; voyez III, 170.
  Sa principale *favorite*
  Plus que jamais est la vertu. (IX, 376.)

FAVORISER :
Un prince libéral, qui le *favorisoit*. (IV, 36.)
  Si votre main puissante
Vouloit *favoriser* jusqu'au bout deux mortels.... (VI, 161.)
Cette fille l'*auroit* selon toute apparence
 Favorisé. (IV, 435 et note 3.)
  Ou *favorisez* votre amant,
  Ou qu'à votre époux il vous mène. (IV, 410 ; voyez V, 69.)

FÉAL :
Notre *féal*, vous serez le parrain. (V, 37 et note 6.)
Notre *féal*, vous voilà de relais. (V, 439 et note 3.)
Notre *féal*, vous lâchez trop tôt prise. (V, 573 et note 3.)

FÉBRICITANT :
Dans les *fébricitants* il n'est rien qui ne pèche. (VI, 334.)

FÉBRIFUGE :
Fébrifuge certain. (VI, 344.)

FÉCOND, ONDE ; FÉCOND EN :
Les biens étoient communs, et la terre *féconde*
Donnoit tout à foison dans l'enfance du monde. (VIII, 480.)
Je suis mère *féconde en* enfants malheureux. (VII, 610.)
 .... La France *en* grands noms plus *féconde*
 Qu'aucun climat de l'univers. (III, 86.)
Pandore, que ta boîte *en* maux étoit *féconde!* (VI, 336.)
Les entretiens oisifs et *féconds en* malices. (VI, 286.)

FEINDRE ; FEINDRE DE :
Il avoit liberté de *feindre*. (I, 232.)

[Le renard] *feignit* vouloir gravir. (III, 298 et note 7.)
Je veux que pour Aminte il *feigne* de l'ardeur. (VII, 522.)

   Non qu'il ne faille en de pareils écrits
Feindre les noms.... (VI, 40.)

[Il faut] me *feindre* absent. (IV, 167.)
Damon, sous ce *feint* personnage.... (V, 125.)
D'un *feint* adolescent il prend la ressemblance. (VI, 190 et note 2.)
Notre *feint* pèlerin traversa la ruelle. (V, 265.)

   La joie en moi fait ce que fit sur elle
De votre *feinte* mort la première nouvelle. (VII, 561.)

   Ses compagnons jouoient chacun un rôle
Pareil au sien dessous un *feint* habit. (V, 399 et note 4.)

L'autre vit où tendoit cette *feinte* aventure. (II, 357.)

   On peut, par amusement,
   Feindre de brûler pour elles. (VII, 521 ; voyez V, 171.)

FEINTE :

De la *feinte* à l'effet on n'a qu'un pas à faire. (VII, 520.)
C'est un reste de *feinte*. (VII, 519.)
Mettre en jeu cette *feinte*. (IV, 301.)
Allons vivre sans *feinte* en ces forêts obscures. (VI, 300 ; voyez VI, 296.
En ces sortes de *feinte* il faut instruire et plaire. (II, 2.)
La *feinte* est un pays plein de terres désertes. (I, 199.)

FÉLON :

Gardez-vous d'irriter tous ces monstres *félons*. (VI, 245 et note 1.)

A peine il est entré que les cruelles dents
Et les ongles *félons* s'impriment dans ses flancs. (VI, 302.)

Cœurs *félons*. (VIII, 397.)

FÊLURE :

Ma tête est sans *fêlure*. (VII, 299.)

FEMELLE, adjectivement et substantivement :

   Trois fois enfin, toujours d'un corps *femelle*,
   Remarquez bien, notre diable sortit. (VI, 111.)

L'autre *femelle* avoit achalandé ce lieu. (II, 181.)

   Il se piqua pour certaine *femelle*
   De haut état. (V, 561 et note 4.)

    Il faisoit le cafard,
   Se renfermoit, voyant une *femelle*,
   Dedans sa coque. (IV, 461.)

   Le père mort, les trois *femelles*
Courent au testament. (I, 192.)

Toutes deux s'entr'aimoient, et cette passion
Étoit crue avec l'âge au cœur des deux *femelles*. (VI, 73.)

    Aussitôt les *femelles*
D'un quiproquo font le projet entre elles. (VI, 130.)

    Parmi les *femelles*
   Volontiers le diable se met. (V, 268.)

>   Deux villageois avoient chacun chez soi
>   Forte *femelle*, et d'assez bon aloi. (V, 320.)
>
> .... Moins n'en valoit si gentille *femelle*. (V, 575.)
> O volages *femelles!* (VI, 83.)
> Ah! malheureuses petites *femelles!* (VII, 477.)
>
>   [Rome] incommode aux galants
>   Et de sottes *femelles* pleine. (V, 436; voyez IV, 66, 104, 378;
> V, 28, 134; VI, 77; etc.)

FEMME, emplois divers :

> La *femme* est toujours *femme*. (VI, 84 et note 1.)
> Je ne suis pas de ceux qui disent : « Ce n'est rien,
>   C'est une *femme* qui se noie. » (I, 247.)
> *Femme* jolie et qui n'est point à soi. (IV, 93.)
>
>   Des gens de goût délicat
>   Auroient bien pu l'aimer, et même étant leur *femme*. (VI, 80.)
>
> Un roi de Lydie... pria autrefois les Grecs de lui donner *femme*.
> VIII, 181.)
> .... Dès demain je chercherai *femme*. (II, 102; I, 134.)
> Ce gentilhomme prit *femme* à son tour. (V, 233; voyez VII, 585.)
>
>   .... Un sien frère est épris
>   De la cadette, et la prend pour sa *femme*. (IV, 115.)
>
> Pagamin prit à *femme* sa veuve. (IV, 353 et note 5.)
> La *femme* du Lion mourut. (II, 280.)
>
>   [Clidamant] vivoit heureux, se pouvoit dire en *femme*
>   Mieux que pas un qui fût en l'univers. (VI, 127.)
>
>   Dieu gard sire Oudinet
>   D'un rapporteur barbon et bien en *femme*. (V, 337 et note 8.)
>
> On est fille et *femme* tout à la fois. (IX, 234.)
>
>   Sur ce tapis bien étendu
>   Vous seriez en peu d'heure *femme*. (V, 225.)
>
>   Son ami, pour la faire *femme*,
>   Prend heure avec elle. (V, 218 et note 3; voyez IV, 412 et
> note 2.)
>
> Je suis vraiment *femme* d'honneur. (VII, 138.)

FENDRE :

> Un homme... *fendoit* du bois devant sa porte. (VII, 427; voyez I.
> 227; VIII, 491 et note 5.)
> En quelques endroits la porte étoit *fendue*. (VII, 77.)
> .... Sa douleur, dont l'excès faisoit *fendre* les marbres. (VIII, 153.)

FENÊTRE, FENÊTRES :

>   Qu'on lui ferme [au naturel] la porte au nez,
>   Il reviendra par les *fenêtres*. (I, 187 et note 8.)
>
>   Au temps jadis le genre humain avoit
>   *Fenêtre* au corps. (V, 526.)

FENTE :

>   Trou, ni *fente*, ni crevasse,
>   Ne fut large assez pour eux. (I, 288.)

Il vit aux *fentes* du tombeau
Briller quelque clarté. (VI, 76.)

FER :
Il me faudroit une langue de *fer*. (VI, 31 et note 9.)
Une voix de *fer*. (VIII, 41.)
Leurs mains furent de *fer*. (VIII, 193.)
Jambes de *fer*, naturel fort. (IX, 242.)
Mettre les *fers* aux pieds. (I, 43.)
L'esclave fugitif se va remettre encore
En ses *fers*, quoique durs, mais, hélas! trop chéris. (V, 255.)
J'avois brisé les *fers* d'Aminte et de Sylvie. (IX, 49; voyez IX, 264.

FÉRIABLE :
Maint jour *fériable*. (IV, 330 et note 3.)

FÉRIE :
Toute en *férie* il mettoit la semaine. (IV, 333 et note 5.)
J'ai pris mari qui pour toute chanson
N'a jamais eu que ses jours de *férie*. (IV, 350.)

FÉRIR :
Il nous faut,
Sans coup *férir*, rattraper notre somme. (IV, 109 et note 4.)
J'ai belle paour
Qu'à vous *férir* n'ait le bras gourd. (VIII, 443.)

FERME, adjectif ; FERME, adverbialement :
Fermes tetons. (V, 529.)
Il avoit femme et belle et jeune encor,
Ferme surtout. (V, 487 et note 3.)
Il crut son fils *ferme* dans son devoir. (V, 19.)
Beaucoup de gens ont une *ferme* foi
Pour les brevets, oraisons, etc. (IV, 239.)
Le vent perdit son temps :
Plus il se tourmentoit, plus l'autre tenoit *ferme*. (II, 10.)
.... Les conjurant de tenir *ferme*. (II, 452.)

FERMENT :
Plus d'un naturaliste a cru
Que les esprits nitreux d'un *ferment* prétendu
Faisoient croître le Nil. (VI, 339 ; voyez VI, 343, 344, 357.)

FERMER :
Ayant parlé de cette sorte,
Le nouveau saint *ferma* sa porte. (II, 109.)
Et le premier instant où les enfants des rois
Ouvrent les yeux à la lumière
Est celui qui vient quelquefois
Fermer pour toujours leur paupière. (II, 207.)
Vos soins ne feront pas qu'on lui *ferme* l'oreille. (V, 114.)
Fermez vite vos yeux, vos oreilles, vos mains. (V, 248.)

FERMETÉ :

Blancheur, délicatesse, embonpoint raisonnable,
Fermeté. (V, 587 et note 4.)

FÉROCE :

Ignorez-vous
A quel point est *féroce* un Florentin jaloux? (VII, 403.)

FERRER :

On t'*a ferré* de neuf. (II, 301 ; voyez IX, 253.)

FERRURE :

Chaque porte, outre un nombre infini de *ferrures*,
Sous différents ressorts a quatre ou cinq serrures. (VII, 404.)

FERTILE :

Cette science, de tout temps,
Fut en professeurs très *fertile*. (II, 63.)

FÉRULE :

Il se fût fait un grand scrupule
D'armer de pointes sa *férule*. (III, 197.)
L'âme la moins subtile
Sous sa *férule* apprend plus en un jour.... (IV, 223.)
La férule de l'Amour.

FERVEUR :

Presse se met pour n'être la dernière
Qui feroit voir son zèle et sa *ferveur*. (V, 316.)
Pluton sentit pour elle un moment de *ferveur*. (VIII, 211.)

FESSE, fesses :

Vénus belle *fasse*. (IV, 116.)
Ce maudit mousqueton....
S'est trouvé sur la selle et juste entre mes *fesses*. (VII, 296.)

FESTIN, festins :

.... Ce n'est pas que je me pique
De tous vos *festins* de roi. (I, 87.)
Le philosophe étant de *festin*.... (I, 36.)
Venez me voir chez moi ; je vous ferai *festin*. (I, 309.)
Est-il dit qu'on nous voie
Faire *festin* de toute proie? (III, 33.)

FESTINER :

Il vient : l'on *festine*, l'on mange. (I, 100.)
Alibech *fut festinée* en grand pompe. (V, 480 et note 1.)

FÊTE; faire fête à :

Le mal est que dans l'an s'entremêlent des jours
Qu'il faut chommer : on nous ruine en *fêtes*. (II, 218.)
Voire! écoutez le reste de la *fête*. (IV, 288 et note 3.)

Elle n'eut dit ces mots entre ses dents
Que le galant recommence la *fête*. (IV, 212.)

La *fête* étant de la sorte passée.... (VI, 135.)
On n'attend qu'elle afin d'être à la *fête*. (IV, 169.)
Ils alloient tous comme à la *fête*. (III, 355.)
Un bruit survint; la *fête* fut troublée. (V, 72; voyez I, 86; IV, 420 VII, 125.)

Ces deux veuves, en badinant,
En riant, en *lui faisant fête*, etc. (I, 110.)

Il le croit en son pot [l'oiseau], et déjà *lui fait fête*. (I, 165.)

Comme un chien qui *fait fête*
Aux os qu'il voit n'être par trop chétifs. (V, 488.)

Mais dans ce lieu tu ne me verras point
Un mois entier sans qu'on m'y fasse *fête*. (IV, 496.)

Guillot les crut, et *leur fit fête*. (II, 453.)
Je *leur fais* de pareilles *fêtes*. (V, 253 et note 1.)

FÊTER :

Vous n'aurez pas grand peine à *fêter* son retour [de votre mari]. (V, 264.)

FÉTU :

[La fourmi] vit trois jours d'un *fétu* qu'elle a traîné chez soi. (I, 272.
Pour un *fétu* ou bien pour une pomme.... (IX, 20.)

FEU, défunt :

Feu Monsieur en doit avoir laissé [des habits]. (IV, 257.)

FEU, FEUX, au propre et au figuré :

Garder le coin du *feu*. (I, 369; voyez IX, 458.)

L'homme au vœu
Courut au trésor comme au *feu*. (II, 423.)

Faites-en les *feux* dès ce soir. (I, 176 et note 3; voyez IX, 147, 150

D'en mettre jà
Mon doigt au *feu*, ma foi! je n'ose. (V, 224 et note 5.)

Notre légiste eût mis son doigt au *feu*
Que son épouse étoit toujours fidèle. (IV, 343 et note 2.)

L'éclat fut pris des *feux* du firmament. (IX, 170.)
Je craindrois bien plutôt que la cajolerie
Ne mît le *feu* dans la maison. (V, 10.)

L'homme est de glace aux vérités,
Il est de *feu* pour les mensonges. (II, 388.)

La curiosité... est encore en son premier *feu*. (IV, 7.)
Une épouse fringante, et jeune, et dans son *feu*. (V, 122.)
Votre âme est tout en *feu* pour moi. (VII, 158.)
.... Le *feu* dont je me sens épris. (VI, 33 et note 4.)
.... Tout plein encor du *feu* qui le possède. (VI, 46.)

.... C'étoit un roi dont les *feux* violents
Me firent ressentir leur ardeur criminelle. (II, 450.)

[Aréthuse] pour le blond Palmire a des *feux* innocents. (VI, 252 voyez VI, 54; VII, 155; etc.)
Mon mari peut prendre *feu* là-dessus. (VI, 30 et note 4.)

FEUILLE morte (Couleur) :
Ses veines sont délicates, et mêlées de *feuille morte*, isabelle, et couleur d'aurore. (IX, 274.)

FEUILLÉE :
Sous la *feuillée*. (II, 135.)

FEUILLETTE :
Il fondoit là-dessus l'achat d'une *feuillette*
   Du meilleur vin des environs. (II, 158.)

FÈVE, fèves :
Fèves pour pois. (IV, 172.)
« Si elle me donne des pois, je lui donnerai des fèves. » (Tallemant des Réaux, historiette du maréchal de Saint-Luc.)

FI ; fi de :
Mon Dieu, *fi !* disoit-elle. (V, 109.)
      Hé ! que dites-vous là ?
      Fi ! (V, 309; voyez VIII, 466.)
         Fi du plaisir
   Que la crainte peut corrompre ! (I, 87.)
Fi des maris, Toinon ! (VII, 574; voyez IX, 94.)

FI, foi :
Par ma *fi*. (VIII, 466.)

FICELLE :
   .... Traînant la *ficelle*
Et les morceaux du las qui l'avoit attrapé. (II, 364.)

FICHU, perdu :
.... Si vous ne lui livrez cette reine *fichue*. (VII, 361.)

FICTION :
Il n'y a point de bonne poésie sans harmonie; mais il n'y en a point non plus sans *fiction*. (I, 11 et note 3.)
Je ne me crois pas si chéri du Parnasse
Que de savoir orner toutes ces *fictions*. (I, 129.)
N'êtes-vous pas souris ? Parlez sans *fiction*. (I, 142.)

FIDÈLE :
Puisque Monsieur, dit-il, est si *fidèle* [à sa parole].... (V, 233 et note 2.)
   .... S'il en étoit d'assez *fidèles* [femmes],
   Elles auroient assez d'appas. (VI, 84.)
Grottes, qui tant de fois avez vu mon amant
Me raconter des yeux son *fidèle* tourment.... (VI, 271.)
.... Cette glace *fidèle*. (VII, 545; voyez VI, 233.)

FIER :
La belle étoit pour les gens *fiers*. (I, 265.)
Le *fier* Atride. (III, 112; voyez VII, 608; VIII, 493, 504.)
Certaine fille un peu trop *fière*. (II, 115.)

Fier et farouche objet. (III, 331.)
Nos *fiers* étendards. (IX, 279.)
Une *fière* petite peste. (IX, 424.)

FIÈRES (FOURCHES-) :

Épieux et *fourches-fières*
L'ajustent [le loup] de toutes manières. (I, 331 et note 9.)

Proprement, fourches de fer attachées à de longues perches pour renverser les échelles à un assaut ou à une escalade.

FIER À (SE) :

Bien plus à sa valeur qu'à sa fuite il [le sanglier] *se fie*. (VI, 255.)

Puis *fiez-vous* à rimeur qui répond
D'un seul moment. (VI, 5.)

Voulez-vous pas, en attendant le prêtre,
A votre amant *vous fier* aujourd'hui ? (V, 204.)

.... Ne *s'en fiant aux* soins de son vicaire. (V, 486 ; voyez II, 316 ; IV, 34, 89.)

FIERTÉ :

Quelque *fierté* qu'on ait, quelque serment qu'on fasse.... (VII, 606.)
Le vieillard eut trop de *fierté* pour un philosophe. (VIII, 163 ; voyez V, 201 ; VIII, 253.)

FIÈVRE :

[La Faculté] dit que bientôt Madame tomberoit
En *fièvre* lente. (V, 308.)

Fièvre continue. (VIII, 388 ; voyez VI, 317-321, etc.)

FIÈVRE EN CHAUD MAL (DE). Voyez CHAUD MAL.

FIÉVREUX :

.... Sûr et fidèle indice
Des degrés du *fiévreux* tourment. (VI, 329 et note 5.)

FIGUE :

.... Moitié raisin, moitié *figue*, en jouit. (IV, 171 et note 5.)

FIGUE À (FAIRE LA) :

Plusieurs se sont trouvés qui, d'écharpe changeants,
Aux dangers, ainsi qu'elle, *ont* souvent *fait la figue*. (I, 143.)

.... Les gens d'autrefois
Firent *la figue au* portrait du saint-père. (V, 358 et note 1.)

Voyez aussi le Supplément du Dictionnaire de Littré, p. 158.

FIGURE :

[La nature] le fit naître [Ésope] difforme et laid de visage, ayant à peine *figure* d'homme. (I, 30.)

Il obtint qu'on rendroit à ces Grecs leur *figure*. (III, 188.)

Son visage est de femme, et jusqu'à la ceinture
Elle en a les beautés et toute la *figure*. (VIII, 481.)

Ayant changé de *figure*,
Les souris ne la craignoient point. (I, 186.)

Il a les oreilles
En *figure* aux nôtres pareilles. (II, 17.)

.... A moins que la *figure*
Ne soit d'un éléphant, nain, pygmée, avorton. (III, 76 et note 14.)

J'aperçois le soleil : quelle en est la *figure ?* (II, 200.)

.... Voici son sort : j'en ai fait la *figure*. (IX, 30 et note 1.)

FIGURER ; SE FIGURER :

De *figurer* le plaisir qu'a le sire.... (IV, 73 et note 3.)

Il ne s'en *figura*, pendant un fort long temps,
  Point d'autres [gens] que les habitants
De cette forêt. (V, 14 et note 4.)

FIL, FILS, acceptions diverses :

Deux rangs de *fils* sur le métier tendus.... (VIII, 483.)
Les *fils* des nerfs lâchés font l'assoupissement. (VI, 329.)
Suivez le *fil* de la rivière. (I, 248.)

Contre ses fins cet homme, en premier lieu,
  Va de droit *fil*. (V, 334 et note 3.)

Conter tout de *fil* en aiguille. (VI, 54 et note 9 ; voyez VII, 448.)

FILANDIÈRE :

L'araignée autrefois tapissière,
  Et qui lors étant *filandière*, etc. (III, 36 et note 9.)

Comparez Ronsard, tome II, p. 304 ; Remy Belleau, tome II, p. 67 ; Baïf, tome II, p. 48 ; etc.

Elles filoient si bien que les sœurs *filandières*
Ne faisoient que brouiller au prix. (I, 381 et note 3 ; III, 216.)

Voyez Jodelle, tome II, p. 175 ; Dorat, p. 65 ; etc.

FILE (À LA) ; EN FILE :

Tous [les vices] viennent *à la file*. (II, 337.)
Ils [les mulets] se suivoient *en file* ainsi que patenôtres. (IX, 328.)

FILER, au propre et au figuré :

Femme qui n'a *filé* toute sa vie
Tâche à passer bien des choses sans bruit. (V, 205 et note 3 ; voyez V, 109 ; VI, 320.)

Que les destinées
T'ont *filé* d'heureuses années ! (IX, 141.)

Clothon ne peut nous faire d'autre grâce
  Que de *filer* nos jours plus lentement. (IX, 149.)

Ces cent ans de vie que la Parque me doit *filer*. (IX, 451.)

Je ne demandois pas que la Parque cruelle
Prît à *filer* leur trame une peine éternelle. (VI, 270 ; voyez IX, 30.)

Les filles du Destin
Filent aux habitants [des Enfers] une nuit sans matin. (VIII, 210.)

Jours devenus moments, moments *filés* de soie. (VI, 238 ; voyez VIII, 393.)

FILET, au figuré :

J'ai laissé longtemps au *filet*
Sœur Thérèse la détrônée. (V, 597 et note 5.)

Demeurant toutes au filet,
Tandis qu'elles sont en besogne
Il nous faut garder le mulet.
(Voiture, *Poésies*, p. 88.)

Il ne tendoit guère en vain ses *filets*. (IV, 157.)
La Parque à *filets* d'or n'ourdira point ma vie. (III, 122.)

FILIGRANE :

Boîte de *filigrane*. (V, 149.)

FILLAGE :

Trouvez seulement le moyen
De me suivre en ma destinée
Ou de *fillage* ou d'hyménée. (IV, 416 et note 3.)

FILLE, acceptions diverses :

Passez votre chemin, la *fille*, et m'en croyez. (I, 202.)
Foi de *fille* de bien. (IV, 53.)
.... Qu'en ma chambre une *fille* de joie
Passe la nuit. (V, 197.)
La *fille* du logis, qu'on vous voie, approchez. (I, 278.)
.... Dédié aux vraiment *filles*. (VII, 568 et note 3.)
Par de certains desirs et pour sortir de *fille*.... (VII, 573.)
Mainte *fille* a perdu ses gants.... (IV, 411.)
On est *fille* et femme tout à la fois. (IX, 234.)
Point d'assistants : blessure clandestine,
Fille damée, et le vainqueur vaincu. (IX, 89 ; voyez V, 218, note 3.)
Qu'un vil et rampant animal
A la *fille* de l'air [la mouche] ose se dire égal...! (I, 271.)
.... Une sagesse qui est la *fille* du temps chez les autres. (VI, 277.)
Même les *filles* de Mémoire [les Muses]
Ne nous ont point quittés. (II, 203 ; voyez II, 352 ; VI, 258 ; VIII, 121.)
Les *filles* du limon [les grenouilles] tiroient du roi des astres
Assistance et protection. (III, 348.)
Voyez un peu la petite effrontée,
Fille du diable. (V, 416 ; voyez I, 225 ; II, 479.)
Fille de l'harmonie, ô Paix douce et charmante ! (VII, 510.)
[O Paix!...] *fille* du Ciel ! (IX, 456 ; voyez VIII, 349.)
.... Pernicieuse et maudite science,
Fille du Styx et mère des héros. (II, 470.)

FILLETTE :

.... L'autre changea sa massue en fuseau
Pour le plaisir d'une jeune *fillette*. (V, 184 et note 1 ; VI, 8.)

FILS :

Voyez, mon *fils*, dit la bonne commère. (V, 229 et note 1.)
C'est grand'honte
Qu'il faille voir ainsi clocher ce jeune *fils*. (I, 202.)

Propre, toujours rasé, bien disant, et beau *fils*. (V, 584.)
Ce beau *fils*, ce tourneur de prunelle. (VII, 562 et note 3.)
.... N'est *fils* de bonne mère
Qui pour le voir ne quitte toute affaire. (VI, 112 et note 7; voyez I, 101.)
Il me vint voir certain *fils* de famille. (VI, 54 et note 7.)
Cet arbre, ainsi que l'or, digne *fils* du soleil. (VI, 319; voyez VI, 343.)
Pour nous, *fils* du savoir.... (VI, 325.)
.... Bien différents de cet Espagnol qui se piquoit d'être *fils* de ses propres œuvres. (IV, 8 et note 2.)

FIN, FINE, acceptions diverses :
A l'écurie, un cheval assez bon,
Mais non pas *fin*. (V, 163 et note 4.)
.... Trouver de plus *fine* monture. (IX, 182.)
Son cheval, qui n'étoit pas laid,
Et sembloit de taille assez *fine*. (IX, 327.)
C'étoit pièce assez *fine*
Pour en devoir l'exemple à d'autres gens. (V, 335 et note 6.)
Je veux du plus *fin* [amour],
Qui me laisse avancer chemin. (V, 149.)
Ce sont ici leçons de la plus *fine* étoffe. (VII, 366 et note 6.)
Gens pesant l'air, *fine* fleur de normand. (VI, 41.)
Une prairie verte comme *fine* émeraude. (VIII, 181.)
Ton dos reluit comme *fin* or. (VIII, 197.)
Étienne vit toute *fine* seulette
Près d'un ruisseau sa défunte Tiennette. (V, 331 et note 2.)
Elles sont toutes *fines* seules. (VII, 457.)
Vlà tout *fin* droit ce qu'il faut. (VII, 461 et note 7.)
Au *fin* fond d'une tour. (IX, 12.)
Et nous fûmes coucher sur le pays exprès,
C'est-à-dire, mon cher, en fin fond de forêts.
(Molière, *les Fâcheux*, acte II, scène VI.)

.... Et plus *fine* cent fois
Que le plus *fin* docteur en lois. (V, 456.)
Que ces hommes, voyez, sont *fins* au prix de nous! (VII, 87.)
Acanthe, je le vois, n'est pas *fin* à demi. (VII, 160.)
Et quel mal,
Encore un coup, peut-il, en la présence
D'un mari *fin* comme vous, arriver? (V, 565; voyez III, 188.)
Ce sont propos d'amour trop *fins* pour ma boutique. (VII, 88.)
Je veux que les nonnains
Fassent les tours en amour les plus *fins*. (V, 522.)
Qui vous a fait aviser de ce tour?...
Sur les plus *fins* je prétends qu'il excelle. (VI, 38.)
Je n'en fais point la *fine*. (VII, 77 et note 1.)

FIN, FINS, substantif :
Je consens qu'il l'épouse avant la *fin* du jour. (VII, 94; II, 241; IV, 25.)
.... Or apportons à cela quelque *fin*. (V, 523.)

Je hais les pièces d'éloquence
Hors de leur place, et qui n'ont point de *fin*. (II, 382.)
En toute chose il faut considérer la *fin*. (I, 17; voyez I, 219.)
Mais attendons la *fin*. (I, 127; voyez IX, 369.)
.... Et qu'au moins vers ma *fin* je ne commence à vivre. (IX, 187.)
Sans s'être concertés pour une *fin* semblable.... (VII, 411.)
Vous ne détournerez nul être de sa *fin*. (II, 397 et note 28.)
Louis dompte l'Europe, et, d'une main puissante,
Il conduit à leur *fin* les plus nobles projets. (III, 169; voyez III, 164.
.... Ces amours, dont les charmes nous trompent,
Jamais à bonne *fin* ne peuvent aboutir. (VII, 97.)
Quatre Mathusalems bout à bout ne pourroient
Mettre à *fin* ce qu'un seul desire. (II, 339.)
Contre ses *fins* cet homme, en premier lieu,
Va de droit fil. (V, 334.)
.... Tout y fait quand on aime,
Tout tend aux *fins*. (V, 30; voyez V, 119.)
Voilà l'exploit qui trotte incontinent
Aux *fins* de voir le troc et changement
Déclaré nul. (V, 333.)
De son travail mainte dame amoureuse
L'alloit trouver; et le tout à deux *fins*. (V, 66.)
Les bœufs à toutes *fins* promirent le secret. (I, 349 et note 6.)
L'infante vient, et vient comme il falloit,
Quand sur ses *fins* la demoiselle étoit. (IV, 435 et note 6.)

FINAL, ALE :
En fin *finale* une certaine enflure, etc. (IV, 478 et note 2.)

FINANCE, argent :
Le nouveau roi bâille après la *finance*. (II, 21.)
Un Pincemaille avoit tant amassé
Qu'il ne savoit où loger sa *finance*. (III, 22.)
Et l'abondance, à pleines mains,
Verse en leurs coffres la *finance*. (II, 124.)
Mathéo tremble et lorgne la *finance*. (VI, 113 et note 4.)
.... Si l'on n'a patente du sire
Qui fit attraper Girardin...,
Puis le mit à grosse *finance*. (IX, 102.)
A grosse rançon.
C'étoit un homme de *finance*. (II, 217.)
Messieurs les gens de *finance*. (II, 310.)

FINANCIER :
Le savetier et le *financier*. (II, 215; voyez II, 217, 220.)
Un *financier* viendra.... (V, 129.)
On compte au lansquenet le riche *financier*. (VII, 574; voyez III, 205 et note 28.)

FINEMENT :
Qui pense *finement* et s'exprime avec grâce
Fait tout passer. (V, 581.)

FINETTE :
Elle étoit clairvoyante et *finette*. (V, 298.)

FINFIRMEMENT :
Je ne sais si je lui plais *finfirmement*. (VII, 491 et note 2.)

FINIR :
.... Par où saurois-je mieux *finir*? (III, 345.)
Je *finis* : punissez, etc. (III, 151.)
Finissez vos pleurs. (III, 218.)
Ces mots *finis*, madame Aminte sort. (VI, 35.)
    Il feroit bien
De se pendre et *finir* lui-même sa misère. (II, 436.)
Leurs guerriers vont sortir pour *finir* la querelle. (VII, 619.)
  Je vous gardois un temple dans mes vers;
  Il n'*eût fini* qu'aveecque l'univers. (III, 274.)

FIQUE, foi :
Par ma *fique!* (VII, 461 et note 6.)

FIRMAMENT :
Son hymen se va conclure au *firmament*. (VI, 21.)
  Qu'importe à ceux du *firmament*
  Qu'on soit mouche ou bien éléphant? (III, 311.)
.... Les palais qui sont au *firmament*. (VII, 164.)
Cet esprit... né du *firmament*. (III, 277 ; voyez II, 366.)

FISC :
Sur le mulet du *fisc* une troupe se jette. (I, 68.)

FIXER :
.... Là donc pour quelque temps il *fixe* son séjour. (II, 164.)
Fixer selon ses vœux la volage fortune. (VII, 409.)
.... Roi qui *fixe* sa roue [de la fortune]. (III, 212 et note 6.)

FLAMBEAU :
Des deux *flambeaux* du ciel la course entre-suivie.... (VI, 305 et note 1.)

FLAMBER, au propre et au figuré :
Les coursiers de Phébus aux *flambantes* narines. (VIII, 38.)
Tes yeux sont *flambants* comme braise. (VIII, 197.)
Nous *sommes flambés* s'il nous voit. (VII, 454.)

FLAMME :
Qui t'a jetée en l'éternelle *flamme*? (VI, 92.)
Ils ignoroient encor ce que c'étoit que *flamme*. (VI, 177.)
Elle pourra lui déclarer sa *flamme*. (V, 191.)
Je suis épris d'une si douce *flamme*. (VI, 53.)
    .... Sans croire votre âme
Pour un discours en l'air susceptible de *flamme*. (VII, 46.)
Quand on a le cœur en *flamme*.... (VIII, 424.)
Je l'ai rendu pour Daphné tout de *flamme*. (VII, 209.)
Apollon est sans *flamme*. (VIII, 38.)

> Son âme
> Emporta cent traits de *flamme*. (V, 430.)

Emporte chez les morts ce baiser tout de *flamme*. (VI, 272; voyez IV, 414; V, 53.)

Que vous autres mortels êtes fous dans vos *flammes!* (VII, 182; voyez VIII, 248; etc.)

FLANC, FLANCS :

[Le monstre] se sent ouvrir les *flancs*. (VI, 264; voyez I, 130, 157; II, 17; VI, 261.)

> Le plus terrible des enfants
> Que le Nord eût portés jusque-là dans ses *flancs*. (I, 127.)

FLATTER ; SE FLATTER :

Il l'amadoue; elle [la chatte] le *flatte*. (I, 185.)

> Amusez les rois par des songes,
> *Flattez*-les, payez-leur d'agréables mensonges. (II, 284.)

Sans qu'on les *flatte*.... (V, 209 et note 1; voyez VIII, 400.)

Je me *flatte* pourtant. (VII, 624.) — La jeunesse se *flatte*. (III, 216 et note 15.)

FLATTERIE :

Sotte *flatterie*. (II, 132.)

FLATTEUR, FLATTEUSE, substantivement et adjectivement :

> Apprenez que tout *flatteur*
> Vit aux dépens de celui qui l'écoute. (I, 64.)

Flatteur excessif. (II, 131.)

Une *flatteuse* erreur emporte alors nos âmes. (II, 153.)

FLÉAU :

L'Attila, le *fléau* des rats. (I, 255 et note 4.)

FLÉCHIR :

Moi! le vouloir *fléchir!* (VII, 597.)

> Une jeune souris....
> Crut *fléchir* un vieux chat. (III, 214.)

Nous pourrions passer outre, et *fléchir* son courage. (VII, 74; voyez VII, 616; VIII, 358.)

L'argent sut donc *fléchir* ce cœur inexorable. (V, 130.)

Ne laisserez-vous point *fléchir* votre courroux? (VII, 608.)

FLÉTRI, IE :

Notre vieillard *flétri*, chagrin, et mal plaisant. (VII, 43.)

Compare à ce teint frais ta peau noire et *flétrie*. (VII, 35; voyez VII, 82.)

.... Voyant de notre nom la gloire ainsi *flétrie*. (VII, 609.)

FLEUR, FLEURS, au propre et au figuré :

> Et vous, charmantes *fleurs*,
> Douces filles des pleurs
> De la naissante Aurore. (VII, 254 et note 1.)

Ses pas ont fait naître des *fleurs*. (IX, 75.)

Le linge orné de *fleurs*. (VI, 154; voyez V, 171, 586.)

Les bonnes gens se sont pris à cueillir
Certaines *fleurs* que baisers on appelle. (IV, 288.)
.... Les fruits de l'âge mûr joints aux *fleurs* de l'enfance. (IX, 139.)
La *fleur* de mes années. (IX, 184; voyez VIII, 473.)
Sa beauté, toujours même, est encore en sa *fleur*. (VII, 15.)
[L'ingrate] joignoit aux *fleurs* de sa beauté
cs trésors des jardins et des vertes campagnes. (III, 333.)
Ce voisin....
Des plus beaux dons que nous offre Pomone
Avoit la *fleur*. (II, 381 et note 4.)
Loin d'épuiser une matière
On n'en doit prendre que la *fleur*. (II, 77.)
Une église où venoit tous les jours
La *fleur* et l'élite de Rome. (V, 445 et note 2.)
La *fleur* de vos amis. (VII, 79.)
Gens pesant l'air, fine *fleur* de normand. (VI, 41.)
.... Ayant sa *fleur* en dépit d'elle. (V, 225.)
Il est bon de garder sa *fleur;*
Mais pour l'avoir perdue il ne se faut pas pendre. (IV, 450 et note 5.)

FLEURER, répandre, exhaler, une odeur :
Au *fleurer*, à l'odeur, on connoît le poisson. (VII, 354.)

FLEURETTE, FLEURETTES :
Gens qui sèmeront l'argent et la *fleurette*. (IV, 42.)
Le compagnon, vous la tenant seulette,
La conduisit de *fleurette* en *fleurette*. (V, 76.)
En cet état il va trouver sa femme,
Met la *fleurette* au vent. (V, 126.)
.... Dame *Fleurette* en pouvoit être cause. (V, 81.)
En France on peut conter des *fleurettes*. (V, 444.)
En beaux louis se content les *fleurettes*. (IV, 358.)
Les *fleurettes* s'entendent par tout pays. (IX, 292.)
Les jeux, les plaisirs, les beaux jours,
Ne sont que parmi les *fleurettes*. (VII, 588; voyez V, 68 et note 3; VIII, 49, 298.)

FLEURIR, au propre et au figuré :
Un pré plein d'herbe et *fleurissant*. (II, 25.)
Non que j'assemble tous les jours
Barbe *fleurie* et les Amours. (IX, 448 et note 3.)
L'enchanteresse Nérie
Fleurissoit lors. (V, 115.)
La France excelle aux arts, ils y *fleurissent* tous. (IX, 201.)
.... Ces trois divinités font *fleurir* son empire. (IX, 377.)
Acante avoit quelque chose de plus touchant, Polyphile de plus *fleuri*. (VIII, 27.)

FLEURON :
Plus beau *fleuron* n'est en votre couronne. (VI, 117; voyez IX, 130.)
Fleurons, compartiments, animaux, broderie. (IX, 274.)
Des modèles parfaits de *fleurons* et d'oiseaux. (IX, 274.)

FLEUVE :
Je te demande qu'il ne passe
Qu'après mille soleils le *fleuve* sans retour. (VII, 271.)
Le Styx.
Le *fleuve* d'Oubli. (IX, 408.)
Le Léthé.

FLORÈS (FAIRE) :
Aussi *font*-ils *florès* et caprioles. (IV, 272 et note 5.)

FLORIR :
Mars *florissoit*. (VIII, 387.) — Le monarque *florissant*. (Ibidem.)

FLOT, FLOTS, au propre et au figuré :
Entre elle et nous s'étend tout l'empire des *flots*. (VI, 318.)
Cette foule de gens qui s'en vont chaque jour
Saluer à longs *flots* le soleil de la cour. (VIII, 358.)
.... *Mane salutantum totis vomit ædibus undam.*
(Virgile, *Géorgiques*, livre II, vers 462.)

FLOTTER :
.... L'esprit de contradiction
L'aura fait *flotter* d'autre sorte. (I, 248.)
[La Loire] engloutiroit des bourgs, feroit *flotter* des villes. (IX, 245.)
Des ministres du dieu les escadrons *flottants*
Entraînèrent, sans choix, animaux, habitants. (VI, 158 et note 4.)
L'empire *flottant*. (VIII, 46.)

FLOUET, fluet :
Damoiselle Belette au corps long et *flouet*
Entra dans un grenier par un trou fort étroit. (I, 251 et note 1.)
Brief, quoy que dames soient flouettes,
Autant vault chasser aux suettes,
On ne les prend pas au fillé.
(Coquillart, tome II, p. 165.)
« Voilà de mes damoiseaux flouets. » (Molière, tome VII, p. 80 et note 2.)

FLOURS, fleurs :
Roses et *flours*. (VIII, 444.)
Sur le printemps que la belle Flora
Les champs couuerts de diuerse flour a....
(Marot, tome I, p. 8.)

FLUET. Voyez FLOUET.

FLUIDE, adjectivement :
Le sang, véhicule *fluide*
Des esprits ainsi corrompus. (VI, 320.)

FLUTE, FLÛTES :
Les accords de sa *flûte* inspirent de l'amour. (VIII, 39.)
Toujours souvient à Robin de ses *flûtes*. (V, 522 et note 7.)

FOI :
Ôtez d'entre les hommes
La simple *foi*, le meilleur est ôté. (VI, 100 et note 2.)

Avec beaucoup de *foi* le traité s'exécute. (IV, 442.)
Contre le droit des gens, contre la *foi* jurée. (I, 309.)

Il me suffit de n'avoir en l'ouvrage
Rien avancé qu'après des gens de *foi*. (VI, 49.)

Je vous demande, en bonne *foi*, etc. (I, 401; voyez II, 306; III, 258;
V, 453, 479, 598; VI, 33.)

De bonne *foi* son épouse dormant,
Ce lui sembloit.... (IV, 321.)

La laisser sur sa bonne *foi*,
Ce n'étoit pas chose trop sûre. (V, 107 et note 1.)

Foi d'animal. (I, 59.)
Foi de lion, très bien écrite. (II, 45.)
Foi de peuple d'honneur. (II, 452.)
Foi de fille de bien. (IV, 53.)
.... Et, s'il s'en rencontre un, je promets, *foi* de prince, etc. (IV, 20.)
Ma *foi!* vous n'aurez pas le nôtre [argent]. (I, 268.)
Oh! par ma *foi*, j'ai mis le nez dessus. (VII, 452.)

Prétends-tu, par ta *foi*,
Me leurrer de l'appât d'un profane langage? (III, 67 et note 20.)

Si j'étois homme, par ta *foi*,
Aimerois-je moins le carnage? (III, 191.)

Quel autre art de penser Aristote et sa suite
Enseignent-ils, par votre *foi* ? (III, 165 et note 21 ; voyez V, 37, 496.)
Les chiens... sur leur *foi* reposoient sûrement. (I, 241.)
Le plus sage s'endort sur la *foi* des zéphyrs. (VIII, 357.)
Mon cœur se pouvoit engager sur ta *foi*. (VII, 46.)
.... Et de ceci je vous donne ma *foi*. (IV, 98 et note 2.)
Vous vous défiez de la *foi* que j'en donne. (VII, 287.)
Tous deux s'étoient entre-donné la *foi*. (IV, 324 et note 3.)
Demain un lacs d'hymen me donnera sa *foi*. (VII, 304.)

.... Point, lui dit l'autre, et vous jure ma *foi*
Qu'invoquer saints n'est pas trop mon usage. (IV, 246.)

.... Et vous jure ma *foi*
Que nuit et jour vous serez près de moi. (IV, 307; voyez V, 426.)

L'un jura *foi* de roi, l'autre *foi* de hibou. (I, 421.)
Un demi-dieu vous peut garder sa *foi*. (VII, 601; voyez VII, 435.)

Je suis bien sotte et bien de mon pays
De te garder la *foi* de mariage. (IV, 76 et note 3; voyez V, 263.)

Je ne veux pas que vous m'ajoutiez *foi*,
Mais aux baisers que de la pauvre femme
Je recevrai. (IV, 346 et note 4.)

M'ajoutera-t-on *foi?* (VIII, 373; voyez VI, 234; VII, 213, 242.)
.... Afin que l'on ajoute à ceci plus de *foi*. (VII, 102.)

Qui la confie [une femme] à la *foi* des verrous,
Est trompé tôt ou tard. (VII, 416.)

FOIBLE, adjectivement et substantivement :
La chaise un peu *foible*. (V, 593.)
Le [pouls] *foible* et l'étouffé confine avec la Parque. (VI, 329.)
Je vous laisse venger le *foible* Ménélas. (VII, 609.)
Toute puissance est *foible* à moins que d'être unie. (I, 336.)

Il ne m'est plus resté que de *foibles* appas. (VII, 602.)
.... Ceux qui connoissent leur *foible*. (VIII, 108.)

FOIBLESSE, FOIBLESSES :

Je me rends, et connois les *foiblesses* d'un cœur. (VII, 606.)
    A la *foiblesse* du sculpteur
    Le poëte autrefois n'en dut guère. (II, 386 et note 4.)

FOIE :

Le galant a bon *foie*. (V, 544 et note 4.)

FOIN; FOIN DE :

.... Ce beau présent de *foin*. (VII, 76 et note 1.)

          Foin! dit-il, celui-là
N'est dans mon livre, et je suis pris pour dupe. (IV, 371 et note 3;
voyez V, 219, 525.)

    Léonore m'attend. Foin! ma bougie est morte:
    Je pourrois bien heurter mon nez à quelque porte.
          (Scarron, *Don Japhet d'Arménie*, acte IV, scène II.)

Foin de toi! (V, 500.) — *Foin du* loup et de sa race! (I, 327.)
Foin de la messagère et de son compliment! (VII, 90; voyez VII, 138.)

FOIRE :

    Le singe avec le léopard
    Gagnoient de l'argent à la *foire*. (II, 369; voyez II, 270.)

FOISON (À) :

Pistoles tombent *à foison*. (V, 276.)
Je sais qu'il est des amants *à foison*. (VII, 173; voyez I, 286.)
Des muguets *à foison*. (IV, 102.)
Des honneurs *à foison*. (IX, 119.)

FOISONNER :

    Ne faut-il que délibérer,
    La cour en conseillers *foisonne*. (I, 135.)
Le climat doit en cœurs *foisonner*. (IX, 16.)

FOL, FOLLE, adjectivement et substantivement :

Fol ne fut n'étourdi. (IV, 211 et note 3.)
Chacun se dit ami, mais *fol* qui s'y repose. (I, 334 et note 2.)
Est-il *fol* en effet? (VI, 35; voyez V, 586; VII, 406; IX, 90.)
Petit serpent à tête *folle*. (I, 413.)
Je n'ai pas la tête si *folle*. (III, 189.)
Ne reçois plus chez toi ces têtes *folles*. (IV, 215.)
Qu'entend ce *fol* avecque ses ébats? (IV, 312.)
Un *fol* alloit criant par tous les carrefours.... (II, 399.)

FOLÂTRER :

Les deux jeunes faunes... ne manqueront point de me poursuivre,
sans autre dessein que de *folâtrer*. (VIII, 199.)

FOLIE, FOLIES; FAIRE FOLIE; FAIRE LA FOLIE :

Le luxe et la *folie* enflèrent son trésor. (II, 175.)

C'est *folie*
De compter sur dix ans de vie. (II, 67; voyez I, 341.)
Trêve de différend, ou vous verrez *folie*. (VII, 108.)
L'Amour et la *Folie*. (III, 268.)
L'air des *folies* d'Espagne. (IX, 74.)
Voyez les Lettres de Mme de Sévigné, tome IX, p. 133 et note 14.
Le cheval s'aperçut qu'il *avoit fait folie*. (I, 321.)
Avec quelqu'une *as-tu fait la folie?* (V, 533 et note 1.)

FOLLEMENT :
.... Comment aimer? C'étoit si *follement*
Que, pour lui plaire, il eût vendu son âme. (V, 154.)

FOLLET, adjectivement et substantivement :
Le pact de notre amant et de l'esprit *follet*. (V, 549.)
        A ces mots au *follet*
Elle fait voir, etc. (V, 376.)
      Il est au Mogol des *follets*
Qui font office de valets. (II, 122 et note 13.)

FOLLETTE, petite folle :
      Lucas dit à Catin : « *Follette*,
J'irai t'appeler demain,
Du matin. » (VII, 577.)

FOMENTER :
De son zèle fervent l'inépuisable source
Fomente la chaleur qui retarde sa mort. (VI, 305; voyez VI, 330.)

FOND; À FOND :
Au *fond* des draps. (VI, 47.)
.... On ne vous l'a pas dit peut-être au *fond* d'un bois. (VII, 220; voyez VI, 11.)
Au *fond* de mes eaux. (VI, 19.) — Au *fond* de l'antre. (IV, 413.)
Au fin *fond* d'une tour. (IX, 12.)
Nous nous entretiendrons de votre mariage
A fond une autre fois. (VII, 171; voyez V, 593.)

FONDEMENT, FONDEMENTS :
        .... Les bâtiments
Dont Memphis voit le Nil laver les *fondements*. (V, 252.)
Les *fondements* de l'univers. (VIII, 397.)
Ce *fondement* posé, ne trouvez pas mauvais.... (II, 460.)
    Souvent leur guerre avoit pour *fondement*
Le jeu, la jupe. (VI, 103.)
Quelquefois Ovide n'a pas plus de *fondement* pour passer d'une métamorphose à une autre. (VIII, 470.)
.... Sur un tel *fondement*, le bramin crut bien faire, etc. (II, 392.)
Sur ce beau *fondement* le pauvre homme bâtit
    Maint ombrage et mainte chimère. (V, 124.)
....Ce fut sur ce *fondement* que le Songe éleva son frêle édifice. (VIII, 247.)
Un *fondement* aisé à détruire. (IV, 14.)
Ce que je dis n'est pas tout à fait sans *fondement*. (I, 16.)

FONDER; FONDER SUR; SE FONDER SUR :

Voilà ce que j'en sais, *fondez* votre soupçon. (VII, 78.)
On ne peut encore objecter que ces contes ne *sont* pas *fondés*, ou qu'ils n'ont partout un fondement aisé à détruire. (IV, 14.)

  Jadis l'erreur du souriceau
Me servit à prouver le discours que j'avance;
  J'ai pour le *fonder* à présent.... (III, 144.)
.... Il est besoin d'en bien *fonder* le cas. (VI, 125 et note 2.)
.... Il *fondoit* là-dessus l'achat d'une feuillette. (II, 158.)
Quant au chat, c'est *sur* nous qu'il *fonde* sa cuisine. (II, 18.)

  Sur quelle assurance
Fondez-vous, dites-moi, le souper d'aujourd'hui? (III, 91 ; voyez III, 283.)

  Je pourrois *fonder* ce prologue
Sur gens de tous états. (II, 178.)

  .... Déjà ma main en *fondoit* la durée
Sur ce bel art qu'ont les dieux inventé. (III, 274.)
C'est un point inscrutable, à moins qu'on ne le *fonde*
Sur les moments prescrits.... (VI, 332.)

  Je me *fonde*
Sur tes propres leçons. (III, 5.)

FONDRE (Se) :

L'Empédocle de cire au brasier *se fondit*. (II, 419.)

  Les cœurs que l'on croyoit de glace
  Se fondent tous à leur abord. (IV, 43.)

Qui... ne *se seroit* pas *fondu* en pleurs auroit été, etc. (VIII, 164; voyez VI, 245.)

FONDRE SUR :

L'aigle *fondant sur* lui nonobstant cet asile.... (I, 149.)
L'aigle, si vous sortez, *fondra sur* vos petits. (I, 221.)
[Le moucheron] prend son temps, *fond sur* le cou
Du lion, qu'il rend presque fou. (I, 156; comparez VIII, 435.)

FONDS :

  Travaillez, prenez de la peine :
  C'est le *fonds* qui manque le moins. (I, 394.)
Qui produit le plus sûrement, qui est le moins stérile.

  Jean s'en alla comme il étoit venu,
  Mangea le *fonds* avec le revenu. (IX, 80.)

  Le protestant de madame Clitie
  N'eut du crédit qu'autant qu'il eut du *fonds*. (V, 157.)
.... Nous être fait du *fonds* suffisamment. (IX, 18.)
Moins en *fonds*. (IX, 135.)
.... Une source de vœux, un *fonds* pour nos autels. (VI, 317.)
Le *fonds* que j'en avois fait [des figures poétiques]... s'est presque entièrement consumé. (VI, 223.)

FONTAINE :

  Le vert tapis des prés et l'argent des *fontaines*. (VI, 225.)

L'infortuné mari, sans cesse s'affligeant,
Eût accru par ses pleurs le nombre des *fontaines*. (VI, 196.)

On se plonge, soir et matin,
Dans la *fontaine* de Jouvence. (II, 76 et note 16.)

FONTE, au figuré :
Remettez, pour le mieux, ces deux vers à la *fonte*. (I, 132 et note 14.)

FONTS :
Adam, qui sur les *fonts* tint les êtres divers.... (IX, 43.)

FORÇAT :
Un *forçat* échappé. (II, 364; voyez VI, 201.)

FORCE ; À TOUTE FORCE ; À FORCE DE ; FORCE au sens de « quantité » :
Force n'a point de loi. (IV, 421 et note 7.)

Patience et longueur de temps
Font plus que *force* ni que rage. (I, 163.)

Le printemps par malheur étoit lors en sa *force*. (IV, 411.)
.... Soit qu'il fût *force* d'ainsi faire. (V, 210.)
Force fut au manant de quitter son dessein. (V, 253.)
Force lui fut de quitter la maison. (IV, 492.)
Force lui fut d'abandonner la place. (IV, 93; voyez IV, 64 et note 5;
IX, 181.)
Il est *force* que l'on descende. (VIII, 79.)

Force étoit que nature
Pendant la nuit cherchât quelque repos. (IV, 226 et note 7.)

Force est qu'un an dans ce séjour se passe. (V, 399.)
Force sera que cette humeur la mange. (V, 308.)
Force lui fut qu'elle changeât de gamme. (IV, 104.)
.... *Force* fut qu'au premier en demeurât le sire. (V, 451.)
Un pâtre, à ses brebis trouvant quelque mécompte,
Voulut *à toute force* attraper le larron. (II, 4.)
Il veut *à toute force* être au nombre des sots. (V, 92 ; voyez I, 355.)
Nous fatiguons le Ciel *à force de* placets. (II, 37.)
Force gens font du bruit en France. (I, 434; voyez II, 278; IV, 433;
V, 346, 426; etc.)

Les gens l'avoient prise [cette robe]
Pour maître tel, qui traînoit après soi
Force écoutants. (II, 182.)

Frère Philippe souhaité
Avoit *force* dévots. (V, 18.)

Mettre à part *force* bons ducats. (II, 181.)

La trop dolente mère
Fit dans l'abord *force* larmes couler. (V, 176.)

Force moutons. (II, 96.) — *Force* gibier. (I, 37; voyez I, 277; II,
353; III, 95, 162; IV, 381; VIII, 164, 243; etc.)

FORCENÉ :
... L'autre parti s'en vint tout *forcené*

Représenter un tel outrage. (III, 227 et note 11.)

Comparez *les Cent Nouvelles nouvelles*, p. 196; *l'Heptaméron*, p. 451; Noël du Fail, tome I, p. 206; Baïf, tome II, p. 10, 31, 49, et passim; Jodelle, tomes I, p. 63, 98, 178, II, p. 99, 288, etc.; du Bellay, tome II, p. 216; Remy Belleau, tome I, p. 153; Brantôme, tomes IV, p. 15, IX, p. 508, 658; Boileau, satire x, vers 245.

FORCER; SE FORCER :

Forcez encor quelques remparts flamands. (IX, 33.)
Qui vous *forçoit?* (VI, 57.) — Rien ne vous *force* ici. (VI, 201 et note 3.)
Ulysse voudroit-il qu'on dît qu'*étant forcé*
Il a de ses pareils l'intérêt embrassé? (VII, 611.)
Que ne résistois-tu quand on *força* ton âme ? (VI, 298.)
Car de *forcer* un cœur il est bien moins possible. (VI, 345; voyez VII, 238.)
Voulant *forcer* les cœurs.... (II, 232.)
Forçant la victoire. (III, 183.)
Ne *forçons* point notre talent. (I, 281.)
Si par pitié d'autrui la belle *se força*,
Que ne point essayer par pitié de soi-même?
Elle *se force* donc. (IV, 422 et note 3.)

FORÊT, au propre et au figuré :

Il le conte aux *forêts* [son bonheur perdu]. (VI, 247.)

Et son poil hérissé semble de toutes parts
Présenter au chasseur une *forêt* de dards. (VI, 259 et note 7.)

FORGE-PAPE. (IV, 479 et note 2.)

FORGER :

Marché fait, les oiseaux *forgent* une machine. (III, 15.)
La crainte et le respect *ont forgé* les verrous
De cette demeure sacrée. (VIII, 349.)
Les cyclopes aux membres nus
Forgent peu de harnois qui lui soient comparables. (V, 596.)
Qui soient comparables à l'habit de guerre de Vénus.

Un rets d'acier par ses mains *est forgé*. (VIII, 299.)
Je suis maître à *forger* les oreilles. (IV, 159.)
Les premiers des humains sont péris sous les eaux :
Fille de ma raison, *forgeons*-en de nouveaux. (VII, 190.)
Dieux nés de la fable et *forgés* par les hommes. (VII, 167.)
Toujours falloit *forger* de nouveaux tours. (IV, 302.)
Chacun *forge* des vers. (VII, 175.)
Quelque nouveau poison *forgé* par les Amours. (VIII, 373.)
Par cette invention tu *forgeois* mon supplice. (VII, 434.)
Votre imagination ne *se forge* guère de monstres. (VIII, 74.)

Dans cet exemple et l'exemple suivant, le verbe, malgré sa forme réfléchie, est en réalité direct.

Le loup déjà *se forge* une félicité.... (I, 72.)

FORLIGNER :

Plus d'une fille *a forligné*. (VI, 57 et note 6.)

FORMALITÉ :
....·Leur mariage n'eut que ces *formalités*. (VI, 292.)

FORME, FORMES, acceptions diverses; EN FORME; EN FORME DE :
De sa *forme* il [l'ours] se loua très fort. (I, 78.)

  Notre amant et la fée
Changent de *forme* en un instant. (V, 258; voyez III, 256.)

Pour la grandeur et pour la *forme*, son mari le vouloit ainsi. (VIII, 90.)

 Elle avoit craint ces devoirs complaisants
Qu'elle enduroit seulement pour la *forme*. (V, 45.)

  Mais on se contrefait,
Seulement pour la *forme*. (VII, 572.)

Je ferois voir par les *formes* ma flamme. (V, 567 et note 8.)
Il ne restoit que la *forme*, c'est-à-dire les paroles. (VIII, 19.)

 Le loup l'emporte, et puis le mange,
Sans autre *forme* de procès. (I, 90.)

L'échange en étant fait aux *formes* ordinaires.... (I, 240.)
Expédiant les loups *en forme*. (II, 410 et note 14.)

Vous êtes le patron : dont je conclus *en forme* :
 Cocuage est un bien. (V, 100.)

 Permettez qu'*en forme* commune
La Parque m'expédie. (III, 217 et note 3.)

Par cent arrêts rendus *en forme* solennelle.... (III, 226.)
En forme de convoi soigneusement porté. (VI, 297.)

FORMER ; SE FORMER :
Prométhée voulut *former* l'homme. (I, 18.)
Ils [les coursiers] *forment* la rosée en secouant leur crin. (VIII, 123.)

 Voilà tout fait et tout *formé*
Un époux du grand catalogue. (V, 434 et note 2.)

 Jupiter sur un seul modèle
N'a pas *formé* tous les esprits. (III, 41.)

...., Au lieu qu'un rossignol, chétive créature,
 Forme des sons aussi doux qu'éclatants. (I, 182.)

D'un ton demi-*formé*, bégayante couvée, etc. (III, 37.)
Il ne *se forme* plus de nouveau sang au cœur. (I, 208.)
Il *se forme* un concert. (VIII, 41.)

FORMULAIRE :
.... Un discours pathétique, et dont le *formulaire*
 Servit à certains Cicérons. (II, 67.)

FORS ; FORS QUE :
 Toute la troupe étoit lors endormie,
 Fors le galant. (IV, 231.)

 Elle étoit jeune et belle créature,
 Plaisoit beaucoup, *fors* un point qui gâtoit
 Toute l'affaire. (IV, 361.)

  Et sachez que Nature
 A mis remède à tout, *fors* à la mort. (V, 39.)

.... *Fors que* d'avoir un ami digne d'elle. (IV, 87 et note 1.)

Nul cas n'étoit à craindre en l'aventure
Fors que le roi ne vînt pareillement. (IV, 226.)

FORS EXCEPTÉ :

.... *Fors excepté* ce qui touche au compère. (IV, 159 et note 5.)

FORT, repaire, forteresse :

Mener vers son *fort* les brebis. (I, 211.)
Il s'enfuit dans son *fort*, met les chiens en défaut. (I, 417 et note 4.)
« Il entre dans le fort, se mêle avec les piqueurs. » (La Bruyère, tome I, p. 282.)

Il habite en un *fort*, épais, inaccessible. (VI, 250 : voyez VI, 263.)
On court dans les sentiers, on traverse les *forts*. (VI, 254.)
Devant son *fort* je veux qu'il [Mars] se morfonde. (VI, 26.)
C'est un *fort* à tenir aussi longtemps que Troie. (VII, 52.)

FORT, FORTE; FORT, substantivement et adverbialement; AU FORT DE :

Creusant dans les sujets, et *forts* d'expériences. (III, 320.)
Cette affaire à résoudre étoit *forte*. (IV, 326 et note 1; voyez IX, 212.)

  Ce discours un peu *fort*
Doit commencer à vous déplaire. (III, 151 et note 45.)

Je me fais *fort* de quatre. (IX, 109.)
La raison du plus *fort* est toujours la meilleure :
  Nous l'allons montrer tout à l'heure. (I, 88.)

Car ce fut de tout temps que, ployant sous l'effort,
Le petit cède au grand, et le foible au plus fort.
       (Régnier, satire III, vers 224.)

L'adroit, le vigilant, et le *fort* sont assis
 A la première [table]. (III, 38.)

Chacun s'enfuit au plus *fort*. (I, 287.)
Au plus vite.

  .... Je crains tant votre mort
Que j'y courrois, et tout de mon plus *fort*. (IV, 471 et note 6.)

Elle est, Monsieur, *fort* à votre service. (V, 232.)
.... Les maris plus *fort* sur leurs gardes. (IV, 14.)
Quelle l'eût-on trouvée *au fort* de ses faveurs ? (III, 331 et note 17.)
Bien souvent il s'écrie *au fort* de son chagrin.... (IV, 28 et note 6; voyez VIII, 153.)

Au fort de la tourmente. (VI, 290 et note 1.)

FORTERESSE :

  Posez deux *forteresses :*
Qu'il [l'Amour] en batte une, une autre le dieu Mars, etc. (VI, 26 et note 2; voyez V, 30, 564.)

FORTIFIER :

Fortifiez-le dans mes pensées. (VII, 465.)

FORTUIT :

Cas *fortuit*. (VII, 573.)

402   LEXIQUE DE LA LANGUE   [FOR

FORTUNE, FORTUNES, acceptions diverses; DE FORTUNE; PAR FORTUNE :

Il croyoit sa *fortune* faite. (III, 257.)
Peu soigneux d'établir ici-bas sa *fortune*. (III, 339.)
Ils faisoient petite *fortune*. (III, 220; voyez I, 267.)
Que te semble de ta *fortune?* (VIII, 133.)
Vivre en soldat et chercher sa *fortune*. (VIII, 53 ; voyez VII, 81.)
.... En voici pourtant un, que de vieux talismans
Firent chercher *fortune* au pays des romans. (III, 74; voyez III, 207.)
Propre, galant, cherchant partout *fortune*. (V, 27; voyez IV, 40; V, 441.)
Il voulut par ce chien tenter d'autres *fortunes*. (V, 280.)
C'étoit *fortune* honnête. (IV, 213 et note 2.)
Vous pouvez aisément avoir cette *fortune*. (VII, 50.)

J'aurai donc pour toute *fortune*
Ton refus. (VII, 229.)

Viens vite, viens finir ma *fortune* cruelle. (I, 205.)
Or les voilà compagnons de *fortune*. (V, 72 ; voyez V, 83.)
.... Lors de mon coin vous me verrez sortir
Incontinent, de crainte de *fortune*. (IV, 110 et note 6.)
Dieu nous gard de plus grand *fortune!* (V, 509 et note 2.)
Il n'a pas tant donné à la *fortune* que, etc. (VIII, 323.)
Au hasard.

Fixer selon ses vœux la volage *Fortune*. (VII, 409; voyez II, 167.)
Fortune aveugle suit aveugle hardiesse. (III, 79 et note 28.)
Qui ne court après la *Fortune?* (II, 161.)
Fortune, qui ne dort que lorsque nous veillons, etc. (IV, 423.)
Dame *Fortune* aime souvent à rire. (VI, 122.)
La *Fortune* a toujours tort. (I, 401.)
La *Fortune* vend ce qu'on croit qu'elle donne. (VI, 148.)
Le loup *de fortune* passe. (I, 327 et note 5 ; voyez I, 328.)
De bonne *fortune* pour, etc. (VIII, 199; voyez VIII, 131; IX, 293.)

Ce premier point eut *par fortune*
Malheureuse conclusion. (V, 593 et note 5.)

FORTUNÉ, ÉE :
Une telle faveur me rendroit *fortuné*. (VII, 180.)
Une retraite *fortunée*. (III, 355.)

FOSSOYEUR :
Un *fossoyeur* le vit. (I, 346 et note 11.)

FOU; FOU DE :
Il étoit plus *fou* que les *fous*. (I, 185.)

.... Qu'avec les *fous*
Tout de ce pas par mon ordre on le mette. (IV, 313.)

Jamais auprès des *fous* ne te mets à portée. (II, 398; voyez II, 162.)
Fou du cerveau. (I, 202.)

Le voilà *fou* d'amour extrême
De *fou* qu'il étoit d'amitié. (I, 185.)

Le vieillard étoit
Fou de sa femme. (IV, 89.)

FOUACE :
Fèves pour pois, et pain blanc pour *fouace*. (IV, 172 et note 4.)

FOUDRE, au propre et au figuré :
Telle descend la *foudre*. (VI, 259.)
Ce propos fut à la pauvre Constance
Un coup de *foudre*. (V, 195.)
Arrête, Ménélas, où ce bras, comme un *foudre*,
Tombant dessus ton corps, le va réduire en poudre. (VIII, 489.)
Je suis donc un *foudre* de guerre. (I, 174 et note 11; voyez VII, 359.

FOUDROYER :
Je *foudroie*, à discrétion,
Un lapin qui n'y pensoit guère. (III, 82.)
Mon office de *foudroyant*. (VIII, 230.)
C'est Jupiter qui parle.

FOUET, au propre et au figuré :
Un serpent engourdi de froid
Vint s'offrir sous la main : il le prit pour un *fouet*. (III, 50 et note 18.)
L'avocat de cour souveraine
Fit là-dessus claquer son *fouet*. (IX, 430 et note 4.)

FOUETTER :
Il vouloit *être fouetté*.... (V, 280; voyez I, 42.)

FOUGÈRE :
Les bergers joignent leurs voix
En dansant sur la *fougère*. (VII, 512; voyez VII, 566, 578.)

FOUGUE :
De grâce, contestons sans *fougue* et sans saillie. (VII, 108.)

FOUILLER :
.... Non que nous ayons peur de *fouiller* dans le coffre. (VII, 110.)
Il faut *fouiller* à l'escarcelle. (I, 278.)
Fouille en ton sac. (II, 428.)

FOUIR :
Voyez-vous à nos pieds *fouir* incessamment
Cette maudite laie? (I, 220.)
Son hôte la menoit [la goutte] tantôt fendre du bois,
Tantôt *fouir*, houer. (I, 227.)

FOUR :
[La guide nouvelle] ne voyoit au grand jour
Pas plus clair que dans un *four*. (II, 195.)
Quiconque y met le nez [dans cette histoire] devient noir comme un *four*. (IX, 25.)
Gens à cuire à même *four*. (V, 332.)
Vous y viendrez cuire dans notre *four*. (IX, 13 et note 3.)

FOURBE, fourberie :
La chatte détruisit par sa *fourbe* l'accord. (I, 220.)
Insolent, quitte-moi, ta *fourbe* est inutile. (VII, 70.)
Un petit bout d'oreille, échappé par malheur,
Découvrit la *fourbe* et l'erreur. (I, 433 ; voyez I, 222 ; VII, 78, 98.)

FOURBE, trompeur :
Toujours par quelque endroit *fourbes* se laissent prendre. (I, 212.)

FOURCHE :
 Coups de *fourche* ni d'étrivières
 Ne lui font [au naturel] changer de manières. (I, 187 et note 6.)
.... Toujours la *fourche* aux reins. (VII, 297.)

Fourches-fières. Voyez Fier.

FOURMILIÈRE, au propre et au figuré :
[La guêpe] fit enquête nouvelle et pour plus de lumière
 Entendit une *fourmilière*. (I, 121 ; voyez VIII, 205.)
.... Aussi ne sont-ce *fourmilières*. (V, 11 et note 1 ; voyez I, 214.)
 Le sermon voit rarement
 Une telle *fourmilière*. (IX, 462.)

FOURMILLER :
 Je sais qu'il est des amants à foison :
 Tout en *fourmille*. (VII, 173.)
Les avenues de ce palais en *fourmillent* [d'insectes]. (VIII, 97.)
En attraits sa personne *fourmille*. (IX, 15.)
La Grèce en *fourmilloit* [de sages] dans son moindre canton. (IX, 204.)
Ce bois que nous côtoyâmes en *fourmille* [de voleurs]. (IX, 230.)
Les toits *fourmillants* de l'avare cité. (VI, 297.)

FOURNÉE :
 Cette bonne hypocrite
Un pain sur la *fournée* emprunta.... (IX, 24 et note 4.)

FOURNIR, activement et neutralement ; fournir à, de ; se fournir de :
Notre soin n'aboutit qu'à *fournir* ses repas. (I, 207.)
Boccace n'est le seul qui me *fournit*. (I, 277.)
Que ferez-vous de moi? Je ne saurois *fournir*
 Au plus qu'une demi-bouchée. (I, 373.)
Notre amoureux *fournit* plus d'une traite. (IV, 227.)
Aux mieux *fournis* je fais la nique. (VII, 127.)
Il *fournit* à tous mes besoins. (V, 260.)
Pour *fournir* aux projets que forme un seul esprit
Il faudroit quatre corps. (II, 339.)
 Rends-moi le premier de ma race
Qui *fournisse* son croc de quelque mouton gras. (III, 234.)
 Il fallut que l'Amour....
Eût soin de le *fournir* des choses nécessaires. (V, 104.)

Quoi! Teudelingue a-t-elle cette nuit
Fourni d'ébat à plus de quinze ou seize? (IV, 234 et note 1.)
Il nous *fournit* d'entretien jusqu'au château. (VIII, 292 et note 1.)
[La scène] *se* va chez les morts *de* spectacles *fournir*. (VIII, 279.)

FOURRER ; SE FOURRER :
Donnez-lui, *fourrez*-lui, le glout demande encore. (IX, 173.)

    Mes mains *fourrois*,
    Usant des droits
    Qu'Amour nous donne. (VIII, 445.)

Vous voulez les *fourrer* dans votre chambre [ces femmes]. (VII, 479.)
Il a toujours le nez *fourré* partout. (VII, 451.)

    [La chauve-souris] aveuglément *se* va *fourrer*
Chez une autre belette. (I, 142.)
C'est que ces animaux-là *se fourrent* partout. (VII, 483.)

FOURRER, garnir de fourrures :

    .... Jeter une robe *fourrée*
    Sur votre dos. (V, 571.)

.... On en pourroit *fourrer* plutôt deux robes qu'une. (I, 427.)
Un saint homme de chat, bien *fourré*, gros et gras. (II, 189.)

    Les voilà tous deux arrivés
    Devant Sa Majesté *fourrée*. (II, 190 et note 24.)

PAIX FOURRÉE. (VII, 14 et note 1.)

FOURREUR. (I, 427.)

FOURVOYER (SE) :
[Un dogue] gras, poli, qui *s'étoit fourvoyé* par mégarde. (I, 71.)
L'un [des tonnerres] jamais ne *se fourvoie*. (II, 317.)

FOYER :
Il se fait un *foyer* qui pousse ses vapeurs. (VI, 320.)
Un citoyen du Mans, chapon de son métier,
    Étoit sommé de comparoître....
Au pied d'un tribunal que nous nommons *foyer*. (II, 320.)

FRACAS :
Faisant tel bruit et tel *fracas*. (II, 17; voyez II, 329.)
Ayant fait grand *fracas*, chère lie. (II, 176.)
Vous moquez-vous d'avoir ici tout ce *fracas?* (VII, 281.)

.... Que l'heureux Lulli ne s'imagine pas
Que son mérite seul fasse tout ce *fracas*. (IX, 159.)
La catastrophe de ce *fracas* fut la perte de deux chevaux. (IX, 351.)

    [La foudre] d'un soudain *fracas*
Brise, brûle, détruit. (VI, 259.)
La guerre aussi cause de grands *fracas*. (IX, 39.)

FRACASSER :
Les ressorts de mes bras ne *sont* point *fracassés*. (VII, 299.)
[L'escarbot] vole au nid de l'oiseau, *fracasse*, en son absence,
Ses œufs. (I, 150.)

FRAGILE :
Si mon sexe est *fragile*, il [Dieu] en prendra le soin. (VI, 294.)
Fragile innocence. (VI, 282.)

FRAGILITÉ :
.... Que le Ciel irrité
N'abandonne nos cœurs à leur *fragilité*. (VI, 294.)
L'autre appréhende tout de sa *fragilité*. (VIII, 418.)

FRAÎCHEMENT :
Votre serviteur Gille....
Tout *fraîchement* en cette ville
Arrive, etc. (II, 371; voyez VIII, 280.)

FRAÎCHEUR :
Ses lis ne laissoient pas d'avoir de la *fraîcheur*. (VII, 179; voyez VIII, 286, 288.)
Goûter la *fraîcheur* sur ses bords [d'un fleuve] toujours verts. (VI, 16; voyez IV, 426.)

FRAIRIE :
.... Un loup donc étant de *frairie*. (I, 229 et note 4.)
« Il y avoit furieusement de galants, soit garçons, soit gens mariés, autour d'elle : c'étoit une continuelle frairie là-dedans. » (Tallemant des Réaux, historiette de Mlle Thomas.)

FRAIS, FRAÎCHE, au propre et au figuré; FRAIS, adverbialement et substantivement :
Grande de taille, en bon point, jeune, et *fraîche*. (IV, 345.)
Quand on a le cœur en flamme
Le teint n'en est jamais si *frais*. (VIII, 424.)
Frais, délicat, et beau par excellence. (VI, 42.)
Garçon au corps jeune et *frais*. (V, 345.)
.... Afin qu'il fût plus *frais* [l'âne] et de meilleur débit.... (I, 201.)
.... Ayant l'idée encor *fraîche* des deux. (V, 419 et note 2.)
Une veuve de *fraîche* date. (VII, 569.)
Frais et nouveau pondu. (II, 239.) — Buvant *frais*. (V, 467.)
Séjour du *frais*. (I, 316.)
Prenant le *frais* tous deux devant chez nous. (VII, 425.)
La nuit, dans le silence, au *frais*. (VII, 322; voyez VII, 408 et note 3.)

FRAIS, dépens, dépense :
Sur nouveaux *frais* attrapons nos époux. (IV, 297.)
Maints rats assemblés
Faisoient, aux *frais* de l'hôte, une entière bombance. (III, 353.)
A *frais* communs se conduisoit l'affaire. (V, 69.)
Soyons chacun
Et du plaisir et des *frais* en commun. (VI, 131.)
Les *frais* de l'entreprise. (VI, 94.)
L'associé des *frais* et du plaisir. (VI, 135.)
Compère le renard se mit un jour en *frais*. (I, 112.)

FRANC, FRANCHE, acceptions diverses; FRANC, adverbialement :
.... S'il en peut sortir *franc*, c'est à lui beaucoup faire. (V, 455 et note 1.)
.... Par grand hasard en étant échappé,
Non pas *franc*, car pour gage il y laissa sa queue. (I, 379 et note 3.)
« Huyt cents hommes de guerre, lesquelz furent tous delivrez francs et quittes. » (Commynes, livre IV, chapitre 11.)

Je veux vous rendre *franche*
Et sans rançon votre chère moitié. (IV, 344 et note 3.)
Car aussi bien tu n'es pas, comme moi,
Franc du collier. (V, 535.)

Il faut voir sur-le-champ si les vice-baillis
Sont si francs du collier que vous l'avez promis.
(Regnard, *le Joueur*, acte III, scène XI.)
Rapprochez Villon, p. 7 : « franc au collier ».

Il dit à certain loup, *franc* novice.... (III, 294.)
Point de *franche* lippée. (I, 71 et note 4.)
Humeur *franche*. (V, 210; V, 214.) — Ce *franc* aveu vous déplaît-il? (VII, 422.)
.... Pour vous en parler *franc*, nous n'y connoissons rien. (VII, 162 ; voyez IV, 441.)
Tout *franc*, ce procédé crie. (VII, 586.)

Le mieux que vous puissiez faire,
Lui dit tout *franc* ce corsaire, etc. (IV, 420 et note 6.)

FRANCHEMENT :
Comme si cette affaire
N'étoit une hydre, à parler *franchement!* (IV, 369; voyez I, 100.)

FRANCHIR :
[Le temps] me laissera *franchir* les ans dans cet ouvrage. (II, 85.)
J'ai sur les bras une dame jolie
A qui je dois faire *franchir* le pas. (V, 371 et note 1.)

FRANCHISE, liberté :
Ce n'est qu'avec regret qu'en perdant ma *franchise*
Pour la seconde fois on m'y verra [au mariage] soumise. (VII, 81.)

FRANQUETTE (À LA) :
Vous n'allez point tout d'abord *à la franquette*. (VII, 453 et note 2.)

FRAPPART (Frère). (IV, 188 et note 2.)

FRAPPER, activement et neutralement :
[Les chiens] *frappent* l'air de leurs cris. (VI, 255; voyez VIII, 41.)
.... Les beautés
Dont j'ai la vue avec le cœur *frappée*. (IV, 264.)
Il avait l'âme avec les yeux frappée.
(Voltaire, tome VIII, p. 111.)

Tout père *frappe* à côté. (II, 316.)
Comparez les Lettres de Mme de Sévigné, tome VI, p. 244.

Celui-ci *frappe* en maître ! (V, 72 ; voyez VI, 151.)

FRATER :

Ce n'est bien fait que de dormir sitôt,
Dit le *frater*. (V, 475 et note 1 ; voyez V, 476.)

FRAYANT, demandant des frais :

L'un alléguoit que l'héritage
Etoit *frayant* et rude. (II, 12 et note 3.)

FREDONNER :

Allons, courage, enfants, *fredonnons* ce beau mois. (VII, 566 et note 1.)

FREIN :

Vous, qui voulez qu'à la fureur de l'onde
Jupiter mette un *frein*.... (VII, 189 et note 1.)

[Le Ciel] arrêtoit le cours des torrents,
Et leur donnoit un *frein* de glace. (VIII, 258 et note 3.)

Même expression chez André Chénier, Elégies, I, xi, vers 72.

FRÊLE :

Souvent il vaudroit mieux qu'un cœur de moindre prix
De nos *frêles* beautés se rencontrât épris. (VII, 600.)

FRÉMIR :

On le vit [le sculpteur] *frémir* le premier,
Et redouter son propre ouvrage. (II, 386.)

[Daphnis] *frémit* et s'étonna la voyant accourir. (III, 336.)

FRÉNÉSIE :

Bouffi de *frénésie*. (VII, 345.)

FRÉQUENTER, activement et neutralement :

Lieux peu *fréquentés*. (VI, 11 ; V, 254.)
Sous ce rocher peu *fréquenté*.... (III, 21.)

.... Les endroits du pâturage
Les moins *fréquentés* des humains. (III, 207.)

Cuisine froide et fort peu *fréquentée*. (V, 163 et note 3.)
Il *fréquentoit* chez le compère Pierre. (V, 486 et note 9.)

Celui-ci donc chez sire Gasparin
Tant *fréquenta* qu'il, etc. (IV, 360 et note 3.)

Fréquenter chez es belles. (IX, 213 et note 4.)

Dans un couvent de nonnes *fréquentoit*
Un jouvenceau. (V, 411.)

En cettui lieu beaux pères *fréquentoient*. (IV, 491.)

FRÈRE ; BON FRÈRE :

Si ce n'est toi, c'est donc ton *frère*. (I, 90.)
Mon *frère* a-t-il tout ce qu'il veut? (II, 362.)
Frère, dit le Renard.... (III, 295 et note 17.) — Les vices sont *frères* (II, 337.)

Bons bourgeois, du temps de nos pères,
S'avisoient tard d'être *bons frères*. (V, 208 et note 3.)

Vous êtes un *bon frère*. (VII, 490.)

FRESSURE :
De ma *fressure*
Dame Luxure
Jà s'emparoit. (VIII, 441 et note 3.)
.... Qu'il ne t'affole la *fressure*. (IX, 182.)

FRÉTER :
Un vaisseau mal *frété* périt au premier vent. (II, 176.)

FRETIN :
Un carpeau... n'étoit encore que *fretin*. (I, 372.)
Carpillon *fretin*. (II, 407.)
.... Il s'en informoit donc à ce menu *fretin*. (II, 250 et note 11.)

FRIAND ; FRIAND DE :
Il se réjouissoit à l'odeur de la viande
Mise en menus morceaux, et qu'il croyoit *friande*. (I, 113.)
Un mets que vous croyez *friand*. (V, 513.)
.... Ces privautés en seront plus *friandes*. (IV, 311.)
　　Telle de nos Rémoises
　Friande assez pour la bouche d'un roi. (V, 65 et note 1.)
　Votre ordinaire est donc trop peu *friand*
　A votre goût? (IV, 304.)
Loups... *friands de* tuerie. (I, 240.)
.... Et *de* sermons n'étoit *friande*. (IV, 380.)
Friand de tels morceaux. (II, 348.)
　Un jouvenceau, *friand*, comme on peut croire,
　De ces oiseaux. (V, 411 ; voyez V, 244.)
　　.... Et que l'argent de nos provinces
　　Ne sera pas une autre fois
　　Si *friand de* faire des rois. (IX, 135.)

FRIANDISE :
Le philosophe, étant de festin, mit à part quelques *friandises*. (I, 36 ; voyez I, 37.)

FRICASSÉE :
On sert la *fricassée*. (V, 171.)

FRICASSER, activement et neutralement :
.... Lui tord le cou, le plume, le *fricasse*. (V, 170.)
　Sans fruit aucun vendit et *fricassa*
　Tout son avoir. (V, 156 et note 1.)
Cependant on *fricasse*, on se rue en cuisine. (I, 278.)

FRINGANT, ANTE :
Souvent brebis *fringante* au loup se laisse prendre. (VII, 576.)
De doux regard, jeune, *fringante*, et belle. (IV, 86.)
Une épouse *fringante*, et jeune.... (V, 122 ; voyez V, 574.)
　　Les beaux pères n'expédioient
　　Que les *fringantes* et les belles. (IV, 191 et note 4.)

FRIPIER, fripiers :

.... Par la main des *fripiers* vêtus en bateleurs. (VII, 356.)

FRIPON, friponne :

J'ai tort d'ériger un *fripon*
En maître de cérémonies. (V, 593.)
Comment, petit *fripon!* (VII, 475; voyez VII, 467, 494.)
O la belle *friponne!* (IV, 75.)

Avec tant d'attraits précieux,
Hélas! qui n'eût été friponne?

(Voltaire, épître XXVIII.)

Doublement sot et doublement *fripon*. (II, 380.)
Un *fripon* d'enfant. (II, 364.)

.... En cent façons de qui la moins *friponne*
Veut dire, etc. (V, 123.)

Ce conte-ci qui n'est le moins *fripon*.... (V, 410.)
Ce tour *fripon* du couple augmentoit l'aise. (V, 546; voyez VII, 181.)

Humeur *friponne*
Chez la pouponne
Se glissa lors. (VIII, 445.)

Chastes sont ses oreilles,
Encor que les yeux soient *fripons*. (V, 581.)

FRIPONNEAU :

Je suis d'avis que le *friponneau* fasse
Tel compliment à des femmes d'honneur. (IV, 92 et note 2.)

FRIRE, au figuré :

Les lais trouvoient encore à *frire*. (IV, 192; voyez III, 218 et note 8.)

« .... Les deux isles de Thohu et Bohu, ès quelles ne trouuasmes que frire. » Rabelais, tome II, p. 331.) — « Lors mesme que, n'ayant de quoy frire, nous le luy defendrions voluntiers, l'appetit de manger et de boire ne laisse pas d'esmouuoir les parties qui luy sont subiectes. » (Montaigne, tome I, p. 120.) — Comparez Scarron, *le Virgile travesti*, livre VII : « chercher encore à frire ». Voyez aussi Coquillart, tome I, p. 173; Brantôme, tome V, p. 403; etc.

FRISER :

Caracolant, *frisant* l'air et les eaux. (III, 35 et note 5.)

FRISOTTER :

Poudrez-vous les cheveux, faites-les *frisotter*. (VII, 366 et note 3.)

FRISQUE :

Le galant vient *frisque* et de hait. (VII, 124 et note 3.)
Frisques, gaillardes, attrayantes. (IV, 189 et note 2.)

FRISSON :

Ayant parlé du pouls, le *frisson* se présente. (VI, 330.)
Le mouvement convulsif des *frissons*. (VI, 331; voyez VI, 332, 334.)

FRISSONNER :

.... Claque des dents, se plaint, tremble, et *frissonne*. (IV, 251.)

FRIVOLE :

L'animal aux têtes *frivoles*. (II, 232 et note 14.)
Je hais les cœurs *frivoles*. (VII, 603; voyez III, 64; VII, 612, 618.)
Tes raisons sont *frivoles*. (III, 6.)

    J'avois juré hautement en mes vers
    De renoncer à tout conte *frivole*. (VI, 5.)

Entretiens *frivoles*. (II, 345.) — Reproches *frivoles*. (VIII, 253.)
Recettes *frivoles*. (IV, 240.)

FROID, au propre et au figuré; FROID, substantivement :

Il fait, dit-elle, un temps *froid* comme glace. (V, 198.)
Plus *froid* que n'est un marbre. (VI, 257 et note 9.)

  Estant plus froid que marbre, ou que le vent d'hyuer,...
                      (Remy Belleau, tome II, p. 182.)

Pinucio, plus *froid* qu'une statue. (IV, 216.)
De vos bons tours les contes ne sont *froids*. (V, 410.)
... Un cœur *froid* à ce point. (VI, 207.)
Il fit le *froid* : son amante en soupire. (V, 193.)
Si je fais la *froide* et l'indifférente.... (VIII, 160.)

    Arrière ceux dont la bouche
    Souffle le chaud et le *froid!* (I, 388 et note 10.)

Il faisoit lors un *froid* plein de rigueur. (IV, 246.)
Un *froid* court dans ses veines. (VI, 181.)
Un *froid* avant-coureur, etc. (VI, 330.)

FROIDEUR :

Un paysan... regardoit toutes choses avec la *froideur* et l'indifférence d'une statue. (I, 39.)

FROISSER, au propre :

.... Somme que l'herbe en *fut* encor *froissée*. (IV, 285.)
La souris *étoit* fort *froissée*. (II, 391 et note 3.)
Le pèlerin vous lui *froisse* une épaule. (IV, 96 et note 2.)

FRONDER :

            La cour échauffée
Frondoit en ce temps-là les grands concerts d'Orphée. (IX, 154.)

FRONT, au propre et au figuré; DE FRONT :

Il lit au *front* de ceux qu'un vain luxe environne, etc. (VI, 148.)
Avec un *front* sévère. (III, 311; voyez IV, 285; VII, 47.)
De quel *front* s'en aller, etc. (V, 168.)
Pour toi, tu viens avec un *front* de page! (IV, 95 et note 4.)

            Ce mont
Qui menace les cieux de son superbe *front*. (III, 75.)

Auroit-il imprimé sur le *front* des étoiles
Ce que la nuit des temps enferme dans ses voiles? (I, 168.)

Deux belettes à peine auroient passé *de front*
    Sur ce pont. (III, 209.)

FRONTISPICE :

    De votre nom j'orne le *frontispice*
    Des derniers vers que ma Muse a polis. (VI, 89.)

Leur main l'eût enrichi [ce livre] d'un plus beau *frontispice*. (IX, 140; voyez IX, 84.)

FROTTER ; SE FROTTER :

Morceaux *frottés* de moutarde. (IV, 134.)
Tu as bien envie de me voir *frotter*. (VII, 450 et note 2.)

« Doux objet de mes vœux, je vous frotterai les oreilles. » (Molière, *le Médecin malgré lui*, acte I, scène 1.)
Voyez aussi *le Tartuffe*, acte I, fin de la scène 1.

Se vautrant, grattant, et *frottant*. (II, 25.)

FRUCTIFIER :

[Le champ] de ses voisins *fructifie* et rapporte. (II, 14.)

FRUIT, au propre et au figuré :

Tel *fruit*, tel arbre, pour bien faire. (II, 376.)
Ses arbres à *fruit*. (III, 305.)
Vos *fruits* aux écorces solides. (VIII, 29.)
[L'arbre] courboit sous les *fruits*. (III, 9.)
Elle fournissoit des fleurs à son maître, et un peu de *fruit*. (VIII, 140.)
.... Potage, menus mets, et même jusqu'au *fruit*,
Sans que le brochet vînt. (V, 352 et note 5.)
Les *fruits* de l'âge mûr joints aux fleurs de l'enfance. (IX, 139.)
    Le gigantesque don
Fait au *fruit* de Vénus par la main de Junon. (V, 580 et note 3.)
    En mon absence il a fait une oreille
    Au *fruit* d'Alix. (IV, 170 et note 5.)
Cet entre-temps ne fut sans *fruit*. (V, 523 et note 6.)
L'époux pour sien le *fruit* posthume tint. (V, 404 et note 7 ; voyez V, 470 et note 3.)
Les doux *fruits* dont l'hymen leur feroit un présent. (VI, 291 et note 6 ; voyez VIII, 378.)
Quel *fruit* de ce labeur pouvez-vous recueillir ? (III, 155 et note 5.)
.... Sans *fruit* aucun vendit et fricassa
Tout son avoir. (V, 156.)
    Tout le *fruit*
    Qu'il tira de ses longs voyages.... (II, 166 ; voyez V, 205.)

FRUITIER (Arbre) :
.... Grimpant, sans égard, sur un arbre *fruitier*. (II, 381.)

FUGITIF :

L'esclave *fugitif*, etc. (V, 255.)

FUIR ; SE FUIR :

Fuyez, fuyez, mon fils, le monde et ses amorces. (VI, 281.)
La *fuyante* proie. (II, 464.)

« Si le pasteur ne trouvoit sa brebis fuyante.... » (Bossuet, sermon pour le jubilé, sur la Pénitence.)

Vous... que rien ne doit *fuir* en cet âge avancé. (I, 200 et note 10.)
Lui-même il *se fuyoit*. (VI, 286 et note 1.)
Nous ne *nous fuirons* plus. (VI, 294.)

FUITE :
C'est l'ordinaire de ceux qui connoissent leur foible de chercher des *fuites*. (VIII, 108.)

FULIGINEUX, EUSE :
Une vapeur *fuligineuse*. (VIII, 217.)
Voyez Molière, tomes V, p. 328 et note 4, VII, p. 272 et note 3.

FULMINER DE :
Fulminant de colère. (VII, 424.)

FUMÉE, au propre et au figuré :
La *fumée* y pourvut [à la prise du renard] ainsi que les bassets. (II, 429.)
Manger, comme on dit, son pain à la *fumée*. (VII, 36 et note 1.)
Les *fumées* [du vin] leur échauffoient déjà la cervelle. (I, 40.)
Sa présence met donc vos projets en *fumée*. (VII, 17.)

FUMEUX :
J'ai fait provision d'un Saint-Laurent *fumeux*. (VII, 312 et note 3.)
« Le sang chaud et bouillant des jeunes gens est semblable, en quelque sorte, à ce vin fumeux et plein d'esprits qui les rend toujours ardents, etc. » (Bossuet, 2° sermon sur la Visitation.)

FUNÈBRE :
Vous vous ruineriez en dépenses *funèbres*. (VII, 573.)

FUNESTE :
Elle ne s'attend pas à ce retour *funeste*. (VII, 560.)
Contez-moi l'accident *funeste*. (VII, 534; voyez VII, 525, 626.)
Vous me refusiez même un plaisir si *funeste*. (III, 334.)

FUREUR :
Je laisse à penser son courroux,
Sa *fureur*, afin de mieux dire. (V, 451.)
La débauche de vin, leur dit-il, a trois degrés : .... le troisième, de *fureur*. (I, 40.)
On sait que cette erreur
Va souvent jusqu'à la *fureur*. (III, 201.)
Avarice qui va jusques à la *fureur*.... (III, 149.)
.... Ces champs où couroient la *Fureur* et l'Audace. (VI, 16 et note 1.
La sanglante *Fureur*. (VIII, 255.)

FURIE, FURIES :
Contrefaire la *furie*. (V, 431.)
Ces femmes, ou, pour mieux dire..., ces *furies*. (VIII, 88.)

FURIEUX :
Elle lui donne un coup si *furieux*
Qu'il en perd la clarté des cieux. (III, 270.)

FURTIF, IVE :
Furtive ardeur. (VII, 308 et note 1; voyez VII, 388.)

FUSEAU, FUSEAUX :
Tourets entroient en jeu, *fuseaux* étoient tirés. (I, 382.)

L'autre changea sa massue en *fuseau*. (V, 184.)
Ses jambes de *fuseaux*. (II, 28 et note 2.)

FUSÉE :

Un jet part en *fusée*. (VIII, 41.)
On vit partir mille *fusées*. (IX, 350.)

FUSILLER :

.... Cet ingrat, dont la fureur impie
Par un coup détestable *a fusillé* ma vie,
Est mon fils. (VII, 394.)

FUTUR, URE :

Les nymphes, de qui l'œil voit les choses *futures*.... (VI, 263.)
Les races *futures*. (IV, 59.)

FUYARD, ARDE :

Quoi ! je n'ai pas encor cette troupe *fuyarde* ! (VI, 302.)
Las ! faut-il donc pour vous que notre poitrine arde
Si vous n'êtes pour nous qu'une nymphe fuyarde ?
(Scarron, *Jodelet ou le maître valet*, acte IV, scène IV.)
Comparez Baïf, tome II, p. 144 : « le satyre fuyard ».

G

GABELLE, impôt sur le sel, et grenier à sel :
L'argent de la *gabelle*. (I, 68.)

GAGE, GAGES, sens divers :

Notre flatteur à *gage*. (VII, 38.) — Notre souffleur à *gage*. (II, 10 et note 8.)
Des spadassins à *gage*. (VII, 428.)
    Nérie eut à ses *gages*
Les intendants des orages. (V, 116 ; voyez III, 275.)
.... La cassette y pourvut, avec maint diamant ;
Hispal vendit les uns, mit les autres en *gages*. (IV, 408.)
Et le pauvre voleur, ne trouvant plus son *gage*,
Pensa tomber de sa hauteur. (III, 25 et note 4.)
        Elle donna pour *gage*
    Deux baisers. (VI, 180 ; voyez I, 379.)
Chers *gages*. (III, 53 ; voyez VI, 209, 283, 291, 292, 301.)

GAGER, acceptions diverses, payer, parier :

[La grandeur royale] fait subsister l'artisan de ses peines,
Enrichit le marchand, *gage* le magistrat. (I, 208.)
        Eh bien ! *gageons* nous deux....
    A qui plus tôt aura, etc. (II, 9 ; voyez II, 32.)
Celui de ses disciples qui *avoit gagé* contre lui triomphoit déjà. (I, 41.)
Xantus... *gagea* sa maison qu'il boiroit la mer toute entière. (I, 40 ; voyez IV, 20, 246, 247.)

GAGEURE; FAIRE GAGEURE :

La *gageure* des trois commères. (IV, 292.)

Pour assurance de la *gageure*, il déposa l'anneau qu'il avoit au doigt (I, 40; voyez II, 11, 34.)

.... Il y avoit tous les soirs *gageure* à qui en prendroit davantage [des poissons]. (VIII, 75; voyez IV, 339.)

    Je *fais*, dit-il, *gageure*
    Qu'il n'est, etc. (IV, 20.)

A prendre sans verd nous *avons fait gageure*. (VII, 322.)

GAGNE-PAIN :

Un bûcheron perdit son *gagne-pain :*
C'est sa cognée. (I, 364 et note 13; voyez III, 289.)

GAGNER, acceptions diverses :

    Le galand aussitôt
Tire ses grègues, *gagne* au haut. (I, 177 et note 7.)

[Le drôle] *gagne* devant la nuit
Château-Guillaume. (IV, 249.)

Gagnant toujours pays. (VII, 294 et note 3.)

« La comtesse de Soissons gagne pays, et fait fort bien : il n'est rien tel que mettre son crime ou son innocence au grand air. » (Lettre de Mme de Sévigné à fille du 2 février 1680.)

Tu *gagnerois* autant de parler à des sourds. (III, 215; voyez I, 37.)
Dom Bertrand *gagneroit* près de certains esprits. (III, 203.)

    Si le marquis est quelque peu trompé,
    Il le mérite, et doit *l'avoir gagné*,
    Ou *gagnera*. (IV, 260.)

    Le singe avec le léopard,
    Gagnoient de l'argent à la foire. (II, 369.)

On hasarde de perdre en voulant trop *gagner*. (II, 113; voyez I, 405; II, 182; III, 314.)

Que *gagnez*-vous par an? (II, 218.)

    Tout domestique en trompant un mari
    Pense *gagner* indulgence plénière. (IV, 322.)

Ne vous suffit-il pas d'avoir su me *gagner*? (VII, 626.)

    Et notre épouse à la fin de se rendre :
    Il la *gagna*. (IV, 342; voyez V, 113, 162, 257; VI, 43, 97, 99.)

Tu vois, ainsi qu'un autre il s'est laissé *gagner*. (VII, 606.)

    La blondine chiorme
Afin de vous *gagner* n'épargne aucun moyen. (V, 100; voyez V, 514.)
L'intérêt vous pourra donner cause *gagnée*. (VII, 110.)
Avoir cause *gagnée*. (III, 10.) — Croyant ville *gagnée*. (V, 72 et note 5.)

GAI (ÊTRE AU) :

Bergères, *soyez au gai.* (VII, 567 et note 1.)

GAIEMENT :

    Un curé s'en alloit *gaiement*

Enterrer ce mort au plus vite. (II, 157.)

> Deux prêtres s'en iroient gaiement
> Porter ma figure légère,
> Et la loger mesquinement
> Dans un recoin du cimetière.
> (Voltaire, épître xx.)

.... Ainsi s'en alloit la barque fort *gaiement*. (VIII, 181.)
.... *Gaiement*, de bonne grâce, et sans montrer de peine. (IV, 419.)

GAIETÉ :
La cadette ne vous a-t-elle point semblé un peu libre ? — Ce n'est que *gaieté* et jeunesse, reprit Psyché. (VIII, 162.)
On veut de la nouveauté et de la *gaieté*. Je n'appelle pas *gaieté* ce qui excite le rire, mais un certain charme, un air agréable qu'on peut donner à toutes sortes de sujets, même les plus sérieux. (I, 14-15; voyez IV, 14.)

GAILLARD :
Gaillard corbeau. (I, 178.)
Le *gaillard* savetier. (II, 218.) — Nos *gaillards* pèlerins. (I, 159.)
Homme possible autrefois plus *gaillard*. (V, 468 et note 4.)
Frais, *gaillard*, et dispos. (IV, 226 et note 8.)
Sains et *gaillards*. (IV, 443.)
Gaillard entretien. (V, 429.)
Et vous, la belle au dessein si *gaillard*.... (IV, 305.)

Comparez Rabelais, tome II, p. 428 : « le gaillard péché de luxure ».

GAILLARDEMENT :
Gaillardement six postes se sont faites. (IV, 215 ; voyez IV, 502.)

GAILLARDIN, diminutif de « Gaillard » :
Faisant couler le temps, gagnant toujours pays,
En propos *gaillardins*. (VII, 294.)

GAIN ; FAIRE GAIN DE :
.... Celui que Thémis, ou le *gain*,
Ou le desir de voir, fait sortir de sa terre. (IX, 230.)
Surtout il a de quoi te donner tes étrennes.
— Qui, lui? c'est petit *gain*. (VII, 88.)
Succession, trésor, *gain* au jeu. (I, 296.)
.... Sans cela nos *gains* seroient assez honnêtes. (II, 218.)
Il risqua de nouveau le *gain* qu'il avoit fait. (II, 175.)
> Prenons garde à nous
> Après le *gain* d'une bataille. (II, 172.)
Il n'a pas *fait gain* d'un ducat. (IX, 71.)

GALAND, GALANT ; VERT GALANT :
Mécénas fut un *galand* homme. (I, 105.)
Vous ai-je pas bien dit qu'il étoit *galand* homme! (VII, 111.)
.... Le *galand*
N'en donna que le tiers [de la somme promise]. (I, 100 et note 7.
Apprenti *galand*. (V, 226.)

La *galande* fit chère lie. (I, 251.)
.... Vous connoissez la *galande* que c'est. (IV, 67.)
Notre *galande* encor pucelle. (V, 217.)
Miroirs aux poches des *galands*. (I, 92.)
.... Nos *galands* y voyoient double profit à faire :
Leur bien premièrement, et puis le mal d'autrui. (II, 445.)
Le *galant* à grands pas se retire. (II, 437 et note 7.)
Quelque terrier, dit-il, a sauvé mon *galant*. (III, 322.)
Personne *galante*. (IV, 268.) — Une veuve *galante*. (IV, 252.)
Vous fîtes dès ce temps le choix d'un *galant*? (VII, 423.)
Le mari se comporte en *galant*. (IX, 234.)
Elle cajole son mari, et vit avec lui comme si c'étoit son *galant*. (IX, 285.)

> Jamais un lourdaud, quoiqu'il fasse,
> Ne sauroit passer pour *galant*. (I, 282.)

Jeunes, bien faits, *galants*, et vigoureux. (IV, 117.)
Vous ne prendriez jamais cette tête pour celle d'un de nos *galants*. (IX, 276.)
Mes personnages me demandoient quelque chose de *galant*. (VIII, 19.)
Il a fallu chercher du *galant* et de la plaisanterie. (VIII, 20.)
Episodes d'un caractère *galant*. (VIII, 243.)
Galants d'épée. (IV, 359 et note 3.)
Belle servante et mari *vert galant*. (IV, 302 et note 9; voyez V, 33 et note 1.)

GALANTERIE :

> Il fit pour Gygès son vassal
> Une *galanterie* imprudente et peu sage. (V, 426.)

Nous avons vu les Rondeaux, les Métamorphoses, les Bouts-rimés, régner tour à tour; maintenant ces *galanteries* sont hors de mode. (IV, 9 et note 3.)
De l'humeur dont je vous connois, une *galanterie* sur ces matières vous plaira plus que tant d'observations savantes et curieuses. (IX, 259.)
Quoi! vous savez aussi de ces *galanteries!* (VII, 316.)

GALER, gratter : par extension, rosser :
Çà, çà, *galons*-le en enfant de bon lieu. (V, 370 et note 3.)

GALERIE :
.... Des fossés du château faisant leurs *galeries*. (I, 235 et note 2.)

GALETAS :
L'oracle étoit logé dedans un *galetas*. (II, 180; voyez IV, 255.)

GALEUX :
Ce pelé, ce *galeux*. (II, 100.)
L'âne.

GALIMATIAS :
Quel *galimatias* m'a-t-il fait? (VII, 482 et note 1.)

GALOISE :
Gentilles *galoises*. (V, 64 et note 2.)

GALOP, au figuré :
Le bien de notre amant s'en va le grand galop. (V, 252.)
Nos ans s'en vont au galop. (IX, 117.)

GALOPER, au figuré :
Pour me rendre à vos lois mon zèle *a galopé*. (VII, 343.)
Ennui *galoperoit* avec moi. (IX, 361 et note 3.)

GAMBADE ; FAIRE GAMBADE :
Volontiers je paie en *gambades*. (IX, 173.)
Nous sommes attroupés tretous dessous l'ourmeau,
N'attendant qu'un signal pour *faire* ici *gambade*. (VII, 586 ; voyez V, 241 et note 3, 537.)

GAMBADER :
Gambadant, chantant, et broutant. (II, 25.)

GAMME, au figuré :
Pas ne finit mère abbesse sa *gamme*. (V, 420 et note 2.)
.... Là le notaire aura du moins sa *gamme*. (V, 337 et note 4.)
Bien préparée à lui chanter sa *gamme*. (IV, 72 et note 4 ; voyez VI, 131.
Force lui fut qu'elle changeât de *gamme*. (IV, 104.)
.... Croyant par là Cocuage hors de *gamme*. (IV, 370 et note 4.)

GANT, GANTS, au propre et au figuré :
Votre femme est souple comme un *gant*. (V, 98 et note 2.)
J'ai grand regret de n'en avoir les *gants* [de cet expédient]. (V, 336 et note 2.)
 Mainte fille a perdu ses *gants*,
 Et femme au partir s'est trouvée.... (IV, 411 et note 3.)

GARAND, GARANT ; GARANT DE :
D'où vous vient cet avis ? quel est votre *garand* ? (III, 20 et note 3.)
Un tel *garant* n'assure point mon âme. (VII, 72 ; voyez VII, 153.)
J'ai mes *garants*. (IV, 15 ; voyez VI, 49.)
J'ai pour *garants* deux demi-dieux. (VI, 350.)
J'ai de mon dire Apollon pour *garant*. (IX, 119.)
 La raison est-elle *garant*
 De ce que fait un fou ? (II, 400.)
.... Feu M. de Voiture *en* est le *garant*. (IV, 148 ; voyez II, 468 VII, 603.)
L'hymen seroit déjà *garant* de sa constance. (VII, 599.)

GARANTIR ; GARANTIR DE ; SE GARANTIR ; SE GARANTIR DE :
.... J'ose aujourd'hui te *garantir* sa foi. (VII, 523.)
.... Ce mal est pour moi seul ; j'*en garantis* votre âme. (VII, 153.)
Par ce moyen Ésope *se garantit*. (I, 31.)
Il tâche à *se garantir*. (II, 29.)
 Heureuse si son cœur
Eût pu *se garantir* d'amour comme *de* peur ! (VI, 252.)
Loin les cœurs qui *se sont* de l'amour *garantis* ! (VII, 606.)

GARÇON :
Ingrat et cruel *garçon!* (V, 241.)
L'Amour est un étrange *garçon.* (V, 593.)
>Gens de mer sont toujours prêts à bien faire,
>Ce qu'on appelle autrement bons *garçons.* (IV, 341.)

Bons compagnons, bons drôles.

C'est une honte à vous d'être si vieux *garçon.* (VII, 101.)
...., C'est le droit des *garçons.* (IV, 450.)
Il le laissoit donc avec son *garçon.* (I, 36.)

Avec Ésope, son esclave.

GARD. Voyez GARDER.

GARDE, féminin, sens divers; PRENDRE GARDE À ; ÊTRE SUR SES GARDES :

La *garde* d'une femme est-elle si terrible ? (VII, 409.)
Une *garde* au soin nonpareil. (IX, 250.)
[Les Troyens] ont laissé de leurs murs la *garde* aux citoyens. (VII, 619.
Les chiens faisoient bonne *garde*. (I, 70.)
Garde n'avoit. (IV, 93 et note 1 ; voyez V, 451.)
.... Qu'il *prît garde au* premier présage qu'il auroit. (I, 41 ; V, 189.)
>*Prenons garde à* nous
>Après le gain d'une bataille. (II, 172.)

.... Il ne faut pas avoir peur que les mariages en *soient* à l'avenir moin fréquents, et les maris plus fort *sur leurs gardes.* (IV, 14 ; voyez II, 327.

GARDE-FOU, GARDE-FOUS :

.... C'étoit un tronc à demi pourri avec deux bâtons de saule pour *garde-fous.* (VIII, 140.)

GARDER, acceptions diverses ; GARDER DE, QUE ; SE GARDER ; SE GARDER DE :

Certain païen chez lui *gardoit* un dieu de bois. (I, 295.)
>Le diable *garde* le mulet
>Tandis qu'on baise la meunière. (VII, 134 et note 2.)

Un loup doit toujours *garder* son caractère. (IX, 172; voyez VIII, 504.)
Garder son quant à moi. (IV, 33.) — Tout *garde* cette loi. (IX, 77.)
Croyez qu'un demi-dieu vous peut *garder* sa foi. (VII, 601.)
L'on ne sait pour qui l'on le *garde* [son pucelage]. (IV, 413.)
Je *garde* mon emploi, etc. (VII, 147.)
Il vous faut des tetons! vraiment on vous en *garde!* (VII, 89.)
>Nice se peut vanter
>D'être homme à qui l'on n'en donne à *garder.* (V, 57.)

Ce ne fut pas sans la *garder* bonne à Esope. (I, 37.)
Ma foi, Monsieur Timante, on vous la *garde* bonne. (VII, 412 et note 9.)
>*Gardez* le froc. (IV, 458 et note 1.)
>Dieu *gard* sire Oudinet
>D'un rapporteur barbon! (V, 337 et note 6.)

Dieu nous *gard de* plus grand'fortune ! (V, 509.)
Dieu *gard de* mal fille et femme qui jeûne! (V, 469 ; voyez VI, 138.)
Gardez de lâcher prise. (III, 15 ; voyez V, 146.)
.... *Gardez* bien *de* le dire. (II, 239.)

Démons, *gardez de* lui toucher. (VII, 241 et note 1.)
.... *Garde* bien au retour *de* m'en rendre une obole. (VII, 33.)
  Garde que ce convoi
.... Ne t'oblige à des larmes. (II, 284 et note 19.)
  Vous *garderez que* l'on ne sache
  Un hymen.... (VI, 20.)
.... Et *garde* qu'on ne laisse entrer dans la maison
Quelque autre messager. (VII, 42; voyez VII, 86, 264.)
Le plus sûr toutefois est de *se* bien *garder*. (IV, 449; voyez V, 149.)
Je vous dis, je vous dis : « Filles, *gardez-vous*. » (VII, 201 et note 3.)
  J'ouvre l'esprit, et rends le sexe habile
  A *se garder de* ces pièges divers. (VI, 14.)
Qui *se garde de* tout ne peut être attrapé. (VIII, 576.)
Gardez-vous de rien dédaigner. (II, 113.)

GARDEUR :
Gardeur de cochons. (II, 104.)
Gardeur de troupeaux. (III, 92.)

GARE, impératif du verbe GARER, qui s'emploie par manière d'interjection :
Gare! gare! (VII, 300.)
Gare la cage ou le chaudron! (I, 82.)
Gare encor le matou! (III, 356.)

GARNEMENT :
Enfin... on a pendu le mauvais *garnement*. (I, 256.)
Mars, ce mauvais *garnement*. (IX, 15.)
.... Si j'avois bruit de mauvais *garnement*. (IX, 44.)

GARNIR; SE GARNIR :
Notre soldat a la bourse *garnie*. (VII, 109.)
Garnissez-vous auparavant de ce qui est à vos pieds. (VIII, 208.)

GARS :
Un jeune *gars*. (IV, 52.)
Nuls défauts ne pouvoient être au *gars* reprochés. (V, 344; voyez IV, 53; V, 212.)
  Le pauvre *gars* acheva simplement
  Trois fois le jeu, puis après il fit chasse. (IV, 502.)

GASCON :
  Se tirer en *gascon* d'une semblable affaire
  Est le mieux. (II, 261 et note 17; voyez V, 444, 445.)
Certain renard *gascon*, d'autres disent normand. (I, 234.)

GASTER, γαστήρ, le ventre, l'estomac :
Messer *Gaster*. (I, 206 et note 2.)

GÂTEAU, au figuré :
Chacun d'eux eut part au *gâteau*. (II, 246 et note 17.)
Le moins de gens qu'on peut à l'entour du *gâteau*,
C'est le droit du jeu, c'est l'affaire. (III, 84.)

GÂTER :

Trouvoit-on quelque chose au logis de *gâté*.... (II, 444.)
     Notre écolier....
Gâtoit jusqu'aux boutons, douce et frêle espérance. (II, 381.)
  Voilà mon loup par terre,
 Mal en point, sanglant, et *gâté*. (III, 295 et note 16.)
Fille du diable, et qui nous *gâtera*
Notre couvent. (V, 416.)
   On n'*avoit* jeté
Cette immondice, et la dame *gâté*
Qu'afin, etc. (IV, 372 et note 1.)
  Venez cesser d'être pucelle,
 Puisque je puis, sans rien *gâter*,
 Vous témoigner quel est mon zèle. (V, 225 ; voyez IV, 281.)
Les dieux ne *gâtent* rien. (VI, 22.)
 ....Qu'elle lui fît quelque peu de caresse,
 Et ne craignit de *gâter* ses appas. (V, 57 et note 4.)
   .... Le privilège
Qu'ont les pédants de *gâter* la raison. (II, 381.)
S'il revient une fois, le mystère *est gâté*. (VII, 65.)
.... Malgré quelque pudeur qui *gâtoit* le mystère. (VI, 20; voyez V, 345.)
Cela *gâta* son affaire. (I, 212.)
Un auteur *gâte* tout quand il veut trop bien faire. (I, 362.)
[Ces livres] *gâtent* l'esprit. (V, 108.)
Je pris certain auteur autrefois pour mon maitre :
Il pensa me *gâter*. (IX, 203.)
La lecture *a gâté* Démocrite. (II, 342.)

GAUCHIR :

Il faut ouvrir son cœur, et ne point tant *gauchir*. (VII, 28 et note 2.)

GAULE :

  A grands coups de *gaule*
 Le pèlerin vous lui froisse une épaule. (IV, 96 ; voyez V, 133.)
  Si j'avois une gaule,
Je te ferois crier d'une étrange façon.
   (Scarron, *Jodelet ou le maître valet*, acte III, scene XII)

GAULOIS, suranné :

Pleurs et soupirs, gémissements *gaulois*. (V, 68 et note 4.)
On disait aussi : *gauloisement*, à la vieille manière.

GAVOTTE :

Clymène chante cette *gavotte*. (VII, 200.)

GAZE :

.... Tout y sera voilé, mais de *gaze*. (V, 580.)

GAZOUILLEMENT. (VIII, 137.)

GAZOUILLIS :
    Tendrons d'entrer en danse
    Au *gazouillis* des ruisseaux de ces bois. (V, 387 et note 2.)

GÉANT :
Je ne suis *géant* ni sauvage. (IV, 439; voyez IV, 412.)
Tout est *géant* chez eux. (II, 357.)
Arbre *géant*. (VIII, 30.)

GÉMEAUX :
Latone et ses *gémeaux*. (VIII, 121; voyez I, 100.)

GÉMIR :
Tant de malheureux occupés à *gémir*. (VIII, 212; voyez VI, 268; VII, 149, 239.)
Tu ris, tu ne suis pas ces *gémissantes* voix. (II, 283.)

GENDARME :
Tous vos Romains *gendarmes*. (VII, 362.)

GÊNE, gênes; être à la gêne :
    C'est adoucir vos peines
    Qu'y prendre part, souffrir ces *gênes*. (VII, 239.)
Faut-il livrer son cœur à d'éternelles *gênes*? (VII, 214 et note 2.)
Votre âme *est à la gêne*. (VII, 341.)

GÊNER, contraindre, torturer :
    Ne *gênez* point, je vous en donne avis,
    Tant vos enfants, ô vous pères et mères. (IV, 206.)
    Je sais la peine
    Qui te tourmente et qui te *gêne*. (IV, 381 et note 2.)
Tu me *gênes* l'esprit par ces mots ambigus. (VII, 40 et note 2.)

GÉNIE, caractère, esprit, talents naturels :
Tout cela méritoit un éloge pompeux;
Il en eût été moins selon votre *génie :*
La pompe vous déplaît, l'éloge vous ennuie. (III, 319.)
C'est pour vous obéir, et non point par mon choix,
Qu'à des sujets profonds j'occupe mon *génie*. (VI, 316; voyez IX, 192.)
Porter son petit *génie* aux connoissances du beau sexe. (VII, 464.)
Il est bon de s'accommoder à son sujet, mais il est encore meilleur de s'accommoder à son *génie*. (VIII, 106.)
A vous faire enrager je mettrai mon *génie*. (VII, 432.)

GÉNITURE :
La mère apaisant sa chère *géniture*.... (I, 330.)
Il avint qu'au hibou Dieu donna *géniture*.... (I, 422.)
    Il m'apprit cent secrets,
    Entre autres un pour avoir *géniture*. (V, 33; voyez II, 291 et note 4, 357; IV, 480 et note 8.)

GENOU :
Elle mit un *genou* en terre. (VII, 228.)
Genouil, dans nos anciennes éditions.

GENRE :

Socrate est le premier qui a fait connoître les choses par leur *genre* et leur différence. (VIII, 338.)

GENS ; JEUNES GENS :

.... Allez, venez, courez; demeurez en province;
Prenez femme, abbaye, emploi, gouvernement :
Les *gens* en parleront, n'en doutez nullement. (I, 104.
Quoi? moi? quoi? ces *gens*-là ! l'on radote, je pense :
A moi les proposer ! (II, 115.)
Entrer au corps des *gens*. (VI, 108.)
Plus telles *gens* sont pleins, moins ils sont importuns. (III, 266; IX, 152.)
Mes *gens* [mes domestiques]. (VI, 34 ; voyez I, 278.)
Je vous laisse à deviner quelles *gens* c'étoient. (IX, 253.)
Donner la chasse aux *gens*. (I, 72 ; voyez IX, 146.)
Nos aïeux, bonnes *gens*. (IX, 373; voyez I, 32; II, 271; IV, 26, 50, 241, 286; VIII, 51.)
Pauvres *gens*. (V, 93, 448; VI, 136; IX, 152.)
Gens de bien. (V, 19, 594; VII, 129.)
Trois aussi *gens* de bien. (IV, 241 et note 6.)
Gens d'étude. (V, 32.) — *Gens* de l'Évangile. (V, 360.) — *Gens* de mer. (IV, 341, 421.) — *Gens* de rapine et d'avarice. (III, 150.) — *Gens* de savoir. (III, 126.) — *Gens* sots, *gens* à sornettes. (V, 68.) — *Gens* de ville. (IV, 197.)

Camille régala
De *jeunes gens*. (V, 190.)

Il nous feroit beau voir parmi de *jeunes gens*
Inspirer le plaisir, etc. (IX, 398.)

GENS, appliqué aux animaux :

Les loups n'étoient pas *gens* qui donnassent l'aumône. (V, 17.)
Le roi de ces *gens*-là [des animaux]. (III, 81 et note 5 ; voyez II, 45, 138; III, 10, 81 ; etc.)

GENT, race :

Vive la *gent* qui fend les airs ! (I, 142.)
Telle est des Iroquois la *gent* presque immortelle. (VI, 325.)

Oh ! oh ! dit-il, je me reproche
Le sang de cette *gent !* (III, 31 et note 12.)
La *gent* aiglonne. (I, 222.) — La *gent* animale. (III, 124.) — La *gent* chienne. (II, 334.) — La *gent* cordelière. (IV, 198.) — La dindonnière *gent*. (III, 298.) — L'éthiopique *gent*. (VIII, 205.) — La *gent* marcassine. (I, 222.) — La *gent* marécageuse. (I, 214.) — La *gent* maudite. (II, 138.) — La *gent* misérable. (I, 134.) — La *gent* noircie. (VIII, 396.) — La *gent* qui porte-crête. (II, 170.) — La *gent* porte-écaille. (V, 316.) — La *gent* porte-écarlate. (IX, 383.) — La *gent* reptile. (V, 253.) — La *gent* trottemenu. (I, 258.) — L'une et l'autre *gent*. (VIII, 399.)
Toute *gent* accourra. (VIII, 414.)
Toute la *gent* qu'assemble le tambour. (IX, 206.)

GENT, GENTE, propre, joli, aimable :

.... Bonne d'ailleurs, et *gente* à cela près. (V, 307 et note 3.)

Gente de corps. (VI, 128.)
>La jeune bachelette
>Aux blanches dents, aux pieds nus, au corps *gent*. (VI, 7.)

Ces nonnains au corps *gent* et si beau. (V, 538.)
Tous les attraits de la *gente* pucelle. (VII, 163.)

GENTIL, ILLE :

Une histoire des plus *gentilles*. (I, 191.)
[Ces filles] étoient toutes assez *gentilles*. (IV, 488; voyez IV, 433.)
Une nymphe *gentille*. (IX, 347.)

GENTILHOMME :

Bon *gentilhomme*. (V, 360 et note 4; voyez V, 363.)
Chacun d'eux résolut de vivre en *gentilhomme*,
Sans rien faire. (I, 206.)

GENTILLESSE :

Des carrousels, des divertissements de traîneaux, et autres *gentillesses* semblables. (IX, 271.)

GEÔLIÈRE :

Geôlière peu soigneuse à fermer la prison. (VI, 333.)

GERBE :

>Le drôle avoit là touselle vendue,
>Pour le plus sûr, en *gerbe*, et non battue. (V, 366.)

GERMAIN, parent :

Ces animaux, dit-il, sont *germains* du renard. (II, 470 et note 63.)
... Là sifflent les lézards, *germains* des crocodiles. (VIII, 122.)
Comparez Marot, tome III, p. 175, 216, 242; Montaigne, tome I, p. 117; etc

GÉSINE :

La laie étoit en *gésine*. (I, 221 et note 3.)
Une chienne en *gésine*. (III, 227.)
Rapprochez *les Cent Nouvelles nouvelles*, p. 96; Marot, tome II, p. 200
>Mais je la voudrois bien veoir
>En gesine; etc.

GÉSIR ; GÉSIR À :

>Sous ce tombeau *gisent* Plaute et Térence,
>Et cependant le seul Molière y *gît*. (IX, 82.)

Ce dernier [médecin] espéroit, quoique son camarade
Soutînt que le *gisant* [le malade] iroit voir ses aïeux. (I, 402 et note 2
Il voit ce corps *gisant*, le croit privé de vie. (I, 429.)
Vous voyant tout de bon-*gisé* dans le cercueil. (VII, 564.)
.... A l'endroit où *gisoit* cette somme enterrée. (I, 346.)
>Chercher où *gisoient* les bons vins,
>Les bons morceaux, et les bonnes commères. (V, 391.)
>La difficulté
Ne *gisoit* [consistait] pas à plaire à cette belle. (IV, 205 et note 6.)
>De l'enchantement
>Toute la force et l'accomplissement
>*Gisoit* à mettre une queue à la bête. (V, 498 et note 4.)

GIBECIÈRE de pêcheur. (I, 373 et note 3.)

GIBOYER, chasser, prendre du gibier :
Le roi des animaux se mit un jour en tête
De *giboyer*. (I, 188 et note 2.)
Voyez le Dictionnaire de Nicot au mot GIBIER.
— Ce roy, non juste roy, mais juste arquebusier,
Giboyoit aux passans trop tardifs à noyer.
(D'Aubigné, *les Tragiques*, livre v

GIBOYEUR :
L'adroit *giboyeur*. (VI, 267 et note 7.)

GIGANTESQUE :
Grifonio le *gigantesque*. (IV, 400.)

GIRON, proprement espace qui s'étend de la ceinture aux genoux d'une personne assise :
[L'aigle] dépose en son *giron* [de Jupiter] ses œufs. (I, 151.)
Clio sur son *giron*, à l'exemple d'Homère,
Vient de les retoucher [ces vers]. (VI, 166.)

GISANT, GISÉ, GISOIT, GÎT. Voyez GÉSIR.

GÎTE :
Un lièvre en son *gîte* songeoit :
Car que faire en un *gîte* à moins que l'on ne songe. (I, 171.)
... Je laisse à penser si ce *gîte*
Étoit sûr. (I, 149.)
Au bout de quelque temps, l'homme va voir son or :
Il ne retrouva que le *gîte*. (III, 24.)
Bon vin, bon *gîte*, et belle chambrière. (IV, 85; voyez II, 362; IV, 260.)
Saint-Dié... est le *gîte* ordinaire. (IX, 239; voyez IX, 290, 292.)
Où prétendez-vous donc ce soir aller au *gîte*? (VII, 45.)
Il ne doit au *gîte* revenir. (V, 71.)
Un mort s'en alloit tristement
S'emparer de son dernier *gîte*. (II, 157.)

GÎTER :
.... Chez lui rarement on *gîtoit*. (IV, 204 et note 4; voyez IV, 246.)
Le lièvre *étoit gîté* dessous un maitre-chou. (I, 279.)

GLACE, au propre et au figuré, acceptions diverses :
Une *glace* fidèle
Vous peut de tous ces traits présenter un modèle. (VI, 233.)
Rendre à l'univers cette *glace* fidèle. (VII, 545.)
La fontaine de la Vérité d'amour.

Un frein de *glace*. (VIII, 258 et note 3.)
Un temps froid comme *glace*. (V, 198.)
J'ai beau t'aimer, tu n'es pour moi que *glace*. (IV, 32; VII, 606.)
Les cœurs que l'on croyoit de *glace*
Se fondent tous à leur abord. (IV, 43.)

L'homme est de *glace* aux vérités ;
Il est de feu pour les mensonges. (II, 388.)
Aussi froide que *glace*. (IV, 363 ; voyez IV, 390.)
La chose se passe
Au grand plaisir des trois, et surtout du Romain,
Qui crut avoir rompu la *glace*. (IV, 50.)

GLACER :
Lorsque le long âge
Eut glacé le pauvre animal.... (III, 19.)

GLACIS, talus, pente douce et unie :

L'eau retombe en *glacis*. (VIII, 35.)
Sur des *glacis* je fais qu'il [le liquide cristal] roule. (VIII, 259.)

GLAÇON, GLAÇONS :

On ne voyoit que de la neige et des *glaçons* où on avoit vu les plus florissantes marques de la jeunesse. (VIII, 260.)

GLANER, au figuré :

Mais ce champ [de l'apologue] ne se peut tellement moissonner
Que les derniers venus n'y trouvent à *glaner*. (I, 199 et note 6.)

GLISSER ; SE GLISSER :

Leur faveur est *glissante*. (III, 49 et note 16.)
Le chemin du cœur est *glissant*. (IX, 410.)
Dans le lit il *se glisse*. (V, 48 ; voyez V, 202.)
Entre les draps il *se glissa*. (IV, 54.)

GLOIRE ; FAIRE GLOIRE DE :

Il est aisé d'augmenter notre *gloire*. (VI, 93 et note 4.)
De ces forêts l'ornement et la *gloire*. (VI, 265.)
Ce que naguère il [Adonis] eut de plaisirs et de *gloire*. (VI, 246 ; voyez III, 210 ; VI, 58 ; VIII, 364.)
.... Là finit de Psyché le bonheur et la *gloire*. (VIII, 105 ; voyez VIII, 43.)
Aucun chemin de fleurs ne conduit à la *gloire*. (III, 74 et note 2.)
Un chemin à la *gloire*,
C'est l'amour. (VI, 209.)
La *gloire* a bien des charmes. (VIII, 296.)
Elle n'aime pas moins la *gloire* que son aînée. (VIII, 162.)
Phèdre enchérit souvent par un motif de *gloire*. (I, 337.)
La Fortune avoit mis un débat de *gloire* entre le maître et l'esclave I, 44.)
Tout fier de ce sujet de *gloire*. (III, 311.)
.... Les regardants en tiroient *gloire*. (I, 232.)
Ce n'est pas petite *gloire*, etc. (IX, 236.)
J'aime, je suis touché, je *fais gloire de* l'être. (VII, 606.)

GLORIEUX ; GLORIEUX DE :

Leur exemple étoit aux lutteurs *glorieux*. (I, 99.)
Glorieux d'une charge si belle. (I, 68 ; voyez VI, 253.)
Glorieux de sa proie. (IV, 414.)
Ces peuples, avant ce jour,
Glorieux de son séjour,
Se croyoient seuls dignes d'elle. (VIII, 386.)

GLOSE :

.... Faisons donc quelques récits
Qu'elle déchiffre sans *glose*. (II, 276.)

Cet oracle contenoit aussi la *glose* des prêtres. (VIII, 23 et note 1 voyez VIII, 50.)

GLOSER ; GLOSER SUR :

Au bout de trente pas, une troisième troupe
Trouve encore à *gloser*. (I, 202 ; voyez IV, 396.)

Bien que chacun en murmure et nous *glose*.... (IX, 44.)

[Il] *glosa sur* l'éléphant. (I, 78.)

[Il] prend droit de gloser sur tous tant que nous sommes.
(Molière, *le Tartuffe*, acte I, scène II.

.... Si que chacun *glosoit sur* ce mystère. (IV, 111 ; voyez IX, 320.
Gloser sur l'Évangile. (IV, 179 et note 2.)

Je ne me saurois embraser
D'une femme qui veut gloser
Sur le texte de l'Évangile. (Épigramme de Maynard.)

On glose sur le gros psautier. (Coquillart, tome II, p. 187.)

GLOUT :

Donnez-lui, fourrez-lui : le *glout* demande encore. (IX, 173 et note 1.

.... Ung grand monceau de fourment assemblé,
Dont gloute elle mangea par si grande abondance
Que comme ung gros tambour s'enfla sa grosse pance.
(Vauquelin de la Fresnaye, *Satyres françoises*, édition Travers, p. 23.

Comparez la « gloute lescherie » dans les Anciennes poésies françaises, tome X, p. 200 ; et la « gloute gourmandise » dans la traduction de Straparole par Larivey, tome II, p. 277

GLOUTON, adjectif et substantif :

Enfants *gloutons*. (III, 37)
Soldats *gloutons*. (VIII, 381.)
Appétits *gloutons*. (II, 96 ; III, 191.)

A son souper un *glouton*
Commande, etc. (IV, 121.)

Nous voulons, dirent-ils, étouffer le *glouton*. (II, 453 ; voyez I, 327 IX, 174.)

GLOUTONNEMENT :

Les loups mangent *gloutonnement*. (I, 229.)

GLUCOMORIE. (VIII, 77 et note 1.)

GOBER :

Une grue
Qui les croque, qui les tue,
Qui les *gobe* à son plaisir. (I, 215 ; voyez I, 257, 421 ; II, 452.

Ils *goberont* l'appât ; vous serez leur ami. (II, 284.)

GOBEUR :

Celui qui le premier a pu l'apercevoir [l'huître]
En sera le *gobeur*. (II, 404 et note 7.)

GODELUREAU :
Je ne veux pas souffrir qu'aucun *godeluriau* (sic) approche mon domaine de la banlieue. (VII, 486 et note 1.)

>Vous voulez volontiers quelque godelureau,
>Qui méthodiquement vous lèche le morveau...,
>Un plisseur de canons, un de ces fainéants
>Qui passent tout un jour à nouer des galants,
>Ou se faire traîner couché dans un carrosse....
>(Scarron, *Jodelet ou le maître valet*, acte II, scène v.)

GODENOT :
Quel est ce *godenot* fagoté de la sorte? (VII, 290 et note 2.)

GODET :
Il va boire au *godet*. (V, 305 et note 5.)

GOGUENARD (Faire le) :
.... Homme qui hors de là *faisoit le goguenard*. (V, 438 et note 1.)
Comparez aussi Tallemant des Réaux, historiette de Gassion : « La mère du maréchal étoit une bossue qui ne manquoit pas d'esprit et faisoit la goguenarde. »

GOGUETTE (Chanter) :
A sa moitié *chanta goguette*. (V, 508 et note 5.)

GOINFRER :
.... En quel art? — De *goinfrer*. (VII, 39.)

GOINFRERIE :
L'attirail de la *goinfrerie*. (I, 194.)
Ou de gueule.

GONFLER :
Crotté, *gonflé* d'ennui. (VII, 427.)

GONIN (Maître). (IV, 458 et note 2.)
Voyez aussi du Fail, tome II, p. 74; et des Périers, déjà cité dans cette note, tome II, p. 210, 230.

GONZE :
>.... Le *gonze*
>De la Cour de Miracle et du cheval de bronze. (VII, 355 et note 5.)

GORGE, au propre et au figuré, emplois divers :
Haro! la *gorge* m'ard! (IV, 135 et note 5.)
.... Son écharpe, qui vole au gré de leurs soupirs,
Laisse voir les trésors de sa *gorge* d'albâtre. (VI, 233.)
L'admirable proportion de la *gorge*. (VIII, 286; voyez VII, 179.)
Il prend la Victoire et la Raison à la *gorge*. (VIII, 316.)

Gorge chaude, terme de fauconnerie (proprement les animaux vivants qu'on donne en pâture aux oiseaux de proie) :
.... Elle en fera *gorge chaude* et curée. (I, 309 et note 12.)
Comparez des Périers, tome II, p. 39 : « Si j'ay disné! dit il, ouy, et fort bien, car j'ay faict une gorge chaulde d'une couple de perdrix. »

GORGER DE (SE) :
Souffrirons-nous....
Qu'un pirate à nos yeux *se gorge de* butin? (IV, 424; voyez II, 10, 417.)

GORGERIN :
Maître Mouflar armé d'un *gorgerin*. (III, 43 et note 9.)

GORGONE :
Gorgone dissoute. (VIII, 294 et note 2.)

GOSIER :
Il se sentit enflammer le *gosier*. (IV, 141.)
Il crieroit comme moi du haut de son *gosier*. (II, 272 et note 10.)
La voix lui demeura au *gosier*. (VIII, 190 et note 1.)
Il a triple *gosier*. (IX, 172.)

GOTHIQUE :
J'y trouvai [aux ruines des faubourgs d'Etampes] beaucoup de *gothique :* aussi est-ce l'ouvrage de Mars, méchant maçon s'il en fut jamais. (IX, 231.)

GOUJAT :
Mieux vaut *goujat* debout qu'empereur enterré. (VI, 86 et note 2.)
Ils [ces raisins] sont trop verts, dit-il, et bons pour des *goujats*. (I, 234.)

GOULÉE :
Ce maudit animal vient prendre sa *goulée*. (I, 277 et note 6.)

GOULETTE :
Un ruisseau, ou plutôt une *goulette*, dont cette galerie est ornée. (VIII, 126 et note 1.)

GOULU :
.... Le parasite n'y est point *goulu* par-delà la vraisemblance (VII, 7; voyez IV, 122 et note 5.)

GOURD :
Il n'avoit les bras *gourds*. (V, 78 et note 6.)
.... Qu'à vous férir n'ait le bras *gourd*. (VIII, 443.)

GOURMANDER :
La mère aussitôt le *gourmande*. (I, 330.)

GOÛT; AVOIR, PRENDRE, GOÛT À :
Dans une ménagerie....
Vivoient le cygne et l'oison :
Celui-là destiné pour les regards du maître,
Celui-ci pour son *goût*. (I, 235.)
Les moineaux ont un *goût* exquis et délicat. (III, 198.)
En ma maison des champs je trouve un *goût* exquis. (VII, 66.)
Ce *goût* exquis que vous faites paroître.... (III, 172.)
.... Même un de ses amants l'en trouva plus jolie :
C'est un *goût*. (VI, 22.)
Ce n'est mon *goût*. (V, 396.)
N'*avoir goût à* rien. (IX, 208.)

Messire Artus ne *prit goût* à l'affaire. (IV, 103; voyez IV, 285; V, 59, 75, 171.)

A ce garçon la perle des Lucrèces
Prendroit du *goût!* (V, 53.)

La galande à le considérer
Avoit pris goût. (IV, 499.)

Telle pourtant *prenoit goût* à le voir.... (V, 411.)

GOÛTER :

Si l'on t'immole un bœuf, j'en *goûte* devant toi. (I, 272.)

Il commence à *goûter*
Les meurtres qu'il ne peut encore exécuter. (VI, 303 et note 4.)

Viens *goûter* une vie
Dont le calme est digne d'envie. (VII, 197.)

Cette paix profonde
Qu'ils *goûtent* en secret loin du bruit et du monde. (IX, 140.)

.... Et que, pour en *goûter* les douceurs purement,
Il faille les avoir [les plaisirs] chacun séparément. (IX, 160.)

Goûter mille charmes. (II, 284.) — *Goûter* des honneurs superflus. (IX, 278.) — *Goûter* la fraîcheur. (VI, 16.) — *Goûter* la lumière. (VI, 336.) — *Goûter* le trépas. (II, 436 et note 4.) — *Goûter* sa vengeance. (III, 66.)

C'est la louange, Iris, vous ne la *goûtez* point. (II, 458.)
N'en êtes point flattée, n'en tenez point compte.

L'âne qui *goûtoit* fort l'autre façon d'aller.... (I, 202.)

Il pourra même arriver, si vous *goûtez* ce récit, que vous en *goûterez* après de plus sérieux. (IX, 219.)

Vous en savez *goûter* [des auteurs] de plus d'une manière. (IX, 397.)

On y veut [dans la vie] *goûter* de tout. (VII, 210; voyez IV, 44.)

Il me prend une envie
De *goûter* de ce genre où Marot excelloit. (VII, 162.)

GOUTTE; NE VOIR GOUTTE :

Il boit tout sans répandre *goutte*. (V, 133.)

Sans avoir uriné *goutte*, il me l'a rendu [le pot]. (VII, 325.)

Petite créature,
Qui ressembloit comme deux *gouttes* d'eau,
Ce dit l'histoire, à la sœur jouvenceau. (V, 524.)

Tel fait métier de conseiller autrui,
Qui *ne voit goutte* en ses propres affaires. (IV, 332 et note 4.)

Mon esprit d'abord *n'y voyoit goutte*. (VI, 33.)

Ce sont là des discours si clairs qu'on *n'y voit goutte*. (VII, 76; voyez V, 479; VII, 336.)

GOUVERNANTE :

[Elle] s'attribuoit
Autorité sur lui de *gouvernante*. (VI, 29.)

GOUVERNEMENT :

Vous avez dû premièrement
Garder votre *gouvernement*
De peur d'en rencontrer un pire. (I, 216.)

GRA] DE LA FONTAINE. 431

.... Le *gouvernement* de la chose publique
    Aquatique. (I, 309.)

GOUVERNER; SE GOUVERNER :
  Le lion, pour bien *gouverner*,
  Voulant apprendre la morale.... (III, 127.)
Elle a regret de *se* bien *gouverner*. (VI, 109.)

GRABAT. (III, 217.)

GRÂCE, GRÂCES, sens divers; DE, PAR, GRÂCE; DE SA GRÂCE; GRÂCES À :

La *grâce*, plus belle encor que la beauté. (VI, 233 et note 5; VIII, 184.
Pleine d'appas, jeune, et de bonne *grâce*. (IV, 252.)
    .... Cet esprit qui, né du firmament,
    A beauté d'homme avec *grâces* de femme. (III, 278.)
Que vous avez de *grâce* à porter un carquois! (VII, 220.)
Tant de majesté et de *grâces*. (VIII, 307.)
Tout cela accompagné de majesté et des *grâces* de la personne...
notre prince ne fait rien qui ne soit orné de *grâces*. (VIII, 311.)
.... Parmi tout cela leur persécuteur [Platon, adversaire des sophistes] sait mêler des *grâces* infinies. (VIII, 340.)
Vous puis-je offrir mes vers et leurs *grâces* légères? (II, 229.)
.... Il faudroit que j'eusse ses *grâces*. (VIII, 338.)
La prose s'éloigne beaucoup des *grâces*. (VIII, 470.)
.... Je voudrois bien voir la *grâce* qu'il aura
Au bois patibulaire alors qu'on le pendra. (VII, 390.)
    Jamais la moindre *grâce*
  Ni le moindre regard. (III, 332.)
.... Je la dirois [cette oraison] de la meilleure *grâce*
Que j'en dis onc. (IX, 211.)
    Je vous rends *grâce*, leur dit-elle,
  De tant de marques d'amitié. (VIII, 100.)
Je rends très humble *grâce* à Votre Seigneurie. (VIII, 111 voyez I, 100.)

Psyché... rendit *grâces* au hasard. (VIII, 138.)
Les grands se font honneur dès lors qu'ils nous font *grâce*. (I, 102.)
Nous accordent leurs faveurs.

Distribuer ses *grâces*. (II, 166.) — Obtenir une *grâce*. (I, 339.) — Rentrer en *grâce*. (II, 125.) — Trouver *grâce*. (V, 104.)
Tournez-vous, *de grâce*. (I, 380; voyez II, 6; III, 223, 234.)
    Quatre fois l'an, *de grâce* spéciale,
  Notre docteur régaloit sa moitié. (IV, 338 et note 2.)
Par grâce singulière. (IX, 165.)
    Le pédant, *de sa grâce*,
  Accrut le mal. (II, 382 et note 9; voyez V, 138, 502; IX, 175.)
.... Et puis, *grâces* aux mœurs du siècle, on se console. (VII, 582.)
Tout fut des mieux, *grâces* à la servante. (IV, 322; voyez IV, 302 V, 448.)
Je le suis donc [malheureux], *grâces* à l'écurie. (IX, 122.)
Grâces à Lucine. (VIII, 94.)
Grâces à la franchise de Psyché. (VIII, 88.)

GRACIEUX :
L'un [le chat] doux, bénin, et *gracieux*.... (II, 16.)
D'un air *gracieux*,
Enfant, vous ne tourniez que sur moi seul vos yeux. (VII, 615.)
Rediseurs, espions, gens à l'air *gracieux*...,
Au cœur tout différent. (III, 245.)

GRAIN, au propre et au figuré :
Le moindre *grain* de mil. (I, 118.)
La nature
A mis dans chaque créature
Quelque *grain* d'une masse où puisent les esprits :
J'entends les esprits corps, et pétris de matière. (III, 81.)
Nous ne nous prisons pas, tout petits que nous sommes,
D'un *grain* moins que les éléphants. (II, 289.)
Un petit *grain* d'ambition. (III, 54.)
Pas *grain* de jalousie. (IV, 65.)
Ce cierge ne savoit *grain* de philosophie. (II, 418.)
Cinq ou six *grains* d'amour, et Clymène est parfaite. (VII, 149.)
Dès que j'ai un *grain* d'amour.... (IX, 315 et note 6; voyez IX, 372.)
Je vous défie de me faire trouver un *grain* de sel dans une personne
à qui elle [la beauté] manque. (IX, 227.)

GRAMMAIRIEN, homme lettré, érudit, qui étudie et enseigne :
Il se défit de tous ses esclaves, à la réserve d'un *grammairien*, d'un chantre, et d'Ésope. (I, 34.)
Comparez l'exemple de Fénelon cité par Littré.

GRAND, GRANDE; LES GRANDS :
Petit poisson deviendra *grand*. (I, 372.)
Athènes la *grande*. (I, 292.)
Le jour est encor *grand*, quelqu'un peut nous surprendre. (VII, 287 : voyez VIII, 185.)
La somme est assez *grande*. (IX, 110.)
Tous les mangeurs de gens ne sont pas *grands* seigneurs. (I, 180; voyez III, 224.)
Pour m'ôter du *grand* monde, il me fit enfermer. (VII, 423.)
Ton bon vouloir mérite un ample *grand* merci. (VII, 42; voyez II, 47; IV, 382 et note 1; V, 39, 143; VII, 437.)
Les *grands* pour la plupart sont masques de théâtre. (I, 324.)
.... On en use ainsi chez les *grands* :
La raison les offense. (III, 10; voyez I, 140.)

GRAND, archaïquement, pour *grande* :
Messieurs de la *grand* bande. (V, 133 et note 4.)
En *grand* cérémonie. (IV, 101.) — En *grand* eau. (VIII, 268.) — A *grand* erre. (VI, 21 et note 8.) — *Grand* fortune. (V, 509.) — *Grand* frayeur. (VIII, 84.) — *Grand* honte. (I, 202.) — La plus *grand* part. (V, 244, 400.) — *Grand* peine. (V, 264; VI, 36.) — *Grand* peur. (II, 433.) — *Grand* pitié. (IV, 141; IX, 22.) — En *grand* pompe. (V, 177, 480.) — La *grand* sœur (VI, 105.)

GRANDELET, ETTE :
    On n'est pas sitôt à la bavette
Qu'on trotte, qu'on raisonne : on devient *grandelette*. (V, 105 et note 5.)

GRANDEUR ; SA GRANDEUR :
Ni l'or ni la *grandeur* ne nous rendent heureux. (VI, 147; II, 208 et note 4.)
    .... Aussitôt l'éléphant de croire
    Qu'en qualité d'ambassadeur
    Il [le singe] venoit trouver *Sa Grandeur*. (III, 311.)

GRAS, GRASSE :
.... Quand je saurois çà, en serois-je plus *gras*? (VII, 490.)
Un dogue aussi puissant que beau,
Gras, poli. (I, 71.)
.... Marque entre cent moutons le plus *gras*, le plus beau. (I, 178.)
Grasse, mafflue, et rebondie. (I, 252.)
Un saint homme de chat, bien fourré, gros et *gras*. (II, 189 et note 23.)
[Jamais idole] n'avoit eu cuisine si *grasse*. (I, 296.)
Les pâtis les plus *gras*. (I, 348.)
Elle aimoit à dormir la *grasse* matinée. (VII, 577.)

GRATIFIER :
Peu de gens, que le Ciel chérit et *gratifie*,
Ont le don d'agréer infus avec la vie. (I, 283.)

GRATIS :
.... Lui loup *gratis* le guériroit. (I, 391.)
Gratis est mort. (IV, 358.)

GRATITUDE :
.... Ce n'étoit après tout que bonne intention,
    Gratitude ou compassion. (IV, 398.)

GRATTER ; SE GRATTER :
.... A ce compliment, prenant, *grattant* sa tête,
Chacun a mis de l'eau dans son vin. (VII, 362.)
Se vautrant, *grattant*, et frottant. (II, 25.)
Ces ânes, non contents de *s'être* ainsi *grattés*, etc. (III, 129 et note 21.)
« Deux beaux chevaulx qui s'entregrattent l'ung et l'aultre. » (Brantôme, tome IV, p. 277.) — « Le fils et le père s'entregrattent. » (Tallemant des Réaux, historiette de Colbert.)

GRAVIR
[Le renard] feignit vouloir *gravir*, se guinda sur ses pattes. (III, 298.)

GRAVITÉ :
    .... Un soliveau
De qui la *gravité* fit peur à la première [grenouille]. (I, 214 et note 3.)
    .... Le seigneur fait frapper de plus belle,
    Juge des coups, et tient sa *gravité*. (IV, 139.)
Marchant toujours avec une *gravité* de déesses. (IX, 252.)

GRÉ, sens divers; savoir gré à... de :
Force coups, peu de *gré*. (III, 8; voyez I, 100.)
Peu de reconnaissance.
J'ai cent fois plus de *gré* d'un bouquet que j'envoie
Qu'un autre n'en auroit de quelque don de prix. (VII, 54.)
.... Ce n'est point là le *gré* que tu pouvois prétendre. (VII, 63.)
.... Si notre compagnie... vous pouvoit être à *gré*. (IV, 242.)
.... Si j'étois rencontrée de quelqu'un qui ne me trouvât pas à son *gré*? (VIII, 155.)
    Un lion de haut parentage....
Rencontra bergère à son *gré*. (I, 265; voyez V, 30, 231; VI, 81
Un mari vivant trop, au *gré* de son épouse. (II, 179.)
Elle... prend en *gré* le tout. (IV, 422.)
    Après qu'une personne,
Bon *gré*, mal *gré*, s'est mise en un couvent.... (IV, 485; voyez V 25, 83, 401.)
Aimez-vous mieux souffrir contre mon propre *gré*? (VII, 154.)
L'univers *leur sait gré du* mal qu'ils ne font pas. (III, 249.)

GREFFE (Le). (IV, 270 et note 5.)

GREFFIER. (V, 522.)

GRÈGUES :
La voilà donc de *grègues* affublée. (V, 415 et note 4.)
[Le galand] tire ses *grègues*, gagne au haut. (I, 177 et note 6.)
Se met en devoir de fuir.

GRÊLER, au propre et au figuré :
Tonnant et *grêlant* lorsque la fantaisie vous en prend. (VIII, 230.
Sa médisante humeur, grand obstacle aux faveurs,
Avoit de ce galant souvent *grêlé* l'espoir. (IV, 435 et note 1.)

GRELOT :
La difficulté fut d'attacher le *grelot*. (I, 135 et note 7.)

GREVER :
Gens *grevés* par ses arrêts. (III, 51 et note 25.)

GRIEF, grième :
La plus *griève* des offenses. (IV, 182 et note 1.)

GRIFFE, griffes :
Il n'est *griffe* ni dent en la bête irritée
Qui de la mettre en sang ne fasse son devoir. (I, 156.)
    Il loua la colère
Et la *griffe* du Prince. (II, 131; voyez II, 326.)
Jetez-lui promptement sous la *griffe* un mouton. (III, 98.)
Sans dents ni *griffes* le voilà. (I, 266 ; voyez I, 265.)
A coups de *griffe*. (V, 371, 375, 376.)

GRILLADE :
On releva *grillades* et festin. (V, 81.)

GRILLE de couvent. (IV, 124, 485.)

GRILLE D'EAU. (IX, 346.)
Jets d'eau rangés sur une même ligne dans un bassin long.

GRILLER DE, au figuré :
L'autre *grille* déjà *de* conter la nouvelle. (II, 240 et note 6.)

GRIMACE, GRIMACES :
Ici-bas maint talent n'est que pure *grimace*. (III, 126.)
On essuyoit force *grimaces*. (II, 399.)

GRIMACERIE, GRIMACERIES :
.... Il [le singe] fit autour force *grimaceries*. (II, 20 et note 4.)

GRIMOIRE, GRIMOIRES :
Sans tant de contredits, et d'interlocutoires,
 Et de fatras, et de *grimoires*. (I, 122.)

GRIMPER :
L'un des deux compagnons *grimpe* au faîte d'un arbre. (I, 428.)
.... *Grimpant* sans égard sur un arbre fruitier. (II, 381 ; voyez III, 82.)
Rien ne peut arrêter cet animal *grimpant*. (III, 208 et note 4.)

GRINCER les dents :
[Le sanglier] de rage et de douleur frémit, *grince* les dents. (VI, 26 ; et note 6 ; voyez IV, 138.)

GRIPPE-FROMAGE :
Le chat *grippe-fromage*. (II, 324 et note 1.)

GRIPPEMINAUD. (II, 190 et note 25.)

GRIPPER :
La bête *fut grippée*. (I, 383 et note 10.)
    Une maraude
Ne se doit point prier ; mais il faut, à la chaude,
La gripper aux cheveux, la saisir au collet.
  (Scarron, *Jodelet ou le maître valet*, acte IV, scène VI.)

GRIS, GRISE :
Tête *grise*. (I, 110.)
Au propre et au figuré à la fois.
.... Quoiqu'il n'ait plus que quatre cheveux *gris*. (IV, 87.)
Et je le lis encore [d'Urfé] ayant la barbe *grise*. (IX, 23.)
Enfant à barbe *grise*. (IX, 173.)
Ce *gris* de lin, ce couleur d'aurore. (VIII, 234.)

GRISETTE :
Une *grisette* est un trésor. (IV, 47 et note 4.)
  Par où le drôle en put croquer
  Il en croqua : femmes et filles,
  Nymphes, *grisettes*, ce qu'il put. (V, 516.)
  Que les maris seroient contents
  De voir leurs femmes en [vêtues de] *grisettes*...!
  Moins les habits sont éclatants,
  Plus les fredaines sont secrètes.
   (Dancourt, *les Bourgeoises de qualité*, Divertissement final.)

GRISON, sens divers :
    Un homme de moyen âge,
    Et tirant sur le *grison*. (I, 109 et note 1.)
Je suis content de n'avoir qu'un *grison*. (V, 503; voyez II, 25.)
Un âne.

GROMMELER :
Monsieur votre neveu *grommelle* sur du foin. (VII, 586.)

GRONDER, acceptions diverses, neutralement et activement;
SE GRONDER :
L'époux *gronde* à part soi. (V, 500; voyez III, 355; V, 225, 572, 595.)
Ah! mon père, n'allez pas *gronder*. (VII, 493.)
[Il] laisse *gronder* les lois. (VI, 250.)
    L'hôte, tout étourdi,
    D'un ton confus *gronda* quelques paroles. (IV, 215 et note 5.)
Grondez-vous point un air? (VII, 316.)
Et quiconque n'en chante, ou bien plutôt n'en *gronde*
Quelque récitatif [d'opéra], n'a pas l'air du beau monde. (IX, 159.)
Monsieur Josselin se repentira de vous *avoir grondés*. (VII, 476.)
Après *s'être grondés*, houspillés, déchirés.... (VII, 317.)
Il s'agit de chiens qui se battent.

GRONDEUSE :
Le ciel brilloit d'éclairs, la mer étoit *grondeuse*. (VII, 358.)

GROS, GROSSE, adjectivement et adverbialement :
Gros et gras. (II, 189 et note 24.) — *Grosse* lèvre. (III, 145.)
    Parmi ses parents
[Elle] pouvoit compter les plus *gros* de la ville. (IV, 332 et note 1.)
Vous autres *grosses* dames, vous n'allez point tout d'abord à la franquette. (VII, 453.)
Gros bourgeois. (IV, 112.) — *Grosse* maison. (VI, 96.) — *Gros* monsieur. (V, 509.) — *Gros* messieurs. (II, 180; III, 295.) — *Gros* partisan. (I, 373.)
Une cité plus *grosse* que Paris. (I, 397.)
Va, tu n'es qu'un *gros* âne. (V, 543 et note 3.)
[On en vient aux] *grosses* paroles. (III, 229 et note 28.)
Comparez aussi Tallemant des Réaux, historiette de M. d'Émery : « Le maître des requêtes et lui en vinrent aux grosses paroles. »
    .... Si l'on n'a patente du sire
    Qui fit attraper Girardin...,
    Puis le mit à *grosse* finance. (IX, 102.)
Sous espoir de *grosse* aventure. (II, 408 et note 3.)
J'eus le cœur *gros*. (IX, 112.)
Coucher [risquer] *gros*. (V, 579 et note 2.) — Gagner *gros*. (II, 182.)

GROS, substantivement :
Si les *gros* nous mangeoient, nous mangions les petits,
    Ainsi que l'on fait en France. (VIII, 268.)
Voilà l'histoire en *gros*. (IX, 175.)

C'est en *gros* tout le conte. (V, 306.)
Voici le jugement que je fais en *gros* des trois personnages.... (VIII, 334 ; voyez IX, 369.)
Je faisois un *gros* de tous ces arrérages jusqu'à présent. (IX, 310.)
Un *gros* [une foule] de courtisans. (III, 257 et note 49.)
Un *gros* [une troupe] d'Arabes. (IV, 444 et note 1 ; voyez VI, 283.)
Donax, prends ce bélier et marche avec le *gros*. (VII, 106.)

Monsieur, ne criez point, tous vos gens, en un gros,
Viennent auprès de vous.

(Scarron, *Don Japhet d'Arménie*, acte II, scène II

GROS JEAN :

Je suis *Gros Jean* comme devant. (II, 154 et note 28.)

GROSSIER :

[Ils] mêloient au vin *grossier* le cristal d'une source. (VI, 155.)
[L'animal] sauvage encore et tout *grossier*. (III, 257.)
Gens durs et *grossiers*. (VIII, 121.)
Malheureux, *grossiers*, et stupides. (I, 297.)

Aux plus *grossiers*, par un chemin bien court,
Il [l'Amour] sait montrer les tours et les paroles. (IV, 224.)

GROSSIR :

Torrents *grossis*. (II, 467.)

Maints héros *ont* eu part
Aux honneurs de l'Olympe, et *grossi* cet empire. (III, 106.)
Le courtisan *grossit* la foule aux Tuileries. (VII, 574.)

GROTESQUE. Voyez CROTESQUE.

GRUGER, au propre et au figuré :

Perrin, fort gravement, ouvre l'huître, et la *gruge*. (II, 405.

On nous mange, on nous *gruge*,
On nous mine par des longueurs. (I, 122.)

GRUME (Bois de). (IX, 98 ; voyez IX, 97.)

GUERDON :

.... Aucun labeur n'y manque de *guerdon*. (VIII, 276 et note 4.)

GUERDONNER, récompenser :

La troupe maudite
Songe comment il *sera guerdonné*. (V, 530 et note 5.)

GUÈRE, guères :

Je foudroie, à discrétion,
Un lapin qui n'y pensoit *guère*. (III, 82.)
Guère n'attend. (IV, 72.)
Guère ne mit à déclarer sa flamme. (IV, 89.)
Sotte! dit l'autre : hélas! tu n'en sais *guère*. (V, 299.)
L'hôte ne s'en tourmenta *guères*. (IV, 432.)

GUÉRET :

Plus d'un *guéret* s'engraissa
Du sang de plus d'une bande. (I, 287.)

L'un craint pour ses vergers, l'autre pour ses *guérets*. (VI, 249; voyez VII, 406.)

GUERRE :

Je suis donc un foudre de *guerre!* (I, 174.)
Tour de vieille *guerre*. (I, 257 et note 9.)
Le lion s'en allant en *guerre*. (I, 424; voyez I, 135.)
Éléphantide a *guerre* avecque Rhinocère. (III, 312.)
[La peste] faisoit aux animaux la *guerre*. (II, 95; voyez VI, 352.)

 Souvent leur *guerre* avoit pour fondement
 Le jeu, la jupe, ou quelque ameublement. (VI, 103.)

L'habit de *guerre* de Vénus. (V, 596.)
Guerres intestines. (VI, 177; VII, 571.). — *Guerre* à l'œil. (VII, 290 et note 5.)

GUET :

Être toujours au *guet* et faire sentinelle. (I, 356.)
Faire *guet* avec tes yeux d'Argus. (VII, 40.)
[Il] fit quinze nuits le *guet* sous mon appartement. (VII, 428; voyez IV, 322; V, 219.)
Je poserois tantôt un si bon *guet*.... (VI, 35.)

 Pour enseigne et mot du *guet* :
 « Foin du loup et de sa race ! » (I, 327; voyez I, 328.)

GUEU (Mon), prononciation patoise de « mon dieu » :

Mon gueu! je ne sis pas si sotte que j'en ai la mine. (VII, 452.)

GUEULE :

D'un carnage récent sa *gueule* est toute teinte. (VI, 181.)
Il avoit... triple *gueule*. (II, 315.)
[Cerbère] est un chien qui a trois *gueules*. (VIII, 209.)
Un intérêt de *gueule*. (III, 83.)

GUEUX :

L'avare ici-haut... vit en *gueux*. (I, 345.)

 Tu ne seras qu'un misérable *gueux*
 Toute ta vie! (V, 500.)

Gueux comme un rat. (VII, 486.)
Le coquin parle en prince, et n'est qu'un *gueux* parfait. (VII, 39.)

GUIDE, GUIDES :

 Puis de chemin, sans qu'ils prissent de *guides*,
 Changeant tous trois.... (IV, 248.)

 .... Condamner la Folie
 A servir de *guide* à l'Amour. (III, 271.)

Sa grâce est notre *guide*. (VI, 299.)
La *guide* nouvelle. (II, 195 et note 8.)
Toujours le médecin s'attache au battement [du pouls] :
C'est sa *guide*. (VI, 330 et note 3.)
Voyez aussi Marot, tome I, p. 50, 81, 153

GUIDER :

[Amour] seul *guidoit* leurs pas. (VI, 240; voyez IV, 409.)

GUILLEMETTE, ES :
>Qui ne riroit de ces coquettes
>En qui tout est mystérieux,
>Et qui font tant les *guillemettes?* (VII, 122 et note 2.)

GUIMPE :
>Un échafaud t'est sûr, une *guimpe* t'attend. (VII, 391.)
>
>>En mille endroits nichoit l'Amour,
>
>Sous une *guimpe*, un voile. (V, 587; voyez IV, 486 et note 5; V, 521.)

GUINDER, hisser; SE GUINDER :
Guindé la hart au col. (II, 66.)
Il se laissa conduire et *guinder* à la potence. (IX, 291.)
Voilà notre renard au charnier *se guindant*. (III, 322.)
[Le renard] *se guinda* sur ses pattes. (III, 298.)
Je *me guindois* en l'air quand la selle a tourné. (VII, 295.)

GUISE, façon :
Barbe d'étrange *guise*. (V, 47 et note 7.)
>Ç. ça, je t'apprendrai
>Les mots, la *guise*, et toute la manière,
>Par où, etc. (V, 493; voyez IV, 309; V, 490.)

Le sage l'aura fait [cet éléphant] par tel art et de *guise*
Qu'on le pourra porter peut-être quatre pas. (III, 76.)
Simple, jeunette, et d'assez bonne *guise*. (IV, 156.)
De toute *guise*. (V, 313; voyez V, 109, 158; VIII, 269.)
A ma *guise*. (VI, 67; voyez II, 13; IV, 495; V, 592; VI, 6, 67; IX, 23; etc.)
Tous furent du dessein, chacun selon sa *guise*. (I, 424 et note 5.)
En cette *guise*. (III, 15.) — En nulle *guise*. (V, 79, 506; voyez VI, 101.)
>Un peintre étoit qui, jaloux de sa femme,
>Allant aux champs, lui peignit un baudet
>Sur le nombril, en *guise* de cachet. (V, 228.)

GUZMANESQUE :
L'un de ces héros *guzmanesques*. (IX, 251 et note 2.)

GYMNOSOPHISTE, proprement sophiste tout nu. (IX, 397.)
« S'estant trouué auec les gymnosophistes, il auoit seiourné auec eux. (*Le Moyen de parvenir*, p. 10.)

H

HABILE; HABILE À :
.... L'un étoit pauvre, mais *habile*. (II, 308.)
>En *habile* homme
Usez de la faveur que vous fera le somme. (VII, 177.)
Le compagnon fit un tour d'homme *habile*. (IV, 223; voyez IV, 332.)
L'homme au pot fut plaisant; l'homme au fer fut *habile*. (II, 357.)
Les *habiles* gens de son temps. (VIII, 321.)

J'ouvre l'esprit, et rends le sexe *habile*
A se garder de ces pièges divers. (VI, 14.)

HABILLER DE ; S'HABILLER ; S'HABILLER DE :
Socrate trouva à propos de les *habiller* [les fables d'Ésope] *des* livrées des Muses. (I, 10.)
[Elle] *s'habille :* on eût dit une reine. (V, 217.)
Pour elle le printemps *s'est habillé de* roses. (VII, 151.)

HABIT, au propre et au figuré :
Différentes d'humeur, de langage, et d'esprit,
  Et d'*habit*. (III, 242.)
Porter *habit* de deux paroisses. (III, 246 et note 19.)
J'approchai sous un *habit* de femme. (VII, 607.)
  Mais, comme avec l'*habit*
On met à part certain reste de honte,.... (IV, 268 ; voyez II, 75.)
  .... Il se faut et pour cause
Dépouiller nue et quitter cet *habit*. (V, 495.)
  .... Étant trop ménagère
Pour se laisser son *habit* déchirer. (V, 83.)
Les affiquets, les *habits* à changer. (IV, 338.)
Tel deuil n'est bien souvent que changement d'*habits*. (V, 105.)
Elle [Psyché] étoit belle en toutes sortes d'*habits*. (VIII, 66.)
Qui porte un si gentil *habit?* (V, 20.)
Son épouse, en *habit* d'Alecton. (I, 224.)
.... En *habit*, et des pieds en tête revêtu
Du fastueux dehors d'une intègre vertu. (VII, 415.)
En habit de docteur.
Un prélat lui donna l'*habit*. (V, 460.)
L'habit de religieuse.
Dessous un feint *habit*. (V, 399 et note 4.)
« En habit dissimulé. » (Du Fail, tome II, p. 206.)
.... En un *habit* à donner de l'amour. (IV, 260.)
  .... En un *habit* que vraisemblablement
N'avoient pas fait les tailleurs du couvent. (V, 529.)
   Vous devez être
 En autre *habit* pour l'aller voir,
C'est-à-dire, en un mot, qu'il n'en faut point avoir. (V, 456.)
L'*habit* de guerre de Vénus. (V, 596.)
.... Sous les *habits* du mensonge. (II, 354.)

HABITACLE :
Habitacle d'impies. (VI, 162 et note 2.)
Voyez aussi Scarron, *Don Japhet d'Arménie*, acte IV, scène XII :
Sépulcre d'os vivants, habitacle du diable !

HABITANT, HABITANTS, substantivement :
  Les *habitants*
De cette forêt [les loups, les oiseaux, etc.]. (V, 14.)
Un ermite *habitant* de ces bois. (V, 469.)
Un *habitant* du Parnasse. (II, 231.) — *Habitants* de l'Olympe. (IX, 34.)

.... Étoit-il d'homme sage
De mutiler ainsi ces pauvres *habitants* [ces arbres]? (III, 306.)
.... Sa douleur, dont l'excès faisoit fendre les marbres,
Habitants de ces lieux. (VIII, 153.)

HABITER :

Il [le sanglier] *habite* en un fort. (VI, 250.)
Les antres se trouvoient des humains *habités*. (VIII, 252; voyez VI, 279.)

HABITUDE :

.... J'ai sur ce point
Acquis tant soit peu d'*habitude*. (III, 119.)
Le Clerc pour la satire a bien moins d'*habitude*. (IX, 369.)
Une longue *habitude* en paix les maintenoit. (III, 197.)
[Ils] avoient entre eux lié quelque *habitude*. (V, 32 et note 3.)

HAGARD, ARDE :

Gens hideux et *hagards*. (VI, 283.)
Un homme à la mine *hagarde*. (IV, 413.)
Troupe fière et *hagarde*. (VIII, 381.)

HAIRE :

Cancres, *haires*, et pauvres diables. (I, 71 et note 3.)
Voyez HÈRE.

HAÏSSABLE :

L'hymen ternit l'amant le plus aimable,
Et, dès qu'il est époux, il devient *haïssable*. (VII, 568.)

HAIT (DE), gaillard, dispos, leste, joyeux :

Le galant vient frisque et *de hait*. (VII, 124 et note 4.)

HÂLE :

.... Le tout crainte du *hâle*. (IV, 498.)

Le *hâle* avoit fait tort
A son visage et non à sa personne. (V, 487.)
[Notre bergère] aux injures du *hâle* exposoit ses attraits. (VI, 287.)

HALEINE, au propre et au figuré; TENIR EN HALEINE :

Ils perdirent l'*haleine*. (II, 338.)
L'époux revient tout hors d'*haleine*. (V, 542; voyez IV, 169, 371.)
Il faut reprendre *haleine*. (I, 131; voyez IV, 55.)
.... Le porter [l'éléphant] d'une *haleine* au sommet de ce mont. (III, 75; voyez III, 76.)

.... [Il] dort après tout d'une *haleine*
Huit ou dix heures réglément. (IX, 111.)

D'*haleine* en le suivant manquent les Aquilons. (VI, 256; voyez II, 136.)
Les Vents attentifs retiennent leurs *haleines*. (VIII, 47; voyez I, 268.)
Les Zéphyrs, et leurs molles *haleines*. (VI, 225.)

Zéphyrs, de qui l'*haleine*
Portoit à ces échos mes soupirs et ma peine.... (VII, 175.)
Se coucher sur des fleurs, respirer leur *haleine*. (VIII, 252.)

Cette bouche m'appelle à son *haleine* d'ambre. (VII, 180; V, 586.)
.... Une affaire de si longue *haleine*. (VIII, 170.)
Ajoutez que l'on *tient* votre femme *en haleine*. (V, 101.)

     La reine
Tient et tiendra toujours Rosidor en haleine.
    (Corneille, *Clitandre*, acte II, scène IV

HALLE, HALLES :
Les ruisseaux des *halles*. (VII, 355 et note 1.)

HALLIER :
Les dédales verts que formoient les *halliers*. (VI, 287 et note 4.)

HAMEÇON, au figuré :
Tendre aux cœurs des *hameçons*. (VIII, 428.)
S'il [l'Amour] m'eût tendu ce *hameçon*.... (IX, 289.)
Son aînée avoit mordu à l'*hameçon*. (VIII, 169.)

HANAP, HANAPS :
Ces gens ont des *hanaps* trop grands. (IX, 443 et note 3.)

HAN HAN :
La pâleur de *han han* m'est montée au visage. (VII, 295 et note 3.)

HANNIR :
Et comment est-il possible, reprit Ésope, que vos juments entendent de si loin nos chevaux *hannir*? (I, 50.)

HANNISSEMENT :
J'ai des cavales... qui conçoivent au *hannissement* des chevaux. (I, 49 et note 3.)

HANTER :
Je *hante* les palais. (I, 272.) — Il *hante* la taverne. (III, 302.)
[Laridon et César] *hantoient*, l'un les forêts, et l'autre la cuisine. (II, 333.
.... *Hantoient* le tronc pourri d'un pin vieux et sauvage. (II, 324.)
Il est impossible que vous n'ayez... *hanté* les grands. (VIII, 143.)

    Dieu ne fit la sagesse
 Pour les cerveaux qui *hantent* les neuf Sœurs. (VI, 5.)

   En ce lieu *hantoient* d'ordinaire
Gens de cour, gens de ville, et sacrificateurs. (V, 583.)

HAPPE-CHAIR :
Il est vrai, cher ami, sans toi ces *happe-chair*
M'alloient faire danser un entrechat en l'air. (VII, 395 et note 2.)

HAPPELOURDE, proprement happe-lourd ou lourdaud :
Tout devient *happelourde* entre les mains des sots. (IX, 214 et note 2

HAPPER :
.... A ces mots, le premier, il vous *happe* un morceau. (II, 245.)
   C'est un paillard, c'est un mâtin,
    Qui tout dévore,
Happe tout, serre tout. (IX, 172 et note 4.)

[L'hirondelle] malgré le bestion *happoit* mouches dans l'air. (III, 37.
.... Donc il faut le croquer aussitôt qu'on le *happe*. (III, 164.)
Afin de *happer* son malade.... (I, 392.)
Maint estafier accourt, on vous *happe* notre homme. (III, 315; voyez III, 257; VI, 215.)

HAQUENÉE :

Il l'appeloit, à cause de son pas,
La *haquenée*. (V, 564 et note 5.)

Le coffret des sceaux, que portoit fièrement
La chancelière *haquenée*. (IX, 325.)

HARANGUE :

Hé! mon ami, tire-moi de danger :
Tu feras après ta *harangue*. (I, 117.)

Dire en quels mots Alis fit sa *harangue*.... (VI, 31.)
Cette *harangue* militaire.... (IV, 425.)
Les *harangues* des orateurs contre Philippe et contre Alexandre. (VIII, 321.)

HARANGUER :

Il alloit *haranguer* l'assistance. (VI, 115 et note 2.)
Il *harangua* tout le troupeau. (II, 452.)
Haranguez de méchants soldats.... (II, 453.)

Hispal *haranguoit* de façon
Qu'il auroit échauffé des marbres. (IV, 410.)

HARANGUEUR :

Que fit le *harangueur* ? (II, 232.)
On députa deux *harangueurs*. (VI, 355.)

Si je m'étois trouvé plus près
Des *harangueurs* et des harangues.... (IX, 327.)

HARDI, IE :

Qui te rend si *hardi* de troubler mon breuvage? (I, 89.)
Jamais nos combattants n'ont été si *hardis*. (IX, 465.)
.... *Hardi* qui les iroit là prendre. (I, 151; voyez IX, 454.)
Jusques à l'effet courageuse et *hardie*. (VI, 73.) — Action *hardie* (I, 284.)

En s'en allant... [elle] a d'une main *hardie*
Fermé sur nous la porte. (VII, 288.)

HARGNEUX :

Chien *hargneux* a toujours l'oreille déchirée. (III, 43; voyez III, 13.
Si votre esprit est si *hargneux*.... (II, 105.)

HARMONIE :

Il n'y a point de bonne poésie sans *harmonie*. (I, 11.)
Fille de l'*harmonie*, ô Paix douce et charmante. (VII, 510.)

HARNOIS :

Corps, *harnois*, baudrier, épée, et mousqueton. (VII, 297.)

Les cyclopes aux membres nus
Forgent peu de *harnois* qui lui soient comparables [à l'habit de guerre de Vénus]. (V, 596; voyez VIII, 296.)
Mathéo... suoit dans son *harnois*. (VI, 114 et note 5.)

HARO :
A ces mots on cria *haro* sur le baudet. (II, 99.)
Haro! la gorge m'ard! (IV, 135 et note 4.)

HART :
Guindé la *hart* au col. (II, 66.)
Coquin, dit-il, tu mérites la *hart*. (IV, 132 et note 2.)
D'un côté sont le gibet et la *hart*.... (VI, 113 et note 1.)

HASARD, HASARDS :
Mais ce livre [du Destin], qu'Homère et les siens ont chanté,
Qu'est-ce, que le *Hasard* parmi l'antiquité,
 Et parmi nous la Providence? (I, 168.)
C'est souvent du *hasard* que naît l'opinion. (II, 178; voyez II, 180.)
Ce sont des effets du *hasard*. (II, 298.) — Le *hasard* y fait. (VI, 129.)
C'est *hasard* si je les conserve [mes nourrissons]. (I, 421.)
Il lui dit, au *hasard* d'un semblable refus.... (III, 190.)

Au risque de.

Au *hasard* de gâter la matière. (IX, 185.)
Vous vous mettez au *hasard* de, etc. (VIII, 151; voyez VIII, 287.)
.... Pour quelque bon *hasard*. (III, 208.)
Tu fais meilleure chère avec moins de *hasard*. (III, 234.)
[La surprise] nous rendra sans *hasard* maîtres de ce séjour. (IV, 425.)
Je prends sur moi le *hasard* du péché. (IV, 119.)
Crois-tu qu'au *hasard* il se veuille exposer? (VII, 110.)
Cependant des humains presque les quatre parts
S'exposent hardiment au plus grand des *hasards*. (II, 103; IX, 466.)
Périr au milieu des *hasards*. (VI, 261; voyez VI, 350.)
Gens fuyants les *hasards*. (II, 334.)

HASARDER, neutralement et activement; SE HASARDER; HASARDER DE; SE HASARDER DE :
Ainsi Renaud partit, et ne *hasarda* point. (V, 144.)
 .... Soit que près du rivage
Il n'osât pas *hasarder* davantage. (IV, 340 et note 3.)
Craindre tout, ne rien *hasarder*. (IV, 449.)
Quoi! vous *hasarderiez* le fruit de tant de larmes? (VI, 281.)
Je n'en estime qu'un [bien] : vous l'allez *hasarder*. (VII, 604.)
  Ils vont *hasarder* encor
  Même vent, même naufrage. (III, 82 et note 12.)

Braver, courir les risques de.

Notre amant, ayant dit mille fois en une heure :
« Quoi! s'éloigner des lieux où mon âme demeure!
N'irai-je pas? irai-je? » enfin *s'est hasardé*. (VII, 37.)
La dépouille d'Hector vaut bien qu'on *se hasarde*. (VII, 622.)
Quiconque s'associe avec lui *se hasarde*. (IX, 172.)
On *hasarde de* perdre en voulant trop gagner. (II, 113.)

Un voleur *se hasarde*
D'enlever le dépôt. (VI, 82.)

HASARDEUX :

Qui t'a fait entreprendre un coup si *hasardeux?* (VII, 70.)
Il faut être en amour un peu plus *hasardeux*. (VIII, 458 et note 3.)

Rapprochez Rabelais, tomes III, p. 149 : « Homme hardy, courageux, hazardeux », II, p. 504 : « Il est hazardeux comme tous les diables »; Brantôme, tomes II, p. 190 : « braue et hazardeux », X, p. 411, 414 : « soldat, soudard, hazardeux »; etc.

HÂTE (En) :

L'écrevisse *en hâte* s'en va. (III, 20.)
Elle se lève *en hâte*, étourdiment. (V, 415; voyez IX, 150.)
[L'époux] descend *en* grand *hâte* aussitôt. (IV, 312.)

HÂTIER :

.... L'un [le gigot] au *hâtier*, les autres [les pigeons] au chaudron. (V, 73 et note 3.)

De *hasta*, pique, lance, broche : on disait aussi *hastelet*, brochette, *haste-rôts*, officiers de cuisine, *anhaster*, embrocher, etc.

HAUSSER :

La fille crût, se fit : on pouvoit déjà voir
    Hausser et baisser son mouchoir. (V, 105 et note 3; voyez VII, 320.)
[Il] *hausse* le bras vengeur. (VI, 262.)
Haussant un peu la voix. (VI, 175.)

HAUT, HAUTE :

Une vigne fort *haute*. (I, 410 et note 1.)
    Toujours le vin et la satire
    Tiennent aux tables le *haut* bout. (VII, 226.)
Il se piqua pour certaine femelle
De *haut* état. (V, 561.)
Gens d'un *haut* emploi. (IX, 453.)
Le *haut* savoir, le sang, et la vertu. (VI, 306.)
Ces sujets sont trop *hauts*, et je manque de voix. (VI, 225.)
Je voudrois pouvoir dire en un style assez *haut*.... (VI, 164.)
.... De plus, il vous sied mal d'écrire en si *haut* style. (I, 131.)
    Cette imprudence si *haute*
Provient de mon caprice. (I, 401.)
Je vois Condé, prince à *haute* aventure. (IX, 151; voyez II, 334.)
Homme à *haute* rançon. (IX, 103.) — La somme étoit *haute*. (IX, 16.)
    A quelle amende? Elle est, Seigneur, si *haute*
Que.... (IX, 126.)
    Le cheval lui desserre
Un coup; et *haut* le pied. (III, 295.)

Comparez Rabelais, tome I, p. 164 : « gagner au pied. »

HAUT, adverbialement et substantivement :
Son ami Bouc des plus *haut* encornés. (I, 217.)

D'être pendu, d'être mis *haut* et court
En un gibet.... (VI, 112.)
Qu'on pende aux créneaux, *haut* et court, le corsaire. (IV, 425 et note 3.)
Comparez Rabelais, tome II, p. 290 : « Il vous emportera hault et court. »

Puis tousserez afin de m'avertir,
Mais *haut* et clair. (IV, 110 et note 5.)
Et soutins *haut* et clair que.... (IX, 23.)
Je prendrai de plus *haut* le récit qu'il faut faire. (VII, 20.)
Lève tes pieds en *haut*. (I, 217.)
L'avare ici-*haut*... vit en gueux. (I, 345.)
Il est écrit là-*haut*, etc. (III, 67; voyez II, 200.)
Je pensai tomber tout de mon *haut*. (IV, 90 et note 1.)

.... Du *haut* de cet Olympe
Je foudroie, etc. (III, 82.)

Du *haut* de leur tête
Ils crioient : « Apprêtez la quête ! » (V, 18 et note 1.)

Et cette autre personne honnête
Crieroit tout du *haut* de sa tête. (II, 272; voyez IV, 465; VI, 59.)
Il crieroit, comme moi, du *haut* de son gosier. (II, 272 et note 10.)

Sur le *haut* du jour
Nulle des sœurs ne faisoit long séjour
Hors du logis. (IV, 498.)

.... Son camarade et lui trouvèrent un poteau
Ayant au *haut* cet écriteau. (III, 75.)
Au *haut* d'une treille. (I, 234.) — Au *haut* du mont. (III, 76, 77.)
.... Tire ses grègues, gagne au *haut*. (I, 177 et note 7.)

HAUT-DE-CHAUSSE ou CHAUSSES :

Dessous sa main tombe du personnage
Le *haut-de-chausse*. (V, 415; voyez V, 419; VII, 339.)
Haut-de-chausses troussé. (V, 274 et note 6.)
Le *haut-de-chausses* de M. de Châteauneuf lui sembloit de mauvais augure. (IX, 280 et note 3.)

HAUTEMENT :

[Renaud] se plaint, tremble, et frissonne,
Si *hautement* que quelqu'un l'entendit. (IV, 251.)
J'avois juré *hautement* en mes vers.... (VI, 5.)

HAUTEUR :

Et le pauvre voleur, ne trouvant plus son gage,
Pensa tomber de sa *hauteur*. (III, 25.)

HAYE :

Haye ! ahy ! vous m'étranglez. (VII, 481; voyez VII, 453.)

HÉBERGER :

Je ne puis *héberger* cette capricieuse. (II, 164.)
Vous et Monsieur, nous vous *hébergerons*. (IV, 208.)
.... Chez les loups qu'*hébergeoit* ce lieu peu fréquenté. (V, 254.)

Si cette même nuit quelque hôpital *avoit*
  Hébergé le chien et son maître.... (V, 260; voyez VI, 294.)
Selon qu'il [le Sort] veut nos esprits *héberger*.... (VIII, 273.)

HÉLAS, substantivement :
Ses fréquents *hélas*. (VI, 75.)
.... Pour me redemander, avec de grands *hélas*,
Une seconde fois ce maudit pot du diable. (VII, 325.)

HEM, interjection :
S'il vient à vous trouver! hem? (VII, 451.)
Hem, hem, l'individu fait encor son office. (VII, 299.)

HÉMISPHÈRE :
[La Discorde] nous fit l'honneur en ce bas univers
  De préférer notre *hémisphère*. (II, 70; voyez V, 498.)
Ce bas *hémisphère*. (IX, 166.)
  .... Ces deux monts
Qu'en nos climats les gens nomment tetons ;
Car, quant à ceux qui sur l'autre *hémisphère*
Sont étendus, etc. (V, 498.)

HENNIR, HENNISSEMENT. Voyez HANNIR, HANNISSEMENT.

HÉRAUT :
Le *héraut* du printemps. (II, 449.)
Le rossignol.

HERBAGE :
  On verra croître l'*herbage*
  Dans les places d'Amsterdam. (VIII, 437.)
Les troupeaux attentifs aux *herbages*. (VI, 283.)

HERBE; EN HERBE :
Et le galant, qui sur l'*herbe* la couche.... (IV, 374 et note 4.)
  .... Que le fruit de vos amours
  Egale aux *herbes* leurs tours. (VIII, 389.)
Manger l'*herbe* d'autrui! quel crime abominable! (II, 100.)
Les *herbes* cueillies [la salade].... (I, 36.)
La faim, l'occasion, l'*herbe* tendre. (II, 98 et note 25 ; voyez VI, 287 ; VII, 253.)
Tapis d'*herbe* tendre et sacrée. (VI, 240 ; voyez VIII, 383.)
  .... Et que l'épi, non plus que le tuyau,
N'étoit qu'une *herbe* inutile et séchée. (V, 365.)
  Tes *herbes*, ta denrée,
Tes choux, tes aulx. (V, 492.)
Heureuse si quelque *herbe* eût su calmer ses feux! (VI, 345.)
Hei mihi, quod nullis amor est medicabilis herbis!
    (Ovide, *Métamorphoses*, livre I, vers 523.

Les blés, quand ils sont *en herbe*.... (I, 355.)

HERBETTE :
Étendu sur l'*herbette*. (I, 211.)

Je veux être
Écorché vif, si tout incontinent
Vous ne baisiez Madame sur l'*herbette*. (IV, 312.)
Faisant mille tours sur l'*herbette*. (V, 258; voyez V, 537; VIII, 405.)

HERBORISTE. Voyez ARBORISTE.

HÈRE :

Tant pressèrent le *hère*. (IV, 505 et note 3.)
Un villageois, un *hère*, un misérable. (V, 169 et note 4.)
.... Scrupule, toi qui n'es qu'un pauvre *hère!* (V, 535.)
Voyez Haire.

HÉRÉDITAIRE :

     Chacune sœur
Ne possédera plus sa part *héréditaire*. (I, 192.)

HÉRISSER :

Et son poil *hérissé* semble de toutes parts
Présenter au chasseur une forêt de dards. (VI, 259.)
Tout *hérissé* de peur. (VII, 386.)

HÉRITAGE :

Cet homme possédoit un fertile *héritage*. (VI, 284.)
A l'entour de son *héritage*. (II, 40.)
 On voit courir par tout cet *héritage*
 Ses commensaux. (V, 359.)
 Ce qui hors terre et dessus l'*héritage*
 Aura poussé.... (V, 364.)
.... Souvent on tient d'eux l'*héritage* éternel. (VI, 279.)

HÉROÏQUE :

Je m'étois toute ma vie exercé en ce genre de poésie que nous nommons *héroïque* : c'est assurément le plus beau, etc. (VI, 223 et note 2.)
La poésie lyrique, ni l'*héroïque*, etc. (VIII, 239.)
Cela rend la chose plus passionnée, et ne la rend pas moins *héroïque*. (VIII, 244.)

HÉROS, héroïne :

[Le moucheron] fut le trompette et le *héros*. (I, 156.)
Vous avez fait des poupons le *héros*. (IX, 118.)
Je ne voulois chanter que les *héros* d'Ésope. (VI, 315; voyez I, 55.)
C'est parmi les forêts qu'a vécu mon *héros*. (VI, 225.)
L'*héroïne* de ce conte. (V, 449.)

HEUR, bonheur :

.... Tel Adonis repense à l'*heur* qu'il a perdu. (VI, 247 et note 4.)
Ils n'envioient point l'*heur* des troupeaux étrangers. (VI, 286.)
Vous préservent les dieux d'un *heur* pareil au sien ! (VII, 49.)
Ironiquement : d'être eunuque comme lui.

Toi que tout *heur* accompagne. (VIII, 381.)
Heures, volez; hâtez l'*heur* et la joie. (IX, 168 et note 3; voyez VII, 71, 113, 152.)

HEU] DE LA FONTAINE. 449

HEURE; POUR L'HEURE; À L'HEURE; SUR L'HEURE; EN PEU D'HEURE OU HEURES; TOUT À L'HEURE :
Il ne nous resta de l'*heure* que pour gagner Chavigny. (IX, 289.)
.... [Il] coupe et taille à toute *heure*. (III, 307; voyez VIII, 371, 394.)
Heure dernière. (VIII, 417, 479.)
   Pluton a son *heure*
   Ainsi que l'Amour. (VII, 270.)
L'*heure* du berger sonne. (V, 123 et note 6; voyez VII, 570; VIII, 446.
  Amants, la bonne *heure* ne sonne
  A toutes les *heures* du jour. (V, 222.)
Mollement étendus ils consumoient les *heures*. (VI, 239.)
  Son amant, pour la faire femme,
  Prend *heure* avec elle au matin. (V, 219.)
Je prendrai votre *heure* et la mienne. (IX, 114.)
Tout cela peut passer, je n'en dis rien *pour l'heure*. (VII, 20.)
  .... Sans se souvenir *à l'heure*
  D'une semblable demeure. (VIII, 275 et note 3.)
Elle se lève, et *sur l'heure* habillée, etc. (IV, 284.)
Le muletier alla *sur l'heure* même.... (IV, 233.)
   Le diable obéira
Sur l'heure même. (V, 550; voyez IV, 506.)
.... Beaucoup de chemin *en peu d'heure*. (IV, 440 et note 1.)
Vous seriez *en peu d'heure* femme. (V, 225 et note 4.)
  La penaille, ensemble enfermée,
  Fut *en peu d'heures* consumée. (IV, 199; voyez VIII, 294.)
Nous l'allons montrer *tout à l'heure*. (I, 89 et note 2.)
Nous serons *tout à l'heure* à toi. (II, 74; voyez II, 105, 209, 409; IV, 54, 123, 199; V, 475, 529; VI, 202; VIII, 202, 207; IX, 245.)

HEURES, livre de prières :
A ses genoux sont ses *heures* et son chapelet. (IX, 239 et note 4.)

HEUREUX; HEUREUX À, favorable, propice, à :
Je ne trouve d'*heureux* que ceux qui pensent l'être. (VIII, 486.)
Tout duit aux gens *heureux*. (VI, 43.)
   Heureux qui vit chez soi,
De régler ses desirs faisant tout son emploi. (II, 166.)
Amants, *heureux* amants! (II, 365; voyez VI, 200; VII, 536; VIII, 223.)
Heureuses vieillesses. (IX, 285.) — Leur cabale trop *heureuse*. (IX, 179.)
Le soir étant venu de l'*heureuse* journée. (VI, 204; voyez VII, 302.)
Deux baisers par le mur arrêtés au passage :
Heureux mur! tu devois servir mieux leur desir. (VI, 180.)
Alors j'avois pitié des *heureux* de ce monde. (VI, 300.)
.... Quelques autres m'ont fourni des sujets assez *heureux*. (II, 82.)
Les *heureux* dénoûments. (IX, 160.)
Les dénoûments bien amenés.

Le Japon ne fut pas plus *heureux* à cet homme.... (II, 166.)

HEURT, HEURTS :
Un *heurt* survient. (II, 159 et note 14.)

J. DE LA FONTAINE. X   29

.... Malgré quelques *heurts*. (II, 475.)

HIÉROGLYPHES, au figuré :
Ce sont ici *hiéroglyphes* tout purs. (II, 400 et note 11.)

HIPPOGRIFFE :
L'*Hippogriffe* n'a rien qui me choque l'esprit. (IV, 119 et note 3.)
« Dès la première vue arrêter les âmes les plus résolues, etc..., ce sont des effets plus étranges et plus éloignés de la vraisemblance que les hippogriffes et les chariots volants. » (Voiture, tome I, p. 19, lettre à Mme de Sainctot.)

HISTOIRE :
L'*histoire* ne dit point ni de quelle manière
Joconde put partir, ni, etc. (IV, 25.)
L'*histoire* dit que c'étoit bagatelle. (IV, 132.)
Chaque femme, ce dit l'*histoire*,
Garda très bien dans sa mémoire.... (IV, 185; voyez V, 524.)
.... On s'en alloit les vendre, à ce que dit l'*histoire*. (II, 270 ; voyez I, 94; III, 210, 258, 310; IV, 386, 408, 436; V, 15, 66, 213, 313, 467 ; VI, 103, 109; etc.)
Revenons à l'*histoire*
De ce spéculateur qui, etc. (I, 170 ; voyez V, 389.)
Bien qu'au moins mal qu'il pût il ajustât l'*histoire*.... (III, 136.)
La belle lui fit
Un long roman de son *histoire*. (IV, 440 et note 4.)

HIVER :
Ses jardins remplis d'arbres verts
Conservoient encore leurs grâces
Malgré la rigueur des *hivers*. (VIII, 258 ; voyez VIII, 28.)
Près d'un siècle d'*hivers* n'a pu l'éteindre encor [la chaleur de son zèle]. (VI, 305.)

HOBEREAU :
.... Il n'est *hobereau* qui ne fasse
Contre nous tels bans publier. (III, 30 et note 5.)
Voyez aussi Scarron, *Don Japhet d'Arménie*, acte II, scène III :
[Le bourg] a-t-il des hobereaux ?
.... J'entends de ces gentilshommeaux,
Des tireurs en volant, des tyrans de village,
Des nobles ? — Oui, Monsieur, et de plus d'un étage !
.... Je veux dire les uns
Nobles comme le roi, les autres fort communs,
C'est-à-dire nouveaux, de noblesse ambiguë,
Qu'on reconnoît vilains dès la première vue.

HOC :
Tu me serois *hoc*. (I, 390 et note 4.)

HOLÀ. Voyez Ô LÀ.

Holà (Le) :
Venez m'aider, s'il vous plaît, à mettre *le holà* entre deux beaux-frères qui se vont couper la gorge. (VII, 485.)

HOMICIDE, adjectivement et substantivement :
Par l'*homicide* dont Mélampe est mis à mort. (**VI**, 257.)
Fureurs *homicides*. (**VII**, 598.)
Tout l'Érèbe entendit cette belle *homicide*. (III, 336.)

HOMMAGE :

.... Ses agréments à qui tout rend *hommage*. (III, 275; V, 196.)
Il n'est bien dans la nature....
Qui ne subisse cette loi
De reconnoissance et d'*hommage*. (IV, 183.)
.... Je me suis chargé de l'*hommage*. (VIII, 348 et note 3.)
Pour l'*hommage* et pour la manière,
Le singe en fut chargé. (I, 315.)

HOMME; HOMME À, DE :

Tout *homme* est *homme*, et les moines sur tous. (IV, 457 et note 2.)
 Ie considere qu'ilz [les moines] sont hommes
 Naturelz aussi comme sommes.
       (*Matheolus*, livre II.)
 Riens au monde à l'homme mieulx ne semble
 Que faict ung moine en chemise tout nud.
       (Saint-Gelais, tome III, p. 50.)
Voyez aussi Regnier, satire XIII, vers 135-136:
Et après maint essai enfin j'ai reconnu
Qu'un homme comme un autre est un moine tout nu.

.... Ce petit bout d'*homme* qui avoit ri de si bonne grâce. (I, 35.)
 Oh! combien l'*homme* est inconstant, divers,
 Foible, léger, tenant mal sa parole! (VI, 4.)
Que l'*homme* ne sait guère, hélas! ce qu'il demande! (II, 4; voyez I, 341.)
 Et mon *homme* d'avoir chiens, chevaux. (II, 175.)
   L'*homme* d'Horace,
 Disant le bien, le mal, etc. (III, 244.)
Bon *homme*, c'est ce coup qu'il faut, vous m'entendez,
 Qu'il faut fouiller à l'escarcelle. (I, 278.)
Voyez BON.

.... Où la trouver [la somme], moi qui suis un pauvre *homme*? (IV, 137.)
Il se logea, meubla, comme un riche *homme*. (VI, 96.)
Vous feriez l'*homme* chaste auprès d'une maîtresse? (V, 120.)
.... Le bon apôtre de roi fait là le saint *homme*. (IX, 239 et note 2.)
Aldobrandin *homme à* présents étoit. (V, 564.)
Le soldat n'est pas *homme à* donner jalousie. (VII, 110.
   Nice se peut vanter
 D'être *homme à* qui l'on n'en donne a garder. (V, 57.)
Voilà un vrai *homme à* femme. (VII, 492.)
 Quitte ces bois et redevien,
 Au lieu de loup, *homme de* bien. (III, 192.)
Voyez BIEN.

.... Et ne vous tenois pas *homme de* mariage. (V, 121.)
Homme d'épée. (VIII, 297 et note 1.) — *Homme de* science (VIII, 297.)

Comme je vois Monseigneur votre époux
Moins de loisir qu'*homme* qui soit en France.... (IX, 9.)
Bon en paix, bon en guerre, enfin *homme* de tout. (VII, 108.)

HONNÊTE, acceptions diverses :
Eh bien ! cela vous semble-t-il *honnête ?* (VI, 35.)
On m'engage à conter d'une manière *honnête*
Le sujet d'un de ces tableaux
Sur lesquels on met des rideaux. (V, 278.)
.... Cette personne *honnête*. (VI, 34 et note 2.)

Par ironie, ainsi que dans plusieurs des exemples suivants.

Mes chiens n'appellent point au delà des colonnes
Où sont tant d'*honnêtes* personnes. (III, 322.)
Les renards, blaireaux, hiboux, etc., qui y sont pendus.
Si vous saviez l'*honnête* vie
Qu'en le servant [l'Amour] menoit Madame Alaciel.... (IV, 447 ; voyez III, 191.)
Gratitude ou compassion,
Crainte de pis, *honnête* excuse. (IV, 398.)
Tel ornement est chose fort *honnête*. (V, 499 et note 1.)
.... Et sans cela nos gains seroient assez *honnêtes*. (II, 218.)
Payer ainsi des marques de tendresse
En la suivante étoit, vu le pays,
Selon mon sens, un fort *honnête* prix. (VI, 128.)
La proie étoit *honnête*. (II, 348.)
Chemin faisant, c'étoit fortune *honnête*. (IV, 213 et note 2.)
Le régal fut fort *honnête*. (I, 86.)
.... Ce qu'ils avoient de linge plus *honnête*. (V, 171 et note 3.)
Quelque garçon d'*honnête* corpulence. (V, 47.)
Ajoutez-y quelque petite dose
D'amour *honnête*. (V, 356 et note 3.)

Comparez aussi *les Triumphes de la noble et amoureuse dame, et l'art de honnestement aymer*, par Iehan Bouchet, Poitiers, 1530, in-fol.; et chez Voltaire (tome VIII, p. 61) : « maîtresse honnête ».

Quarante écus. — C'est bon marshé.
— C'est que Monsieur est *honnête* homme. (VII, 132.)
La galande sentit
Auprès de soi la peau d'un *honnête* homme. (V, 50 et note 3.)
Le cocu qui s'afflige y passe [à Rome] pour un sot,
Et le cocu qui rit, pour un fort *honnête* homme. (V, 97.)
D'un travail de dix ans ce que le sot espère,
L'*honnête* homme, d'un mot, le lui viendra ravir. (VII, 54; voyez V, 185 et note 8, 220, 336, 585 ; VII,39 ; etc.)
.... Beaucoup d'*honnêtes* gens sont dans le même cas. (VII, 586.)
Il recevoit les applaudissements des *honnêtes* gens et du peuple. (VII, 8; voyez VII, 486; VIII, 112.)

HONNÊTEMENT :
Où prendre un mot qui dise *honnêtement*
Ce que lia le père de l'enfant ? (V, 525.)

[Elle] se pouvoit dire *honnétement* coquette. (V, 76 et note 2.)

HONNÊTETÉ :

Son train de vivre et son *honnêteté*. (V, 560.)

Son sexe, et l'hospitalité...,
Lui faisoient espérer beaucoup d'*honnêteté*. (III, 39.)

Pour plus d'*honnêteté*.... (IV, 257.)

.... Le tout avec la plus grande *honnêteté* du monde. (VIII, 203.)

Tout ce qui se peut imaginer de franchise, d'*honnêteté*, de bonne chère, de politesse, fut employé pour nous régaler. (IX, 284.)

HONNEUR, HONNEURS, acceptions diverses :

Oui, mais l'*honneur* est une étrange affaire. (V, 96.)

Hélas! pourquoi soumit-on notre cœur
A ce tyran que l'on appelle *honneur*? (VII, 259.)

Point d'*honneur* est une autre maladie. (V, 317 et note 2.)
Votre repos, votre *honneur*, votre bien. (V, 172.)
Ses jours sauvés des flots, son *honneur* d'un géant. (IV, 412.)
Réparer l'*honneur* de sa maison. (VII, 612 et note 6.)
Je suis vraiment femme d'*honneur*. (VII, 138.)
Foi de peuple d'*honneur*. (II, 452.)
.... Sortir à son *honneur* d'un si mauvais pas. (I, 41.)
.... A son *honneur* elle en sortit. (IV, 448.)
Un roi, l'*honneur* des rois. (IX, 99.)
O vous, l'*honneur* de ce mortel séjour! (IX, 13.)
C'est l'ornement et l'*honneur* de la France. (V, 63.)
Le vaillant Triptolème, *honneur* de la Syrie. (VI, 252.)
Bien fait, plein de mérite, *honneur* de l'Alcoran. (IV, 399.)
Girardon, notre ami, l'*honneur* du nom troyen. (IX, 365.)
C'étoit l'*honneur* du sexe. (VI, 68; voyez VI, 111.)
L'*honneur* du printemps. (I, 182.)

Le rossignol.

Philomèle, *honneur* des bocages. (VIII, 68.)

.... Ainsi l'*honneur* des prés, les fleurs, présents de Flore, etc. (VI, 266.)
.... Ce nous seroit *honneur*. (IV, 242.)

Que les enfants des dieux vendent cher aux mortelles
L'*honneur* de quelques soins! (VII, 600.)

Les biens et les *honneurs* pleuvoient sur sa personne. (V, 268 et note 2.)
Tant d'*honneur* pouvoit nuire au conjugal lien. (V, 247.)

Il falloit bien que Messer Cocuage
Le visitât, *honneur* dont, à son sens,
Il se seroit passé le mieux du monde. (IV, 321.)

C'est pour ma femme trop d'*honneur*. (V, 509.)

Ah! Monsieur, quoi! vous voir chez nous?
C'est trop d'*honneur* que vous nous faites. (VII, 109 et note 1.)

C'étoit beaucoup d'*honneur* au jeune perroquet. (III, 64.)
Xantus voyoit... combien la possession d'un tel esclave lui faisoit d'*honneur*. (I, 40.)

Comme un nom qui, des ans et des peuples connu,
Fait *honneur* à la France.... (III, 86.)

Je dois trop au beau sexe, il me fait trop d'*honneur*
De lire ces récits. (V, 9.)
Les grands se font *honneur* dès lors qu'ils nous font grâce. (I, 102.)
.... Qui ne tienne à fort grand *honneur*
D'avoir en leur registre place. (IV, 93.)
L'époux ne fit l'*honneur* de la maison. (VI, 133.)
.... Faire cette nuit les *honneurs* du logis. (IV, 431.)
Ils feroient les *honneurs* de la ménagerie. (III, 39.)
Belle-Bouche et Beaux-Yeux plaidoient pour les *honneurs*. (VIII, 426.)

HONNIR :
Quoi! ne tient-il qu'à *honnir* des familles? (IV, 216 et note 1.)
« Honnissant tes amours. » (Ronsard, tome II, p. 209.)
Honni soit celui qui mal y pense. (IX, 26.)

HONORER :
Je pars demain; venez *honorer* notre cour. (VII, 619.)
Trop heureux si vos pas le daignent *honorer* [ce rivage]. (VI, 19.)
                    Des lieux
Honorés par les pas, éclairés par les yeux
D'une aimable et vive princesse, etc. (IX, 360 et note 2.)

HONTE, HONTES :
            C'est grand *honte*
Qu'il faille voir ainsi clocher ce jeune fils. (I, 202.)
Elle perd tous ses sens et de *honte* et d'amour. (VI, 204.)
.... D'un air naïf, et pourtant fort spirituel, quoiqu'un peu de *honte* l'accompagnât. (VIII, 141.)
Tout le peuple de Samos accourut... pour être témoin de la *honte* du philosophe. (I, 41.)
Leurs fers après les miens ont pour vous de la *honte*. (VI, 244 et note 4.)
Je ne doute donc point qu'en présence d'Oronte
Je n'obtienne le prix, vous n'emportiez la *honte* :
Confuses, vous allez recevoir cette loi,
Si c'est *honte* pour vous d'être moindres que moi. (VIII, 253.)
        Vous m'aimez trop pour vouloir rien
        Qui me pût causer de la *honte*. (V, 215.)
Vous ne croiriez jamais, sans avoir quelque *honte*.... (V, 449 ; voyez VIII, 429.)
Pour épargner sa *honte*, attendez que j'en sorte [de la maison]. (VII, 104.)
Honte souvent est de dommage cause. (V, 310.)
Honte cessa; scrupule autant en fit. (V, 55.)
.... L'oserai-je à ma *honte* avouer? (VII, 626.)
Tiendriez-vous à *honte* de l'imiter? (VIII, 336.)
            Son teint, par sa fraîcheur...,
Rendoit le lis jaloux, faisoit *honte* à la rose. (VIII, 102.)
La belle enfin découvre un pied dont la blancheur
        Auroit fait *honte* à Galatée. (VI, 18.)
... Bien que cette dernière [la blancheur des bras] fît *honte* à l'albâtre. (VIII, 285 et note 4.)

[Il] s'enfuiroit avec sa courte *honte*. (VI, 35 et note 6.)
>Tout ce qui tient Madame
Est seulement belle *honte* de Dieu. (V, 311 et note 7.)
>.... Soit que, sentant son cas,
Simonne encor n'ait toute *honte* bue. (IV, 69 et note 9.)

Bartholomée ayant ses *hontes* bues. (IV, 353.)

« Il leur faisoit boire de belles hontes. » (Brantôme, tome III, p. 300; ibidem, tomes V, p. 319, VII, p. 279, IX, p. 669.) Comparez aussi la correspondance de Madame, duchesse d'Orléans, tome II, p. 58 : « La marquise de Richelieu peut bien courir le monde seule avec des hommes : elle est ce qu'on appelle ici « honte bue ».

HONTEUX, HONTEUSE :

Honteux comme un renard qu'une poule auroit pris. (I, 114.)
>Que si cette pécore....
Fait le *honteux*.... (V, 59.)
>La chambrière, écoutant ce discours,
Fait la *honteuse*. (IV, 307.)

.... Les points qui la rendoient encor toute *honteuse*. (V, 348.)
>Tu ne voudrois sans cela commencer
Assurément, et tu serois *honteuse*. (IV, 501 ; voyez IV, 347.)

Je n'en fais point la fine, il [un pareil baiser] me rendroit *honteuse*. (VII, 77.)
>*Honteux* qu'on vît sa misère en Florence,
Honteux encor de n'avoir su gagner, etc. (V, 162.)

La beauté dans l'Olympe aura trouvé des temples,
Et vous serez *honteux* de lui sacrifier! (VII, 606.)

HÔPITAL :

Si cette même nuit quelque *hôpital* avoit
>Hébergé le chien et son maître.... (V, 260.)
>Stipuler qu'au moins dans l'*hôpital*...,
Pour mon argent, j'obtiendrai quatre places. (IX, 126.)

HOQUET, obstacle, empêchement, ou plutôt accroc :

>.... L'un contre l'autre jetés
Au moindre *hoquet* qu'ils treuvent. (I, 371 et note 10.)

HOQUETON :

Il s'habille en berger, endosse un *hoqueton*. (I, 210 et note 2.)

HORDE, HORDES :

C'étoit un plaisir que d'en voir des *hordes* et des caravanes [de fourmis] arriver de tous les côtés. (VIII, 205.)

HORION, HORIONS :

De *horions* laidement l'accoutra. (IV, 96.)
Hé bien, souffrez les trente *horions*. (IV, 137.)

HORMIS ; HORMIS QUE :

>Ils déplaisoient tous à la dame,
Hormis certain jeune blondin. (V, 250.)
>Enfin tout alla bien, *hormis qu'*en bonne foi
L'heure du rendez-vous m'embarrasse. (V, 598 ; voyez IV, 249.)

HOROSCOPE :

Charlatans, faiseurs d'*horoscope*. (I, 170; II, 297.)
J'ai fait son *horoscope*. (III, 96; voyez VIII, 456; IX, 119 et note 5.)

HORREUR; AVOIR EN HORREUR :

Je frémis d'*horreur* à ce spectacle. (IX, 251.)
 Peu s'en fallut que le soleil
Ne rebroussât d'*horreur* vers le manoir liquide. (III, 112.)
 Eût-on dit qu'un jour cette Astrée
 Seroit l'*horreur* de la contrée ? (VII, 542.)
De toutes parts l'*horreur* régnoit en ce spectacle. (VI, 283.)
Tout fuyoit devant lui ; l'*horreur* suivoit ses pas. (II, 329.)
 Grifonio le gigantesque
 Conduisoit l'*horreur* et la mort. (IV, 401.)
L'*horreur* des déserts. (VI, 246 ; VIII, 55.)
Les *horreurs* de ma vie. (VIII, 395.)
Avez-vous *en horreur* un fils qui vous révère? (VII, 619.)

HORRIBLE :

Ils n'osent pénétrer cette *horrible* contrée. (VI, 301.)
 .... Le diable en eut une peur tant *horrible*
 Qu'il se signa. (V, 376 et note 3.)

HORS; HORS DE :

Lui *hors*, on vous dira le tout de point en point. (VII, 83.)
A peine notre Phrygien fut *hors* qu'il aperçut deux corneilles. (I, 41.)
Je suis prête à sortir avec toute ma bande
 Si vous pouvez nous mettre *hors*. (I, 147 ; voyez VIII, 193.)
Ce qui *hors* terre et dessus l'héritage
 Aura poussé demeurera pour toi. (V, 364 ; voyez V, 367.)
Hors le logis. (IV, 498.)
Hors les toits. (VI, 297.)
 Je vous les permets tous [les plaisirs],
 Hors ceux d'amour. (V, 249.)
.... Le Silence y faisoit sa demeure ordinaire,
 Hors quelque oiseau qu'on entendoit. (V, 254.)
 .... *Hors* les beautés qui font plaisir aux gens
  Pour la somme. (V, 440.)
Hors l'honneur d'être à vous je ne demande rien. (VIII, 365.)
Commandez-moi tout, *hors* ce point. (V, 144.)
.... Or adieu : j'en suis *hors*. (I, 219.)
Lui *hors* de table, on dessert au plus vite. (IV, 260.)
Hors d'haleine. (IV, 371 ; voyez V, 542.)
Ce que j'avance ici n'est point *hors de* propos. (I, 248.)
 Je hais les pièces d'éloquence
 Hors de leur place. (II, 382.)
Cet homme se railloit assez *hors de* saison. (I, 248.)
Hors de toute possibilité. (VIII, 204.)
J'étois *hors de* mon sens, pour ne vous point mentir. (VII, 78.)
Vous-mêmes peignez-vous cet amant *hors de* soi. (VI, 179.)

HÔT]   DE LA FONTAINE.   457

HOSPITALIER, adjectivement et substantivement :
O Dieux *hospitaliers!* (II, 185.)
Demeure *hospitalière*, humble et chaste maison. (VI, 151.)
Les malades d'alors étant tels que les nôtres
Donnoient de l'exercice au pauvre *hospitalier*. (III, 340 et note 12.)

HOSTIE, victime :
Du céleste courroux tous furent les *hosties*. (VI, 162 et note 3.)

HÔTE, activement :
Camus en chien d'Artois d'avoir compté sans *hôte*. (VII, 586.)
.... Ou bien je compte sans mon *hôte* :
Le paillard m'a dit aujourd'hui
Qu'il faut que je compte avec lui. (IX, 447 ; IX, 16.)
.... Dans un corps qu'elle eût eu pour *hôte* au temps jadis. (II, 392.
Peu de beaux corps, *hôtes* d'une belle âme,
Assemblent l'un et l'autre point. (II, 102.)
.... Leurs deux corps où la vie
Cherche encore un refuge, et quitte en gémissant
Les *hôtes* que du Ciel elle obtint en naissant. (VI, 303.)

HÔTE, passivement :
Je n'ai souci, dit-il, ni d'hôtesse ni d'*hôte*. (IV, 53.)
.... Le soin, *hôte* des villes,
Et la crainte, hôtesse des cours. (VIII, 257.)
Les soucis dévorants, les regrets, les ennuis,
Hôtes infortunés de sa triste demeure. (VIII, 356.)
Notre bonne commère
S'efforce de tirer son *hôte* au fond de l'eau. (I, 309.)
Un rat, *hôte* d'un champ, rat de peu de cervelle. (II, 252.)
Un vieux *hôte* des bois. (III, 263.) — Chétif *hôte* des bois. (II, 283.)
Vous êtes le phénix des *hôtes* de ces bois. (I, 63 ; voyez I, 189 ; III, 255 ; IV, 24 ; VI, 254.)
Quoi! se jeter sur moi, sur moi le plus habile
De tous les *hôtes* des forêts! (III, 263.)
.... Voici pourtant un cas où tout l'honneur échut
A l'*hôte* des terriers. (III, 133.)
Hôtes de l'univers sous le nom d'animaux. (II, 478.)
Hôtes d'un climat où règne l'innocence. (VI, 319.)

HÔTELLERIE :
Bonne *hôtellerie*. (III, 353.)
Saint-Dié n'est qu'un bourg, et... les *hôtelleries* y sont mal meublées. (IX, 240 ; voyez IX, 239, 253, 292.)
Dieux familiers et sans cérémonie,
Se trouvant bien dans toute *hôtellerie*. (V, 542.)

HÔTESSE, passivement :
D'où vient donc que ce corps si bien organisé
Ne put obliger son *hôtesse*
De s'unir au Soleil? (II, 396.)

L'inconstance d'une âme en ses plaisirs légère,
Inquiète, et partout *hôtesse* passagère. (IX, 185.)
.... L'autre reçoit plus tard la chaleur pour *hôtesse*. (VI, 331.)
En ses détours obscurs
Régnoit une lionne, *hôtesse* de ses murs. (VI, 301 ; voyez IV, 53 ; VIII, 257.)
.... N'y laissez entrer toutefois
Aucune *hôtesse* de ces bois. (VIII, 68.)
Écho, toujours *hôtesse*
D'une voûte ou d'un roc. (VIII, 40.)
Au lieu d'*hôtesses* si malplaisantes [les vapeurs et la toux], elle a retenu la gaieté et les grâces. (IX, 379.)
.... Leur donnant, à ma façon,
Et l'Amour pour compagnon,
Et les Grâces pour *hôtesses*. (IX, 462.)

HÔTESSE, activement :
Il courut au logis
De la cicogne son *hôtesse*. (I, 113.)
Ces mains, *hôtesses* des Grâces. (IX, 142.)

HOTTE, HOTTES :
Vous en aurez, Monseigneur, pleines *hottes* [de carottes, de navets]. (V, 367.)

HOUER, remuer la terre avec la houe :
Son hôte la menoit [la goutte] tantôt fendre du bois,
Tant fouir, *houer*. (I, 227.)

HOULETTE :
Par les nœuds de l'hymen le sceptre et la *houlette*
Se sont unis plus d'une fois. (VII, 531.)
[Le loup] fait sa *houlette* d'un bâton. (I, 210, 211 ; voyez III, 52.)

HOUPPELANDE :
.... Sous sa *houppelande*
Logeoit le cœur d'un dangereux paillard. (IV, 459 et note 6.)

HOUSEAUX :
Mais le pauvret, ce coup, y laissa ses *houseaux*. (III, 323 et note 29.)
.... Et plusieurs Troyens des plus beaux
En inquinèrent leurs houseaux.
(Scarron, *le Virgile travesti*, livre VI.)

HOUSPILLER (SE) :
Après *s'être* grondés, *houspillés*, déchirés.... (VII, 317.)
Il s'agit de chiens qui se battent.

HOUSSE :
Ils n'avoient tapis ni *housse*. (I, 386.)

HUCHE :
[Le chat] se niche et se blottit dans une *huche* ouverte. (I, 257.)

HUCHER :
Qui vous *a huché* là? (VII, 436 et note 1.)

HUÉE :
A ces mots il se fit une telle *huée*.... (I, 380.)

HUER :
On le *hua*. (V, 365.)

HUGUENOT :
>Le chevalier de Sillery....
>Souhaitoit, pour la paix publique,
>Qu'il [le pape] se fût rendu catholique
>Et le roi Jacques *huguenot*. (IX, 445.)

HUI, aujourd'hui :
Dans dix mois d'*hui* je vous fais père enfin. (V, 36 et note 1 ; voyez V, 38, 59, 372, 397; IX, 13.)

HUIS, porte :
Lucas trouva l'*huis* ouvert. (VII, 577.)
.... [Il] voulut sortir et ne put ouvrir l'*huis*. (IV, 209 et note 7.)
On frappe à l'*huis*. (V, 72 et note 8.)

HUISSIER :
Il [Jupiter] ne se sert jamais d'*huissier*. (II, 422.)
Comme les *huissiers* le conduisoient.... (I, 40.)

HUISSIÈRE :
L'autre *huissière* permet qu'il [le sang] sorte et qu'il circule. (VI, 327 et note 1.)

HUMAIN, AINE, adjectivement et substantivement :
Nulle *humaine* créature.... (III, 255.)
Plutôt démon qu'*humaine* créature. (IX, 151.)
Les fortunes *humaines*. (VI, 94.) — L'*humaine* misère. (VI, 318.)
Humains, cruels *humains*, tyrans de l'univers. (VII, 219.)
Cependant des *humains* presque les quatre parts
S'exposent hardiment au plus grand des hasards;
Les quatre parts aussi des *humains* se repentent. (II, 103.)

HUMBLE :
.... Par toi l'*humble* acquiert du renom. (VIII, 398.)
Ne tentons plus le Ciel, ayons une *humble* peur. (VI, 300.)
Les *humbles* violiers. (VI, 287.) — L'*humble* toit devient temple. (VI, 159.)

HUMECTER :
Vous *humectez* volontiers le lampas. (IV, 136 et note 2.)

HUMER :
[Une huître] *humoit* l'air, respiroit. (II, 254.)
Dans notre chambre allons *humer* ce piot-ci. (VII, 313 et note 1.)

HUMEUR, HUMEURS, au propre et au figuré :
L'*humeur* bilieuse a causé ces transports. (VI, 320.)

La fièvre, disoit-on, a son siège aux *humeurs*. (VI, 320.)
>Des portions d'*humeur* grossière,
>Quelquefois compagnes du sang,
>Le suivent dans le cœur. (VI, 331 ; voyez VI, 332, 339, 340, 357.)

Le bois vert, plein d'*humeurs*, est long à s'allumer. (VI, 331.)
Je ne les blâme point, je souffre cette *humeur*. (II, 458.)
>Peu d'entre ces dames
>Étoient d'*humeur* à tenir des propos
>De sainteté. (V, 190.)

Chacun étant en belle *humeur*. (I, 100 ; voyez VIII, 229.)
... Et pendant que mon père est d'*humeur* si facile,
Allons lui proposer le choix que j'en ai fait. (VII, 98 ; voyez IV, 447.)
>Un certain homme avoit trois filles,
>Toutes trois de contraire *humeur*. (I, 191.)

Son *humeur* libre, gaie, et sincère. (IV, 386 ; voyez III, 319.)
Humeur bienfaisante. (VIII, 17.)
Je suis d'*humeur* batifolante. (VII, 491.)
Le desir de voir et l'*humeur* inquiète. (II, 363 et note 9.)
Humeur contredisante. (I, 249.) — Médisante *humeur*. (IV, 434.)
Humeur farouche. (VI, 9 ; voyez V, 16, 210; VII, 616.)
Humeur sauvage. (VII, 264.) — *Humeur* noire. (V, 16.)
>Ton *humeur* mutine,
>Et trop jalouse, et déplaisant à Dieu. (V, 398.)

Quand voulez-vous quitter cette *humeur* solitaire ? (VII, 101.)
Dépendre d'une *humeur* fière, brusque, ou volage. (IV, 47.)
L'on n'aime pas toujours l'*humeur* ambitieuse. (II, 164.)
.... Cela sent son *humeur* bourgeoise. (V, 447.)

HUMIDE :

Humides torrents. (VI, 268.)
L'*humide* séjour. (III, 81.)
Les *humides* bords des royaumes du vent. (I, 126.)
Cent *humides* baisers achèvent ses adieux. (VI, 246.)

HUMIDITÉ :

>Qu'il fait ici d'*humidité !*
>Foin ! votre habit sera gâté. (V, 219.)

HUMILIER (S') :

>La belle, l'arrêtant,
>*S'humilia*, pour être contredite. (IV, 264.)

Ce paysan eut beau *s'humilier*.... (IV, 141 ; voyez VIII, 48.)

HUPPÉ, au propre et au figuré :

L'on prend au trébuchet l'oiseau le plus *huppé*. (VII, 577.)
.... Peut-être y tint-il lieu d'un prince ou d'un héros
Des plus *huppés*. (III, 256 et note 46.)

HURE, appliqué aux lions :

>.... Ayant courage, intelligence,
>Et belle *hure* outre cela. (I, 265 et note 5.)

HYDRE, masculin et féminin :

.... Comme *hydres* dans nos cœurs sans cesse *renaissants*. (IX, 187 ; voyez III, 107 et note 18.)

Je vis passer
Les cent têtes d'*une hydre* au travers d'une haie. (I, 95.)

Tout est perdu, l'*hydre* va s'avancer ;
Tout est gagné, Turenne l'a *vaincue*. (IX, 150.)

Comme si cette affaire
N'étoit *une hydre*.... (IV, 369.)

Quel autre Hercule enfin ne se trouveroit las
De combattre *cette hydre ?* (II, 230 ; voyez II, 237.)

Cette hydre aux têtes renaissantes. (VIII, 399 ; voyez VI, 337.)

Une chimere, une hydre, en cent testes feconde.
(Ronsard, tome VI, p. 213.)

HYMEN :

Le seul nom de l'*hymen* me fait frémir de crainte. (VII, 52.)

J'ai vu beaucoup d'*hymens*, aucuns d'eux ne me tentent. (II, 103.)

L'*hymen* est bon seulement
Pour les gens de certaines classes. (IX, 431.)

Mais quoi ! si l'amour n'assaisonne
Les plaisirs que l'*hymen* nous donne, etc. (II, 432.)

Ni le temps, ni l'*hymen*, n'éteignirent leur flamme. (VI, 150 ; voyez VI, 186 ; IV, 333, 349, 389 ; V, 66 ; VI, 61, 295.)

Son *hymen* se va conclure au firmament. (VI, 21 ; voyez VI, 209.)

Demain un lacs d'*hymen* me donnera sa foi. (VII, 304.)

Hymen veut séjourner tout un siècle chez vous. (III, 250.)

Ces amants, quoique épris d'un desir mutuel,
N'osoient au blond *Hymen* sacrifier encore. (VI, 199 ; voyez IV, 463 ; V, 104, 121.)

HYMÉNÉE :

Le Soleil... eut dessein autrefois
De songer à l'*hyménée*. (II, 38.)

La belle, ayant fait dans son cœur
Cet *hyménée*, acheva le mystère. (IV, 44 ; voyez VI, 82.)

.... Il en devint le maitre et le vainqueur,
Bien entendu sous le nom d'*hyménée*. (VI, 52.)

Hyménée et l'Amour...
Avoient uni leurs cœurs. (VI, 149.)

L'auberge enfin de l'*Hyménée*
Lui fut [à la Discorde] pour maison assinée. (II, 71.)

HYPOCONDRE :

Son *hypocondre* de mari. (I, 185 et note 2.)

HYPOCRISIE :

Dame Vénus et dame *Hypocrisie*
Font quelquefois ensemble de bons coups. (IV, 456 et note 1.)

HYPOCRITE, substantivement :

L'*hypocrite* les laissa faire. (I, 211 ; voyez IV, 476.)

Notre ermite
Les renvoya, fit le bon *hypocrite*. (IV, 475.)
Cette bonne *hypocrite*. (IX, 24.)
Son minois *hypocrite*. (II, 18.)

HYPOTHÉQUER :
Ce logis m'*est hypothéqué*. (VII, 135.)

I

ICELUI, ICELLE, pronom démonstratif :
D'une main empoignant le pommeau de la selle,
Pour porter l'autre jambe en l'autre part d'*icelle*.... (VII, 295.)

ICI; ICI-BAS, ICI-HAUT, la terre; ICI-BAS, l'enfer :
Je blâme *ici* plus de gens qu'on ne pense. (I, 116.)
    Mais faire *ici* de la petite bouche
    Ne sert de rien. (IV, 351.)
        On ne m'a jusqu'*ici*
Fait connoître que ceux [les plaisirs] qui sont peines aussi. (VIII, 359.)
.... Le récit en vers qu'*ici* je vous dédie. (II, 231.)
J'ai passé par *ici* depuis cinq ou six jours. (I, 252.)
Quoi! le grand Ragotin, l'ornement d'*ici-bas*,
Est poète! (VII, 314.)
    Nous sommes gens qui n'avons pas
    Toutes nos aises *ici-bas*. (IV, 184.)
Bon fait avoir *ici-bas* un ami. (IV, 162.)
Ici-bas ce grand corps [le soleil] n'a que trois pieds de tour. (II, 200; voyez III, 126.)
Mesurant les cieux sans bouger d'*ici-bas*, etc. (II, 343.)
Les choses d'*ici-bas* ne me regardent plus. (II, 109.)
Diogène là-bas [chez les morts] est aussi riche qu'eux,
Et l'avare *ici-haut* comme lui vit en gueux. (I, 345 et note 3.)
    Votre Grandeur voit tomber *ici-bas* [au fond de l'enfer],
    Non par flocons, mais menu comme pluie,
    Ceux que l'hymen fait de sa confrérie. (VI, 117.)

IDÉE, IDÉES :
[Elle] n'avoit rien que Pinuce en l'*idée*. (IV, 206.)
    C'eût été grand cas
    Qu'après de semblables *idées* [images]
    Amour en fût demeuré là. (V, 347.)
.... De là sont venus nos universaux, et ce que nous appelons *Idées* de Platon. (VIII, 338 et note 1.)
Voyez aussi le Lexique de Mme de Sévigné.

IDIOT :
Quiconque est ignorant, d'esprit lourd, *idiot*. (III, 127; voyez II, 326.)
[Le meunier] lui dit : « *Idiot!* » (V, 535.)

IDOLÂTRE de :
Des bergères d'Urfé chacun est *idolâtre*. (IX, 204; voyez VIII, 412.)

IDOLÂTRIE :
Tels étoient ces mortels pour qui l'*idolâtrie*
Commença d'introduire au monde son pouvoir. (VII, 232.)

IDOLE, masculin et féminin :
Jamais *idole* quel qu'*il* fût, etc. (I, 296.)
    Cette idole
Est proprement un fort joli poisson. (V, 572.)
    On se fait *une idole*
De trésors, ou de gloire, ou d'un plaisir frivole. (IX, 184.)
Comparez les Lexiques de Malherbe et de Corneille.
.... Là les gens pour *idole* ont un certain oiseau. (IV, 446.)
.... C'est l'*idole* d'un sage. (VII, 191.)
La statue d'un sage.

IDYLLE :
Je voudrois que cette *idylle*... ne vous parût pas entièrement dénuée des beautés de la poésie. (VI, 276.)
Cet Idile, dans l'édition originale.

IGNOMINIE :
La perfide a couvert mon front d'*ignominie*. (V, 269.)

IGNORANCE :
.... Sotte *ignorance* en fait trébucher mille. (VI, 14.)
Sous lui la cour n'osoit encore ouvertement
 Sacrifier à l'*ignorance*. (IX, 374.)
L'avarice, compagne et sœur de l'*ignorance*. (III, 23 ; voyez VI, 325.)

IGNORANT, ante :
Pauvre *ignorant!* (I, 413 ; voyez V, 431.)
Un *ignorant* ami. (II, 263.)
 .... Certain art de se faire valoir
Mieux su des *ignorants* que des gens de savoir. (III, 126.)
Je me lasse d'être un enfant et une *ignorante*. (VIII, 156.)

IGNORER :
.... Le pauvre garçon ne connut la lumière
 Qu'afin qu'il *ignorât* les gens. (V, 14.)

IL, cela :
 De ce lieu-ci je sortirai,
 Après quoi je t'en tirerai.
— Par ma barbe, dit l'autre, *il* est bon. (I, 218 et note 3.)
Vous m'êtes, en dormant, un peu triste apparu :
J'ai craint qu'*il* ne fût vrai. (II, 267; voyez VII, 71; VIII, 373.)
Dom Pourceau raisonnoit en subtil personnage :
Mais que lui servoit-*il*? (II, 272.)

Hélas! que me sert-*il* de l'aimer constamment? (VII, 264.)
Mais que serviroit-*il* ? (VIII, 349.)
Ce coup augmentera sa haine, *il* est certain. (VII, 413.)
Je dispose de ce qui est à lui, comme s'*il* étoit à moi-même. (VIII, 350.)
  Tout cela ne convient qu'à nous.
  — *Il* ne convient pas à vous-mêmes. (III, 156.)
Qu'*il* ait été promis ou de bon ou par jeu, etc. (VII, 46.)
[Croquer] tout! *il* est impossible. (III, 163.)
Il n'importe. (VII, 51 ; voyez I, 273, 372 ; II, 211, 399, 458 ; III, 76, 97 ; IV, 141, 431 ; V, 124, 203, 246, 269, 297, 570 ; VI, 345 ; VII, 114, 286 ; VIII, 98, 144, 327, 493 ; IX, 181 ; et passim.)

ILLEC, là :

  Notez qu'*illec*, avec deux autres femmes,
  Du gros bourgeois l'épouse étoit aussi. (IV, 111 et note 8.)

ILLUSTRE :

Je suis d'avis qu'on prenne un homme *illustre*.... (V, 42.)
L'*illustre* pécheresse [Madeleine]. (VIII, 416.)
    De pareilles erreurs
Ne produisent jamais que d'*illustres* malheurs. (III, 49.)

IMAGE, emplois divers :

  L'on dit que l'ouvrier
  Eut à peine achevé l'*image*
  Qu'on le vit frémir le premier, etc. (II, 386.)
Au fond du temple eût été son *image*. (III, 275.)
Des merveilles de Vaux ils m'offrirent l'*image*. (VIII, 249.)
L'*image* du trépas en ses yeux est empreinte. (VI, 257.)
Je me suis des malheurs une *image* tracée. (VIII, 481.)
J'en sais représenter les *images* brillantes [du matin et du soir]. (VIII, 255.)
Je crois voir en ceci l'*image* d'une ville, etc. (II, 246.)
  Si l'on se plaît à l'*image* du vrai,
  Combien doit-on rechercher le vrai même! (VI, 40.)

IMAGINER ; S'IMAGINER :

    Un stratagème
Non encor pratiqué, des mieux *imaginés*. (III, 320.)
  L'animal à longue échine
  En feroit [des rats], je m'*imagine*,
  De grandes destructions. (I, 286.)
    Il se va confiner
Aux lieux les plus cachés qu'il peut s'*imaginer*. (I, 92.)
.... Par là Renaud s'*imagina* le reste. (IV, 261.)

IMBÉCILE :

  Quoi ? toujours il me manquera
  Quelqu'un de ce peuple *imbécile !*
  Toujours le loup m'en gobera ! (II, 451 et note 1.)
Imbécile, à la fois « sot », ici, et aussi au sens latin de « faible » et « lâche ».
Les Perses étoient *imbéciles*, les Gaulois courageux et forts. (VIII, 328.)

IMBIBER; s'IMBIBER DE :

Le vase *est imbibé*, l'étoffe a pris son pli. (I, 186.)
  Nulle liqueur au quina n'est contraire :
  L'onde insipide et la cervoise amère,
  Tout *s'en imbibe*. (VI, 347.)

IMBU, UE, participe passé de l'ancien verbe « imboire » :

Il se fait un foyer qui pousse ses vapeurs
  Jusqu'au cœur qui les distribue
Dans le sang dont la masse en *est* bientôt *imbue*. (VI, 320.)

IMITATEUR :

N'attendez rien de bon du peuple *imitateur*. (III, 302 et note 4.)
C'est un bétail servile et sot, à mon avis,
Que les *imitateurs*. (VII, 165 ; voyez IX, 202 et note 2.)

  L'esclave imitateur.
    (André Chénier, *l'Invention*, vers 17.)
Certes c'est une vieille et vilaine famille
Que celle des frelons et des imitateurs.
    (Alfred de Musset, *Après une lecture*, XVI.)

IMITATION :

Mon *imitation* n'est point un esclavage. (IX, 202.)

IMITER :

Imitez le canard, la grue, et la bécasse. (I, 84.)
  Il est bon que j'*imite*
Phébus, qui, etc. (IV, 445.)

IMMENSE :

Immense stature. (I, 232.) — *Immenses* trésors. (VI, 200.) — Bienfait *immense*. (VI, 299.) — *Immense* largesse. (VIII, 398.) — Pouvoir *immense*. (VIII, 416.) — Détail *immense*. (VI, 348.)

IMMOBILE :

Je le rends *immobile* [le soleil], et la terre chemine. (II, 201.)
D'*immobiles* appas. (IV, 430.)

IMMONDE :

L'esprit *immonde* [le diable]. (VI, 115 et note 4.)

IMMONDICE :

  On n'avoit jeté
Cette *immondice* et la dame gâté, etc. (IV, 372.)

IMMORTEL, ELLE :

Le peuple *immortel*. (III, 258.) — Troupe *immortelle*. (VIII, 411.) Homme *immortel*. (VIII, 263.) — *Immortelle* tâche. (VIII, 212.)
  La chronique *immortelle*
De ces murs pour qui, etc. (VIII, 261 ; voyez IX, 197, 265.)
L'*Iliade*.
  Que de vous naisse un héros
  Dont les palmes *immortelles*, etc. (VIII, 389.)

J. DE LA FONTAINE. X

IMPARFAIT, AITE :
Plaisir *imparfait*. (IV, 80.) — Joie *imparfaite*. (VI, 246.) — Compte *imparfait*. (III, 203.)

IMPARFAITEMENT :
J'eusse en ses yeux fait briller de son âme
Tous les trésors, quoique *imparfaitement*. (III, 277.)

IMPATIENT DE **:**
Impatient du frein. (VIII, 480.)

IMPERFECTION :
Tout ce qu'est Harpajême en *imperfection*.... (VII, 424.)

IMPERTINENT, ENTE **:**
L'*impertinente* bête. (II, 35.)

IMPÉTUEUX :
Ajax l'*impétueux*. (I, 130.)

IMPITOYABLE :
Impitoyables licteurs. (VIII, 190.)
     Du Lignon l'onde *impitoyable*
Vient de l'ensevelir. (VII, 528.)
La vieillesse est *impitoyable*. (III, 216.) — *Impitoyable* joie. (III, 37.)

IMPORTANCE :
Affaire d'*importance*. (IV, 449.) — Parti d'*importance*. (II, 115 ; V, 315 ; VI, 42.)
Se croire un personnage est fort commun en France :
     On y fait l'homme d'*importance*. (II, 286.)

IMPORTER ; IMPORTER DE **:**
.... L'affront dont leur parti veut être satisfait
Importe beaucoup moins que le tort qu'on m'a fait. (VII, 621.)
     Il n'*importe* à la république
     Que tu fasses ton testament. (II, 211.)
.... Événements de qui la vérité
     Importe à la postérité.... (IV, 396.)
Qu'*importe* que nos corps des oiseaux ravissants
Ou des monstres marins deviennent la pâture ? (IV, 405.)
Qu'*importe* qui vous mange ? (III, 21.)
N'*importe* pas *du* titre ni *du* nom. (V, 541 et note 6.)

IMPORTUN, UNE **:**
     Ils font partout les nécessaires,
Et, partout *importuns*, devroient être chassés. (II, 144.)
Foule *importune*. (II, 161.) — Animal *importun !* (III, 263.)
Ôtez-nous de ces biens l'affluence *importune*. (II, 125.)

IMPORTUNER :
Censeur, tu m'*importunes*. (V, 279.)
     La pauvre infortunée
     Poussoit un tel rugissement
Que toute la forêt étoit *importunée*. (III, 70.)

Il ne m'appartient pas d'*importuner* les dieux. (IX, 377; voyez VIII, 152, 392.)

IMPORTUNITÉ :

Cette *importunité* bien souvent est punie. (I, 274.)
L'*importunité* des amants. (VIII, 148.)

IMPOSER ; IMPOSER À :

[Le mari] ne manquoit au retour
D'*imposer* mains sur madame Féronde. (V, 395 et note 1.)

Les sobriquets qu'un corps de garde *impose*. (IX, 42; voyez IX, 43.)

Gens *à* qui j'*impose* pour peine
Votre censure et votre haine. (III, 195.)

Pourvu seulement qu'elle *imposât* à l'Amour, cela suffiroit. (VIII, 217.)
Il me suffit de ne pas vouloir qu'on *impose* en ma faveur *à* qui que ce soit. (IV, 8; voyez I, 20.)

Leur apparence *impose au* vulgaire idolâtre. (I, 324.)

Inspire le respect, mais en trompant, en faisant illusion : voyez Littré, au mot IMPOSER, Remarque.

IMPOSSIBILITÉ :

L'homme est ainsi bâti : quand un sujet l'enflamme,
L'*impossibilité* disparoît à son âme. (II, 339; voyez III, 163.)

IMPOSSIBLE, adjectivement et substantivement :

[Croquer] tout! il est *impossible*. (III, 163.)
Alléguer l'*impossible* aux rois, c'est un abus. (II, 223; voyez VI, 249.)

IMPOSTURE :

De deux peintres fameux qui ne sait l'*imposture ?* (VIII, 254.)
Le souvenir confus d'une douce *imposture*. (VI, 247.)

Deux enchanteurs pleins de savoir
Firent tant par leur *imposture*
Qu'on crut qu'ils avoient le pouvoir
De commander à la nature. (IX, 347.)

Ce doit être l'effet des dernières alarmes
Par qui mon *imposture* a séduit sa raison. (VII, 518.)

IMPOTENT :

Qu'on me rende *impotent*,
Cul-de-jatte, goutteux, manchot, pourvu qu'en somme
Je vive, c'est assez. (I, 105.)

Cul-de-jatte, estropiat, *impotent* : c'est tout dire. (VII, 362.)

IMPRESSION :

L'*impression* se fait. (II, 462; voyez II, 472.)

L'*impression*
Qu'avoit l'abbesse encontre ce remède.... (V, 316 et note 7.)

.... Je demande lequel de ces deux exemples fera le plus d'*impression* sur cet enfant. (I, 17.)

.... En lui donnant de mauvaises *impressions* de son mari. (VIII, 91.)

IMPRÉVU :

Alarme *imprévue*. (VI, 291.) — Coup *imprévu*. (III, 159.)

IMPRIMER ; s'imprimer :
[L'oiseau] va tout droit *imprimer* sa griffe
Sur le nez de Sa Majesté. (III, 253.)
Leurs pas *imprimés* sur l'arène. (VI, 301 ; voyez VI, 253.)
.... Sans parler des miroirs et du cristal des eaux,
Que ses traits *imprimés* font paroître plus beaux. (VIII, 62.)
Croyez-vous que vos dents *impriment* leurs outrages
Sur tant de beaux ouvrages? (I, 414.)
Monstre *imprimant* la crainte. (VI, 180.)
Au cerveau
De ses sujets il *imprimoit* des choses.... (V, 382 et note 5; voyez VI, 331.)
Auroit-il *imprimé* sur le front des étoiles
Ce que la nuit des temps enferme dans ses voiles? (I, 168.)

En diuerses façons les signes vous auez
Imprimez sur le front des vents et des orniges,
Des pluyes, des frimas, des gresles, et des neiges.
(Ronsard, tome V, p. 281.)

Les cruelles dents
Et les ongles félons *s'impriment* dans ses flancs. (VI, 302.)

IMPROMPTU :
J'appelle votre hymen un *impromptu* d'amour. (IX, 62.)

IMPRUDENCE :
Se confesser à son propre mari,
Quelle folie ! *Imprudence* est un terme
Foible, à mon sens, pour exprimer ceci. (VI, 61.)
Imprudence, babil, et sotte vanité,
Et vaine curiosité,
Ont ensemble étroit parentage. (III, 16 ; voyez VI, 281, 295.)

IMPRUDENT, ente :
Notre *imprudent* voyageur. (II, 362.)
Une galanterie *imprudente* et peu sage. (V, 426.)

IMPUISSANCE :
L'*impuissance* de vos années. (I, 6.)
Votre âge trop jeune pour la gloire.

Il ne lui touche point [à sa femme], vit dedans l'abstinence,
Et, soit par jalousie, ou bien par *impuissance*,
A retranché d'hymen certains droits d'amitié. (IV, 389.)

IMPUISSANT, ante :
Un vieillard *impuissant* et perclus. (VII, 49.)
Cent dieux sont *impuissants* contre un seul Jupiter. (III, 239.)
Clameurs *impuissantes*. (VIII, 399.) — Fureurs *impuissantes*. (VI, 337.)

IMPUNÉMENT :
[Il] ravage *impunément* des provinces entières. (VI, 250.)

IMPUR, adjectivement et substantivement :
Laisse-nous résister à ton vouloir *impur*. (VI, 292.)

INC] DE LA FONTAINE. 469

Tout l'inutile et l'*impur* de l'écorce. (VI, 348.)

IMPURETÉ, IMPURETÉS :

S'il restoit des *impuretés* [dans le sang].... (VI, 323.)

IMPUTER à :

Chacun *impute*, en cas pareil,
Son bonheur *à* son industrie. (II, 176; voyez VI, 135.)

INACCESSIBLE :

Il [le sanglier] habite en un fort épais, *inaccessible*. (VI, 250; voyez VII, 627.)
Aux consolations la veuve *inaccessible*.... (VI, 74.)

INADVERTANCE. (I, 152.)

INCAPABLE DE :

Elle étoit trop jeunette,
Et d'âge encore *incapable* d'aimer. (VI, 8.)
Qui dit prude..., il dit laide ou mauvaise,
Incapable en amour d'apprendre jamais rien. (V, 102.)
De crainte *incapable*. (VI, 303.)
.... En un âge où j'étois *de* tes dons *incapable*. (VIII, 359.)

INCAPACITÉ :

Cet auteur [Horace] ne veut pas qu'un écrivain s'opiniâtre contre l'*incapacité* de son esprit, ni contre celle de sa matière. (I, 19.)

INCARNAT :

Il restoit un certain *incarnat*
Dessus son teint. (V, 80.)
L'*incarnat*... leur monta aussitôt aux joues. (VIII, 141.)
Chez Scarron, cité par le Dictionnaire de Trévoux :
Jouvencelle au teint délicat
Mêlé de blanc et d'incarnat.

INCERTAIN, AINE :

....*Incertain* donc il se mit à genoux. (IV, 133.)
Soupçonneux, tremblant, *incertain*. (IX, 174.)
La princesse écoutoit, *incertaine* et tremblante. (IV, 409; VI, 191.)
[Hasard, fortune, sort] toutes choses très *incertaines*. (I, 168.)
Assure mon salut dès ce monde *incertain*. (VIII, 416.)

INCESSAMMENT, sans cesse :

Voyez-vous à nos pieds fouir *incessamment*
Cette maudite laie? (I, 220.)
Que sert à vos pareils de lire *incessamment*? (II, 309; voyez II, 24.)
    Incessamment
Le diable étoit à ses oreilles. (V, 551; voyez VI, 30; VIII, 124, 131; etc.)

INCIDENT :

Le sujet [de cette comédie]... n'est point embarrassé d'*incidents* confus. (VII, 7.)
... Sans rien forcer, et sans qu'on violente
Un *incident* qui ne s'attendoit pas. (VI, 125.)

INCITER à :
Ces pensers *incitoient* la reine *à* la vengeance. (V, 433.)

INCIVIL, ILE :
Certains coqs, *incivils*, peu galants. (III, 39.)
Incivile requête. (V, 172.)
.... La prière, dit-il, n'en est pas *incivile*. (II, 53.)

INCLÉMENCE :
    .... L'*inclémence*
Des aquilons et des hivers. (VIII, 29.)

« L'inclémence de la froide saison. » (Lettres de Chapelain, tome II, p. 297.) — « Les inclémences de la saison pluvieuse. » (Molière, *les Précieuses ridicules*, scène VII.)

INCLINATION, au propre et au figuré :
Après une *inclination* très profonde.... (VIII, 57.)
Une petite *inclination* de tête. (VIII, 231.)
    .... La pente et l'*inclination*
Dont l'eau par sa course l'emporte. (I, 248.)
Ainsi chacune prit son *inclination*. (I, 194 et note 15.)

INCLINER ; INCLINER À, POUR :
Ce n'est point ce qui fit *incliner* la balance. (VIII, 505; voyez IX, 453.)
.... Les dames *au* premier [à l'homme d'épée] *inclineront* toujours. (VIII, 297.)
Il *inclina* d'abord *à* réformer le tout. (VI, 355.)
[La dame] *pour* l'autre emploi *inclinoit* en son âme. (V, 82; voyez VIII, 429.)
    Le cœur de la fille
Inclinoit trop *pour* notre jouvenceau. (VI, 43.)

INCOMMODE; INCOMMODE À :
    Un époux
Malgracieux, *incommode*, et jaloux. (VI, 27.)
Hélas ! j'ai beau crier et me rendre *incommode*. (III, 291.)
.... Ce rival se rendant *incommode*. (VII, 110; voyez VIII, 148.)
Rome, non celle-là que les mœurs du vieux temps
Rendoient triste, sévère, *incommode aux* galants.... (V, 436.)

INCOMMODER ; S'INCOMMODER :
Puis il viendroit quelque mâtin difforme
L'*incommoder*, la mettre sur les dents. (V, 45; voyez VIII, 137.)
    Est-ce la mode
Que baudet aille à l'aise et meunier *s'incommode*? (I, 203; voyez I, 220.)

INCONNU :
De tout *inconnu* le sage se méfie. (III, 296.)
Cet *inconnu*... nous la vient donner belle. (III, 198; V, 40.)
.... Tous les noms des chercheurs de mondes *inconnus*. (II, 250; VIII, 387, 412.)

INCONSOLABLE :
La dame fut toujours *inconsolable*. (VI, 138; voyez IV, 78.)

INCONSTANCE :
L'*inconstance* d'une âme en ses plaisirs légère. (IX, 185.)

INCONSTANT, ANTE :
Oh! combien l'homme est *inconstant*, divers! (VI, 4.)
L'*inconstante* [la Fortune] aussitôt à leurs desirs échappe. (II, 161.)

INCONTINENT ; TOUT INCONTINENT ; INCONTINENT QUE :
Lors de mon coin vous me verrez sortir
Incontinent, de crainte de fortune. (IV, 110.)
Incontinent de la main du monarque
Il se sent tondre. (IV, 232.)
C'étoit *incontinent* après la mort du serpent Python. (VII, 202; voyez III, 217; IV, 92, 167; V, 54, 68, 305; VI, 116; IX, 165, 331; et passim.)
Je veux être
Écorché vif si *tout incontinent*
Vous ne baisiez Madame sur l'herbette. (IV, 312; voyez IV, 57; V, 276.)
Incontinent qu'il croira que mes gens
Seront couchés.... (VI, 34.)
Tout incontinent que j'aurai
Trouvé, etc. (V, 137 et note 1.)

INCONVÉNIENT :
Il n'est pas *inconvénient*
Que, etc. (VIII, 43 et note 1.)

INDÉCENT ; INDÉCENT À :
Souffrir n'ai pu chose tant *indécente*. (IV, 165.)
Les cris sont *indécents*.
A la majesté souveraine. (III, 253.)

INDEMNISER DE (S') :
Deux francs patte-pelus qui *des* frais du voyage,
Croquant mainte volaille, escroquant maint fromage,
S'indemnisoient à qui mieux mieux. (III, 427.)

INDICE :
C'est ce qu'on nomme pouls, sûr et fidèle *indice*
Des degrés du fiévreux tourment. (VI, 329.)

INDIFFÉRENCE :
La froideur et l'*indifférence* d'une statue. (I, 39.)

INDIFFÉRENT ; INDIFFÉRENT À :
Les amis, les *indifférents*. (IX, 177.) — OEil *indifférent*. (VI, 203.)
Je fais la froide et l'*indifférente*. (VIII, 160; voyez VIII, 180.)
Tristes, gais, prêts à tout, *à* tout *indifferents*. (II, 281.)
Il faut travailler à les rendre bonnes [nos habitudes] pendant qu'elles sont encore *indifférentes au* bien ou *au* mal. (I, 16.)

INDIGENCE :
Il n'est point d'infamie à l'*indigence* égale. (VIII, 485.)

INDIGENT :
.... Attendu l'état *indigent*
De la république attaquée. (II, 108.)
S'il manque à l'*indigent*, l'avare se plaint tout. (VIII, 493.)
Heureux les *indigents!* (II, 125.)

INDIGNE ; INDIGNE DE :
On eut soin d'empêcher qu'une *indigne* maîtresse
Ne fît en ses enfants dégénérer son sang. (II, 334.)
.... Fureur qui n'étoit pas *indigne de* pardon. (VI, 293.)

INDISCRET :
.... Vous y servez de jouet et de proie
A jeunes gens *indiscrets*, scélérats. (V, 70.)
Une langue *indiscrète*. (VI, 179.) — Mon zèle est *indiscret*. (II, 214.)
Un *indiscret* stoïcien. (III, 308 et note 19.)

INDISCRÉTION :
Son *indiscrétion* de sa perte fut cause. (III, 16 et note 16; voyez VI, 57.)
Vénus a encore sur le cœur l'*indiscrétion* des mortels qui ont quitté son culte pour m'honorer. (VIII, 174.)

INDIVIDU :
.... Hem, hem, l'*individu* fait encor son office. (VII, 299.)

INDOCILITÉ :
Cesse de rire
De l'*indocilité* qui me fait envoler. (II, 322.)

INDOLENT :
.... C'est que vous êtes un petit *indolent*. (VII, 466.)

INDUIRE À :
Ne t'attends de m'*induire à* luxure. (IV, 95.)

INDULGENCE ; INDULGENCE PLÉNIÈRE :
C'est l'*indulgence*
Qui fait le plus beau de leurs droits. (III, 248.)
Des droits des souverains.
Tout domestique, en trompant un mari,
Pense gagner *indulgence plénière*. (IV, 322.)

INDULGENT :
L'on a vu de tout temps
Plus de sots fauconniers que de rois *indulgents*. (III, 260.)
Cet office lui fut plus cruel qu'*indulgent*. (VI, 196.)

INDULT, grâce accordée par bulles du Pape :
Semblable *indult* en France
Viendroit fort bien. (V, 319 et note 3.)

INDUSTRIE :
Chacun impute, en cas pareil,
Son bonheur à son *industrie*. (II, 176 et note 15.

Ses bons tours et son *industrie*. (VI, 95.)
J'ai tout, et je n'ai rien que par mon *industrie*. (VII, 35 ; voyez VII, 9, 404.)

INÉGAL, ALE, au propre et au figuré :
Quelques lieux *inégaux* font de loin cet effet. (II, 202.)
Deux pailles prend d'*inégale* grandeur. (IV, 128.)
.... Acanthe est un homme *inégal* à tel point
Que d'un moment à l'autre on ne le connoit point. (VII, 162.)

INÉVITABLE :
Tous fuyoient, tous tomboient au piège *inévitable*. (I, 189.)
.... Pour nous faire éviter des maux *inévitables*. (I, 169.)

INEXORABLE :
Il aimoit mieux Clitie *inexorable*
Qu'il n'auroit fait Hélène favorable. (V, 159 ; voyez V, 258, 549.)
Ne le pas écouter! se rendre *inexorable!* (VII, 526.)

INEXPUGNABLE :
Caliste enfin l'*inexpugnable*
Commença d'écouter raison. (V, 127.)
D'*inexpugnables* murs. (IX, 470.)

INEXTINGUIBLE :
Il leur prit un rire *inextinguible* : par ce mot d'*inextinguible*, vous voyez qu'on ne peut trop rire, ni trop longtemps. (VIII, 116 et note 1.)

INFAILLIBLE :
Je n'ai pas dit la principale cause
De sa ruine, *infaillible* accident. (VI, 105.)

INFÂME :
Et l'ayant destinée à ses plaisirs *infâmes*.... (IV, 401.)

INFAMIE :
.... Évitons donc au moins la honte et l'*infamie*. (VII, 610.)
[Nice] allégua le danger
Et l'*infamie*. (V, 41.)
Il n'est point d'*infamie* à l'indigence égale. (VIII, 485.)

INFANT, INFANTE :
L'infant de Cypre. (VIII, 130.)
Cupidon.

L'*infante* du Tage. (VIII, 436.)
Marie-Thérèse.

Il savoit que l'*infante* étoit dans ce vaisseau. (IV, 401 et note 2.)
La fiancée du roi de Garbe.

Ó Paix, *infante* des cieux! (VIII, 381.)
Porte-maison l'*infante* [la tortue]. (III, 284 et note 52.)

INFANTERIE :
Vous n'avez vu de votre vie
Une si belle *infanterie*. (IX, 325.)

INFÉCOND, onde :
[Le soleil] parcourt avec ennui cette plaine *inféconde*. (VI, 282.)
  L'enfance du monde,
Simple, sans passions, en desirs *inféconde*, etc. (VI, 352.)

INFECTER, au propre et au figuré :
Ces amas enflammés, pernicieux trésors,
Sur l'aile des esprits aux familles errantes,
  S'en vont *infecter* tout le corps,
  Sources de fièvres différentes. (VI, 320.)
Tant de brigands *infectent* la province. (IV, 242 et note 3.)

Joignons à cette note l'exemple suivant de des Périers, tome I, p. 68 : « Toute son intention estoit que le monde ne fust plus infecté de ces meschans et maudits vermoniers. »

INFÉRER de :
J'*infère de* ce conte que, etc. (II, 433.)
Quelle morale puis-je *inférer de* ce fait? (III, 198; voyez I, 169; VI, 118.)

INFERNAL, ale :
La déesse *infernale* [la Parque]. (II, 348.)
Lucifer, chef des *infernales* cours. (IX, 21.)

INFERTILE :
.... J'aimerois autant être une cendre *infertile*. (VIII, 368.)

« Elle [cette île] de tous coustez... estoit scabreuse, pierreuse, montueuse, infertile. » (Rabelais, tome II, p. 469.)

Matière *infertile* et petite. (I, 99.)

INFERTILITÉ :
L'*infertilité* du terroir. (IX, 254.)

INFIDÈLE; infidèle à :
  Si nos femmes sont *infidèles*,
Consolons-nous : bien d'autres le sont qu'elles. (IV, 59; voyez V, 131.)
Une troupe *infidèle*. (VI, 304 et note 1; voyez VIII, 389.)
  Une telle victoire
Ne rend point votre cœur *infidèle à* la gloire. (VII, 607.)

INFINI, ie :
Caprices *infinis*. (VIII, 34.) — Chose *infinie*. (V, 351; VI, 67.) — Étude *infinie*. (VI, 325.) — Force *infinie*. (VIII, 35.) — Grâces *infinies*. (IX, 373.) — OEuvre *infinie*. (VI, 165; VIII, 31.)
Peine *infinie*. (VI, 179.) — Tourments *infinis*. (VI, 226.)

INFINIMENT :
Ce cœur vif et tendre *infiniment*. (III, 277; voyez I, 5; VI, 220; VIII, 147.)

INFIRMITÉ :
Toute l'*infirmité* de la nature humaine. (V, 257.)

INFLUENCE :

Qu'est-ce que Jupiter? un corps sans connoissance :
  D'où vient donc que son *influence*
Agit différemment sur ces deux hommes-ci? (II, 296 et note 30.)

Malignes *influences*. (VIII, 234.)

INFORMER de, activement et neutralement ; s'informer de :

[Ces choses] sont de trop peu de conséquence pour *en informer* la postérité. (I, 36.)

La Grèce envoya des commissaires pour *en informer* [de ce crime], et en fit une punition rigoureuse. (I, 54 ; voyez VIII, 423.)

.... Il *s'en informoit* donc à ce menu fretin. (II, 250.)

INFORTUNE :

Enfants de l'*infortune*, esprits nés pour les fers. (VI, 302.)

INFORTUNÉ, ÉE :

Aux plus *infortunés* la tombe sert d'asile. (VI, 209.)

Les soucis dévorants, les regrets, les ennuis,
Hôtes *infortunés* de sa triste demeure. (VIII, 356.)

L'amant *infortuné*. (V, 174.) — L'*infortuné* mari. (VI, 196.)
Le couple *infortuné*. (VI, 205.) — L'*infortunée* fille. (VIII, 52, 55.)

INFRUCTUEUX :

Son soin ne fut longtemps *infructueux*. (V, 402 et note 5.)

INFUS :

Peu de gens, que le Ciel chérit et gratifie,
Ont le don d'agréer *infus* avec la vie. (I, 283.)

INFUSER :

  Même on pourroit ne le pas *infuser* [le quinquina];
  L'extrait suffit. (VI, 347)

INGÉNIEUX, euse; ingénieux à :

Nécessité l'*ingénieuse*. (II, 474.)
Ingénieuse à se tourmenter. (VIII, 98.)
Ingénieuse à se procurer du mal. (VIII, 130.)

INGÉNU, UE :

Jeune, *ingénue*, agréable, et gentille. (IV, 462.)
Une jeune *ingenue*. (VI, 16.)
L'entretien devoit être *ingénu*. (VII, 568.)
Son récit *ingénu*. (IV, 204.)

INGÉNUMENT :

Le philosophe avoua *ingénument* que cela passoit son esprit. (I, 42.)

Je ne prétends ici que dire *ingénument*
L'effet bon ou mauvais de mon tempérament. (IX, 186.)

INGRAT, ATE :

  S'il falloit condamner
  Tous les *ingrats* qui sont au monde,
  A qui pourroit-on pardonner? (III, 5 ; voyez II, 43.)

Allez, vous êtes une *ingrate*. (I, 230 et note 10.)
L'*ingrat* avoit raison de craindre pour son cœur. (VII, 521; voyez VI, 345.)
Son *ingrate* sortit triomphante et parée. (III, 335; voyez III, 333.)
Quant aux tourments soufferts en servant quelque *ingrate*.... (VIII, 361; VIII, 52.)

  La pudeur et la simplicité
 L'avoient rendue *ingrate* en dépit d'elle. (V, 54.)

  La plus griève des offenses,
 C'est d'être *ingrate*, Dieu l'a dit. (IV, 182.)

Il renonce aux courses *ingrates*. (II, 166 et note 23.)

Faut-il que sans effet sa présence combatte
Cette tristesse *ingrate*? (VII, 533.)

INGRATITUDE :

L'*ingratitude* est mère de tout vice. (IV, 170; voyez III, 291.)
Vous voyez deux pauvres orphelines qui ne sont nullement entichées du vice d'*ingratitude*. (VII, 478; voyez I, 47, 410.)

INGRÉDIENT :

Il n'y avoit ni *ingrédient*, ni eau, ni essence, qu'on n'éprouvât. (VIII, 170.)

 Loin ces études d'œillades,
 Ces eaux, ces blancs, ces pommades,
Et mille ingrédients qui font des teints fleuris, etc.
  (Molière, *l'École des femmes*, acte III, scène 11.)

INHABILE À :

Non qu'à treize ans on *y* soit *inhabile* [à aimer]. (VI, 8.)

INHABITABLE :

 Retirons-nous
En des déserts *inhabitables*. (VII, 518.)

INHABITÉ :

Un désert *inhabité*. (II, 316; voyez II, 315, note 12.)

INHUMAIN, AINE, adjectivement et substantivement :
Ce cœur *inhumain*. (III, 332.)

 Le berger qui, par ses chansons,
 Eût attiré des *inhumaines*.... (III, 57.)

.... Ayant brûlé pour beaucoup d'*inhumaines*. (VIII, 370; voyez III, 332; VIII, 359.)

INHUMANITÉ :

.... Peut-être en votre place ils auroient la puissance,
Et sauroient en user sans *inhumanité*. (III, 148.)

INJURE, INJURES :

Autre *injure* des ans. (VI, 164.)

En des lieux découverts notre bergère assise
Aux *injures* du hâle exposoit ses attraits. (VI, 287.)

INJUSTE, adjectivement et substantivement :
Homme *injuste* et méchant. (VIII, 479; voyez VIII, 484.)

Astres, soyez témoins de ces *injustes* fers. (VII, 240; VI, 179.)
Qu'ai-je fait pour causer cette *injuste* croyance? (VI, 294.)
L'*injuste* aura son tour. (III, 131.)
L'injustice.

INJUSTICE, INJUSTICES :

Sans leur aide [des dieux] il ne peut entrer dans les esprits
    Que tout mal et toute *injustice*. (III, 146; voyez VIII, 420.)
N'ai-je pas condamné tout haut ses *injustices?* (VII, 609.)
.... Croyant tuer en eux son concurrent Ulysse
    Et les auteurs de l'*injustice*
    Par qui l'autre emporta le prix. (III, 113.)

INNOCEMMENT :

Des moments que l'on croit *innocemment* perdus
Quand le somme a sur nous ses charmes répandus. (VI, 296 et note 1.)

INNOCENCE :

Quand vous eûtes passé ce temps plein d'*innocence*.... (VII, 615.)
Un climat où règne l'*innocence*. (VI, 319.)
L'*innocence* des champs est-elle votre fait? (II, 104.)
Il abandonne au sort sa fragile *innocence*. (VI, 282.)

INNOCENT, ENTE, adjectivement et substantivement :

    .... Si tu crois qu'il est coupable,
    Il ne veut pas être *innocent*. (VIII, 393.)
.... Et c'est être *innocent* que d'être malheureux. (VIII, 358.)
[Il] porte le poing sur l'*innocente* bête. (II, 294 et note 16.)
Vos vœux ne sont pas pour l'*innocente* Astrée. (VII, 524.)
L'*innocente* pucelle. (VI, 7.) — Un siècle si *innocent*. (VIII, 24.)
Pourquoi venir troubler une *innocente* vie? (III, 147.)
Il ne sera pas dit que l'on ait, moi présente,
    Violenté cette *innocente*. (IV, 436.)
        Et l'*innocente* dit :
« Quoi! c'est ainsi qu'on donne de l'esprit? » (V, 295; voyez IV, 163.)
La pauvre *innocente*. (IV, 162, 196.)
Contre tant de trompeurs qu'eût fait une *innocente?* (VI, 18.)

INOUI :

Tant de faits *inouïs*. (VIII, 503.)

INQUIET, INQUIÈTE :

Le jeune homme, *inquiet*, ardent, plein de courage. (II, 292 et note 10.)
Impatient du frein, *inquiet*, sans arrêt. (VIII, 480.)
Il [le lièvre] étoit douteux, *inquiet*. (I, 172.)
Vivre au gré de mon âme *inquiète*. (II, 367.)
L'inconstance d'une âme en ses plaisirs légère,
Inquiète, et partout hôtesse passagère. (IX, 185.)
Un cœur peu content de lui-même,
Inquiet, et fécond en nouvelles amours. (VIII, 363.)
Mais qui pourroit avoir un cœur moins *inquiet?* (VII, 601.)

.... Le desir de voir et l'humeur *inquiète*
L'emportèrent enfin. (II, 363; voyez II, 163 et note 12.)

INQUIÉTER (S') :
La donzelle....
Se tourne, *s'inquiète*. (V, 123; voyez V, 489.)
Le malheureux époux s'informe, *s'inquiète*. (V, 135.)
Assez pour m'en distraire [de ce dessein] il *s'est inquiété*. (VII, 98.)

INQUIÉTUDE :
.... Turbulent et plein d'*inquiétude*. (II, 16 et note 4.)
Exempt d'*inquiétude*. (VI, 228; voyez IV, 24; V, 254; VI, 294.)
Sa noire *inquiétude*. (VI, 248.)
Le duc d'Albret donne à l'étude
Sa principale *inquiétude*. (IX, 133.)
Je me laisse conduire à mon *inquiétude*. (VII, 530.)
Nobles *inquiétudes*. (I, 6.)
Ma fille... répondra mieux [à vos caresses],
Étant sans ces *inquiétudes*. (I, 266.)

INQUISITEUR. (I, 376.)

INSCRUTABLE :
.... C'est un point *inscrutable*. (VI, 332.)

INSECTE, serpent, reptile :
L'*insecte* sautillant cherche à se réunir. (II, 42 et note 10.)
Nous l'avons vu [ce dragon] se repaître de toutes sortes d'*insectes*. (VIII, 97.)
Cette engeance, *insecte* devenue. (VIII, 122 et note 2.)
Comparez cet extrait d'un ancien édit signé Louis XIV et promulgué sur la proposition de Colbert : « Aux seuls médecins et apothicaires est permis d'employer pour drogues et distillations aucuns insectes vénéneux comme serpents, scorpions, couleuvres, lézards, vipères et crapauds. »

INSENSIBLE :
Que tout aime à présent : l'*insensible* n'est plus. (III, 335; voyez VIII, 212.)

INSENSIBLEMENT :
Nous nous sommes *insensiblement* engagés à l'examiner [ce point]. (IV, 249; voyez IX, 251.)

INSIGNE, adjectif :
Aventure *insigne*. (VI, 305). — *Insigne* larron. (II, 117.) — Sot très *insigne*. (V, 25.) — Les héros... les plus *insignes*. (VII, 601.)
Cet apologue *insigne* entre les fables. (I, 209.)
Beautés *insignes*. (VIII, 275; voyez VIII, 384.)

INSINUANT :
Certain peuple agréable, *insinuant*. (VIII, 156.)

INSINUER (S') :
[Il] tâche à *s'insinuer* :
S'insinuer, en fait de chambrière,
C'est proprement couler sa main au sein. (IV, 281.)

Toujours l'esprit *s'insinue* et s'avance. (V, 296 et note 3; voyez I, 16.)
INSIPIDE :

Onde *insipide*. (VI, 347.)
[Baisers] non point de mari à femme : il n'y a rien de plus *insipide*....
(VIII, 72.)

INSOLENCE :

Tu ris, dit-elle : ô dieux! quelle *insolence!* (IV, 77; voyez V, 419; VIII, 45.)

INSOLENT :

Tout vainqueur *insolent* à sa perte travaille. (II, 172 et note 11.)

INSOUTENABLE :

Soutenir un point si fort *insoutenable*. (IX, 213.)

INSPIRER; INSPIRER À :

    Mon âge et mon expérience
Doivent dans votre esprit *inspirer* ma science. (VII, 411 et note 9; voyez VII, 575.)
Inspirer le plaisir. (IX, 398.)
J'*inspirerois* ici l'amour de la retraite. (III, 119.)
Ils pourront *inspirer* l'amour *aux* cœurs rebelles. (VII, 512.)

INSTANT (À L') :

On les vit crever *à l'instant*. (II, 338; voyez I, 132.)

INSTINCT :

L'*instinct* des animaux, précepteur des humains. (VI, 349.)
Nous n'écoutons d'*instincts* que ceux qui sont les nôtres. (I, 84.)

INSTITUT, règle d'un couvent :

  Savez-vous, dis-je, à quoi, dans un tel cas,
  Notre *institut* condamne une méchante? (V, 417 et note 6.)

INSTRUIRE; INSTRUIRE À, DE, QUE; S'INSTRUIRE À :

Blaireaux, renards, hiboux, race encline à mal faire,
Pour l'exemple pendus, *instruisoient* les passants. (III, 321.)
Cette jeunesse mal *instruite*. (II, 382 et note 10.)
Mes parents. reprit-il, ne m'ont point fait *instruire*. (III, 295; voyez III, 105.)
Il les fit *instruire* à porter en l'air chacun un panier. (I, 48; VI, 177, 252.)
Le juge *instruit de* leur malice. (I, 137; VI, 33.)
  .... Suffisamment *instruit*
Que le plus beau couchant est voisin de la nuit. (IX, 183.)
Il ne sait pas rugir et *s'instruit à* la proie. (VI, 303.)

INSTRUMENT DE :

Instrument de dommage. (III, 306.)
  Un chien, maudit *instrument*
  Du plaisir barbare des hommes. (III, 280.)

INSULTE :

  Notre fou s'en va faire
  Même *insulte* à l'autre bourgeois. (III, 314.)

INSULTER; INSULTER À :
Cet inconnu... nous la vient donner belle
D'*insulter* ainsi notre ami. (III, 198.)
Quels peuples ne viendront chez nous nous *insulter*? (VII, 612.)
Elle *insulta* toujours *au* fils de Cythérée. (III, 335.)

INTÈGRE :
....Revêtu
Du fastueux dehors d'une *intègre* vertu. (VII, 415.)

INTELLIGENCE, acceptions diverses; D'INTELLIGENCE; ÊTRE D'
ou DE L'INTELLIGENCE :
L'*intelligence* qui est l'âme de ces merveilles, et qui fait agir tant de mains savantes, etc. (VIII, 125.)
Colbert.
.... Pour l'*intelligence* de ces fragments, je ne la saurois donner au lecteur sans, etc. (VIII, 240; voyez I, 42.)
Toi, pour ne point marquer aucune *intelligence*,
Tu la refuseras [cette lettre] avec emportement. (VII, 406.)
Ma joie éclate à votre *intelligence*. (VII, 416.)
Que l'Hymen et l'Amour, toujours *d'intelligence*,
Vous comblent à jamais de toutes leurs douceurs! (VII, 550.)
Je ne *suis* point *d'intelligence*
Avecque mes regards, peut-être un peu trop prompts. (II, 201.)
Amour même, dit-on, *fut de l'intelligence*. (V, 433 et note 3.)
Je crois que ce perfide *est de l'intelligence*. (VII, 388.)
Celle qui *étoit de l'intelligence*. (VIII, 195; voyez VIII, 199.)

INTELLIGENT :
Tout obéit dans ma machine
A ce principe *intelligent*. (II, 472.)

INTELLIGIBLE :
En langue *intelligible*. (V, 537.)

INTELLIGIBLEMENT :
.... C'étoit conseiller assez *intelligiblement*, etc. (I, 45.)

INTEMPÉRANCE :
Mille maux divers
S'en vinrent au secours de notre *intempérance*. (VI, 317 et note 5.)

INTENDANCE :
Les beautés de celui
Qui des beautés a l'*intendance*. (VIII, 103.)

INTENDANT, INTENDANTE :
Plus d'un *intendant* se trouva.... (V, 142 et note 3.)
.... Et j'oubliois qu'il eut un *intendant*. (VI, 105.)
Intendantes du Parnasse. (IX, 461.)
Les Muses.

INTENTION :
Bonne *intention*. (IV, 398 ; voyez IV, 116 et note 2 ; VI, 85.)

INTERCÉDER :
Jupiter *intercède*. (VI, 157.)

INTERCESSEUR. (VIII, 415.)

INTERDIRE, INTERDIT :
Tantales obstinés, nous ne portons les yeux
Que sur ce qui nous *est interdit* par les Cieux. (IX, 184.)
> *Audax omnia perpeti*
> *Gens humana ruit per vetitum nefas.*
> (Horace, Odes, I, III.)

Votre accueil parut froid, vous *fûtes interdite*. (VIII, 368.)
.... Et hors de ses exploits c'est un homme *interdit*. (VII, 79 et note 2.)

INTERDIT (En) :
Ils sont à nous dévolus par l'édit
Qui mit jadis cette île *en interdit*. (V, 361 et note 3.)

INTÉRESSER ; s'INTÉRESSER :
Je n'ai point une âme *intéressée*. (VII, 407.)
La dame au cœur *intéressé*. (VIII, 213 et note 2.)
Vous verriez à quel point Clymène *s'intéresse*
Pour tout ce qui vous touche. (VII, 154.)

INTÉRÊT, INTÉRÊTS, emplois divers :
Le sang les avoit joints ; l'*intérêt* les sépare. (I, 339.)
.... Par une humeur sévère ou d'*intérêt*. (VII, 74.)
   Phœnix en ceci
Prétend avoir à part ses *intérêts* aussi. (VII, 615.)
  Les chiens du lieu, n'ayant en tête
Qu'un *intérêt* de gueule, etc. (III, 85.)
Le peu d'*intérêt* qu'en tout il sembloit prendre. (V, 591 ; voyez VI, 193.)
  Je vous paierai, lui dit-elle,
  Avant l'oût, foi d'animal,
  Intérêt et principal. (I, 59.)
D'*intérêts* contre l'ours, on n'en dit pas un mot. (I, 428.)
De dommages-intérêts.

INTERLOCUTION :
Les circonstances du dialogue, les caractères des personnages, les *interlocutions*. (VIII, 340.)

INTERLOCUTOIRE. (I, 122 et note 6.)

INTERMÈDE :
.... Et dans la pièce d'aujourd'hui
Bentinck feroit peu d'*intermèdes*. (IX, 439.)
Ôtez le temps des soins, celui des maladies,
Intermède fatal qui partage nos vies. (VI, 336.)

J. DE LA FONTAINE. X

INTERNE :
Du bain *interne* elle le régala. (VI, 48.)
J'avois de votre chute une douleur *interne*. (VII, 299.)

INTERPOSER :
   Si la fille du prince Ibère
   N'*eût interposé* les Amours.... (IX, 338.)
Souffrez que votre hymen *interpose* ses charmes. (IX, 48.)

INTERPRÈTE :
D'*interprète*, sans plus, je sers à votre père. (VII, 98; voyez VII, 230.)
L'oiseau qu'Atropos prend pour son *interprète* [le hibou]. (III, 162.)
L'*interprète* lui dit.... (III, 119 et note 7; voyez VI, 205.)
   Les vrais *interprètes* du cœur
   Ne sont pas les traits du langage. (VII, 522.)

INTERPRÉTER ; INTERPRÉTER À :
Interprétez ce mot à votre guise. (VI, 6; voyez VIII, 91.)
Un lièvre, apercevant l'ombre de ses oreilles,
   Craignit que quelque inquisiteur
N'allât *interpréter à* cornes leur longueur. (I, 376.)

INTERROMPRE :
   Troublé, distrait, enfin *interrompu*
   Dans son commerce au logis de la dame.... (IV, 252; voyez I, 87.)

INTERVALLE :
De moment en moment enjambant l'*intervalle*.... (VII, 411.)
.... Ainsi de ces retours je laisse l'*intervalle*. (VI, 332.)

INTERVENIR ; INTERVENANT, ANTE :
On dit même qu'Amour *intervint* à l'affaire. (VI, 20; voyez IX, 298.)
.... Les regards d'une *intervenante*. (VIII, 429 et note 3.)

INTESTIN, au propre :
D'un grand coup de canon j'ai l'*intestin* percé. (VII, 359.)

INTESTIN, INE :
Elle a mis dans mon cœur certain trouble *intestin*. (VII, 309.)
Allez, pour commencer ces guerres *intestines*,
Cueillir du rosier : prenez garde aux épines. (VII, 571; voyez VI, 177.)

INTIME, substantivement :
Nous fûmes envoyés par le maître des vents...
Au possesseur de Vaux, Oronte son *intime*. (VIII, 270.)
Il court chez son *intime*. (II, 266.)

INTIMIDER :
Les moins *intimidés* fuiroient de leurs maisons. (I, 189; voyez I, 43.)

INTITULER, INTITULÉ :
En jugements *intitulés* de moi.... (IX, 125.)

INTRIGANT, ANTE :
Ai-je l'air d'une fille *intrigante?* (VII, 407.)

INTRIGUE; ÊTRE DE L'INTRIGUE :
Le siècle a peu d'*intrigue* où ne perce la leur. (VII, 569.)
L'intrigue des abbés.
    La Parque maudite
Fut aussi *de l'intrigue*. (V, 435 et note 2.)

INTRIGUER :
Intriguer l'Olympe et tous ses citoyens. (II, 236 et note 4.)

INTRODUIRE; S'INTRODUIRE :
    Que Melpomène
Sur un ton qui nous touche *introduise* Clymène. (VII, 151; voyez I, 364; II, 249; III, 168, 212; VI, 14, 127; IX, 177.)
Je vous *introduirai* sur la scène. (IX, 355.)
Ainsi certaines gens, faisant les empressés,
  S'introduisent dans les affaires. (II, 143.)
  Une vertu sort de vous, ne sais quelle,
  Qui dans le cœur *s'introduit* par les yeux. (V, 465 et note 2; voyez VIII, 428.)

INUTILE, substantivement :
.... De ses arbres à fruit retranchoit l'*inutile*. (III, 305.)
Tout l'*inutile* et l'impur de l'écorce. (VI, 348.)

INVALIDE :
Ce héros, *invalide*, affreux, pâle, et mourant. (VII, 359.)

INVECTIVE, INVECTIVES :
Qu'avez-vous, Messieurs, qui vous oblige à en venir aux *invectives?* (VII, 485.)

INVECTIVER :
  Et contre un monde de recettes...
  Invectivoit tout de son mieux. (IV, 380.)

INVENTAIRE :
Par bénéfice d'*inventaire*. (I, 342 et note 3.)

INVENTEUR, substantivement et adjectivement :
.... Les dieux dont il [le poète] fut l'*inventeur*. (II, 387; voyez VI, 26.)
  .... La déesse aux cent voix
Qui du songe *inventeur* imite les ouvrages. (VIII, 452.)

INVENTIF :
Soyez amant, vous serez *inventif*. (V, 540 et note 1, 547.)

INVENTION :
Tout rhumatisme, *invention* du diable. (IX, 402.)
  On ne vit onc que cette passion
  Demeurât court faute d'*invention*. (V, 511.)

Sous ces *inventions* il faut l'envelopper [la leçon]. (III, 169.)
L'*invention* des arts étant un droit d'aînesse.... (I, 199.)

INVESTIR :
Le galant donc près de la forteresse
Assied son camp, vous *investit* Lucrèce. (V, 31 et note 1.)

INVOLONTAIRE :
Un joug *involontaire*. (VI, 292 et note 1.)

IOTA :
Un seul *iota*
N'étant omis.... (V, 30 et note 1.)
.... Je ne vous y laisserai pas un *iota* davantage. (VII, 446; voyez VII, 491.)

IRE, colère :
Plein d'*ire*. (VI, 55; voyez VI, 210, 263, 292, 302.)

IRIS :
Son éclat l'enrichit des couleurs de l'*Iris* [de l'arc-en-ciel]. (VIII, 123.)

IRRAISONNABLE :
Les créatures *irraisonnables*. (I, 18.)

IRRÉMISSIBLE :
L'offense la plus *irrémissible*. (VIII, 45.)

IRRÉSOLUTION, IONS :
Ces *irrésolutions* et ces retours vers la vie. (VIII, 129; voyez VIII, 179.)

IRRÉVÉRENCE (Tenir à) :
Le magistrat, *tenant* à mépris et *à irrévérence* cette réponse, etc. (I, 40.)

IRRITER :
Cela ne fit qu'*irriter* leurs esprits. (IV, 206.)
Les chagrins d'un jaloux *irritoient* nos desirs. (VIII, 360.)
Je crains d'*irriter* sa douleur. (VIII, 362.)

IRRUPTION :
.... En cas d'*irruption*. (I, 221.)

ISABELLE (Couleur) :
Ses veines sont délicates, et mêlées de feuille morte, *isabelle*, et couleur d'aurore (IX, 274.)

ISSUE :
.... Tant et si bien qu'en ayez bonne *issue*. (IV, 161 et note 6.)
Voyez aussi du Fail, tome I, p. 184 : « Les devotieux d'eux s'agenouillerent devant luy, implorans par toutes oraisons... son secours à ce qu'ils eussent bonne issue de leur queste et poursuite. »
.... A votre prompt retour nous en saurons l'*issue*. (VII, 29.)

ITEM :
.... *Item*, mainte collation. (VIII, 423.)

IVOIRE, au propre et au figuré :

Mais il sent aussitôt le redoutable *ivoire*. (VI, 259.)
Les défenses du sanglier.

.... Un temple plus beau, sans marbre et sans *ivoire*,
Que ceux où d'autres arts, etc. (VIII, 263 ; voyez VIII, 62.)

Ton âme un jour plus blanche que l'*ivoire*.... (V, 398 et note 2 ; voyez V, 201.)

.... [Il] lui prit d'abord son joli bras d'*ivoire*. (IV, 477 et note 1.)

.... Vos divines mains,
De qui l'*ivoire* embellit ce qu'il touche. (IX, 165.)

.... C'étoit quelque chose au-dessus de tout cela, et qui ne se sauroit exprimer par les lis, les roses, l'*ivoire*, ni le corail. (VIII, 44.)

IVROGNERIE :

La débauche de vin... a trois degrés : le premier, de volupté ; le second, d'*ivrognerie* ; le troisième, de fureur. (I, 40.)

J

JÀ, déjà, certes :

Je l'ai *jà* dit. (IV, 361; voyez V, 363, 507 ; VI, 97.)

Le chien représenta
Sa maigreur : « *Jà* ne plaise à Votre Seigneurie
De me prendre en cet état-là. » (II, 409.)

De ma fressure
Dame Luxure
Jà s'emparoit. (VIII, 441.)

Jà ne les faut éplucher [les femmes] trop avant. (V, 323.)
Jà de par moi ne manquera l'affaire. (IV, 319 et note 1.)

Je le crois ; mais d'en mettre *jà*
Mon doigt au feu, ma foi ! je n'ose. (V, 224.)

.... *Jà* n'est besoin qu'au lecteur je le die. (V, 563 et note 4.)

JACOBUS, pièce de monnaie :

.... [Le singe] détachoit du monceau, tantôt quelque doublon,
Un *jacobus*, un ducaton. (III, 204 et note 20.)

JADIS :

On aime encor comme on aimoit *jadis*. (IV, 37, 38.)
.... Mais ce n'est plus comme *jadis*. (V, 222.)
Au temps *jadis* le genre humain avoit, etc. (V, 525 ; voyez II, 392 ; V, 515 ; etc.)

JAILLIR, JAILLISSANT :

Fontaines, *jaillissez*. (VIII, 284.)
Le cristal *jaillissant*. (VIII, 41.)

Je donne au liquide cristal
Plus de cent formes différentes,
Et le mets tantôt en canal,
Tantôt en beautés *jaillissantes*. (VIII, 259.)

JALOUSIE :
Catelle en rit ; pas grain de *jalousie*. (IV, 65.)
Les maux les plus cruels ne sont que des chansons
Près de ceux qu'aux maris cause la *jalousie*. (V, 91.)
[L'hymen] joint [à l'amour] une âpre *jalousie*. (VI, 186.)
O triste *jalousie !* ô passion amère !
Fille d'un fol amour, que l'erreur a pour mère. (VI, 194.)
La *Jalousie* aux yeux incessamment ouverts,
Monstre toujours fécond en fantômes divers. (VIII, 370; voyez VIII, 506.)

JALOUSIE, treillis, contrevent :
    Des saules la couvroient,
  Comme eût fait une *jalousie*. (V, 344.)
  Point de fenêtre et point de *jalousie*
  Ne lui permet d'entrevoir.... (V, 564.)

JALOUX, OUSE ; JALOUX DE :
Certain *jaloux* ne dormant que d'un œil. (IV, 368.)
Les *jaloux* ne dorment guère. (V, 92.)
    Votre flamme
Ne craindra point les regards d'un *jaloux*. (V, 572.)
Les chagrins d'un *jaloux* irritoient nos desirs. (VIII, 360.)
[Il] perce sa *jalouse*. (VI, 195.)
Maris *jaloux*, brûlez votre recueil. (IV, 372.)
Esprits ruraux volontiers sont *jaloux*. (V, 395.)
Une *jalouse* humeur. (V, 112 ; voyez V, 398.)
Soupçons *jaloux*. (V, 406.)
Jalouse rage. (II, 171.)
Vous me rendez *jaloux ;* et *de* qui? (VIII, 373.)
Trois saints, également *jaloux de* leur salut. (III, 338.)

JARDIN, JARDINS :
Les *jardins* parlent peu, si ce n'est dans mon livre. (II, 260.)
  Voilà Mazet, à qui pour bienvenue
  L'on fait bêcher la moitié du *jardin*. (IV, 497.)

Le spirituel jésuite Jean-Antoine du Cerceau a fait aussi allusion à notre conte dans sa chanson à danser en trente-deux couplets sur M. de Montempuys, chanoine de Notre-Dame, et grand janséniste, citée par Sainte-Beuve (*Port-Royal*, tome V, p. 262) :
    .... Ce goût de métamorphoses
    Vous vient de vos devanciers ;
    Chez les nonnes les plus closes
    Ils entroient en jardiniers.
    Et allons, ma tour lourirette,
    Et allons, ma tour lourirou.

  Ils devoient aller au *jardin*,
Dans un bois propre à telle affaire. (V, 219 ; voyez IV, 280, 284.)
.... En faire comme des choux de son *jardin*. (VII, 457 et note 2.)
Les vergers, les parcs, les *jardins*. (VIII, 259.)
Les cours et les *jardins*. (VIII, 67.)
Psyché ne se promenoit au commencement que dans les *jardins*, n'osant se fier aux bois. (VIII, 69.)

Tous vergers sont faits parcs : le savoir de ces maîtres....
Change en *jardins* royaux ceux des simples bourgeois,
Comme en *jardins* de dieux il change ceux des rois. (VIII, 124 ; comparez IV, 408, et IX, 222-223 et note 1.)

Le *jardin* des Hespérides. (VIII, 29.)

Le *jardin* de la France
Méritoit un tel canal. (IX, 247.)

La Touraine, arrosée par la Loire.

Jardin de plantes. (IX, 244 et note 1.)

JARDINAGE :

Un amateur du *jardinage*. (I, 277 ; voyez II, 123.)
L'intendante du *jardinage*. (VIII, 243.)

JARGON :

.... Comme si, devers l'Inde, on eût eu dans l'esprit
La sotte vanité de ce *jargon* frivole. (III, 90.)

Le blason.

Le langage d'amour étoit *jargon* pour elle. (V, 108.)
Quelque *jargon* plein d'assez de douceurs. (VI, 6 et note 2.)
Petits mots, *jargons* d'amourettes. (IX, 174.)

JARNI, jarnidieu, je renie Dieu. (VII, 450, 491.)

JARNIGUÉ. (VII, 449.)

JASER :

Les oisillons, las de l'entendre,
Se mirent à *jaser* aussi confusément
Que faisoient les Troyens quand la pauvre Cassandre, etc. (I, 84.)

JASMIN d'Espagne. (I, 277 et note 5.)

JASPE :

Table de *jaspe*. (VIII, 41.) — Draperie de *jaspe*. (IX, 276.)

JASPÉ :

[Ce degré] est de marbre *jaspé*. (IX, 266.)

JAUNISSE :

Quoi ! le pauvre homme a la *jaunisse!* (IV, 30.)
Il en faudroit beaucoup [de baisers pareils] pour guérir la *jaunisse*. (VII, 77 et note 3.)

JAVELLE :

Il laisse là le champ, le grain, et la *javelle*. (II, 253 et note 4.)
Il y avoit un grand monceau de *javelles*. (VIII, 173 ; voyez VIII, 174.)

JEAN (Gros) :

Je suis gros *Jean* comme devant. (II, 154 et note 28.)

Voyez aussi, pour le prénom *Jean* appliqué à un sot, à un pitaud, auquel sa femme fait porter des cornes, notre tome IV, p 377 et note 1.

JET d'eau :

D'une table de jaspe un *jet* part en fusée. (VIII, 41 ; voyez VIII, 33, 124.)

JETER ; SE JETER :
La belle... les *jette* [les fleurs] au compagnon. (IV, 282.)
Je *jetterois* au sort, ou aurois recours à quelque oracle. (VIII, 327.)
.... *Jetant* des deux côtés la griffe en même temps. (II, 191.)
   Une montagne en mal d'enfant
  Jetoit une clameur si haute.... (I, 397.)
[La chambrière] fait la honteuse, et *jette* une ou deux larmes. (IV, 307 et note 5 ; voyez VI, 222.)
   Princes et rois, et la tourbe menue,
  Jetoient maint pleur. (VI, 92.)
    Tous les avocats,
  Après avoir tourné le cas...,
Y *jettent* leur bonnet, se confessent vaincus. (I, 193 et note 7.)
Je vais *jeter* en sable à toi ce petit coup. (VII, 315 et note 1.)
[Le personnage] *jette* son plomb sur messer Nicia. (V, 30 et note 3.)
Qu'un seul mouton *se jette* en la rivière, etc. (V, 303.)
   Nos deux galants....
  Se jettent vite en certain cabinet. (V, 73.)
   On nous voit tous à l'ordinaire
Piller le survenant, *nous jeter* sur sa peau. (III, 84.)
   Charles, d'un semblable dessein,
  Se venant *jeter* dans mon sein,
  Fit voir qu'il étoit plus qu'un homme. (VIII, 257.)
.... Après en avoir dit ce qu'il en pouvoit dire,
Il *se jette* à côté. (I, 98.) — Il *s'alloit jeter* en des excuses.... (VIII, 144.)

JEU, JEUX, acceptions diverses :
Les romans et le *jeu*, peste des républiques. (IX, 184; voyez I, 296; IX, 312.)
Le *jeu*, la jupe, et l'amour des plaisirs. (IV, 361 et note 6 ; VI, 103.)
Quand vous perdez au *jeu*, l'on vous donne revanche. (V, 101.)
La Grèce étoit en *jeux* pour le fils de Sémèle. (VI, 173 et note 5.)
Jeux d'exercice. (VII, 61.)
L'escrime, l'équitation, la danse, la lutte, le saut, la course, la paume, le mail, etc.
C'est le droit du *jeu*. (III, 84 et note 22.) — C'est là le vieux *jeu*. (VII, 36.)
.... A moins que je ne retire mon épingle du *jeu*. (VII, 479)
Petits *jeux*, cotte verte, allégresse, ripailles. (VII, 562.)
Prendrai-je pour sujet les *jeux* de la Fortune? (III, 212 ; voyez VI, 123.)
   Pourriez-vous être favorable
  Aux *jeux* innocents d'une fable ? (I, 264.)
.... Ce sont là *jeux* de prince. (I, 279 et note 13.)
Comparez des Périers, tome II, p. 156. : « Ung gentilhomme de Sauoye... en vouloit fort aux moines et moinesses, et prenoit son passe temps à leur iouer plusieurs tours qui estoient, comme on dit en prouerbe, ieux de prince, c'est à dire ieux qui plaisent à ceux qui les font. »
   La mort-aux-rats, les souricières,
  N'étoient que *jeux* au prix de lui. (I, 256.)
Les dieux se font un *jeu* de l'espoir des humains. (VI, 205.)
   Et, de *jeu* fait, à dessein de le prendre,
  Un certain soir la galande lui dit, etc. (IV, 303 et note 3.)

Ce doux objet joua son *jeu*. (V, 428 et note 4; voyez V, 575.)
....Et bien souvent faisoït venir en *jeu*
Saint qui ne fut jamais dans la légende. (IV, 334.)
Tourets entroient en *jeu*. (I, 382.)
A ce discours fouets de rentrer en *jeu*. (V, 537.)
Ce qui leur fit mettre en *jeu* cette feinte.... (IV, 301.)
Elle ne prit cet accident en *jeu*. (V, 530 et note 1.)
.... Qu'il ait été promis ou de bon, ou par *jeu*.... (VII, 46; voyez VII, 45, 51.)
.... Certes marrons verroient beau *jeu*. (II, 445.)
    Le drôle et sa belle
Verront beau *jeu* si la corde ne rompt. (IV, 70 et note 5.)
    Toutes, je te répond,
Verront beau *jeu* si la corde ne rompt. (V, 535.)
Toute sa cour verra beau *jeu*. (III, 311; voyez IX, 105.)
Elle appela d'abord, pour se donner beau *jeu*,
La jeune Céliane avec votre neveu. (VII, 562.)
Qui ne voit que ceci est *jeu*? (IV, 14.)
  Le pauvre gars acheva simplement
Trois fois le *jeu*, puis après il fit chasse. (IV, 502.)
  Tant ne fut nice (encor que nice fût)
Madame Alix que le *jeu* ne lui plût. (IV, 160; voyez IV, 73, 209, 284; V, 122, 288, 326, 334, 536; IX, 451.)
[Le corsaire] au *jeu* d'amour étoit homme d'effet. (IV, 340; voyez IV, 277, 479.)
Le joli *jeu* d'aimer. (IX, 136.)
    Vous et Monsieur....
Jouiez tous deux au doux *jeu* d'amourette. (IV, 313.)
Du *jeu* des fleurs à celui des tetons
Ils sont passés. (IV, 288.)

JEUN (À) :

Un loup survient à *jeun*. (I, 89; voyez I, 113; II, 450; IX, 370.)

JEUNE :

Lui, déjà vieux barbon; elle *jeune* et jolie. (V, 245.)
La moins *jeune* à peine comptoit
Un an entier par-dessus seize. (V, 584.)
Garçon au corps *jeune* et frais. (V, 345.)
  Jeunes cœurs sont bien empêchés
A tenir leurs desirs cachés. (IV, 411.)

JEUNES, substantivement :

Tu murmures, vieillard! Vois ces *jeunes* mourir. (II, 213 et note 22.)

JEÛNE, JEÛNES :

Ses jours de *jeûne* étoient des noces. (II, 175; voyez VI, 304.)
Venez, mes sœurs, nos *jeûnes* ont tant fait
Que Mazet parle. (IV, 505.)

JEÛNER, au propre et au figuré :

Jeûner et mourir de faim. (III, 218; voyez III, 90; V, 469, 472.)

Un mois à cette épreuve
Se passe entier, lui *jeûnant*. (V, 402.)
Vous avez fait *jeûner* un pauvre misérable... :
Vous *jeûnerez* à votre tour. (IV, 421.)
.... Un galant qui vient de *jeûner*
La quarantaine. (IV, 30 et note 1.)
Il vous mettra dedans la chambre noire,
Non pour *jeûner*, comme vous pouvez croire. (IV, 70.)
Elle eut son droit, double et triple pitance :
De quoi les sœurs *jeûnèrent* très longtemps. (IV, 504.)

JEÛNER, substantivement :
La sainteté n'est chose si commune
Que le *jeûner* suffise pour l'avoir. (V, 469 et note 2.)

JEUNESSE :
Sa femme avoit de la *jeunesse*,
De la beauté, de la délicatesse. (IV, 23.)
De la beauté, la plupart en avoient ;
De la *jeunesse*, elles en avoient toutes. (IV, 490.)
La cadette ne vous a-t-elle point semblé un peu libre ? — Ce n'est que gaieté et *jeunesse*, reprit Psyché. (VIII, 162.)
La *jeunesse* se flatte, et croit tout obtenir. (III, 216.)
Voilà ce que c'est qu'une *jeunesse* inconsidérée qui veut agir à sa tête. (VIII, 169.)
Cette *jeunesse* mal instruite. (II, 382.)
Son esprit, ses traits, sa richesse,
Engageoient beaucoup de *jeunesse*
A sa recherche. (V, 211.)
Peu de *jeunesse* entre eux, force vieillards craintifs. (VI, 282.)

JEUNET, JEUNETTE :
Simple, *jeunette*, et d'assez bonne guise. (IV, 156.)
Le malheur fut qu'elle étoit trop *jeunette*. (VI, 8.)

JEÛNEUR :
Le *jeûneur* maudit son sort. (IV, 420 et note 3.)

JOCRISSE :
Le *jocrisse !* (VII, 459.)

JOIE :
On peut goûter la *joie* en diverses façons. (IX, 409.)
Je laisse à penser quelle *joie !* (I, 390 ; voyez III, 282.)
Il ne put sans parler contenir cette *joie*. (IV, 432.)
La *joie* de Psyché fut grande, si l'on doit appeler *joie* ce qui est proprement extase. (VIII, 104.)
Plus d'amour, partant plus de *joie*. (II, 95.)
.... Tant et si bien
Que de cette double proie
L'oiseau se donne au cœur *joie*. (I, 310.)

.... Il est bon de savoir
Qui de nous en aura la *joie*. (II, 404.)
.... Il n'en eut pas toute la *joie*
Qu'il espéroit d'abord. (II, 244.)
Ainsi les tiens [tes jours] filés de soie
Puissent se voir comblés de *joie*
Même au delà de tes desirs. (VIII, 393.)
Qu'a mon mari? dit-elle, et quelle *joie*
Le fait agir en homme de vingt ans? (IV, 212 et note 3.)
Ce sexe vaut bien
Que nous le regrettions, puisqu'il fait notre *joie*. (I, 248.)
Ici pâma de *joie*
Des mortels le plus heureux. (IV, 414.)
Il aimoit la *joie*. (IV, 340; voyez IV, 423, 432; VI, 134; et passim.)

JOIGNANT, préposition :

Votre trésor? où pris? — Tout *joignant* cette pierre. (I, 346.)
A son retour le berceau la trompa :
Ne le trouvant *joignant* le lit du maître.... (IV, 210 et note 7.)
Joignant le chemin le plus fréquenté. (VIII, 183.)

JOINDRE; JOINDRE À; SE JOINDRE; SE JOINDRE À :

[Zoon] poursuit le ravisseur, et le *joint*. (VI, 209.)
Je viens bénir le sort qui *joint* vos deux familles. (VII, 343.)
Joignons tous nos accords. (VII, 510; voyez VII, 512.)
Il *joignoit* les beautés de l'esprit et du corps. (VIII, 372.)
Tout manger à la fois, l'impossibilité
S'y trouvoit, *joint* aussi le soin de sa santé. (III, 163.)
[L'ingrate] *joignoit* aux fleurs de sa beauté
Les trésors des jardins. (III, 333.)
L'esprit, la douceur, et les grâces
Sont joints au bien. (IX, 431.)
... Mais, comme Achille doit *y joindre* sa présence,
A son retour en Grèce il veut qu'il [le mariage] soit remis. (VII, 599.)
Celui qui *joint* par sa naissance
Au sang qu'il tient des dieux la suprême puissance. (VII, 600.)
Vos préteurs *au* malheur nous font *joindre* le crime. (III, 150.)
.... Pour *joindre* en repos Hortense *à* ma personne. (VII, 413.)
Tout cela *joint au* devoir de vous obéir, etc. (III, 173.)
L'eau se croise, *se joint*, s'écarte, se rencontre. (VIII, 41.)
Et la viole, propre aux plus tendres amours,
N'a jamais jusqu'ici pu *se joindre aux* tambours. (IX, 156.)

JOLI, IE :

Comme te voilà fait! je t'ai vu si *joli!* (III, 189.)
Que vous êtes *joli!* (I, 63.) — Aimer fille si *jolie*. (IX, 417.)
Mes petits sont mignons,
Beaux, bien faits, et *jolis* sur tous leurs compagnons. (I, 422.)
J'ai sur les bras une dame *jolie*. (V, 371; voyez I, 274.)
Quelque nymphe *jolie*. (VII, 105; voyez VIII, 64 et note 2.)

Féronde avoit un *joli* chaperon. (V, 391.)
Objet... *joli*. (IX, 436.) — *Joli* plumage. (VIII, 180.)

JOLIET, ɪᴇᴛᴛᴇ :
 [Polyphème], pour charmer sa nymphe *joliette*,
 Tailloit sa barbe et se miroit dans l'eau. (V, 183 et note 2.)
Friponne, drue, et *joliette*. (IX, 144.)

JOLIMENT :
Voilà deux jeunes garçons *joliment* habillés. (VII, 470.)

JONC, ᴊᴏɴᴄs :
Mille petits ouvrages de *jonc* et d'écorce tendre. (VIII, 142.)
 Sayon de poil de chèvre
 Et ceinture de *joncs* marins. (III, 145.)
[Cimon] se couronne de *joncs* et d'herbe dégouttante. (VI, 18 et note 1.)

JONCHÉE :
  La principale *jonchée*
  Fut donc des principaux rats. (I, 288.)
« Sans la justice de ses armes, en quels rangs seront tant de chevaliers qui ont faict jonchée de leurs vies à ses pieds? » (D'Aubigné, *Histoire universelle*, livre III, chapitre IV.)

JONCHER ᴅᴇ :
De soldats entassés son bras *jonche* la terre. (VI, 261.)
Apollon irrité contre le fier Atride
Joncha son camp *de* morts. (III, 112.)
Jonchant de roses tout le chemin. (VIII, 53.)
Du linge *jonché de* roses. (VIII, 142.)
Cinq ou six fleurs *dont* la table *est jonchée*. (IV, 171.)

JOUER ; ᴊᴏᴜᴇʀ ᴅᴇ; sᴇ ᴊᴏᴜᴇʀ ; sᴇ ᴊᴏᴜᴇʀ ᴅᴇ :
[Philomèle] chante par ressorts que l'onde fait *jouer*. (VIII, 40 et note 1.)
 [Le galant] vous investit Lucrèce,
 Qui ne manqua de faire la tigresse
 A l'ordinaire, et l'envoya *jouer*. (V, 31 et note 4.)
Jouer un personnage. (IV, 307.) — *Jouer* un rôle. (V, 399.)
Ce doux objet *joua* son jeu. (V, 428 et note 4 ; voyez V, 575.)
Me *joues*-tu pas, Amour? (VIII, 360.)
 Même on lui dit qu'il *jouera*, s'il est sage,
 A ces gens-là quelque méchant parti. (II, 303.)
Il m'a *joué* ce trait. (V, 568.)
L'un s'escrimoit du bec, l'autre *jouoit des* pattes. (III, 197.)
Jouons de notre reste avant que ce temps vienne. (VII, 167.)
 .... Mais assemblant tous les rats d'alentour
 Je lui pourrai *jouer d*'un mauvais tour. (III, 353 et note 4.)
Coquin, dit-il, tu m'as *joué d*'un tour. (V, 366 et note 3.)
 Toujours falloit chercher de nouveaux tours...,
 Pour plus à l'aise ensemble *se jouer*. (IV, 302.)
Il lui paroît que le mari *se joue*
Avec la femme. (IV, 309 ; voyez VIII, 121.)

Je *me joue* entre des cheveux. (I, 272; voyez VIII, 286.)

La main des Parques blêmes
De vos jours et *des* miens *se joue* également. (III, 156.)

Jouons-nous tous deux *des* paroles. (IX, 180.)

.... Le jeune prince alors *se joueroit de* ma Muse
Comme le chat *de* la souris. (III, 213; voyez III, 212.)

JOUET :

.... La belle se plaignit d'être ainsi leur *jouet*. (IV, 432.)

Il semble alors que la machine entière
Soit le *jouet* d'un démon furieux. (VI, 331.)

.... Frêle et triste *jouet* de la vague et des vents. (VI, 333 et note 6.)

JOUEUR :

Ni *joueur*, ni filou, ni chien, ne me troubla. (VIII, 360.)

L'aveugle enfant, *joueur* de passe-passe. (VI, 125 et note 6.)

Garçon carré, garçon couru des filles,
Bon compagnon, et beau *joueur* de quilles. (V, 532 et note 4.)

JOUG, au propre et au figuré :

Ne sauroit-on ranger ces *jougs* et ces colliers? (I, 351.)

Un vainqueur, sous qui tout succombe,
Sut à ce premier *joug* ranger ma liberté. (VIII, 499.)

Son *joug* a fait gémir mon cœur plus d'une fois. (VII, 582.)

JOUIR; JOUIR DE .

L'homme, sourd à ma voix comme à celle du sage,
Ne dira-t-il jamais : « C'est assez, *jouissons!* » (II, 347.)

Jouis dès aujourd'hui. (II, 348; voyez II, 350.)

Il retint tout chez lui, résolu de *jouir*. (III, 25; voyez VI, 205.)

Un mari fort amoureux,
Fort amoureux de sa femme,
Bien qu'il fût *jouissant*, se croyoit malheureux. (II, 432 et note 2.)

Le patron des heureux,
Des *jouissants*. (IV, 254 et note 1.)

Jouir de la clarté. (VI, 73.)

Le Soleil eût joui de la jeune beauté. (II, 395.)

Les pauvres gens *n'avoient de* leurs amours
Encor *joui*, sinon par échappées. (IV, 302; IV, 82.)

Notre amoureux ne songeoit, près ni loin,
Dedans l'abord, à *jouir de* sa mie. (IV, 224; voyez V, 549.)

Les menus dons qu'on fit à la soubrette
Rendoient l'époux *jouissant* en repos
D'une faveur douce autant que secrète. (VI, 46.)

Reine des esprits purs, protectrice puissante,
Qui *des* dons de ton fils rends l'âme *jouissante*. (VI, 278; VI, 300.)

Jouis au moins *du* sang que je te vais offrir. (VI, 182 et note 4.)

Après qu'il [le lionceau] *a joui du* crime de sa mère.... (VI, 303.)

JOUISSANCE :
>Et n'eût-on cru de *jouissance* telle
>Dans le pays, etc. (V, 24 et note 3.)
>Si vous vouliez, vous feriez aisément
>Que le plaisir de cette *jouissance*
>Ne seroit pas, comme il est, imparfait. (IV, 80.)
>>Je veux, pour récompense,
>>Vous procurer la *jouissance*
>>De celle qui vous fait aimer. (V, 257 et note 3 ; voyez V, 277 et note 1.)

JOUR, JOURS, emplois divers, au propre et au figuré :
>Soit lorsque le soleil rentre dans sa carrière
>Et que, n'étant plus nuit, il n'est pas encor *jour*.... (III, 81 et note 7.)
>La petite pointe du *jour*. (IV, 424 et note 4.)
>L'œil du *jour*. (V, 587 et note 8.)
>Le *jour* est encor grand. (VII, 287.)
>Il nous resta toutefois assez de *jour* pour remarquer, etc. (IX, 231.)
>Peu s'en faut que Phébus ne partage le *jour*. (VI, 187 et note 3.)
>Rien ne trouble sa fin : c'est le soir d'un beau *jour*. (VI, 149 et note 2.)
>Il [le soleil] eût paru plus beau qu'il n'est au plus beau *jour*. (IX, 324 ; voyez II, 111.)
>Comment vous va, Chremès ? — Mieux qu'en *jour* de ma vie. (VII, 101.)
>.... Un *jour* l'un, un *jour* l'autre. (II, 21.)
>>Ce n'est pas l'ouvrage d'un *jour*
>>Que d'épuiser cette science. (III, 269 ; voyez VII, 243.)
>>Une nouvelle amour
>>Est chez Iris l'œuvre de plus d'un *jour*. (VIII, 375.)
>>La main des Parques blêmes
>>De vos *jours* et des miens se joue également. (III, 156.)
>Le meilleur de tes amis n'a plus à compter sur quinze *jours* de vie. (IX, 475.)
>De nymphes entouré, vous perdiez vos beaux *jours*. (VII, 607.)
>Quand le *jour* qu'on avoit pris pour l'exécution de la gageure fut arrivé.... (I, 41, voyez III, 310.)
>>Jument, bien faite et poulinière,
>>Auras de *jour*, belle femme de nuit. (V, 494.)
>Nuit et *jour* vous serez près de moi. (IV, 303 ; voyez II, 105.)
>Combien de fois le *jour* a vu les antres creux
>Complices des larcins de ce couple amoureux ! (VI, 243 et note 1.)
>.... Il s'y vautre sans cesse, et chérit un séjour
>Jusqu'alors ignoré des mortels et du *jour*. (VI, 254.)
>.... Il en vient des portes du *jour*. (IX, 193 et note 3.)
>Un prince aussi beau que le *jour*. (IV, 19.)
>Mais ce maître est bien fait, et beau comme le *jour*. (V, 261.)
>.... Mettre en plein *jour* tout ce qu'elle a dans l'âme. (VII, 560.)
>Il vous semble qu'il [cet exemple] ne sera pas assez connu : cela pourroit arriver, sans le *jour* que les écrivains lui ont donné. (IX, 355.)
>La belle mit son corset des bons *jours*. (IV, 471 et note 7.)
>Le Beau-Richard tient ses grands *jours*. (VII, 121 et note 2.)
>Fermez ce faux *jour*. (VII, 420 et note 1.)

.... Que son teint eût des *jours* aussi frais qu'éclatants. (VI, 285 et note 4.)
A peine les fables qu'on attribue à Ésope virent le *jour*, etc. (I, 10.)

JOURD'HUI (Ce) :

Gageons un peu quel sera le meilleur,
Pour *ce jourd'hui*, de mon gîte ou du vôtre? (IV, 246 et note 4.)

JOURNAL, journaux :

Notre envoyé cependant tenoit compte
De chaque hymen en *journaux* différents. (VI, 97 et note 8.)

Tout faiseur de *journaux* doit tribut au Malin. (IX, 369.)

JOURNALIER, ière :

La beauté des Heures est fort *journalière*. (VIII, 201.)
Une beauté si frêle et si *journalière*. (VIII, 261.)

JOURNÉE, journées :

Eh bien! que gagnez-vous, dites-moi, par *journée*? (II, 218.)

.... Notre Mazet
Partagea si bien sa *journée*
Que chacun fut content. (V, 597.)

Le soir étant venu de l'heureuse *journée*.... (VI, 204.)

Nos ans s'en vont au galop,
Jamais à petites *journées*. (IX, 117.)

Il étoit allé en l'autre monde à grandes *journées*. (VIII, 169.)

.... Défrise-moi ceci, fais tant par tes *journées*
Qu'il devienne tout plat. (V, 553 et note 5.)

JOUVENCE :

On se plonge soir et matin
Dans la fontaine de *Jouvence*. (II, 76 et note 16; voyez VIII, 195.)

JOUVENCEAU :

.... Un jeune *jouvenceau*
Qui cherchoit maître. (IV, 88.)

La bonne dame habille en chambrière
Le *jouvenceau*, qui vient pour se louer. (IV, 302.)

.... Petite créature
Qui ressembloit comme deux gouttes d'eau,
Ce dit l'histoire, à la sœur *jouvenceau*. (V, 524.)

Vient une dame avec un *jouvenceau*. (IV, 374; voyez V, 194, 273, 316, 411, 417, 422; VI, 7, 43; IX, 213.)

JOUVENCELLE :

Qui de nous doit donner à cette *jouvencelle*....
La première leçon du plaisir amoureux? (IV, 49.)

JOYAU :

Et pourquoi ce Monsieur acheta-t-il ce *joyau*-là [une coupe]? (VII, 458.)

JUDICIEUX, ieuse :

Une femme *judicieuse* ne doit point désobliger le fils de Vénus. (VIII, 177.)

JUGE MAIRE :

Un mien cousin est *juge maire* (I, 292 et note 9.)

JUGEMENT, JUGEMENTS :

Si le Ciel t'eût, dit-il, donné par excellence
Autant de *jugement* que de barbe au menton.... (I, 219 et note 5.)
Il avoit trop de *jugement*. (III, 281.)
Le *jugement* en gros sur ces deux personnages.... (IX, 369.)
Selon que vous serez puissant ou misérable,
Les *jugements* de cour vous rendront blanc ou noir. (II, 100.)

JUGER ; JUGER À, DE :

Et les dieux sont pour nous, si je sais bien *juger*. (VI, 180.)
Jugez par le meilleur quel peut être le pire. (VI, 196.)
 Il [l'éléphant] *jugea* qu'à son appétit
 Dame Baleine étoit trop grosse. (I, 78.)
Quoi ! vous *jugez* les gens à mort pour mon affaire ! (V, 276 et note 1.)
Les Samiens lui crièrent qu'il dît donc sans crainte ce qu'il *jugeoit de* ce prodige. (I, 44.)
Juger des ouvrages de l'esprit. (III, 174 ; voyez VI, 277.)
.... De regardants pour y *juger des* coups
 Il n'en faut point. (V, 290 ; voyez IV, 173.)
S'il falloit *juger de* l'objet le plus doux.... (VI, 234.)
Il ne faut point *juger des* gens sur l'apparence. (III, 143.)

JUPE :

Prenez ma *jupe* et contrefaites-vous. (IV, 91.)
L'artisan, le vendeur, celui qui fait la *jupe*. (II, 310 et note 13.)
La *jupe* et le calandran. (VIII, 434.)
 Sous les cotillons des grisettes
 Peut loger autant de beauté
 Que sous les *jupes* des coquettes. (IV, 46.)
Le Jeu, la *jupe*, et l'amour des plaisirs. (IV, 361.)
 Souvent leur guerre avoit pour fondement
 Le jeu, la *jupe*.... (VI, 103 et note 7.)

JUPON :

 L'habit d'un gardeur de troupeaux,
Petit chapeau, *jupon*, panetière, houlette. (III, 52 et note 32.)

JURER ; JURER DE :

On vous croit sans *jurer*. (VII, 49.)
 Je *jure* à vos yeux
 Que les cieux.... (VII, 241.)
Je vous *jure* ma foi.... (V, 426.)
La foi que j'*ai jurée*. (VII, 537.)
Il *a juré* son grand juron que, etc. (VII, 449.)
 .... Qui n'y fait que murmurer,
 Sans *jurer*, etc. (IX, 290.)

Jurer le Styx. (II, 316 et note 16.) — Mais si j'*ai juré* par le Styx? (VIII, 81.)

J'*avois juré* hautement en mes vers
De renoncer à tout conte frivole. (VI, 5.)

Magdeleine aimoit mieux
Demeurer femme, et *juroit* ses grands dieux
De ne souffrir une telle vergogne. (V, 496.)

JURISCONSULTE :

[Le docteur] rit en *jurisconsulte* et des maris se raille. (V, 447 et note 3.)

JURISDICTION :

Cette *jurisdiction* si respectée. (VIII, 307.)

JURON :

Il a juré son grand *juron* que jamais femme ne seroit de rien à ce fils. (VII, 449.)

JUS :

Un jour que celui-ci, plein du *jus* de la treille,
Avoit laissé ses sens au fond d'une bouteille.... (I, 224.)

Bacchus vous envoie
De pleins vaisseaux d'un *jus* délicieux. (VI, 347.)

JUSQU'À, JUSQUES À; JUSQU'EN, JUSQUES EN; JUSQUE-LÀ :

Jusqu'au point du jour on chanta. (IX, 450.)
O vous de qui les voix *jusqu'aux* astres montèrent! (VI, 237.)
Le différend s'échauffa *jusqu'à* tel point que la femme demanda son bien. (I, 35.)
Xantus s'en donna *jusqu'à* perdre la raison. (I, 40; voyez I, 215.)
Jusques à Limoges. (IX, 224.) — *Jusques au* Port de Pilles. (IX, 227.) — *Jusques à* Rome. (IX, 214, 373.)

Ils n'ont devant les yeux que des objets d'horreur...,
D'avarice qui va *jusques à* la fureur. (III, 149.)

Si les dieux avoient mis la chose
Jusques à présent à mon choix.... (IV, 441.)

Il nous faudroit toutes dans des couvents
Claquemurer *jusques à* l'hyménée. (VI, 58.)

Télamon *jusqu'au* bout porte la résistance. (VI, 201.)

.... Voir si ce cœur si fier
Jusques au bout pourroit s'humilier. (V, 192; voyez V, 515.)

[Il] m'auroit suivi *jusques au* bout du monde. (II, 452.)
Ils s'aiment *jusqu'au* bout. (VI, 163.)
Et nous foulant aux pieds *jusques au* fond des eaux.... (I, 140.)

Poussez-en *jusques aux* cieux
Des chants remplis d'allégresse. (VII, 245; voyez VII, 321, 429.)

Jusques au vif il [l'Amour] voulut la blesser. (V, 188.)
.... *Jusques au* vif vous l'eut bientôt atteint. (V, 467.)
Et *jusques à* l'effet courageuse et hardie. (VI, 73.)

Libéral *jusques à* l'excès. (VIII, 145.)
Jusques aux derniers moments. (VIII, 310.)
Xantus fut reconduit *jusqu'en* son logis avec acclamations. (I, 41.)
Du haut *jusques en* bas, un pistolet en main...,
Il court, il cherche, il rôde, il fait partout la ronde. (VII, 405.)
.... Mais c'est faire beaucoup qu'en venir *jusque-là*. (VII, 289.)

    Jusque-là qu'en votre entretien
La bagatelle a part..... (II, 459.)

    Votre santé m'est chère *jusque-là*
Que, s'il falloit pour vous, etc. (V, 311 ; voyez IX, 233.)

JUSTE, adjectivement, adverbialement, et substantivement :
Votre *juste* violence. (VII, 222.)

    Des plaisirs les plus charmants
    Amour ici récompense
    De si *justes* changements. (VII, 536.)

Dans des cœurs prévenus d'une *juste* amitié.... (VI, 204.)
J'en parle à *juste* cause. (VI, 123 et note 2.)
A *juste* droit. (VI, 173.)
Par un *juste* retour.... (III, 146.)
Pour user d'une *juste* vengeance. (VI, 137.)
Le maudit pommeau qui me tenoit bouché
Juste un certain endroit.... (VII, 296.)

    Ce maudit mousqueton....
S'est trouvé sur la selle et *juste* entre mes fesses. (VII, 296.)
Qui prierai-je en ce jour d'être mon défenseur?
Sera-ce quelque *juste* ? Il craindra pour lui-même. (VIII, 415 et note 3.)

JUSTEMENT :

    On s'étonne partout
    De voir aller en cette guise
    L'animal lent et sa maison,
Justement au milieu de l'un et l'autre oison. (III, 15.)

    L'époux revient tout hors d'haleine
    Du cabaret, *justement, justement*....
C'est dire encor ceci bien clairement. (V, 542.)
.... C'est *justement* le moyen de la rendre furieuse. (VIII, 138.)
Les reproches d'un Dieu *justement* irrité. (VI, 281.)

JUSTICE :
Tirons au sort, c'est la *justice*. (IV, 49.)

    Ta *justice*
C'est ton utilité, ton plaisir, ton caprice. (III, 5.)

LIT DE JUSTICE ; MAIN DE JUSTICE :
Le magistrat suoit en son *lit de justice*. (I, 137 et note 4.)
Sa *main de justice*. (IX, 239.)

JUSTIFIER ; JUSTIFIER DE ; SE JUSTIFIER À :
Frère, dit le renard, ceci nous *justifie*
    Ce que m'ont dit des gens d'esprit. (III, 295 et note 18.)

.... Cet art, s'il est vrai, fait tomber dans les maux
    Que craint celui qui le consulte;
    Mais je l'*en justifie*. (II, 295 et note 24.)
C'est ainsi que notre bergère *se justifioit* à Cérès. (VIII, 175.)

K

KIN, quinquina :
C'est l'écorce du *kin*. (VI, 318 et note 3.)

KYRIELLE :
Courte n'étoit pour sûr la *kyrielle*. (IV, 104.)

FIN DE LA PREMIÈRE PARTIE DU LEXIQUE.

24 513. — Imprimerie LAHURE, 9, rue de Fleurus, à Paris.

PARIS. — IMPRIMERIE LAHURE
Rue de Fleurus, 9